彩　图*

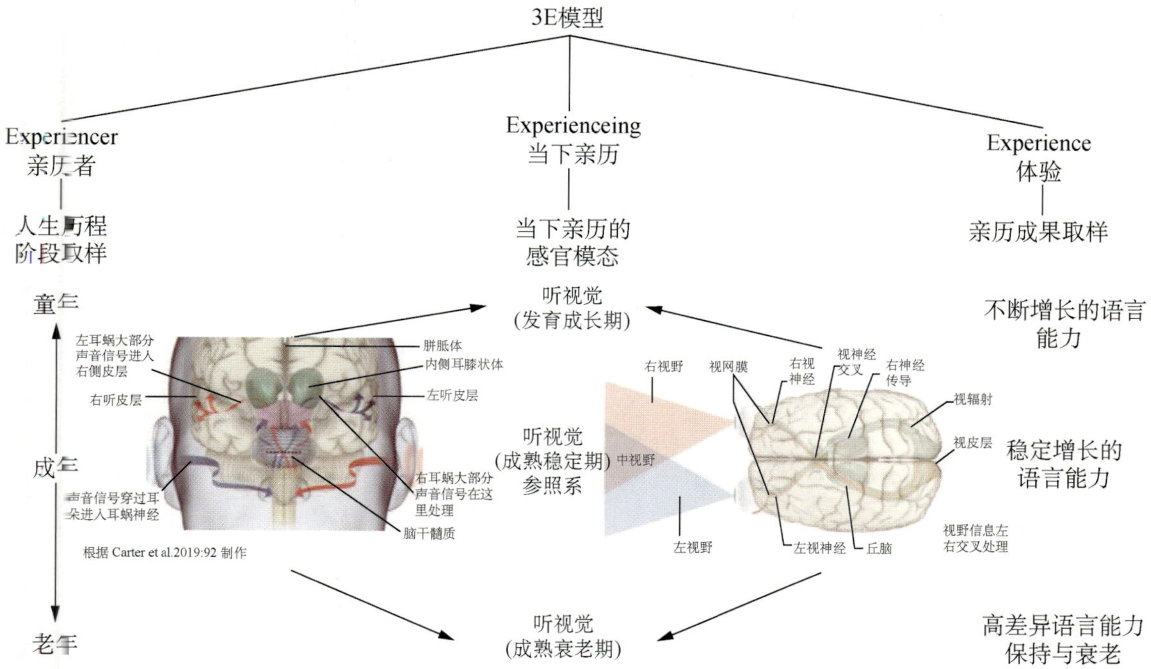

图 2　成年听、视觉模态为参照系的研究思路

---

* 本书彩图均为《童、老听视觉模态发育、衰老与语言》一文中的插图。

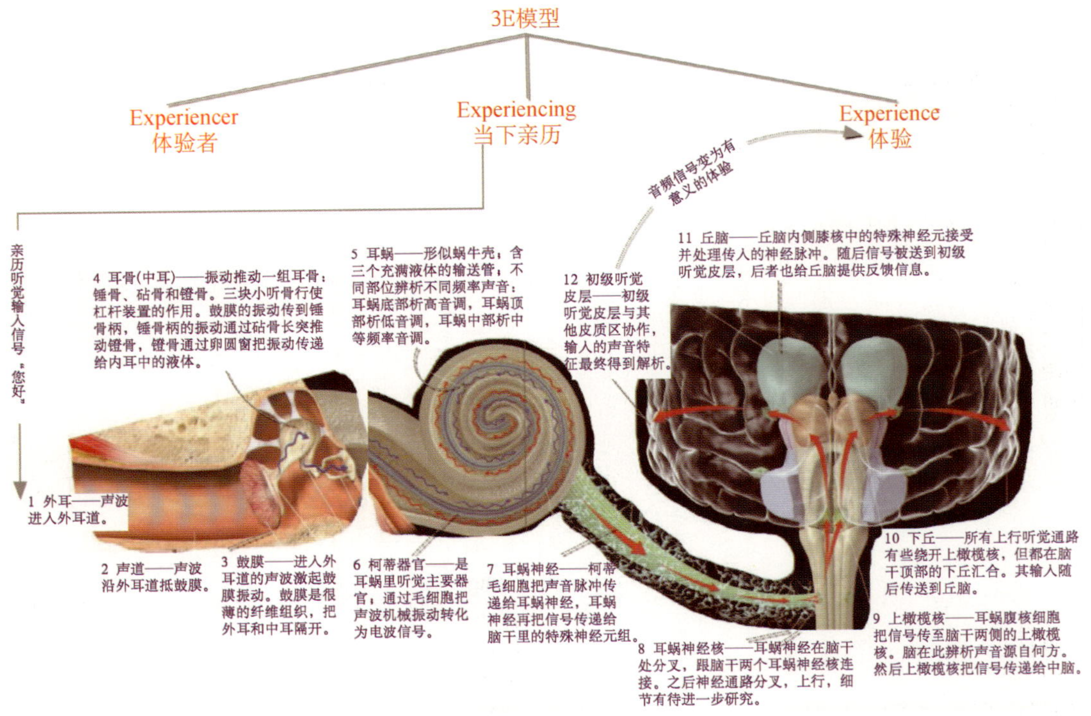

图 3　从听觉信号到意义体验

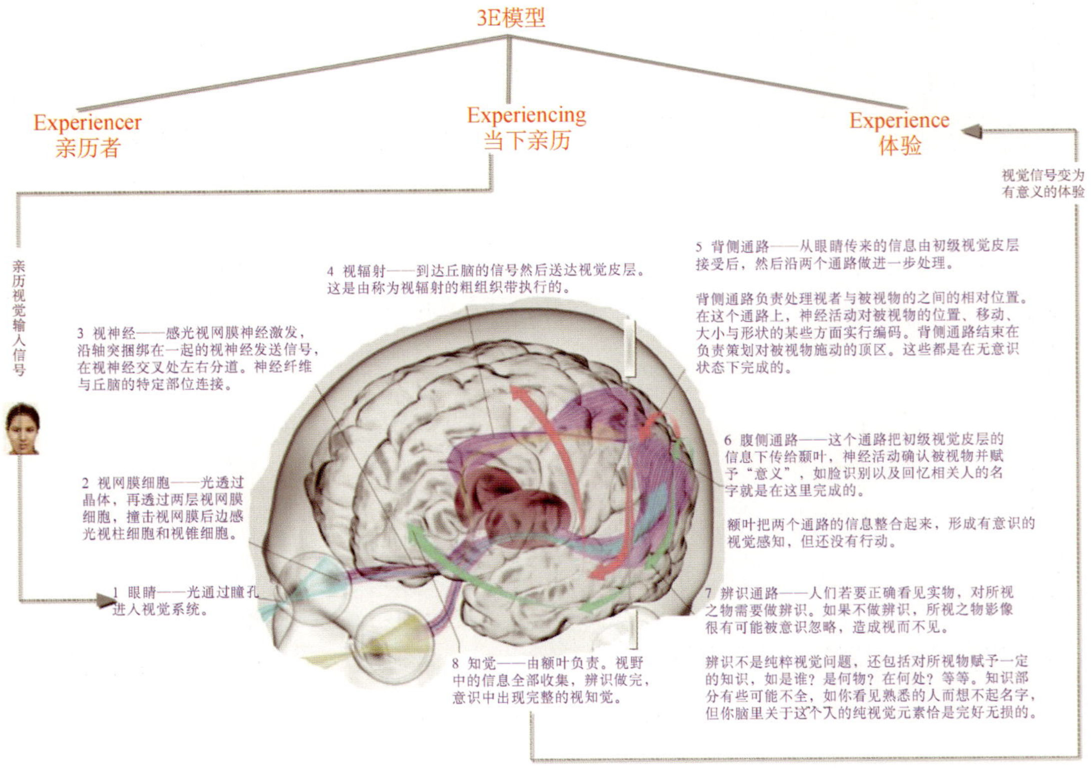

图 4　从视觉信号到意义体验

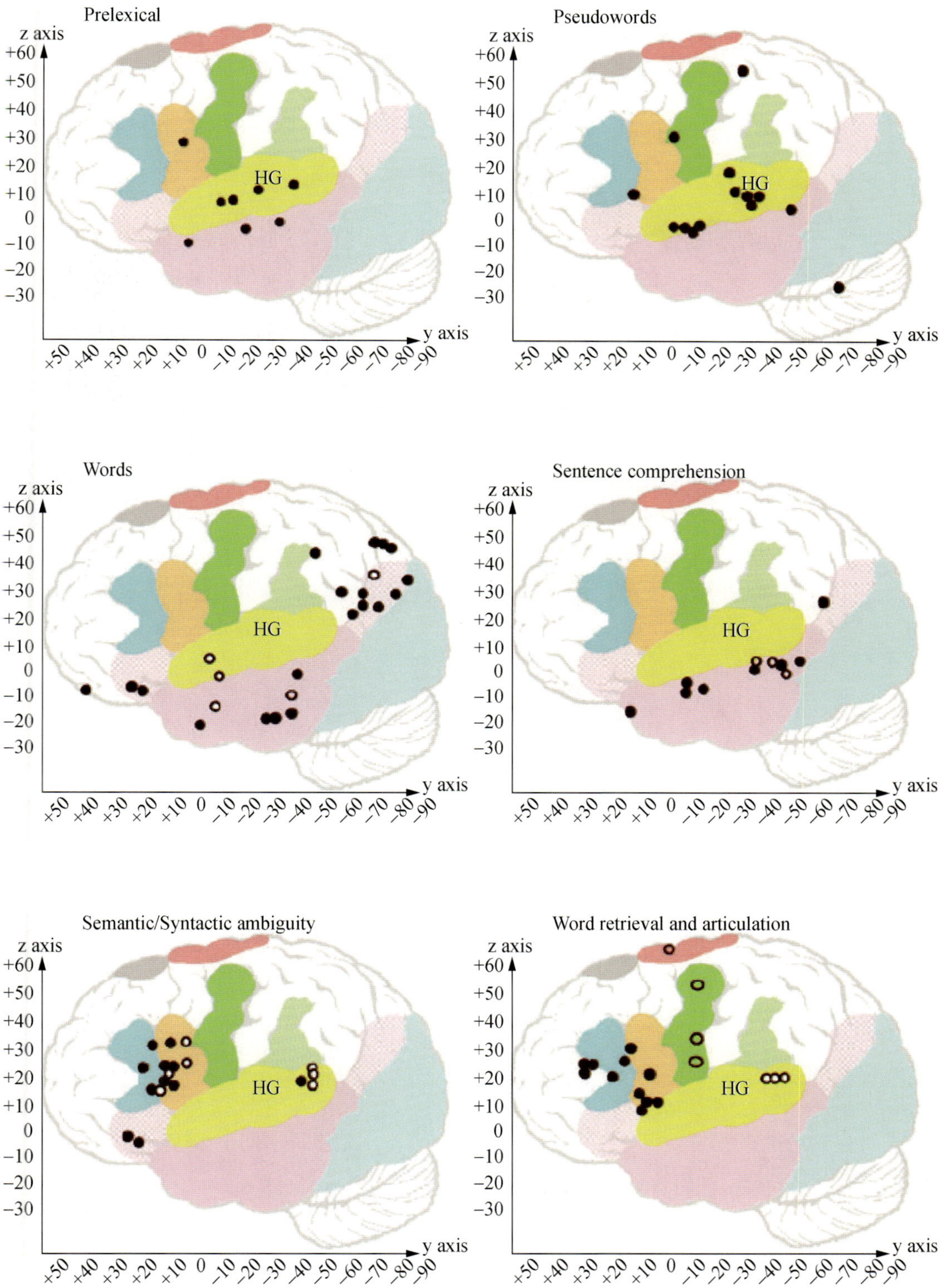

图 5　言语理解与产出脑功能区图示(Price 2010：65)

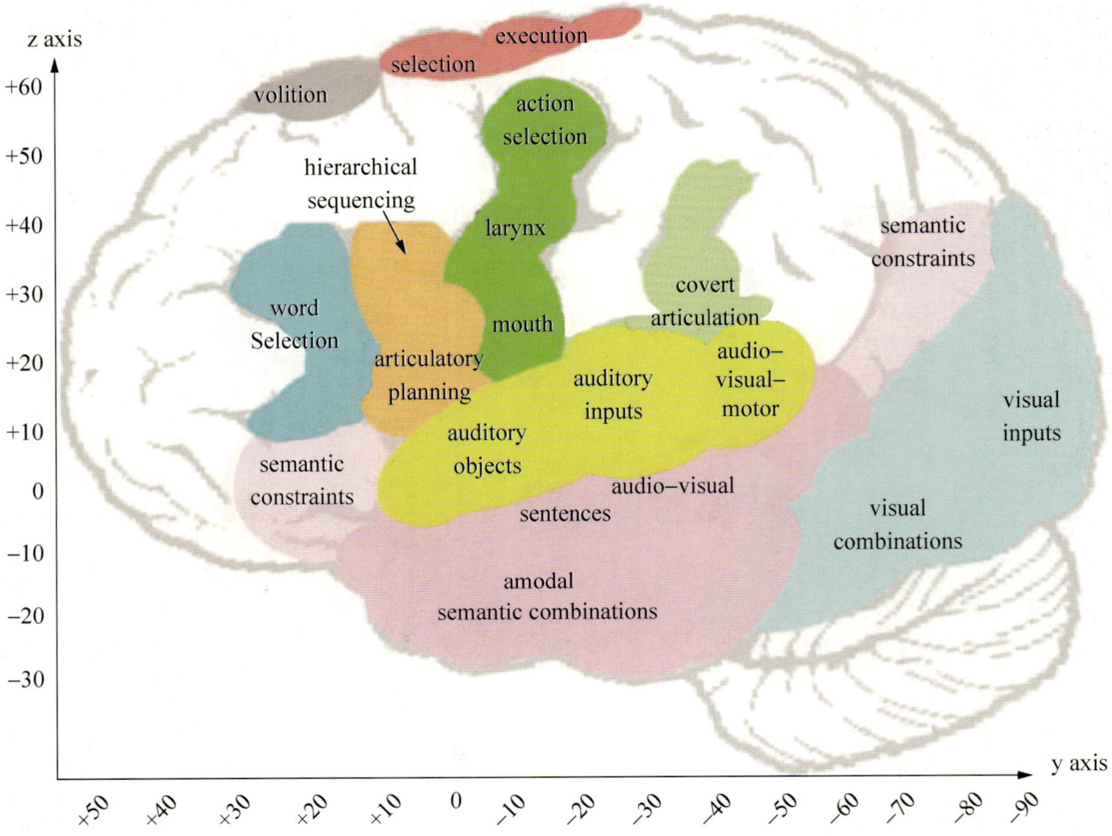

图 6　言语理解与产生伴随信号处理脑功能区图(Price，2010：76)

押韵中文 P<0.01 corrected Vox>10

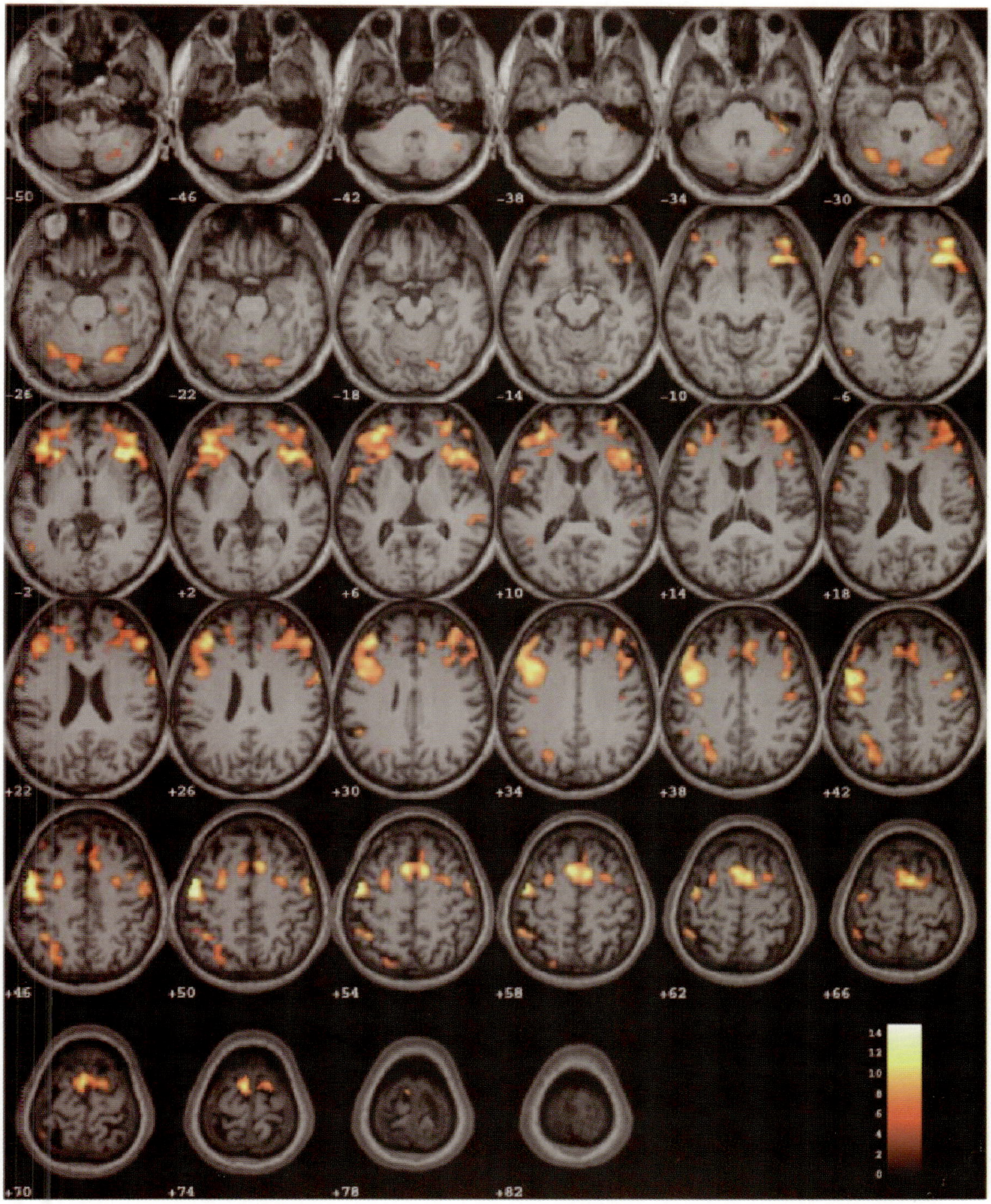

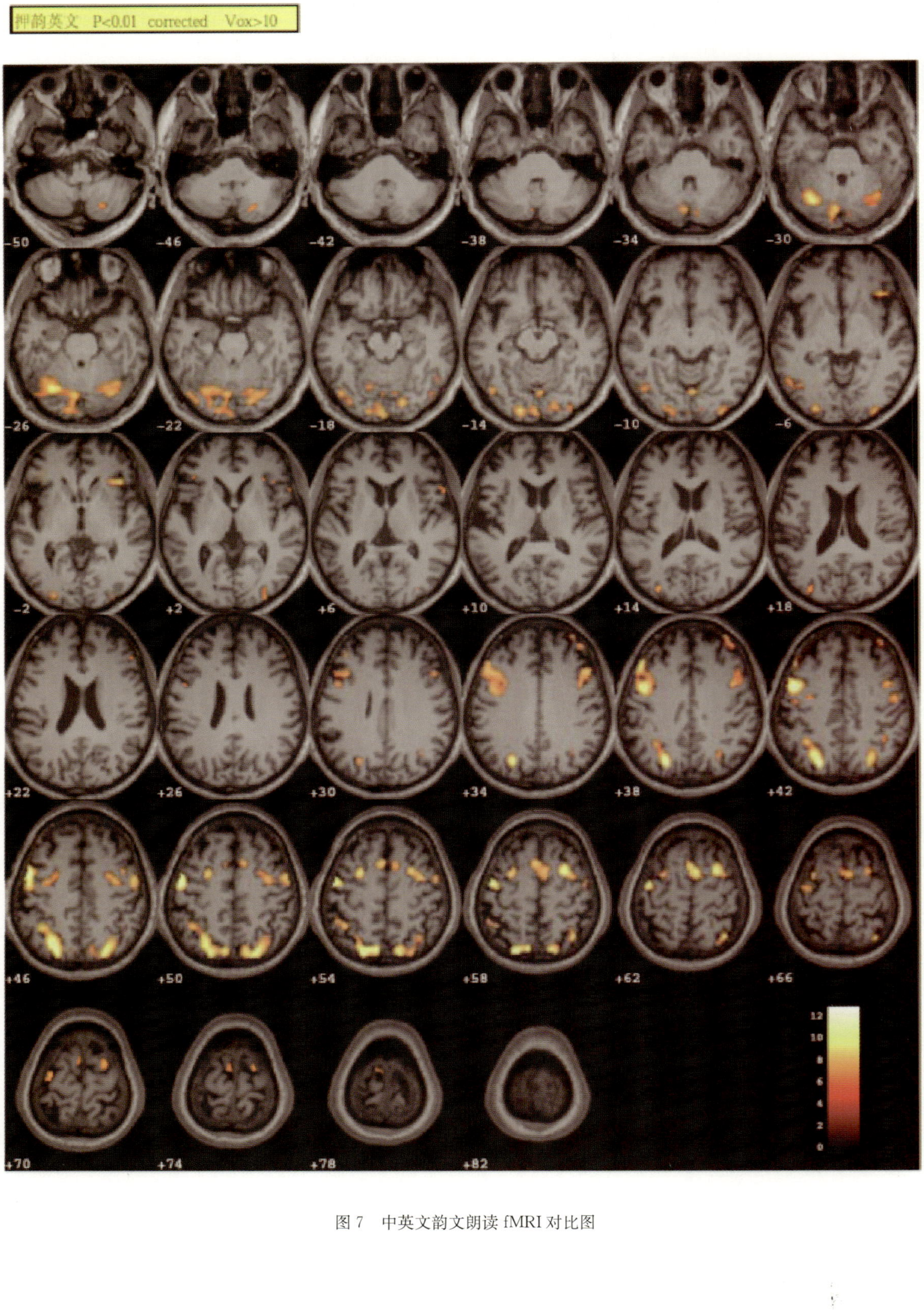

图 7　中英文韵文朗读 fMRI 对比图

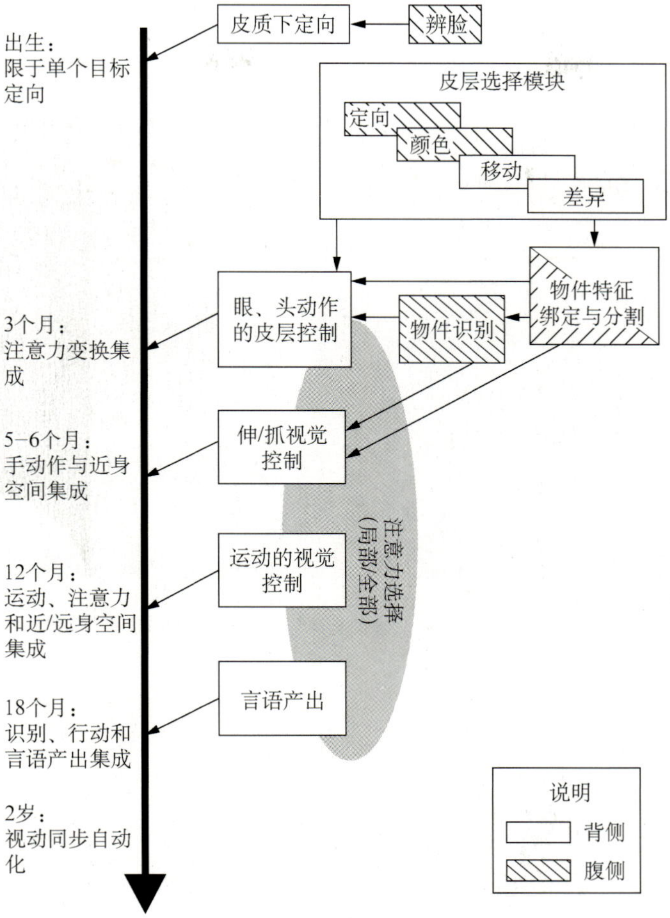

图 8　视觉成长模型

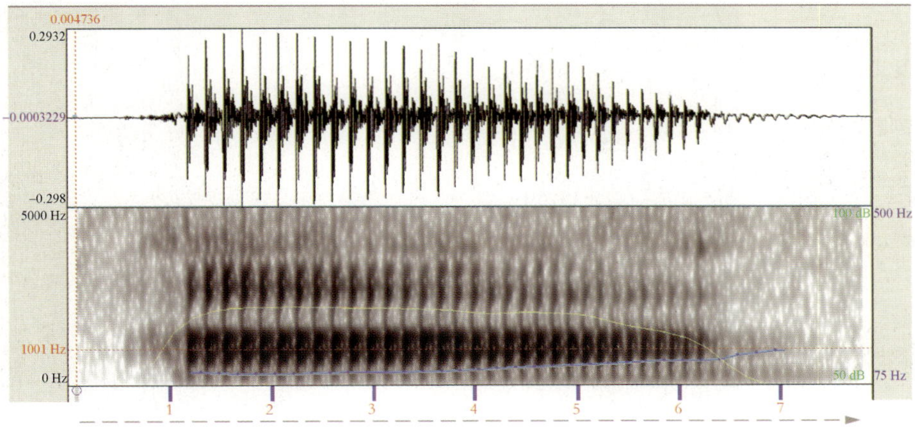

图 10　啊（阴平调）频谱图

图 14　80 岁老人视觉模态当下亲历分析(有遮蔽点以保护隐私)

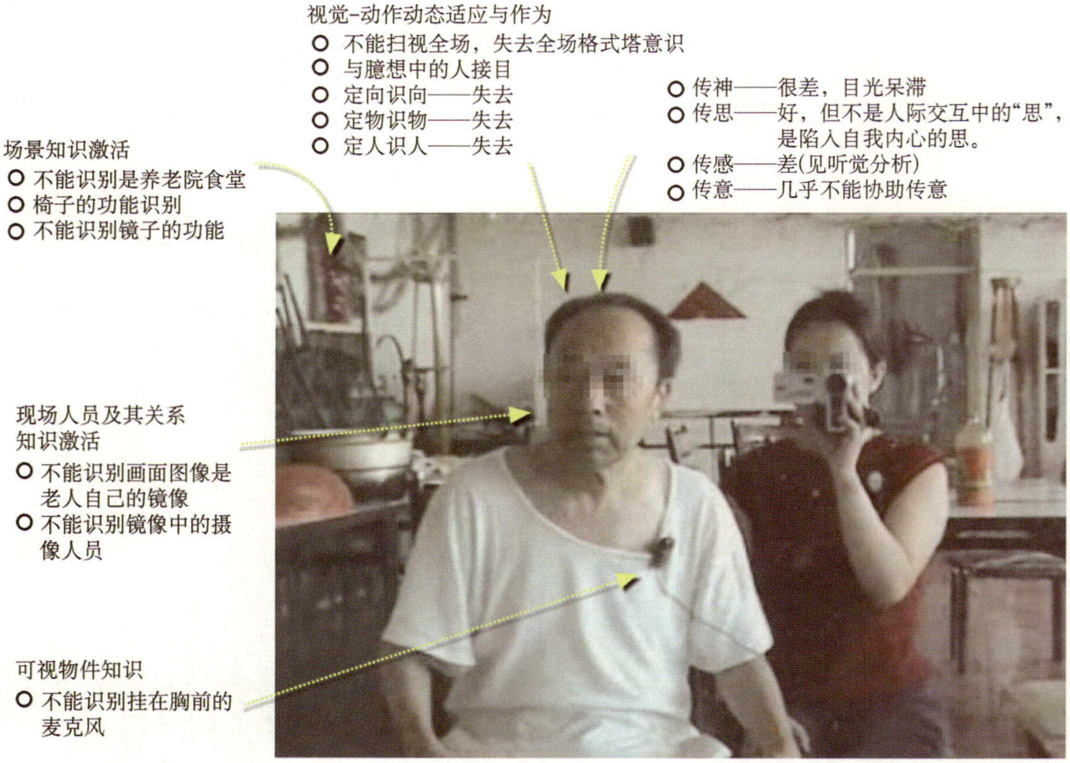

图 15　重症智退症老人视觉当下亲历分析

同济大学老龄语言与看护研究中心
TONGJI UNIVERSITY – RESEARCH CENTER FOR AGEING, LANGUAGE AND CARE
北京外国语大学
Beijing Foreign Studies University
人工智能与人类语言
Artificial Intelligence and Human Languages Lab
重点实验室

多模态与特殊人群话语丛书

老年语言学与多模态研究

顾曰国　黄立鹤　编著

同济大学出版社
TONGJI UNIVERSITY PRESS

内 容 提 要

老年语言学在人口老龄化趋势日益显著及加强老龄科学研究的背景下方兴未艾，相关研究具有重要的理论意义、临床价值和社会效益。老年语言学既包括对因正常生理、认知老化以及罹患精神或神经退行性疾病导致的语言衰老表现及机制研究，也包括对体现老年人身份构建及老年形象等话语进行研究，还开展老年人语言认知康复及临床应用研究。本书第一部分为老年语言学研究，包括研究概述和专题研究；第二部分为多模态研究，包括多模态视角下的老年语言学研究及多模态话语研究。相关内容详细介绍了老年语言学的发展过程、研究现状、前沿领域，特别阐释了多模态视角下的老年语言学研究，还收录了人工智能与老年人语言特征研究。

本书可供从事语言学、老年学、老年医学及多模态研究等领域的师生参考。

图书在版编目(CIP)数据

老年语言学与多模态研究 / 顾曰国，黄立鹤编著
. —上海：同济大学出版社，2020.9
ISBN 978-7-5608-9448-5

Ⅰ.①老… Ⅱ.①顾… ②黄… Ⅲ.①老年—语言学—研究 Ⅳ.①H0

中国版本图书馆 CIP 数据核字(2020)第 180073 号

老年语言学与多模态研究

顾曰国 黄立鹤 编著

责任编辑 张智中 **责任校对** 徐春莲 **封面设计** 钱如潺

出版发行 同济大学出版社 www.tongjipress.com.cn
(地址：上海市四平路 1239 号 邮编：200092 电话：021-65985622)
经 销 全国各地新华书店
排 版 南京文脉图文设计制作有限公司
印 刷 常熟市华顺印刷有限公司
开 本 787 mm×1092 mm 1/16
印 张 22.75 插页 4
字 数 568 000
版 次 2020 年 9 月第 1 版 2020 年 9 月第 1 次印刷
书 号 ISBN 978-7-5608-9448-5

定 价 98.00 元

目　录

导言 人口老龄、老年学与老年语言学

顾曰国 黄立鹤 周德宇

当前,全球人口老龄化趋势日益显著,包括中国在内的诸多国家均已步入“老年型”国家行列。在这样的老龄化背景下,对老年人语言现象的研究具有重要的理论意义、临床价值和社会效益。

为向我国学者介绍老年语言学发展现状,推进我国相关研究,特别是介绍多模态视角下的相关研究,我们编著了这本文集,除导言与学术背景外,共收25篇文章,其中原创首发10篇,转载已发表在其他刊物上的论文15篇。按主题分为两部分,第一部分为老年语言学研究,还可细分为概述和专题研究;第二部分为多模态研究,包括多模态视角下的老年语言学研究及多模态话语研究。

在读者深入了解老年语言学的具体研究图景之前,为方便各位了解该研究分支在学科丛林中的大概位置及相关奠基交叉学科,我们特别撰写了此篇导言,全文分为五个小节:(1)全球老龄化现状;(2)老年学研究概览;(3)老年语言学含苞待放;(4)本选辑的编辑动机及期许;(5)一些术语问题。

1 全球老龄化现状

我国中医圭臬《黄帝内经》——据廖育群(1988)考证,今本成书当在西汉末年至东汉前期——《素问》卷有岐伯答帝问:

> 岐伯曰。…… 则无以生长壮老已。非升降。则无以生长化收藏。是以升降出入。无器不用。故器者。生化之宇。器散则分之。生化息矣。

张志聪《黄帝内经素问集注》:“已”,死也;“生长壮老已”指动物而言,“生长化收藏”指植物而言。换句话说,动物生命有生老病死周期律;植物生命有生化结子周期律。只要“器”(即生命体)不散,就注定遵循这个周期律。此规律可以用两个拱形呈现,如图1所示。

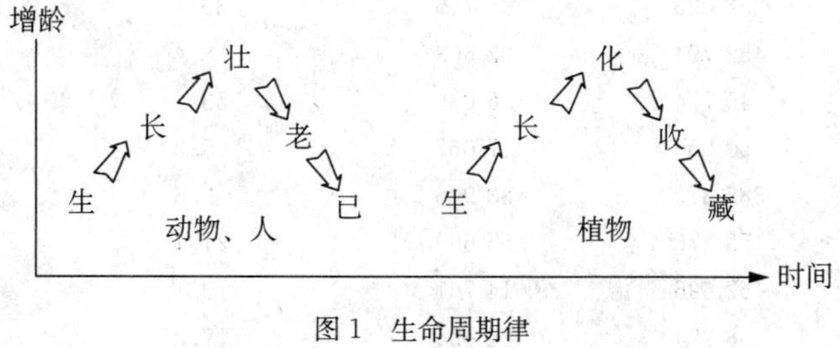

图1 生命周期律

从图1中我们可以直观地看出,人和动物“壮”到鼎盛后就开始衰老,盛极必衰;植物“化”到极致后就开始收,藏于果。《黄帝内经》的这个思维模式,从科学思想发展史看,正是当代生命/人生历程学的雏形。生命观是大生命的,包括人、动物和植物,跟现代生物学生命观是一致的。有生必有亡,生的

【作者信息】顾曰国:教授,北京外国语大学人工智能与人类语言重点实验室、同济大学老龄语言与看护研究中心;黄立鹤、周德宇:同济大学外国语学院、同济大学老龄语言与看护研究中心。

瞬间便定义了亡。从生到亡其间有个过程，即老龄化。

在我国，单个生命体老龄化长期以来是放在"家"这个结构层上考虑的。"养儿防老"不仅是应付老龄化的一个实用策略，而且成为一种社会价值，如重男轻女思维。老龄化上升到"国"这个结构层上，是人口老龄化普遍出现后才真正进入国家决策视野。

人口老龄化(population ageing)，或曰人群老龄化(demographic ageing)，是个体老龄化聚积导致总人口比率倾老现象。18 世纪前世界人口在总量和总的年龄构成上是相对稳定的。其后，世界人口大量增加。2014 年世界人口总数前 10 名的国家及其人口空间密度，如表 1 所示。

表 1　截至 2014 年世界人口总数前 10 名国家(Lundquist et al., 2015: 4)

Country	Population in Millions (1)	Density per Square Mile (2)	Density per Square Kilometer (3)
China	1 364	372	143
India	1 296	1 025	394
United States	318	86	33
Indonesia	251	343	132
Brazil	203	62	24
Pakistan	194	635	244
Nigeria	177	499	192
Bangladesh	158	2 864	1 101
Russia	144	21	8
Japan	127	874	336

Source: Population Reference Bureau, 2014(using midyear 2014 measurements).

在总数量增加的同时人口年龄结构发生了根本性的改变。截至 2007 年，世界 60 岁以上人口按经济发达程度和世界主要地域，其分布如表 2 所示。

表 2　世界 60 岁以上人口分布情况(Victor, 2010:62)

Major area/region	Total population 60＋ (000s)	Total population 80＋ (000s)	Per cent total population aged 60＋	Per cent total population aged 80＋
WORLD	704 817	188 384	10.7	1.4
More developed	252 026	95 745	20.7	3.9
Less developed	452 791	92 603	8.4	0.9
Least developed	40 774	6 036	53	0.4
Africa	50 056	7 667	5.3	0.4
Asia	385 379	83 906	9.6	1.0
Europe	153 476	55 699	21.1	3.8
Latin America & Caribbean	52 696	14 761	9.1	1.3
North America	58 294	24 494	17.3	3.6
Oceania	4 886	1 821	14.4	2.7

Source: United Nations (2007), Tables A. 111. 1 and A. 111. 2.

根据表 2，人口高度老龄化主要发生在经济最发达地区，60 岁及以上的占总人口的 20.7%，而欠发达和最不发达的分别占 8.4%和 5.3%。我国属于欠发达国家，然而正如邬沧萍(2013: 10)所指出的，"中国'未富先老'，'未备先老'和人口老龄化加速发展是不争的事实"。

根据人口结构，截至 2007 年，世界人口老龄化最高的前 10 名国家，如表 3 所示。

表3　世界人口老龄化最高的前10名国家(Victor, 2010:62)

Country	Per cent population aged 60+	Country	UN ageing index	Country	Median age (years)
Japan	27.9	Japan	201.0	Japan	42.9
Italy	26.4	Italy	189.8	Italy	42.3
Germany	25.3	Germany	182.3	Germany	42.1
Sweden	24.1	Bulgaria	172.5	Finland	40.9
Greece	23.4	Greece	166.0	Switzerland	40.8
Austria	23.3	Latvia	164.4	Belgium	40.6
Bulgaria	22.9	Austria	156.1	Croatia	40.6
Belgium	22.9	Slovenia	155.9	Austria	40.6
Latvia	22.8	Czech Republic	150.7	Bulgaria	40.6
Portugal	22.8	Croatia	150.0	Slovenia	40.2
Switzerland	22.7	Ukraine	149.5	Sweden	40.1

Source: United Nations (2007), Tables A.111.4, A.111.5, and A.111.

说明:①联合国老龄化索引(UN ageing index)算法:每1 000人中0～14/15岁对60/65岁的比率。②中位数年龄(median age)是对人口统计分析得来的。年龄中位数来自把总人口一分为二(老龄对年轻)进行统计计算的结果。③人口学上定义老龄社会目前没有统一标准。根据联合国1956年提出的老年型人口数量界定,65岁老年人占全部人口7%的为老年型人口(邬沧萍,2013:6)。Gavrilov与Heuveline(2003:32)考量参数,是65岁老年人过总人口8%～10%为相对老龄人口。

“在20世纪80年代之前,世界老年人口与世界总人口增长速度基本一致,80年代以来老年人口增长速度越来越快于总人口。2015年世界人口增长率为1.1%,而老年人口增长率高达3.2%。到21世纪末,超过五分之一(22.7%),甚至有可能到达30%的世界人口将是65岁及以上的老年人口。”如图2所示。

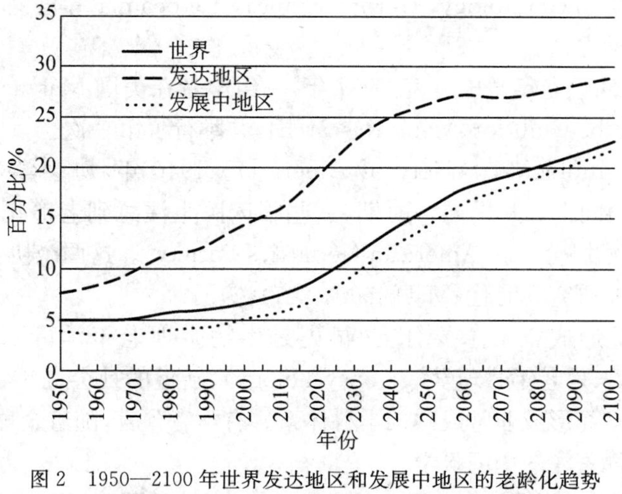

图2　1950—2100年世界发达地区和发展中地区的老龄化趋势

资料来源:United Nations, World Population Prospects: The 2015 Revision.(转引自陈卫,2016:84)

陈卫认为,中国人口老龄化“前所未有”。他把六十年以来我国人口年龄结构变化划分为四个阶段(2016:85-86):

(1) 年轻化阶段(20世纪50—60年代);这段时期,我国增加的人口主要集中在0～14岁年龄组,15岁以上并没有太大变化,人口年龄结构变得更年轻了。

(2) 成年化阶段(20世纪70—80年代),新中国成立以来的两次生育高峰,在1982年和1990年的人口金字塔中表现为青壮年劳动年龄人口的突起,1990年人口年龄结构转变为典型的成年型人口。

(3) 老龄化启动阶段(20 世纪 90 年代),2000 年人口金字塔底部进一步收缩,同时顶部在扩大。按照国际惯例,2000 年我国人口成为老年型人口,我国进入老龄化社会。

(4) 老龄化提速阶段(2000 年以来)。

目前,我国的老龄化趋势十分严峻,根据中国国家统计局的数据①:

2018 年末,全国 0～15 岁人口为 24 860 万人,占总人口的 17.8%;16～59 岁人口为 89 729 万人,占 64.3%;60 岁及以上人口为 24 949 万人,占 17.9%,其中,65 岁及以上人口为 16 658 万人,占 11.9%。与 2017 年末相比,16～59 岁劳动年龄人口减少 470 万人,比重下降 0.6 个百分点;老年人口比重持续上升,其中,60 岁及以上人口增加 859 万人,比重上升 0.6 个百分点;65 岁及以上人口增加 827 万人,比重上升 0.5 个百分点,人口老龄化程度继续加深。

正如陈卫(2016:83)指出的那样,在人类走向持续普遍的老龄化过程中,中国有着举足轻重的作用,因为中国是人口规模和老年人口规模最大的国家,也将是人口老龄化最为迅猛的国家。

2 老年学研究概览

上面提到过,关注单个生命体的衰老现象由来已久。死亡、葬礼等起先都是跟单个生命体紧密相连的。人口老龄化初显并被学者关注,是 20 世纪初的事情。邬沧萍等(1999:6-7)在回顾老年学发展历程时指出,任何一门科学的研究对象都有一个从模糊到明确的逐步发展过程。老年学(Gerontology)及其前驱老年医学(Geriatrics)的词根都来自希腊文。Geron 在希腊文里就是老人(old man),Geras 是老龄(old age)之意。15 世纪末意大利研究老年的医生 G.塞比(Gabiele Zerbi)用拉丁文写了《老年卫生学》(*Gerontomica*),将老年卫生学概括为关于老年人的护理和生活方式的科学。他可能是最早使用 Gerontocomica 这一学名的人。老年医学(Geriatrics)是内舍(Nasher)在 1909 年第一次正式使用的。自从 1944 年美国老年学会成立后使用 Gerontology(老年学),就把这一学科的学名固定下来。其他的学名如 Geratology, Gerontocomica, Gerocomia 等再也不见使用了。学名的确立表明老年学已跻身科学之林。

McDonald(2014:2)回顾老年学史写道:1937 年,一组学者在美国 Massachusetts 的 Woods Hole 成立了老龄研究俱乐部(the Club for Aging Research),并举行了第一次会议。该俱乐部后来成为了美国老年协会(the Gerontological Society of America)。1946 年,协会学术刊物《老年学》(*The Journal of Gerontology*)问世。几乎同一时期,一些临床医生注意到老龄化诱发的老年性疾病,于 1942 年成立了美国老年病协会(the American Geriatrics Society)。这两个协会的成立标志着老年问题研究进入有组织地专业研究的时代(McDonald, 2014:2)。

在欧美,现代老年学形成三个主要分支:早先是生物生理老年学(biological gerontology, 含 clinical gerontology)、后来是老年心理学(geropsychology)、新近的社会老年学(social gerontology)。老年学在西方许多国家已经形成非常成熟的学科体系。有学者预言,随着全球进入老龄化社会,老年学将成为学者和老百姓都关注的一门显学。

在这方面美国是起步最早的。20 世纪 70 年代前后,大学、学院开设老年学课程的本科、研究生、研讨班、培训班、电视讲座已经很多。根据 1976 年美国高等教育老年学学会调查,开设老年学课程的学校已达到 1 275 所,其中 27% 是大学,29%是四年制的学院,33%是社区大专学院,其余的由函授或职业学校开设。80 年代以后开设老年学课程的学校又大大增加。据报道,在 80 年代初期,美国社区学院中有三分之一至一半开设一门或数门老年学课程。

我国老年学的研究起步较晚,初期的研究主要限于老年医学领域,研究人员大多是从事临床的医

① 数据来源:http://www.stats.gov.cn/tjsj/sjjd/201901/t20190123_1646380.html。

务工作者和学者。十一届三中全会后，老年学研究又重新开始。1982 年，中国老龄问题全国委员会成立。许多从事社会科学研究的专家学者和老龄工作者加入了老年学的研究队伍，使得我国老年学多学科研究格局开始形成。1988 年，在中国科学院、中国社会科学院和中国老龄问题全国委员会的支持下，中国老年学学会成立。随后，各省(市)也都相继成立了地区性的老年学学会(以上内容主要根据邬沧萍等，1999：8-10)。

3　老年语言学含苞待放

人口老龄化的发展、老年学研究的深入等催生了老年语言学(Gerontolinguistics)的诞生。这是一门着力研究老年语言现象的学问。这个提法跟诸如社会语言学、心理语言学、认知语言学等是相一致的，都是依据其研究对象而命名。老年语言学作为术语提出来，其合理性在哪里？这个发问不是空穴来风。有位资深教授曾经善意地质问过本文第一作者。我们认为，研究的合理性主要取决于研究对象是否独立于研究者而存在。老年语言现象自人类进化拥有语言后就已经存在，当今世界上许多国家已经进入老龄化社会。根据世界老龄研究会(the World Assembly on Aging)的研究，人口老龄化在今后很长一段时期内，非但不能缓解，而是更加严重。可见，开展老年语言学研究在未来很长时期内是刚需。

老年语言现象分为两个方面，一个是个体，另一个是人群，包括人口学定义的"同龄组群"(cohort)和"世代"(generation)。个体老年语言现象指个体进入老年后的语言能力及其使用情况。人群老年语言现象指同一出生年龄段人群或世代间的语言能力及其使用情况。在研究上，前一个跟个体生命周期、生理、心理、认知等衰老紧密联系在一起，后一个跟社会、政治、经济、文化的结构和动态变迁紧密联系在一起。

老年语言现象自古以来就存在，其复杂性自然不必说。研究者从各自不同的学术背景和研究视角观察各自感兴趣的某些方面，形成不同的研究思路、方法和理论模型。对于方兴未艾的老年语言学来说，是一件令人鼓舞的事。在西方，老年语言现象的现代研究，布洛克的失语症研究可以作为标杆之一；20 世纪下半叶相继出现的临床语言学、神经语言学也都关注老年语言现象；阿尔兹海默病的研究更是极大地推动了老年语言现象研究向脑神经科学领域进军。

人们不禁要问，既然有了临床语言学、神经语言学、失语症学，加上用社会语言学的理论和方法研究老年人话语，提出老年语言学是不是有悖学界公认的节俭原则(Principle of Parsimony)？我们的回答是否定的。理由主要有：

(1) 临床语言学等关注的老年语言现象主要是跟老年生理病变相关联的老年语言现象。我们知道，随着老龄化社会的迅猛发展，超康健老人、成功老龄老人等越来越多，这些健康老人的老年语言现象同样值得我们深入研究。此外，有些老年人患有老年性疾病，但他们的语言能力并没有受到伤害。弄清楚这些复杂情况背后机理，无疑是非常必要的。换句话说，现在通行的术语，其内涵和外延都不能涵盖所有的老年语言现象。

(2) 老年语言学突出"老年"，目的还在于推动与老年学(gerontology)跨学科交叉融合研究。根据我们目前掌握的文献资料看，英语文献中的 gerontolinguistics 一词最早见于 Sinfree Makoni (1997)题为 Gerontolinguistics in South Africa 的论文①。这是作为"描写性标签"(descriptive label)而造词的(Makoni & Grainger，2002：805)。所谓"描写性"即 Makoni 用社会语言学的理论和方法研究养老院里看护人和被看护老人话语的目的，是对现象进行客观的、但不作解释的描写。其后，Makoni 等还发表了两篇论文，一篇是在前文的基础上对南非和英国养老院话语作对比分析，题目

① 另据我们发现，此前德国学者 Lütjen 在 1978 年德语论文的英译摘要中也使用了 Gerontolinguistics 一词。

为 Comparative gerontolinguistics: Characterizing discourses in caring institutions in South Africa and the United Kingdom(2002)；另外一篇是 Makoni(2017) *From elderspeak to gerontolinguistics: sociolinguistic myths*。这后一篇也是分析非洲某养老院老人话语的，但作者的意图是要超越通行的用社会语言学研究老人话语的局限，引入社会老年学的视角。把老年学的研究成果引入老年语言研究，Makoni 和我们的观点是完全一致的。

4 本选辑初衷与期许

我们的编辑初衷主要出自两个动因。一是通过此辑把我国学者最新的相关研究集中到一起，这样感兴趣的读者以及研究人员能快捷地把握整体研究动向，同时能够发现当前研究中的疏漏和存在问题。二是为我们组织的老年语言学培训班提供核心阅读材料，为大家节省独自查询所要花费的时间和精力。

为方便读者了解国际上相关研究图景，下面补充两组信息：(1)国际老年学研究组织；(2)与老年语言研究相关的国际学术刊物。

(1) 国际老年学研究组织

① HelpAge International (HAI),

② International Association of Gerontology and Geriatrics (IAGG),

③ International Association of Homes and Services for the Ageing (IAHSA),

④ International Federation on Ageing (IFA), International Longevity Centers (ILCs),

⑤ International Network for Prevention of Elder Abuse (INPEA),

⑥ International Psychogeriatric Association (IPA)。

(2) 老年语言研究相关国际学术刊物

① Ageing and Society
https://www.cambridge.org/core/journals/ageing-and-society

② Aging, Neuropsychology, and Cognition(曾用名：Aging and Cognition)
https://www.tandfonline.com/action/journalInformation?journalCode=nanc20

③ Behavioral and brain sciences
https://www.cambridge.org/core/journals/behavioral-and-brain-sciences

④ Brain and Cognition
https://www.sciencedirect.com/journal/brain-and-cognition

⑤ Brain and Language
https://www.journals.elsevier.com/brain-and-language

⑥ Current Directions in Psychological Science
https://www.psychologicalscience.org/publications/current_directions

⑦ Experimental Aging Research
https://www.tandfonline.com/toc/uear20/current

⑧ International Journal of Language and Communication Disorders
https://onlinelibrary.wiley.com/journal/14606984

⑨ Journal of Experimental Psychology: Learning, Memory, and Cognition
https://www.apa.org/pubs/journals/xlm/index

⑩ Journal of Gerontology B Psychological Sciences
https://academic.oup.com/psychsocgerontology

⑪ Journal of Language and Social Psychology
https://journals.sagepub.com/aims-scope/JLS
⑫ Journal of Memory and Language
https://www.sciencedirect.com/journal/journal-of-memory-and-language
⑬ Journal of Speech, Language, and Hearing Research
https://pubs.asha.org/journal/jslhr
⑭ Language, Cognition and Neuroscience (曾用名:Language and cognitive processing)
https://www.tandfonline.com/toc/plcp21/current
⑮ Memory & Cognition
https://www.springer.com/journal/13421
⑯ Psychology and Aging
https://www.apa.org/pubs/journals/pag/

5　一些术语问题

对于任何一门学问而言,术语是其健康发展的核心要素之一。术语的形成是研究人员群体智慧的结晶,往往需要经过像沙里淘金那样的过程。

我们从 Birren 主编的《老年学百科全书》(*Encyclopedia of Gerontology*,2007,第二版,2 卷套)的三个副标题谈起。副标题分别为:Age,Ageing, and the Aged. 它们对应的汉译词是什么? Age 可以译为年龄,作为术语,我们就需要作较严格的界定,指从出生日起根据规定或习俗计算的增龄(见本书的顾曰国《老年语言学引论》一文)。Ageing 在老年学里默认用法指增龄导致的老化,研究对象包括动物和人类,甚至延伸到无生命物质。人口老龄化即 population/demographic ageing。注意拼写上是根据世界卫生组织(WHO)的建议,字母 e 保留。Aged 指老年人群或人口。

在汉语中,"老"字在甲骨文里就有了,《小学堂》列举了 13 个异形,其中之一为,一般诠释为偻背老人扶杖而行之状。在甲骨文和金文里,"老"与"考"同义。《说文解字》,考也。七十曰老。从人、毛、匕。言須髮變白也。凡老之屬皆从老。老、考用法后来分离了。如生曰父,死曰考《礼记·曲礼》。老的准确意义通过对举才能确定:與"幼"或"少"相對。《诗·小雅·北山》:"嘉我未老,鲜我方將。"《楚辞·九章·涉江》:"余幼好此奇服兮,年既老而不衰。"

"年"字甲骨文里也有,《小学堂》列举了 20 个异形,其中之一为,《说文·禾部》:"年,穀熟也。"《春秋·桓公三年》:"有年。"穀梁傳:"五穀皆熟,為有年也。"这个意义还保留在一些方言中,如"今年年成不好!""年"后来作为计时的单位。

"龄"字目前传世甲骨文里未见。《说文解字》,年也。从齒令聲。《礼记·文王世子》:"文王谓武王曰:'女何梦矣?'武王对曰:'梦帝与我九龄。'"

"老年""老龄""年龄"是汉语双音节化大势驱动下产生的现代词汇。在概念上,老年和老龄都是要跟其他概念对举才有较精准的内涵和外延。在现代生命历程学看来,老年和老龄概念的形成可以视为生命历程学的萌芽。老年和老龄是在人们把人的一生划分为阶段后产生的。年龄是用来计量人生历程的长度单位。

汉语里"老年人""老人"译成英语,有英美英语在用法上的差异。"Older people"(老年人)是英国用法,如见于英国官方文件 *National Service Framework for Older People* (2001), *the Care Homes for Older People: National Minimum Standards* (2003)。美国英语则用 older adults, 或 older persons。有时对老人作更细致的区分,大于 80 岁者为"高龄老人"(Octogenarian)、大于 90 岁

者“长寿老人”(Nonagenarian),100 岁或以上者“百岁老人”(Centenarian)。有些学者不用拉丁词,用容易记忆的说法,如 young-old, older-old, oldest-old。

最后,我国作为人口规模和老年人口规模最大、老龄化最迅猛的国家,“人口老龄化将成为中国社会的新常态”(陈卫,2016:83)。如此国情呼唤我国语言学爱好者多多关注老年语言学,为我国和世界老年人的语言生活健康贡献我们的微薄之力。

参考文献

[1] BIRREN J E. Encyclopedia of gerontology: age, aging, and the aged. 2nd ed. Amsterdam: Elsevier, 2007.

[2] GAVRILOV L A, HEUVELINE P. Aging of population[M]//Demeny P, McNicoll G. The encyclopedia of population. New York: Macmillan Reference, 2003: 32-37.

[3] LUNDQUIST J H, ANDERTON D L, YAUKE Y D. Demography: the study of human population[M]. 4th ed. Long Grove: Waveland Press. Inc, 2015.

[4] MAKONI S. Gerontolinguistics in South Africa [J]. International Journal of Applied Linguistics, 1997, 7 (1): 57-65.

[5] MAKONI, S, GRAINGER K. Comparative gerontolinguistics: characterizing discourses in caring institutions in South Africa and the United Kingdom[J]. Journal of Social Issues, 2002, 58 (4): 805-24.

[6] MAKONI S. From elderspeak to gerontolinguistics: sociolinguistic myths[C]//GARCIA O, FLORES N, SPOTTI M. The Oxford Handbook of Language and Society, 2017: 369-380.

[7] MCDONALD R B. Biology of aging[M]. New York: Garland Science, 2014.

[8] VICTOR C. The demography of ageing[M]//DANNEFER D, PHILLIPSON C. The sage handbook of social gerontology. Los Angeles: Sage, 2010: 61-74.

[9] 陈卫.国际视野下的中国人口老龄化[J].北京大学学报(哲学社会科学版),2016,53(6):82-92.

[10] 邬沧萍等.社会老年学[M].北京:中国人民大学出版社,1999.

[11] 邬沧萍.积极应对人口老龄化理论诠释[J].老龄科学研究,2013,1(1):4-13.

[12] 张志聪.黄帝内经素问集注[M].杭州浙江书局,2014.

[13] 廖育群.今本《黄帝内经》研究[J].自然科学史研究,1988(4):73-80.

第一部分

老年语言学

我国老年学和老年医学的现状与思考

侯柏村　罗　昊　王刚石

人口老龄化已成为一个日趋严重的世界性问题。按照世界卫生组织(World Health Organization，WHO)的标准：60 岁以上老年人口占总人口 10%，或者 65 岁以上老年人口占总人口 7% 即为老龄化国家。截至 2017 年年底，我国 60 岁及以上老年人口有 2.41 亿，占总人口 17.3%；其中 65 周岁及以上老年人口 1.58 亿，占总人口的 11.4%①，因此我国是世界上老龄人口规模最大的国家，也是老龄化速度最快的国家之一，在疾病防治、机体保健、居住环境、经济供养、社会服务等方面均面临着严峻的挑战。在此背景下，老龄相关问题越来越成为我国学术界关注的重点，以保障老年人为主要任务的老年学和老年医学也得到了迅速发展。

老年学是自然科学和社会科学相互交叉渗透的综合性学科，研究个体和群体老化及由此引起的经济和自然等诸多问题，其研究领域已从最初的有关衰老的生物医学问题，逐步拓展到包括社会学、心理学以及教育学等多方面的研究，形成了对人类老年、老龄过程和老龄问题的综合研究体系。老年医学是老年学的一个分支，是研究人类衰老机制、人体老年性变化、老年病的防治以及老年人卫生与保健的科学，也是医学科学的一个重要组成部分。老年医学注重在人们变老以后的高质量个体化照护。高质量照护是指改善老年人的健康、提高他们的自理能力和生活质量；个体化照护则是将个人的价值和需求作为制定照护决策的核心②。

我国现代老年医学起源于 20 世纪 50 年代中期，1964 年召开全国老年学与老年医学第一届学术会议，1995 年成立老年卫生工作领导组，我国的现代老年医学由起步迈向发展。一些国家级的老年医学学术委员会陆续成立，如中华医学会老年医学分会、中国老年学和老年医学学会、中国老年医学学会等，相关杂志也相继创刊；国家自然科学基金、“973”计划等都将老年医学项目列入其中，各省市老年医学分会定期组织各种学术会议进行学术交流，积极开展继续教育和科普宣传，这些活动极大地推动了我国老年学和老年医学的发展。

与世界先进国家相比，我国的老年医学研究存在不少问题，如研究设计缺乏自主创新性、疾病研究资料多来源于非老年人群、对一些新兴的老年医学边缘学科如老年康复医学、心理学、社会学重视不够等。在老年临床工作中，困难也同样很多，包括：(1)面向全体老年人的医疗机构数量严重不足，社区医院、诊所的覆盖程度和诊治能力不够。国内新出现了很多养老机构，但并不能提供医疗服务；(2)专业从事老年医学的医疗人员极度缺乏，老年医学教育滞后，多数综合医院的老年科医师多来自内科或专科，工作中往往关注疾病本身，而忽略了老年人心理、生理和潜在的其他问题(金晔麒等 2013)；(3)经济落后地区的医疗资源匮乏，患者依从性和配合度较差，部分老年人缺乏健康意识，老年常见问题被老人本人和家属误认是“衰老的自然现象”而未予诊治。

---

① 引自中华人民共和国国家统计局. 中华人民共和国 2017 年国民经济和社会发展统计公报[N]. 人民日报，2018-03-01(12).

② 引自美国老年病学会老年卫生保健专家. 关于老年病学[EB/OL]. https://www.americangeriatrics.org/geriatrics-profession/about-geriatrics。

【作者信息】侯柏村、王刚石：解放军总医院第二医学中心、国家老年疾病临床医学研究中心；罗昊：香港大学社会工作与社会行政学系、计算机科学系。

【注】本文首刊于《语言战略研究》2019 年第 5 期，此处转载已作修改。

上述诸多问题的妥善解决，需要国家相关政策支持和老年医学从业人员的努力。结合我国现状，一些有助于改善老年人生活质量和管理老龄社会的理念值得交流探讨。

1 健康老龄化

该概念在 1987 年 5 月召开的世界卫生组织大会上首次被提出，其内容在此后逐渐拓展。2015 年，世界卫生组织对"健康老龄化"的概念做了最新的定义：发展和维护老年健康生活所需的功能发挥的过程。功能发挥是指使个体能够按照自身观念和偏好来生活和行动的健康相关因素，由个人内在能力、相关环境特征以及两者之间的相互作用构成。内在能力是个体在任何时候都能动用的全部身体机能和脑力的组合，包括走路、思考、看、听和识记等；相关环境包括组成个体生活背景的所有外界因素，包括——从微观到宏观层面——家庭、社区和广大社会①。环境与内在能力共同决定了老年人是否能够参与到他们想要参与的活动中去。健康老龄化就是要创造环境和机会，使老年人能够完成其认为有价值的事，包括满足基本生理、学习和决策的需求，能够自由活动的需求，建立并维持人际关系的需求和为社会作贡献的需求(顾耀华，2018)。除此之外，世界卫生组织也提出了健康老龄化行动框架：卫生系统要面向老龄人口需求；建立长期照护系统；构建关爱老年人的环境；提高评估、监测和认识水平②。随着被形象描述为"灰色海啸"的老龄社会的到来，在快速变老的世界里，在我国面对大量空巢家庭的现况下，借助社会力量与相关政策培育支持健康老龄化是最为重要的问题之一，需要将一些成功的研究成果应用于老年管理，采用积极的健康促进干预方式，比如"运动就是良药"，使健康老龄化成为一个"新常态"。

2 老年综合评估

传统的医学评估以"疾病"为中心，目的在于确诊人体内是否存在某种器官的病变。老年患者常有多种疾病，在传统的医疗模式中，患者常辗转多个专科就诊，而得到的医疗照顾却常常是不全面的和不连续的。通过对老年人医学、心理和功能等多项目、多维度进行鉴定的诊断过程，能够最大限度地提高或维持老年人的生活质量，随着从单纯诊疗向健康管理型医疗转变，依据生物—心理—社会医学模式，老年综合评估应运而生，其内容包括对老年人的一般医疗评估、躯体功能评估、认知和心理评估、社会环境因素评估等(宋岳涛，2012；蹇在金，2012)。这种综合评估不仅有助于医护人员及时了解和掌握患者的身心状态，制定合理的干预措施，还有助于医疗服务机构和社会保障部门对不同的老年个体做出精准的医疗服务和帮扶政策，以最小的干预手段来帮助老年人维持其独立生活或者协助生活的能力。

基于老年评估的整体、多维需求，产生了诸多评估工具。interRAI 评估系统是被很多发达国家所共同使用的科学评估工具。RAI(Resident Assessment Instrument) 指的是"居民评估工具"，是 1987 年由国际上相关领域的学者开发的评估量表，其目的是了解住进照护机构居民的情况，建立资料库，制定照护领域有循证依据的评估和指南，促进临床照护计划的制定和照护服务质量的提高，同时作为医疗费用给付的参考依据③。interRAI 临床评估协议可以提供恰当的健康指标的临床分级、治疗计划，不仅有助于临床医生关注在评估过程中发现的主要问题，还可以帮助临床医生决定是否需要干预以及如何确定干预措施(Stampa et al.，2018)。香港特区政府于 2000 年 11 月起开始推行该科学评估机制，并率先用于长期照护服务。有资质的评估员采用 interRAI 评估老人在护理方面的需

---

① 引自世界卫生组织. 关于老龄化与健康的全球报告[EB/OL]. http://www.who.int/ageing/publications/world-report-2015/zh/。

② 引自世界卫生组织. 关于老龄化与健康的全球报告[EB/OL]. http://www.who.int/ageing/publications/world-report-2015/zh/。

③ 引自 interRAI 中国官方网站—居民评估工具. interRAI 中国介绍[EB/OL]. http://www.interraichina.org/home/choose。

要，并编配合适的长期护理服务，统一评估机制适用于申请安老院、护理安老院、护养院、长者日间护理中心、改善家居及社区照顾服务及综合家居照顾服务内的伤残及体弱个案。目前，各种评估工具还需要不断挖掘和完善，提高老年医学工作者在临床工作中的应用意识也很重要。

3　医院之外的医学为老服务（家庭照护）

居家养老是目前我国老年人生活的主要方式，社区照顾与支援服务、养老院等也在逐步成熟中。当老人罹患疾病时，强调生活质量、尊重患者意愿是现代医学所提倡的。老年人在疾病急性期治疗结束后进入慢性期、中间期进行康复治疗或者功能恢复时，绝大多数都将返回其赖以生存的家庭中，以他们所期望的方式生活。从社会层面来讲，政府的政策也致力于缩短平均住院日、减少床位以减轻日益增长的医疗卫生支出，这就需要"以社区为导向的医学治疗"来提供全面、综合的服务，因此"家庭照护"应运而生。家庭照护与医院治疗共同配合，以可利用的医疗资源手段对老年人进行家庭访问式的医疗和护理，帮助老人能够继续在家中生活。家庭照护可以使老年人能够在当地社区接受到包括康复在内的持续的治疗和护理，而不是过度依赖住院或者被迫选择接受家庭照护。它不仅能够减轻医院里医生和护士的压力，也能为急诊科的医疗需求提供补充（Arai et al.，2012）。促进家庭照护的发展有很多方法，包括：医院（大型医院和中/小型医院）和诊所的功能分隔；跨学科间的密切合作，建立社区综合医疗；增加初级医疗服务人员，尤其是从事门诊工作的医生在家庭医疗中的作用，并提高他们相应的能力；通过人力资源发展创造安全的环境和机会，并为从事家庭照护的年轻人提供相关知识的培训；提高民众家庭照护相关的公共意识（Arai et al.，2015）。国际上发达国家和地区的老年医学科工作者已经从医院走入患者家庭、社区或养护场所，在做好院内诊治的同时，主动实施入院前管理和出院后服务，取得了很好的效果。

4　老年福祉科技

现代科学技术的发展使我们时时处处享受着科技带来的福利，应用科技手段也可以在老年人健康发面发挥重要作用。老年福祉科技就是综合现代老年学与信息技术、老年养护技术、老年医学、生命科学、中医药学、康复辅具等科学技术手段，为老年人提供最佳照料护理、健康管理、卫生保健、安全环境和社会参与途径，提高老年人健康、福祉和生命生活质量的跨学科、跨领域的科技工作（马俊达等，2014）。一项荟萃分析发现：同样针对慢性阻塞性肺疾病患者进行自我管控教育，应用平板电脑、智能手机、网络电话等智能科技产品者与接受面对面口头/书面交流相比，前者更能显著提高患者的HRQoL（健康相关的生活质量）和活动水平（McCabe，2017）。另外，利用互联网及相关技术研发的"自备监测装置""远程医疗监测"，以及护理机器人、智能轮椅、智能集尿器、多功能护理床、智能浴缸、多功能阅读辅具等一些智能化老年辅具，这些都是科学技术在老年医学和老年健康领域发挥作用的具体体现。但需要引起注意的是由于年龄相关的生理、心理特点，老年人在使用科技产品时的需求和要求与年轻人不同。老年福祉科技的设计需要考虑接受者的生理、认知和情感需要。举例来说，视力和听力的生理改变会使老年人更青睐具备较大字体和声音的设备；而认知功能的改变，如工作记忆能力的下降、信息处理速度的降低和对无用信息的忽视，使得老年人更倾向于干扰小、有记忆提示功能、易于学习和理解的技术产品。除此之外，在设计科技产品时老年人的心理需求，例如生活满意度、社会融入度、成就感、消除恐惧心理都是应当考虑的因素。有研究针对香港老年人群使用高科技产品的情况作了调查，在以往只考虑产品实用性、功效和易使用程度的技术接受模式（technology acceptance model，TAM）的理念上提出了老年技术接受模式（senior technology acceptance model，STAM），后者在技术中更多考虑了一些与年龄相关的健康和能力因素，比如自我报告健康状况的能力、机体功能状态、认知能力、对衰老和生活满意度的态度等（Chen et al.，2014）。这些模式和理念在今后老年福祉科技的发展中值得借鉴和推广。

5 生命后期的管理

如果把人一生的生活质量比作一幅绚丽多姿的画卷，那么对于绝大多数个体而言，死亡质量无疑是最为凝重、最灰暗、最不受重视的一面，人们对此多采取回避的态度。所幸的是，近年来有越来越多的研究开始正面涉及死亡质量(Kaasa et al., 2018)。在多病共存的高风险老年群体，尤其是对处于疾病晚期比如罹患晚期肿瘤的老年人，舒缓医疗以"维护生命，把死亡作为一个正常的生命过程，既不加速也不拖延死亡"为原则，提供有尊严、有准备、舒适平静的离世，已越来越得到人们的认可。采用会议宣教、集体讨论等方式，可以提高人们对死亡质量的认识。另一方面，我们也主张为老年患者提供科学管理，提供最佳支持治疗(Wan et al., 2018)，比如做出合理的诊疗康复计划、关注重要脏器功能的保护、及时处理疼痛、衰弱和缓解心理压力等，这些治疗手段本身与舒缓医疗并无不同，但可以更有预见性地帮助老年患者缓解症状，为其提供更多的生存机会和更好的生活质量，期待将来有更多的老年医护工作者加以重视。

人的一生可分为婴幼儿、儿童、青少年、成年和老年等不同时期，与其他阶段相比，老年期最大的特点是时长不确定，可以期待的时间长达40年或更久，因此，老年人需要认识这种特殊性，积极主动加强自身管理。同时，从事老年事业的各级人员需要认识到，老年人的生理和心理特点决定了这个群体具有很多特殊需求，要正确区别老年性生理改变和老年性疾病，及早筛查老年常见问题，通过医疗干预进行纠正或改善，既可提高老人生活质量，也可减轻医疗和社会负担。期待老年学和老年医学的共同发展，为我国的老年群体提供更多更好的为老服务。

参考文献

[1] ARAI H, OUCHI Y, YOKODE M, et al. Toward the realization of a better aged society: messages from gerontology and geriatrics[J]. Geriatrics & Gerontology International, 2012, 12 (1): 16-22.

[2] ARAI H, OUCHI Y, TOBA K. et al. Japan as the front-runner of super-aged societies: perspectives from Medicine and Medical Care in Japan [J]. Geriatrics & Gerontology International, 2015, 15 (6): 673-87.

[3] CHEN K, Chan A H S. Gerontechnology acceptance by Elderly Hong Kong Chinese: A Senior Technology Acceptance Model (STAM)[J]. Ergonomics, 2014, 57 (5): 635-52.

[4] interRAI居民评估工具. interRAI中国介绍. http://www.interraichina.org/home/choose

[5] KAASA S, LOGE J H, AAPRO M, et al. Integration of oncology and palliative care: a lancet oncology commission[J]. Lancet Oncology, 2018, 19 (11).

[6] MCCABE C, MCCANN M, BRADY A M. Computer and mobile technology interventions for self management in chronic obstructive pulmonary disease [J]. Cochrane Database of Systematic Reviews, 2017, 5 (5): 0-0.

[7] STAMPA M, CERASE V, BAGARAGAZA E, et al. Implementation of a standardized comprehensive assessment tool in france: a case using the InterRAI instruments [J]. International Journal of Integrated Care, 2018, 18 (2): 5.

[8] WAN, Xu S, Wu Y, et al. Management and survival analysis of elderly patients with a Cancer in the digestive system who refused to receive anticancer treatments[J]. Supportive Care in Cancer, 2018, 26 (7): 2333-2339.

[9] 顾耀华,谭晓东.健康老龄化对中国启示[J].中国公共卫生,2019,35(8):941-945.
[10] 蹇在金.老年人综合评估[J].中华老年医学杂志,2012,31(3):177-181.
[11] 金晔麒,王誉雅,江舟.聚焦老年医学,关注老年健康——浅谈中国老龄化时代的老年医学[J].科技视界,2013(36):391-408.
[12] 王俊达,刘冠男,沈晓军.社会福利视野下我国老年福祉科技及其发展路径探析[J].中国科技论坛,2014(05):130-136.
[13] 美国老年病学会老年卫生保健专家. 关于老年病学[R].https://www.americangeriatrics.org/geriatrics-profession/about-geriatrics.
[14] 世界卫生组织.关于老龄化与健康的全球报告[R].http://www.who.int/ageing/publications/world-report-2015/zh/.
[15] 宋岳涛.老年医学的核心技术——老年综合评估[J].中国现代医生,2012,50(23):9-11.
[16] 中华人民共和国国家统计局.中华人民共和国 2017 年国民经济和社会发展统计公报[N].人民日报,2018-03-01(12).

第一章　老年语言学引论

顾曰国

1　引言

老年语言学(gerontolinguistics),顾名思义,就是关于老年语言问题的学问。如果作学科分类,应该跨老年学(gerontology)和语言学两个学科,目前这两个学科主题词里是查不到的。这是在预料之中的。老年学虽然有多年的历史,但一直着力于老年医学、老年护理、老年心理、老年社会、老年经济问题等研究,老年语言问题还没有进入多数研究者的视野。同样,在语言学界,语言本体研究,语言习得特别是儿童语言习得,吸引了大量研究者,成果不可胜计。相比之下,老年语言问题几乎很少有人问津。

老年语言学虽然在老年学或语言学里还没有正式的位置,但并不等于说它不应该有合法的身份。老年语言现象自人类进化拥有语言后就已经存在,当今世界上许多国家已经进入老龄化社会。截至2018年,仅我国60岁以上老年人口就达2.5亿。从人类人口发展的趋势看,根据世界老龄研究会(the World Assembly on Aging)的研究,人口老龄化在今后很长一段时期内,非但不能缓解,而是更加严重。对现实生活里老年语言现象开展广泛而且深入的研究,搞懂并能把握现象背后的规律及其本质,为老龄化社会提供基于实证研究的服务,无论是在理论上,还是在社会实践上,都是当务之急。

本文共分9节,第2节介绍老年语言学构建的两个支撑基点,生命/人生历程学和老年学。第3节概览老年语言现象。老年语言现象包括老年语常、语误、语蚀和语障四个子类。第4—7节对四类分别逐一讨论。第8节探讨老年语言学研究方法论。第9节讨论文章之不足和亟待研究的问题。

2　老年语言学基点:生命/人生历程学和老年学

下面我们分别简要介绍构建老年语言学的两个基点,生命/人生历程学和老年学。

2.1　生命/人生历程学

生命/人生历程学这个术语源自英语 life course studies。Life course 在英语文献中包括动植物和人类生命历程。为了突出人类,本章把生命历程用作上位概念,人生历程为其下位概念。这种区别早在我国中医圭臬《黄帝内经·素问》[①]里就见萌芽。生命历程,简言之,即研究生命的全过程情况;通俗地说,就是研究生老病死的全过程。《黄帝内经·素问》有岐伯答帝问:

> 岐伯曰。…… 则无以生长壮老已。非升降。则无以生长化收藏。是以升降出入。无器不用。故器者。生化之宇。器散则分之。生化息矣。

"已",死也;"生长壮老已"指动物而言,"生长化收藏"指植物而言(据张志聪《黄帝内经素问集注》)。可见,《黄帝内经·素问》考虑生命历程时,是大生命概念,包括人、动物和植物,跟现代生物学

【作者信息】顾曰国:北京外国语大学人工智能与人类语言重点实验室、同济大学老龄语言与看护研究中心。

【注】本文主要内容曾在2019年《语言战略研究》第5期第12-33页首发。这里对原文作了较大的增补和修订。

① 廖育群(1988:367)指出,今本《黄帝内经》包括《素问》和《灵枢》"均系博采兼收战国至西汉时期的医经文献而成,其成书年代当在西汉末年至东汉前期。"

生命观是一致的。

当今生命历程学，包括人生历程学和其他生命（如动物、植物）历程学，已经形成独立的学科，即包括期刊、会议、教材、课程、实验室等，美国和欧洲学界视为新的研究范式（new research paradigm）。最早的思想萌芽在20世纪50年代社会学界迸发。与此并行的还有一个概念“人生发展”（lifespan development），这是从心理学的角度研究人生提出来的。两者几乎齐头并进，互相借鉴，汇聚成一股学术思潮。为下面叙述的方便，以及紧扣本文主题，我们统称为人生历程学思潮。虽然仅有几十年的历史，但很快成为显学，正如Anne Colby（1998：x）指出的那样，它代表了20世纪下半叶人文社会科学领域“最重要的成就”。

人生历程学已经形成一些比较成熟的理论模型。这里我们仅介绍Newman夫妇的理论（Newman & Newman，2012）。该理论构建在以下五个基本前提上。

（1）成长发生于生命的每个阶段，从受孕到老年均如此。终生不断成长这个概念意味着生命在神经、心理和行为三个层面上的可塑性，即不断自我调节以适应变化的能力。

（2）单个生命体随着时间的流逝同时显示两个特质：延续和发展变化。延续指通过记忆、身份标识、自我意识等形成的超越不同成长阶段的自我同一性。发展变化指伴随成长、成熟、重组等形成的新格局。

（3）研究力求弄懂的是一个完整的人，因为正是完整的人在社会中起作用。鉴于此，要研究构成一个完整人的许多方面，诸如生理的、认知的、社会的和情感的。概言之，旨在阐释完整人的各个方面的调节与适应能力。

（4）诠释任何一个行为都不能离开行为的环境和人际关系。因为人类是调节和适应环境变化能力非常强的动物。

（5）人们通过各种方式对自身发展做出积极的贡献，比如个人趣味和偏好，选择和制定目标，接受或拒绝文化价值与社会期盼。最关键的贡献之一是搭建各种社会关系网，从中获得社会的支持和个体社会化。

他们承袭Erikson（1963：37）对完整人按三个系统进行构建的基本思路：即生理系统、心理系统和社会系统。如图1所示。

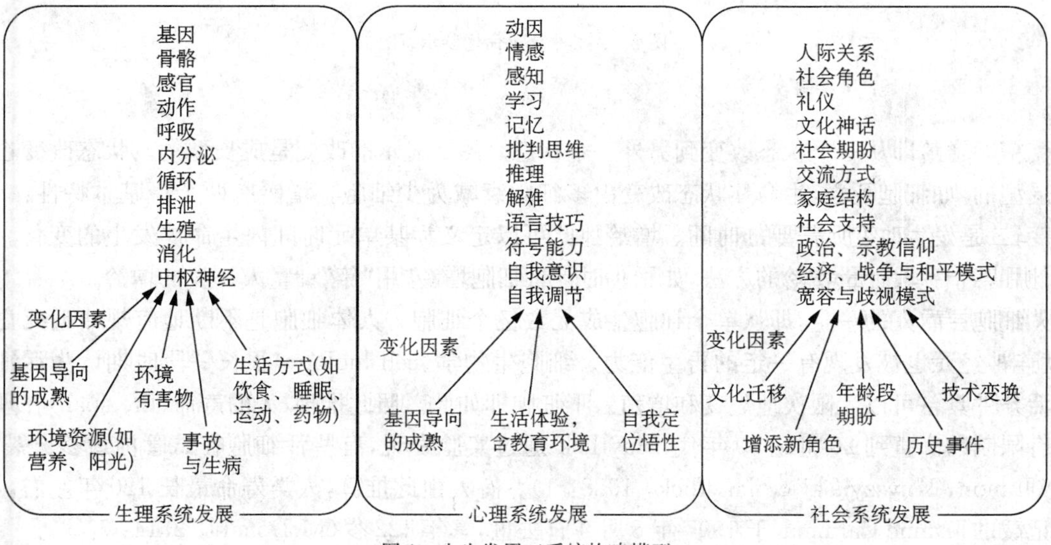

图1　人生发展三系统构建模型

（根据Newman & Newman，2012：6-8绘制）

图 1 上端显示各系统发展的主要参数。这适用于所有的生命个体。图的下端列举影响发展参数的诸多因子。这些因子是因人而异的。针对三个并行发展系统，他们强调心理系统所起的“造义”(meaning-making)功能。这是他们对 Erikson 模型的修正和贡献。

2.2 老年学

《老年学百科全书》(*Encyclopedia of Gerontology*，2007)主编 James Birren 指出：“老年学是古老的主题，新近的科学”。[①]在欧美，现代老年学已经形成三个主要分支：早先生物生理老年学(biological gerontology，含 clinical gerontology)，后来心理老年学 (geropsychology)，新近社会老年学(social gerontology)。老年学在西方许多国家已经形成非常成熟的学科体系。有学者预言，随着全球进入老龄化社会，老年学将成为学者和老百姓都关注的一门显学。下面我们分别简要介绍三个分支。值得注意的是，老年学深受生命/人生历程学的影响，不少基本观点和研究方法被吸纳到老年学的研究中(Dannefer & Phillipson，2010)。

2.2.1 生物生理老年学

老年语言学如何在概念上进行思考和构建，首先取决于我们如何认识和理解“老龄”。什么是老龄？细究起来，界定老龄还需要两个更基本的概念，即增龄(ageing)和老龄化(ageing)。

人类生命个体有生物学上的起点，即精子与卵子结合生成一个蕴蓄新的生命体细胞——受精卵(zygote)。我们可以从这里计算增龄。受精的单细胞大约 30 个小时后分裂为双细胞，约 40 个小时后分裂为 4 个细胞，三天后分裂成 12～16 个细胞。这个细胞团研究者称为桑葚胚(morula)。如图 2 所示。

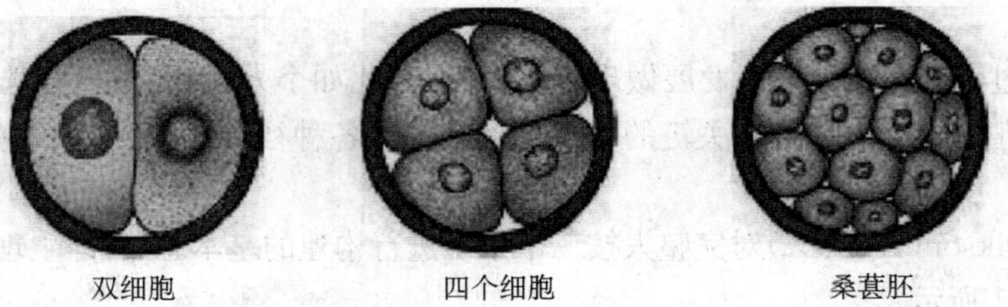

图 2 人类个体生命增龄示意图

(根据 Sadler，2019：43 绘制)

受精卵增龄即从一个状态改变到另外一个状态。图 2 显示的改变是成长型的。状态改变也可以是衰退型的，如细胞死亡，生命体状态改变由多细胞衰减为少细胞。增龄有两个最基本特性：一是状态改变，二是发生改变所需要的时间。增龄因此可以定义为某单元时间内生命体发生的变化。年龄是人们用某个手段计量增龄的方法，如用小时计量细胞增龄，用“年”计量人一岁的增龄。

从细胞层看人的一生，即从单个细胞生成无数亿个细胞。人体细胞是不断地有规律地死亡和增殖，就连神经元也被发现有一定的再生能力。细胞生物学(cell biology)很长一段时期认为活细胞只要存活条件具备可以无限次地裂变和增殖。干细胞即如此。照此推理，人的寿命(life span)在理论上是没有限制的。直到 20 世纪 60 年代，Hayflick 通过实验发现，有些活细胞在试管内最多分裂 50±10 次(Danon，Knyszynski & Hayflick，1988：1)。有人由此推算，人类寿命最长 120 年左右。文献中有记载的 Jeanne Calment 于 1997 年 8 月 4 日去世，享年 122 岁(McDonald，2014：5)。

① “gerontology is an ancient subject but a recent science”，转引自 Phillips et al.，2010：1。

122岁是Calment的年龄，她的增龄用年为单位计量等于122年长度。她的"老龄"是多少？她老龄化是什么时候开始的？思考这两个问题，我们就发现"老龄"并非是根据生命体的生理状况来定的。按照妇女55岁退休进入老年生活，Calment的老年达到67年，比许多人一生寿命还要长。老龄（或老年）实际上是生命体所在的社会、经济、政治等环境因素决定的。这是下面要介绍的社会老年学（social gerontology）研究的问题。Calment何时出现老龄化，是生物老年学（biogerontology）的核心问题，这个问题的答案关系到老年语言学的根基。

英语词ageing在老年学里往往指老龄化，即生命体到达成熟峰值后其生命功能便开始蜕化。生物老年学的中心任务就是在生物层面（相对于心理和社会层面）研究老龄化的。核心问题有两个：老龄化是如何发生的？老龄化为什么要发生？零星探讨这两个问题可追朔到400年前，然而严肃的、缜密的研究不过50～60年（McDonald, 2014:2）。

生物老年学如何定义老龄化？McDonald指出，文献里可以发现"成千上万个"不同的定义。我们仅举一例：衰老是生命体对来自生活各种压力冲击的抵御力减低，易生病，死亡概率升高，其生理蜕变过程超过再生的过程（根据Birren主编《老年学百科全书》2007年英文第2修订版第572页）。本文采用McDonald的观点和定义。他指出，下定义要考虑以下三个关键因素。

（1）生命体（organism）不同生理层面（如分子、细胞、细胞器官、组织）上的老龄化可能是不同的。生命体整体衰老因此不能等同于生理层面上的衰老。

（2）导致生命体晚年衰老的一些因素，在生命体早期发展阶段就可能发生。

（3）长寿和老龄化有关联，但是属于不同的过程。

McDonald给出如下定义：

老龄化是个随机的变化，涉及分子、细胞和生命体的结构和功能，变化是生命体与时间和环境互动引发的。老龄化增大死亡的概率。（McDonald, 2014:8）

分子结构与功能之间关系的随机改变是这个定义的核心。这个定义没有明确包含老龄化的起始点。只是点出老龄化发生需要时间。这是因为越来越多的证据表明，影响生命个体老龄化的速率因素在妊娠期就可能发生。老龄化因此是从出生到死亡的一个连续统。然而，为了便于进行人与人之间、人群之间、物种之间横向对比研究，老龄化描述需要根据人生事件分成若干个阶段，目前比较流行的是分为三个阶段：发展、成熟和衰老。（McDonald, 2014:8）

发现细胞衰老（cell ageing）或曰复制衰老（replicative senescence, RS），首功要归于上文提到的Hayflick。体外培养的人胚胎细胞经过50±10次分裂增殖后，增殖便自动停止，而非先前认为的可以无限增殖。这个发现被称为Hayflick阀限（Hayflick Limit, Rattan & Hayflick, 2016），被普遍视为是研究衰老的科学基点，极大地推动了细胞衰老研究。

人们容易把老龄化与老年疾病混为一谈。McDonald特别强调两者之间的区别。他指出，通过疾病模型探索老龄化是于事无补的，这跟研究天花对弄懂生物发展规律无益是一个道理。生病是动物或植物自身正常功能受损的过程，而老龄化是生命体与环境长期互动耗损的对抗力下降，引起功能变化及其体力衰减。对于生命个体来说，老年性疾病跟老龄化的关联当然是很重要的。然而，老龄化遵循的是物理学和生物学上的通常规律。用生物老年学鼻祖Leonard Hayflick的话说，"老龄化不是病，因为老龄化所引发的变化，不同于任何疾病所引发的改变"（McDonald, 2014:10）。老龄化基本特征有：①所有成年动物达到成熟峰值后老龄化都会降临；②老龄化几乎没有物种屏蔽；③老龄化只有性成熟后才会发生。

2.3　老年心理学

研究焦点放在老龄对智力（特别对认知）的影响。老龄对老年人情感（绪）的影响近期也引起学界的关注(Magai & McFadden, 1996)。

关于智力(intelligence, the intellect),在西方学术史上,早期研究者是把它跟五官感知(senses)对举的,即人类智力居感官能力之上的一种能力。这个观点最早可以追溯到柏拉图。柏拉图及其追随者认为感官是不可靠的,比如眼睛看到插在水中的杆子是弯的,而智力"说"是错的,杆子是直的。直到现代生物学和动物学占据主流地位之前,智力一直被视为人类的物种特征。智力评测在19世纪末就流行,如有一次近200万名美国士兵接受智力评测(Spearman, 1927: 7)。当时对智力的界定是笼统的,模糊的。Charles Spearman (1927)被视为现代智力评测之父之一。他提出智力应该是多元的,而不是笼统混一的。在他的研究基础上,现在区分三类智力:基础智力(general intelligence)、晶化智力(crystalized intelligence)和解难智力(fluid intelligence)。

基础智力,现在也称为经典智力,主要包括算数、推理、时空间认知、语言理解和产出。在Spearman的推动下,经典智力是可以量化的,得到经典智力曲线。如从7岁至80岁,分为若干年龄段,用同一个评测系统在同一时间进行评测。每个年龄段取其评测分平均值,把评均值连接起来,就形成一个拱形曲线:儿童→青春期直线上升→成年早期(early adulthood)达到峰值→30岁后开始下行,老年期一直下滑。

晶化智力指一生知识积累。测量通常是问答法,如提问罕见词语知识,生活里实用技能知识。解难智力指解决无法从教育或文化习俗里找到现成答案的问题的能力。评测最常用的方法是要被试者发现规则,如读下面字母系列:

A C F J ?

指出问号(?)位置上应该填上什么字母。(以上关于智力的讨论主要根据 Stuart-Hamilton, 2012:52-53。)

长期以来,无论是学者还是普通人,往往根据个案就得出结论,认为老龄对智力特别是基础智力,影响是很大的。普遍老化成为一些人对老年人的"套式思维"(stereotyped thinking)。对老年人套式负面评价,老年学界指责为"老年偏激主义"(ageism)。Schaie 等研究表明,事实并非如此。他们的近期研究成果如图3所示。

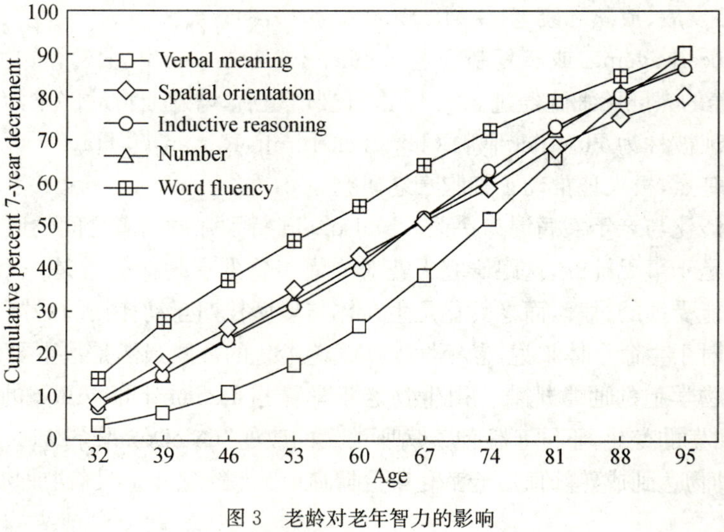

图3 老龄对老年智力的影响

(引自 Schaie & Willis, 2016: 4)

图3的横轴显示被试者年龄段,从32岁至95岁。竖轴显示7年年龄差的得分(百分比)。图3左

上角显示的是评测参数,包括语义、空间定向、归纳推理、算数、词语流利度五个方面。很显然,有些被试在95岁高龄时词语流利度丧失,但其他四个参数依然尚存。

特别需要提醒的是,分年龄段同步测试,无法回避年龄段效应(cohort effects)。换句话说,分年龄段同步测试时要同时考虑补救措施。如区分人群智力老化和个体智力老化。年龄段效应属于人群层面,不能用于诠释个体智力。

长期跟踪研究对于研究老龄化来说是非常理想的,但可操作性差,同时难免退出效应(drop-out effects)和熟悉效应(practice effects)。非常有趣的是Deary等在苏格兰做的长期跟踪研究。早在1932年苏格兰教育研究理事会(the Scottish Council for Research in Education, SCRE)对1921年出生的在学儿童累计87 498(44 210名男生、43 288名女生)名进行智力筛查(the Moray House Test, MHT)。1998年,Deary等(Deary et al., 2000)找到一些健在者,其中73名同意重做一次他们66年前做的智力筛查。这项研究一方面有年龄段调查的特点,另一方面又涉及老龄对个体智力发展与衰老的影响的调查。两次调查在时间跨度上达66年,恐怕今后难以复制此类研究。

2.4 社会老年学

上文提到Newman夫妇的人生发展三个系统模型,其中一个是社会发展系统。在这个模型中,社会是个体发展的身外环境。个体与这个环境互动时不断进行自我调节以便更好地适应环境。当个体进入老龄阶段后,他/她同样要继续不停地自我调节以便更好地适应老龄环境。与先前不同的是,成为老龄人群的一员,他/她原来与社会构建起来的各种关系,如工作、报酬、医疗、保险等均发生重大变化。此外,身体上生理衰老、丧偶、子女远离等也接踵而至。所有这些改变老人能不能做到自我调节,不断地主动适应新的环境,都是社会老年学所面临的课题。

社会老年学虽然年轻,无论是国外还是国内,发展都很迅猛(邬沧萍等,1999;Dannefer & Phillipson, 2010;Phillips et al., 2010)。人群老龄(或老年人群),是社会老年学首要关注的对象。社会变迁、重大公众卫生事件、战争、教育改革等,产生深刻影响的首先是人群。如我国20世纪60年的知青上山下乡运动,促成了巨大的知青人群。自1966始,1951年出生且健在的初中毕业女知青2006年成为老年人群,同年出生且健在的男知青2011年成为老年人群。1966年高中毕业下放的知青,1948年出生,女性2003年、男性2008年分别成为老年人群。研究我国社会变革对这些老年人群的影响,正是社会老年学急需要探索的课题。

2.5 老年学元语言问题

前面提到过,老年学在学科丛林里是年轻的。普遍认同的元语言尚未成熟。鉴于此,为了叙述方便,避免混淆,我们要区分"生理年龄""出生年龄""功能年龄""社会年龄""心理年龄""性别年龄""老龄"等。

本文对年龄(age)和增龄(ageing)作严格的区分。时间是生命历程内在要素之一,常以"年"为单位,跟日常交流时说的"年龄"对应。本文首先需要一个动态的概念,称为"增龄"(ageing),如时龄、日龄、月龄等。换句话说,增龄指生命体沿着时间线不断发展的过程(参见本文2.1节)。人类普遍以增龄为基数对生命体进行分类和管控。

生理年龄是根据增龄所引起的生理系统发生的变化来定的。比如胚胎学把孕期增龄过程一般分为两个生理年龄段:前8周为胚期;从第9周开始到出生前为胎期。我们知道活细胞在其适宜的生长环境下有自己的生命周期。"就我们人体而言,每天都会有大量的细胞衰老死亡,如皮肤细胞、血细胞、肠上皮细胞等。要维持细胞数量的平衡和机体的正常功能,必须依赖细胞增殖。另外,机体创伤愈合、组织再生、病理组织修复等,也要依赖细胞增殖。"(翟中和等,2007:385)。此外,"大脑在皮质部位的生长直接关系到智力和创造力等高级心理能力的发展,而人脑的生长可以一直持续到八九十岁"

(唐孝威等,2006:115)。

出生年龄往往参照生理年龄。与母体孕育环境分离作为断点,根据所处的社会文化团体约定规则进行计量,如大清康熙乙丑24年((即西元)公元1685年)生。出生年龄有个复杂情况,即早产儿。现代医疗技术可以在母体外养育胎期婴。

功能年龄是根据生命体能够行使的活动做的分类。民间流行的"七坐八爬、九岁长牙"、孔子说的"三十而立,五十知天命"等说法,正是基于功能年龄而言的。儿童功能年龄研究已经取得非常精细的知识。相比之下老年人的功能年龄研究,目前主要成果在老年智力测试方面,还有大量工作待做。

社会年龄反映的是因人种和生存环境不同而形成具有不同文化特色的分类与管控方式。比如生命体刚出生时归为"婴儿",后来随着增龄进入"童年""青少年""成年""中年""老年"等。这样的年龄分类属于社会学分类。在欧洲历史上,很长一段时期(直到17世纪)没有childhood(相当于现代说的青少年)这个概念(Feldman,2018:32)。童工是普遍存在的,英国工业革命前后即是如此。

心理年龄是对个人行为参照某个标杆做出的价值判断。随着生理年龄增龄,生命体会产生相应的行为、心理特征。比如幼儿在某段时期见到陌生人时会害怕(俗语"认生")。再比如儿童走路时会蹦跳。成年人如果有意或无意这样做,那么自己或别人会用"心理年龄小"来描述。什么能作为标杆是受文化支配的。比如闻歌起舞在一些民族中不是标杆,而在汉民族里往往作为心理标杆。上了年纪的汉族人闻歌起舞多被视为心理年龄轻,越活越年轻;如果此时心理不健康,会被视为"疯癫"。

性别年龄为一种混合年龄现象,综合考虑生理年龄、功能年龄和社会年龄。男女有别在婴儿期还不明显,到了青春期两者自然差别、人为做出的区别则非常显著。现在甚至出现对"超性""变性"等现象立法。

老龄在严格意义讲是一种社会年龄。"老年"可以理解为社会学或人口学概念,用它来对某类人群根据出生年龄做出人为的分类。中华老年医学学会根据我国具体情况曾建议无论男性或女性出生年龄大于60岁者称为老年人,大于80岁者称为高龄老人,大于90岁者长寿老人,100岁或以上者百岁老人。下面我们把"老龄"还细分为"积极生活老龄""消极生活老龄"和"被动生活老龄"三个子类(详细见下文第3.2节)。

特别要注意的是,上面各种"龄"不是简单的语言标签,而是跟生命体的社会身份、地位、权利、义务、责任、行为、道德规范等紧密相联的。如60岁退休,不是说已经老到失去工作能力,即不是根据功能年龄确定是否退休,而是跟工作位置、工资、职务、职称等因素挂钩的。退休人退休后跟他挂钩的资源就空出来了,后来人好占用上。有些国家把是否退休跟功能年龄挂钩(而不是像我国现在跟出生年龄挂钩),换句话说,功能年龄允许工作多久就多久,老年人的劳动力就能得到充分的发挥。

本文用"身脑心"指代个体生命体,其准确用义来自人体解剖生理学(human anatomy and physiology)和脑神经科学(neuroscience of the brain)。"身"包括人体各器官、系统及其形态结构。"脑"(brain)作为人体的一个器官对于本文来说特别重要,单独列出来。"心"(mindness of the brain,脑的"心性")指鲜活的脑所呈现的各种功能。

无论是婴儿还是老年,增龄是研究身脑心变化的基线。新生婴儿的身脑心是随着增龄不断成熟、趋向稳定的。老年人的身脑心随着增龄是从成熟、稳定状态走向不稳定和衰退。本文以出生年龄55(女)— 60(男)岁为老年的起始年龄,不是根据身脑心因增龄引发的健康状况来定的,更多考虑的是社会文化因素,是根据我国有关规定人为划定的。

2.4 老年语言学与人生历程

婴儿为人生历程的起端。在进入主题之前,我们不妨把人生历程的起端(儿童语言习得)和末端(老年语言现象)做个粗略对比,这对我们把握老年语言学大方向是有益的。从个体使用者角度看,语言有个起始点，同时还有个终点①。儿童语言习得是从无到有，由简到繁。老年语言正好相反，从有到无，由繁趋简。这个大趋势跟儿童和老人在生理、心理、认知、情感等方面的成熟与衰老相对应。儿童如果在这些方面成熟发生障碍(如自闭症儿童)，语言习得便不能正常进行。老年则有些特殊性。有些90岁以上高龄老人依然伶牙俐齿，口若悬河。我们老年多模态语料库里，有103老人现场即席致辞顺畅无误的例子。上文提到的Jeanne Calment，经常接受媒体的采访。117岁时有记者采访她，习惯于常问她对将来的期盼这类问题，她回答道："我所等待的是死亡…… 还有记者。"这个回答既真实反映她能正视死亡即将来临这个现实，同时也反映了她依然机警幽默(Santrock，2019:520)。

老龄化对部分老年人语言使用是没有影响的。而另外一部分老人，虽然无心脑血管疾病，却会出现找词困难、语速放缓、表达从简等现象(当今医学称之为"轻度认知障碍"mild cognitive impairment，MCI，见下文7.1节)。重度智退症患者的语言衰退则十分严重，可以达到与近亲都无法交流的程度，最终完全失语。

老年语言学研究老年人语言跟身脑心衰老之间的负增长关系。史书里记载某儿童"生而能言"，那是为了某些政治目的捏造的故事，现实生活里是从未出现过的。儿童能言的年龄有个不可超越的成熟点(一岁左右说出单音词)，学会还必须经过敏感期(先前叫关键期)。老年人语言却不同，在一定的条件下可以一直保持到临终而无损！但在另外一些条件下，可能完全失语。这两个极端情况研究者一开始就需要注意。

前面我们说过，老年语言现象处于人生历程的末端。人们进入老年时已经构建了各自的语言60年之久。人生历程各不相同，构建的语言在内容上自然各异。但在语言形式和结构上则是跟所在的语团语言是相通的。鉴于此，下面我们首先在宏观上把老年语言现象分为无损和有损两大类。其中无损包括语常和语误两个子类，有损包括语蚀和语障两个子类。接着分别讨论这四个子类跟老年身脑心的互动作用，特别是身脑心自然衰老对老人个人语言维护产生的负面影响。这是老年语言学的核心任务。其后简述老年语言学方法论，最后讨论本文存在问题和将来研究方向。

需要指出的是，虽然老年语言学还不是语言学的一个分支，但很幸运的是，跟老年语言研究紧密相关且发展迅速的，有临床语言学、神经语言学、失语症学等。这些相邻学科在国外开展已经多年，失语症已经达一个半世纪。我国近几十年也开始迎头追赶，势头令人鼓舞。这些研究的普遍特点是聚焦身脑心疾病引起的语言障碍。我们知道语言障碍的发生是不分年龄段的，从幼儿、青少年、中年到老年，都有可能出现语言障碍。相比之下，老年语言学一方面集中关注老年，另一方面对老年人的"语常"，以及正常衰老所引发的"语误"和"语蚀"等现象同样重视。老年人"语常"指老人把先前的语言使用常态带进老年，而且能够保持长时间稳定。

3　老年语言现象概览

3.1　语常与老年语言现象分类

我们知道，现代语言学一般以索绪尔普通语言学作为源头，他的理论特点之一是把语言跟其他关联的东西分离，结果语言被抽象成为相对独立的符号系统。把语言跟脑心在医学临床实践上联系起来，最早见于以布洛克为代表的失语症研究，这是当今神经语言学的源头(见下文7.1节)。心理语言学、认知语言学兴盛后语言与脑心的关联问题才进入主流语言学。严格地说，在心理语言学、认知语言学里，语言还没有跟"脑"关联，还停留在"心"的层面上。直到神经心理学、神经认知科学出现后才引发神经语言学的发展，这时语言研究才跟脑的运作机制真正结合起来。

① 这里不能混同于人类语言起点和终点。人类语言起点何时、何地、何种方式等是千年争论不休的难题。人类语言终点问题比较简单：人类最后一员消亡的那一天就是人类活的语言的终点。

探讨语言跟脑心理功能之间关系的心理语言学、探讨语言跟脑认知功能之间关系的认知语言学，以及探讨语言跟脑神经系统之间关系的神经语言学，都是以健康成年人所产出的语言为蓝本，以健康成年人脑所呈现的心理、认知和神经系统功能——即脑心稳定期状态——为生物基础。乔姆斯基认为儿童习得母语过了关键期后就进入稳定状态。他主要针对母语的句法习得（也包括音系习得）而言，而词汇、语义、语用等则是一生都要不断地学的，因为语言在这些方面是随着社会的发展而发展的。在很长一段时期内，儿童语言习得研究以成年人语言为标本，而不是以儿童自身特点为出发点来勾画儿童语言。这对老年语言学研究有警示意义。比如老年人认知能力评测、语言能力评测都有处理速度这个指标。这是根据稳定期成年人的数据制定的，没有考虑老年人自身的特点。本文把语常这个概念放在人生历程上来定义，就形成了发育发展期语常、稳定期语常和衰老期语常。同理，语误、语蚀（language attrition）和语障（language impairment）都是参照这三个子语常而言的。

老年语言现象指老年人在生活中语言使用状况。本文为了便于老年语言学与主流语言学接轨，沿用主流语言学的做法，即用正常成年人语言使用状况作为年龄段语言特征参照系。研究老年年龄段语言特征时再构建老年年龄段相对语常。据此，老年语言现象可分为两个大类：无损和有损。无损即使用状况跟成年人年龄段的语言常态无差别，称为“语常”。常态还包括临时失态，即“语误”。临时语误如不经意说错话、嘴边失言、写错字等，这些属于偶发，可以自纠。偏离常态即语损，语损不同于语误，是持续的，不能自纠的。本文还把语损分为两个子类：语蚀和语障。语蚀是由正常衰老诱发的语损，语障则是因身脑心疾病或损伤引发的语言使用障碍。

语误在正常成年人中也时而会发生。同样，语蚀在非老年人群里也有，如从一个方言区到另一个方言区，从母语环境到外语环境，生活一段时间后就会出现语蚀，先前的语言因长时间不用会被遗忘掉一些。老年人语蚀除包括这类情况外，还包括一个特殊情况，即增龄诱发的语蚀。这一点是老年人所特有的现象。

语障同样见于非老年人群。儿童失语症、中青年人因心血管疾病引发的失语症，是大家熟悉的。老年人语障除常见的失语症外，也有特殊性，即通常老年人才有的疾病所引发的语障，比如阿尔茨海默病、帕金森疾病等。

现在我们厘清一下对上面各类现象的研究思路。语常是主流语言学关注的对象。根据可观察行为一般分为听、说、读、写、交流等技能。在描写上划分层，如语音、音系、句法、语义、语用、话语等。语误同样可以分为听误、口误、读误、写误等。语蚀参照语常可分为：(1)听觉方面，如理解语蚀；(2)发音方面，如语速、语流、韵律等语蚀；(3)视觉方面，如识读困难；(4)动作方面，如书写困难。语障研究主要在失语症上，在分类上主要沿两条线：(1)语常描写层面作为分类蓝本，比如语音障碍、音系障碍、句法障碍、语义障碍、语用障碍等；(2)按脑损伤部位及其程度分类，如大家熟知的布洛卡氏失语症、维尼克氏失语症等。

以上讨论可以概括成一幅全貌图（图4）。

3.2 老年人群分类

老年人每人身脑心健康状况都是不一样的。为了便于宏观整体把握，我们暂且把老年人分为四个大类：(1)超康健老人，≥80岁，身脑心无临床疾病，积极生活年龄跟实际生命年龄几乎同步；(2)成功老龄老人，≥70岁，身脑心无临床疾病，但积极生活年龄跟实际生命年龄有距离；(3)通常老龄老人，≥60岁，患有正常老龄化所引发的身脑心老年性临床疾病，无智力衰退；(4)智退症老人，≥60岁，有身脑心疾病或损伤引发的智力衰退。①

① 此处年龄段是从研究者的视角划分的，因此是动态变化的。以2000年研究者为例。这一年80岁的老人，身脑心无临床疾病者为超康健者；同一年70岁的老人，身脑心无临床疾病者为成功老龄者。70岁老人到2010年80岁时仍保持身脑心无临床疾病者，则划为超康健者。其余类推。

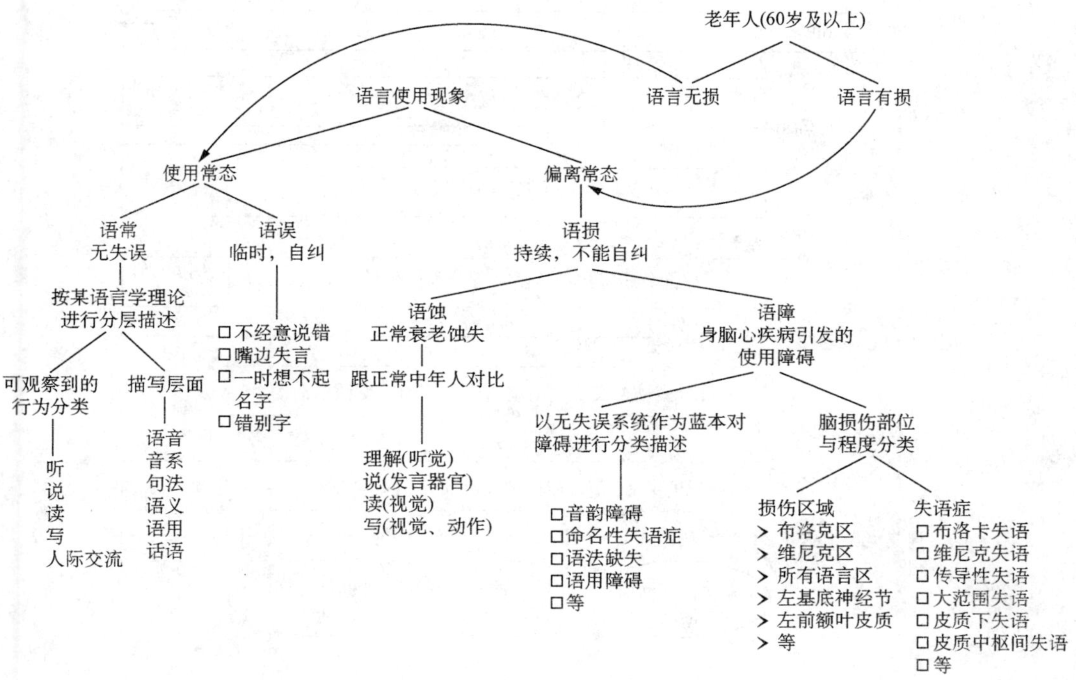

图 4　老年语言现象分类图示

这四类老年人群跟上面老年语言现象分类有很大的关联性。超康健老人和成功老龄老人，他们的语言使用状况为语常和语误，即无损态。通常老龄老人则不同，他们的语言使用状况由语常、语误到语蚀，甚至衰变到语障。智退症老人，在研究者介入时就已经是语障老人。随着疾病加重，语障可能最后跌落到完全失语。

上面提到的"积极生活年龄"还可以细分为：(1)完全积极生活年龄；(2)部分积极生活、部分消极生活年龄；(3)消极生活年龄；(4)被动生活(如植物人)年龄。在语言使用方面也做类似的区分：(1)完全主动社交话语活动；(2)部分主动、部分被动社交话语活动；(3)被动社交话语活动；(4)无社交话语活动。

下面我们以出生年龄 60～100 岁为标尺，勾画一幅老年人群与老年语言现象之间的关联示意图(图 5)。

需要提醒的是，示意图不是像地图那样镜像反映现实，我们是依据已经建立起来的老年人多模态语料库的初步观察构建的，用作开展深入研究的指引图，是高度抽象的，只是个轮廓，细节有待研究后填补上去。随着研究的深入，该示意图可能需要修改、调整，甚至重画。对于老年语言学这块处女地来说，这是探索过程中难以避免的。

4　老年语常研究

上文提到过，老年以 60 岁为起点是某一社会文化制度人为划定的。而 60 岁老人的语言状况，是 60 岁之前整个人生历程所构建起来的。从具体内容上看，人生历程经历因人而异，其语言状况自然因人而异，千差万别。"老年语常"这个概念，如上文所说，是参照健康成年人的语言状况而言的。超康健老人和成功老龄老人 60 岁后等于把他们成年时期的语常带进老年。通常老龄老人进入老年后所继承的语常逐步蜕化，出现语蚀。智退症老人则因疾病未能把未生病前的语常带进老年。

毋庸赘言，无论是成年人语常，还是老年人语常，都离不开健康的身脑心。在学术史上，语言与身脑心长时期内是分开研究的，即语言与身、语言与脑、语言与心是作为独立的研究课题。把语言与身

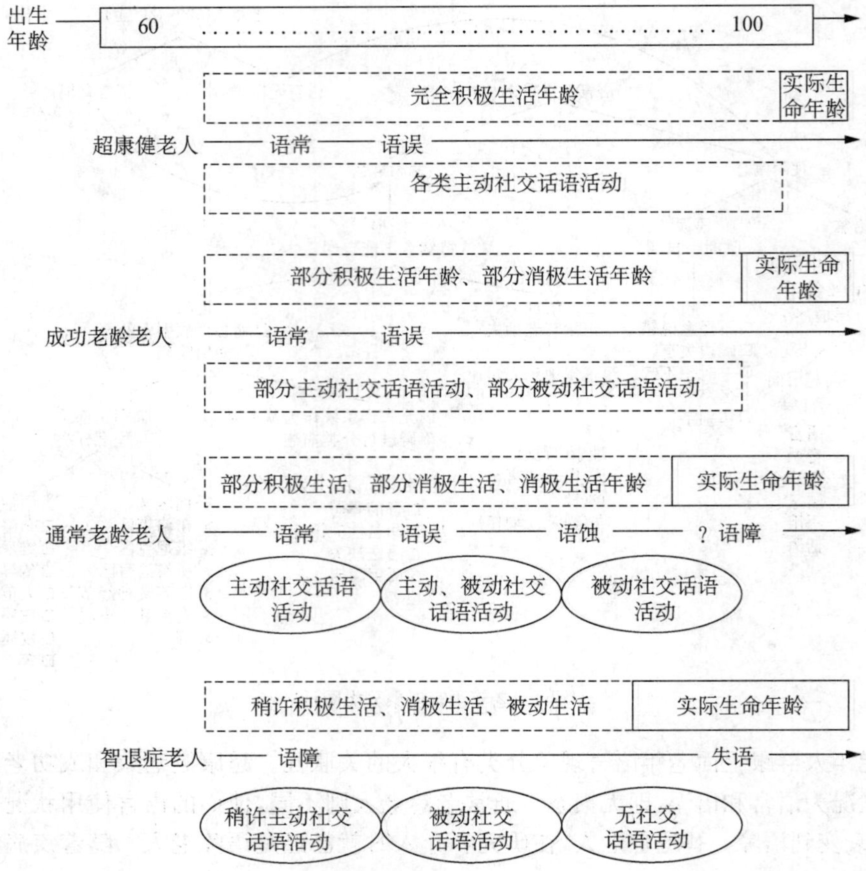

图5 老年人群与老年语言现象关联示意图（注："?"表示有可能发生）

脑心做整合研究是近期脑神经科学蓬勃发展后才出现的。顾曰国（2010）从语言学发展史的角度做了比较详细的综述。本文在此则从生命历程的视角考察老年人语常与身脑心的关系。

4.1 语常质性、量性剖析

语常质性分析一般包括两对参数，能力与行为，理解与产出。语常能力指身脑心能够正常学习和使用自然语言的能力。这个能力是内化在身脑心里的，他人是无法直接观察到的潜能。语常行为是语言使用者为了某个目的调用语常能力的行为。这是可以直接或间接观察到的。调用语常能力进行思考也是一种语常行为，用当今脑电或成像设备是可以间接观察到的。语常理解即语言使用者能够正常听懂谈话或阅读文字材料，语常产出即能够正常谈话或书写。

语常量性分析主要是对语常行为的评估、测量、统计等，在此基础上推测语常能力。从人生历程上看，语常能力从婴幼儿到青春期一般认为是不断上升提高的（当然不是匀速），成年后语常能力进入稳定期。照此推理，老年人的语常能力跟成年人的相比恐怕是稳定性更好一些而已。这意味着老年人语常行为跟成年人相比，其差距是可以忽略不计的。深究起来这样的推衍是有问题的。一旦我们把语常能力解剖成语音、音系、句法、语义、语用、话语6个层面，前3项在进入稳定期后的确呈现持恒不易变的大势。一个人如果从出生到60岁始终生活在某一固定区域，如某一方言岛，他的语音、音系和句法能力一旦成熟就会稳定守常。语常能力的这种稳定性跟语音、音系和句法本身的封闭性有关，跟身脑心本身是否守常无关。语义、语用和话语是开放性的，不断地随着社会文化生活的变化而更新。语常在这三个方面，其潜在储备不断得到增长，因此不断地适应变化才是其常态。同理，老年人语常行为在语义、语用和话语三个层面上，跟成熟成年人相比，随着增龄而不断得到丰富，变得更加多样。

4.2 语常与脑

上文提过，本文提倡把语常这个概念细化，分为儿童语常、成人语常和老年语常。这样做的主要依据是语常背后的脑。儿童脑、成人脑和老年脑在形态、细胞结构、神经网络等方面是有明显差别的。在研究策略上我们仍然用相对稳定的成人脑作为标杆来考察老年脑。

长期以来研究者默认支撑成人语常的脑是正常发育成熟的脑。脑解剖显示脑有复杂的结构，不同部位有不同的发育成长周期。初生婴儿脑前额叶皮层跟脑其他部位相比发育最迟（Johnson，2010）。有些研究显示，发育最晚的往往最早容易失去。换句话说，老年人脑衰老是从前额叶皮层开始的（Fuster，2015：26-30）。

儿童语常跟成年人语常最大的不同是，儿童语常"不常"包括上文提到的 6 个层面，每一个层面都是在不断发展变化的。这不等于"儿童语常"这个概念无价值。无数个儿童虽然千差万别，但在统计学上可以找到有参考价值的动态常量，在临床上可用于甄别儿童发育是否属于典型还是非典型。这个分析同样适用于老年语常。无数老年人虽然衰老程度千差万别，但在统计学上也会有动态常量，其临床应用价值是不言而喻的。

成年人生理神经成熟的健康脑跟成年人语常是个什么关系？搞清楚这个问题，为我们认识老年语常跟老年脑的关系提供一种跨年龄段标尺。在西方近代史上，脑的形态结构、细胞结构、神经结构网络等，以及功能侧化和定位，最早见于相颅术（phrenology）。当今脑神经科学研究表明，因为语言非常复杂，调用脑参与语言能力与行为、理解与产出时，往往跨左右脑，涉及多个区域协同配合，先前以为语言学家分析出来的语言构建（如上面说的 6 个层面及其子层面）都有一一对应的相对固定的脑区域，现在看来是不符合实际的。原因之一是人脑具有很大的可塑性、灵活性和功能补偿性，即使原来有对应的位置因受伤失去功能后，其他部位可以补偿代替行使功能。

现在研究语言与脑的关系，围绕"语言核心区"（core language regions；Petrides，2014）这个概念展开。脑颅打开后肉眼所见的是沿中央分开的左右半球，半球表面凹凸不平，有很多深浅不同的沟裂等。这些是天赋的脑生理结构标记。至于某处行使何种功能，是要靠研究人员通过各种方法去发现的。制定一幅脑区图显然是十分必要的。根据直观到的天赋凹凸不平的沟裂划分脑区是常用的做法。主要沟裂有中央沟、大脑外侧裂、顶枕裂；这些沟裂将大脑半球分为 5 个分叶，即额叶、顶叶、枕叶、颞叶和脑岛。这显然太粗旷了。德国神经学家 Kobian Brodmann 通过显微镜对脑皮质按毫米逐个分析皮质的神经元类型和密度，历时数年时间，仅完成左半球脑图绘制。虽然如此，他的成果为多数研究者采用，成为经典的 Brodmann areas，即 BA 脑区图。Friederici（2011）制定的语言处理脑区图就采用 BA 脑区图作为参照系（图 6）。

图 6 语言处理脑区图是我们研究老年语常与脑互动关系的参照系。我们假定健康老人步入老年后脑的语言核心区即如图 6 所示。

4.3 语常与心

上面语言与脑的关联图，主要涉及脑皮质的细胞与组织，它们是脑处理语言的生物生理基础，还没有上升到脑的"心"功能。脑的"心"功能如何界定？有多少？这是千年来争论不休的老问题。功能心理学（faculty psychology）认为，感知、记忆、思维、推理、使用语言等为心功能。以 Fodor（1983）为例。他多年来力推心智模块理论，可以视为一种天赋观。我们知道，人类健康脑在处理母语时是实时瞬间完成的。当今最高水平的机器人，尽管有大数据的支撑，目前还做不到与自然人自由交谈，即使与学前儿童交谈也是漏洞百出的。从语音理解（耳朵听到声音、语音识别、意义提取等）到应答产出（生成对答的思想内容、策划说出的句子、调用发音器官发声等）如此复杂，人脑之所以瞬间完成，Fodor 认为只有天赋的处理机制才能胜任。Fodor 认为人脑经过长时间进化产生这样的自动处理机

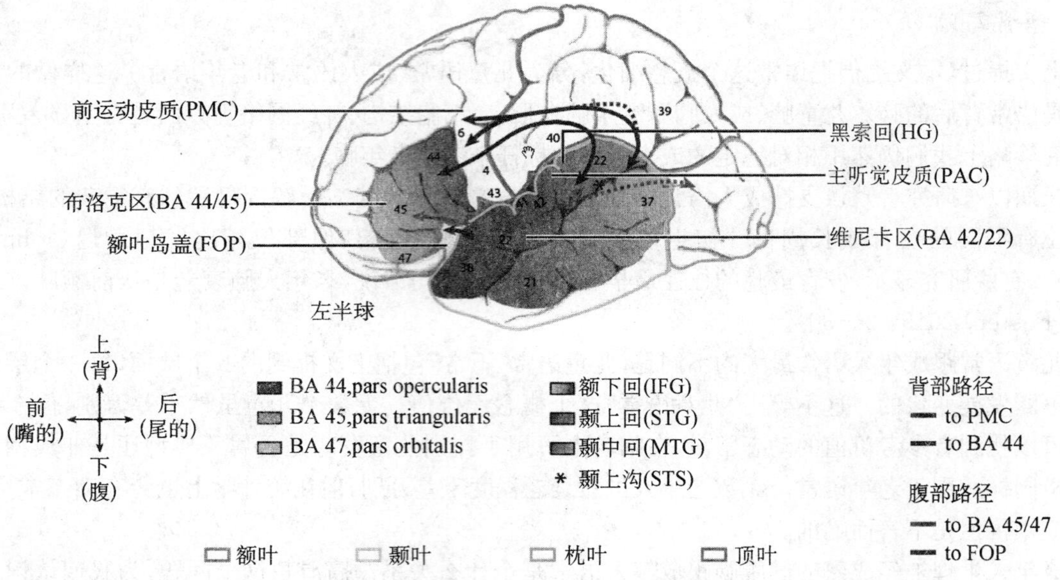

图 6　Friederici 勾画的语言处理脑区图

（根据 Friederici，2017：6 绘制）

制，他称之为“模块”（module，或曰 faculty）；人脸识别也是这样的模块。

乔姆斯基也认为语言是一种心理器官，像心脏等器官一样是长出来（当然不是解剖学意义上的，而是功能上的）。语言器官的初始状态是遗传基因决定的（Chomsky，1996：14），代表了语言天赋论。提供基因生长的外部环境，如子宫、胎盘、营养等，是辅助的，不是决定因素。跟天赋论相对的是渐成论。渐成论强调的是外部环境跟遗传基因之间的互动作用，离开合适的外部环境，遗传基因是无用的；畸形的外部环境会引发遗传基因的变异。渐成论还强调功能对生理发育的推动作用。6 个月胎儿能够听到妈妈的声音。妈妈说话为胎儿听力发育提供了外部环境。婴儿出生时因此有了对妈妈声音以及语言的偏好（Fernald，2001）。

天赋论“心模型”或渐成论的“心模型”，对研究 60 岁以上的老人的“心”有指导意义吗？上文提到过三类老龄——超康健老龄、成功老龄与通常老龄——他们在进入老龄期时继承了中年时期的“语常”。支撑这个语常背后的“心”，无论是按天赋论说，还是渐成论说，我们推断也应该是正常的。对于老年语言学研究来说，研究这三类人群的“心”的状况，其价值是不容小觑的。老人的生活经历、生活方式和习惯、教育背景、家庭遗传、社会交往等为探寻成功老龄的规律提供数据源泉。

与功能心理学相关联的、影响更大的是认知心理学（cognitive psychology）。认知心理学提出的“心模型”占主流地位。关于此模型及其语常状况下言语处理模型，分别放在下文第 6 节讨论。

4.4　语常与脑心

把脑的生理神经机能跟脑的心理现象结合起来做整一研究，学界称之为“认知神经科学”（cognitive neuroscience）。本文关注的问题是：什么样的脑心支撑老年语常运行？研究者需要特别注意的是，脑疾病或心理异常不一定导致老年语言不正常。这是因为：（1）脑的语言核心区或辅助区抑或没有受到影响；（2）即使受到影响，在脑的补偿机制支撑下语言理解和产出还能正常。此外，临床医学告诉我们，智退症，甚至精神分裂症，脑神经系统上可能没有发现明显病变；同样，超级康健者可能会有脑神经系统上的病变，但没有临床症状。他们的脑抑或具有特别的功能补偿机制。排除这些特殊情况，静息态脑成像技术（resting state fMRI）为我们研究语常与脑心的关联提供了非常好的手段（Bijsterbosch，Smith & Beckmann，2017）。

5　老年语误研究

5.1　语误现象观察

用母语交谈时话语是脱口而出的，假如需要停下来想，往往是一时想不起来的词，或不能瞬间找到合适的表达方式。从心里产生交流意图到脱口而出，整个过程大部分是说话人在潜意识情况下瞬间完成的。说话人对自己说出来的话还同时在潜意识情况下进行实时监控，一旦发现错了，即语误，还会立时纠正。

语误包括两类现象：(1)不经意说错(slip of the tongue，SOT)，当下发现后实时纠正；(2)"嘴边失言"(tip of the tongue，TOT)，即"舌尖现象"，指心里知道要说什么，只是瞬间回忆不起想要的词语。两种都发生在从思想到言语产出这个过程中。所谓"误"即言语产出不能匹配思想内容。前一种情况，不匹配的话已经出口，话语自我监控机制发现出口后的言与思不匹配，马上从记忆里找到匹配的予以纠正。后一种情况，话语监控机制在未出口之前就有了"感觉"，但不能瞬间找到想要的词语。

不经意说错和嘴边失言生活中是常见的。国外研究者通过语误日记方法调查，发现平均每周每人会有一次，平均每年每人在 52 次左右，老年人每年平均达 100 次左右(Schwartz，2002：3)。一位 70 多岁的老教授告诉作者，随着年龄的增加，她嘴边失言的频次多起来。为了预防公众出丑，她不敢再做即席发言，改为念稿子。

在心理上，不经意说错可能是由于注意力分散所致，还有可能是知识储备的熟练程度不佳。随着语误的性质变化，语误者从感到不适到丢人。嘴边失言主观感受比较强烈，在公众场合嘴边失言者会感到非常沮丧，找到后的成功瞬间又带来欣慰感。Schwartz(2002：2)谈到美国前总统老乔治・布什经常嘴边失言。他演讲时会出现长时停顿，暴露他在找想说的词。语误原因归结心不在焉，而不在思维不清。换句话说，属于言语产出问题。他的儿子小乔治・布什总统发现也有此类语误。但是他的语误，如 "Kosovarians""subliminable" 往往被视为知识缺失所致，因此属于学习乏力型。对于总统来说，学习乏力型语误跟记忆和知识挂钩，跟言语产出型相比，显然是不那么光彩的。

人们日常自由交谈时，选词择句是潜意识的、极速的，流利和无延迟反映康佳状态。延迟想词在正式、公众场合下即席发言时是多见的。找合适的词，脑中出现一个，不合适，未说出来，继续找；说出某个自己认为不合适的词，告诉别人不合适，但只好将就着用，也是有的。这类情况都不作为语误处理。

5.2　语误研究思路

上面观察语误是从说话者话语产出的角度，是否语误是根据说话者个人判断。然而谈话交流不是个人行为，是至少两人或以上的社会活动，语误判断因此有个基准，那就是语言使用的常态(包括语团的和个人的)。语误的研究模型往往从言语产出常态模型入手。目前世界上影响较大的思路有两个，一个是在认知心理学(cognitive psychology)的，另一个是在连结主义(connectionism)的。下面仅讨论前一个，关于连接主义参见顾曰国(2011)。

Levelt(1995 [1989])提出引用率很高的言语产出模型。这个模型把人脑视为一个极其复杂的信息处理系统。说话人产生交流意图到自然发声交谈，整个过程分为 6 个子系统：(1)概念性策划系统，负责生成先语言信息，即概念型结构；策划时需要调用话语模型、场景知识、百科知识等背景资源；(2)话语策划系统，负责把概念型结构转化为跟某语言相结合的语言信息结构，同时为下一步发音做好前期准备(即产生内在的无声语)；(3)发声系统，负责调动发音器官发出语音流；(4)听觉系统，包括说话人实时监听自己的话语；(5)话语理解系统，调用话语理解机制解析自己的话语；(6)心理词汇系统，这是话语策划系统和话语理解系统都需要调用的词汇资源。该模型如图 7 所示。

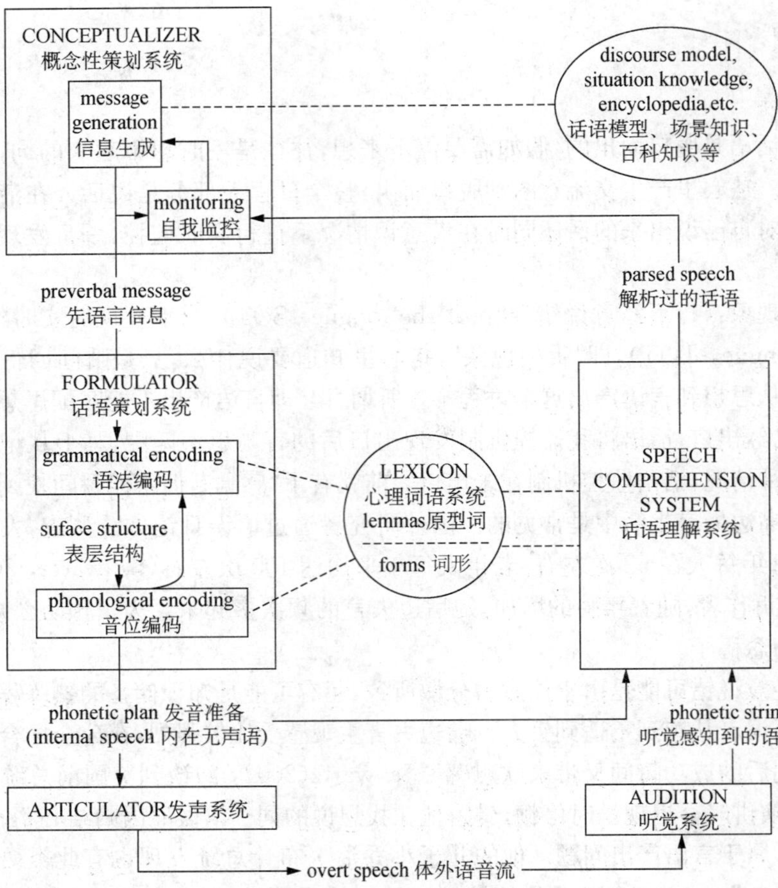

图 7　Levelt 言语产出模型

（根据 Levelt，1995［1989］：9 Figure 1.1 绘制）

以此模型为蓝本，语误发生在先语言信息和体外语音流之间。自我纠错发生在听觉系统和话语理解系统之间。以作者亲历的两个语误为例①。在第 16 届国际语用学大会首场英语主旨演讲上，手指 PPT 上的图片说出 placeban 一词。在作者 TOT 的语音日记里记录了当时的心理状态：

> 我知道我要说的词，汉语里是“胎盘”，英语对应的词我也知道是三个音节，第一音节是 pla，后两个音节我记得不准，当时在 900 多人的众目之下我容不得多想，就说出了 placeban。我知道不对，于是故意压低了声音。会后查了汉英词典，找到了自己想要说的英语单词是 placenta。（2019 年 6 月 9 日）

根据 Levelt 的模型，placeban 语误发生在音位编码阶段。这个阶段需要同时调用心理词语系统和词形生成。在心理词语调用上要找的词义是明确的，错误出现在音位编码上。

作者的第二个语误发生在 2019 年 8 月 6 日伦敦飞北京的 CA788 上。空姐推着饮料车到作者座位旁问：喝什么？我问：有橙汁吗？空姐答：有。空姐倒一杯橙汁放在座位小桌上后我发现错了。我感到很尴尬。我这才发现自己说错了。我心里想的是番茄汁。“我思”跟“我言”冲突。此语误应当归于不经意说错。但我当时注意力没有分散，恐怕是词语干扰——“橙汁”干扰“番茄汁”的提取——所致。

① 撰写本文时作者已经 63 岁，属于老年范畴。开始把自己作为研究对象，老年影像日记和老年语误语音日记已经做了 4 个多月。但往往漏记，需要自我反省。

5.3　老年人语误研究的重要意义

上文说过，语误会发生在每个人的身上。至今受关注最多的语误人群是外语学习者和脑受伤的患者。还有一类人群是老年智退症患者。本文把老年人群语误分为两种情况，一是可以自纠的语误，即本节定义的，另外一种是不能自纠的，即下面第 7 节将要讨论的语障。上文第 3 节说过，同一老人，起先出现的可以是本节所定义的语误，后来因衰老或疾病衰变成语障。高频、连续出现的语误从起先能自纠蜕变为不能自纠，最终发展成语障，这个衰变过程是完全可能发生的。鉴于此，对老年人语误的跟踪研究可以为早期发现、早期干预提供非常有价值的预警信息。

老年语常和能够自纠的语误属于老年语言无损这个大类。下面讨论老年语言另外一个大类，有损类，包括老年语蚀和语障。

6　老年语蚀研究

本节讨论的老年语蚀，不同于其他类型语蚀，如第一语言、二语或多语习得中的语蚀（参见 Kopke，Schmid，Keijzer，和 Dostert，2007；Schmid，2011），专指衰老引起的语蚀。衰老（senescence）是自然界生物生命周期中普遍存在的现象。我们日常生活中是能够直接体验到的，如花从花蕾到盛开终归凋谢，牛由小牛仔到犁地直至无力站起。人作为自然界生物生命的一部分，其生命历程也是如此，即使超级康健者也不例外，只是他们身脑心衰老在速度以及对器官功能的影响上比其他人要小而已。通常老龄人经历“通常老龄化”（normal aging），脑心正常衰老导致语蚀是本节讨论的主题。

6.1　脑心衰老研究模型

下面我们以 Cabeza，Nyberg 和 Park（2005：4）的脑心衰老研究模型作为本节阐述的基点。该模型的显著特点是把脑衰老神经科学、衰老认知心理学和衰老认知神经科学融为一体，这样既反映了此类研究的历史发展轨迹，又反映了最新的研究方向。这三个“学”，即三项研究架构的框图见图 8。

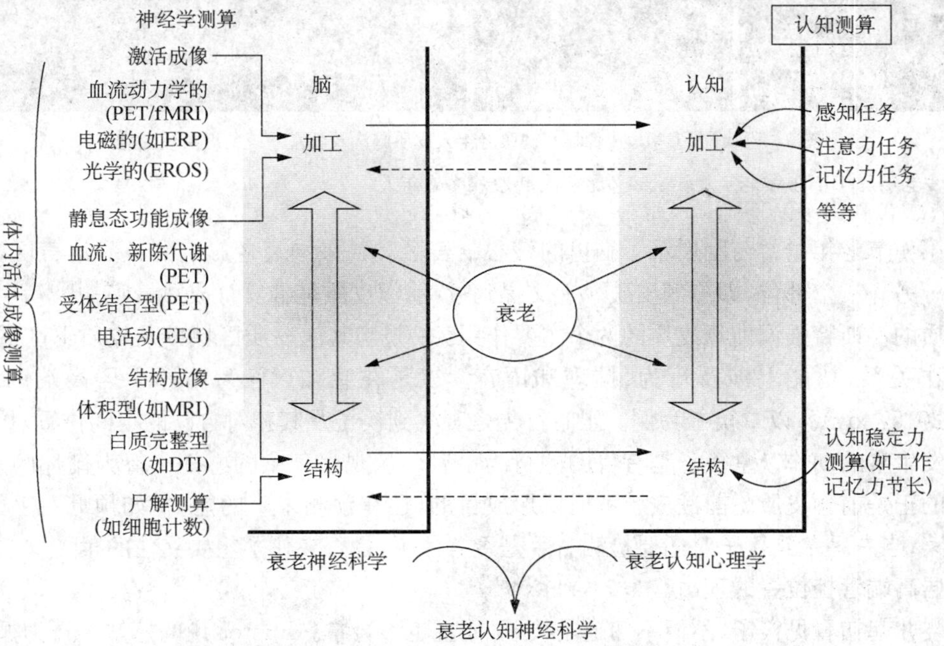

注:衰老认知神经科学模型：DTI=弥散张量成像；EEG=脑电图；EGOS=事件相关光学信号；ERP=时间相关电位；fMRI=功能磁共振成像；MRI=磁共振成像；PET=正电子发射断层扫描。

图 8　Cabeza 等衰老认知神经科学研究框图

（根据 Cabeza，Nyberg and Park，eds.，2005：4 Figure 1.1 绘制）

如图8所示，衰老——生命周期的固有特征——直接作用于脑（见图中实线箭头），包括脑的生理、神经运作及其组织结构，产生的结果会间接影响认知加工及其结构（见图中虚线箭头）。特别需要注意的是，脑是认知的根本（右向实线箭头），一切认知活动都离不开脑的运作；但认知对脑有反作用（左向虚线箭头）。这是因为鲜活的人脑是在不断地做自我调节，以适应不断变化着的内外部环境变化。对脑的运作和结构进行神经性测算，是脑神经科学的任务；探讨衰老对脑的影响是衰老神经科学的任务。对认知加工及其结构进行测算是认知心理学的任务；把衰老的脑对认知的影响考虑进来便是衰老认知心理学。衰老认知神经科学，如前所说，则把先前分开来的衰老神经科学研究和衰老认知心理学研究集成起来，进行整一研究。这三项研究分别对应于本文的老年语蚀与脑衰老、老年语蚀与心衰老、老年语蚀与脑心衰老。

6.2 衰老神经科学、脑衰老与老年语蚀

脑衰老是全身老化的一部分，随着年龄的增加，身体的骨骼、肌肉、内脏器官等会发生衰老；脑也是如此。脑衰老可以通过系列动态神经影像观察到，如脑结构影像可显现老年人大脑皮质脑沟增宽，脑室系统扩大，一些神经核团体积缩小或萎缩（朱明伟、王鲁宁，2014：162）。该文还指出：脑室旁白质异常信号逐渐增多。组织病理学也可见脑老化征象，如神经元内脂褐素增多，皮质浅表大量淀粉样小体，神经元颗粒空泡变性，以及少量神经原纤维缠结（NFTs）和神经炎性斑[NPs，又称老年斑（SPs）]等（图9）。

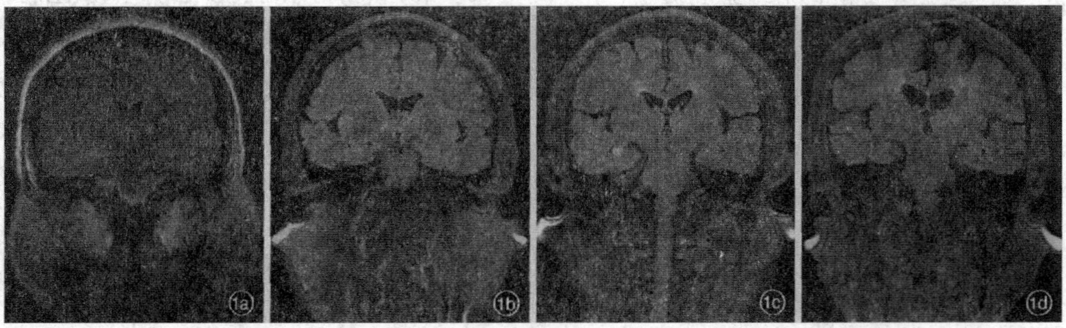

图9 冠状位FLAIR成像显示健康老年人皮质脑沟及脑室系统的增龄性变化

1a：60岁老年人；1b：70岁老年人；1c：80岁老年人；1d：90岁老年人。

上文第4节老年语常与脑展示了脑里的核心语言区。如果脑衰老影响到核心语言区，语蚀就有可能出现。另外一个部位，即前额皮质。上文提到过，前额皮质是脑发育成熟最晚的。一生致力于研究前额皮质的佛斯特强调前额皮质的两个主要作用：一是与其他皮质区域以及皮质下区域之间紧密的统领合作关系，功能上涉及行为、推理和语言。二是在感知—行为循环中居高端的管控位置（Fuster，2015：xiv）。以拿筷子为例。眼睛首先是观察到筷子及其相对自己的空间位置，接着是右手（或左手）发生拿的动作。拿筷子是有目的的行为。启动从观察到拿的感知—行为循环的是“目的”。形成目的的正是前额皮质。前额皮质不但要形成目的，还有预测未来的能力，如预见右手能拿筷子，且能夹住菜；当右手拿到筷子时还要检测右手是否拿住了，是否夹住了想要夹住的菜。这正是为什么前额皮质居高端管控位置的理由。

新生婴儿起初看见筷子，不但不知道是筷子，而且也不会拿。Fuster说的感知—行为循环新生婴儿是无法做到的。随着前额皮质发育成熟，儿童逐步学会用筷子夹菜。在老年这一端，前额皮质是较早出现衰老的。如果因中风或脑出血，前额皮质受到损伤，那么患者就失去前额所能行使的职能。严重的就可能无法拿筷子夹菜。

人类行为都是有目的的，对有目的的一切新行为进行表征、管控是前额皮质的基本功能(Fuster，2015：1)。人类行为跟动机、情感又是分不开的。虽然动机和情感有首要脑区，由于跟行为相连，前额皮质的管控功能因此同样涉及动机和情感。语言是表达目的、动机、情感等的首要符号系统。说话本身还是非常复杂的目的行为，离开前额皮质的管控协调，语言和说话是难以想象的。说话，无论是自言，还是跟他人谈话，是一个社会化的感知—行为循环过程，其中顺序、时长、节奏等是说话的最基本要素。有些患者说出来的话毫无意义，但音节之间的线性顺序、时长和节奏有可能是得到保持的。一旦失去这些最基本的东西，话连说都说不出了。

6.3　衰老认知心理学、心衰老与老年语蚀

衰老认知心理学属于认知心理学的分支，因此承袭了后者的主要研究前提。认知心理学有个影响很深的思想，即把脑比作计算机：脑的生理、神经机制相当于硬件，其心性(称为认知能力)相当于软件。认知心理学的任务就是弄清楚脑是如何处理各种信息的。计算机设计后来把硬件跟软件作为相对独立的层面，以求达到软件完全跨平台运作。认知心理学受其影响，把认知研究跟脑的生理神经研究分离开来。同样，衰老认知心理学注意认知衰老，不深究认知蜕变的生理、神经原因。

在把脑—心关系视为硬件—软件关系这个思维模式里，多模态感知系统——视觉、听觉、嗅觉、触觉等——相当于信息输入端，脑的认知能力对输入信息进行加工，随后产生的各种行为即输出端。注意上文第 4.3 节谈到的 Fodor 的功能心理学模型，跟此模型在加工流程上有相通之处，但 Fodor 的语言加工模块是定制封装好的。在认知心理学里，语言加工处理不是独立定制封装好的，语言能力是总的认知能力的一部分(上文 Levelt 的模型属于此类思维)，感知输入—认知加工—行为输出链中任何一个部件发生问题，都有可能影响到语言的理解与产出。

6.4　衰老、记忆力与语蚀

关于记忆力和人生历程的关系，Squire 和 Kandel 有非常精辟的阐释：

> 我们每想一件事，我们每说一个词，我们每做一件事，就连我们自己是谁，我们跟他人联系的意义——我们都得归功于记忆，归功于我们的脑子能够记录和存贮我们的体验。记忆力是我们内心生活的黏合剂，我们个人生命史的脚手架，使我们一生不断成长和变化成为可能。记忆力一旦失去，如患上阿尔兹海默病，我们即丧失重构我们历史的能力，从而切断我们跟自己和他人的一切联系。(Squire & Kandel，2009：Preface)

儿童出生时具有产生记忆的潜能。在潜能支撑下通过后天学习产生记忆内容，记忆力随之育成。起初只活在当下，后来随着身脑心发育和各种体验刺激出现工作记忆(working memory)。因幼儿尚不能说话，研究他们当下工作记忆仍然十分困难。另外，幼儿遗忘症(infantile amnesia)即 2～3 岁前发生的体验后来回忆不起来，似乎是普遍现象(Rovee-Collier & Barr，2001)。儿童记忆研究与儿童后天生命体验和学习是联系在一起的。成年人记忆研究也是如此，即记忆为学习过程的一部分。据此，记忆力产生往往包括三个阶段：(1)习得(编码)；(2)存储(增补，保存)；(3)索回(即调用已经储存的信息)。

老年人所谓"记忆力变差"，学术上称为"健忘"(forgetting)(不同于"遗忘"，永远回忆不起来的记忆)。逻辑上，健忘发生在记忆形成之后。没有记忆，健忘便无从谈起。那么，健忘跟记忆力形成三阶段有什么关系呢？(1)习得信息被编码后存储起来，健忘就可能发生，据此，有人提出"健忘为存储删除"观。然而理论上讲，存储后的信息，只要脑心是正常的，神经系统没有损伤，是无法删除的(见 Roediger III，Weinstein & Agarwal，2010；顾曰国，2016)。(2)不少学者认为，健忘跟索回有关，即未能从已经存储的信息中找到想要的信息。(3)健忘跟持有信息的时长有关。获取信息后脑心能持有

信息。但随着时间的推移,持有能力会下降,索回的可能性就随着下降。

个人记忆在内容上都是从无到有,从简单到复杂。然而,记忆力是不是由弱变强,直至鼎盛,然后衰落?三岁左右的儿童学背唐诗,朗朗上口,记忆力好像非常强。老年人则常常听到抱怨自己记忆力变差。我们不仅仅要问:身脑心衰老是不是注定记忆力衰落?目前研究者还难以取得共识。比如,超康健的老人的记忆力跟健康的成年人相比,在语义记忆力方面差距并不明显。有些学者甚至认为,健康老年人在智慧记忆上有可能超越年轻人(wisdom memory, Ohta, 2002:9)。

下面首先对记忆力研究的主要理论模型做简要回顾。然后集中讨论老年记忆力和语蚀几个核心问题。

6.4.1 记忆力研究主要理论模型回顾

在西方学术史上,记忆力研究分为三个大的研究路径:心理学路径、认知科学路径和脑神经科学路径。三个路径在时间轴上反映了三个学科的历史发展。遗忘症患者、脑损伤导致的记忆损伤等,极大地推动了脑神经科学对记忆力的研究,代表当前最高成就。Eric Kandel 获得诺贝尔医学奖主要是他在这个方面的杰出贡献(Kandel, 2006)。需要注意的是,三个研究路径不是互相排斥,而是互为补充的。同一位研究者可以采用一个路径为主其余路径为辅的做法,如下面介绍的 Squire, Baddeley 即为如此。

Squire 以记忆为生物生理现象为基点,从学习与记忆的互动入手专攻记忆力多年。他根据遗忘症患者、脑损伤导致的记忆损伤提供的证据大力推进多元记忆系统(multiple memory systems)理论,如图 10 所示。

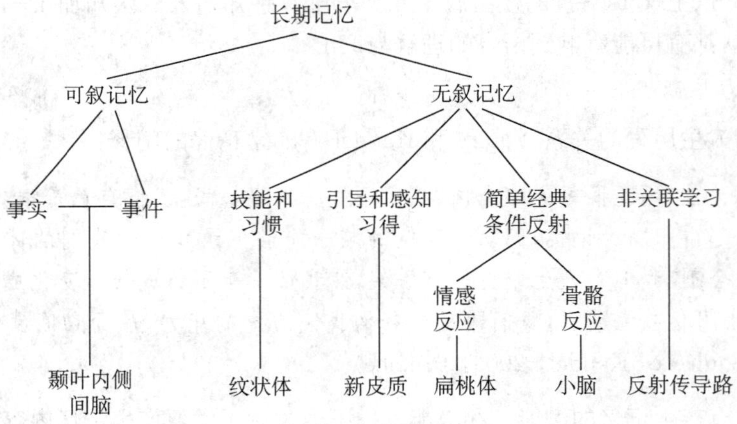

图 10 Squire 多元记忆系统理论模型

(根据 Squire, 2007:341 图 58.1 绘制)

这个理论模型不仅适用于人类,还可延续至哺乳动物种群。可叙记忆(declarative memory)为有表征记忆。对于人类来说,语言表征为主要编码手段,学到的东西通过回忆表达。可叙记忆的内容有真假问题,跟外部世界匹配的为真记忆,反之为假。无叙记忆是通过会做来表达的。比如学一个动作或技能,能够完成动作或技能即显示有了无叙记忆。换句话说,此类记忆为会做不会说记忆。图 10 中的引导和感知习得、经典条件反射学习和非关联学习都视为有对应的记忆系统。图 10 还显示跟记忆系统关联的脑区域,实现了语言、行为、学习、记忆和脑的整一建模。

上面提到过,学习是产生记忆的先决条件,长期记忆记录的是学习的结果。学习过程涉及另外一种记忆,即短期记忆(short-term memory),亦称工作记忆(working memory)。两种称谓严格地说是不能互换的。Atkinson-Shiffrin 短期记忆信息处理模型是影响较大的, Baddeley 做过精辟的总结,特引用如下(图 11)。

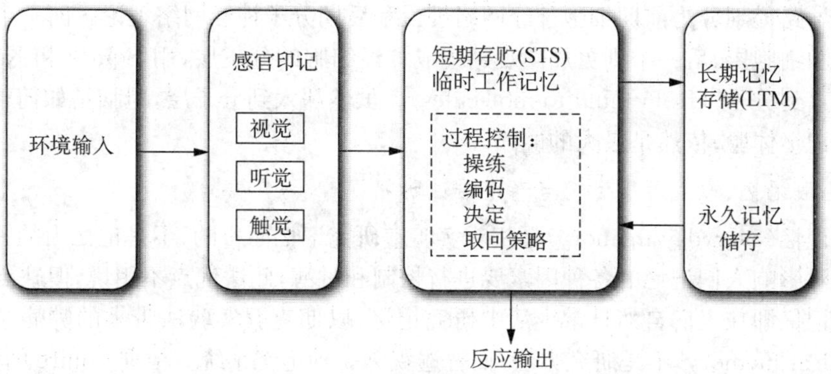

图 11　Atkinson-Shiffrin 短期记忆信息处理模型

（根据 Baddeley，2007：3 绘制）

该短期记忆模型主要针对感知习得的。感官印记给短期存贮（或临时工作记忆）提供感官系统过滤后的材料，短期记忆系统调用永久记忆的内容参与当下的信息处理（图 11 中虚线长方形里的操作），结果包括反应输出和给长期记忆增加内容。

Baddeley 等对短期记忆模型做出较大的修订，提出工作记忆（working memory）这个概念，以期取代短期记忆。Baddeley 的工作记忆模型包括临时存贮、注意力支配、复杂思考等。比如在电话里告诉你朋友如何从车站找到你家；再比如，买 5 个西红柿花了 5.6 元，一个西瓜花了 14.8 元，心算一下总共花了多少钱。如此界定工作记忆，很显然，远远超出了传统上说的短期记忆。注意力要是不集中，思维混乱，上面这两个日常生活中常发生的事情是无法完成的。Baddeley 早在 20 世纪 70 年代就已经提出工作记忆模型，如图 12 所示。

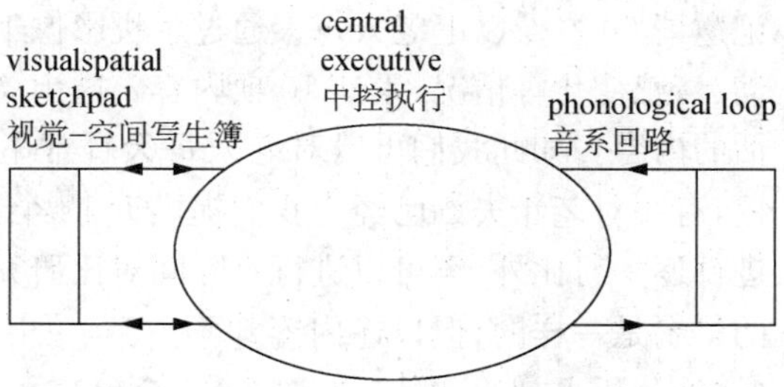

图 12　Baddeley-Hitch 工作记忆三元模型

（根据 Baddeley，2007：8 绘制）

“音系回路”是处理语言信息的，包括语音信息；回路含操练过程。以学习词语为例。先学一次，再复习一次或多次，形成回路，其中包括时长。从学一个单词到多个词语，甚至长句子，工作记忆所占用的信息处理空间和资源是不同的。音系回路得到语言习得研究者的普遍关注。“视觉-空间写生簿”是处理视觉和空间信息所需要的工作记忆，主要在右脑上运作。驾车行驶在街道上便是很好的例子：驾驶员需要实时处理不断变化的视觉-空间信息。

“中控执行”作为工作记忆的核心元素，是 Baddeley-Hitch 模型的特点。该模型自首次发布后研究者不断通过实验对音系回路和视觉-空间写生簿进行验证和充实，而“中控执行”因难以做实验而被忽视。自 20 世纪 80 年代末 Baddeley 开始设计实验同时利用先进的脑成像技术着力研究此功能。他的 2007 年的工作记忆专著一半着墨于此。“中控”主要指注意力控制。根据日常生活经验，“走神”人人会有，而且不经意就会发生。走神会引发语误、“行误”（slips of action，如拿错东西）。若驾车时走神，可能导致事故。“执行”指为了完成某个任务做一系列动作，如调整方向盘、变道、加大油门、踩刹车等。“执行”同样包括调动发音器官发出一连串的、意义连贯的词语来。

中控执行主要发生在脑前额皮层。上文提到过，前额皮层是成熟在后，衰老在前。老人容易走神便容易理解了。换句话说，前额皮层衰老会引起工作记忆的减退。工作记忆的衰退直接影响言语产出。

脑神经科学路径细分为前期细胞神经网络理论和后期分子神经网络理论。前一个研究记忆时只深入到神经元的细胞层,后一个则更加微观到组成神经细胞的分子层,用 Squire 和 Kandel (2009)的话说,“从心一直到分子”(from mind to molecules)。虽然深入到分子层,但脑是如何整合微观信息形成统一的整一记忆体验,依然是最大的谜团。

6.4.2 日常生活记忆、人生历程记忆与老年语蚀研究

日常生活记忆(everyday memory)是相对实验室研究记忆而言的,不是记忆力的一个子类。实验室研究记忆时对影响人们记忆的各种因素要进行控制和过滤,此法优点不用说,但缺点也是不可忽视的。日常生活记忆即在人们自然日常生活中研究记忆,以期克服实验法带来的弊病。人生历程记忆(autobiographical memory)不是研究方法,而普遍视为一种记忆系统。根据 Squire 的分类法,属于可叙记忆下的事件记忆。事件记忆指与成员个体体验事件相关的记忆。有些研究者称之为场景记忆(episodic memory)。

本文把人生历程记忆作为上位概念,除包涵场景记忆外,还包括对一个个场景记忆的合成、打包、过滤、遗忘等。场景记忆是人生历程记忆的一个子类,因此两者不能替换使用。构成日常生活的各种场景活动产生相应的场景记忆,这些记忆随着时间的推移成为人生历程记忆的一部分。

本文采用“老年日常影像日记法”研究场景记忆、人生历程记忆和语蚀的互动关系。日常影像日记邀请 60 岁及以上老人每天通过手机影像工具进行自录音和录像,通过回忆口述当天睡眠、饮食、活动、情感变化等情况,累计 10 项内容。这 10 项相当于口述框架,每天日记的框架不变,变的是每天生活的内容。如此我们可以对老人每天日常生活记忆和口述表达按天进行逐一对比研究。至本文截稿,有一对老年夫妇已经为我们提供近 12 个月的影像日记。因为是夫妇,我们除了可以按天对个人进行逐一对比外,还可以进行人际间对比研究。比如,通过对比我们可以发现口述错误。比如夫妇吃的早餐是一样的,但口述内容却不一致。如果此类口误不断出现,这就可能是老年语蚀的前期征兆(详细分析见刘崯、顾曰国、张永伟,会议论文,有待发表)。

老年语蚀本文定义为正常衰老引发的。目前神经科学还未能揭开正常衰老的生物、生理、神经机制的谜底(参见上文第 2 节)。因此,老年语蚀研究还是停留在描写的水平上,即语蚀的界定还是依靠语言学上老年语言无损状况的对比结果。把语蚀跟正常衰老的各种因素一一挂钩还是很遥远的事。

7 老年语障研究

7.1 老年语障与老年身脑心疾病

在临床医学上,老年语蚀跟正常衰老关联,老年语障跟老年身脑心疾病关联。临床医学能够甄别哪些征兆属于正常衰老?哪些属于非正常衰老吗?以老年心智衰老为例。Smith 和 Bondi (2013)指出,老年心智变化很复杂,他们推荐以下诊断路线图(图 13)。

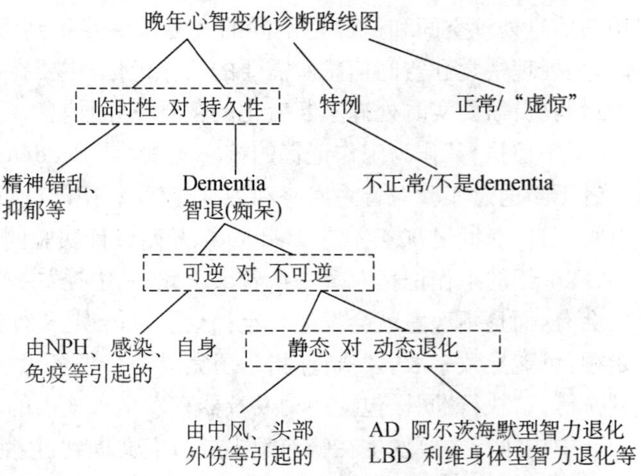

图 13 老年心智变化诊断路线图

(据 Smith & Bondi, 2013: 2, Figure 1.1 绘制)

由上往下:

第一层,面对心智征兆,临床至少要区别四种可能性:(1)临时性的;(2)持久性的;(3)特例的;(4)“虚惊”征兆,结果正常的。

第二层,(1)征兆为临时性的精神错乱、

抑郁、健忘等；(2)征兆为持久性的智退；(3)特例征兆不正常，但还不能定性为智退。

第三层针对智退，区别可逆和不可逆：(1)由 NPH、感染、自身免疫等引起的为可逆的；(2)不可逆的智退又分两种情况：静态的，如中风、头部外伤等引起的；动态的，即渐进衰变型的，如阿尔茨海默病、路易体型、心血管型等。

最近研究发现，阿尔茨海默病的潜伏期很长，在临床征兆很明显之十几年前脑的病变就已经发生了(Smith & Bondi, 2013: 15)。鉴于此，研究者开始重视轻度认知障碍这个概念的价值，可用于处理正常衰老与智退症两端之间的灰色地带征兆(Smith & Bondi, 2013: 16)。

在语言学上，从临时性精神错乱到渐进衰变型阿尔茨海默病，语障都有可能发生。医学上的分类，如临时对持久、可逆对不可逆、静态对动态，理论上应该同样适用于对语障的分类，即临时语障对持久语障、可逆语障对不可逆语障、静态语障对动态语障。理论依据是：身脑心疾病是因，语障是果；如果因被根除了，果就应该随之消失。此外，喝醉酒、麻醉、高烧、高血压、高血糖等也能引发临时性可逆语障。这些情况有待今后循证医学和老年语言学联手验证。

7.2　老年神经认知紊乱与老年语障

最新研究成果显示，图 13 中的 dementia(译为智退)已不再是先前认为的单一型疾病，而是一组有其各自显著特点的病灶谱系，阿尔茨海默型就是其中最常见的一种。美国精神学协会制定的 DSM-V 改用 neurocognitive disorder“神经认知紊乱”作为统称。原先的智退症和阿尔茨海默病成为神经认知紊乱在程度上的不同。本文采用这个做法。优点是用于评测神经认知紊乱的各种量表，评测的是神经认知紊乱的变量及其程度，语言使用状况是其中的一个重要变量。换句话说，语言使用上如果出现紊乱，其紊乱可能有多种原因，而不一定跟某个具体疾病关联。比如 Mental Status Examination(MSE，精神状况评测表)，根据 Weiner 和 Lipton(2009: Appendix C)，MSE 共含 24 个评测项，直接评测语言使用的有 10 项，跟语言使用状况紧密相联系的有 4 项。我们把 14 项绘制成树状图，便于看到全貌(图 14)。在临床使用时，医生要根据评测对象的表现对评测项的每个参数打分，分值为 0—9，0 分为正常，1 分为不正常，9 分为极差。比如第 2 项是关于被评人的行为举止，其中有

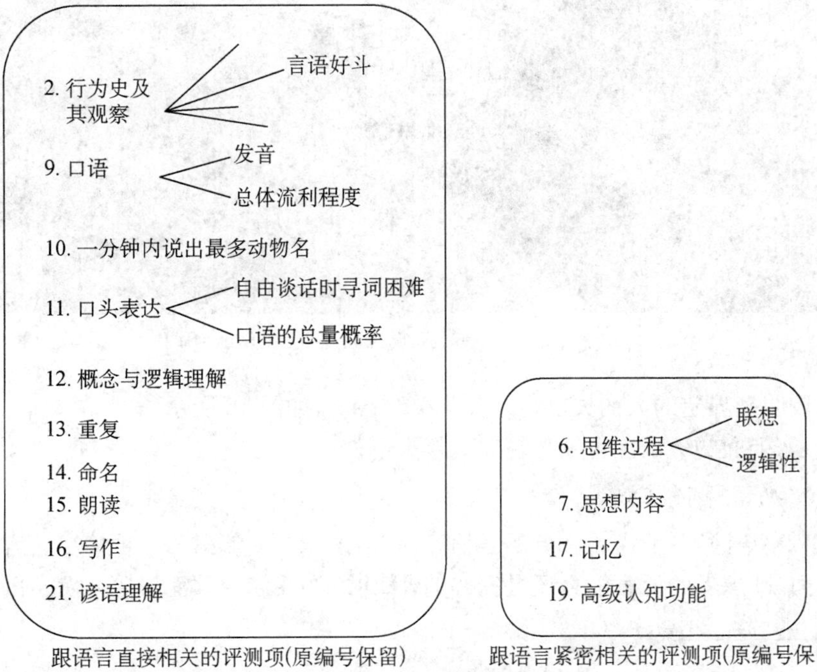

图 14　MSE 中语言评测参数

个子项是关于被测人是否言词好斗(verbal aggression)。无言词好斗则为 0 分,偶尔有则为 1 分,经常言词好斗且很凶,则为 9 分。

临床医生得到上面 14 项评测分后,不能据此确诊患者患何种精神疾病。只有把语言评测分跟其他项目评测结果综合起来看,语言评测的作用才能显现出来。

7.3 老年失语症与脑功能研究

在本文里,语障是失语症的上位概念。在学术发展史上,失语症有较长的研究历史。我国学者介绍此类研究的文献较多,如杨亦鸣(2003),杨亦鸣、周统权(2005),崔刚(2001)。非常有趣的是,现代揭开脑解剖功能之谜的是从现代失语症研究开始的。该研究一般追溯到 19 世纪中叶,高尔、布洛克的研究是里程碑。当时,"心"的各种能力能否在脑中进行定位是学界争论的焦点。争论围绕两个方面,一是如何对心的能力进行分类?二是如何定位?布洛克通过脑损伤和尸体解剖试图回答这两个问题。布洛克 1861 年 4 月 11 日接诊名叫 Leborgne(51 岁,男性)的病人。该患者在他们医院多年,健康状况很差,与他人交谈时只能发出"tan" 这个音节。布洛克对他做尸体解剖时发现左脑额下回后部大面积损伤(图 15)。不久布洛克有机会研究另外一位 84 岁 Lelong 患者。该老人交谈时只能说几个词,脑部损伤部位跟 Leborgne 的基本相同(图 15)。布洛克失语区(Broca area)由此而得名。失语症研究成果相继问世。

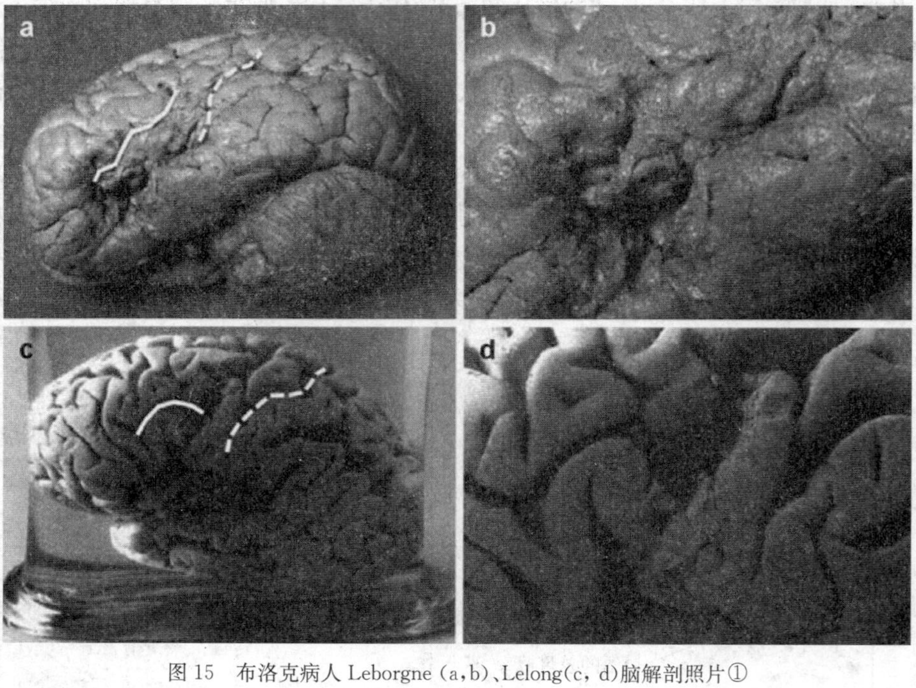

图 15 布洛克病人 Leborgne (a,b)、Lelong(c, d)脑解剖照片①

现在已经比较明确界定的大的失语症及其相关脑区域,如图 16 所示。

需要提醒的是,上面的失语症也发生在非老年人群。

7.4 阿尔茨海默病语障特征概述

语言学视角考察语障,一般需要区分语言语障、言语语障和交流语障三种情况。言语语障包括说话和听话两个方面,即患者的语言能力还是完好的,障碍主要在使用方面。比如发声困难、发音困难、

① 注:本图引自 Rutten 2017:15。图中虚线和实线分别标示中央沟和额下沟。

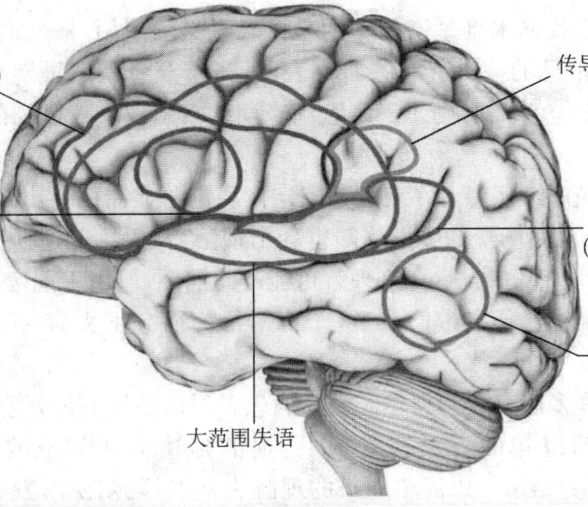

图 16　主要失语症的脑区分布图示

(根据 Carter et al., 2019: 149 绘制)

因听力损伤导致理解困难等,属于言语语障类。语言语障指在调用语言符号系统来表达思想和情感时出现了困难。交流语障指患者在面对面互动时失去调用各种场景标记信息、人际关系识别与定位等方面的能力,导致互动不能正常进行。阿尔茨海默病引发的障碍一般认为属于语言语障,由于语言语障从而导致交流语障(即交流语障属于派生性的)。

语言学家仅仅根据语料能否正确区分言语语障、语言语障和交际障碍?目前的研究水平还做不到。仅语言语障一种情况而言,光看语料本身是无法确定是何种脑部障碍产生如此的语料。如下面是从多模态老年语料库里直接调出的生语料。患者已经有视觉失辨征兆(visual agnosia),不能辨识镜中影像人是自己。手拿巧克力对着镜中影像说:

> 让我做饭,嘿,半天儿。他准备送过来。别冲我充牛啦。不,我,我这儿整个儿,不是,不是椪柑。这个,人才市场,啊,上头,啊,石,石景山。石景山那土皮儿,五岭儿那带,净出土匪。强攻,逮了一趟抢劫,抢人,抢东西,抢各种贵……啊。(为了便于阅读,加上了标点;原始语料由刘红艳提供。)

很显然,在单个汉语字词包括词组方面尚无语障,但在发音、韵律及其情感方面障碍——言语语障——已经很明显。在语用和话语方面,语障则明确无误了。

确定上述语言学观察跟身脑心病变之间的对应关系,如上所指出的,已经超出人类当前知识的范围。这当然不等于说语料的特征分析失去用途,如作为语言自身研究的一部分是有价值的,但作为医学-语言学跨学科研究便不能接受了。对于跨学科研究来说,老年语障的语言学特征分析不能孤立来做,必须结合临床诊断路线图(图 13),作为其中的一个环节来做才产生其应用价值。下面归类是从语言学分析的角度作出的(根据吴国良、许训丰、顾曰国、张永伟,2014)。

(1) 词汇方面:找词困难(即 anomia"称名不能")是阿尔茨海默病早期症候,一开始是个别词语提取困难,会逐渐严重。Martin 和 Fedio(1983)对找词困难作过具体的对比实验研究。研究的主要目的是衡量轻度智退症患者的语义知识及其应答质量。实验含 14 名阿尔茨海默病患者,对照组有 11 名正常人。测试包括标准词汇测试(WAIS)、波斯顿命名测试(Boston Naming Test)和多项词义测试。研究其中发现阿尔茨海默患者一般语义知识(涉及概念词和同义词)受损,跟命名能力受损相比要轻一些(p. 135)。词和准词的重复实验性研究见 Goldblum 等(2002)。

(2) 概念意义方面:跟找词困难紧密相关的是概念意义的使用,概念的上下位关系(如【水果】是【苹果】的上位概念)就是常见的一种。有些研究表明,阿尔茨海默病早期易出现下位概念词使用障碍,使用上位较抽象范畴概念障碍在阿尔茨海默病晚期才会出现。较详细的讨论参见 Nebes (1992: 412-417)。

(3) 语用方面:阿尔茨海默病患者在视觉空间定位和定向上往往会出现障碍,由此导致空间词语的空间指示词用法错误。语用场景的实景认知也会出现障碍,语用的适切原则难以得到遵守。对言语行为(特别是施事行为)的理解与执行上,理解可能没有问题,但由于记忆力障碍也造成把理解后的语力无法付诸行动(如理解"把苹果带回来"这个言语行为而忘了去做"把苹果带回来"这个实际行为)。

(4) 话语理解方面:许多研究表明阿尔茨海默病患者说话是流利的,但空洞无物。研究者因此推测,阿尔茨海默病患者的组句能力没有受损,受损的是遣词和句子的语义。Caplan 和 Waters (2002)报告一系列实验研究结果。以简单句式的理解为基点,阿尔茨海默病患者和对照组在句式复杂程度增加实验上,两者的理解表现相当。阿尔茨海默病患者跟对照组比较,表现受损的是在把命题内容跟图片和视频配对的实验上。

(5) 连续话语方面:包括许多微观层面:a. 独白类叙述,指阿尔茨海默病患者独自的连续话语;b.交谈类叙述话语,指阿尔茨海默病患者跟他人交谈(如采访)时形成的连续话语。Ramanathan-Abbott(1994)研究阿尔茨海默病患者跟两个不同谈话人交谈所形成的连续话语之间的异同;Ramanathan(1995)以场景为变量研究场景变量对阿尔茨海默病患者交谈类叙述话语产生的影响。c.对话方面,重复赘说(perseveration)是较常见的。Bayles, Tomoeda 和 Kasniak(1985)对智退症患者会话中应答赘问作了实验型的研究。研究发现智退症患者跟正常人相比应答赘问显著增多,而且智退症愈严重,赘问频率愈高(1985:112)。

(6) 话轮方面:对听者需求的敏感性逐渐减小;自我啰嗦唠叨;难以进行正常的话轮交换等。

(7) 人际关系处理方面:刘红艳(2006:19)对三对正常老人和痴呆症患者(注:她沿用先前的译法)的对比研究,初步发现"老年性痴呆患者都保留了一定的社交语用能力。…… 基本能够恰当使用称呼语;在日常社会交往中能够较自如地使用社交类简单言语行为及礼貌标记语;…… 患者人物概念发生混乱或无法准确判断人物间关系,谈话时甚至失去另一谈话人存在的意识"。

(8) 写作方面:对有读写能力的阿尔茨海默病患者进行听写或看图写字测试后也发现写作障碍。听写涉及听声—语音切分—音系单位—词素—词形这样的认知过程;看图写字涉及识图—解图—概念表达—词素—词形这样的认知过程。Glosser 和 Henderson(2002)对相关文献作了梳理。需要提醒注意的是这些文献涉及拼音文字的研究,对汉字这样的非拼音文字的、因阿尔兹海默病引发的失写症研究,我们还没有看到相关报告。

(9) 句法层、发声语音、音系层:Appell 等 (1982: 87) 的研究表明,轻度阿尔茨海默病患者的发声、流利和句法能力尚保存完好。其他研究也证实他们的发现(参见 Bayles, Tomoeda & Trosset 1992; Cummings et al., 1985; Nebes, 1992)。

8 老年语言学研究方法论

方法是为研究目的服务的;目的决定方法的优劣和取舍。作为研究老年语言现象的老年语言学,其终极目的是服务于老年人身脑心健康。对于超康健和成功老龄人群来说,方法在于探寻他们是如何保持语常的,挖掘可供其他老人借鉴的语用、修辞、各种话语活动等的原则和规律。对于通常老龄人群来说,方法在于探寻语常、语误、语蚀到语障的衰变过程及其规律,力求服务于早期发现和早期干预。对于老年语障人群来说，方法在于探寻语言康复计划以及实施方案。概言之，老年语言学是面向老年临床应用的，其方法是实证型的，这跟循证医学（evidence-based medicine，Mayer，2010）方法是一致的。

我们在先前论文里介绍过智退症语言研究五种方法：(1)民族志法；(2)个案跟踪研究；(3)受控实验法；(4)多模态语料库研究法；(5)基于无创脑成像技术研究（吴国良、许训丰、顾曰国、张永伟，2014）。这些方法属于微观的，这里在宏观上补充两项：(1)取样原则及其方法；(2)数据集成与融合。

我国有2.5亿左右的60岁及以上老人，根据联合国推荐的人口普查“个体列举”（individual enumeration）原则，每位老人在人口普查档案里都应该有个人资料。如果有这样的数据，老年取样会方便许多。但在操作上，每个人的变量都考虑到，是不可能的。本文采用范畴与年龄段取样法。上文提到的超康健老龄、成功老龄、通常老龄与智退老龄四类，即对老年人群做范畴分类。“年龄段”在生命历程学里称为birth cohort，是该学科普遍采用的取样法。为了便于理解，我们以1 000人口为例，演示范畴与年龄段取样法。表1里的各个范畴的人数是虚构的，这不影响取样原则的正确性。

表1 范畴与年龄段取样演示表

<table>
<tr><td colspan="6">采样年代：2019年</td></tr>
<tr><td>年龄段（以1 000人口为例）</td><td></td><td>60岁(1959)</td><td>70岁(1949)</td><td>80岁(1939)</td><td>90岁(1929)</td></tr>
<tr><td rowspan="8">采样范畴分类</td><td rowspan="2">超康健老龄老人（定义为≥80）</td><td rowspan="2" colspan="2"></td><td>20人</td><td>10人</td></tr>
<tr><td>↓↓↓</td><td>↓↓↓</td></tr>
<tr><td rowspan="2">成功老龄老人（定义为≥70）</td><td rowspan="2"></td><td>150人</td><td>50人</td><td>10人</td></tr>
<tr><td>↓↓↓</td><td>↓↓↓</td><td>↓↓↓</td></tr>
<tr><td rowspan="2">通常老龄老人（定义为≥60患老年病，无认知病灶）</td><td rowspan="2">660人</td><td colspan="3">（随着年龄增大）</td></tr>
<tr><td>↓↓↓</td><td>↓↓↓</td><td>↓↓↓</td></tr>
<tr><td rowspan="2">智退症老人（定义为≥60轻中重认知衰退）</td><td>20人</td><td>30人</td><td>40人</td><td>10人</td></tr>
<tr><td>↓↓↓</td><td>↓↓↓</td><td>↓↓↓</td><td>↓↓↓</td></tr>
</table>

注：↓↓↓提示有向下衰变的风险。

表1假定对全老年人口（1 000人）做穷尽性范畴取样。实际操作时每个范畴根据人数制定切实可行的取样比例。

上面的取样方法跟老龄数据类型有紧密的关联。以超康健老龄类为例。当研究人员2019年取样调查时，80岁及以上的老人先前真实生活数据是无法获取的。2019年以前的数据，生命历程学关注最多的有两种。一是个人生命历程记忆（含场景记忆），如老人口述生命历程语料，老人日记（如果有）；这些是研究者不可多得的第一手数据。第二手数据包括由家人、朋友、同事等讲述老人的“故事”。二是跟年龄段相关的政治、经济、社会、文化等重大历史事件，即老人所在语团的集体记忆数据。

再以通常老龄老人取样为例。这类人群是老年语言学关注的重点。上文提到过，他们语言衰变风险较大，对他们做动态、长期跟踪监控至关重要。我们目前的做法之一就是上文提到的老年口误日记法和老年影像日记法。为此我们已经研发了“孝老敬老手机应用平台”（在上线测试中）。老人或子女可以利用这个平台上传和永久保存老人每天的影像日记。研究者可以利用这个平台对影像日记进行处理，以期做到动态跟踪，早期预警，早期干预。

最后简要讨论数据集成与融合。老年语言学要求研究者尽量采集多模态数据，而不是基于文字符号记载的单一数据。多模态数据是多视角的、多层次的、多类型的、动静结合的。面对如此复杂的数据，数据集成和融合成为不可回避的问题。顾曰国（2016）提出的人生大数据模型可以作为一种解决方案。基本思路是这样的。每个自然人——称为“鲜活整人”——活着一身[1],亲历一身,形成一个动态的复杂系统。如生物生命系统、心理系统、语言系统、行为动作系统等。主系统还含子系统。用若干个“己”来对这个复杂系统进行贴真模拟。公式如下:

英文公式:The (dimensional) self {… {…}…}
中文公式:(各种)己 {…{…}…}

“己 {…}”是建模用的元语言,模拟鲜活整人的某个方面。集合标记 {…} 用来特别提示“己”不是物件,是动态过程,有质、量的变化。如“基因己 {…}” 用来模拟人的基因信息。人类基因工程研究显示,一个基因组含有 3×10^9 个基本信息(Cantor and Smith, 1999: xvii)。整人模型如图 17 所示。

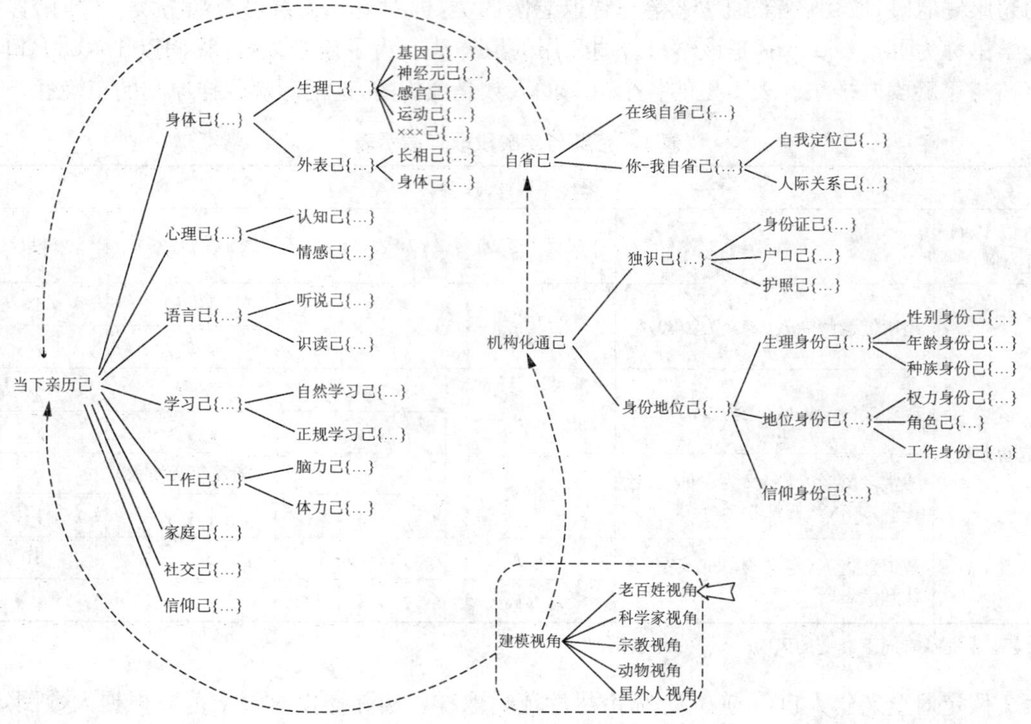

图 17 整人模拟示意图

(引自顾曰国,2016)

下面举例简要说明该模型。“当下亲历己 {…}” 模拟当下亲历和认知。整人一身首要的是活着,活着最基本的行为是亲历。一身除无梦的深睡外,无时无刻都不在做亲历。亲历包括线上和线下两种。线上亲历指与外部世界进行实时互动的当下亲历;线下亲历指整人的内省活动,包括梦中的亲历。当下认知为当下亲历的一部分。一身的当下认知就是往这个动态复杂系统里填写数据。场景记忆、生命历程记忆的内容正是由这样的动态数据构成的。

“自省己{…}” 模拟亲历己对自身的反省。新生婴儿有亲历己,但没有自省己,自省己是后来逐步发展起来的。自省己对于整个人的成长来说是极其重要的,儿童的社会化发展离不开自省己的发展与成熟。我国儒家传统特别强调自省己的发展,曾子曰:“吾日三省吾身”(《论语·学而第一》)。禅宗坐禅是一种极端的自省方式。

① 汉语词“一身”突出全身,如“一身正气”;“一生”突出时间,如“奋斗一生”。当下多模态亲历与认知研究强调全身参与认知,而且是一生如此。本文用“一身”来涵盖两个意义。

"当下亲历己｛...｝"和"自省己｛...｝"对于老年语言学数据分析与集成是非常重要的。举例说明。我们老年多模态语料库里有位91岁女性重度智退症老人，对当下所处的年代、月份和日期失去了记忆。换句话说，她主要活在当下很短的时空间里。先前的一些场景记忆能够回忆起来，但不能跟当前时日发生关联。工作记忆的时长也大大缩短，告诉她研究者的名字后，很快忘记了，重复问"你叫什么名字?"。"自省己｛...｝"是构建自我人格、确立自己与他人关系等重要通道。上文提到的不能识别镜子里自己镜像的老人，他非但不能继续往"自省己｛...｝"里添加动态数据(比如他跟新的看护人的关系)，而且连自己的形象数据都不能通过内省调用进来。

"当下亲历己｛...｝"里有个子集"家庭己｛...｝"。我们老年多模态语料库里有位轻度智退症老岁，因视觉失辨，不再能认识坐在他身边的二儿子，即在他的"家庭己｛...｝"里失去的关于他二儿子的数据(顾曰国，2015：466)。

"语言己｛...｝"一身大数据模型，如图18所示。

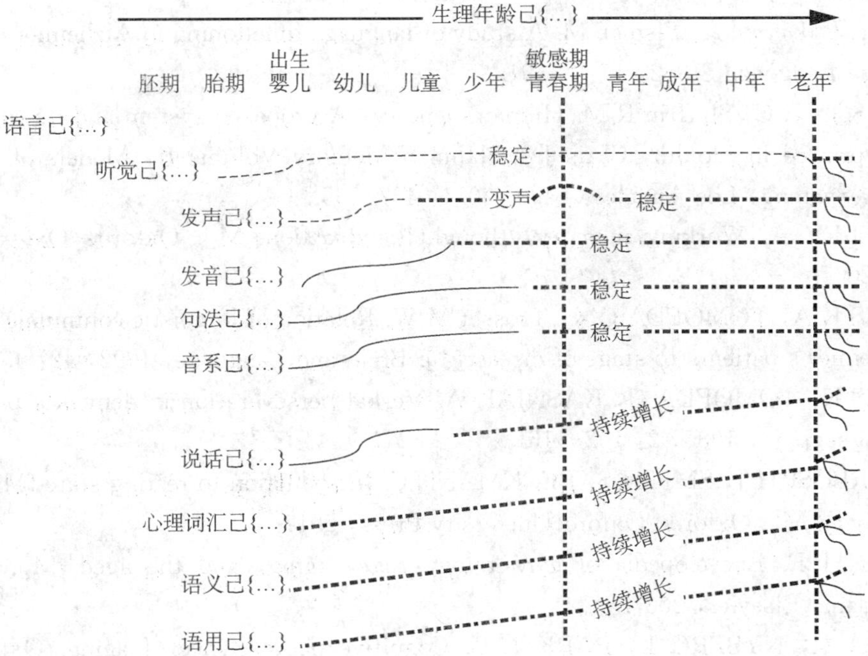

图18　语言己{...}一生大数据长、衰、稳定示意图

说明：①语言己{...}有9个子集，模型公式允许有无限多个子集。研究者根据项目需要任意提高颗粒度。②图18有三个阀点，出生、青春期和老年。听觉己{...}在妊娠期6个月后开始产生数据。进入老年后用"保持稳定""继续增长""衰减"三种状态模拟。同样根据需要可以提高数据颗粒度。

大数据公式——(各种)己｛...｛...｝...｝—在设计上允许各种类型的"己"输入不同类型的数据，因此上面提到的多视角的、多层次的、多类型的、动静结合的数据都可以集成和融合到一起，从而构建贴真建模对象一生的大数据。

9　余言：存在问题与将来研究方向

本文以生命/人生历程学和老年学为基点构建老年语言学。构建始终贯彻两个原则，一是面向老年临床医学应用，二是数据采集与处理跟循证医学保持一致。鉴于此，老年语常、语误、语蚀和语障都不能仅停留在对语言现象做出描写上。更重要的是，语言现象描写是为了临床医学服务。临床医学实践面临的是一个个鲜活的自然人，医生给病人一个诊断标签时，他不是在对病灶做出描写，而是对病灶做出医学判断，拿出解决问题的方案。同理，老年语言现象，比如老年影像日记有这样一条记录统计——2019 年 5 月 27 日.txt，type＝113；token＝261——这是描写性、统计类、数字型真实数据。老年语言学研究者要像临床医生那样把这个描写性数据作为征兆跟老人当时的身脑心状况联系起来。这是 93 天影像日记中 token 数据最少的。为什么？通过看原始的视频和听老人叙述的语音特色，发现老人自录像时背景情感属于“疲惫”型，显得无精打采。这对于孝敬父母的子女或责任心强的看护人来说是不可忽视的信息。

本文明显不足之一是老年多模态语料库的大量数据没有来得及处理，导致文章对老年语常、语误、语蚀和语障四类现象未能在数据分析上做到位。这是亟待弥补的。第二个不足是没有讨论老年语言健康维护和康复治疗问题。针对这个问题，我们已经初步研究一年多，期望明年能够完成初步设计和拿出具体实施方案。

参考文献

[1] APPELL J，Keretz A，Fisman M. A study of language functioning in Alzheimer's patients[J]. Brain and Language，1982，17：73-91.

[2] ATKINSON R C，Shiffrin R M. Human memory：A proposed system and its control process [C]. Reprinted in Moulin，Chris J A. Human Memory Volume II：Models of Memory and Memory Systems. Los Angeles：Sage，2011：467-565.

[3] BADDELEY A. Working memory，thought，and action[M]. Oxford：Oxford University Press，2007.

[4] BAYLES K A，TOMOEDA C K，Trosset M W. Relation of linguistic communication abilities of Alzheimer's patients to stage of disease[J]. Brain and Language，1992，42：454-472.

[5] BAYLES K，TOMOEDA C，KASNIAK A. Verbal perseveration in dementia patients. Brain and Language[J]，1985，2：102-116.

[6] BIJSTERBOSCH J，SMITH S，BECKMANN C. Introduction to resting state fMRI functional connectivity[M]. Oxford：Oxford University Press，2017.

[7] BIRREN J E. Encyclopedia of gerontology：age，aging，and the aged[M]. 2nd edition. Amsterdam：Elsevier，2007.

[8] CABEZA R，NYBERG L，PARK D C. Cognitive neuroscience of aging. Oxford：Oxford University Press，2005.

[9] CAPLAN D，WATERS G. Sentence comprehension in Alzheimer's disease.[M]//Connor L T，Obler K L. Neurobehavior of Language and Cognition. Boston：Springer，2002：61-76.

[10] CARTER R，ALDRIDGE S，PAGE M. et al. The human brain book[M]. London：Penguin Random House，2019.

[11] CHOMSKY N. The minimalist program[M]. Cambridge：The MIT Press，1996.

[12] COBLY A. Foreword：Crafting life course studies[M]//Giele J Z Elder G H Jr. Methods of life course research：Qualitative and quantitative approaches. Thousand Oaks，CA：Sage，1998.

[13] CONNOR L T，Loraine K O. Neurobehavior of language and cognition[M]. Norwell，MA.：Kluwer Academic，2002.

[14] CUMMINGS J L，Benson D F，Hill M A. et al. Aphasia in dementia of the Alzheimer type[J]. Neurology，1985，35：304-397.

[15] DANNEFER D，PHILLIPSON C. The Sage handbook of Social Gerontology[M]. Los

Angeles：Sage，2010.
[16] DANON D，Knyszynski A，Hayflick L. Hemopoiesis as a model for the “Biological Clock” [C]//Platt D. Blood Cells，Rheology，and Aging. Berlin：Springer. 1988：1-12.
[17] DEARY I，WHALLEY L J，LEMMON H. et al. The stability of individual differences in mental ability from childhood to old age：follow-up of the 1932 Scottish mental survey[J]. Intelligence，2000，28(1)：49-55.
[18] ERIKSON E H. Childhood and society[M]. 2nd edition. New York：Norton，1963.
[19] FELDMAN R S. Development across the life span[M]. 8th ed. Harlow：Pearson Education Limited，2018.
[20] FERNALD A. Hearing，listening，and understanding：auditory development in infancy[M]. Blackwell Handbook of Infant Development，2007:35-70.
[21] FODOR J A. The modularity of mind[M]. Cambridge：MIT Press，1983.
[22] FRIEDERICI A D. Language in our brain [M]. Cambridge，Massachusetts：The MIT Press，2017.
[23] FUSTER J M. The prefrontal cortex[M].5th ed. Amsterdam：Elsevier，2015.
[24] GLOSSER G，HENDERSON V W. Writing impairments in Alzheimer's disease[M]//Connor L T，Obler L K. Neurobehavior of Language and Cognition. Boston：Springer，2002：77-94.
[25] GOLDBLUM M C，TZORTZIS C，BOLLER T J F. Word and pseudoword repetition in Alzheimer's disease[M]//Connor L T Obler L K. Neurobehavior of Language and Cognition. Boston：Springer,2002：45-60.
[26] GRAF P，OHTA N. Lifespan development of human memory.[M] Cambridge，MA.：The MIT Press，2002.
[27] JOHNSON M H. Functional brain development during infancy[C]//Bremner J G，Wachs T D. The Wiley-Blackwell Handbook of Infant Development (2nd ed.) Vol. 1 Basic Research. West Sussex：Wiley-Blackwell，2010：295-314.
[28] KANDEL E R. In Search of Memory：The emergence of a new science of mind[M]. New York City：W. W. Norton，2006.
[29] KOPKE B，SCHMID M S，KEIJZER M. et al. Language attrition[M]. Amsterdam：John Benjamins B. V，2007.
[30] LEVELT W J M. Speaking from intention to articulation[M]. Cambridge，MA.：The MIT Press，1995 [1989].
[31] MAGAI C，MCFADDEN S H. Handbook of emotion，adult development，and aging[M]. San Diego：Academic Press，1996.
[32] MARTIN A，FEDIO P. Word production and comprehension in Alzheimer's disease：The breakdown of semantic knowledge[J]. Brain and Language，1983，19:124-41.
[33] MAYER D. Essential evidence-Based medicine [M]. Cambridge：Cambridge University Press，2010.
[34] MCDONALD R B. Biology of aging[M]. New York：Garland Science，2014.
[35] NEBES R. Cognitive dysfunction in Alzheimer's disease[M]//Craik C，SALTHOUSE T. The Handbook of Aging and Cognition. New Jersey：Lawrence Erlbaum，1992：373-446.
[36] NEWMAN B M，Newman P R. Development through life：a psychosocial approach[M].

Wadsworth: Cengage Learning, 2012.
[37] OHTA, N. The need for a lifespan developmental approach within memory research is more urgent than ever[M]//Graf R, Ohta N. Lifespan development of human memory. Cambridge: MIT Press, 2002: 3-12.
[38] PETRIDES M. Neuroanatomy of language regions of the human brain[M]. Amsterdam: Elsevier, 2014.
[39] PHILLIPS J, AJROUCH K, HILLCOAT-NALLETAMBY S. Key concepts in social gerontology[M]. Los Angeles: Sage, 2010.
[40] PLATT D. Blood cells, rheology, and aging[M]. Berlin: Springer-Verlag, 1988.
[41] RAMANATHAN V. Narrative well-formedness in Alzheimer's discourse: an interactional examination across settings[J]. Journal of Pragmatics, 1995, 23: 395-419.
[42] RAMANATHAN-ABBOTT V. Interactional differences in Alzheimer discourse: an examination of AD speech across two audiences[J]. Language in Society, 1994, 23,1: 31-58.
[43] RATTAN S I S, HAYFLICK L. Cellular ageing and replicative senescence[M]. London: Springer International Publishing Switzerland, 2016.
[44] ROEDIGER III H L, WEINSTEIN Y, AGARWAL P K. Forgetting: preliminary considerations[C]. In Sergio Della Sala, (ed.) Forgetting. Psychology Press, 2010: 1-23.
[45] RUTTEN G J. The Broca-Wernicke Doctrine: a historical and clinical perspective on localization of language functions[M]. Springer International Publishing AG, 2017.
[46] SADLER T W. Langman's medical embryology [M]. 14th ed. Baltimore: Wolters Kluwer, 2019.
[47] SALA S D. Forgetting[M]. Hove: Psychology Press, 2010.
[48] SANTROCK J W. Life-span development [M] 17th ed. New York: McGraw-Hill Education, 2019.
[49] SCHAIE K W, Willis S L. Handbook of the psychology of aging[M]. 8th ed. Amsterdam: Elsevier, 2016.
[50] SCHMID M S. Language attrition[M]. Cambridge: Cambridge University Press, 2011.
[51] SCHWARTZ B L. Tip-of-the-tongue states[M]. New Jersey: Lawrence Erlbaum Associates, Publishers, 2002.
[52] SMITH G E. BONDI M W. Mild cognitive impairment and dementia[M]. Oxford: Oxford University Press, 2013.
[53] SPEARMAN C. The abilities of man: their nature and measurement[M]. New York: The MacMillan Company, 1927.
[54] SQUIRE L R. Memory systems: A biological concept[M]//Roediger H L, Dudai Y, FITZPATRICK S M. Science of memory: concepts. Oxford: Oxford University Press, 2007: 399-343.
[55] SQUIRE L R, KANDEL E R. Memory: from mind to molecules[M]. Greenwood Village: Roberts & Company, 2009.
[56] STUART-HAMILTON I. The psychology of ageing: an introduction[M]. 5th ed. London: Jessica Kingsley Publishers, 2012.
[57] WEINER M F, LIPTON A M. The dementias: diagnosis, treatment, and research[M]. 3rd

ed. American Psychiatric Publishing, Inc., 2003.
[58] 崔刚.失语症的语言学研究.北京:外语教学与研究出版社,2001.
[59] 顾曰国.当代语言学的波形发展主题二:语言、人脑与心智[J].当代语言学 2010,12(4):289-311.
[60] 顾曰国.当代语言学的波形发展主题三:语言、媒介与技术[J].当代语言学 2011,13(1):22-48.
[61] 顾曰国.多模态感官系统与语言研究[J].当代语言学,2015,17(4):448-469.
[62] 顾曰国.当下亲历与认知_多模态感官系统与大数据研究模型[J].当代语言学,2016,18(4):475-513.
[63] 顾曰国.老年社会与老年语言学[J].语言战略研究,2019(5):10-11.
[64] 顾曰国.老年语言学发端[J].语言战略研究,2019(5):12-33.
[65] 黄立鹤,王晶,李云霞.阿尔茨海默病言语障碍表现及相关神经心理学量表编制问题[J].语言战略研究,2019,4(5):34-45.
[66] 刘红艳.老年性痴呆患者与正常老年人的现场即席话语能力研究[D].北京外国语大学博士论文,2006.
[67] 刘崚,顾曰国,张永伟.(待发)老年人生历程记忆与语言研究.
[68] 罗倩,彭聃龄.失语症的语言学研究综述[J].当代语言学,2000,2(4):248-263.
[69] 唐孝威,杜继曾,陈学群,等.脑科学导论[M].杭州:浙江大学出版社,2006.
[70] 邬沧萍,杜鹏,姚远,等.社会老年学[M].北京:中国人民大学出版社,1999.
[71] 吴国良,许训丰,顾曰国,等.痴呆症(智退症)临床语言使用障碍研究概述[J].当代语言学,2014,16(4):452-465.
[72] 杨亦鸣.语言的神经机制与语言理论研究[M].上海:学林出版社,2003.
[73] 杨亦鸣,周统权.失语症语法障碍的表现与研究——海外失语症语法障碍研究述评[J].当代语言学,2005,7(4):338-357.
[74] 朱明伟,王鲁宁.脑老化及相关神经疾病新进展[J].中国现代神经疾病杂志,2014.14(3):161-169.
[75] 翟中和,王喜忠,丁明孝.细胞生物学[M].3 版.北京:高等教育出版社,2007.

第二章　阿尔茨海默症患者找词困难研究

刘红艳

1　引言

世界人口正以空前的速度走向老龄化，伴随这一趋势，老年人的精神健康问题日渐突出，尤其危害最严重的痴呆病随之增加，在西方国家，痴呆已逐渐取代卒中，位居神经科疾病的第一位。对阿尔茨海默症患者的研究过去主要集中在医学领域，医学研究者从阿尔茨海默的发病机理、诊断基准、病理原因、分类及防治等角度进行了广泛的研究并取得了一定的成果；然而，对阿尔茨海默症患者及正常人话语和认知的研究不过是十几年的历史，从事此类研究的主要力量来源于西方的神经语言学界。研究者从语言学、神经科学、心理学的角度研究老龄化和语言的关系，继而致力于研究阿尔茨海默病理语言。我国已发表文献中尚未发现对阿尔茨海默患者话语的相关研究。

2　阿尔茨海默患者找词困难研究

伴随阿尔茨海默症产生的交际衰退带有一个明显的特点，即患者在患病初期就出现了找词困难，而且随着病情加重，找词困难出现频率增高。这一现象在许多西方学者的实验测试中得以证实。学者们(Bayles，1979，1982；Obler，1981；Appell，Kertesz，and Fisman，1982；Martin and Fedio，1983；Kempler，1984；Nebes，Martin，and Horn，1984；Hier，Hagenlocker，and Shindler，1985；Sandson，Obler，and Albert，1987；Shuttleworth and Huber，1988；Keage，2010；Meagan，2014)的研究发现，意识到自身找词困难的轻中度阿尔茨海默症患者参加社交休闲活动的频次减少。

Obler 和 Albert(1980a)研究中发现，阿尔茨海默症患者特有的找词困难有时也在正常老年人话语中出现，但是正常老年人找词困难程度及频率均低于阿尔茨海默症患者。二者的不同点在于阿尔茨海默症患者和正常老年人对于找词困难的不同对策。Obler 和 Albert 进一步指出，健康老年人能够借助适当的句法语境线索提示自己找到正确的词，阿尔茨海默症患者则会找一个词代替或干脆放弃努力。Camerer 和 Supprian (2019)对阿尔茨海默症患者和正常老年人进行名为“WoFi”的找词测试，对比两类人群在找词障碍方面的差异。

由于患者在测试场合中话语表现往往不如他们在日常自然会话中的表现。那么，是否找词困难只出现在测试场合中？针对这一问题，Blanken，Dittmann，Haas 及 Wallesch(1987)的研究结果是他们发现阿尔茨海默症患者自由回答问题时的自然话语和测试中控制组话语中同样出现找词困难，二者没有本质的差别。

Kempler(1984)在研究测试中观察到，阿尔茨海默症患者的找词错误往往不是词性错误，也就是说，即便出现找词错误，也是同一词性间的错误替换，如动词与动词之间或名词与名词之间的错误替换。阿尔茨海默症患者找词错误的另外一个特征是：患者想找的词与错误替换的词在语义上是相关

【基金项目】本文系北京市哲学社会科学规划项目“北京老龄群体言语障碍现状及康复对策研究”(项目号：14ZHB007)和国家社科基金资助项目“基于多模态语料库的正常老年人和老年阿尔茨海默症患者语言蚀失及大脑机制对比研究”(项目号：19BYY080)部分研究成果。
【作者信息】刘红艳，女，北京工商大学外国语学院教授、博士，研究领域：神经语言学、话语分析、语料库语言学。邮寄地址：北京市海淀区阜成路 33 号北京工商大学外国语学院 100048。Email：liuhy6898@hotmail.com
【注】本文首刊于《解放军外国语学院学报》2014 年第 1 期，此处转载已作修改。

的，如"父亲"与"儿子"，"拼写"与"发音"。此外，Kempler 还发现阿尔茨海默症患者过度使用代词和语义空洞词。阿尔茨海默症患者话语中高频使用空洞词使得患者话语带有"空洞无意义"的标记。因此，不难解释与阿尔茨海默症患者交谈的正常人在理解患者话语方面遇到的种种困难。其他西方学者也注意到此类现象，并且对此做出细致的统计研究。（详见 Hier，Hagenlocker & Shindler，1985；Bayles，Tomoeda，Kaszniak，Sterns & Eagans，1985；Nicholas，Obler，Albert & Helm-Estabrooks，1985；Sandson，Obler & Albert，1987 and Duke and Kaszniak，2000）不同类型的痴呆患者，因患病程度不同，话语障碍表现也有所不同。Dijkstra，Bourgeois，Petrie，Burgio 与 Allen-Burge（2002）研究发现，早期阿尔茨海默症患者虽存在话语障碍，但基本不使用"空洞词汇"。

那么找词困难是否真的代表患者有词汇、语义缺陷呢？神经心理学家对此作出的解释对我们探索话语现象背后的深层根源很有借鉴意义。Nebes（1985）、Clark（1980）等人认为阿尔茨海默症患者的语义记忆并未受损，问题出在访问语义记忆的通道被阻断，只好绕道途经事件记忆，结果产生看似不相关的话语。

3　阿尔茨海默症患者和正常老年人即席话语语料库

本文语料选自"中国阿尔茨海默症患者和正常老年人即席话语语料库"，所收录音频和视频语料是笔者从北京养老院、医院及家庭采集的自然话语语料，语料收集历时两年多。本研究采集的正常老年人语料得到了正常老年人本人同意。阿尔茨海默症患者由于认知能力障碍，不具备正常老年人的独立行为能力，不是法律意义上的完全行为人。所以采集患者语料前必须征得患者家属及患者所在养老院负责人的同意。本研究所有语料仅用于学术研究而无任何商业目的，保证讲话人的匿名权和音视频语料的使用限制，后期编辑过程中，对于语料中出现的人名和涉及个人隐私的内容进行技术处理。

为客观反映不同患病程度阿尔茨海默症患者的找词困难表现及不同阶段患者在认知、谈话、行为等方面的变化轨迹，本文选取 2 名阿尔茨海默症患者[1 名轻中度患者老张（女），1 名重度患者老张（男）]与处于同年龄阶段、同性别的 2 名正常老年人老武（女）和老于（男）各 1 小时的语料分别进行对比，不仅更直观地表明痴呆患者和正常老年人在自然话语能力方面的差距，而且折射出正常老年人在老龄化过程中话语组织能力方面的专有特征。

语料库分析工具选用 CodingStar 和 Elan 软件，CodingStar 是对中英文文本的定性分析工具，可以对语料转写文本进行标注并分析结果。Elan 可以对音视频语料进行标注，还可以对伴随话语的非言语行为进行分析。对需要分析的参数进行人工标注后，本文统计 4 个比较主体与各项参数相关的数据，得出客观的对比结果，进行基于语料库的 4 个比较主体的话语能力对比分析研究。

4　阿尔茨海默症患者找词困难标注码定义及示例

观察阿尔茨海默症患者自然话语语料发现，由于阿尔茨海默症患者大脑认知处理信息出现障碍，不同阶段患者在词汇使用方面存在不同程度的"找词困难"。重症患者大量使用模糊空洞的词汇，常常选错词、创造古怪难懂的杜撰词；轻中度患者却能使用"语义相关词""迂回、婉转的表达"甚至肢体语言等话语策略成功交际。正常老年人自然话语中有时也出现找词困难，但是其困难程度明显低于痴呆患者。基于语料观察，阿尔茨海默症患者找词困难主要表现为以下 5 种情况：①话语冗长、迂回；②找错词；③使用语义相关词；④使用模糊、空洞词汇；⑤杜撰词。在此基础上，首先对痴呆患者自然话语示例进行界定，归纳出不同类型找词困难的标注码定义，以正常老年人的语料标注结果为标准，对阿尔茨海默症患者的自然话语语料进行标注，以期客观反映阿尔茨海默症患者与正常老年人的找词困难有何差异；正常老年人是否也出现找词困难，是如何表现的。

对于阿尔茨海默症患者五类找词困难的定义和示例具体如下:

4.1 话语冗长、迂回

由于语义记忆受损,认知处理能力严重衰退,话语使用者出现找词困难。对于只需几个词就可回答的询问,却往往趋向于用多个词或冗长的话语来对自己刚说过的话语进行解释,重度阿尔茨海默症患者使用的冗长话语甚至常常与当前话题毫不相关,令正常谈话伙伴难以理解。

话语示例 1(声波名:2-1 老田 sample2):(录音人向患者老田询问从前教书的经历)

录音人:噢,您教什么的?

老田:我呀,我教的最简单的。

录音人:哦,教得最简单啦。

→ 老田(边说边撮纸):哎,我这我这儿……反正反正……
也停了,停停停止了,那就是、
就是准备,en 他也、也是
(听不清楚)哼呀哈呀,
也就那样。
哼呀哈呀你不会也说你呀,
他干什么也、也、也不说。

从以上语料看,重度患者老田虽然回应速度正常,仍然暴露出大脑认知处理信息存在困难,应答信息无法达到正常人会话合作原则要求的"量"的原则,无法给予录音人足够量的准确信息。老田现场即席认知处理障碍导致其信息准确度差,甚至导致说出的话无法让他人理解。

4.2 找错词

说话人找错的词语义完好,但是与正确词语义上毫不相关,听话人会将说话人打算讲的意思做另一番理解。

话语示例 2(声波名:2-2 老田 sample3):(患者老田手中拿着一瓣西瓜,坐在养老院食堂的大镜子前与录音人讲话)

录像人:快吃西瓜吧。

老田:啊,吃西瓜啊?

录音人:啊!

→ 老田(手中拿着一瓣西瓜,指着镜子里的自己对录像人说):
em,他拿着工具呢,我也拿着工具呢。

这段谈话乍看令人费解。这里需要交代的是:老田有一个习惯,对他来说是每天最重要、最高兴的事情就是兴高采烈、不厌其烦地与养老院食堂里的一面大镜子进行"交流"。据养老院院长介绍,他把镜子里面的自己当作自己已去世的哥哥。经过多次跟踪调查发现,他与镜子"谈话"时会说"咱哥俩",而且尊称镜子里的人为"您"。当他手中拿着护理员递给他的西瓜时,看到镜子里面的"哥哥"也拿了一瓣西瓜,于是高兴地抬头告诉录像人:"他拿着工具呢,我也拿着工具呢。"这里,老田出现明显的找词困难,他没有能力用"语义相关词"代替"西瓜",而是出现"选错词"现象,因此,听话方可能曲解患者含义。

4.3 使用语义相关词

说话人找错的词语义完好,与正确词属同一语法范畴且意义相关联。

话语示例 3(声波名:2-3 老张 sample1):(患者老张给录音人讲刷牙的重要性)

老张:一定要刷呃、刷好牙。

录音人:嗯。

老张:多好的牙都要、

那叫什么、牙、

那个、西、牙、

那叫什么来着?

→ 刷牙的那个、

那个药水叫什么来着?

(右手放在嘴边比划刷牙的样子)

录音人:牙膏。

老张:哦,牙膏,

对对。

录音人:嗯。

老张:我想不起来啦。(老张和录音人笑)

牙膏。

上例中轻中度患者老张出现"命名困难"。为了完成命名任务,极力搜索"牙膏"这个字眼,并通过使用了多种谈话策略让录音人理解自己的话语,帮助自己成功完成任务。

如:1) 使用语义相关词:"刷牙的药水"代替"牙膏"。

2) 使用婉转、迂回的表达:"多好的牙都要、那叫什么、牙、那个、西、牙、那叫什么来着? 刷牙的那个"。

3) 使用肢体语言帮助表达:右手放在嘴边比划刷牙的样子。

当然健康老年人也会出现找词困难,不同点是两者对找词困难的反应不同。Obler 和 Albert (1980a) 指出健康老年人通过提供适当的句法语境来暗示自己找到正确的词,阿尔茨海默症患者则会找一个词代替或干脆放弃任务。

4.4　使用模糊、空洞词汇

说话人话语中很少听到具体的名词或指称,使用代形式(pro-form)代替所要表达的词语,导致话语晦涩难懂,形成个人特有的语言风格(idiosyncratic)。说话人用模糊空洞词汇可能将产出有意义会话的负担转嫁到谈话对象身上,而谈话对象也许可以充分理解说话人话语,也许无法做到。

话语示例 4(声波名:2-4-1 老田 sample4):(患者老田弄手里的巧克力糖,对着镜子自言自语)

→ 老田(低头摆头摆弄手里的巧克力糖,对着镜子说话):

em,这个,这个还行。

没,没有水趟着,

尽什么这个,尽是这个迷被的,

迷被的这点儿出来火,

出来火这这,

这下,

一样,一样透出点子儿来,

透点子儿来,

一，一头一硬，
(笑)哼哼，这家伙，
这儿硬了，
呱一家伙摔下来了，
(笑)哼哼哼哼，又又又那个，
那又一刮又一个。
这得了，
啊，没关系，
得了，
这个没关系，
没啥关系，
这算什么呀，
什么大事儿。

注意这段话语中用下划线标注的部分，老田频频使用"这个、这家伙、那个"等指代词，始终没有明确"这个"的所指。观察录像后发现，老田其实在谈论手中拿着的已打开包装的巧克力糖。实际上，我们不知道他到底把手中的巧克力糖想象成什么。因为存在严重找词困难，他只能用代形式（这个，那个）代替，老田经常使用这种回避策略进行交际。有趣的是：他这里描述的"这个、这家伙或那个"所指也有所不同，有的指"巧克力糖"；有的指"巧克力糖顶端"；有的指"巧克力糖末端"；有的指"巧克力糖包装纸"。当然这是笔者根据现场观察记录及视频语料中患者的动作和话语所作的判断。可以看出，在老田的意识中，"巧克力糖"早已是另一假想事物的代替品了。

话语示例5(声波名:2-1 老田 sample2):(录音人询问患者老田过去的教书经历)
录音人：以前您在哪儿教书呀?
老田：就在那儿教书。

录音人向老田询问信息时，期待对方回答问题。老田快速回应上一话轮询问，但是由于大脑认知处理信息障碍，无法说出准确的信息，只好用代形式"那儿"代替。

4.5 杜撰词

杜撰词是阿尔茨海默症患者找词困难的种种表现之一，属词汇层次上的语义怪异。患者造词可能导致正常谈话人无法理解。

话语示例6(声波名:1-1 老田 sample1):(当护理员指着患者老田手中的书问他"这是什么"的时候，老田的回答如下)
老田：(停顿，指着书)这是谁呀?
→ 这是正祥，其实是，
一块肋皮。

老田找词障碍严重，经常说出难懂的、古怪的、无意义的杜撰词(neologism)。护理员发问后，老田在4.896秒内没有任何应答，然后才作出回应，表明其找词困难程度。无法确定本例中的"正祥"是老田创造的用来形容"书"的杜撰词，还是指代他意识中假想的其他事物。

5 正常老年人和阿尔茨海默症患者标注结果的对比统计

本研究共标注4位研究对象转写文本48个文件，对4位研究对象4小时语料经过Codingstar和

Elan 软件标注处理之后，对标注结果各项数据进行统计，直观显示正常老年人和阿尔茨海默症患者在找词困难方面的差异。下面将 4 位研究主体在自然话语中找词困难方面各标注码出现的次数及其在文本中所占行数的统计结果作一对比，详见表 1。

表 1 正常老年人及阿尔茨海默症患者找词困难标注结果统计总表

标注码	正常老年人老武（出现次数:行数）	轻中度阿尔茨海默症患者老张（出现次数:行数）	重度阿尔茨海默症患者老田（出现次数:行数）	正常老年人老于（出现次数:行数）
找词困难				
1 话语冗长、迂回	[7:36]	[8:45]	[17:125]	[0:0]
2 找错词	[0:0]	[1:4]	[6:8]	[0:0]
3 使用语义相关词	[1:5]	[2:14]	[1:2]	[0:0]
4 使用模糊、空洞词汇	[0:0]	[26:32]	[97:127]	[0:0]
5 杜撰词	[0:0]	[3:7]	[11:13]	[0:0]

本文将分 3 组对 1 名轻中度阿尔茨海默症患者、1 名重度阿尔茨海默症患者、2 名与 2 位患者处于同年龄段、同性别的正常老年人的话语进行对比分析，具体如下：

第一组：轻中度阿尔茨海默症患者老张和同年龄同性别正常老年人老武之间的对比；

第二组：重度阿尔茨海默症患者老田和同年龄同性别正常老年人老于之间的对比；

第三组：轻中度阿尔茨海默症患者老张和重度患者老田之间的对比。

5.1 正常老年人老武和轻中度阿尔茨海默症患者老张标注结果统计对比分析

总的来说，正常老年人在老龄化过程中语义记忆仍然得以保留，在回答问题并对所做回答作出解释时可选用简单描述词或近义词顺利完成任务；而阿尔茨海默症患者由于语义记忆受损，认知处理能力严重衰退，经常出现找词困难，而且往往趋向于用多个词或冗长的话语来对自己刚说过的话语进行解释。下面以表 2 对比说明正常老年人老武和轻中度阿尔茨海默症患者老张在找词方面的话语能力。

表 2 正常老年人老武和阿尔茨海默症患者老张找词困难标注结果对比

标注码	正常老年人老武（出现次数:所占行数）	轻中度患者老张（出现次数:所占行数）
A 话语冗长、迂回	[7:36]	[8:45]
B 找错词	[0:0]	[1:4]
C 使用语义相关词	[1:5]	[2:14]
D 使用模糊、空洞词汇	[4:6]	[26:32]
E 杜撰词	[0:0]	[3:7]

话语示例 7：正常老年人老武找词中出现的“话语冗长、迂回”标注示例(老武-3-4.txt(121/129))：

（录像人询问老武所讲述的煤气中毒的事情是什么时候的事情）

录像人：噢，记不得哪一年了？

老武：哪年了，也有……

录像人：那年多大？

→ 老武：那前儿有多大了，

人家说我中毒的时候大儿子不在家，
不在家，不在家，
我又得哭得不行了，
大儿子走了，不在家，
他走了二年多了呗。

话语示例 8：轻中度患者老张找词中出现的“话语冗长、迂回”标注示例（老张-2-3-7.txt (169/179)）：

（老张向录像人展示自己的日语能力，录像人询问老张“张老师”如何用日语表达）
录像人：那我要是说是“张老师”怎么叫您呀？
→ 老张：a no 、
你、你张老师啊？
他得分，
头1个，
他、他这外语呀、
不、你说这个、
他们的话，
他不说。
他就：zhang sang。
sang 就是张先生。（比划右手）

话语示例 9：正常老年人老武找词中出现的“使用模糊、空洞词汇”标注示例（老武-1-1.txt (82/84)）：

（录像人请教老武，请她确认她名字确切是哪个字。注：老武是文盲，不会写自己的名字）
录音人：警是哪个警？
老武：（目光一直朝前看）
→ 我那个字是那个

话语示例 10：轻中度患者老张找词中出现的“使用模糊、空洞词汇”标注示例（老张-3-2.txt (111/112)）：

老张：“后来都，
→ 就都，都，都这儿也有，那儿也有，

话语示例 11：轻中度患者老张找词中出现的“找错词”标注示例（老张-2-3-4.txt (114/117)）：

→ 老张：左右（代替朋友）

话语示例 12：轻中度患者老张找词中出现的“杜撰词”标注示例（老张-2-3-3.txt (130/134)）：

（患者在重复他人话语“西三环”时出现的错误）
→ 老张：西单完？（代替西三环）

由此可见，二者均在找词中出现“冗长、迂回话语”及“使用语义相关词”现象，且频率基本相近；另外，虽然二者自然话语中都“使用模糊、空洞词汇”，轻中度患者老张使用此类词汇的数量是正常老年人老武使用频率的6.5倍。这说明二者在找词时都存在记忆问题，只是记忆退化程度不同。具体表现在。正常老年人老武从不出现找错词或杜撰词现象，表明其大脑认知处理能力基本正常，只存在老龄化带来的轻微记忆困难，不存在阿尔茨海默症患者的严重记忆障碍。

5.2　正常老年人老于和重度阿尔茨海默症患者老田标注结果对比分析

统计结果显示：正常老年人老于基本不存在找词困难，1 小时的语料中未出现任何找词现象；而阿尔茨海默症重度患者老田找词困难表现显著，“使用空洞、模糊词汇”成为其找词困难的最显著特点。表 3 显示二者语料中找词困难对比统计结果：

表 3　重度患者老田和正常老年人老于找词困难标注结果对比

标注码	重度患者老田（出现次数：行数）	正常老年人老于（出现次数：行数）
A 话语冗长、迂回	[17:125]	[0:0]
B 找错词	[6:8]	[0:0]
C 使用语义相关词	[1:2]	[0:0]
D 使用模糊、空洞词汇	[97:127]	[0:0]
E 杜撰词	[11:13]	[0:0]

总的来说，正常老年人老于在老龄化过程中语义记忆仍然得以保留，在回答问题并对所做回答作出解释时可选用简单描述词或近义词顺利完成任务；而阿尔茨海默症患者老田由于语义记忆受损，认知处理能力严重衰退，经常出现找词困难，而且往往趋向于用多个词或冗长的话语来对自己刚说过的话语进行解释。老田话语中“模糊、空洞词汇”数量惊人，而且出现“选错词”及古怪难懂的“杜撰词”。在长篇的自言自语中，很少听到具体的名词或指称，导致话语晦涩难懂，形成个人特有的语言风格。在对老于话语的分析中，未察觉到此类现象。重度患者老田的找词困难示例详见（4. 阿尔茨海默症患者话语障碍标注码定义及示例），下面只将标注码话语示例中未出现的示例列举如下：

话语示例 13：重度患者老田找词中出现的“使用语义相关词”标注示例（老田-2 1-4 complete.txt(604/605)）：

录音人：什么证呀？

→ 老田：吃、<u>吃东西的证</u>。

这是患者老田语料中唯一出现的“使用语义相关词”的情况。在老田大段的无逻辑的自言自语中，偶尔出现个别录音人可以模糊理解的话语。老田提到拿钱买吃的东西，笔者推断这个“吃东西的证”可能就是“饭票”。

总的来说，老田找词困难时最常用的手段是“使用模糊、空洞词汇”，占找词困难各标注码总和的 73%，而使用频率最低的手段是“使用语义相关词”，所占比例不足 1%。这从一个侧面反映了其认知能力受损严重程度，“使用语义相关词”对患者老田使用语义记忆中的词汇、概念提出挑战，而患者老田语义记忆的严重衰退使他根本不可能完成此类任务。也正是由于通往语义记忆的通道受阻，老田无法在自然话语中使用大量有意义的词汇，只好频频借用模糊、空洞词汇或杜撰新词表达思想，给正常人理解老田话语造成障碍。

5.3　轻中度阿尔茨海默症患者老张和重度患者老田标注结果对比分析

在详细对比分析正常老年人老武和轻中度阿尔茨海默症患者老张、重度患者老田和正常老年人老于标注结果之后，表 4 显示轻中度患者老张和重度患者老田语料中找词困难对比统计结果。

从轻中度患者老张和重度患者老田找词困难对比图中，我们发现二者自然话语中出现了全部 5 类找词困难。除了“使用语义相关词”一项外，重度患者老田在其他 4 项找词困难出现频率上均高

表 4 轻中度患者老张和重度患者老田找词困难标注结果对比

标注码	轻中度患者老张 (出现次数:行数)	重度患者老田 (出现次数:行数)
A 话语冗长、迂回	[8:45]	[17:125]
B 找错词	[1:4]	[6:8]
C 使用语义相关词	[2:14]	[1:2]
D 使用模糊、空洞词汇	[26:32]	[97:127]
E 杜撰词	[3:7]	[11:13]

于轻中度患者老张,尤其是在“使用模糊、空洞词汇”“使用冗长、迂回话语”“杜撰词”方面的频率都是老张语料标注结果的两倍以上。其中,重度患者老田“使用模糊、空洞词汇”的频率更是达到了轻中度患者老张使用同类词汇数量的 3.7 倍,证明了重度阿尔茨海默症患者确实在找词方面比轻中度患者存在更多的不确定性。

在 1 小时语料中,老田找词时只使用了 1 次“语义相关词”。这是由于在 5 种找词困难表现中,这一项是对阿尔茨海默症患者语义记忆能力要求最高的。老田严重的语义记忆障碍使他在找词时往往放弃这一困难选项,转而求助“使用模糊、空洞词汇”。在他的话语中,随处可见“这个、这家伙、这儿,那儿”等代形式,显然这是在他语义记忆系统中最容易获取的词汇选择。

虽然轻中度患者老张和重度患者老田在找词时都使用了“冗长、迂回话语”,但是二者却有着明显的差异。老张使用的冗长话语总是和要寻找的“目标词”相关;而老田的冗长、迂回表达往往和所要找的词汇毫不相关。详见下例:

话语示例 14:轻中度患者老张找词中出现的“话语冗长、迂回”标注示例(老张-3-1.txt(77/81)):

(录音人询问老张退休前在哪里工作)

录音人:“您以前在哪儿呢?”

→ 老张:“<u>我以前哪,</u>

<u>我以前也,</u>

<u>我,我,哎呦,上完学,在学校,</u>

<u>后来就在,在上班。”</u>

至于“找错词”和“杜撰词”两项,二者在对比数据后的实际表现也有根本的区别。老张话语中偶尔出现这两类现象,但都是在没有听清或无法理解录音人话语,进行重复模仿时出现的错误(如“找错词”:录音人——朋友,老张——左右;再如“杜撰词”:西三环——西单完?;哪个系—— 哪个季? 日本——一本儿),本质上不同于老田无意识自发产生的“找错词”(如:报纸——枕头;簸萁——格子;西瓜——工具;书——肋皮等)和“杜撰词”(正详、迷被、倒鸡、合不丁、作于、MO ZI 病等)。这说明轻中度患者老张语义记忆系统轻度受损,大多数情况下老张都可以使用恰当的词汇与他人进行互动;而重度患者老田语义记忆系统严重受损,其词汇使用存在严重障碍。

6 结语

本文以正常老年人和阿尔茨海默症患者的自然话语语料标注结果为依据,基于语料库统计方法,让实际数据说话,力求忠实反映阿尔茨海默症患者及正常老年人在自然话语互动中的话语能力和障碍所在。自然话语互动受谈话人当时的大脑认知状态的支配和制约,阿尔茨海默症患者由于大脑损伤，认知处理出了问题，导致说出来的话或身体行为与正常老年人存在差异。只有具体对比和分析患者和正常老年人现场即席话语后，我们才可以更清楚地了解患者大脑认知状态不能处理好自然话语互动所要求的哪些方面的信息，导致他们在谈话交流过程中出现话语障碍。

参考文献

[1] APPELL J，KERTESZ A，FISMAN M. A study of language functioning in Alzheimer patients [J]. Brain and Language，1982，17 (1)：73-91.

[2] BAYLES K A. Communication profiles in a geriatric population[D]. 1979.

[3] BAYLES，K A. Language function in senile dementia[J]. Brain and Language，1982，16 (2)：265-80.

[4] BAYLES K A，TOMOEDA C K，KASZNIAK A W. et al. Verbal perseveration of dementia patients[J]. Brain and Language，1985，25 (1)：102-16.

[5] BLANKEN G，DITTMANN J，HAAS J C. et al. Spontaneous speech in senile dementia and aphasia：implications for a neurolinguistic model of language production[J]. Cognition，1987，27 (3)：247-74.

[6] CAMERER-WALDECKER C，SUPPRIAN T. Collation of word retrieval disorders in patients with Alzheimer's dementia[J]. Der Nervenarzt：1-7.

[7] CLARK E O. Semantic and episodic memory impairment in normal and cognitively impaired elderly adults [M]//Obler L，Albert M. Language and Communication in the Elderly. Lexington，MA：Lexington Books，1980：47-57.

[8] DIJKSTRA K，BOURGEOIS M，PETRIE G. et al. My recaller is on vacation：discourse analysis of nursing-home residents with dementia[J]. Discourse Processes，2002，33 (1)：53-76.

[9] DUKE L M，KASZNIAK A W. Executive control functions in degenerative dementias：a comparative review[J]. Neuropsychology Review，2000，10 (2)：75-99.

[10] FARRELL M T，ZAHODNE L B，STERN Y. et al. Subjective word-finding difficulty reduces engagement in social leisure activities in Alzheimer's disease[J]. Journal of the American Geriatrics Society，2014，62 (6)：1056-63.

[11] HIER D B，HAGENLOCKER K，SHINDLER A G. Language disintegration in dementia：effects of etiology and severity[J]. Brain and Language，1985，25 (1)：117-33.

[12] KEAGE，H. Education，the brain and dementia：neuroprotection or compensation[J]. Brain，2010，133:2210-2216.

[13] KEMPLER，D. Syntactic and symbolic abilities in Alzheimer's disease [D]. Unpublished Doctoral Dissertation. Los Angeles：UCLA，1984.

[14] MARTIN A，FEDIO P. Word production and comprehension in Alzheimer's disease：the breakdown of semantic knowledge[J]. Brain and Language，1983，19 (1)：124-41.

[15] NEBES R D. Preservation of semantic structure in dementia[M]//ULATOWSKA H. The Aging Brain. San Diego，CA：College-Hill Press，1985：109-122.

[16] NEBES R D，MARTIN D C，HORN L C. Sparing of semantic memory in Alzheimer's disease [J]. Journal of Abnormal Psychology，1984，93 (3)：321-30.

[17] NICHOLAS M, OBLER L K, ALBERT M L. et al. Empty speech in Alzheimer's disease and fluent aphasia[J]. Journal of Speech Language and Hearing Research, 1985, 28 (3): 405-410.
[18] OBLER L K. Language in the elderly aphasic and in the dementing patient[M]//Sarno M T. Acquired Aphasia. New York: Grune and Stratton, 1981: 385-398.
[19] OBLER L K, ALBERT M L. Language and aging: a neurobehavioral analysis[M]//BEASLEY D S, DAVIS G A. Aging, communication processes and disorders. New York: Grune and Stratton, 1980: 107-121.
[20] SANDSON J, OBLER L K, ALBERT M L. Language changes in healthy aging and dementia [M]//ROSENBERG, S. Advances in Applied Psycholinguistics. New York: Cambridge University Press, 1987: 264-292.
[21] SHUTTLEWORTH E C, HUBER S J. The naming disorder of dementia of Alzheimer type [J]. Brain and Language, 1988, 34 (2): 222-234.

第三章 双语经验与认知健康老化研究综述

刘红艳 富海燕 李妍聪 程俊玲

1 引言

约100年前，学者曾一度认为双语能力是认知发展的一种阻碍，会引起认知延迟甚至导致长期的认知失势(Bak, 2016; Saer, 1923)。然而自20世纪末开始，越来越多研究表明，双语能力不仅在语言领域，而且在非语言任务中与认知优势十分相关(Bak, 2016)。双语和认知领域相关的研究显示，在双语环境成长并具备熟练双语能力的老年人要比单语老年人在执行控制方面更具优势，而该认知优势可以从神经层面得以验证(Bialystok, Craik, Klein & Viswanathan, 2004; Stocco, Yamasaki, Natalenko & Prat, 2014;何文广,2017)。

认知老化分为健康老化和病理性老化。健康老化带来的认知变化属于可预测的变化，未出现影响中枢神经系统的疾病或其条件(如阿尔茨海默病和帕金森症等疾病)(程凯文等,2017)。对正常认知老化的一种定义为"非病理性"老化，指的是并未明显患病或出现明确状况(如患阿尔茨海默病，脑血管疾病)的老年人(Daffner,2010)。反之，则被视为"病理性老化"(程凯文等,2017)。

研究表明，老龄不会引起神经系统的全面老化，只会在某些特定区域(如前额叶皮层、前颞叶皮层、海马等)出现选择性老化。对于健康老化和病理性老化与双语经验关系的研究属于老年语言学的研究范畴。本文将梳理国内外健康老化和双语经验关系的相关研究。

2 双语经验与正常认知老化研究进展

"双语"一词的广义内涵是指使用第二语言的能力。不同学者根据不同标准对双语的内涵界定不同，双语者可以是熟练使用两种不同语言的平衡双语者或终身双语者(何文广、陈宝国, 2011)，亦可以是一种语言为母语，一种为非优势语言的不平衡双语者，甚至可以涵盖成年或老年外语学习者。双语不仅能够为人们的工作生活带来便利，也一定程度上锻炼大脑认知能力，增强认知储备。对于双语效应的研究主要关注儿童和青少年人群，直到本世纪初，学者才关注双语对认知老化的影响。

1979年，Cohen提出"老年人心理语言学"(Geriatric psycholinguistics)概念。直到近20多年来，对于老年人话语能力和障碍的研究逐步越来越引起学者的关注。对于老年人二语经验的研究主要从以下三个方面展中青年与老年人双语现象对比研究(Bialystok et al.,2004;Bialystok et al., 2006; Bialystok et al., 2008; Salvatierra & Rosselli,2011;Calabria et al.,2013;Luo et al.,2013)以及针对同一双语老年人群体进行的跟踪研究(Kave, 2008; Chakravartty,2013;El Universo,2014)。研究表明，二语学习能够影响老年人大脑结构和功能，包括灰质体积和白质密度增加，从而延缓认知老化。

老年人单语和双语使用对比研究(Bialystok et al.,2004;Bialystok et al.,2006;Bialystok et al., 2008;刘露琦等,2013;焦江丽等,2017);中青年与老年人双语现象对比研究(Bialystok et al.,2004; Bialystok et al., 2006; Bialystok et al., 2008; Salvatierra &Rosselli,2011;Calabria et al.,2013;Luo et al., 2013)以及针对同一双语老年人群体进行的跟踪研究(Kave, 2008; Chakravartty,2013;El

【基金项目】本文系国家社科基金资助项目"基于多模态语料库的正常老年人和老年阿尔茨海默症患者语言蚀失及大脑机制对比研究"(项目号:19BYY080)部分研究成果。
【作者信息】刘红艳、富海燕、李妍聪、程俊玲:北京工商大学外国语学院、北京外国语大学人工智能与人类语言重点实验室。

Universo,2014)。研究表明,二语学习能够影响老年人大脑结构和功能,包括灰质体积和白质密度增加,从而延缓认知老化。

2.1 老年单双语者对比研究

关于双语经验有助于延缓语言认知老化的原因,当前较为主流的解释是:较之于单语者,双语者需要经常在两种语言间不断实现转换,可有效延缓认知老化。何文广(2017:1488)指出:双语者在使用一种语言的时候还需要抑制来自另一种语言的干扰,这种经历使其前额叶不断受到刺激,因而延缓了前额叶的生理老化,进而使得他们拥有较强的认知执行控能功能,而良好的认知执行功能是语言认知必不可少的心理成分,双语经验有助于延缓认知老化。而且,这种效果是生活漫长训练的结果,所以效果应当较为持久。

Bialystok 的研究对比了双语与单语老年人在认知控制和词汇通达方面的差异,结果发现两者在词汇通达方面没有差异;而在采用 Simon 箭头任务、Stroop 命名任务和持续性注意任务的执行功能方面,双语老年人成绩明显好于单语老年人。

有关老年人单双语对比研究,主要采取实验性任务对比,分析单双语老年人在控制抑制能力,工作记忆,知觉转换任务中的表现。研究方法是利用脑成像技术分析对比大脑结构,从灰质体积和白质密度的变化进行对比,此外还涉及其他神经机制的分析。在单纯实验性对比任务中,焦江丽等(2017)选取维汉双语和维语单语老人进行执行功能返回抑制试验,发现双语老年人比单语老年人在注意控制中的抑制能力较好。双语老人在语言活动中能够有效地选择目标语言而排除非目标语言的干扰,而这种在语言活动中的抑制干扰能力也同时体现在认知活动中。刘露琦等(2013)从工作记忆角度研究双语经验对老年人认知的影响。研究结果发现双语老年者的平均数字工作记忆广度为6.40个;单语老年者的平均数字工作记忆广度为4.89个。统计检验发现双语与单语老年者在数字工作记忆广度上差异显著,研究结果支持双语"认知优势"效应说法,说明双语经验增加了老年人的工作记忆广度。

2.2 中青年与老年双语者对比研究

为了研究双语者语言控制的神经机制,研究者大多采用语言转换范式进行探讨。这类范式要求双语者根据可预测或者不可预测的线索提示(如颜色、文字)对呈现的目标刺激(如图片、单词、数字)不断地进行单语或双语转换式的命名或者判断(杨静,2016)。

双语中青年和老年人双语研究较少采用脑电或核磁共振技术分析脑功能结构,主要采取对比性试验,研究认知行为,分析不同年龄实验行为表现。从抑制性控制、认知切换和工作记忆等方面进行分析对比。研究范式主要包括西蒙(Simon)测试范式、眼跳任务切换范式、以及 Corsi-blocks 范式、图片工作记忆范式。

有关双语与认知老化的实验多为任务型对比实验。Bialystok 等(2004)的抑制性控制能力测试采取西蒙测试范式,测试基于刺激-反应的兼容性,能够评估被试在颜色提示下忽略冲突信息对刺激的空间方位进行反应的能力,对比刺激在电脑屏幕上的出现位置与指定反应键位置一致与不一致条件下的反应速度。受试者一共 94 名,64 名中年人与 30 名老年人。中年组平均年龄为 42.6 岁,老年组平均年龄 70.3 岁。实验结果显示,单语组在对应年龄段上反应速度都低于双语组,说明双语可以有效提升抑制性控制能力。针对认知切换任务,Bialystok 等人(2006)采取眼跳任务(saccade task)切换范式(正向眼跳和反向眼跳的切换),实验结果显示青年单、双语组的眼跳切换任务速度明显高于老年单、双语组;青年和老年双语组眼跳切换任务速度明显高于对应的单语组,尤其是老年双语组相对于老年单语组速度优势尤为明显。实验结果说明任务切换能力随着年龄增长明显下降,但双语可以增强任务切换灵活性,因而老年人双语经验可以大大延缓其认知切换衰退。Salvatierra 和 Rosselli

(2011)采用西蒙范式研究双语对抑制性控制的影响。相较于 Bialystok 等人的实验,该实验扩大了受试人员规模(125 名双语者和 100 单语者),并将双语者细分为平衡双语者和非平衡双语者。实验结果显示双语优势在老年人中尤为明显,在青年人中并未体现。此外,研究还发现每天说两种语言的不平衡双语者也具备双语优势,说明双语的积极影响可能取决于语言的激活而非语言的熟练程度。

与 Bialystok 等人的研究结果一致。对于语言切换任务(图片命名范式),青年、中年和老年组并无明显差异,说明语言切换机制可能与非语言切换机制不同,Calabria 等人(2013)通过知觉转换任务研究年龄与双语控制机制的关系。受试者为 60 名熟练双语者(母语为加泰罗尼亚语,二语为西班牙语),分为老年、中年和青年三组,每组各 20 人。在语言切换任务中,采用图片命名实验;在非语言切换任务中,选用不同形状(正方形、圆形和三角形)和颜色(绿色、蓝色和红色)进行切换实验。在语言切换任务中,三组受试者表现无明显差异;非语言切换任务中,受试者年龄越大,切换速度越慢。由于三组受试者都是熟练双语者,其双语之间的切换呈对称性,根据实验结果推断双语者的语言控制能力一定程度上可以抵消由年龄引起的认知衰退。由于熟练双语者和非熟练双语者语言切换机制不同,该类实验可以在非熟练双语者中进一步开展。

基于工作记忆的研究,Bialystok 等人(2008)采用两个经典范式:Corsi-blocks 范式(先让受试看完一系列随机出现且外观相同的一组木块,再让受试按原有顺序重新排列);图片工作记忆容量范式(先让受试看完一本图册,再让受试按所看顺序重新排列)。实验针对年轻人和老年人的认知控制和词汇通达进行研究,其实验被试共 96 人(24 名平均年龄为 20.7 的年轻单语者,24 名平均年龄为 19.7 的年轻双语者,24 名平均年龄为 67.2 的老年单语者和 24 名平均年龄为 68.3 岁的老年双语者)。研究人员通过对被试参加认知控制、词汇通达及流利度和执行控制这三组任务的结果进行分析。研究发现,老年单双语组在工作记忆任务上表现相近,年轻人在大多数任务上表现优于老年人,单语者和双语者在工作记忆单语者在词汇提取任务上表现更好,而双语者则在执行控制任务上更具优势,且这一优势在老年单语者和老年双语者之间的差距更大。Luo 等人(2013)在工作记忆的研究中,将实验任务分为空间和语言工作记忆。将 278 名受试者同样分为青年单双语组和老年单双语组。实验结果显示在空间记忆任务中,双语者记忆容量明显优于单语者,但在语言工作记忆中无明显差异。

2.3　老年双语者历时研究

相对于横向比较受试人员认知情况,纵向研究更有易于排除干扰变量的影响,年龄、教育水平、文化背景等,追踪同一受试人群伴随年龄增长发生的认知状况变化。国外该类研究主要的受试对象是青少年或大学生,即选取受试对象接受一定时间外语培训后进行认知测试(Mclaughlin et al.,2004; Barbeau et al.,2017)。通过跟踪受试人员接受外语培训的过程,分析其学习效果,研究大脑结构或功能的变化。

相对于老年单双语和中青年与老年双语对比研究,研究同一老年人群在一定时间后的认知状况相对较少,主要原因是由于受试样本大,历经时间长。但该类研究可以大大弥补由于混淆因素所导致实验结果不确定性的弊端,例如年龄、二语熟练程度、语种、文化水平、社会经济状况、移民状况等。针对同一样本的研究可以有效说明二语经验是否对老年人认知产生实质影响。

爱丁堡大学认知老化和认知流行病学研究中心长年致力于双语经验带来的认知影响。该中心选择在印度进行研究,印度日常使用的语言高达 850 种,多语人群非常普遍。Chakravartty(2013)的研究发现,说另外一种语言可有效改善老年人脑健康和智力水平。中心 1947 年对当年 11 岁的 853 名受试进行测试,时隔 61 年,2008 年,对时年 72 岁的同一组受试进行复测,发现双语者在各方面表现远高于研究者的预期,尤其是智力水平和阅读能力方面表现优秀。即便在成年后学习第二语言,双语都会对老年后认知能力产生积极的影响(El Universo,2014)。

Kave 等(2008)对 814 名健康老人进行历时 13 年的跟踪研究发现,老年人会说的语言数目与其在各阶段的认知水平呈正相关。老人每多说一种语言,其抵御认知损害的概率明显增加,并且学习和掌握这些语言的年龄越小,保护作用越大(Perquin et al.,2013)。研究发现精通双语的老年人拥有更高的认知状况,但与二语学习时间早晚没有关系。

两个实验结果都证明双语有利于延缓认知老化,但学习二语时间早晚对于认知的影响结论不一致,主要原因可能是二者实验方法造成的差异。该类研究很好地排除了个体差异和外部因素对实验结果的影响,未来主要应从实验设计和方法中进行完善,以得出更准确的实验结果。

3 双语影响认知老化的神经机制

认知功能随着步入老年逐渐下降,但是双语经验在延缓认知功能下降方面可以发挥一定的作用。现已有研究表明具有双语经验的人在执行功能方面的表现要优于单语者(Bialystok & Craik,2010)。研究者从双语经验在行为方面的差异证实了这一结论,同时借助脑电 (ERP) 和核磁共振成像 (MRI) 等新技术科学手段,尝试从神经机制方面去探索双语者优于单语者的背后原因。目前国外相关研究尚处于初步阶段,国内相关研究亟待发展。

现有研究证明认知控制是一个复杂的过程,无法由单一的大脑区域完成,而是不同的神经系统和大脑网络相互作用的结果(Abutalebi & Green,2007)。他们总结出认知控制的几个区域:前额叶皮层、前扣带回皮质层、基底神经节以及双侧顶下小叶。Stein 等 (2012) 发现灰质密度增大的左额下回和左前颞叶区域与二语熟练程度有关系。Abutalebi 等 (2014) 发现双语者左颞极中的灰质体积明显增大,而左前颞极在双语者理解和输出语言中发挥了重要作用。Miller 和 Cohen (2001) 发现, 执行控制功能更多地依赖于前额皮层的功能, 而主管语言的布洛卡区则主要位于前额叶, 因此他们推断两种认知活动必然存在着交互作用。大量研究表明双语可有效增强大脑相关区域功能,而双语区域和认知神经区域存在重合,因而可以有效增强认知水平,延缓认知老化。

对老年单双语使用者对比研究主要观察大脑结构及脑灰质和白质脑成像的差异。Abutalebi 等 (2014) 比较了汉英双语老年人和意大利语单语老年人(单双语各 23 名),发现单语老年人较双语老年人大脑灰质明显减少,而双语老年人左前颞极中的灰质明显增多。左前颞极是大脑中的概念中枢,双语者要储存和辨别两种语言的词汇含义时,左前颞极在双语者理解和输出语言中发挥了重要作用。此外,双语者在第二语言命名任务中的表现和此区域的灰质体积呈正相关。Abutalebi 等(2015) 对香港健康双语老年人进行神经结构影像研究,发现双语老年人在双侧顶下小叶的灰质体积增加。灰质体积是大脑结构的一个重要指标,是人类认知能力的物质基础,但会随老化而减少(程凯文等,2017)。由此可见,双语经验会增加大脑中灰质体积,从而延缓认知老化。

在白质研究的维度上,Luk 等人(2011) 招募 28 名健康老年人(14 名英语单语者,14 名终身双语者)参加实验,研究利用核磁共振技术,发现老年终身双语者比单语者大脑白质完整性更高,主要体现在胼胝体、双侧上纵束和下纵束的白质完整性。实验结果显示双语者在大脑额叶的重要语言功能区与周围脑区的功能性连接更强,为"脑储备"功能提供了神经基础。

Gold 等(2013)将 20 名终生使用双语的受试(平均 64.4 岁) 与 20 名单语受试(平均 63.9 岁) 进行过对比分析,发现老年双语者比单语者在知觉转换任务中反应时间短,且大脑左额叶皮层和扣带皮层激活下降。这说明同样任务下,老年双语者消耗的认知资源要少。此外,双语者前额较低的血氧浓度使其在任务转换过程中更具时间优势。MRI 实验结果说明双语老年人在执行实验任务时,执行功能与年轻人相似,而单语老年人完成实验任务明显更为困难,在认知控制过程中双语经验可以抵消由年龄带来的老化影响。Garbin 等(2010)、Luk 等(2010)、Moreno 等(2010)通过对比年轻单双语者的神经影像,发现在非语言执行功能任务的认知表现上,与单语者相比,双语者会调动更多的大脑网络区域。调动的大脑区域越多,大脑区域间的白质连接性增强,促进了信息传递并在执行功能上获得更好表现(Luk et al., 2011)。对于老年双语者,双语经验能够缓解伴随老龄出现的白质完整程度减少(Madden et al., 2009)和灰质体积变小(Fjell & Walhovd, 2010)症状。

为了进一步探讨双语者在行为上和脑电上的差异,Kousaie 和 Phillip(2017)借助 ERP 技术,对魁北克社区的 43 名老年人(21 人为英文单语者,22 人为精通英法的双语者)进行了 Simon、Stroop 和 Flanker 任务测试,对比老年单双语者的行为差异和电生理差异。行为差异测试结果发现,相比于单语者,双语者在 Stroop 任务中的表现更优,双语者在准确率和反应时间上明显好于单语者。然而,老年单双语者在 Simon 和 Flanker 任务中的表现没有明显差异。三项测试任务的电生理结果表明,双语者的表现都好于单语者。

此外,双语者长期不计其数次的语码转换训练增强了中央执行功能。中央执行功能负责注意力、抑制与转换的控制,是人类处理各种信息的核心(程凯文等,2017)。双语者根据不同的场景和说话对象而进行注意控制和语码转换,每天潜意识里就在不断执行这样的认知训练,如同大脑在做"体操"一样(Diamond,2010)。这种训练可以促进认知网络的有效运行,提高大脑的可塑性,构建强大的功能和结构储备。因而双语老年人在抑制控制,认知切换以及工作记忆都优于同等条件下的单语老年人。

4 结语与思考

延缓认知老化,提升老年人的认知健康意义深远。探索双语经验对于老年人大脑结构和功能的影响,为我们探索双语经验对认知老化影响的内在神经机制和生理学基础提供了有效途径。基于对国内外研究梳理,未来的研究还需从以下三个方面继续深挖和拓展。

4.1 探索不同因素对双语与认知老化的影响

深入分析不同因素对于二语经验与认知老化的影响,如二语习得年龄、语言熟练度、二语类型、社会文化背景、语言任务与非语言任务。这些因素被认为会对大脑神经机制产生影响,也正是这些因素造成该领域实验结果的不统一。因此深入研究这些变量,有效控制混淆变量,将大大提升研究结果的准确性,为实验成果转化实际应用提供保障。

4.2 将科学成果进行实践转化

将研究成果应用于老龄人群健康保健。一是应用于预防性二语教学,推动早期双语教育的开展,探索二语经验辅助延缓认知老化,将研究成果转化为实际应用。二是应用于老年语言认知健康保健,鼓励老年人开始或持续学习至少一门外语,注重口语交流,这样可以帮助大脑保持活力,提升老年人认知健康。

4.3 推进国内双语与认知老化深入研究

当今世界许多国家已经入老龄化社会,截至 2018 年,仅我国 60 岁以上老年人口就达 2.5 亿。从人类人口发展的趋势看,根据世界老龄研究会(the World Assembly on Aging)的预测,人口老龄化在今后很长一段时期内,非但不能缓解,反而会更加严重(顾曰国,2019)。

我国是世界上受老龄化现象影响最大的国家,国内对单双语老年人认知研究非常匮乏,相关理论和实证研究亟待提升。尤其是结合我国特有文化与生活方式,研究汉语和外语,汉语和少数民族语言,以及方言和手势语等多模态语言对老年人认知的影响,将为我国干预老化,预防和治疗老年神经性退行疾病提供有效方案。

参考文献

[1] ABUTALEBI J, CANINI M, DELLA ROSA P A. et al. The neuroprotective effects of bilingualism upon the inferior parietal lobule: a structural neuroimaging study in aging Chinese bilinguals[J]. Journal of Neurolinguistics, 2015, 33: 3-13.

[2] ABUTALEBI J, CANINI M., DELLA ROSA P A., et al. Bilingualism protects anterior temporal lobe integrity in aging[J]. Neurobiology of Aging, 2014, 35(9), 2126-2133.

[3] ABUTALEBI J, GREEN D. Bilingual language production: The neurocognition of language representation and control[J]. Journal of neurolinguistics, 2007, 20(3): 242-275.

[4] BAK T H. The impact of bilingualism on cognitive ageing and dementia: Finding a path through a forest of confounding variables[J]. Linguistic Approaches to Bilingualism, 2016, 6(1-2): 205-226.

[5] BAK T H, NISSAN J J, ALLERHAND M M. et al. Does bilingualism influence cognitive aging? [J]. Annals of neurology, 2014, 75(6): 959-963.

[6] BARBEAU E B, CHAI X J, CHEN J K. et al. The role of the left inferior parietal lobule in second language learning: An intensive language training fMRI study[J]. Neuropsychologia, 2017, 98: 169-176.

[7] BIALYSTOK E, CRAIK F I. Cognitive and linguistic processing in the bilingual mind[J]. Current directions in psychological science, 2010, 19(1): 19-23.

[8] BIALYSTOK E, CRAIK F I, KLEIN R. et al. Bilingualism, aging, and cognitive control: evidence from the Simon task[J]. Psychology and aging, 2004, 19(2), 290.

[9] BIALYSTOK E, CRAIK F, LUK G. Cognitive control and lexical access in younger and older bilinguals[J]. Journal of Experimental Psychology: Learning, memory, and cognition, 2008, 34(4): 859.

[10] BIALYSTOK E, CRAIK F I, RYAN J. Executive control in a modified antisaccade task: Effects of aging and bilingualism[J]. Journal of experimental psychology: Learning, Memory, and Cognition, 2006, 32(6): 1341.

[11] CALABRIA M, BRANZI F M, MARNE P. et al. Age-related effects over bilingual language control and executive control[J]. Bilingualism: Language and Cognition, 2013, 18(1): 65-78.

[12] CHAKRAVARTTY A. English wiped out local languages elsewhere, not in India. Recuperado el 07 de July de 2014[EB/OL]. http://www.downtoearth.org.in/content/english-wiped-out-local-languages-elsewhere-not-india, 2013.

[13] COHEN, G. Language comprehension in old age. Cognitive psychology, 1979, (11), 412.

[14] DAFFNER K R. Promoting successful cognitive aging: a comprehensive review[J]. Journal of Alzheimer's disease, 2010, 19(4): 1101-1122.

[15] DIAMOND J. The benefits of multilingualism[J]. Science, 2010, 330(6002): 332-333.

[16] EL UNIVERSO. Estudio dice que aprender otro idioma mantiene joven el cerebro. Recuperado el 12 de June de 2014[EB/OL]. http://www.eluniverso.com/vida-estilo/2-14/06/11/nota/3085621/estudio-dice-que-aprender-otro-idioma-mantiene-joven-cerebro

[17] FJELL A M, WALHOVD K B. Structural brain changes in aging: courses, causes and cognitive consequences[J]. Reviews in the Neurosciences, 2010, 21(3): 187-222.

[18] GARBIN G, SANJUAN A, FORN C, et al. Bridging language and attention: brain basis of the impact of bilingualism on cognitive control. Neuroimage, 2010, 53(4), 1272-1278.

[19] GOLD B T, KIM C, JOHNSON N F, et al. Lifelong bilingualism maintains neural efficiency for cognitive control in aging[J]. Journal of Neuroscience, 2013, 33(2), 387-396.

[20] KAVé G, EYAL N, SHOREK A, et al. Multilingualism and cognitive state in the oldest old [J]. Psychology and aging, 2008, 23(1): 70.

[21] KOUSAIE S, PHILLIPS N A. A behavioural and electrophysiological investigation of the effect of bilingualism on aging and cognitive control[J]. Neuropsychologia, 2017, 94: 23-35.

[22] LEE SALVATIERRA J, ROSSELLI M. The effect of bilingualism and age on inhibitory control[J]. International Journal of Bilingualism, 2011, 15(1), 26-37.

[23] LUK G, ANDERSON J A, CRAIK F I, et al. Distinct neural correlates for two types of inhibition in bilinguals: response inhibition versus interference suppression[J]. Brain & Cognition, 2010, 74: 347-357.

[24] LUK G, BIALYSTOK E, CRAIK F I, et al. Lifelong bilingualism maintains white matter integrity in older adults[J]. Journal of Neuroscience, 2011, 31(46): 16808-16813.

[25] LUO L, CRAIK F I, MORENO S, et al. Bilingualism interacts with domain in a working memory task: evidence from aging[J]. Psychology and aging, 2013, 28(1), 28.

[26] MADDEN D J, SPANIOL J, COSTELLO M C, et al. Cerebral white matter integrity mediates adult age differences in cognitive performance[J]. Journal of cognitive neuroscience, 2009, 21(2): 289-302.

[27] MCLAUGHLIN J, OSTERHOUT L, KIM A. Neural correlates of second-language word learning: minimal instruction produces rapid change[J]. Nature Neuroscience, 2004, 7(7): 703-704.

[28] MILLER E K, COHEN J D. An integrative theory of prefrontal cortex function[J]. Annual review of neuroscience, 2001, 24(1): 167-202.

[29] MORENO S, BIALYSTOK E, WODNIECKA Z, et al. Conflict resolution in sentence processing by bilinguals[J]. Journal of Neurolinguistics, 2010, 23(6): 564-579.

[30] PERQUIN M, VAILLANT M, SCHULLER A M, et al. Lifelong exposure to multilingualism: new evidence to support cognitive reserve hypothesis[J]. PloS one, 2013, 8(4).

[31] RODRIGUEZ-FORNELLS A, LUGT A V D, ROTTE M, et al. Second language interferes with word production in fluent bilinguals: brain potential and functional imaging evidence[J]. Journal of Cognitive Neuroscience, 2005, 17(3): 422-433.

[32] SAER D J. The effect of bilingualism on intelligence. British Journal of Psychology: General Section, 1923, 14: 25-38.

[33] STEIN M, FEDERSPIEL A, KOENIG T, et al. Structural plasticity in the language system related to increased second language proficiency[J]. Cortex, 2012, 48(4), 458-465.

[34] STOCCO A, YAMASAKI B, NATALENKO R, et al. Bilingual brain training: A neurobiological framework of how bilingual experience improves executive function[J]. International Journal of Bilingualism, 2014, 18(1): 67-92.

[35] 程凯文，邓颜蕙，黎明.二语学习影响认知老化的神经机制[J].广东外语外贸大学学报，2017，28(2)：12-18.

[36] 顾曰国.老龄社会与老年语言学(代主持人语)[J].语言战略研究，2019，4(5)：10-11.

[37] 何文广，陈宝国.语言对认知的影响——基于双语认知“优势效应”的分析[J].心理科学进展，2011，19(11)：1615-1624.

[38] 何文广.语言认知老化机制及其神经基础[J].心理科学进展，2017，25(9)：1479-1491.

[39] 焦江丽，刘毅，闻素霞.双语经验对老年人执行功能中返回抑制的影响[J].中国老年学杂志，2017，37(8)：2030-2032.

[40] 刘露奇，焦江丽，秦晓飞，等.双语经验对老年者工作记忆广度的影响[J].社会心理科学，2013(12)：48-50.

[41] 杨静.双语者语言控制的神经机制[J].当代语言学，2016，18(4)：604-616.

第四章　痴呆症(智退症)临床语言使用障碍研究概述

吴国良　徐训丰　顾曰国　张永伟

1　引言：痴呆症、智力与话语

下面这段话是年龄为78岁、患有痴呆症(下面我们将改称“智退症”)的男性老人对着镜子里自己的镜像说的话：

我说，
这我真知道往外，
我知道往外，
就说这，
就就就看看可能不懂的，
这在人太多（转写自该老人现场录像中的音频文本）

这个取样代表本文要讨论的智退症话语现象。当然，对这类话语现象可以从不同的切入点进行研究。本文的视角是跨学科的，即对观察到的现象先进行语言学分析，再进入脑科学(特别是脑神经科学)分析，最终再回到现象中来，试图对其做出科学的解释。跨学科研究流程如图1所示。

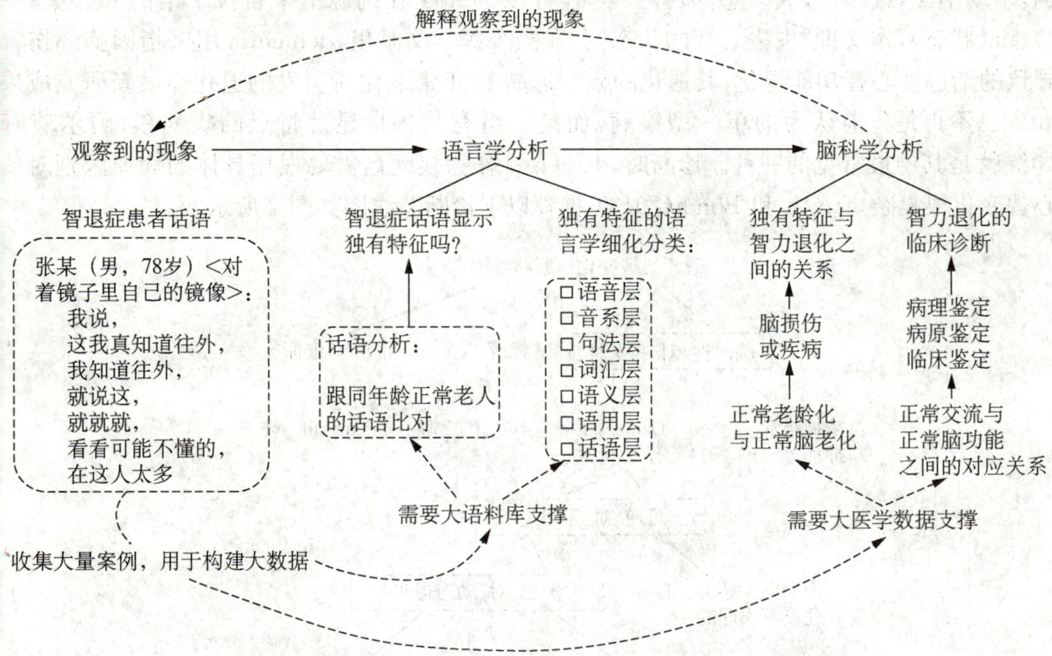

图1　智退症话语的跨学科研究流程图

【基金项目】本研究为中国社会科学院语言研究所创新工程项目子课题“基于多模态语料库的痴呆老人话语研究”的一部分，得到中国社会科学院创新工程和香港理工大学深圳研究院的经费支持，特此感谢。
【作者信息】吴国良：浙江越秀外国语学院；徐训丰：香港理工大学；顾曰国、张永伟：中国社会科学院语言研究所。
【注】本文首刊于《当代语言学》2014年第4期，此处转载已作修改。

图1中间"语言学分析"部分包括两个方面:①智退症患者的话语跟正常老人话语的对比研究,在此基础上进入到下一个层面;②对智退症话语进行特征分析。图1右侧的"脑科学分析"部分也包括两个方面:①智退症话语的独有特征跟脑智力退化之间的关系,要找到这两者之间的关系,需要有正常脑老化与智力退化跟脑损伤或疾病所引发的智力退化之间的对比数据的支撑;②智力退化的临床诊断跟智退症话语独有特征之间的关系,要确定这两者的关系,需要有智退症跟正常老化在病理、病原等方面的差异数据的支撑。

图1最底层突出显示,无论是语言学分析,还是脑科学分析,都需要收集大量案例来构建大数据库,只有在大数据分析的支持下研究者才能够对观察到的现象做出可靠的科学解释。

本文的任务是以图1为线路图,梳理与"语言学分析"相关的研究文献。本文首先对痴呆症这个术语进行"正名"。我们认为用"智退症"作为学名更好(见第2节)。接着作为背景铺垫对智退症,特别是阿尔茨海默(Alzheimer)型智退症的全球状况作简要介绍(见第3节)。第4节介绍阿尔茨海默型智退症的周期、语言使用障碍在周期中的位置以及语言使用障碍的评测参数表。第5节介绍智退症临床语言使用障碍研究的语言学背景——临床语言学。第6节介绍智退症临床语言使用障碍的研究方法。第7节勾勒智退症临床语言使用障碍的主要特征。最后简要讨论今后的研究方向。

2 正名:痴呆症、dementia与智退症

汉语"痴呆症"对应的英语医学术语是dementia。据百度百科,汉语"痴呆症"源自《景岳全书·杂证谟》:"痴呆证,凡平素无痰,而或以郁结,或以不遂,或以思虑,或以疑惑,或以惊恐,而渐至痴呆。言辞颠倒,举动不经,或多汗,或多愁……"。英语的dementia在词源上来自拉丁语的de(丢失)、men(心智)、tia(状态),本义即"失去心智的状态"。在当今医学文献里,dementia用来指因脑部伤害或疾病所导致的渐进性心智功能退化,其退化的幅度远高于 正常老化所引发的退化。最新研究成果显示dementia已不再是先前认为的单一型疾病,而是一组有其各自显著特点的疾病簇,阿尔茨海默型dementia就是其中最常见的一种。诊断时,dementia作为疾病名需要根据具体的病原区别对待。晚年的心智变化很复杂,Smith和Bondi(2013)推荐以下诊断路线图如图2所示。

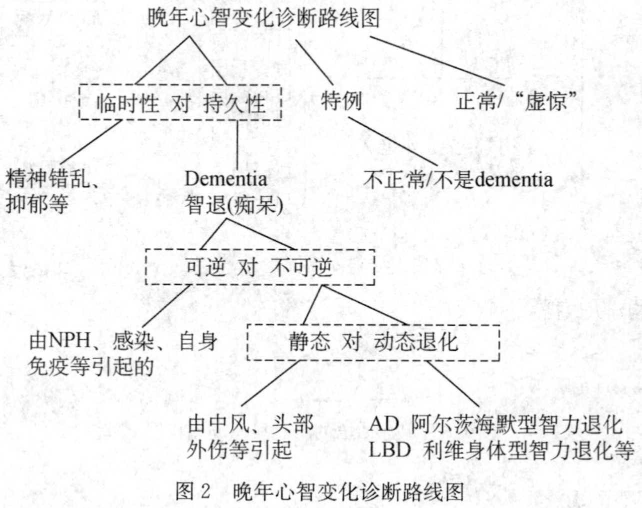

图2 晚年心智变化诊断路线图

(据Smith和Bondi(2013: 2,Figure 1.1)绘制)

根据图2,我们可以看出,dementia的含义是很广的,用汉语"痴呆症"翻译dementia带上了原文

里没有的“愚昧”“迟钝”这些负面含义,用“智退症”或“失智症”来做术语翻译似乎要好一点。本文将采用“智退症”的译法。

3 智退症特别是阿尔茨海默型智退症的全球状况

据美国阿尔茨海默病协会《2014 年阿尔茨海默病事实与数据》(2014 *Alzheimer's Disease Facts and Figures*)统计,2014 年,受阿尔茨海默病影响的美国公民估计有 520 万人,其中 65 岁以下的 20 万人,65 岁及以上的 500 万人。65 岁及以上的老年人,1/9 患有阿尔茨海默病。年度护理开销达 2 140 亿美元。

据世界卫生组织与国际阿尔茨海默病协会 2012 年 4 月联合发布的报告“智退症:一个公共卫生重点”(Dementia: A public health priority),2012 年全球智退症患者约 3 560 万人,其中 58%的患者来自中低等收入的国家。至 2030 年约达到 6 570 万人,接近 2012 年的两倍,2050 年约 1.154 亿人,是 2012 年的三倍多,71%的患者来自中低等收入的国家。目前全球年度治疗护理开销达 6 040 亿美元。

患者的数量很大,根据图 1,我们还没有看到相关的大数据库的报告。我们所定义的大数据库,是指根据语料库语言学的原则和要求构建的大数据库,不是一般意义上的患者病例档案信息库。

4 智退症:智力障碍与语言交流障碍

Daffner 和 Scinto(2000)指出,为了探索的目的,阿尔茨海默型智退症的发生与发展可划分为六个阶段:①征兆前期(presymptomatic);②临床前期(preclinical);③智退症“疑似”期;④轻度智退症;⑤中度智退症;⑥重度智退症。其中“疑似”期可以说是临界点。在医学上,对于第一阶段,研究者试图努力找到一些“生物标记”(biomarkers),当这些生物标记为阳性时,人们便可以做预防性干预。从语言学的角度看,在第一阶段,目前的资料还没有显示语言使用受到影响。至于“生物标记”呈阳性是否会影响人们的语言能力本身,还是个谜。

在临床前阶段,微小的缺陷,尤其是记忆上的瑕疵,并不影响日常生活。这样的人群根据“临床智退评定尺度”(the clinitical dementia rating scale, CDR)得分为“0”。在这个阶段中的缺陷可以通过敏感的成套神经心理学综合测试来检测。在语言使用上,记忆瑕疵可能会产生找词困难。但是,影响找词困难的因素是多方面的,比如过度紧张或激动就能一时失词。

到智退症“疑似”期,即到了临界点,智力衰退有了微妙迹象。这阶段 CDR 量值为 0.5。疑似患者出现轻微健忘,在做判断和家务等方面有细微的不顺畅。当部分疑似者继续退化到 CDR 量值为 1.0 时,他们毫无疑问患了智退症,尽管是轻度的,记忆力的损碍已经妨害了日常活动。CDR 量值为 2.0 的中度智退症患者表现出明显的记忆丧失,还时常发生定向障碍等。在疾病进入重度阶段(CDR 大 3.0 及以上)的患者需完全依赖他人照料,到晚期,他们丧失沟通能力,不能认识照顾他们的人,不能自己进食,没有帮助便不能行走。

毋庸赘言,智退症是非常复杂的疾病。临床诊断自然是非常重要的环节之一。为此研究机构拟定了一些智力评测量表。其中跟本文主题有直接关系的是智力状况评测表(Mental Status Examination, MSE)和简易心智量表(Mini-Mental State Exaination, MMSE)。注意,两个评测表虽然在内容上有些吻合(特别是语言部分),但后一个表不是前一个表的简化版,二者源自不同研究人员和设计目的。

根据 Weiner 和 Lipton(2009: Appendix C),MSE 共含 24 个评测项,直接评测语言使用的有 10 项,跟语言使用状况紧密相联系的有 4 项。我们把这 14 项绘制成树状图,便于看到全貌(图 3)。在临床使用时,医生要根据评测对象的表现对评测项的每个参数打分,分值为 0—9,0 分为正常,1 分为不正常，9 分为极差。比如第 2 项是关于被评人的行为举止，其中有个子项是关于被测人是否有言词好斗（verbal aggression）。无言词好斗则为 0 分，偶尔有则为 1 分，经常言词好斗且很凶，则为 9 分。

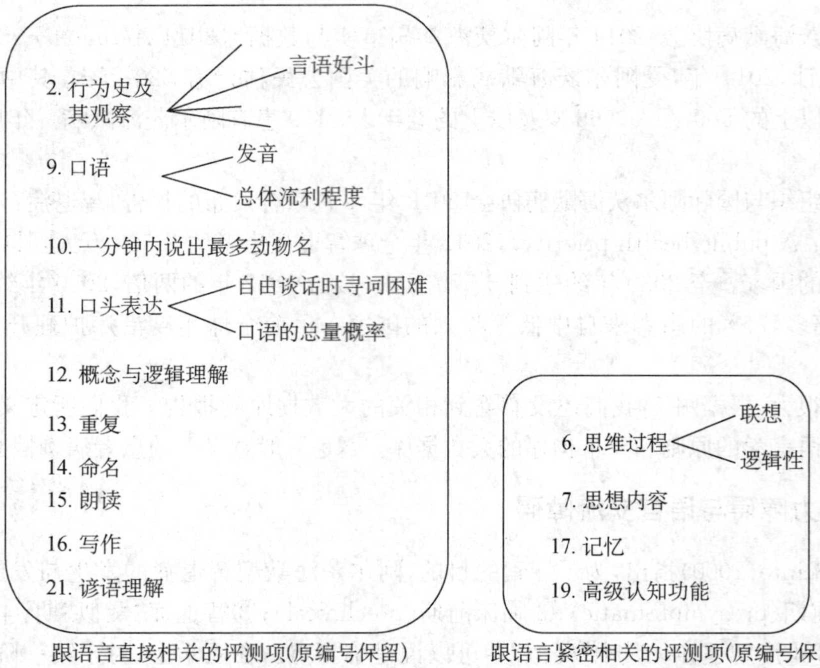

图 3　MSE 中跟语言使用直接相关的评测项目

MMSE 亦称为“弗尔斯坦测试”（Folstein Test，由弗尔斯坦 1975 首先提出而得名），专为评估智力损伤设计的，医学界因此普遍用于智退症临床评测①。MMSE 分标准版和修订版（第二版），有中译本。MMSE 分别评测被测者的定向力、记忆力、注意力、计算力、回忆力和语言能力。语言能力评测包括命名能 力、复述能力、三步命令、阅读能力和书写能力。满分为 30 分，其中语言能力满分为 9 分，占总评测 30%的量度②。

5　临床语言学与智退症临床语言使用障碍研究

西方医学和语言学界对言语障碍、人际交流阻断、失语症等有很久的研究历史，随着这些研究对象出现了相关的研究科目，比如言语治疗、临床交流研究、失语症研究等。本文采纳 Cummings (2008)的观点，用临床语言学作为这些形形色色研究科目的统名。这个统称的优点在于一方面突出了语言学的主体位置，另一方面强调与医学、特别是临床医学的结合。英语相关文献除上面提到的 Cummings(2008)外，还有 Ball 等(2008)。最早用此统名的是 Crystal(1981)。

临床语言学区别于其他语言学分支的显著特点之一是其语料来源。通俗地说，其语料是非正常的“畸形”语料，来自身心有损伤的特殊人群。在语料采录过程中，正常与非正常语料是交织在一起的。现在我们分析一下智退症临床话 语语料的特质。

第一，根据说话人，智退症临床话语可分为三类：①医生说的话；②患者说的话；③看护人说的话。这三者的话可以是在同一个时空间段里，比如发生在医院门诊室。

---

① 特别提醒，临床评测不等于临床诊断，评测仅为诊断提供参考数据。
② MMSE 在具体使用中，临床医生会根据具体情况做适当调整，比如当被测者为文盲时，书写能力就无法测试了。

第二,根据现场即席化的程度,医患话语可分为:①受控实验型话语,比如医生根据 MSE 和 MMSE 评测表里的问题从患者那里得来的话语;②非实验型自然发生的话语,医生跟患者一般聊天的话语,患者和看护人交流的话语等。

第三,根据采录手段和语料处理方法,我们可以区分:①文字记录的语料(包括录音转写的语料);②录音语料;③录像语料;④把文字音频、视频集成同步处理的多模态语料。

对于语言学家来说,上面这些分类,无论怎么分,都是语料,关键是这些语料拿来做什么用。是用来验证现存语言学理论,还是作为一种新的语体或者一种新的话语类型?为了上述目的研究医患话语无可非议,但这不是真正意义上的跨学科研究。以探索智退症跟语言使用之间的因果关系或在统计意义上的相关性,如图 1 的研究路线图所示,才是真正意义上的跨医学-语言学的跨学科研究。

上文提到的两个评测表原则上是基于跨学科的研究。语言使用状况作为评测项出现在评测表中,是以语言使用状况跟智退症有联系为前提的。那么这个前提在多大程度上是成立的?在医学界,这两个表属于推荐评测表,只能供诊断做参考。所以,上面提到的受控实验性话语,其临床的参考价值有多大,还需要做进一步研究。由于我们获取国外医学学术刊物的文章有困难,关于医学界如何评定这两个表的语言使用评测项的有效性,本文未能涉猎。

临床语言学对畸形语料的研究,无论对语言学还是对医学,都是不可多得的。现存语言学提供分析与描写这些畸形语料的手段,对这些语料来说,现存语言学相当于一种元语言。反过来看,现存语言学是在正常语料的基础上形成的,能否完全适合于特殊语料是有理由提出质疑的。换句话说,临床语言学不仅是对现存语言学的应用,而且具有挑战现存语言学并且做出特殊贡献的可能。

在医学上,MSE 和 MMSE 都涉及大量的语言使用问题。这两个评测表是医学界提出来的,很显然,语言学界从语言学的角度研究语言使用障碍问题,对医学界来说无疑是雪中送炭。我们知道医生根据两个评测表中的语言使用状况对被测者表现分别打分,这就涉及评测表的真实性以及使用的可靠性问题。由于 MMSE 的测试面小,问题简单,医生主观判断相对较小,可靠性是很高的。然而 MSE 就不同了,医生根据回答或现场观察给出 0～9 的一个分值,如果缺乏大量的临床经验支持,分值的可靠性就成了问题。语言学对畸形语料的质性分析和量化分析无疑有助于提高临床诊断的可靠性。

6　智退症语言使用障碍的研究方法

目前主要有五种方法:①民族志法;②个案跟踪研究;③受控实验法;④多模态语料库研究法;⑤基于无创脑成像技术的研究。

6.1　民族志法采录语料以及智退症话语分析

民族志法(ethnomethodology)是人类语言学、社会语言学常用的研究方法。

Guendouzi 和 Müller(2006)使用这个方法采录智退症的语料。该方法要求研究者深入“田野”,到患者身边、家庭、生活小区等收集“微观”和“宏观”两类语料。其中他们的录音语料通过会话分析常规做法转写成文字文本,因此,他们对语料的分析主要还是基于文字文本。他们的语料属于上文说的非实验型自然发生话语,主要发生在正常人与智退症患者之间。

如何分析正常人与智退症患者之间的谈话?分析结果有何用途?这两个问题当然跟研究目的紧密相连。Guendouzi 和 Müller(2006:2)开宗明义指出该书的三个目的:①给读者介绍话语分析的主要理论和方法;②给读者演示这些理论和方法可用于分析正常人与智退症患者之间的谈话;③在完成前两项的基础上给读者示例说明智退症话语的一些显著特点及其挑战。

由于该书侧重介绍和演示现有的语言学理论和方法,在创新方面没有建树,也没有新的发现。然而值得提倡的是他们把民族志法引入智退症话语语料的收集，同时采用与其配套的质性研究思想。他们归纳了质性研究需遵循的六条原则：

(1) 研究者是学习者，非先验专家，与调查对象是伙伴与合作的关系，善听他们的讲话、用词、术语等。

(2) 为了做到上面这一点，研究者需投身于真实场景，以开放的心态对待可能出现的各种情况。观察、数据采录与分析呈周期循环性，因此研究者一开始视野要开阔，聚焦点和具体剖析对象会在过程中形成。

(3) 研究者进入真实场景中人的世界里时，需要认识到现实是由参与者共同构建起来的，这个现实是多维的，有多种声音。无论是正常生活还是无序生活，日子就是这样一天天过的。这就是研究者需要努力去认识的寻常存在。

(4) 大的研究对象是人们的相互交流，因此要重交流的过程而非交流的产物，更关注交流是如何展开和进行的，而非应答准确率。

(5) 既然研究者首先以学习者的身份出现，因此他没有也不可能事先有一系列精确的研究问题，，以开放心态进行数据收集与分析，并有足够的灵活性来应对意外情况。

(6) 宏观研究场景是临床场景，它含有多种微观场景。在临床质性研究或临床话语研究这个大架构下，研究者必须意识到是在做应用研究。临床话语研究不能为研究话语而做话语研究。研究过程以感知临床需要为目的，始终需要记住"这研究有什么用"的问题。

Guendouzi 和 Müller(2006)的六条原则对智退症话语研究有积极的一面，也有消极的一面。积极的方面在于强调尊重现实，让现实说话，调查研究的过程是个学习和发现的过程。这样做以便研究者克服戴着事先做好的滤色镜去找数据。对智退症话语研究刚刚起步来说，这样做无疑是可取的。然而，由于他们注重过程和个体的研究，忽视一般规律的探索，对数据不做量化与统计处理，他们的成果难以为临床诊断提供参考。

6.2 个案跟踪研究：Hamilton 的研究

Hamilton(1994) 从互动社会语言学研究的视角，对一名年长的女患者 Elsie 进行了历时四年半的跟踪调研，对患者的语言变化做了定性和定量的分析。在 1981 年秋天，Elsie 还能提出请求、表示愿望、询问信息等，所有这些都能通过语言手段。句法上没有多大错误，主要是语篇连接的问题，还能勉强使用 well，yes，you know 等话语标记词。当然，"问不对题"的情况时有发生，找词困难明显，有用空洞词替换具体词的倾向，并且知道自己的记忆出现了问题。到 1986 年时，变化十分明显：从不主动提问，全是对谈话方的回应，而且不用词汇组成的句子回答。同意的用 mhm，要求重复用 hmm，表达愉悦用 mmm。

Hamilton(1994：161-2)把她的个案跟踪研究归纳成七个操作性很强的问题，后人可根据这七个问题从事类似的研究。①患者在自然会话中如何处理找词困难？②患者怎样对待家庭或自己生活中本应记住但却忘掉的事情？③患者想起被忘记的事或补做忘掉做的事，这时他们的反应如何？④在自然场景中患者提出什么类型的问句？⑤患者怎样回答特殊疑问句？⑥患者怎样与访谈人或其他人在会话中互动？⑦患者的话语是否有高比例超出现成的语言文化储备的个性特征？

上面七个问题的可操作性，指研究者可根据七个问题对患者的话语行为进行观察和分析。以第一个问题为例，患者当找词困难时，观察他是如何做的，他采用了迂回说法或语义相关词？如果是这样，则表明是疾病的早期；如果他使用新词或不相关词，则表明是相对的晚期；如果使用的是空洞词则处于不确定期。

6.3 受控实验研究

跟民族志研究法完全相反，在受控实验环境里，研究者是实验的设计者，也可以是实际操作者。

实验者有一系列假设，同时针对假设设计一套获取相关数据的方法和手段。智退症患者在整个验证过程中相当于一个变量因子。获取语言使用情况的方法有描述图片、复述他人口头叙述、延迟复述故事、自我生成的叙述、总结故事梗概与寓意、访谈等。

临床医生根据 MSE 或 MMSE 的检测表从被测对象处获取的语言使用情况数据，也可以说是受控实验研究的一种变体。但两者有差别，需要特别注意。受控实验研究者不需要对调查对象的语言使用表现打分，就是说其研究假设更具不确定性。而 MSE，特别是 MMSE 的测试题，其背后的假设相当明确且具体。

Appell 等（1982）是一项很好的受控研究实例。研究对象为 25 位纯 AD 患者（即没有其他疾病），都经过临床诊断和测评。对照组是中风患者以及 21 位失语症患者。主要评测患者的口头表达，衡量参数包括信息、流利、重复、命名、理解等。

6.4　多模态语料库研究法

主要针对疑似患者的日常生活与语言交流进行现场即席录音和录像，对采录到的音频流、视频流进行数据建模、切分与标注。其中文字转写只是切分和标注的一种处理层面，Gu 和 Xu（2013 a-b）采用的就是这种研究法。他们的具体操作简述如下。

用数字化录音和录像技术到患者家庭、疗养院和医院去现场采录患者的生活和语言交流片段。同时也到家庭环境里采录同年龄、同性别的正常老人的生活和语言交流片段。Gu 和 Xu（2013a-b）对由此得到的原始对比语料分三个步骤进行处：①构建对比研究的概念模型；②构建跟概念模型配对的数据模型；③根据数据模型用 Praat 和 Elan 音视频处理工具对原始语料按时间轴行多层次的同步切分与标注。

这种研究方法除对现场采录的语料处理外，也可用于处理受控实验型数据。比如图 3 显示的 MSE 的检测参数项，可转化为对应的标注层、切分段、标注内容或标注量值进行统一的处理。图 4 演示这样的处理模型。

6.5　基于无创脑成像技术的研究

无创脑成像技术包括正电子发射断层扫描（positron emission tomography，PET）、单光子发射计

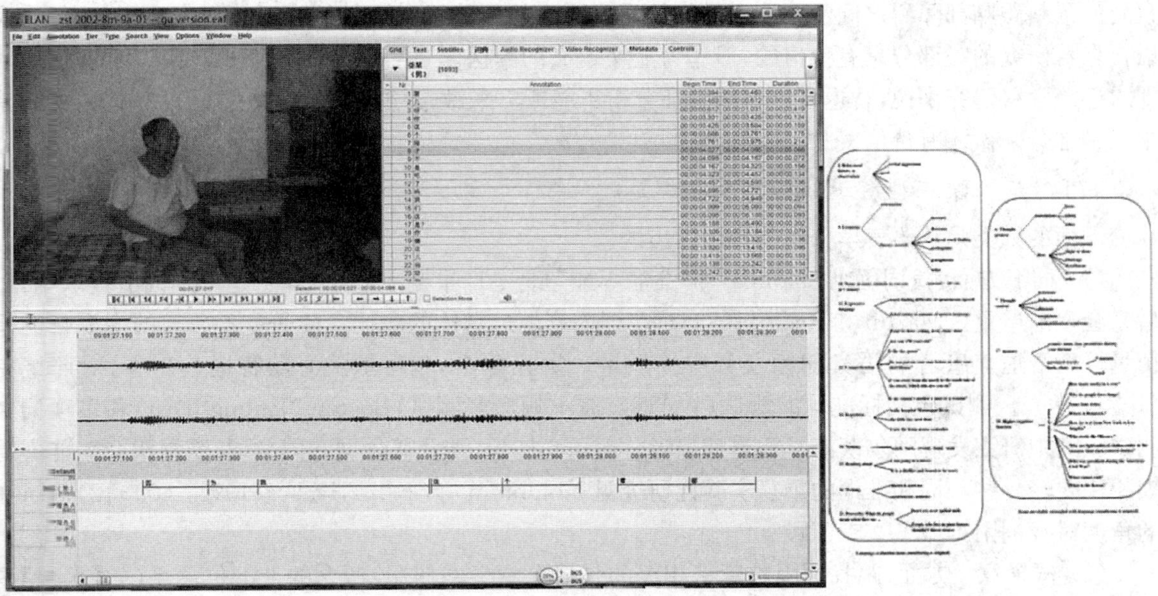

图 4　检测表参数与多模态语料库分层同步处理的对应关系图示

算机断层成像术(single photon emission computed tomography, SPECT)、(脑)功能磁共振成像(functional magnetic resonance imaging, fMRI)等。用这些技术可以无创地、较精确地观察和测量特定脑组织结构区域,能够区别细微的结构差异和病理改变。

智退症患者的语言使用障碍的终极原因是脑组织结构的病理改变,两者之间的对应关系至今是个迷。理想的研究结果应该是这样的,一方面是语言使用障碍分类图,另一方面是与之配对的脑组织结构病理改变图。要达到这个理想状态,还要有语言使用类别与正常脑组织结构之间的对应图谱。无创脑成像技术为这两项研究提供了非常重要的技术手段。

以 fMRI 用于智退症语言使用障碍研究为例。Grossman 等(2003)对 11 名 AD 患者和 16 名健康老年人进行语义记忆测试的 fMRI 检查时发现,AD 患者左后外侧颞叶至顶叶皮质下部的激活下降(转引自张启川等,2010: 2794)。Graham 等(2014)报告了用脑功能成像技术对四位语义记忆智退症患者的脑区域供血流量做计算的研究。测试任务为语义决断型,结果发现被试的左后颞下回(inferior temporal gyrus)的活动跟控制组相比有明显的减少。由此可以推测语义智退症在颞下回的结构和功能方面有阻隔。

7 智退症话语的特征分析

7.1 障碍的分类:话语、语言、交流

从语言学分析的角度看,在考察障碍(impairment)或异常(abnormal)现象时一般需要区分话语障碍、语言障碍和交流障碍三种情况。话语障碍包括说话和听话两个方面,即患者的语言能力还是完好的,障碍主要在使用方面。比如发声困难、发音困难、因听力损伤导致理解困难等属于话语障碍类。语言障碍指在调用语言符号系统来表达思想和情感上出现了困难。交流障碍指患者在面对面互动时失去调用各种场景标记和信息、人际关系识别与定位等方面的能力,导致互动不能正常进行。一般认为,阿尔茨海默病型智退症引发的障碍属于语言障碍,由于语言障碍从而导致交流障碍(即交流障碍属于派生性的)。

语言学家仅仅根据语料能否正确区分话语障碍、语言障碍和交际障碍?目前的研究水平还做不到。仅语言障碍一种情况而言,只看语料本身无法确定是何种脑部障碍产生如此语料。换句话说,观察到的语料跟脑部障碍之间没有一对一的关系。这当然不等于说语料的特征分析失去用途,如作为语言自身研究的一部分是有价值的,但作为上文定义的跨医学-语言学的跨学科研究便不能接受了,即对于跨学科研究来说,智退症语料的特征分析不能孤立来做,必须作为如图 1 显示的整体研究线路中的一部分来做才有价值。

7.2 阿尔茨海默病型智退症话语特征概述

下面的归类是从语言学分析的角度做出的。

(1) 词汇方面:找词困难(anomia,即“命名不能”)是 AD 早期症候,一开始是个别词语提取困难,后来会逐渐严重。Martin 和 Fedio(1983)对找词困难做过具体的对比实验研究。研究的主要目的是衡量轻度智退症患者的语义知识及其应答质量。实验含 14 名阿尔茨海默智退症患者,对照组有 11 名正常人。测试包括标准词汇测试(WAIS)、波士顿命名测试(Boston Naming Test)和多项词义测试。其中研究发现阿尔茨海默智退症患者一般语义知识(涉及概念词和同义词)受损跟命名能力受损相比要轻一些。词和准词的重复实验性研究见 Goldblum 等(2002),Nebes(1992: 409-12)从认知的角度对找词困难做了文献回顾。

(2) 概念意义方面:跟找词困难紧密相关的是概念意义的使用,概念的上下位关系(如【水果】是【苹果】的上位概念)就是常见的一种。有些研究表明,AD 早期易出现下位概念词使用障碍,上位的

较抽象的范畴概念使用障碍在AD晚期才会出现。较详细的讨论参见Nebes(1992：412-7)。

(3) 语用方面：AD患者在视觉空间定位和定向上往往会出现障碍，由此导致空间词语的空间指示词用法错误。语用场景的实景认知也会出现障碍，语用的适切原则难以得到遵守。对言语行为(特别是施事行为)的理解与执行上，理解可能没有问题，但由于记忆力障碍，也造成无法把理解后的语力付诸行动(如理解“把苹果带回来”这个言语行为而忘了去做“把苹果带回来”这个实际行为)。

(4) 话语理解方面：许多研究表明AD患者说话是流利的，但空洞无物。研究者因此推测，AD患者的组句能力没有受损，受损的是遣词和句子的语义的表达能力。Caplan和Waters(2002)报告一系列实验研究结果。以简单句式的理解为基点，AD患者和对照组在句式复杂程度的增加实验上，两者的理解表现相当。AD患者跟对照组比较表现受损的是在把命题内容跟图片和视频配对实验上。

(5) 连续话语方面：包括许多微观层面：a. 独白类叙述，指AD患者独自的连续话语；b. 交谈类叙述话语，指AD患者跟他人交谈(如采访)时形成的连续话语。Ramanathan-Abbott(1994)研AD患者跟两个不同谈话人交谈所形成的连续话语之间的异同；Ramanathan(1995)以场景为变量研究场景变量对AD患者交谈类叙述话语产生的影响。c. 对话方面，重复赘说(perseveration)是较常见的。Bayles等(1985：112)对智退症患者会话中应答赘问做了实验型的研究，其研究发现智退症患者跟正常人相比应答赘问显著增多，而且智退症愈严重，赘问频率愈高。

(6) 话轮方面：对听者需求的敏感性逐渐减小；自我啰嗦唠叨；难以进行正常的话轮交换等。

(7) 人际关系处理方面：刘红艳(2006：19)对三对正常老人和智退症患者的对比研究，初步发现“老年性痴呆患者都保留了一定的社交语用能力。……基本能够恰当使用称呼语；在日常社会交往中能够较自如地使用社交类简单言语行为及礼貌标记语；……患者人物概念发生混乱或无法准确判断人物间关系，谈话时甚至失去另一谈话人存在的意识”。

(8) 写作方面：对有读写能力的AD患者进行听写或看图写字测试后也发现有写作障碍。听写涉及从听声—语音切分—音系单位—词素—词形这样的认知过程；看图写字涉及从识图—解图—概念表达—词素—词形这样的认知过程。Glosser和Henderson(2002)对相关文献做了梳理。需要提醒注意的是这些文献是对拼音文字的研究，对汉字这样的非拼音文字的、因阿尔茨海默智退症引发的失写症研究，我们还没有看到相关报告。

(9) 句法层、发声语音、音系层：Appell等(1982：87)的研究表明，轻度AD患者的发声、流利和句法能力尚保存完好。其他研究也证实了他们的发现(Bayles et al., 1992；Cummings et al., 1985；Nebes, 1992)。

上述的简要归纳只能勾勒一个概貌，许多研究细节因篇幅所限无法述说，特别是关于AD患者话语特征的实验性数据，是通过什么样的测试手段、涉及哪些变量和控制变量等，没有明确介绍，这对于试图进行对比研究或数据验证来说是明显不足的。有意从事此类研究的读者务必要根据参考文献阅读原文。

8　今后的研究方向

上文指出，智退症的语言使用障碍研究分语言学和脑科学两个视角，在实际研究上也由两方面的研究人员来做，一是语言学家，二是脑神经医学家。这样的分工，其优点是有利于发挥各自的专业知识，同时也带来只见树木不见森林的负面效应。当务之急是两股力量协同研究，制定一个共同的研究蓝图联合攻关。这正是中国社会科学院创新工程项目的子项目“基于多模态语料库的痴呆老人话语研究”试图做的。除了跟脑神经医学单位(正在洽谈中)合作外，项目自身的主要任务是用多模态语料库语言学的理论和方法，建立正常话语和非正常话语的对比语料库。根据正常话语语料库建立常模，以常模为参照点提取非正常话语的差异特征。

参考文献

[1] APPELL J, KERTESZ A, FISMAN M. A study of language functioning in Alzheimer's patients[J]. Brain and Language, 1982, 17, 1: 73-91.

[2] BALL M J, PERKINS M R, N. MüLLER, et al. The Handbook of clinical linguistics[M]. Oxford: Blackwell, 2008.

[3] BAYLES K A, TOMOEDA C K, KASZNIAK A W, et al. Verbal perseveration in dementia patients[J]. Brain and Language, 1985, 25, 1: 102-116.

[4] BAYLES K A, TOMOEDA C K, TROSSET M W. Relation of linguistic communication abilities of Alzheimer's patients to stage of disease[J]. Brain and Language, 1992, 42, 4: 454-472.

[5] CAPLAN D, WATERS G. Sentence comprehension in Alzheimer's disease[C]. In L. T. Connor, and L. K. Obler, eds, 2002: 61-76.

[6] CONNOR L T, OBLER L K. Neurobehavior of language and cognition: studies of normal aging and brain damage[M]. Norwell, MA: Kluwer Academic, 2002.

[7] CRYSTAL D. Clinical Linguistics[M]. Vienna: Springer, 1981.

[8] CUMMINGS J L, BENSON D F, HILL M A, et al. Aphasia in dementia of the Alzheimer type[J]. Neurology, 1985, 35: 304-397.

[9] CUMMINGS L. Clinical linguistics[M]. Edinburgh: Edinburgh University Press, 2008.

[10] DAFFNER K R, SCINTO L F M. Early diagnosis of Alzheimer's disease: An introduction [M]//Scinto L F M, Daffner K R. Early Diagnosis of Alzheimer's Disease[M]. Totowa: Humana Press, 2000: 1-27.

[11] GLOSSER G, HENDERSON V W. Writing impairments in Alzheimer's disease[M]//Connor L T, Obler L K. Neurobehavior of Language and Cognition. Boston: Springer, 2002: 77-91.

[12] GOLDBLUM M C, TZORTZIS C, JAHCHAN T, et al. Word and pseudoword repetition in Alzheimer's disease[M]//Connor L T, Obler L K. Neurobehavior of Language and Cognition. Boston: Springer, 2002: 45-59.

[13] GRAHAM N, EMERY T, HODGES J. Distinctive cognitive profiles in Alzheimer's disease and subcortical vascular dementia[J]. Journal of Neurology, Neurosurgery, and Psychiatry, 2004, 75, 1: 61-71.

[14] GROSSMAN M, KOENIG P, GLOSSER G, et al. Neural basis for semantic memory difficulty in Alzheimer's disease: An fMRI study[J]. Brain, 2003, 126, 2: 292-311.

[15] GU Y G, X F. Modeling the self of Alzheimer's disease patients[C]. Invited speech at the 2nd Symposium on Healthcare Communication, HKPU, 2013a.

[16] GU Y G, X F. Alzheimer's disease patients' discourse: a multimodal corpus linguistics approach[C]. Plenary speech at the 5th Symposium on Functional Linguistics and Multimodality, HKPU, 2013b.

[17] GUENDOUZI J, MÜLLER N. Approaches to discourse in dementia[M]. Mahwah, NJ: Lawrence Erlbaum, 2006.

[18] HAMILTON H E. Conversations with an Alzheimer's patient[M]. Cambridge: Cambridge University Press, 1994.

[19] MARTIN A, FEDIO P. Word production and comprehension in Alzheimer's disease: The

breakdown of semantic knowledge[J]. Brain and Language, 1983, 19: 124-141.
[20] NEBES R. Cognitive dysfunction in Alzheimer's disease[M]//Craik C, Salthouse T. The Handbook of Aging and Cognition. New Jersey: Lawrence Erlbaum, 1992: 373-446.
[21] RAMANATHAN-ABBOTT V. Interactional differences in Alzheimer discourse: An examination of AD speech across two audiences[J]. Language in Society, 1994, 23, 1: 31-58.
[22] RAMANATHA V. Narrative well-formedness in Alzheimer's discourse: An interactional examination across settings[J]. Journal of Pragmatics, 1995, 23: 395-419.
[23] SMITH G E BONDI M W. Mild cognitive impairment and dementia[M]. Oxford: Oxford University Press, 2013.
[24] WEINER M F Lipton A M. Textbook of Alzheimer disease and other dementias[M]. The American Psychiatric, 2009.
[25] 刘红艳.老年性痴呆患者与正常老年人的现场即席话语能力研究[D]. 北京外国语大学博士论文,2006.
[26] 张启川,张冬,邹利光,等.阿尔茨海默病的磁共振成像诊断[J].重庆医学,2010(20):2792-2795.

第五章　近十五年国内外老年人语言蚀失研究:领域、现状与启示

黄立鹤　张　弛

1　老年人语言蚀失研究现状

目前,全球人口老龄化趋势日益显著。截至2019年6月,全球人口总数已达77亿,其中老年人口①数已达9.1亿;预计到2050年将上升至15.9亿,约占世界总人口的百分之16%,届时老年人口将在历史上首次超过年轻人口(World Population Prospects, 2019)。据国家统计局统计,截至2019年末,中国大陆60岁及以上老年人口已达2.5388亿,占总人口的18.1%,其中65岁以上人口达1.7603亿,占总人口的12.6%;据复旦大学人口与发展政策研究中心预测②,至2050年,我国60岁以上老人将达到4.6亿,其中65岁以上老人3.5亿。

老年人口的大量增长将对人类生活的各个方面产生重大、深刻的影响。世界各国,特别是老龄化程度较高的发达国家,加紧开展了与老龄化相关的生物学、医学、社会学等领域的研究,形成了老年学学科专业③。我国也从国家层面开始重视老年学的相关调查研究,如2010年开始集中诸多学科优势和专家并实施"国家应对人口老龄化战略研究";中国社会科学院也连续多年发布老龄蓝皮书《中国老龄事业发展报告》等。

老年学长期以来致力于老年疾病、老年护理、老年心理健康、老年社会问题等研究(顾曰国,2019),但近年来,对老年人语言现象的研究逐步成为一个新兴研究领域,其研究课题跨越多个学科。目前,国外已对老年人语言特征及相应的老年病理、大脑认知变化等问题开展了一系列研究,形成了"老年语言学"这一领域。在中国大陆,过去对老年人语言蚀失问题关注较少,仅有的个别研究也主要集中在老年医学领域,大多是对患有阿尔茨海默病(Alzheimer's Disease, AD)或其他脑损伤老年人进行的语言研究。

本文在阐释老年人语言蚀失研究意义的基础上,对近十五年来的国内外研究成果进行系统梳理,研判发展趋势,分析对我国在该领域研究的启示,从而为我国系统性构建老年人语言蚀失这一老年语言学的核心范畴知识体系提供参考。

2　老年人语言蚀失研究的重要意义

老年人语言蚀失的研究意义至少可从认知人类语言发展、探索大脑认知本质、临床及社会效益与语言学学科发展四个方面加以认识。

【注】本文第一作者曾在《北京第二外国语学院学报》2015年第10期上发表了《近十年老年人语言衰老现象研究:回顾与前瞻》一文,是当时中国大陆较早对老年人语言衰老现象进行系统性综述的文章之一。本文在此基础上做了全面改写,增补了近五年来国内外最新研究成果,并对老年人语言蚀失研究规划提出建议。

【作者信息】黄立鹤、张弛:同济大学外国语学院、同济大学老龄语言与看护研究中心。

① 目前,世界卫生组织规定60岁以上为老年人(参考 http://www.who.int/healthinfo/survey/ageingdefnolder/en/index.html);在我国,中华医学会也使用该标准。但由于社会经济发展程度与国家人口预期寿命等诸多因素影响,不同国家和地区对老年人年龄划分有所不同,如一些西方发达国家将65岁以上作为老年人标准。

② 复旦大学人口与发展政策研究中心建立的数据平台预测数据(参考:http://cpp.fudan.edu.cn/fudan/index.php)。

③ 国际老年学与老年病学学会(International Association of Gerontology and Geriatrics)和美国老年学学会(The Gerontologcial Society of America)将老年学划分为横跨自然科学和社会科学的四大领域:生物学、医学、行为与社会科学以及社会研究、计划与实践等。

2.1　语言蚀失研究可以填补对人类语言发展认知的不足

从生命历程角度看,语言学家更关注人类语言习得这一语言发展的初始端,对位于末端的语言蚀失尚缺乏深入研究。人类语言发展(Language Development)研究是人们认识自身语言的基础性知识体系构建过程,应贯穿儿童期的语言习得、成年期的语言稳态以及老年期的语言蚀失。客观、科学地记录、归纳人类一生语言变化的现象与特征,并在此基础上探究语言变化的原因和规律,是语言研究应当重视的课题。因此,研究者有必要置老年人语言蚀失研究和儿童语言习得与发展于同等位置,填补人类语言发展末端的知识体系,绘制出人类整个生命周期中的语言发展机制或规律的路线图。

2.2　语言蚀失为人类脑老化规律提供科学阐释

人类对大脑的探索长期以来都是一个重要课题。从学术史上看,无论是对大脑区域结构的划分,还是对大脑认知功能的探索,语言与大脑的关系始终是人们认识大脑的重要起点。事实上,语言功能作为大脑认知的重要组成部分,其发展与衰老同认知功能的发展与衰老紧密相关。认知语言学、神经语言学、临床语言学、脑科学、心理学等学科分支均从不同视角和学科路径对语言与大脑认知的关系进行探索,试图解开大脑之谜。因此,对老年人语言蚀失的研究是揭示大脑自身变化的重要路径。

2.3　语言蚀失研究具有实际的临床意义和重要的社会效益

随着医学科技的高度发展,人类生命周期的整体延长,全球老年人数将持续增加。如何改善老年人的生活质量、满足老年人的生活需要是老龄化社会必须思索的重要问题。对老年人语言蚀失现象和规律的研究,是提供疾病诊断、语言训练、延缓衰老、建立和完善适合老年人言语交际特点的信息交流渠道与方式、促进信息交流公平的基础,将会带来一系列重要的临床意义和社会效益,应当成为世界各国应对人口老龄化战略的重要基础研究。

2.4　语言蚀失研究构成老年语言学学科的核心范畴

从语言学学科上看,儿童、老年人及其他特殊人群的语言现象及其背后机制正得到越来越多关注,其学科范畴与知识体系正日臻完善。老年语言学的核心任务是基于语言学范畴、依靠跨学科研究手段,描写和阐释老年人群在老年期所特有的语言现象。老年语言蚀失是老年语言的主要特征,是老年语言学分支学科的核心范畴。该领域研究将进一步丰富语言学自身的学科知识体系,实现对人类生命全周期语言现象进行描写、分析与阐释的学科任务。

3　老年人语言蚀失研究的发展:领域与议题

目前,国内外对老年人语言蚀失现象的研究主要分布在三个议题:认知老化与语言加工,语言特征与语用、社会交际以及特殊老年人语言研究。

3.1　认知老化与语言加工

国外在该领域的研究较为丰富,既有实证性研究,也有理论综述的探讨,成为与老年人语言变化和语言蚀失研究的核心内容。可以说,语言蚀失研究始于学者们对老年人认知老化的研究。研究主要由认知科学、脑科学、语言学和心理学等领域的学者联合承担。老年人的认知老化特征主要表现在加工速度、记忆力、抑制能力等方面发生衰退或减弱,认知老化研究主要是对感知功能、加工速度和工作记忆等方面随年龄衰退的现象进行描写和阐释,大脑组织的结构性退化是这些认知功能减弱的主要原因。从认知老化路径入手进行的语言蚀失研究主要是考察认知衰退现象对语言理解、产出及语言加工所带来的负面影响,以及通过语言蚀失这一现象考察其背后密切相关的认知老化过程。

3.1.1　认知老化的神经机制与语言加工

老年人语言能力衰退主要是由于大脑生理结构变化或对应脑区功能受损所致,因此从认知老化路径着手的研究需要使用脑神经电生理学技术，精确定位对应脑区活动。常用的脑成像技术包括：功能性磁共振成像技术（Functional Magnetic Resonance Imaging，fMRI）、正电子放射技术（Positron-Emission topography，PET）、单光子发射计算机断层成像术（single photon emission computed tomography，SPECT）、弥散张量成像技术（Diffusion Tensor Imaging Tractrography，DTI）和计算机X线断层摄影（CT）等。通过基于脑成像的研究发现，与语言衰退相关的生理结构变化主要包括：脑半球功能不对称性和去分化能力降低；白质与灰质密度和体积改变（Yang et al.，2014）致使大脑语言网络（Language Network）中的脑区内连接密度降低，脑区间连接增强（Shafto & Tyler，2014）；大脑上纵束（superior longitudinal fasciculous）部分的白质组织完好性降低；执行功能脑区的老化等（何文广，2017）。

在此基础上，学者们提出了各类基于大脑老化的语言加工自适应机制假说，包括：工作记忆衰退理论、脑功能补偿机制、去分化假说以及时间补偿假说等。Baddeley（2012）将工作记忆归结为一套由语音环路（phonological loop）、视觉-空间模版（visual-spatial Sketchpad）以及中央执行系统（central executive system）构成的认知系统，语言活动包括语音信息的提取、存储和编码，话语意图构建，注意资源分配，言语策略改变等，均在该系统内得到实现。工作记忆衰退理论认为工作记忆容量不足以及抑制能力不足均会导致语言认知老化，如舌尖现象（the tip of the tongue，TOT）的出现可以解释为工作记忆容量不足导致语音信息提取失败，同时抑制能力下降致使老年人难以抑制干扰词的激活（毛晓飞、董薇、魏存、邓光辉，2019）；脑功能补偿机制是指，基于神经的可塑性，临近脑区会承担老化脑区或受损脑区相应功能的机制，HAROLD（Cabeza，2002）、PASA（Grady et al.，1994）、CRUNCH（Reuter-Lorenz & Cappell，2008）以及STAC-r（Reuter-Lorenz & Park，2014）等模型的先后提出，均反映出当语言区域老化或受到损伤时，大脑能够调节神经变化对语言功能区进行重组与修复（韩笑、梁丹丹，2019）。当语言加工需求能在其他认知任务中概念化时，它能够抵消认知老化带来的相关影响（Kliegl，Mayr，Junker & Fanselow，1999）。Wingfield和Grossman（2006）通过功能性核磁共振（fMRI）所获数据的研究，描述了一个句子理解脑机制的双元模型，即位于左大脑半球外侧裂周区的核心句子加工区，以及支持工作记忆和理解长句或复杂句所需资源的相关网络。该模型用以描述老年人的句子理解能力与年轻人相当这一现象的脑机制，这种神经更替中的可塑现象是保持老年人语言理解能力相对稳定的主要原因；去分化假说主要是指由于增龄，大脑网络中神经调节效率降低，神经元表征差异减少，导致大脑专区化减弱，并引起老年语言加工机制的退化。Martins et al.（2015）认为这种增龄性去分化可被视为神经补偿。然而，无论是HARLOD模型还是PASA模型，都是老年人大脑去分在脑化活动上的特殊表现形式。他进一步观察后，发现老年人在加工句法、语音和语义时的脑激活时间出现延迟，并提出了时间补偿假说（Temporal Hypothesis for Compensation，THC），认为语言加工存在增龄性延迟，而这种延迟通过牺牲加工速度得以补偿。

另外，并非所有认知加工都是随着年龄增加而衰退，有一些则相对稳定（Radvansky，1999；Radvansky & Dijkstra，2007），如晶体智力①（crystallized intelligence）、基于要点的加工（gist-based processing）和语义激活（semantic activation）扩展等，这些均属于情境模型加工（situation model processing）的范畴，即与具体语境信息相关的理解与记忆。我们知道，对语言形式（如字词、句子结构等）的理解并不意味着对语言所描述内容或指代事物的理解，情境模型就是指代高于语言形式的表征内容。陈奕秀（2008）通过词汇语义联想方式所设计的脑事件相关电位（ERPs）实验，进行了三种词汇

① 晶体智力的概念最初于1971年由美国心理学家Raymond Cattell提出，是指应用先前已获得的知识经验的能力。是构成一般智力（general intelligence）的因素之一。其对应的是流体智力（fluid intelligence），是指在混乱状态中发现意义（新知识）、解决新问题的能力。

语义相关度的判断测验，发现老年人并非在生理和认知运作等各方面都变得较差，而是在处理语义的运作方式上产生了改变；老年人较年轻人而言在实时语言理解时更倾向于利用和整合韵律信息(Steinhauer, Abada, Pauker, Itzhak & Baum, 2010)。

另外，性别差异、教育背景、社会关系、特殊疾病等因素也会影响认知老化进程及认知功能发展，影响语言能力。有研究表明，两性间大脑语言网络及对应脑区变化方式不同(Madhavan et al., 2014)，表现为男性更易出现认知退化，而女性执行功能脑区退化的进程更快；教育背景更好的老年人认知退化进程更慢(Reas et al., 2017)；来自配偶的正向社会支持会让男性保持更好的认知功能并减缓认知退化，而对女性而言，同样的情况只出现在来自子嗣或友人的正向社会支持中(Liao & Scholes, 2016)。有研究表明长期失眠症患者白质体积会减小，或会增加罹患痴呆的风险(Claire et al., 2020)。

3.1.2 认知储备及外语学习对语言蚀失的影响

认知老化是由脑衰老或大脑皮层萎缩、受损等状况引起的，然而有很多老年人，即使脑部出现创伤，却仍然保持良好的认知功能，这是因为个体之间的认知储备(cognitive reserve, CR)不同。所谓认知储备，是指个体在生命历程中通过接受教育及参与认知活动，从而提升脑部神经网络连接的紧密程度。因认知储备而形成的老年人语言能力个体性相对优势，是指老年人因教育或认知活动等外在干预手段，与其他相同大脑生理状态的老年人相比，表现出相对的语言认知优势。国外心理学界、医学界及语言学界的已有研究显示，增加认知储备可以降低或减缓认知衰老或降低失智的风险。

根据脑功能补偿机制，成年人脑具备调节、修复受损及脑区的能力，认知储备正是指个体的这种脑功能补偿能力。该议题目前得到了越来越多学者的关注。Dias(2015)对2010—2015年内58篇相关文献进行了分析，发现与认知储备相关的研究主要集中在：影响认知储备的因素、认知储备与认知功能以及认知储备和轻度认知障碍(Mild Cognitive Impairment, MCI)及以阿尔茨海默病为主的痴呆症等病症的关系。据估计，有三分之一的痴呆患者可以通过改善生活习惯，矫正风险因素以及针对性认知干预等提高认知储备的方法来预防或干预(Livingston et al., 2017)。

Giogkaraki等(2013)采用教育经历、词汇量及阅读表现作为评估被试的认知储备参考标准(CR Marker)，发现认知储备可以减缓由老化所引起的语言情景记忆衰退及执行功能下降；Caffo(2016)发现年龄、教育水平及智商直接影响老年人认知储备水平及认知效率(cognitive efficiency)，并表示在认知老化初期，提升认知储备可以对记忆、方向、注意、语言及推理能力等认知功能起到保护性作用；职业地位高低以及是否进行认知训练与各项认知功能水平呈正相关(Opdebeeck et al., 2015)。认知训练可以增强大脑神经网络的连接性、可塑性和功能性，而适当的体育锻炼则会保持脑储备量及神经结构完整性(Cheng, 2016)。Martins等(2020)对275名50岁以上低教育水平的被试进行了前瞻性纵向研究，5年后发现11%的被试被确认为认知退化，64.5%的被试呈现出主观认知疾病，并表示较低的认知储备是认知退化的信号，认知评估在早期防范与认知干预中具有重要意义。另外，认知储备在一定程度上可以修复遗忘型认知障碍(a-MCI)与阿尔茨海默病患者的认知能力。Gu等人(2018)通过对照试验发现无论是健康的对照组还是患a-MCI的测试组，拥有较高认知储备的被试在注意力测试中表现更好；同样，Sobral等(2015)发现较高认知储备、优秀的教育经历、参加休闲活动、大量的复杂工作也会推迟AD患者认知退化的进程。但是在同样的影响因素下，a-MCI和AD患者的认知储备激活区域主要集中在前扣带回皮层(anterior cingulate cortex)，这与健康对照组不同(Colangeli et al., 2016)。

有研究发现，第二语言学习与老年人认知储备提高、语言能力恢复、防治认知障碍与痴呆症等有重要关联(Šmídová, 2017)，具有多语能力的老年人语言蚀失过程正逐步成为国内外学者关注的重点

(如 de Bot & Makoni，2005；de Bot & Schrauf，2009；Divita，2014 等)。通过观察多语老年人的神经影像可发现背侧前扣带皮层/前辅助运动区(dorsal Anterior Cingualate Cortex/pre-supplementary motor area)所构成的神经网络与语言控制区有关，且该网络呈现出神经适应(neural adaptation)；具备多语能力老年人的认知储备较单一语言使用者更高(Green，2016)；他们顶下小叶中灰质体积更多，其中二语使用时长，二语词汇量及二语接触程度是影响灰质体积的关键因素(Abutalebi et al.，2015)。二语学习可以维持或增强认知储备，促进大脑语言网络有效重组，增加其功能联接性(程凯文、邓颜蕙、黎明，2017)。鉴于此，有研究认为使用双语者出现痴呆症状的时间会比使用单一语言者推迟四年半(Alladi et al. 2013)，然而一旦罹患痴呆症，母语和第二外语会出现并行性的退化，并且患者对第二外语的句法理解更差(Nanchen et al.，2016)。

3.2 语言特征与社会交际

该领域主要是关于老年人语言基本特征的描述，包括听力、发音、阅读和书写等方面，以及语用交际、社会语言等范畴下的老年语言现象研究。

3.2.1 老年人语言现象划分与基本特征

本书前文已经介绍，根据老年人身脑心健康状况，顾曰国(2019)把老年人群分成超健康老人、成功老龄老人、通常老龄老人和智退症老人四个大类，并将其语言现象划分为包括语常和语误在内的无损类，以及由语蚀和语障构成的有损类。语常即与成年人年龄段语用状况无异的常态；语误是偶发可自纠的临时失态，也属于语常的范畴；语蚀则是正常衰老或其他因素诱发的语损，而因身脑心疾病或损伤引发的语损则被称为语障。

关于老年人语言特征的研究主要围绕老年人语言理解和语言产出两方面展开。由于认知老化，老年人语言感知能力退化，单词识别与理解能力下降；对单词和句子加工效率降低，难以理解句法复杂的句子；在语言产出中表现为命名困难、词汇流畅性降低、句法复杂结构下降、回忆命题与模仿句子困难等(韩笑、梁丹丹，2019)。老年人在生活中感受最深的语言退化现象是"忘词"或"找不到合适的词"，称为词汇提取(word-retrieval)困难。美国 Boston 大学开发的命名试验(the Boston Naming Test，参考 Kaplan，Goodglass & Weintraub，1983；Nicholas，Brookshire，MacLennan，Schumacher & Porrazzo，1989)是研究命名困难或错误的常用测试方法。Nicholas，Obler，Albert 和 Goodglass (1985)对整个生命周期中成年人的名词和动词提取进行了对比试验，认为老年人在命名试验中得分降低的主要原因还是词汇提取困难。但有学者研究发现字词提取练习(Word Retrieval Practice)有助于降低老年人话语中的"忘词现象"，且老年人的图片命名表现在训练后也有显著进步(陈彤威，2012)。类似地，老年人还在成语表达(idiom production)方面较年轻人有更大的困难，包括表达不完整或错误(Conner et al.，2011)。

Montepare 和 Tucker(1999)介绍了学者们对老年人自然会话中非言语行为、情感交流特征的研究情况。例如，老年人如果话语多为形象化内容时，手势使用数量下降(参考 Cohen & Borsoi，1996)；老年人较年轻人而言对消极情感线索的感知准确性更低(参考 Malatesta，Izard，Culver，& Nicolich，1987)；Orbelo，Testa 和 Ross(2003)研究了老年人对情感韵律的产生与理解能力。结果显示，虽然情感韵律的产生与年龄增长的关系并不显著，但对情感韵律的理解能力与年龄增长负相关。同时，通过对老年人在表达情感的非言语信息理解度的研究发现，老年人区分情感程度的能力弱于年轻人；Pennebaker 和 Stone(2003)还发现随着年龄的增长，说话人倾向使用更多积极情感词汇，消极情感词汇使用较少。

除认知老化对语言加工直接产生影响外，老年人的其他生理功能退化及健康状况恶化也会使言语活动受到影响，包括感官能力退化(如听力、视力下降)导致的言语理解困难(Humes & Dubno，

2010）或交流不畅；脑卒中导致老年人的构音障碍（dysarthria），以及情感表达识别、隐含意义（如讽刺、隐喻）等的识别障碍；失认症（agnosia）导致的交际中话语、声音、颜色、物体等认知款困难；失用症（apraxia）带来的手势、动作等非言语行为表达障碍；严重失语症患者的言语交际能力丧失；等等（Kemper & Rozek，2013）。

3.2.2　老年人听力特征

受认知老化的影响，老年人听觉感知加工速度减缓，表现为语音识别困难与语音自动切分（Automatically Segregate Speech Sounds）能力下降（Steinhauer et al.，2010），严重者则会罹患老年性听力损失（Age-Related Hearing Loss，AHL），患者双耳对称性、缓慢进行性听力下降，出现重听、耳背现象，在嘈杂环境中言语识别能力严重受限（张红蕾等，2019）。从认知加工的角度可以解释为工作记忆能力下降致使所听到的语音信息无法保存在临时存储器中；选择性注意力衰退会造成忽略背景噪声或抑制语音信息中的无关信息变化；信息处理速度下降和更多调用的认知资源让老年人无法快速准确地处理语音信息（宁美娟，2018）。

有学者以说闽南语为母语的受试者作为对象研究发现，即使老年人听觉敏锐度在正常范围内，老年人的声调感知范畴界线也和年轻者有显著不同（陈慈薇，2014）。有研究发现，衰老会给汉语为母语的老年人造成声调感知差异，相对于平升调，他们对平降调有更强的感知能力（Wang et al.，2017）。针对某些退行变化，学者提出了一些训练康复方法。基于大脑可塑性（plasticity）原理并借助新的科技工具是广泛接受的方案，例如 Pichora-Fuller 和 Levitt（2012）提出的注重认知理解的听力康复（audiologic rehabilitation）方法，以提升老年人听取和理解话语能力。

3.2.3　发声器官衰老与老年人发音特征

随着生理年龄的增长，用于发音的生理器官及相关组织会发生改变，变化包括：声带的结构与长度改变；脸部肌肉、咀嚼肌以及咽肌松弛弱化导致老年人喉部下垂；许多男性喉软骨发生骨化、钙化；粘膜腺体发生退化；肺部失去弹性、胸腔硬化、呼吸肌弱化等。这些变化会改变肺容积和呼吸动力，肺活量减少，残气量增加等，从而导致老年人说话语音的改变（Linville，2004；Tarafder，Datta & Tariq，2012）；语音共振峰整体频率降低（Linville & Fisher，1985；Scukanec，Petrosino & Squibb，1991；Xue & Hao，2003）等。同时，由于不能精准控制发声器官，老年人交际中的话语完整性也有所缺失，有学者提出可以通过改变第一与第二共振峰频率来提高话语完整性（Tanaka et al.，2014）；其他语音表现还包括声音震颤、音量整体下降、吵杂环境发音难以辨认等，Araujo 等（2016）发现老年人在嘈杂环境下的语音识别水平受认知储备及教育水平的影响。

老年人言语产出中的语调表现随年龄增长而发生变化。Linville（2001），Reubold，Harrington 和 Kleber（2010）等学者都对年龄衰老和语音变化之间的关系进行了试验研究和深入探讨。老年女性在衰老过程中，F0 基频大约会下降 30Hz 左右，尤其在女性更年期（开始逐渐进入老年阶段）前后，下降趋势更为显著；而老年男性基频下降趋势较为缓和，但在五十岁左右也有 30Hz 左右的下降幅度（Martin，1997；Linville，2001），这种基频的变化在即席话语中较朗读时更为明显。随着年龄的增长，男性和女性的最大音强均有所下降，这可能与呼吸及发声器官的生理改变有关，但在日常会话中较难察觉（Linville，2001）。另外，元音央化在老年人发音中也较为明显，尤其是老年男性，这可能是由于舌部等生理控制能力发生了减弱。老年人在语速上也较年轻人更为缓慢，Smith，Wasowicz 和 Preston（1987）曾要求十位健康老年人与十位年轻人分别以正常语速和快速语速说话，统计显示老年人在音节、句内部分和句子之间的停延时间均比年轻人长 20% 至 25%。Tarafder，Datta 和 Tariq（2012）针对老年人降低生理原因对语音变化的影响提出了若干生活建议，包括增加流质摄入、避免食用辛辣、切勿喊叫、戒烟、感冒咳嗽时保护嗓子、每天朗读以训练喉部肌肉等。

3.2.4 老年人阅读特征

老年人的阅读及语篇理解能力均与其认知能力的变化密切相关，工作记忆的老化对语言理解能力和阅读理解能力具有显著影响。Cohen(1979)指出，认知能力的减弱对口语语篇的理解具有直接影响，如果换成书面语篇进行阅读理解测试，则测试结果可能提高，因为被试可在一定程度上自行调节认识速度。与年轻人相比，老年人在进行语篇理解时能够更“有效”地进行时间资源分配，从而保持其对语篇的整体处理能力(Stine-Morrow & Miller, 1999)；Federmeier 和 Kutas(2005)通过事件相关电位试验发现老年人利用语境信息辅助进行语义加工的能力下降，而词汇加工与年轻人对照组相比基本相同。整体上，老年人的阅读较年轻人而言有如下特点：阅读速度低、注视次数增多、眼跳幅度大、词跳读率高、回视次数多、知觉广度范围(一次注视中获取有用信息的范围)小、知觉广度不对称程度低、词汇加工的效率低、词频效应更为明显等。

老年人在句子阅读中对单个词注视时间更长，从而导致整个句子的阅读时间延长。老年人的加工系统在注视某个词时可能更倾向于猜测下一个词的内容，在阅读中发生更多的跳读(王丽红、白学军、闫国利、吴捷，2012)。老年人的阅读模式和加工策略与年轻人不同，其阅读知觉广度发生老化，可能与老年人工作记忆容量下降而调用工作记忆资源上升有关(王丽红、石凤妍、吴捷、白学军，2010)。通过在汉语文本中插入词间空格、使用大号字体和较宽的行间距，材料中的词更加清晰和突显，老年人对汉语词汇的识别度可以得到提高(白学军等，2015；程海彧，2015)。这说明正常老年人随着年龄的增长，以生理为基础的知觉、记忆和推断等有所下降，导致阅读能力退化，而与词汇概念、言语理解有关的晶体智力是保持不变的(白学军、郭志英、曹玉肖、顾俊娟、闫国利，2012)。以拼音文字为母语的老年人通常采用风险阅读策略(Wang et al., 2016)，而以汉语为母语的老年人会通过预视中提取字形信息以加速汉字识别，语音信息则不发挥作用(张兰兰、闫国利、王丽红，2011)；受到汉字视觉复杂性的影响，中国老年人表现出更大的词长和词频效应，他们会采用更谨慎的阅读策略，通过降低文本的刺激质量，在文本中插入词间空格可以提升其阅读速率(李琳，2017)。另外，相比年轻人，老年人在句子理解时预测其后可能出现词汇的能力较弱，但该现象具有个体差异性，归类流畅性(category fluency)测试表现好的老年人则与年轻人具有类似的预测能力(Federmeier, Kutas & Schul, 2010)。有研究发现情绪同样会影响老年人在阅读时的认知加工，老年人阅读能力在其处于负面情绪时有所提升。当首字为负性情绪词时，老年人注视时间更长，回视次数更多(陈云香，2017)。Kim 和 Jin (2019)将其解释为老年人采用逐字阅读的策略，可以降低工作记忆资源的使用量并弥补推理能力的下降，从而做到预测后文并完成阅读。

3.2.5 老年人的书面表达

在老年人的书面表达方面，有研究认为以往拼写能力较差的老年人随着年龄的增长，此项能力下降较为显著，而以往拼写能力较好的老年人则没有退化现象(Margolin & Abrams, 2007)。一些学者通过控制实验发现在言语输出的句法复杂程度上，老年人较年轻人而言复杂程度较低(Kemper & Kemtes, 1999; Kemper, Herman & Lian, 2003；Kemper, Herman & Liu, 2004；Antonenko et al., 2013)。Kemper, Herman & Liu(2004)对此的解释是老年人工作记忆的下降使得其在生成长句和复杂结构时具有困难，但句法加工能力并没有随着年龄的增长而变化。老年人在书写时同样存在词频效应和音节频率效应，且对于高低词频及音节频率加工的神经机制是不同的(何洁莹、张清芳，2017)。老年人的话语产出通常缺乏重点或较易偏题，对无关信息的抑制能力下降是这一现象的主因(Arbuckle & Gold, 1993; Zacks & Hasher, 1994)，有的则试图从语用层面予以解释(James, Burke, Austin & Hulme, 1998)(转引自 Burke, 1999:18-19)。

3.2.6　语用学及社会语言学视角下的老年语言研究

在我国，黄立鹤、朱琦(2019)从语用层面探讨老年语言蚀失现象，引入功能语用视角、神经认知视角、Perkins的浮现模型视角(Emergentist Perspective)以及生命历程视角作为切入点，认为老年人语用能力蚀失研究应从言语行为入手，研究包括老年人语用能力常模及评估指标体系、老年人变化的基本规律与影响因素、特殊老年人群语障特征及变化过程、社会因素与老年人语用能力的关系等议题。黄立鹤(2019)还将情感因素与鲜活整人模型引入到多模态语用学框架内，分析阿尔茨海默病患者的言语行为，发现积极、正面的述说情感与其反复实施的同一言语行为具有高相关性。

国外一些学者还从社会语言学等层面考察语言蚀失问题。如Coupland, Coupland和Giles(1991)以交际适应理论(Communication Accommodation Theory)作为基本理论框架，运用多种研究方法考察了老年人在社会交互中的言语特征、交际策略、身份认同、与其他年龄层交互中的歧视、偏见现象等，并提出了生理周期年龄(chronological age)与社会语境年龄(social or contextual age)的区别(Coupland, Coupland & Giles, 1991:140)，后者与老年人在社会环境下的语言使用关系更为密切。在此视角下，诸如老年语言变异、老年话语策略、老年语言传承、老年语言适应、老年语言服务及老年语言性别差异等话题还有待探讨(方小兵，2019)。

姚俊(2002)在他人研究成果的基础上对老人与儿童的交际语言进行了对比，认为老人的语言能力不能单纯地视为退化到幼年时期的水平，所谓倒置-U型模式(inverted-U model)不能作为一种完善的理论来解释老年人的言语表现。老年人会使用“唯我主义”的语言模式，在交谈中更注重自我倾诉而非与听众互动；生心理衰老、环境改变、交际对象减少等因素会造成老年人主动交际意愿降低；老年人交际更关注交际态度而非交际内容(李宇峰，吕明臣，2016；李宇峰，2018)。一些成年人在与老年人进行对话时还会使用一种异于平常的“说话体”。就此，研究者提出了老年语(elderspeak)的概念，是指其他人为使得老年人理解话语而使用夸张的语调、缓慢的语速、有限的词汇、简化的句法结构等，以及经常重复或使用问句等。这种语体有时会引起老年人的反感、导致自尊受挫，并且间接造成老年人的代际交流、认知与社会交往能力下降(Ryan, Giles, Bartolucci & Henwood, 1986)。该语体同样被应用在看护人员与老年病患的日常交流中，有研究显示，老年语语体会对痴呆症患者心情产生一定程度的负面影响，且会降低其对说话者的好感度(Cunningham and Williams, 2007; Williams et al., 2008)，然而Torres-Soto(2019)却得出了截然相反的结果，他发现无论正常话语还是老年语都不会强烈影响老年人在交际时的心情，同时老年语体的某些特征还有利于和痴呆患者的交流(如短句和简单词汇可以减少工作记忆资源调动)。Corwin(2018)则提出使用施予及索取祝福、讲笑话以及叙事疗法三种语言策略，可以在降低老年人交际失败风险的前提下，提高老年语语体的句法复杂度并加强老年人的交际参与度。Keller(2006)还报道了一种称为Oldiespeak的话语，与elderspeak不同，该话语指其他人模仿老年人说话韵律，从而表达共感认同，或试图重新建立交流互动而采用的话语，包括包含颤抖的语调、响度下降、较为含糊、长度较短等特点，通常被用于向老年人确认其话语含义或目的。

老年人与社会之间的话语互动，包括语言变异与传承、语言歧视及身份构建等同样是学者们关注的重点。White等(2017)通过对比青年与老年人群对日常用品材料的描述，发现老年人更倾向使用旧式词汇如“玻璃、纸板”等，而青年人更多的使用“塑料”一类的新材料词汇，这反映出环境改变是词义、词类发生变异的主要因素；青、老之间虽然存在年龄差，但在同一文化背景下，共同的生活经历又保证了语言的稳定性。同样，由于文化背景、年龄代沟的差异，年轻一代对老年人产生的反感、偏见等负面情绪通过语言反映出来，这就是老年歧视(Ageism)。Gendron et al.(2015)分析了236条包含老年歧视性话语的推文(tweets)后，将老年歧视话语分为八大主题：①假设与评判，无或有根据的指责与偏见；②老人是另类，即从本质来说孤立老人，将其与其他人群区分开；③区别化特征，即刻意强调或讽刺老年人某些不符合年龄的言行举止；④“年老”代表消极，即将年老与坏的、旧的、落后的等状态相联；⑤“年轻”代表积极，即将年轻与好的、新的、优越的等状态相联；⑥幼儿化话语，即模仿孩童的语气与老人交谈；⑦内部歧视，即老年人群体内不同成员间的歧视，如正常老年人与患病老年人之间的歧视性话语；⑧内部语言攻击，通过语言直接表达对老人的敌视、侮辱等。另外，Goll 等(2015)指出老年人的孤独感加剧及社会参与度越来越低是由于某些壁垒而产生的，包括疾病、社交减少以及社交机会缺失等，这些壁垒会引发老年人的社交恐惧及身份认同恐惧。在我国，老年人身份认同状况与老年人健康水平、生活事件、社会参与与养老政策呈正相关(袁亚运，2016)，但少有研究涉及老年人群体甚至特殊老年群体的身份是如何构建和达到认同的。Zheng(2015)对中国老年失独者的叙事话语进行分析后发现，在失去独子后，家庭完整性被破坏，老人尤其是女性老年人的自我意降低，反映在话语中，他们会更多地使用“我们是……”而不是“我是……”的指代词，使他们的身份归属在更大的社会语境中。

另外，人口问题与老年语言学研究也具有相关性(李嵬，2019)。我国进入老龄化社会，人口老龄化加剧所带来的一些问题，如老年人语言康复治疗、老年人对幼儿的语言示范等仍有待解决。在西方，由于移民人口老龄化，语言蚀失出现了新的特征。“语言复原”现象(Language Reversion)是指：随着年龄增长，移民老年人常用语言由移民后语言逐渐复原到第一语言的现象。老年移民退休后，生活环境、交往对象发生改变，与第一语言使用人群交际增加，而在环境中使用第二语言的交际显著下降，导致第二语言能力衰退，甚至引起大脑神经机制的改变(de Bot & Clyne, 1989; de Bot & van der Hoeven, 2011:126-127)。Tipping 和 Whiteside(2015)发现拥有双语能力的痴呆老年人同样会出现语言还原的现象，且沮丧情绪、回忆旧事会加剧语言还原的进程，给家属、看护人员带来了极大的困扰。

3.3 特殊老年人语言研究

特殊老年人是指罹患老年痴呆症、帕金森氏病、脑卒中等神经退行性疾病或精神疾病的老年人，其语言能力发生障碍。学界就此类特殊老年人的语言特征、神经功能退化对言语活动的影响以及语言障碍疾病的筛查、诊断、治疗与适老语言服务等方面进行了探究。

3.3.1 痴呆症患者语言研究

老年痴呆症(dementia)是常见痴呆症的一种，是一种神经退行性疾病，可导致包括记忆、感知、性格及认知能力在内的大脑功能退化。研究者尤其关注阿尔茨海默病老年痴呆患者语言退化现象及典型变化过程，以及这类患者在语音、句法、语义、语用等方面的变化，该类研究是国外痴呆症语言研究的重要组成部分(罗倩、彭聃龄，2001)。

AD 患者语言退化是渐进式发展的，这点可以通过结合大脑功能定位和 AD 病变发展来解释：初期 AD 患者颞叶和顶叶呈萎缩状，随病情发展扩散至额叶，颞叶与命名、词汇提取、语言加工有关，而额叶则管控语言输出和语音加工(李妍等，2019)。在阿尔茨海默病初期，语言退化主要表现为命名困难和错误，理解难度较高的语篇时出现困难。词汇提取困难是 AD 早期的判断指标之一(Pekkala et al., 2013)，患者在事物命名困难或错误的类型有语音、语义、视图相关，以及赘言(circumlocution，即与事物概念及命名无直接相关性的描述，但有研究者认为这是被试对词汇提取困难的直接补偿方法)等。赵俊海(2012)从主位结构、人际意义、及物性、衔接与连贯四个维度对 AD 老年患者的语言功能进行分析，研究显示，轻度阿尔茨海默症患者在言语交际中多使用重复性语义资源，反映出患者在词汇提取方面的困难；使用的名词性语义资源具体性不强，出现用上位词代替具体名词的现象，使用的指示词及情态助动词的使用明显增多；患者在参与者和环境成分的表征方面缺乏具体性，导致话语的内容空洞贫乏；另外，老年痴呆患者在话语构建、衔接、话题维系和整体连贯等方面表现较差，存在话题骤转现象等。在病情发展中后期，患者会出现一些与失语症患者类似的语言退化症状，包括语义和语音线索对试验中的正确应答提示作用减弱，语言空洞、语法错误现象显著上升，被试在完整叙述故事时出现严重困难；长于 6 个单词的句子重复出现错误；进行“看图描写”任务时出现词句拼写错误，字词替换，语法倒错等现象；朗读时出现字词和低音替换错误及无义词。在该阶段，AD 患者在语句或篇章理解（语义表征）、句法加工等方面出现困难，也可能出现句法与语义分离的情况。Marková 等人（2017）认为题元角色的顺序会影响 AD 患者的句法加工，患者常出现错把 OVS 句式理解为 SVO 句式的题元混乱现象。相比之下，虽然正常老年人也会出现词汇提取困难的现象，但在语义加工方面没有太多变化（Burke & Shafto，2004）。另外，AD 老年患者经常词不达意，通常表现为内容空洞及语用能力衰退。刘红艳（2014）通过正常老年人与老年痴呆患者即席话语语料库的研究，发现轻中度和重度老年痴呆患者自然话语中出现了使用冗长、迂回话语，找错词，使用语义相关词，使用模糊、空洞词汇及杜撰词这五类现象，重度患者话语中这些现象的出现频率明显高于轻中度患者。Nicholas，Obler，Albert 和 Helm-Estabrooks（1985）的研究通过对 AD 患者组、失语症组及正常老年人组的对比，发现 AD 患者在“看图说话”试验中话语最为空洞，与命名试验得分的相关度较低，且经常违反社会言语交互的基本规则，如接续话论不畅、话题转换突兀等问题（参考 Hutchinson & Jensen，1980）。Lai 和 Lin（2012）对汉语为母语的老年人（正常老年人与阿尔茨海默病患者对比）在描述与叙事会话中的话语标记进行了研究，发现 AD 患者话语标记的使用频率明显低于正常老年人，并且在使用场合和功能上出现错误。在病程后期，患者在交际中会高频出现话语重复现象，刘红艳（2015）将其分为话语能力型重复（包括部分话语重复、完全话语重复、重复他人话语、重复自我话语和有意图的概念性重复）以及话语失能型重复（如无意识概念性重复及同一内容反复不停的言语持续（perseveration））；语言流畅度严重受损，有的患者甚至失语；有些患者对手势表达反应较好，但此时已无法进行相关测试（Obler & Albert，1984）。还有研究表明，不同性别的 AD 患者病状不同，女性早期认知退化进程更快，但在语言能力上两性间并无太大区别，这可能是由于两性在认知储备、恢复能力、基因构成以及大脑神经网络差异所导致的（Laws，Irvine & Gale，2016；2018）。

额颞叶退行性痴呆，包括狭义的额颞叶痴呆（frontal-variant FTD）、语义性痴呆（semantic dementia）、原发性非流利性失语（primary nonfluent aphasia，亦称原发性进行性失语，primary progressive aphasia）三种临床综合症（Gorno-Tempini et al.，2011），这三个亚型的病变导致患者言语交流具有不同程度的障碍。其中，原发性非流利性失语患者言语产出十分困难，或表现为构音障碍。患者的语速减缓，找词停顿时间延长，言语错乱（paraphasia），语音失真（distortion）等。语义性痴呆的病变则影响患者所有词义加工方面的表现，造成严重的图片命名及言语流利性障碍，语句理解亦受到影响。母艳蕾等（2019）则从听理解、复述、命名、说、朗读、阅读理解及写 7 个项目对比了阿尔茨海默病（AD）、行为变异型额颞叶痴呆（bvFTD）患者的语言特点，发现除命名、流畅性和语言理解能力衰退外，AD 患者存在多项语言功能受累并分级呈现，易出现拼写受损和语法障碍。

其他类型的痴呆，如血管性痴呆（vascular dementia，VD）患者只有依托神经成像技术才能将其与 AD 患者加以区分，两种病症均会导致患者词汇提取、图片命名、流利度等方面的障碍。D'Avila Freitas 等（2018）对比了 23 位 VD 患者和 20 位轻度 AD 患者的语言能力后发现 VD 患者在语言流利度测试中得分更低，而 AD 患者则是在延迟记忆方面表现更差，这表明 VD 患者更易出现执行功能障碍。路易体痴呆（Lewy body disease）则常与帕金森氏病和阿尔茨海默病相伴随，因而对单独由路易体痴呆引起的语言障碍研究不足（Kemper & Rozek，2013）。

3.3.2　其他类型老年疾病患者语言研究

帕金森氏病（PD）对患者的大脑神经系统会造成损伤，包括基底神经节（basal ganglia）、丘脑

(thalamic)、核壳(putamen)、尾状核(caudate nucleus)等功能区都会受到影响(Altmann & Troche, 2011)。这些脑功能区的损害直接影响到患者的语言能力,特别是言语产出。该类疾病患者言语产出的特点主要可以归纳为以下几点:话语信息减少、语法错误、流利度下降以及句法复杂度下降等(Altmann & Troche, 2011)。同时,随着病程的推进,认知能力的损害也将影响言语产出,包括概念化(conceptualization)、功能加工(functional processing)以及位置加工(positional processing)等言语产出的各个方面。帕金森氏病患者在言语交际中会有发音困难、语速缓慢、带有呼吸声,通常发音柔弱等问题(Kemper & Rozek,2013)。范萍等(2018)对比汉语 PD 患者与健康对照组的语音声学参数发现,在韵律方面,PD 患者基频变化小,浊音起始时间明显小于对照组;在调音方面,PD 患者出现塞音擦化,元音声学空间面积和元音发音指数变小(尤其是女性患者)。当然,言语交际的其他方面也受到影响,如因大脑额叶受损而导致的语言使用障碍等(Altmann & Troche, 2011),阅读理解及复杂句子的产出障碍以及动作语义加工表现出明显的选择性缺陷等(姜孟、田真玲,2019)。Proença, Veiga, Candeias 和 Perdigão(2013)建设了一个帕金森氏病患者的小型话语语料库(Parkinson Disease Speech Corpus),分析了该类人群的声学、语音及韵律特征。女性帕金森氏病患者较男性患者而言表现出更多频率颤动(jitter)、噪音-和谐音比(noise-to-harmonics ratio, NHR)更高。另外,患者在高、低、前、后舌位形成的元音/a/, /e/, /i/呈现非对称央化现象(asymmetric centralization),从而导致第一共振峰、第二共振峰之间的元音空间(vowel space area)较正常老年人显著下降(Bang, Min, Sohn & Cho, 2013)。Zanini, Tavano 和 Fabbro (2011)发现在双语帕金森氏病患者较健康老年人而言在第一语言的言语产出中具有更多语法错误,而在第二语言的言语产出中也没有显著差异。研究者认为产生这种差异的主要原因是由于语言的习得时间:第一语言自幼习得,相应加工涉及基底神经节(basal ganglia structures),在 PD 病程中受到损伤;第二语言则通常后天学习,触发新皮质表征(neocortical representations)。Xie 等(2011)研究了汉语为母语的帕金森氏病人经过双侧丘脑底核脑深部电刺激术(bilateral subthalamic nucleus stimulation)治疗后的言语产出语音特征,该治疗短期内对言语能力提升没有显著效果。励-协夫曼语言训练法通过声音响度、速度及清晰度的康复训练,提高患者呼吸肌及喉部肌肉强度,能够增强 PD 患者的声带内收运动、提高呼吸动力,改善 PD 患者的发音和言语障碍(高春丽等,2006)。Sih-Chiao(2017)分别对汉语为母语和英语为母语的 PD 患者进行励-协夫曼语言训练,发现汉语为母语的患者语速更慢;治疗后,患者的语义完整度、发音、音调变化以及语速都有明显提升。

McDowd 等(2011)对比了正常老年人、阿尔茨海默病患者以及帕金森氏症患者在语言流利度上的差异,实验显示在大多数测试中阿尔茨海默病老年痴呆患者得分最低,而在行动流利度测试(action fluency test)中帕金森氏病患者得分最低;Araujo, Barca, Engedal, Coutinho, Deslandes 和 Laks (2011)则对比了阿尔茨海默病患者、帕金森氏症患者以及重性抑郁症三类人群的语言流利度,认为语言流利度是区分三类病症的指标之一。阿尔茨海默病患者在语言流利度测试中的各项得分均比其他两类人群低。这些研究均表明,阿尔茨海默病对大脑神经系统的具有很大损害,较其他疾病而言对语言能力的损伤更为严重。对包括阿尔茨海默病患者在内的特殊老年群体的语言研究有助于神经退行性疾病的早期筛查及后期语言康复,同时能为了解语言在认知退化状态下的功能表现提供独特的视角和证据(赵俊海,2014)。

脑卒中患者由于脑血管病变同样会引起后天获得性言语障碍。根据患者临床症状,脑卒中失语症大致分为运动性失语、感觉性失语、传导性失语、命名性失语、综合性失语等,其常见的语言特征有语言错乱、理解下降、阅读及书写异常、拼写错误多、命名困难、发音困难、复述差,严重者丧失部分或全部语言功能(江钢辉、陈振虎,2002)。胡瑞萍等(2018)研究了持续短阵快速脉冲刺激(coutinuous theta-burst stimulation, cTBS)结合语言训练的康复方法,发现脑卒中患者语言功能失语商和功能独立性有所提高。

当然，并非所有老年疾病均对老年人言语活动造成负面影响，如 Albert 等人(2009)通过试验发现高血压对老年人词汇提取具有消极阻碍作用，而在老年糖尿病患者中没有发现类似现象；但两种疾病均对老年人的句子理解产生负面影响(Cahana-Amitay, 2013)。

3.3.3 语言障碍疾病的筛查、诊断、治疗与适老语言服务

在认知评估及早期临床诊断中，评估工具是发现患者言语障碍特征的重要工具。主观认知下降(SCD)处于 MCI 的前阶段，并极有可能发展成为 AD。目前对 SCD 的主要评估工具只有主观认知下降问卷(SCD-QO)以及萨尔格学院主观认知障碍问卷(SASCI-Q)，缺乏针对汉语人群的评估工具(王冰飞等，2018)。神经心理学量表主要是针对 MCI 和 AD 患者的认知评估工具，常见量表主要包括：筛查量表(MMSE、MoCA-B、DRS)、总体认知功能评定量表(ADAS-cog、SIB、CDR)及语言专项量表(BNT、VFT、ABC、WAB)等。但目前各量表中，语义和命名(记忆力)是各个语言能力检测条目重点考察维度，较少涉及语音、语用和句法层面；同时量表的任务型设置具有诱导性，无法关注患者自然话语特征。未来优化相关量表时，应通过大型人群队列研究、患者基于多模态数据的历时自然话语语料等数据分析，有针对性地设计任务(黄立鹤、王晶、李云霞，2019)。

基于多模态特征的机器学习方法同样可以应用于早期 MCI 与 AD 诊断。程波等(2016)提出了多模态多标记(M2LTL)迁移学习模型，通过提取、分类 MRI、PET 与 CSF 等脑图像特征与生物标记数据再回归到学习器，完成疾病预测和神经心理学量表估分的任务。同样基于机器学习技术，Tóthc 等(2018)通过提取潜在 MCI 患者即席话语中的语速、沉默数量及时长、停顿等各类外显标志物，设计了一套可自动筛查 MCI 的语音识别技术。而 Orimaye 等(2017)则提取了痴呆语料库(Dementia Bank)中 99 名 AD 患者与 99 名健康对照的语言转录数据后，设计了一套机器学习的算法，该算法可以通过判断老年人话语中的句法、词汇和 N 元语法等语言标记特征推测潜在 AD 病患。

目前，AD 患者的语言康复治疗主要还是药物配合语言康复训练及社会干预等方法。常见药物包括美金刚(Memantine)、卡巴拉汀(Rivastigmine)、加兰他敏(Galantamine)以及多奈哌齐(Donepezil)；社会干预主要是来自家人以及护理人员的帮扶。在美国，言语治疗师协会还会提供为患者提供个性化的言语训练、认知训练及体能训练干预等服务(Kilimova et al., 2015)。阿尔茨海默病的认知训练干预手册(Cognitive Training Intervention for Alzheimer's Disease, CTI-AD)是在脑神经补偿机制基础上编制的认知训练干预手册，根据患者病况，该手册可提供个性化的测试任务。现已证实该手册对提高早期 AD 认知储备有一定作用(Bajpai, 2018)。在我国，有学者开始研究传统体育对语言认知康复的作用，发现八段锦身心锻炼法是一种适合老年人的简单易学、运动损伤风险小的体能锻炼法。研究表明，经常练习八段锦的老年人，大脑前额叶相关脑区激活程度更高，在语言流利度测试中表现更好(蒋长好等，2019)。

适老语言产品与服务以老年语言需求为引导，服务老年人康复保健、疾病预判、安宁疗护等方面的问题。目前，发展以信息通信技术(information and communication technology, ICT)为载体的适老语言产品与服务成为众多学者的关注对象：Vroman 等(2015)统计了 198 位 65 岁以上老年人的 ICT 使用需求、使用范围及使用能力，发现大多数老人会通过 ICT 来进行家庭及社交关系维护、健康信息咨询以及日常娱乐；通过 ICT 老人可以与外界相连、获取社会支持及发展兴趣爱好，有利于增加老年人生活自信，减少其社会孤独感(Chen & Schulz, 2016)。另外，某些移动终端应用可以通过记录老年人语音信息、发声特征并配合其他认知测试对 MCI 以及 AD 患者进行早期认知评估筛查及临床监测(König et al., 2018)；在治疗恢复阶段，ICT 的使用一方面可以方便医护人员实时追踪患者病程并及时做出应对，另一方面可以缓和并拉近医患之间的关系，减轻医者压力(Martínez-Alcalá et al., 2016)。医患对话是医患关系的直接反应,Turabian(2019)对医生与老年患者之间的交际及关系特征归纳后发现,非言语交际是老年人表达情感的重要方式;同时,医生在与老年病患交流时应注重患者的心理需求,而带有共情特性的心理抚慰与言语治疗应该作为日常看护的一部分。"老病死""癌症晚期"是老年会话中的常见话题,温颖茜、滴石(2019)立足于叙事医学,从近、远身亲历等角度揭露了老年绝症患者谈论该类话题时的心理活动,表明适切的老年语言服务,如老年患者谈话疗法,可以在老年人疾病康复、临终关怀、丧慰服务等方面予以帮扶。

4 老年人语言蚀失研究的启示

从上文梳理可知,国内外老年人语言蚀失研究既有各学科内部的侧重考察,又有多方联手的合作研究,从而揭示不同语言蚀失现象背后的多种因素。从研究团队上看,许多大学或研究机构成立了老年人语言研究中心,开展了持续深入、多学科联手的研究,有的研究团队设计的量表、采用的方法或范式被广泛使用,如始于 1976 年的美国波士顿大学的语言蚀失研究项目(Language in the Aging Brain Project)就是典范之一①。从研究议题上看,近年来学者关注最多课题依次为:加工速度、工作记忆与老年人语言理解,双语经验与认知老化,语言产出,阿尔茨海默病患者话语特征(张冉,2018);在研究方法上,国外学者既有试验研究(前述的大部分研究),也有基于对自然情境言语互动观察的研究(Montepare, Steinburg & Rosenberg, 1992),既有定量研究,亦有定性研究。总的来说,学者们主要从两个方面探寻老年人语言蚀失现象的解释机制(Nicholas, Connor, Obler & Albert, 1998):一是从语言学范畴内部寻找原因,包括词汇提取、话语产出与语言理解等方面考察;二是从语言学范畴外部考察,即携手神经、心理、认知等多个学科原理进行解释,包括老年人工作记忆衰退、非相关信息抑制能力下降、认知加工减退以及大脑神经变化等。虽然对各种语言退化现象探究和机制揭示仍然需要进一步深入,但过往研究仍然带给我们诸多启示,未来研究可以从以下三个方面予以尝试。

4.1 跨学科的研究视角

目前国际上对老年人语言蚀失的相关研究主要集中在心理学(28.92%)、语言学(21.46%)、神经科学与神经学(16.05%)、老年医学与老年学(13.25%)、听力学与言语病理学(9.33%)等学科(柳鑫淼,2018)。老年人的语言蚀失现象作为人类生命周期中语言发展的必然阶段,是一个十分复杂的问题,不仅需要从认知神经、语言系统等角度研究,也要从社会文化、心理分析等其他角度加以考察。科学、客观、深刻地认识此问题是人类对自身发展及与社会交互等问题进行探索的重要方面,应当引起相关各界专家学者的充分重视。这是一个涉及多种学科和视角的研究课题,仅从语言学体系来讲就包括神经语言学、心理语言学、语音学、词汇学、句法学、语义学、语用学、话语分析、社会语言学等各个方面。这就需要我们建立跨学科的研究团队,打破学科壁垒,以问题为导向进行研究。目前较为可行的做法包括:可以依托各大学及研究机构的语言认知、神经科学、脑科学和心理科学研究团队进行试验,开展语言蚀失的认知机制实证研究;依托语用学和社会语言学团队开展老年人言语交际特点的特征考察和机制归纳,进行语言共时考察;依托语音、句法和语义的语言本体研究团队开展老年语言本体特征的研究,以及对情感韵律、情感词汇的使用策略,如随着年龄的增长,说话人使用积极和消极情感词汇的情况。

4.2 多模态的研究方法

吴国良、徐训丰、顾曰国、张永伟(2014)将老年痴呆症语言使用障碍的研究方法总结为民族志法、个案跟踪研究、受控实验法、多模态语料库研究法以及基于无创脑成像技术的研究。事实上,我们认

① 项目网络地址:http://www.bu.edu/lab/

为这五个方法可以拓展至对老年人语言蚀失现象的整体研究。除多模态研究方法外，其他四个方法均有学者已开展了相关研究。因此这里主要倡导多模态方法。直到目前，语言蚀失研究主要关注语言本体范畴（语音、词汇、句法、语义等）内的衰老现象，但一些非言语现象也在老年人语言衰退的研究中占有不可忽视的地位，如一些语言能力受损的老年人在言语交际中存在多模态代偿现象（黄立鹤、朱琦，2019）。对老年人语言特点的研究应当取材于自然会话，即现场即席会话。自然会话中与语言共现的脸部表情、手势、情感表现等都是言语交际中的重要信息，因此对这些现象的考察要求待研究语料必须是多模态的，通过构建多模态语料库可以更大程度地贴近言语交际的现实（顾曰国，2013）。因此在老年人语言蚀失的研究中，应当注重多模态现场即席话语语料的采集，在一些研究中采用多模态研究方法及贴真建模（Simulative Modeling）的思路（包括概念建模、数据建模和实际操作与评估三个步骤）。例如，老年痴呆患者因短时记忆受损，其语言特征和言语交际受到很大影响，呈现特殊的语言及相关交际表现，通过多模态语料的采集能够为研究者提供诸多单模态语料（如音频）所不能及的信息。目前，Gu 和 Xu（2013a；2013b）、黄立鹤（2019）等正在运用多模态语料库方法开展对正常衰老老年人与老年痴呆患者之间多模态交际行为的对比研究。

4.3 历时语料的采集

语言蚀失研究既要对老年人不同阶段的语言特征进行考察归纳，更要对语言衰退过程和背后机制进行探究，这就需要采集一定规模、一定时间跨度的成年人语言蚀失历时数据（longitudinal data），形成历时语料库。目前国际上基于该方法的研究很少，主要是研究成本较高。一些学者对数据的采集及相关理论方法进行了讨论（Deeg & Van Der Zanden，1991；刘红云、孟庆茂，2003）。不同时间间隔的历时语料对不同目的的研究项目适用性也颇有讲究，如自然语言蚀失可以按照自然年份（或半年）为单位，持续对被试进行跟踪采集；若是研究某些疾病影响的变化则可考虑以季度甚至月份作为时间间隔单位。在数据统计方法上，可采用增长曲线分析（Growth curve analysis，既可以呈现研究对象的整体取向，也可表现个体差异）对老年人语言变化的整体倾向特征和个体性差异进行描写归纳（Mirman，Dixon & Magnuson，2008），这是一种常用于心理学等领域研究的统计分析方法。

5 结语与思考

中国大陆已进入人口老龄化的迅速发展时期，对老年人语言问题的相关研究迫在眉睫。目前，中国台湾地区已经充分认识到语言与老化相关研究的重要意义，以及对高龄化的台湾社会具有的应用价值。早在 2013 年，台湾语言学界已将语言与老化列为语言学门专题计划研究议题，鼓励学者们在高龄人口的语言特征与常模建立、非正常语言衰退的历程与指标、影响高龄人口语言发展的认知与社会因素、高龄人口多语发展历程、高龄人口语言与身份认同等方面开展一系列研究（详细综述请参阅本书的下一篇文章）。国外学界相对成熟的研究以及台湾学界的日益重视，都提醒我们，必须重视语言蚀失这一既有理论意义亦有应用价值的研究课题。

对语言蚀失的研究是人类认识自身语言发展、大脑认知变化等课题的重要环节，也是老年语言学这一新兴学科的核心范畴。从全球老龄化问题日益突出的今天来看，该研究亦具有实际、重要的临床意义和社会效益。只有充分意识到老年语言学中理论与应用、基础与研发并存的学科发展图景，才能更好地描写老年人语言现象、揭示语言蚀失机制。虽然国外学界对该问题的研究已经逐步深入，但仍有诸多问题亟需解答。例如，国外对老年人语言研究多集中在拼音文字，汉语为母语的老年人具有不同的文字表征，其语言变化是否具有特殊性？文盲与非文盲老年人的语言变化有无差异性？教育程度对语言蚀失进程是否有影响？哪些因素能减缓老年人语言退化过程？这些问题的解答必将推动我们对人类语言本质和相关脑机制的认知，向人类认识自我再迈进一步。

参考文献

[1] ABUTALEBI J, CANINI M, DELLA ROSA, P A, et al. The neuroprotective effects of bilingualism upon the inferior parietal lobule: A structural neuroimaging study in aging Chinese bilinguals[J]. Journal of Neurolinguistics, 2015, 33: 3-13.

[2] ALLADI S, BAK T H, DUGGIRALA V, et al. Bilingualism delays age at onset of dementia, independent of education and immigration status[J]. American Academy of Neurology, 2013, 81: 1938-1944.

[3] ALBERT M L, SPIRO A III, SAYERS K, et al. Effects of health status on word finding in aging[J]. Journal of the American Geriatrics Society, 2009, 57: 2300-2305.

[4] ALTMANN L J P, TROCHE M S. High-level language production in Parkinson's disease: A Review[J]. Parkinson's Disease. Vol. 2011.

[5] ANTONENKO D, BRAUER J, MEINZER M, et al. Functional and structural syntax networks in aging[J]. NeuroImage, 2013, 83, 513-523.

[6] ARAUJO N B, BARCA M L, ENGEDAL K, et al. Verbal fluency in Alzheimer's disease, Parkinson's disease, and major depression[J]. CLINICS, 2011, 66(4): 623-627.

[7] ARBUCKLE T Y, GOLD D P. Aging, inhibition, and verbosity[J]. Journal of Gerontology: Psychological Sciences, 1993, 48: 225-232.

[8] BADDELEY A. Working memory: Theories, models, and controversies[J]. Annual Review of Psychology, 2012, 63: 1-29.

[9] BAJPAI S, TRIPATHI M, PANDEY R M, et al. Development and validation of cognitive training intervention for Alzheimer's disease (CTI-AD): A picture-based interventional program[J]. Dementia, 2018, 0(0):1-17.

[10] BANG Y I, KYUNGHOON M, et al. Acoustic characteristics of vowel sounds in patients with Parkinson disease[J]. Neuro Rehabilitation, 2013, 32:649-654.

[11] BURKE D M. Language Production and Aging[C]//KEMPER S, KLIEGL R. Constraints on language aging, grammar and memory. Kluwer Academic Publishers, 1999:3-28.

[12] BURKE D M, SHAFTO M A. Aging and Language Production[J]. Current Directions in Psychological Science, 2004,(13): 21-24.

[13] CAFFò A O, LOPEZ A, SPANO G, et al. The role of pre-morbid intelligence and cognitive reserve in predicting cognitive efficiency in a sample of Italian elderly[J]. Aging Cline Exp Res, 2016.

[14] CABEZA, ROBERTO. Hemispheric asymmetry reduction in older adults: the HAROLD model[J]. Psychology and Aging,2002, 17: 85-100.

[15] CAHANA-AMITAY D, ALBERT M L, OJO E A, et al. Effects of hypertension and diabetes on sentence comprehension in aging[J]. Journals of Gerontology, Series B: Psychological Sciences and Social Sciences, 2013, 68(4): 513-521.

[16] CHENG S. Cognitive reserve and the prevention of dementia: the role of physical and cognitive activites[J]. Geriatric Disorders, 2016,(18): 85.

[17] CHEN Y R, SCHULZ P J. The effect of information communication technology interventions on reducing social isolation in the elderly: a systematic review[J]. Journal of Medical Internet Research, 2016, 18(1)L 1-11.

[18] COHEN G. Language comprehension in old age[J]. Cognitive Psychology, 1979,(11): 412-29.
[19] COHEN RL, BORSOI D. The role of gestures in description-communication: A cross sectional study of aging[J]. Journal of Nonverbal Behavior, 1996, 20: 45-63.
[20] COLANGELI S, BOCCIA M, VERDE P, et al. Cognitive reserve in healthy aging and Alzheimer's disease: a meta-analysis of fMRI studies[J]. American Journal of Alzheimer's Disease&other Dementias, 2016, 31(5): 443-449.
[21] CONNER P S, HYUN J, WELLS B O, et al. Age-related differences in idiom production in adulthood[J]. Clin Linguist Phon, 2011, 25(10): 899-912.
[22] CORWIN A I. Overcoming Elderspeak: A qualitative study of three alternatives [J]. Gerontologist, 2018, 58(4): 724-729.
[23] COUPLAND N, COUPLAND J, GILES H. Language, society and the elderly: discourse, identity and ageing[M]. Oxford: WileyBlackwell, 1991.
[24] CUNNINGHAM J, WILLIAMS K N. A case study of resistiveness to care and elderspeak[J]. Research and Theory for Nursing Practice: An International Journal, 2007, 21(1): 45-56.
[25] D'AVILA FREITAS M I, PORTO C S, OLIVEIRA M O, BRUCKI, et al. Linguistic abilities in major vascular cognitive impairment: a comparative study with Alzheimer's disease[J]. Acta Neurologica Belgica, 2018.
[26] DE BOT K, CLYNE M. Language reversion revisited[J]. Studies in Second Language Acquisition, 1989, 11(02): 167-177.
[27] DE BOT K, MAKONI S. Language and aging in multilingual contexts[M]. Bristol: Channel View Publications Ltd., 2005.
[28] DE BOT K, SCHRAUF R. Introduction [C]//DE BOT K., SCHRAUF R. Language development over the lifespan. New York: Routledge, 2009:1-16.
[29] DEEG D J H, van DER ZANDEN G H. Experiences from longitudinal studies of aging: An international perspective[J]. Journal of Cross-Cultural Gerontology, 1991, 6(1): 7-22.
[30] DIAS J G M, DA SILVA P R A, DE TOLEDO FERRAZ ALVEZ T C. Cognitive reserve in elderly: neuropsychological aspects and the education role in the latest findings[J]. Rev Med (São Paulo), 2015, 94(3): 136-146.
[31] DIVITA D. Multilingualism and later life: A sociolinguistic perspective on age and aging[J]. Journal of Aging Studies, 2014, 30: 94-103.
[32] FEDERMEIER K D, KUTAS M. Aging in context: Age-related changes in context use during language comprehension[J]. Psychophysiology, 2005, 42: 133-141.
[33] FEDERMEIER K D, KUTAS M, SCHUL R. Age-related and individual differences in the use of prediction during language comprehension[J]. Brain & Language, 2010, 115:149-161.
[34] GENDRON T L, WELLEFORD E A, INKER J, et al. The language of ageism: why we need to use words carefully[J]. The Gerontologist, 2015: 1-10.
[35] GIOGKARAKI E, MICHAELIDES MP, CANSTANTINIDOU F. The role of cognitive reserve in cognitive aging: results from the neurocognitive study on aging[J]. J Clin Exp Neuropsychol, 2013, 35(10):1024-1035.
[36] GOLL J C, CHARLESWORTH G, SCIOR K, et al. Barriers to social participation among lonely older adults: the influence of social fears and identity[J]. PLoS ONE, 2015,10(2):

1-17.
[37] GORNO-TEMPINI M L, HILLIS A E, WEINTRAUB S, et al. Classification of primary progressive aphasia and its variants[J]. Neurology, 2011, 76 (11): 1006-1014.
[38] GRADY C L, Maisog J M, BARRY Horwitz, et al. Age-related changes in cortical blood flow activation during visual processing of faces and location[J]. Journal of Neuroscience, 1994, 14, 3PT2, 1450-1462.
[39] GREEN D W. Neuroimaging of language control in bilinguals: neural adaptation and reserve [J]. Bilingualism: Language and Cognition, 2016, 19(4): 689-698.
[40] GU L, CHEN J, GAO L, et al. Cognitive reserve modulates attention processes in healthy elderly and amnestic mild cognitive impairment: an event-related potential study[J]. Clinical Neurophysiology, 2018, 129: 198-207.
[41] GU Y, XU X. Modeling the self of Alzheimber's disease patients: a multimodal corpus linguistics approach [C]. Invited paper read at the 2nd Symposium on Healthcare Communication, Hong Kong, 2013a(7).
[42] GU Y, XU X. Alzheimer's disease patient discourse: a multimodal corpuslinguistics approach [C]. Plenary speech delivered at the 5th Symposium on Functional Linguistics and Multimodality, Hong Kong, 2013b(7).
[43] HUMES L E, DUBNO J R. Factors affecting speech understanding in older adults[C]. In S. Gordon-Salant et al. (eds.), The Aging Auditory System (Springer Handbook of Auditory Research 34). Springer Science + Business Media, 2010:211-257.
[44] HUTCHINSON J, JENSEN M. A pragmatic evaluation of discourse communication of normal and senile elderly in a nursing home[C]. In L. K. Obler & M. L. Albert (Eds.), Language and Communication in the Elderly. Lexington, MA: Heath, 1980.
[45] JAMES L E, BURKE D M, AUSTIN A, et al. Production and perception of "verbosity" in younger and older adults[J]. Psychology and Aging, 1998, 13(3): 355-367.
[46] KAPLAN E, GOODGLASS H, WEINTRAUB S. Boston naming test[M]. Philadelphia: Lea & Febiger, 1983.
[47] KELLER Z B. Ageing and speech prosody[C]. Paper presented at the meeting of Speech Prosody 2006, Dresden, Germany, 2006(5).
[48] KEMPER S, KEMTES K A. Limitations on syntactic processing[C]. In Susan Kemper, Reinhold Kliegl (eds.)Constraints on Language Aging, Grammar and Memory (pp. 79-106). Kluwer Academic Publishers, 1999.
[49] KEMPER S, HERMAN R, LIAN, C. Age differences in sentence production[J]. Journals of Gerontology: Psychological Science, 2003, 58: 260-269.
[50] KEMPER S, HERMAN R E, LIU C J. Sentence production by young and older adults in controlled contexts[J]. The Journals of Gerontology Series B: Psychological Sciences and Social Sciences, 2004, 59: 220-224.
[51] KEMPER S, ROZEK E. Communication disorders and aging[C]. In Wilmoth, Janet & Ferraro, Kenneth Ferraro (Eds.), Gerontology: Perspectives and Issues, Fourth Edition. Springer Publishing Company, 2013.
[52] KILIMOVA B, MARESOVA P, VALIS M, et al. Alzheimer's disease and language

impairment: social intervention and medical treatment[J]. Clinical Interventions in Aging, 2015, 10: 1401-1407.

[53] KIM H, JIN Y. Emotion and reading comprehension in elderly and young adults: an ERP study[J]. NeuroQuantology, 2019, 17: 50-58.

[54] KLIEGL R, MAYR U, JUNKER M, et al. Testing age invariance in language process. Constraints on Language Aging, Grammar and Memory[M]. Kluwer Academic Publishers, 1999:137-168.

[55] KöNIG A, SATT A, SORIN A, et al. Use of speech analyses within a mobile application for the assessment of cognitive impairment in elderly people[J]. Current Alzheimer Research, 2018, 15: 120-129.

[56] LAI Y, LIN Y. Discourse markers produced by Chinese-speaking seniors with and without Alzheimer's disease[J]. Journal of Pragmatics, 2012, 44: 1982-2003.

[57] DE CARVALHO L M A, DE MIRANDA GONSALEZ E C, LORIO M C M. Speech perception in noise in the elderly: interactions between cognitive performance, depressive symptoms, and education[J]. Brazilian Journal of Otorhinolaryngology, 2016, 377: 6.

[58] LAWS K R, IRVINE K, GALE T M. Sex differences in cognitive impairment in Alzheimer's disease[J]. World Journal of Psychiatry, 2016, 6(1): 54-65.

[59] LAWS K R, IRVINE K, GALE T M. Sex differences in Alzheimer's disease[J]. Current Opinion Psychiatry, 2018, 30.

[60] LIAO J, SCHOLES S. Association of social support and cognitive aging modified by sex and relationship type: A prospective investigation in the English longitudinal Study of Ageing[J]. American Journal of Epidemiology, 2016, 7: 787-795.

[61] LINVILLE S E, FISHER H. Acoustic characteristics of women's voices with advancing age [J]. Journal of Gerontology, 1985, 40(3): 324-330.

[62] LINVILLE, S E. Vocal aging[M]. San Diego: Singular Publishing Group, 2001.

[63] LINVILLE S E. The aging voice[J]. The American Speech-Language-Hearing Association (ASHA)Leader, 2004, 12: 21.

[64] LIU H. Repetition in Chinese Alzheimer's patient's situated discourse: A corpus-based study in comparison with healthy aging speakers[C]//TAO H, LEE Y H, SU D J, et al. Proceedings of the *27th* North American Conference on Chinese Linguistics(NACCL-27). California: Los Angeles, 2015, 194-211.

[65] LIVINGSTON G, SOMMERLAD A, ORGETA V, et al. Dementia prevention, intervention, and care[J]. The lancet, 2017, 390:2673-2734.

[66] MACKAY D G, ABRAMS L. Language, memory, and aging: Distributed deficits and the structure of new-versus-old connections[C]//BIRREN, SCHAIE K W. Handbook of the Psychology of Aging (4th ed.). San Diego, CA: Academic Press, 1996:251-265.

[67] MADHAVAN K M, MCQUEENYA T, HOWEA S R, et al. Superior longitudinal fasciculus and language functioning in healthy aging[J]. Brain Research, 2014, 1562: 11-22.

[68] MALATESTA C, IZARD C., CULVER C, et al. Emotion communication skills in young, middle-aged, and older women. Psychology and Aging, 1987, 2: 193-203.

[69] MARKOVÁ J, HORVÁthová L', Králová M, et al. Sentence comprehension in Slovak-

speaking patients with Alzheimer's disease [J]. International journal of language & communication disorders, 2017, 52(4): 456-468.

[70] MARTIN C. Voice and aging: aspects of the speech signal that are perceived as characteristic of the older voice[M]. London: The Central School of Speech and Drama, 1997.

[71] MARTÍNEZ-ALCALÁ C I, PLIEGO-PASTRANA, ROSALES-LAGARDE A, et al. Information and communication technologies in the care of elderly: Systematic review of applications aimed at Patients with dementia and caregivers[J]. JMIR Rehabilitation and Assistive Technologies, 2016, 3 (1).

[72] MARTINS I P, MARUTA C, MORGADO J, et al. Predictors of cognitive stability or decline during aging: a longitudinal study in primary care[J]. Applied Neuropsychology: Adult, 2020, 27(1): 22-34.

[73] MARTINS R, JOANETTE Y, MONCHI O. The implications of age-related neurofunctional compensatory mechanisms in executive function and language processing including the new temporal hypothesis for compensation[J]. Frontiers in Human Neuroscience, 2015, 9: 221.

[74] MARGOLIN S J, ABRAMS L. Individual differences in young and older adults spelling: Do good spellers age better than poor spellers? [J]. Aging, Neuropsychology, and Cognition, 2007, 14: 529-544.

[75] SOBRAL M, PESTANA M H, Paul C. Cognitive reserve and the severity of Alzheimer's disease[J]. Arq Neuropsiquiatr, 2015, 73(6): 480-486.

[76] MCDOWD J, HOFFMAN L, ROZEK E, et al. Understanding verbal fluency in healthy aging, Alzheimer's disease, and Parkinson's disease[J]. Neuropsychology, 2011, 25(2): 210-225.

[77] MIRMAN D, DIXON J A, MAGNUSON J S. Statistical and computational models of the visual world paradigm: Growth curves and individual differences[J]. Journal of Memory and Language, 2008, 59(4): 475-494.

[78] MONTEPARE J M, STEINBURG J, ROSENBERG B. Characteristics of vocal communication between young adults and their parents and grandparents[J]. Communication Research, 1992, (19): 479-492.

[79] MONTEPARE J M, TUCKER J S. Aging and nonverbal behavior: current perspectives and future directions[J]. Journal of Nonverbal Behavior, 1999, 23 (2): 105-109.

[80] NANCHEN G, ABUTALEBI J, ASSAL F, et al Second language performances in elderly bilinguals and individuals with dementia: the role of L2 immersion [J]. Journal of Neurolinguistics, 201: 1-10.

[81] NICHOLAS M, OBLER L K., ALBERT M L, et al. Lexical access in healthy aging[J]. Cortex, 1985, 21: 595-606.

[82] NICHOLAS M, OBLER L K, ALBERT M L, et al. Empty speech in Alzheimer's disease and fluent aphasia[J]. Journal of Speech & Hearing Research, 1985, 28(3): 405-410.

[83] NICHOLAS L E, BROOKSHIRE R H, MACLENNAN D L, et al. The Boston Naming Test: revised administration and scoring procedures and normative information for non-brain-damaged adults[C]. In Clinical Aphasiology Conference: College-Hill Press, 1989: 103-115.

[84] NICHOLAS M, CONNOR L T., OBLER L K, et al. Aging, language, and language disorders

[C]. In Martha Taylor Sarno (ed.) Acquired Aphasia (3rd ed.) (pp. 413－449). California: Academic Press, 1998.

[85] OBLER L K, ALBERT M L. Language in aging[M]//Albert M L. Clinical Neurology of Aging(pp. 245-253). New York: Oxford University Press, 1984.

[86] OPDEBEECK C, MARTYR A, CLARE L. Cognitive reserve and cognitive function in healthy older people: a meta-analysis[J]. Aging, Neuropsychology, and Cognition, 2015.

[87] ORBELO D M, TESTA J A, ROSS, E D. Age-related impairments in comprehending affective prosody with comparison to brain-damaged subjects[J]. Journal of Geriatric Psychiatry and Neurology, 2003, 16(1): 44-52.

[88] PEKKALA S, WIENER D, HIMALI J J, et al. Lexical retrieval in discourse: an early indicator of Alzheimer's dementia[J]. Clinical Linguistics & Phonetics, 2013, 27(12): 905-921.

[89] PENNEBAKER J, STONE L D. Words of wisdom: language use over the lifespan[J]. Journal of Personality and Social Psychology, 2003, 85: 291-301.

[90] PICHORA-FULLER M K, LEVITT H. Speech comprehension training and auditory and cognitive processing in older adults[J]. American Journal of Audiology, 2012,21: 351-357.

[91] PROENÇA J, VEIGA A, CANDEIAS S, et al. Acoustic, phonetic and prosodic features of Parkinson's disease speech[C]. Proceedings of the 9th Brazilian Symposium in Information and Human Language Technology, pages 205-209, Fortaleza, CE, Brazil, October, 2013: 21-23.

[92] RADVANSKY G A. Aging, memory and comprehension [J]. Current Directions in Psychological Science, 1999, 8: 49-53.

[93] RADVANSKY G A, DIJKSTRA K. Aging and situation model processing[J]. Psychonomic Bulletin & Review, 2007, 14 (6): 1027-1042.

[94] REAS E T, LAUGHLIN G A, BERGSTROM J, et al. Effects of sex and education on cognitive change over a 27-year period in older adults: The Rancho Bernardo Study[J]. The American Journal of Geriatric Psychiatry, 2016: 1-25.

[95] REUBOLD U, HARRINGTON J, KLEBER F. Vocal aging effects on F0 and the first formant: A longitudinal analysis in adult speakers[J]. Speech Communication, 2010, 52: 638-651.

[96] REUTER-LORENZ, P A, PARK D C. How does it STAC up? Revisiting the scaffolding theory of aging and cognition[J]. Neuropsychology Review, 2014, 24(3): 355-370.

[97] REUTER-LORENZ P A, CAPPELL K. Neurocognitive aging and the compensation hypothesis[J]. Current Directions in Psychological Science, 2008, 17(4): 177-182.

[98] RYAN E B, GILES H, BARTOLUCCI G, HENWOOD K. Psycholinguistic and social psychological components of communication by and with the elderly[J]. Language and Communication, 1986, 6: 1-24.

[99] SCUKANEC G, PETROSINO L, SQUIBB K. Formant frequency characteristics of children, young adult, and aged female speakers[J]. Perceptual and Motor Skills, 1991, 73: 203-208.

[100] SEXTON C E, SYKARA K, KARAGEORGIOU E, et al. Connections between insomnia and cognitive aging[J]. Neurosci. Bull, 2020, 36(1): 77-84.

[101] SHAFTO M A, TYLER L K. Language in the aging brain: the network dynamics of

cognitive decline and preservation[J]. Science, 2014, 346: 583-587.

[102] SIH-CHIAO H. The effeccts of intensive voice treatment on speech intelligibility and acoustics of mandarin speakers with Hypokinetic Dysarthria due to Parkinson's Disease[D]. Columbia University, 2017.

[103] ŠMíDOVá K V. Language and ageing-cognitive and educational aspects in the elderly with special focus on cognitive training in a foreign language in people with dementia (PhDr. THESIS)[D]. Charles University, 2017.

[104] SMITH B L, WASOWICZ J, PRESTON J. Temporal characteristics of the speech of normal elderly adults[J]. Journal of Speech, Language, and Hearing Research, 1987, 30(4): 522-529.

[105] STEINHAUER K, ABADA S H, PAUKER E, et al. Prosody-syntax interactions in aging: Event-related potentials reveal dissociations between on-line and off-line measures[J]. Neuroscience Letters, 2010, 472: 133-138.

[106] ORIMAYE S O, WONG J S M, GOLDEN K J, et al. Predicting probable Alzheimer's disease using linguistic deficits and biomarkers[J]. BMC Bioinformatics, 2017, 18: 34.

[107] STINE-MORROW E A L, MILLER L M S. Discourse processing and aging: resource allocation as a limiting factor[C]. In Susan Kemper & Reinhold Kliegl (Eds.)Constraints on Language Aging, Grammar and Memory (pp. 53-76). Kluwer Academic Publishers, 1999

[108] TANAKA Y, IGAUE H, MIZUMACHI M, et al. Study of improvement of intelligibility for the elderly speech based on formant frequency shift[J]. International Journal of Computer, Consumer and Control, 2014, 3: 57-65.

[109] TARAFDER K H, DATTA P G, TARIQ A. The aging voice[J]. Bangabandhu Sheikh Mujib Medical University Journal, 2012, 5(1): 83-86.

[110] TIPPING S A, WHITESIDE M. Language reversion among people with dementia from culturally and linguistically diverse backgrounds: the family experience[J]. Australian Social Work, 2015, 68(2): 184-197.

[111] TORRES-SOTO K. The effects of elderspeak on the mood of older adults with dementia: a preliminary report[D]. Minnesota State University, 2019.

[112] TÓTHC L, HOFFMANN I, GOSZTOLYA G, et al. A speech recognition-based solution for the automatic detection of mild cognitive impairment from spontaneous speech[J]. Current Alzheimer's research, 2018, 15: 130-138.

[113] TURABIAN J L. Differential characteristics in communication and relationship of the general practitioner with the elderly patient[J]. Journal of Family Medicine Forecast, 2019, 2(2):1017.

[114] VADEN K I, KUCHINSKY S E, AHLSTROM J B, et al. Cortical activity predicts which older adults recognize speech in noise and when[J]. Journal of Neuroscience, 2015, 35, 9: 3929-3927.

[115] VROMAN K G, ARTHANAT S, LYSACK C. "Who over 65 is online?" older adults' dispositions toward information communication technology[J]. Computers in Human Beehavior, 2015, 43: 156-166.

[116] WANG J, LI L, LI S, et al. Adult age differences in eye movement during reading: the

evidence from chinese[J]. Journal of Gerontology: Psychological Sciences, 2016,(00): 1-10.

[117] WANG Y, YANG X, LIU C. Categorical perception of mandarin chinese tones 1-2 and tones 1-4: effects of aging and signal duration[J]. Journal of Speech, Language, and Hearing Research, 2017: 1-11.

[118] WHITE A, STORMS G., MALT B C, et al. Mind the generation gap: differences between young and old in everyday lexical categories[J]. Journal of Memory and Language, 2018, 98: 12-25.

[119] WILLIAMS K N., HERMAN R, GAJEWSKI B, et al. elderspeak communication: impact on dementia care[J]. American Journal of Alzheimer's Disease & Other Dementias, 2008, 24(1): 11-20.

[120] WINGFIELD A, GROSSMAN M. Language and the aging brain: patterns of neural compensation revealed by functional brain imaging[J]. Journal of Neurophysiology, 2006, 96: 2830-2839.

[121] WLOTKO E W, LEE C L, FEDERMEIER K D. Language of the aging brain: event-related potential studies of comprehension in older adults[J]. Language and Linguistics Compass, 2010, 4(8): 623-638.

[122] XIE Y, ZHANG Y, ZHENG Z, et al. Changes in speech characters of patients with Parkinson's disease after bilateral subthalamic nucleus stimulation[J]. Journal of Voice, 2011, 25(6): 751-758.

[123] XUE S A, HAO G J. Changes in the human vocal tract due to aging and the acoustic correlates of speech production: a pilot study[J]. Journal of Speech, Language, and Hearing Research, 2003, 46: 689-701.

[124] YANG Y, DAI B, HOWELL P, et al. White and grey matter changes in the language network during healthy aging[J]. PLOS ONE, 2014, 9(9): 1-8.

[125] ZACKS R T, HASHER, L. Directed ignoring: inhibitory regulation of working memory[M]. In D. Dagenbach & T. H. Carr (Eds.), Inhibitory Processes in Attention, Memory, and Language (pp. 241-264). San Diego, CA: Academic Press, 1994.

[126] ZANINI S, TAVANO A, FABBRO F. Spontaneous language production in bilingual Parkinson's disease patients: evidence of greater phonological, morphological and syntactic impairments in native language[J]. Brain and Language, 2010, 113(2): 84-89.

[127] ZHENG Y. Identity reconstruction as shiduers: Narratives from Chinese older adults who lost their only child[J]. International Journal of Social Welfare, 2015, 24: 399-406.

[128] 白学军,郭志英,曹玉肖,等.词切分对老年人阅读效率促进作用的眼动心理[J].中国老年学杂志,2012,32:1224-1226.

[129] 白学军,郭志英,王永胜,等.老年人与青年人阅读空格文本的注视位置效应[J]. 心理发展与教育,2015,31(2):171-179.

[130] 陈慈薇.年轻与年长者声调感知之研究(博士学位论文)[D].国立中正大学,2014.

[131] 陈彤威.以字词提取练习减缓年长者舌尖现象之成效初探(硕士学位论文)[D].成功大学,2012.

[132] 陈奕秀.年老与语言衰退的关系—台语词汇语义处理之脑事件相关电位研究(硕士学位论文)[D].国立新竹教育大学,2008.

[133] 陈云香.中文阅读中情绪词加工的老化效应:来自眼动研究的证据(硕士学位论文)[D].天津师

范大学,2017.
[134] 程波,朱丙丽,熊江.基于多模态多标记迁移学习的早期阿尔茨海默病诊断[J].计算机应用,2016,36(8):2282-2286.
[135] 范萍,顾文涛,刘卫国.汉语帕金森症患者的语音声学特征分析[J].中国语音学报,2018,9:19-25.
[136] 方小兵.老龄化社会呼唤老年语言学的出场[J].中国社会科学报,2019,12(3).
[137] 高春丽,周梁,王坚,等.帕金森患者的发音和言语障碍及治疗学进展[J].中华老年医学杂志,2006,9:712-715.
[138] 顾曰国.论言思情貌整一原则与鲜活话语研究——多模态语料库语言学方法[J].当代修辞学,2013(6):1-19.
[139] 顾曰国.老年语言学发端[J].语言战略研究,2019(5):12-33.
[140] 韩笑,梁丹丹.正常老化脑的语言加工及其自适应机制[J].当代语言学,2019(4):586-601.
[141] 何洁莹,张清芳.老年人书写产生中词汇频率和音节频率效应的时间进程:ERP 研究[J].心理学报,2017,49(12):1483-1493.
[142] 何文广.语言认知老化机制及其神经基础[J].心理学科发展,2017(9):1479-1491.
[143] 胡瑞萍,范顺娟,俞岑妍,等.cTBS 结合语言训练对脑卒中失语症患者语言功能的影响[J].老年医学与保健,2018,24(4):401-404.
[144] 黄立鹤.多模态语用学视域下的言语行为与情感因素:兼论在老年语言学中的应用[J].当代修辞学,2019,6:42-52.
[145] 黄立鹤,王晶,李云霞.阿尔茨海默病言语障碍表现及相关神经心理学量表编制问题[J].语言战略研究,2019,5:34-45.
[146] 黄立鹤,朱琦.老年语言学研究的语用维度:视角、方法与议题[J].华东师范大学学报(哲学社会科学版)2019,6:129-137.
[147] 蒋长好,邵铭铭,杨源.八段锦身心锻炼对老年人语言流畅性的影响[J].首都体育学院院报,2019,31(4):359-363.
[148] 江钢辉,陈振虎.中风失语症研究述评[J].现代中西医结合杂志,2002,11(16):1633-1635.
[149] 姜孟,田真玲.帕金森患者动作语义加工选择性缺陷研究[J].语言战略研究,2019,5:46-57.
[150] 李妍,周爱红,赵丽娜,等.轻度阿尔茨海默病患者自发语言特点研究[J].中华神经科杂志,2019,3:177-183.
[151] 李琳.中文阅读中的老化效应:来自眼动研究的证据(博士学位论文)[D].天津师范大学,2017.
[152] 李嵬.人口语言学:理论与方法[D].语言战略研究,2019,6:19-32.
[153] 李宇峰,吕明臣.老年人言语交际障碍调查分析[D].人口学刊,2016,2:87-90.
[154] 李宇峰.老年人言语交际态度研究[D].东北大学学报(社会科学版),2018,5:532-538.
[155] 刘红艳.基于语料库的老年性痴呆患者找词困难研究[D].解放军外国语学院学报,2014(1):42-52.
[156] 刘红云,孟庆茂.纵向数据分析方法[D].心理科学进展,2003,11(5):586-592.
[157] 柳鑫淼.近十五年语言衰老研究的可视化文献计量分析[D].北京化工大学学报(社会科学版),2018(4):43-47.
[158] 罗倩,彭聃龄.痴呆症的语言研究[D].当代语言学,2001,3(2):108-118.
[159] 毛晓飞,董薇,魏存,等.舌尖现象老化的认知机制[D].心理技术与应用,2019,7(6):378-387.
[160] 母艳蕾,彭丹涛,张筱.阿茨海默病患者的语言特点研究[D].中华老年医学杂志,2016,11:

1150-1154.

[161] 宁美娟.老龄化对言语感知的影响[D].现代语言学，2018，6(5)：714-722.

[162] 王冰飞，张瑞丽，刘宇，等.主观认知下降的概念及评估工具研究进展[D].中国老年学杂志，2018，38：5626-5629.

[163] 王丽红，石凤妍，吴捷，等.老年人汉语阅读时知觉广度的眼动变化[D].中国老年学杂志，2010，30：240-243.

[164] 王丽红，白学军，闫国利，等.词频和语境预测性在老年人阅读中的作用：眼动研究[D].中国老年学杂志，2012，32：3503-3507.

[165] 温颖茜，滴石.基于叙事医学理论的老病死叙事话语探析[D].语言战略研究，2019，5：58-70.

[166] 吴国良，徐训丰，顾曰国，等.痴呆症(智退症)临床语言使用障碍研究概述[D].当代语言学，2014，16(4)：452-465.

[167] 吴玉韶.老龄蓝皮书：中国老龄事业发展报告(2013)[M].北京：社会科学文献出版社，2013.

[168] 姚俊.儿童与老人交际语言的对比研究[J].嘉应大学学报(哲学社会科学)，2002(1)：73-77.

[169] 袁亚运.健康状况、社会性因素与老年人身份认同—基于中国老年社会追踪调查2012年调查数据[J].人口与社会，2016，32(3)：106-111.

[170] 张兰兰，闫国利，王丽红.老年人汉语阅读中预视效益的眼动研究[J].应用心理学，2011，17(4)：318-324.

[171] 赵俊海.阿尔茨海默症患者话语的系统功能语言学研究(博士学位论文)[D].西南大学，2012.

[172] 张红蕾，龚学晨，郝学静，等.老年人听力损失及言语识别能力调查及高危影响因素分析[J].中华耳鼻咽喉头颈外科杂志，2019，2：114-120.

[173] 张冉.基于WoS的老年人语言老化研究可视化分析(2002—2016年)[J].老龄科学研究，2018(4)：3-13.

第六章　中国台湾地区老龄化与语言蚀失研究之现状

黄立鹤　杨晶晶　周德宇

1　中国台湾地区社会老龄化现状

我国台湾地区幼年、青壮年人口持续下降，老年人口持续上升，老龄化与少子化现象并存。根据台湾内政部门统计，早在 1993 年 9 月，台湾地区老年人口占总人口比率超过 7%，正式迈入高龄化社会(Aging Society)；截止到 2018 年 3 月底，台湾 65 岁以上老年人口已超过 14%，正式进入高龄社会(Aged Society)，预估于 2025 年后将达到 20%，成为超高龄社会(Super Aged Society)①。从 7%的高龄化社会迈入 14%的高龄社会时间跨度为 7 年，与中国大陆相似。

随着老年人口的快速正常，慢性病与功能障碍流行率呈上升趋势。脑部自然衰老或疾病引起的认知能力下降、性格改变及人格退化，致使具有包括认知障碍等功能障碍或缺乏自我照顾能力者人数持续上升。因此，我国台湾学者认识到，老龄化与语言蚀失及其认知机制等研究是老龄化程度不断加剧背景下需要重点关注的问题之一。

2　中国台湾地区语言蚀失研究的现状

台湾地区重视对高龄者的相关研究，主要集中在对老年医疗、老年福利等方面的探讨，并已上升到“老年学”的学科高度，研究成果较为丰硕。台湾省多个政府主管部门发布了诸多老年人相关研究计划，台湾“中央研究院”“卫生研究院”等机构是开展老龄科学研究的主要单位(Lin & Huang, 2016: 179)，并设有台湾老年学暨老年医学会、发行《台湾老年医学暨老年学杂志》；在政策方面，我国台湾省重视高龄化社会中社会福利、医疗照顾等方面的政策支持，同时还出台《老人教育政策相关文件》，认为高龄者教育的发展是高龄化社会对策的核心；台湾省还重视相关人才的培养。2010 年，开设老年课程或系科的高等院校达 34 所，主要集中在医学、护理、管理等学科范围。同时有专门以老年学为学位授予的培养单位(蔡文辉、卢丰华、张家铭，2015)。

在老年学这一综合性学科的整体关照下，语言作为人脑的认知功能，成为老年人认知功能变化的重要研究内容。这里主要从现有研究布局、成果概览、研究特点与前瞻议题等角度来审视台湾老年人语言蚀失研究的概貌。

2.1　*研究布局*

语言与老化作为高龄社会需要关注的重要议题，多年前就被台湾科技主管部门列为语言学专题计划的研究议题。指南鼓励学者们在高龄人口的语言特征与常模建立、非正常语言衰退的历程与指标、影响高龄人口语言发展的认知与社会因素、高龄人口多语发展历程、高龄人口语言与身份认同等方面开展一系列研究(黄立鹤，2015: 22)。

中正大学研究团队是台湾研究老龄化与语言蚀失问题的主要代表。中正大学位于台湾老龄

【基金项目】本文系 2019 年国家社科基金青年项目“基于多模态语料库的阿尔茨海默病老年人语用能力蚀失研究”阶段性成果(项目号:19CYY018)。

【作者信息】黄立鹤、杨晶晶、周德宇:同济大学外国语学院、同济大学老龄语言与看护研究中心。

【注】本文部分内容已在《语言战略研究》(2019 年第 5 期)发表。

① 《人口政策白皮书:少子化、高龄化及移民》，台湾乐龄学习网。

化指数①最高的区域嘉义县，学校于2008年设立高龄社会研究中心，由戴浩一副校长负责推动；2016年成立“高龄研究基地”，由新任郝凤鸣副校长担任总召集人，戴浩一教授担任共同召集人；2018年5月在台湾高等教育深耕计划资助下，成立了“高龄跨域创新研究中心”，由郝凤鸣副校长担任主任，戴浩一教授担任副主任，与心理学、脑神经科学、临床医学等领域的专家学者合作，围绕高龄生理、心理、认知与运动健康促进等议题，特别探究母语为汉语的老年人语言衰退问题，通过计算词汇量、平均语句长度、概念密度及语法复杂度等，验证这些维度对汉语高龄者语言能力及蚀失测量的有效度，从而建立能够分析早期失智症的语言标记，并希冀通过语言训练延缓认知老化。同时培养了一批从事老年人语言研究的研究生。团队成员还承担了包括“建造计算汉语高龄者语言能力流失的基准”“汉语高龄者沟通能力研究、老化对手语与口语传达效率之影响”等多项“科技部”计划项目。

除部分语言学者从事的认知老化与语言蚀失等相关研究外，医学与神经认知科学是语言认知功能退化研究的重要阵地。例如，由台湾“中研院”曾志朗院士领衔成立的台湾联合大学系统“语言与人类复杂系统联合研究中心”、台湾大学医学院脑与心智科学研究所等单位均开展了认知老化对语言功能影响的相关研究。

2.2　成果概览

从宏观的研究图景上看，语言蚀失研究是老龄科学研究的一部分。老龄科学以人类个体老龄化与人口老龄化为研究对象，具有多学科性质，范畴十分广泛，包括个体老龄化的衰老生物学、老年医学、老年心理学，以及人口老龄化相关的经济、社会、教育、法律等问题。老龄化与语言蚀失的相关研究也可有多个维度切入、依托多个学科进行，例如神经认知维度、流行病学维度、医学康复维度等。

2.2.1　研究内容

从研究内容上看，老龄语言研究涉及多个研究方面，例如语言认知研究、语用现象研究、语言蚀失研究等。

1）老年人认知老化与言语感知及理解研究

从台湾学者在语言学范畴内部对老年人语言蚀失现象的研究视角来看，老年人认知老化与言语感知及理解的相关研究是语言蚀失研究的主要阵地。学界发现，并非所有认知加工均随年龄增加而衰退（黄立鹤，2015：18），与词汇概念、言语理解有关的晶体智力（crystallized intelligence）保持不变（白学军等，2012）。

陈奕秀（2008）基于脑事件相关电位实验对母语为闽南语的老年人进行词汇语义相关度判断测验，发现老年人随年龄渐长，语言经验愈加丰富，经常使用的语言连结愈加稳固，语义高度相关的词汇得到更强连结，故词汇连结速度更快，但对不常使用者的连结做了裁剪（如对“低语义相关”词汇的处理），此语义网络的连结变弱可以反应在N400的差异上。

2）老年人听力感知实验与听力损伤检测

听力老化是老年人常见问题，会对老年人社交生活与情感表达造成影响，因此听力感知实验与老年人听力损伤检测也是较为常见的研究。陈慈薇（2014）通过对母语为闽南语的老年人及年轻人声调感知实验后发现，老年人即使听觉敏锐度在正常范围内，其声调感知范畴界线也和年轻人有显着不同，这有可能老年人在类别感知（categorical perception）层级上有感觉编码（Sensory encoding）困难。齐广翔等（2015）对100名65岁及以上台北市立联合医院和平院区耳鼻喉科就诊病患进行纯音气导骨导检查及语音听力检查。研究发现，老年人由于年龄增加出现一定程度的听力损伤，导致优耳气导

① 老龄化指数是指同一人口总体中，老年人口数（65岁及以上）与幼年人口数（0～14岁）的相对比值，指数越高说明老龄化程度越深。截至2018年2月，嘉义县老化指数为188.1。

阈值变差、优耳语音接收阈值变差。老年人一般率先出现高频听力下降，造成其在噪音环境中无法清楚地了解谈话内容；之后发展为中频听力损伤，对听力环境的要求变得更为严格；加之年龄的增加，低频听力也渐渐受到损伤，造成社交与生活的不便，使老年人变得沉默寡言。Zhang 和 Zhou(2007)和 Lin 等(2007)也分别对台北市和台南市老年人进行相似调查，调查结果因地区差异而略有不同。

3）老年人特别语用与话语现象

除上述听力感知问题外，探索老年人特别的语用与话语现象是台湾学者开展语言蚀失研究的另一重要研究内容。高雄大学赖怡秀教授主持的“阿尔茨海默病患者于不同语用情境言谈运作之研究”“阿尔茨海默病患者描述与叙述性言谈特征之研究”，对罹患阿尔茨海默病老年人的语用交际特征进行了探讨。经研究发现罹患 AD 老年人叙述话语中的填充停顿在时长上较健康老年人、成年人有显著不同(Lai，2017)；言谈特征可分为言谈帮助特征与言谈阻碍特征。AD 老年人口语表达呈现较少言谈帮助特征，但显着较多言谈阻碍特征，后者能较为有效提示 AD 失智程度(Lai，2014)；AD 患者在话语标记的流利度、多样性及功能使用等方面较健康老年人有所损伤(Lai & Lin，2012)；Lai 和 Lin (2013)及 Lai(2014)通过范畴流畅测验、图形命名测验及日常访谈，分别探讨了语义及语用变量对痴呆严重程度的预测力。

除 AD 患者之外，部分学者也关注中老年失语症患者，尤其是其在功能性沟通的需求与表现。廖宥蓁和曾进兴(2008)对 40 名 45 岁以上的中老年失语症患者进行量表调查，结果显示失语症患者将“基本沟通”“社交性沟通”与“使用电话”等功能性沟通需求排在前三名，而其他领域的沟通需求在生病之后都明显降低。

4）代际言语沟通

还有学者关注老年人同辈间及与年轻人代际间的言语沟通情况(Chen，2017)。Lin 和 Zhang (2008)发现，在话题选择方面，台湾老年人与同龄人及年轻人沟通时倾向选择与之匹配的话题，前者包括健康、锻炼及儿孙成就等，后者包括工作、婚恋等。同时，同辈与代际间沟通体现了老年人对自我身份的构建与管理。语言与文化差异是造成老年人与青年人沟通障碍的最主要原因(Chen，2018)。例如在有关“花轿”话题的交谈中，老年人专注于自身结婚时曾乘坐花轿的经历以及花轿带给自己的个人意义与美好回忆，而年轻人则侧重于强调花轿材料的坚固性，这便是代际文化差异造成的沟通交流障碍。

2.2.2 研究视角

目前我国台湾地区多从病理语言学视角与社会语言学视角对老年人的语言现象进行研究。

1）病理语言学视角

病理语言学视角的相关研究多从流行病学维度与医学康复维度开展。老年人因年龄增长身体机能下降而造成部分语言功能的退化，听力损伤便是其中一项。齐凡翔等(2015)、Zhang 和 Zhou (2007)、Lin 等(2007)等通过问卷调查与实验测试等方式分别对台北地区和台南地区老年人听力损伤人口比例进行统计分析。结果发现台北地区老年人听力损伤占比高于世界卫生组织公布的 29.38%(齐凡翔等，2015)，而台南地区远低于这一指标。医学康复也是病理语言学关注的重点。陈彤威(2012)针对“舌尖现象①”(tip-of-tongue)设计语言康复训练方案，并对 60 名患有“舌尖现象”的老年人进行康复训练，发现语音提示可以有效缓解老年人字词提取困难。廖宥蓁和曾进兴(2008)调查了中老年失语症患者的功能性沟通需求，发现沟通需求与语言损伤程度之间只有中低程度的相关性，因此建议语言治疗师在拟定失语症患者语言复健计划及目标时，从功能角度入手，提升语言治疗的效益及患者满意度。

① “舌尖现象”是指某个特定的字词到了嘴边却突然说不出来的状况。

2) 社会语言学视角

相比之下,从社会语言学视角对老年人言语交际进行研究显得凤毛麟角。陈锦慧(2015)做了尝试,她基于英国社会语言学家 Nik Coupland 和 Justine Coupland 结合社会心理学与人际语言与传播学所延伸出的语言、社会与老年的研究取向,将定性与定量结合,分析在乐龄学习的特定情境下,教师对于老年与老化的认知如何影响其对老年学员的语言沟通行为,以及老年学员的各种语言策略与情境特征。该项研究还从社会文化角度观察了老年歧视或刻板印象在情境对话中的体现,力图促进乐龄学习效果级高龄友好环境的构建。曹逢甫和蔡美慧(2014)在针对医患对话的研究中明示,台湾早已迈入老龄化社会,老年人多以当地方言为主要语言,而年轻一代该方言人口的严重流失造成医师与老年病人"鸡同鸭讲"的沟通局面,使得老年人就医困难。基于"病人为主"的服务标准,提倡医疗人员以病人母语为病人服务,以示对基本人权的尊重。语言隔阂同样特阻碍了"老年学"相关研究的进展。研究人员与老年人相比更为年轻,生活背景、常用语言大不相同,因此常常在搜集个案的过程中产生隔阂或误解。例如老人告诉研究员他的媳妇"苦毒他",研究员误解为家人"孤独他(当地方言)",语言上的隔阂常常导致沟通上的问题,为研究带来不便(陈素惠、梁雁秋和邵荣华,2017)。

2.2.3　研究方法

从研究方法上看,我国台湾地区老龄语言研究主要涉及个案研究法、受控实验法以及基于无创脑成像技术的研究。

1) 个案研究法

个案研究法常用于医学康复维度的相关研究,医护人员根据与病人的交流经历总结病人语言特点。陈美婷等(2013)采用此方法记录了照顾一位中老年男性急性脑中风合并失语症患者的护理经验。在康复过程中,因个案有语言沟通障碍问题,看护人员需要首先协助创造友好的沟通环境,强化个案的沟通能力,以促进照护品质,加强个案的自我认同感与参与感。

2) 受控实验法

受控实验法是研究语用能力蚀失和语用障碍的重要范式。研究员通过控制相关变量来比较不同群体间的语言差异与认知差异。邱倚璇、王静谊(2014)邀请老年人与年轻人参与开放性与参照主题叙述作业。结果发现两组受试者各自于两种叙述作业表现相似,显示个体内语言表达的稳定性。同时,老年人有较慢说话速度,较少内容、较高离题机率以及较高命题重复机率,反映其在叙述主题时,未能有效规划而易词穷,并有较高内容重复特性。同时,研究发现老年人语言表达同时受到认知、社会互动需求与沟通目的影响。高雄大学赖怡秀教授基于受控实验法对以汉语为母语的正常台湾老年人与阿尔茨海默症老年人进行了一系列研究(Lai, 2014, 2017; Lai & Lin, 2012),分别探讨了两类群体在话语停顿、言谈特征、话语标记语以及话语流畅性上的差异。

3) 基于无创脑成像技术的研究

随着科学技术的发展,各种先进的无创脑成像技术开始应用于语言研究。陈奕秀(2008)采用事件相关电位技术观察年轻人与老年人对词汇语义处理的方式,并对 N400 成分进行统计分析,以期找出年龄与语言衰退之间的关系,发现常用词汇间的连接随年龄增长而得到巩固,因此连接速度更快。但相比于个案研究法与受控实验法,基于无创脑成像技术的研究虽在开展,却数量不足。

2.3　研究特点与借鉴价值

纵观近年来台湾老龄化与语言蚀失研究之现状,可发现相关研究既有从语言学范畴内部对语言衰老现象进行描写与归纳,也有综合运用神经、心理、认知等多个学科原理对老年人言语交际特征进行的解释。

1) 注重共时描写、数据量较小

大多数语言学者对老年人语言蚀失现象的研究主要是现象描写与归纳，同时结合现有医学、神经科学及认知科学的成果略予阐释。但是，相关研究的数据量教小；大多数属于共时研究，缺乏长期追踪，无法准确说明研究对象的语言能力随年龄或病程的变化情况。目前，部分学者已经意识到该问题并着手开展历时研究，例如中正大学戴浩一教授已开始对老年人进行5至7年的定期跟踪研究；在健康及生理机能等方面也有台湾学者开展了针对老年人的追踪队列研究(Hsu et al., 2017; Liu & Su, 2017)。

2) 结合语言治疗与认知干预

部分学者在注重认知受损老年人语言蚀失问题基础性研究的同时，开展了语言治疗与认知干预等方面的应用研究。例如，陈彤威(2012)对老年人字词提取能力下降的干预进行了初步探究，发现舌尖现象发生率有随训练阶段降低的趋势，但只有语音提示可以有效帮助提升解决率，而图片命名表现在训练后也有显著的进步，表示此训练可以帮助高龄者提升字词提取的能力。

3) 探索老年人在医患、照料互动中的话语特征

语言蚀失作为老龄科学中的重要方面，涉及包括医患互动、照护互动等多个议题。台湾学者已经注意到以当地方言为主的老年人与以普通话为主的医护人员存在沟通交流障碍，导致老年人就医不便，并提倡医护人员坚持"病人为主"的服务理念，解决与病人的沟通交流问题。就此，台湾学者已着手"老年人医患互动中的话语特征"、"失智症照料中老年人与照料者之间互动规律"等相关课题的开展，大陆地区面临着严峻的老龄趋势及痴呆症发病率，急需开展与各种老年疾病相关的语言研究。这一方面值得借鉴。

4) 国际发表与合作

台湾学者具有较好的国际发表意识。近年来，台湾学者有关老龄科学与语言老化的相关研究多发表于*Journal of Pragmatics*、*Journal of Neurolinguistics*、*International Journal of Audiology*等国际期刊，构成了母语为汉语的老年人语言蚀失研究的主体；形成了"中正大学研究团队"、"语言与人类复杂系统联合研究中心"等专业研究团队，积极与医学、心理学、认知神经科学等学科专家合作，从事交叉学科研究，推进学科融合。

3 启示与结语

中国大陆目前已有900万以上失智症患者，约占全世界总病例数四分之一、总量全球第一，且以每年30万人的速度递增。在这样的背景下，开展老龄化与语言蚀失迫在眉睫。台湾这方面的研究经验给予我们一些重要启示。

3.1 开展追踪研究、建立语言能力常模

要扎实深入开展老龄化与语言蚀失研究，必须将横断面研究(cross-sectional study)与长期跟踪研究相结合，并在此基础上建立母语为汉语的老年人语言能力常模。台湾学者已经意识到常模研究的重要性。陈劲秀(2010)进行了台湾北部正常中老年人语义流畅度测验常模研究；杨心绵(2011)针对台湾北部地区正常老年人进行简短式高级大脑皮质功能检查量表常模研究，同时进行相关人口学变量及信效度研究，为临床医师在诊断和追踪病人认知能力时提供一个客观有效的参考。大陆地区也应加紧相关研究，建立各项语言能力常模，全面检测不同老年疾病对语言能力的影响，为医师诊断、治疗介入及看护照料提供参照。

同时，参考国际通行做法(如美国卡内基梅隆大学牵头建设的TalkBank下属的失智症患者话语语料库DementiaBank)，构建一定体量的汉语为母语的健康及失智症老年人话语语料库。语言蚀失

研究既要对因不同疾病引起的语言衰退特征进行分析，也要对衰退起始时间、发展过程和背后机制进行探究；我国正在构建全生命周期健康服务体系，构建一定时间跨度的历时语料库有助于学者开展长期追踪研究，全面了解语言变化过程，逐步建立起针对全人群的语言能力监测与评估体系，从语言维度实现对相关疾病的发现与预防。

3.2　采用多模态研究视角

目前研究多关注语言本体范畴（语音、词汇、句法、语义等）内的衰老现象（黄立鹤，2015），但初步研究显示面部表情、身体动作等非语言现象也在老年人信息传递、情感表达中占有重要地位。Perkins（2007）提出语用浮现模型，将语用视为语言系统（language）、认知系统（cognitive）以及感觉运动系统（sensorimotor）三者相互作用的结果，顾曰国（2013）提出“言思情貌整一”原则，强调思想，表情、体貌在语力表达中的重要作用。虽有个别学者已从多模态视角开展研究（Bolly，2016；Desmet et al.，2017），但从该视角切入的研究仍属鲜见，欠缺完整、深入、系统化的探讨。从多模态视角对失智症老年人言语交际进行研究具有较大的必要性和较广阔的拓展空间，值得学者进一步深入探讨。

3.3　开展跨领域合作、拓展多种方法

老年语言学这一学科本身就具有明显的学科交叉特征。从研究人员学术背景上看，中国大陆和台湾地区有关语言老化的议题除语言学者承担外，还包括心理学、神经科学的相关学者。2018 年国家社科项目指南设置了“老龄化与语言蚀失的大数据及临床研究”方向，在获批四个项目中，有两位是心理学背景的学者。从相关成果发表上看，文章常发表于语言学、医学、心理学、精神病学等学科所属国际期刊。因此，只有持续推进学科、跨领域的深入研究，联合多种研究方法（吴国良、徐训丰、顾曰国，2014）才能在语言蚀失机制的基础性研究与减缓语言认知衰退的临床应用研发上产出标志性成果。

3.4　建立研究基地、培养“老年语言学”研究人才

观察台湾老龄化与语言蚀失研究队伍可以发现，台湾高等院校或科研院所在地方相关机构等支持下，成立了专门研究基地（如中正大学、台湾大学等），聚集多学科人才，以问题为导向、以交叉学科为依托、以培养研究队伍为支撑开展相关研究。这是老龄化与语言蚀失研究的性质所决定的，形成多学科、多领域背景的科研队伍，有利于围绕老年人语言蚀失表现的各个方面开展研究（黄立鹤，2018），从而形成“老年语言学”的学科增长点。例如，作为大陆首家以基于多模态数据的研究为特色，对老龄化及语言蚀失与相关问题进行研究的“同济大学老龄语言与看护研究中心”就是在这一背景下成立的。该研究中心不仅致力于研究老龄化及语言蚀失与相关问题，同时也与同济大学附属医院在临床上合作，积极为该领域的研究储备专业人才，推动老年语言学的学科发展。

3.5　结合医学临床、社区服务，体现社会关怀

老龄化与语言蚀失研究紧密结合医学临床与社区服务，回应了“健康中国”的国家战略。面对严峻的老龄化与失智症发病形势，我国着重强调“医养结合”，加强老年疾病预防与早期干预、提高老年群体就医便捷性与可及性、着重发展老年长期照护服务。因此相关研究既要瞄准普通老年人、独居老年人及阿尔茨海默症等特殊群体老年人的言语交际、行为特征、认知方式及病理机制研究，也要结合医学临床，服务相关疾病的早期诊断分析（如优化认知障碍评估中的语言能力项目）、治疗看护（如结合言语治疗学与认知干预）、病程管理；同时也要提供老龄友好社区治理、高龄化城镇建设等方面的智库建设。

3.6　加强地区融合、寻求国际合作

加强大陆与台湾地区的学术交流与合作，以推进全国老龄化与语言蚀失研究，进而推动“健康中

国"的国家战略。同时,加强大陆学者的国际发表意识。大陆作为母语为汉语最大的人口地区,必然是母语为汉语老年人语言蚀失研究的主体。大陆与台湾地区的学术合作成果,必将推进母语为汉语老年人语言蚀失研究的国际地位,从而真正巩固相关学科(如老年语言学)的建立与发展。

总的来说,中国台湾地区的老龄化与语言蚀失研究已经迈出了坚实一步,呈现的特点包括:具有一定的研究布局与规划、开展跨学科研究、国际发表意识强、基础研究夯实等特点。台湾学者的探索为大陆开展该领域的研究提供了重要启示,值得我们深入借鉴。

备注:感谢台湾中正大学讲座教授戴浩一先生在本文第一作者访学"中研院"语言学研究所期间接受访谈并给予指导。

参考文献

[1] BOLLY C, BOUTET D. The multimodal CorpAGEst corpus: keeping an eye on pragmatic competence in later life[J]. Corpora, 2017, 13(2).

[2] CHANG H P, CHOU P. Presbycusis among older Chinese people in Taipei, Taiwan: a community-based study[J]. Int J Audiology, 2007, 46(7):38-45.

[3] CHEN C H. First-encounter talks between younger and older adults in Taiwan: a Conversation Analysis Approach[J]. International Journal of Society, Culture & Language, 2017, 5(2): 91-104.

[4] CHEN Y C. Learning with active rural community-dwelling older adults: comprehensive effects of intergenerational service-learning in Taiwan [J]. Journal of Intergenerational Relationships, 2018, 16(3):287-301.

[5] DESMET F et al. Multimodal analysis of synchronization data from patients with dementia[C]. Proceedings of the ESCOM *2017* conference, 2017.

[6] HSU C C et al. Cohort Profile: The healthy aging longitudinal study in Taiwan (HALST)[J]. International Journal of Epidemiology, 2017, 46(4): 1106-1106j.

[7] LAI Y H. Discourse features of Chinese-speaking seniors with and without Alzheimer's disease [J]. Language and Linguistics, 2014, 15(3): 411-434.

[8] LAI Y H. Language processing of seniors with Alzheimer's disease: from the perspective of temporal parameters[J]. International Journal of Cognitive and Language Sciences, 2017, 11(7): 425-430.

[9] LAI Y H, LIN Y T. Discourse markers produced by Chinese-speaking seniors with and without Alzheimer's disease[J]. Journal of Pragmatics, 2012,(44): 1982-2003.

[10] LAI Y H, LIN Y T. Factors in action-object semantic disorder for Chinese speaking persons with or without Alzheimer's disease[J]. Journal of Neurolinguistics, 2013,(26): 298-311.

[11] LIN Y Y,HUANG C S. Aging in Taiwan: building a society for active aging and aging in place [J]. Gerontologist, 2016, 56(2): 176-183.

[12] LIN C Y, YANG Y C, GUO Y L, et al. Prevalence of hearing impairment in an adult population in southern Taiwan. Int J Audiol, 2007, 46:732-737.

[13] LIN M C, ZHANG Y B. Taiwanese older adults' perceptions of aging and communication with peers and young adults[J]. Journal of Asian Pacific Communication, 2008, 18(2): 135-156.

[14] LIU L F, SU P F. What factors influence healthy aging? A person-centered approach among older adults in Taiwan[J]. Geriatrics & Gerontology International, 2016, 17(5):697-707.
[15] 白学军,闫国利,吴捷.词频和语境预测性在老年人阅读中的作用:眼动研究[J].中国老年学杂志,2012,16:3503-3507.
[16] 蔡美慧,曹逢甫.推行医用台语教学:医疗专业素养与母语维护[J].长庚人文社会学报,2014,7(2):295-325.
[17] 蔡文辉,卢丰华,张家铭.老年学导论[M].台北:五南图书出版股份有限公司,2015.
[18] 陈慈薇.年轻与年长者声调感知之研究[D].国立中正大学博士学位论文,2014.
[19] 陈彤威.以字词提取练习减缓年长者舌尖现象之成效初探[D].成功大学硕士学位论文,2012.
[20] 陈奕秀.年老与语言衰退的关系——台语词汇语义处理之脑事件相关电位研究[D].国立新竹教育大学硕士学位论文,2008.
[21] 陈锦慧.老年社会语言学研究:乐龄学习情境下的老龄谈话及与老人之沟通策略探讨[J].福祉科技与服务管理学刊,2015,3(1):21-34.
[22] 陈劲秀.台湾正常中老年人语意流畅度检验之北部地区常模研究[R].国立台湾大学心理学研究所,2010.
[23] 陈美婷,曾勤媛,杨雅筑,等.照顾一位中年男性急性脑中风合并失语症患者的护理经验[J].弘光学报,2013,71.
[24] 陈素惠,梁雁秋,邵荣华.台湾老人研究困境之分析——质性描述性研究[J].长庚护理,2017,28(2):207-218.
[25] 郭玲汝.从平均语句长度探讨台湾高龄者闽南语叙述能力[D].国立中正大学硕士学位论文,2014.
[26] 黄立鹤.近十年老年人语言衰老现象研究:回顾与前瞻[J].北京第二外国语学院学报,2015(10):17-24.
[27] 黄立鹤.研究语言蚀失,服务老龄事业[J].中国社会科学报,2018-3-20.
[28] 廖宥蓁,曾进兴.失语症患者功能性沟通的需求与表现[J].台湾复健医学杂志,2008,36(2):75-87.
[29] 齐凡翔,陈建宏,杨宗翰,等.年长者听障问卷——筛检版得分与纯音及语音听力检查结果之相关性[J].台湾耳鼻喉头颈外科杂志,2015,50(4):257-265.
[30] 邱倚璇,王静谊.台湾年长者语言产生特性.[J] 辅仁社会研究,2014(4):85-127.
[31] 吴国良,徐训丰,顾曰国.痴呆症(失智症)临床语言使用障碍研究概述[J].当代语言学,2014,16(4): 452-465.
[32] 杨心绵.台湾北部地区正常中老年人简短式高级大脑皮质功能检查量表常模研究[R].国立台湾大学理学院心理学研究所,2011.

第七章 阿尔茨海默症患者话语的非名词性资源蚀失

刘建鹏

1 引言

我国社会正处在老龄化迅速发展的阶段，老龄化的相关问题研究已经是一个凸显的重大社会问题，其中由老龄化及老年病变引起的语言蚀失不容忽视。"正常老年人语言衰老是重要研究课题，但针对包括老年痴呆症或帕金森氏病患者、中风及其他可能致使语言能力衰退的疾病患者的研究也具有重要意义。"(黄立鹤，2015a：21)阿尔茨海默症(Alzheimer's Disease，缩略为AD，本文中阿尔茨海默症患者简写为AD患者)是一种老年性病变，也称老年性痴呆症、失智症、智退症(吴国良等，2014：454)，起病隐匿，是一种具有进行性和退行性的神经系统疾病，其显性表征是记忆受损、认知障碍、失语、神经病变等全面持续退化性痴呆。医学上发现AD患者记忆损伤及认知障碍会导致语言系统损伤，并且语言系统损伤甚至有可能早于记忆和定向损伤(闵宝权等，2011；郭起浩，2014；郭起浩、陈科良，2017)。这一研究说明从语言学角度研究AD患者语言病理性蚀失，有其独特的学科优势和领先性，聚焦AD患者语言病理性蚀失研究不仅给医学预防、诊断提供参考，也是研究语言、认知与大脑关系的一种途径和方式。

有关AD患者的名词性资源蚀失研究较为系统深入，主要考察患者由于词汇提取困难导致的命名缺陷，这种缺陷一般被认为是由患者的语义记忆损伤造成的。但AD患者的语言蚀失集中在名词性资源蚀失，而对AD患者语言系统中其他词类却鲜有研究。语言机能是人类整体认知的一部分，AD患者的记忆损伤与认知退化必然表现在患者言语上；反过来讲，言语表现能反映AD患者认知加工的各个层面，如记忆、心智、情感及社会活动等，如名词的使用数量和AD患者的语义记忆密切相关，过多的动词使用表现出AD患者对语境的依赖，功能词的使用方式能反映AD患者对事件的认知结构。因此，研究AD患者话语非名词性资源蚀失，可以更全面地揭示AD患者的语言蚀失外在特征和内在机理。

2 AD患者语言蚀失与非名词性资源蚀失

2.1 AD患者语言蚀失

在国内，罗倩、彭聃龄(2001)等较早介绍了国外的AD患者语言蚀失研究概况，目前国内研究可归结为语义记忆损伤、语用与言语功能失调、语法系统损伤三个方面。郭起浩及合作者(2003，2004，2014，2017)、吴平等(2004)、徐文炜等(2006)、林枫等(2008)、闵宝权等(2011)、周爱红等(2011)等从神经认知的视角，研究了AD患者的言语发生及其认知机制，认为汉语AD患者存在语义记忆的损伤，但有关语义记忆损伤的语法表现形式，尤其是句法的词类结构蚀失尚待更细化的描写。刘红艳

【基金项目】本研究得到教育部2018年人文社会科学规划项目"阿尔茨海默症患者的语法系统损伤研究及其测量量表研制"(18YJA740027)以及浙江省2017年哲学社会科学规划项目"基于汉、英双语语料库的阿尔茨海默症患者语言网络损伤研究"(17NDJC279YB)的资助。

【作者信息】刘建鹏，男，博士，浙江师范大学外国语学院副教授。研究兴趣：语料库语言学、依存语法、系统功能语言学。Email：tomsawyre@zjnu.cn。

【通信地址】浙江省金华市迎宾大道688号，浙江师范大学外国语学，321004。

【注】本文首刊于《当代语言学》2019年第4期，此处转载已作修改。

(2005,2014)研究了AD患者与正常老年人即席话语能力和名词记忆损伤类型,但尚未就其句法体现和非名词性资源蚀失展开论证。赵俊海(2012,2014)以系统功能语法为分析框架,对TalkBank中的AD患者语料作了多维度的研究,提出AD患者语法系统功能受到损伤,多集中在元功能的整体性损伤。顾曰国(2013,2017);黄立鹤(2015a,2015b);Gu和Xu(2013a,2013b)提出要用多模态语料库的研究方法,进行跨学科、多视角、基于常模的多维对比研究,这是一种客观、前沿、主流的研究AD患者语言蚀失的方法。目前普遍结论是AD患者语言蚀失是由记忆及认知损伤引起的,患者句法系统相对完好,但这一观点有别于以下两位学者的研究。

中国台湾学者Lai等(2009,2012)同戴浩一(2017)①却持不同的观点。Lai等(2009)认为汉语AD患者语法系统本身受到损伤,是由某些句法知识先受到损伤造成的,但Lai和Lin(2012)的后续研究并未就"句法知识受到损伤"这一点进行更系统、更深入地剖析和论证,更未具体到词类。其后,戴浩一(2017)试图建构一个概念稠密度与句法复杂程度的计算基准,用来侦测汉语高龄者句法系统受损的质与量,并希望其能成为介入治疗的重要标记之一。戴浩一的句法复杂度测量以T单位测量法(T单位指最小的语法完整单位)为基础,句法完整度只是语言的外在形式完整性体现,完整的表达不一定承载合适恰当的意义,只能体现句法损伤的外在形式。

在国外,记忆损伤和认知障碍导致的AD患者语言蚀失的研究已成为重要的研究对象。主要研究涉及词汇、句法和语篇三大类。词汇层面的命名缺陷研究,如Kempler等(1991,1995,1997,1998),Bayles等(2000,2003,2004)等,主要从词汇层面研究了患者词汇提取障碍的症结所在,其中某些命名障碍类型是早期AD的典型症状。特定词类的提取障碍也是语法损伤的一个表现,是AD患者心智中特定类型的概念提取出现了问题,概念在心智中是联结的,语法是心智概念联结的表征之一,研究AD患者句法中其他词类的特征及其相互关系是对命名缺陷的纵深拓展。Appell等(1982)、Mortensen(1992,2003)、Ellis(1996)、Caspari和Parkinson(2000)、Dijkstra等(2004)、Davis和Guendouzi(2013)研究了AD患者话语意义构建与语用能力损伤,即意义构建模式中不符合语法规则的语言现象和认知特征,并认为它们可以作为衡量AD患者语言损伤的标准。这些研究认为AD患者的意义构建模式受到损伤是因为部分语言现象和认知不符合语法性,但对此缺乏统一的界定标准和定量参考方法。同时,语用能力损伤研究如Hamilton(1994)、Guendouzi和Müller(2006)等是基于实验、田野和个案跟踪,采取了一种推论式的语用能力定性研究方法,在语用受损的界定标准和定量参考方面也存在类似的问题。国外关于AD患者的句法系统是否受损,目前也无一致的结论,如Bates等(1995)、Grober和Bang(1995)等认为语法能力损伤与语义记忆损伤是同步发生的,而Kave和Levy(2003)等则认为AD患者的语法能力受损并不明显。

学界比较一致的结论是AD患者词汇提取和命名能力损伤与其语义记忆损伤等因素有关,然而目前的研究过度聚焦名词性语言资源蚀失,而忽略了患者语言系统中其他词类的运作情况;同时,AD患者的句法和语篇能力损伤终究要体现在词类及其搭配使用上。因此,鉴于名词性资源蚀失研究较为成熟,研究AD患者非名词性资源蚀失日趋迫切。

2.2 AD患者的非名词性资源蚀失

对AD患者名词性资源蚀失的研究较多,且学界对名词性资源蚀失因果及其表现特征已经基本认可,但对于名词以外的功能词和实体动词鲜有研究。名词和名词短语是和其他词类相互搭配形成小句表达,进而通过笔头或口头的形式形成语篇、话语的,因此对AD患者话语的其他词类研究有重要的意义。意义和体验的构建不仅基于名词性资源,还涉及其他词类,认知主体的大脑将体验及其意

① 参见苏培2017年在《中国社会科学网》发表的《语言学为大脑探索开辟新途径》一文,介绍戴浩一在"2016当代语言学前沿论坛——大数据及语言的获得与发展"的观点陈述。

义形式化为不同的词类及其搭配，这种输出是言语者心智中意义外化的形式。话语特征及写作形式反映人们内心情感和认知世界，与人类的健康、心智状态以及语言使用紧密相关（Gottschalk & Gleser，1969；Rosenberg & Tucker，1978；Stiles，1992）。研究AD患者非名词性资源蚀失是研究其大脑、心智以及认知中有关意义构建的一个重要手段。

因此，研究AD患者的非名词性资源蚀失也是研究AD患者心理世界及其语言表征方式，是通过观察AD患者非名词性资源有别于同龄健康人的特征，来探究AD患者语言蚀失的总体特征以及与之相关的大脑、心智和认知研究。由于早期AD患者语法系统相对保持较好，研究重点并非语法是否规范，而是是否符合健康同龄人表达方式的常规，所以把同龄健康人的语料作为参照组，进行对比性研究很有必要。

AD患者的非名词性资源蚀失分为功能词蚀失和实体动词蚀失。功能词（function words）指代、连接、组织并赋予实体词某种表现形式，其中包括代词、冠词、介词、连词、助动词、数词和程度副词。功能词虽然形式简短，在英语词汇量中的所占比例不到百分之一，但是其使用频率占日常会话的60%之多（Biber，1988）。功能词又称文体词（style words），是个体的人格、认知方式、情感状态及社会关系的体现（Berry，et al.，1997；Bond & Lee，2005；Fast & Funder，2008；Yarkoni，2010；Pennebaker，2013），如处于领导地位的人使用“我们”的频率比普通人高；受教育程度高的人使用a / an / the的频率比普通人高。研究AD患者功能词和实体动词蚀失不仅能够对名词性资源蚀失有更深入的了解，同时也能从更多的层面解释AD患者的语言蚀失与其认知、心智、大脑之间的关系。

3 AD患者话语的功能词蚀失

本文抽取DementiaBank病理语料库中AD患者（患者组）和同龄健康人（参照组）语料各60篇，使用UAM Corpus Tool① 进行标注、检索，使用LIWC② 软件进行检索统计，以功能词和实体动词作为研究对象，多维度描写、研究AD患者与健康同龄人话语的差异性特征，从而更加系统地呈现AD患者语言蚀失特征。用于语料收集的图片是《偷吃饼干图》，如图1所示。

图1 偷吃饼干图（Goodglass & Kaplan，1983［1972］）

① UAM Corpus Tool是一款有句法标注、检索的软件，详见：http://www.wagsoft.com/CorpusTool/index.html。

② LIWC是Linguistic Inquiry and Word Count的全称，是一款基于心理语言学参数设计的检索软件，详见：http://www.liwc.net/。

据此,我们先分析英语 AD 患者 60 篇描述性语料所呈现的语言特点,以健康同龄人的同等数量语篇语料为参照。我们将患者组和对照组各 60 篇(语篇数及字数:患者组 60 篇,字数 13 957; 对照组 60 篇,字数 12 240)文本输入 LI-WC 软件进行分析,然后对每一组统计参数值并进行加权平均,如图 2。

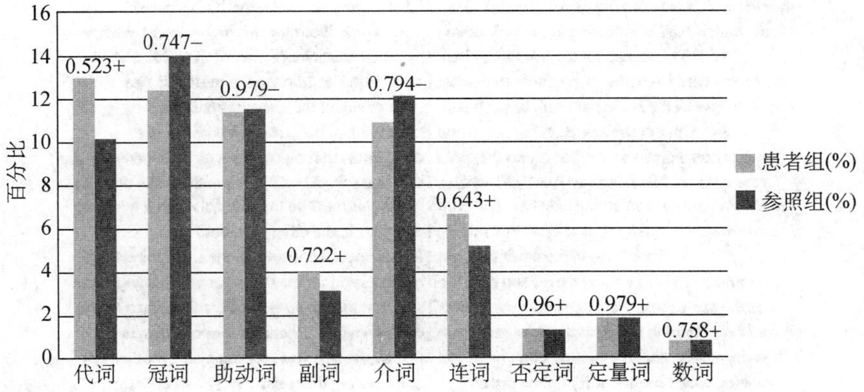

图 2　功能词检索统计

图 2 中横轴代表功能词分类,灰色柱代表 AD 患者组功能词分类,黑色柱代表同龄健康人参照组功能词分类,灰黑柱上面的数值是卡方检验值; 竖轴代表功能词所占的百分比(此解释适用以下所有图表)。先分析两组语料中功能词的使用。观察每一组功能词的总体及分类统计以及两组数据的差异性卡方检验的 P 值,可以得出患者组中功能词的使用频率高于对照组,主要体现在代词上,其次是连词、副词、数词、否定词和定量词; 同时,根据差异性卡方检验显著性水平的 P 值后的"—"说明患者组依次在冠词、介词和助动词的使用频率方面低于对照组。下面先对凸显特征明显的代词和介词进一步细化分类,并结合语料文本检索进行观察和分析。

3.1　AD 患者话语的代词蚀失

AD 患者组代词的使用频率明显高于对照组,符合 Prince(1981)、Mazzie(1987)和 Levelt(1989) 关于指代和语境依赖性呈正相关这一语言使用规律,这说明 AD 患者话语更依赖语境,认为听话者可以明白大量代词的所指。通过进一步分析,图 3 卡方检验的 P 值显示,患者组和对照组的差别主要体现在第一人称和第三人称上。对差异性较大的第一人称和第三人称进行观察,差异体现在两个方面: 一是患者组第一人称 I 的使用频率明显高于对照组,其次是第三人称单数 she 和 he; 二是患者组非人称代词 it 的使用频率明显高于对照组。

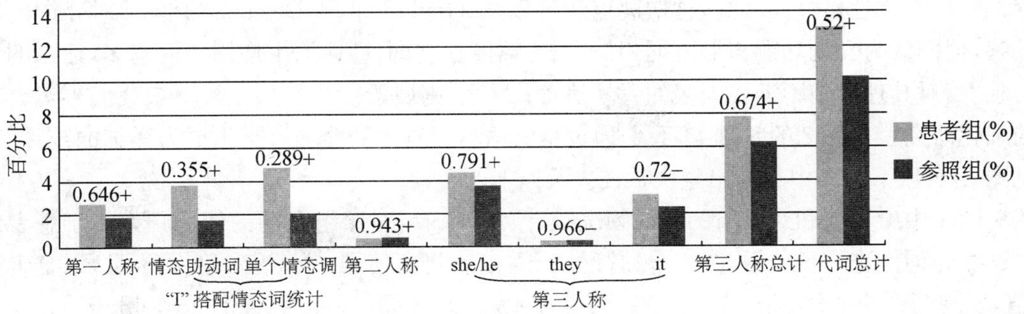

图 3　代词分类检索统计

接下来结合文本检索行对这两组检索统计结果所凸显的特征进行对比分析，先逐行观察第一人称 I 的检索语料，见以下文本检索行：

```
           the floor . and (.) it's it's &j it's I can't tell if it's raining outside &=laughs or
   I if it's raining outside &=laughs or not . guess I wouldn't get it outside the window .okay .  mhm
        . and there's a  &lit a girl young girl . and I'm sayin(g) he's a boy (be)cause &hard
the sink &uh is &ev overflowing in the sink .&hm I I don't know about the this hickey here I
   sink &uh is &ev overflowing in the sink .&hm I I don't know about the this hickey here I  whether
         I I don't know about the this hickey here I  whether that's more than what I said . &uh like
 this hickey here I  whether that's more than what I said . &uh like &uh the the mother is near the
      &uh &w &uh &h she has  &uh has . oh &uh I I can't think of the ... she has &uh the
          &w &uh &h she has  &uh has . oh &uh I I can't think of the ... she has &uh the she'
     out to come down on the floor . and the girl ... I don't know that much about girls . but anyway &u
   (..) the girl may be saying say ?\xA1\xE3hahaha. I told you so?\xA1\xC0 or something like that . an
you so?\xA1\xC0 or something like that . and &uh I guess this must be the wife although it might no
     me draperies . well this one in on this side is . I don't see it, the other side, but I &su
                   is . I don't see it, the other side, but I &su suspect it it would be the same thing there
   it would be the same thing there . and &uh the I guess I said that the the water was coming down
     be the same thing there . and &uh the I guess I said that the the water was coming down on the
the water was coming down on the floor . and &uh I don't know the ... here are two cup cup cups
    h saying .  shh . &uh the mother don't hear . did I tell say the sink was running over ? mother's dr
     running over ? mother's drying the dishes . (...) I don't see anything else .  okay he's fallin(g)
```

第一人称的高频使用反映出 AD 患者过于关注自我及自我感受，表达具有很强的主观性倾向。通过检索搭配发现第一人称 I 的搭配为 I can't，I wouldn't，I suppose 等不确定意义的规避词，即 AD 患者对自己的主观感受缺乏信心。进一步检索统计与第一人称 I 搭配的情态词，见图 3 中与 I 搭配部分，可以得出患者组无论在情态助动词还是在单个情态词的使用上均明显高于对照组，从更细微的层面证实了以上观点。第三人称的高频使用说明 AD 患者和其所描述事物之间距离感强，AD 患者组语料中高频使用 she，he，it，这显示图片内容对 AD 患者来说较为陌生，患者仅仅关注图片上人和物的指代，图片事物观察感受很难在 AD 患者体验中得到映射并有语言上的反映。逐行观察 AD 患者 it 的语料检索行，可以看出其多指图片中物体和窗外的天气。

指代和描述者内心设定的语境关联，当描述者个体认为听话人和自己共享的语境信息越多，那么代词指代现象就相应地增加；反之，则减少。总之，第一人称结合大量情态词的使用，以及第一人称和非人称代词、第三人称的高频使用均说明 AD 患者描述图片时主观性很强，过度夸大和依赖与听话人共享的语境信息，并以一种协商、待确认的语气来描述事物的表面特征。

3.2　AD 患者话语的介词蚀失

介词与名词、形容词和动词连接，表示事物之间一种时空、因果等具体或抽象的关系。介词的使用特征还能反映出说话人的心智特征，Furnham(1990)在研究语言与人格的关系时指出，性格内向者使用介词的频率比性格外向者高，这一观点还可以从 Heylighen 和 Dewaele(1999) 对介词的研究中得到共鸣，他们认为介词功能与形容词相似，属于语境独立词，即话语中使用介词越多，话语的语境就越相对独立，对其理解则不需要太多的背景信息；反之，则属语境依赖型。接下来我们再对介词作进一步的细化研究。在图 2 的基础上，我们通过检索语料对具体的介词进行了更为详细的统计和分析，结果见图表 4(以下列表中只列出频次在 3 次及以上的介词)。

从对图 4 中患者组和对照组的介词频次统计分析来看，对照组介词的使用频率高于患者组。我们再对这些介词作进一步分析，图 4 中的符号"＋" 表示过多使用，"－"表示使用不足，结合卡方检验的 *P* 值，发现两个明显的倾向：表示位置、方位的静态性介词如 on，in，of，for，like，with，about，患者组的使用频率明显低于对照组；表示动作过程的动态性介词如 at，over，onto，into，off，患者组的使用频率却高于对照组。我们再以 on 和 onto 为例，onto 在意上相当于 to＋on，即表示某物向另一

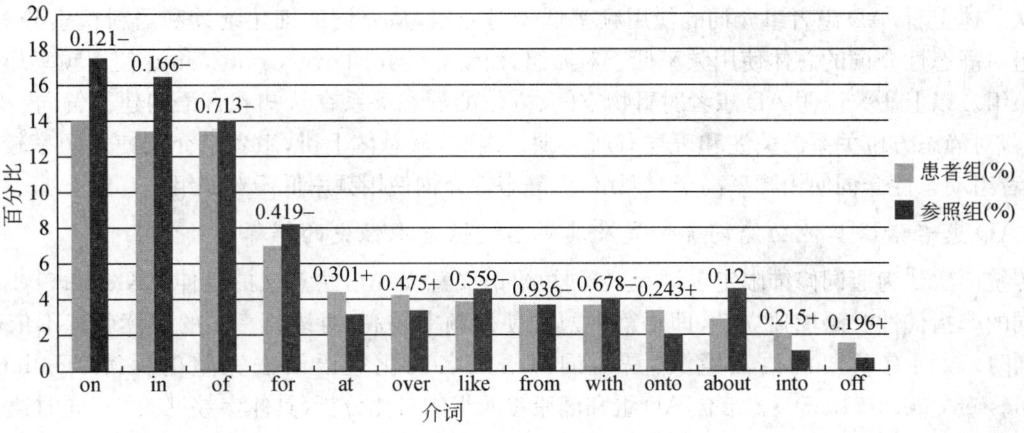

图 4　介词统计

物运动(to),然后停落在另一物之上(on),与 on 的静态性方位描写相比,onto 是一种动态性的描写,是一种融入性、想象性和参与性的描写。我们再观察 AD 患者语料中 onto 具体的使用环境,下面是一组 onto 的 19 行检索语料:

the water is running in the sink and onto the floor . ----- and (.) ----- it 's it 's &j;
ing with with &uh; water splashin(g) down onto her shoes . ----- she 's in the process of
ıe water is overflowing from the sink down onto the floor splashing into her shoes . ----- alright there
the water was running over and splashing onto the floor . ----- and the mother does n't
) the &uh; water run over the sink down onto the floor splashing onto her feet . ----- oh boy .
ıver the sink down onto the floor splashing onto her feet . ----- oh boy . then there 's an
ɔigot . ----- and so the water is running off onto the floor here . ----- and mom apparently is washing
and the the water is spilling out &f; onto the kitchen floor . ----- and the little girl has
sink . ----- the window is open looking out onto &uh; shrubbery and a path to another house . -----
r &uh; sink is &uh; overflowing with water onto the floor . ----- she seems to be oblivious of
--- the window is &uh; opened looking out onto a pathway that has &um; a tree and
run over and it 's &uh; &uh; cascading onto the floor and her feet . ----- &uh; she has &
is cascading &uh; down on the floor and onto her feet . ----- the curtains are waving and the
's coming down off out of the sink onto the floor . ----- and she is also standing in
r cascading down the &uh; kitchen cabinet onto the floor . ----- &uh; the lady in the picture
vhile the water 's filling up and overflowing onto the the kitchen (.) ----- floor . and &uh; the window '
is on and it 's pourin(g) over onto the floor . and &uh; (.) ----- the curtains are blowing .
nk is over flowing . ----- the water is falling onto the floor . ----- &uh; the boy is on his
s . ----- an(d) &uh; the water is overflowing onto the floor and she 's standing in a

通过语料搭配来看,和 onto 形成强搭配的有动词 splashing, filling, pouring, cascading, running, overflowing 等,这种搭配基本都以 be+V-ing+onto 的限定性谓语出现;介词 onto 的宾语名词为 floor, feet, shoes。对照组对相同介词的运用较为简单,我们来观察一下对照组全部 10 行语料的检索情况:

t's dripping out of the sink . &um (,) spilling onto the floor .dishes are on the &uh counter .win
but the water is going out over the sink onto the floor .&uh it's a pretty day outside .
g out the window . (,) the water is splashing onto the floor . that's it . the boy is on
nes but the water in the sink is overflowing onto the floor and she's stepping in the water .
the &s water in the sink is running over onto the floor making another hazardous condition
overflowing . &uh the water's overflowing onto the floor . she's drying a dish . &uh there'
dish at the sink . the water is running over onto the floor . &um there's a two cups and
&uh mother drying dishes, sink overflowing onto the floor . &uh you want action type things x
e mother drying dishes . water overflowing onto the floor . &uh (,) action . well she's dryin
dow .&uh there seems to be water running onto the floor from the sink . &uh is it action

从总体上看，AD 患者组介词的使用频率低于对照组，从介词的细化统计和语料检索分析发现，患者组对静态性介词的总体使用频率低于对照组，而动态性介词 over，onto，into 使用频率却明显高于对照组。以上研究说明 AD 患者对事物空间、方位的静态关系在认知和言语构建上偏向一种动态性描写，对静态方位关系的关注和表述有所欠缺。因此，从总体上讲，患者组介词使用频率较低；同时，患者组动态性介词使用频率高于对照组，而静态性介词使用频率低于对照组。

3.3 AD 患者话语其他功能词类蚀失及其对名词性资源蚀失的解释

传统语法认为冠词修饰限定名词，是名词短语语义意义和语法意义的延伸。Kleiber(1991)论述了冠词的非指代性及语境独立性，即语篇中冠词使用频率越高，对语篇意义的解读就越不依赖于语境。同时，冠词有重要的语法意义，是名词短语及名词化短语语法完整的保障(Halliday and Matthiessen，2004 [1985])。结合 AD 组和健康参照组的对比分析(具体参数见图 2)，同时通过对冠词检索语料的逐行观察和分析看，健康参照组的冠词使用频率高于 AD 患者组，AD 患者组冠词蚀失现象较典型，由此可见名词性资源蚀失不仅是命名障碍，也是一种语法蚀失，表现为 AD 患者过度依赖语境来解读或构建话语。

与健康同龄人组相比，AD 患者组中使用程度副词频率较高(具体参数见图 2)，通过对两组语料的逐行观察和对比分析，发现 AD 患者组副词主要为表达不确定性或否定性的情态副词和程度副词，并且基本上和动词搭配的比例更高，这表明 AD 患者组对要理解和表达的内容缺乏信心或基本的认知。

AD 患者组过多地使用连词(具体参数见图 2)，这一特征通过语料的逐 行分析统计看，患者组语言由于句子较短，连词 and，or 通常连接两个词的频数高于对照组，而连接两个句子的频数低于对照组，即 AD 患者组的句法复杂度较低，句法结构单一。

此外，AD 患者组使用语气词 uh，mhm，umm，er 等的频率远高于健康同龄人参照组，结合语料检索逐行分析并结合图 6 中语言非流利度(nonfl)分析得出，这些语气词发生在 AD 患者名词提取前和名词提取后，因此可以推理出名词性资源蚀失不仅是命名困难，也伴随名词性资源的解释蚀失，即 AD 患者即使克服了命名困难，也不一定对所命名的事物有一个基本的认知和语言表述。

4 AD 患者话语的动词及物性功能蚀失及其动词搭配蚀失的心理语言学表征

鉴于名词性资源蚀失研究较多，本文对实体词的研究聚焦动词及其搭配、句法关系上。Levelt(1989：55)认为动词屈折变化形式内含了时间关系，是一种语境依赖型词类。AD 患者组和对照组的语料统计分析显示动词使用并无明显差别。因此，我们从动词的及物性表达和心理学意义上对这两组动词进行多维度的分析对比。

4.1 AD 患者话语的动词及物性功能蚀失

系统功能语言学的经验元功能认为及物性是人类通过语言对外在世界和内心世界体验的认知表达，是人类通过范畴化的方式对事物和内心体验的认知(Halliday & Matthiessen，1999，2004 [1985])。及物性被范畴化为六种过程，分别是物质过程、心智过程、关系过程、行为过程、言语过程和存在过程，这些过程均体现为图式(figure)，即及物性小句。及物性图式含有三个成分，即参与者、过程和环境，它们分别在六种过程类型中发挥着不同的识解功能。图 5 是对 AD 患者组和对照组各 60 篇语料(AD 组小句数 3 456，参照组小句数 3 306)的及物性进行标注及统计的结果。

以下分析依据的是图 5 中卡方检验的 P 值。两组数据的对比分析显示，在对这六种及物性过程的构建中，患者组话语的动态性物质过程关系比例高，且多以无目标语和单目标语出现，图式构建复杂度较低，环境成分多。静态性的心智、关系、存在过程比例少，介于抽象过程的行为和心理关系之间

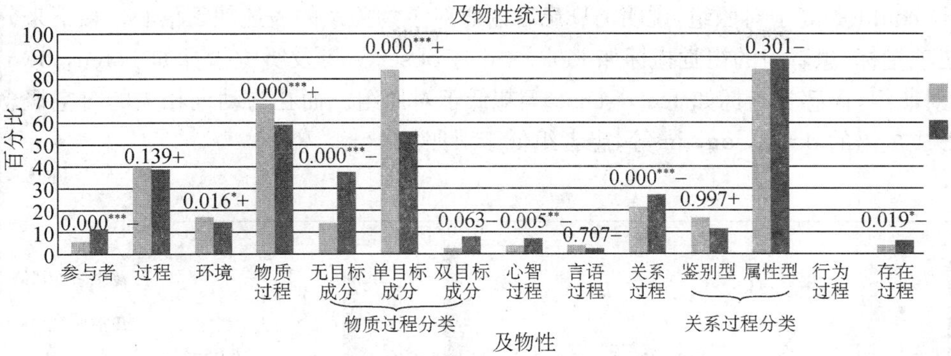

图 5　及物性统计

的言语过程比例较低。患者组名词性质的参与者成分较少，与之相应的动词性质的过程成分和副词性质的环境成分比例较高。物质过程是语言对外在世界体验的构建，是对外在世界的行为、动作、事件的构建，是对体验的动态构建，表示外在世界物体具体(或抽象)的运作过程，其图式包括动作者、过程和目标。对比分析显示，AD 患者组的物质过程比例高于对照组，这说明患者组更关注图片中事物的外在动作描述，但患者组物质过程目标成分相比对照组数量较少，其中单目标语比例高(占 84%)，而对照组则以无目标成分以及单、双目标成分出现，分布比例与参照语料库比较显示较为均匀。分析发现，患者组在关于图片内容的语言构建中，物质过程比例明显高于同龄健康人组，在物质过程的图式中，语法复杂度较低，以参与者＋过程＋单目标成分居多。由此可见，AD 患者组的认知及其语言构建更关注外在世界的具体动作描写，并用相对稳定的一种图式结构进行描述。同时，患者组的这种物质过程有较多副词性环境成分。

与参照组对照，AD 患者组的心智过程与关系过程明显偏低。心智过程是言语者对内心体验的构建，这种体验是内心对外在体验的反思、再认知和抽象提升。患者组的心智过程低于对照组，说明患者组更注重对外在世界的体验构建；关系过程是对世界事物的分类和界定过程，是一种对外在事物进行感知和范畴化的过程，即确定事物之间处于何种关系。关系过程分为归属和鉴别两大类，归属是指充当载体的事物所具有的分类属性，鉴别是指通过实体确定载体的身份。关系过程偏低说明 AD 患者组更关注事物属性特征的描述或事物分类。在关系过程中，患者组属性关系过程低而鉴别关系过程高，患者组对事物身份认定更频繁，缺乏载体属性描写及其关系建立。此外，存在过程表示事物所处的静态关系。患者组的存在过程比例低于对照组，说明 AD 患者难以对图片中人物的内心活动及事物的静态关系进行话语建构。

4.2　AD 患者话语的动词搭配蚀失的心理语言学表征

话语表达方式反映说话人的身体状态、心智健康、情感、认知(Gottschalk & Gleser, 1969; Rosenberg & Tucker, 1978; Stiles, 1992)。我们使用 LIWC 软件把两组语料的动词分成 4 个大指标、14 个微观测量维度。接下来借助 LIWC 软件，从心理语言学角度分析 AD 患者语料与对照组语料，测量话语者的语言心理及心智健康状况，结果见图 6。

根据图 6 中卡方检验的 P 值，并结合过多使用符号“＋”和使用不足符号“－”来分析。第一个维度是认知过程，第二个维度是感官过程，第三个维度是时空概念结构。认知过程中患者组的洞察指标如 think, know, consider 等，与之相关的因果关系指标如 because, effect, hence 等，以及确定程度指标如 is, never, not, certainly 等均低于对照组。说明患者组对图片中的人物及患者自身的心理活动、事物抽象关系以及对这种描写的确信度与自信度弱于对照组，这一特征与 4.1 节中有关 AD 组和对照组的及物性分析的结论相似。患者组的暂定性指标的情态表达如 maybe, perhaps, guess, would, should, could 等高于对照组,说明 AD 患者内心对事物关系的表述缺乏信心。接下来分析感官过程,包含三项指标,患者组的视觉指标如 look, view, observe 等及听觉指标如 listen, hear 等动作性指标高于对照组,而感觉指标如 feel, sense 等却低于对照组。而在与动词相关的时空概念维度中,如与动词形成短语的 down, on, in 等,患者组低于对照组。

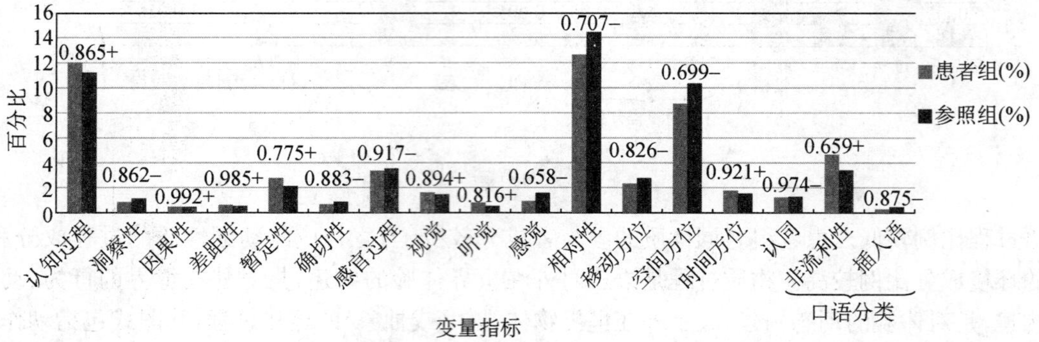

图 6　心理语言学参数

以上是对动词或动词短语(包含与动词关系密切的功能词)的分析,以对照组为参照,患者组总体表现出以下特征:一是患者组对图片内容的描述呈现出一种动作性的人与事物的外在属性描写,缺乏对人物的内心情感、心理等抽象描写,缺少对事物属性的静态描述;二是患者组的时间、空间、概念构建的方位性较弱;三是患者组对自己的描述缺乏信心。总之,尽管患者组与对照组对动词的使用比例相当,但通过更细微的研究发现,患者组的动词使用比对照组更多地呈现出一种具有不确定性的动态性构建或描写。

5　结语

基于参照常模对比研究语言蚀失,已成为由老龄化引起的语言蚀失研究的前沿方法。本文基于 DementiaBank,以同龄健康人的语料为参照常模,对 AD 患者话语的非名词性资源蚀失进行对比研究,发现 AD 患者的语言蚀失具体表现为四个特征:①代词、动态性介词、副词使用过多,而表征时空、概念的静态性介词、冠词使用频率偏低;②在构建体验时,物质过程比例高于对照组,而静态性、抽象性的心智过程、关系过程、存在过程比例低于对照组;③语法复杂度较低,表现为患者话语的无目标成分和单目标成分比例过高,而双目标成分比例偏少;④与实体动词搭配的功能词特征显示名词性资源蚀失伴随的是解释困难。

这种语言蚀失特征是基于小句层面的研究,这也从一个方面说明 AD 患者语法系统受到一定程度的损伤,并非一些研究认为的相对完好。相关实证研究证实脑溢血患者或脑损伤患者大脑皮层左侧的布洛卡区受影响时,病人使用实词的能力会受到损伤,而使用功能词的能力保存完好;而大脑皮层右侧的韦尼克区受到损伤时,伤者使用功能词的能力下降,实词使用能力正常(Pennebaker, 2013 [2011])。根据 AD 患者语言蚀失特征,AD 患者大脑的布洛卡区和韦尼克区都受到损伤。AD 患者语言病理性蚀失特征反映了患者记忆力与心智受损的新特征:记忆力受损不仅仅表现在名词性资源蚀失,还表现在解释上,即对事物的结构、特征及其语言表达的遗忘以及缺乏表达自信,主要是对静态事物之间关系及事物内部关系的遗忘与模糊;心智受损的主要特征是对语境的依赖性,患者表达集中于外在的动态动作本身,并且并不关注这种动作带来的结果,缺乏对人物心理和事物关系的关注;同时,对静态事物的认知受损较为严重,变为视而不见或认知障碍。

参考文献

[1] APPELL J, KERTESZ A, FISMAN M. A study of language functioning in Alzheimer patients [J]. Brain and Language, 1982, 17, 1: 73-91.

[2] BATES E, HARRIS C, MARCHMAN V, et al. Production of complex syntax in normal aging and Alzheimer's disease[J]. Language and Cognitive Processes, 1995, 10, 5: 487-539.

[3] BAYLES K. Effects of working memory deficits on the communicative functioning of Alzheimer's dementia patients[J]. Journal of Communication Disorders, 2003, 36, 3: 209-219.

[4] BAYLES K, TOMOEDA C K, CRUZ R F, et al. Communication abilities of individuals with late-stage Alzheimer's disease[J]. Alzheimer Disease and Associated Disorders, 2000, 14, 3: 176-181.

[5] BAYLES K, TOMOEDA C K, CRUZ R F, et al. Dementia[C]. In Raymond D. Kent, (ed.,) The MIT Encyclopedia of Communication Disorders. Cambridge, MA: The MIT Press, 2004: 291-294.

[6] BERRY D, PENNEBAKER J W, MUELLER J S, et al. Linguistic bases of social perception [J]. Personality and Social Psychology Bulletin, 1997, 23, 5: 526-537.

[7] BIBER D. Variation across speech and writing [M]. Cambridge: Cambridge University Press, 1988.

[8] BOND G, LEE A Y. Language of lies in prison: linguistic classification of prisoners' truthful and deceptive natural language[J]. Applied Cognitive Psychology, 2005, 19, 3: 313-329.

[9] CASPARI I, PARKINSON S R. Effects of memory impairment on discourse[J]. Journal of Neurolinguistics, 2000, 13, 1: 15-36.

[10] DAVIS B, JACQUELINE GUENDOUZI J. Pragmatics in dementia discourse[M]. Newcastle upon Tyne: Cambridge Scholars, 2013.

[11] DIJKSTRA KATINKA, BOURGEOIS M S, ALLEN R S, et al. Conversational coherence: discourse analysis of older adults with and without dementia[J]. Journal of Neurolinguistics, 2004, 17, 4: 263-283.

[12] ELLIS D. Coherence patterns in Alzheimer's discourse[J]. Communication Research, 1996, 23, 4: 472-495.

[13] FAST L, FUNDER D C. Personality as manifest in word use: correlations with self report, acquaintance-report, and behavior[J]. Journal of Personality and Social Psychology, 2008, 94, 2:334-346.

[14] FURNHAM A. Language and personality[C]. In Howard Giles & W. Peter Robinson, (eds.,) Handbook of Language and Social Psychology. Chichester: John Wiley and Sons, 1990: 73-95.

[15] GOODGLASS H, KAPLAN E. The assessment of aphasia and related disorders[M]. 1983 [1972].

[16] GOTTSCHALK L, Gleser G C. The measurement of psychological states through the content analysis of verbal behavior[M]. Berkeley, CA: University of California Press, 1969.

[17] GROBER E, SHEREEN BANG S. Sentence comprehension in Alzheimer's disease [J]. Developmental Neuropsychology, 1995, 11, 1: 95-107.

[18] GU Y G. Words, thought, emotion and embodiment in situated discourse: A multimodal corpus linguistic approach[J]. Contemporary Rhetoric, 2013, 6: 1-19.

[19] GU Y G. Intentionality, consciousness, intention, purpose / goal, and speech acts: From philosophy of mind to philosophy of language[J]. Contemporary Linguistics, 2017, 3: 317-347.

[20] GU Y G, Xu X F. Modeling the self of Alzheimber's disease patients: a multimodal corpus linguistics approach [C]. The 2nd Symposium on Healthcare Communication, Hong Kong, 2013a.

[21] GU Y G, Xu X F. Alzheimer's disease patient discourse: a multimodal corpus linguistics approach[C]. The 5th Symposium on Functional Linguistics and Multimodality, Hong Kong, 2013b.

[22] GUENDOUZI J, MÜLLER N. Approaches to discourse in dementia[M]. Mahwah: Lawrence Erlbaum, 2006.

[23] GUO QH. Common neuropsychological tests for diagnosis of cognitive impairment[J]. Chinese Bulletin of Life Sciences, 2014, 1: 59-63.

[24] GUO Q H, CHEN K. Recent progress in semantic dementia[J]. Journal of Chongqing Medical University, 2017, 6: 634-7.

[25] GUO Q, ZHEN H, Fu J, et al. Semantic dementia: a study for a Chinese patient with severe left temporal lobe atrophy[J]. Chinese Journal of Clinical Psychology, 2003, 4: 253-256.

[26] GUO Q, ZHEN H, HUAN Y, et al. Study on clinical, cognitive and MRI features of patients with semantic dementia: report of 3 cases[J]. Chinese Journal of Neuromedicine, 2004, 5: 363-5, 381.

[27] HALLIDAY M A K, CHRISTIAN M I M. Construing experience through meaning: a language-based approach to cognition[J]. London / New York: Continuum, 1999.

[28] HALLIDAY M A K, CHRISTIAN M I M. An introduction to functional grammar[M]. 3rd ed. London: Arnold, 2004[1985].

[29] HAMILTON H. Conversations with an Alzheimer's patient: an interactional sociolinguistic study[M]. Cambridge: Cambridge University Press, 1994.

[30] HEYLIGHEN F, DEWAELE J M. Formality of language: definition, measurement and behavioral determinants [C]. Internal report, Center "Leo Apostel", Free University of Brussels, 1999.

[31] HUANG L. The study of language aging in last decade: retrospective and prospective[J]. Journal of Beijing International Studies University, 2015a, 10: 17-24.

[32] HUANG L. Corpus 4.0: multimodal corpus building and related research agenda[J]. Journal of PLA University of Foreign Languages, 2015b, 3: 1-7, 48.

[33] KAVE G, LEVY Y. Morphology in picture descriptions provided by persons with Alzheimer's disease null[J]. Journal of Speech Language and Hearing Research, 2003, 46, 2: 341-352.

[34] KEMPLER D. Language changes in dementia of the Alzheimer type[C]. In R. Lubinski, J. B. Orange, D. Henderson, and N. Stacker, eds. Dementia and Communication[M]. Philadelphia /Hamilton: B.C. Decker Inc, 1991: 98-114.

[35] KEMPLER D, ANDERSEN E S, HENDERSON V W. Linguistic and attentional contributions to anomia in Alzheimer's disease: a comparison of off-line vs. on-line sentence processing[J]. Neuropsychiatry, Neuropsychology, and Behavioral Neurology, 1995, 8, 1: 33-37.

[36] KEMPLER D, ALMOR A, TYLER L K. et al. Sentence comprehension deficits in Alzheimer's disease: a comparison of off-line vs. on-line sentence processing[J]. Brain and Language, 1998, 64, 3: 297-316.

[37] KEMPLER S. Metalinguistic judgments in normal aging and Alzheimer's disease[J]. Journals of Gerontology: Psychological Sciences and Social Sciences, 1997, 52B, 3: 147-155.

[38] KLEIBER G. Sur les emplois anaphoriques et situationnels de l'article défini et de l'adjectif démonstratif[C]. In Dieter Kremer, ed., Linguistique théorique et synchronique. Actes du XVIIIe Congrès International de linguistique et de philologie romanes. Niemeyer and Tübingen, 1991: 294-307.

[39] LAI Y H, H PAI H H, Lin Y T. To be semantically-impaired or to be syntactically-impaired: Linguistic patterns in Chinese-speaking persons with or without dementia [J]. Journal of Neurolinguistics, 2009, 22, 5: 465-475.

[40] LAI Y H, LIN T Y. Discourse markers produced by Chinese-speaking seniors with and without Alzheimer's disease[J]. Journal of Pragmatics, 2012, 44, 14: 1982-2003.

[41] LEVELT W J M. Speaking: from intention to articulation[M]. Cambridge, MA: The MIT Press, 1989.

[42] LIN F, ZHONG L J, ZHOU L. et al. Global structural comparison of cognitive associative networks between Chinese young and old people[J]. China Journal of Rehabilitation Medicine, 2008, 4: 291-298.

[43] LIU H Y. A comparative study of situated discourse ability between senile dementia patients and normal elderly people[D]. Ph.D. diss., Beijing Foreign Studies University, 2005.

[44] LIU H Y. A corpus-based study on word finding difficulties in patients with senile dementia [J]. Journal of PLA University of Foreign Languages, 2014, 1: 42-52.

[45] LUO Q, PENG D L. A linguistic perspective on dementia[J]. Contemporary Linguistics, 2001, 2: 109-18.

[46] MAZZIE C. An experimental investigation of the determinants of implicitness in spoken and written discourse[J]. Discourse Processes, 1987, 10, 1: 31-42.

[47] MIN B Q, ZHOU A H, ZHANG Y X. Categoryspecific semantic memory deficits in patients with alzheimer's disease[J]. Advances in Psychological Science, 2011, 10:1453-1459.

[48] MORTENSEN L. A transitivity analysis of discourse in dementia of the Alzheimer's type[J]. Journal of Neurolinguistics, 1992, 7, 4: 309-24.

[49] MORTENSEN L. Written discourse and acquired brain impairment: evaluation of structural and semantic features of personal letters from a systemic functional linguistic perspective[J]. Clinical Linguistics and Phonetics, 2003, 19, 3: 227-247.

[50] PENNEBAKER J. The Secret life of pronouns: what our words say about Us[M]. 2nd ed. New York, NY: Bloomsbury Press, 2013[2011].

[51] PRINCE E. Toward a taxonomy of given/new information[C]. In Peter Cole, ed., Radical Pragmatics. New York, NY: Academic, 1981: 170-183.

[52] ROSENBERG S, TUCKER G. Verbal behavior and schizophrenia: the semantic dimension[J]. Archives of General Psychiatry, 1978, 36, 12: 1331-1337.

[53] STILES W. Describing Talk: A taxonomy of verbal response modes[M]. Newbury Park, CA: Sage, 1992.

[54] SU P. Linguistics opens up new approaches for brain exploration[J]. China Social Sciences Netwok, released on 6, Jan, 2017.

[55] WU G L, XU X F, GU Y G, et al. Frameworks in researching language impairments in AD patients[J]. Contemporary Linguistics, 2014, 4: 452-465.

[56] WU P, GUO Q H, ZHEN H. Semantic dementia[J]. Foreign Medical Sciences Section On Neurology & Neurosurgery, 2004, 5: 465-9.

[57] XU W W, CHEN C X, CHENG Z H. A study of semantic memory in early Alzheimer's disease[J]. Chinese Journal of Clinical Psychology, 2006, 5: 486-488, 474.

[58] YARKONI T. Personality in 100,000 words: A large-scale analysis of personality and words use among bloggers[J]. Journal of Research in Personality, 2010, 44, 3: 363-373.

[59] ZHAO J H. A functional approach to the discourse of the Alzheimer's patients[D]. Ph.D.

diss.，Southwest University，2012.

[60] ZHAO J H. A multi-dimensional study of the discourses of patients with alzheimer's disease [M]. Kunming：Yunnan People's Publishing House，2014.

[61] ZHOU A H，MIN B Q，ZHANG Y X，et al. Semantic memory study on patients with semantic dementia[J]. Journal of Brain and Nervous Diseases，2011，6：417-420.

第八章 老年人口误现象研究

刘楚群 童小燕

口误(the slip of the tongue)是口语表达中的常见现象,很多人都有过口误的体验,尤其老年人发生口语的情况更常见。如:

(1) 我们那个领领队的啊是,从马来亚回来的,他说,(调查者:马来亚?)马来西亚。(82 岁,男性)①

(2) 还有一个老三是儿子,儿子小一点,儿子老三比老二差十年。(调查者:十年?)嗯,我本来不想要的,后来,后来,后来犯了错误,呃,就现在就五十岁,我是他是商学院的老师,现在学校派到美国去去去出差去了。(88 岁,女性)

上边例(1)说话人明显把"马来西亚"说成了"马来亚",经调查者反问提醒后才修正的;例(2)本想说"他是商学院的老师",但脱口说出了"我是",但马上就修正了。

国内外对口误现象有过很多相关研究。Boomer & Laver(1968)认为口误是一种"无意识的偏离",是说话者对自己原来想使用的语音、词汇或者语法形式的偏离。沈家煊(1992)认为每说一句话的背后都隐藏着复杂的心理过程,口误是因为这一复杂的心理过程中某一环节出了差错而产生的特殊言语现象。国内学术界对口误的类型及其原因都进行过深入的分析,代表性的成果如沈家煊(1992)、邵敬敏(1993)、张宁(1990)、姜美玉(2001)、张春超(2003)等。目前对口误的研究主要是进行类型分析,以沈家煊的八分法最为典型,即把口误分成先置、后滞、互换、颠倒、替代、混合、归并、增减八种类型,也有很多人试图从心理学、认知科学等角度对口误进行解释。以往对口误的研究没有区分人群,本文试图专门讨论老年人的口误现象。我们以设定话题进行面对面访谈的形式共调查了江西师范大学 65 岁至 90 岁共 75 位退休教师,获得 40 余万字的口语语料,以此为基础探究老年人口误的表现及其与衰老的关联性。

1 老年人口误的基本类型

我们依据所收集的语料把老年人口误分成三种大的类型:

1.1 语序颠倒型口误

语序颠倒型口误是指某两个成分的位置发生了颠倒,具体可分成两种,词内语素位序颠倒型和句法成分位序颠倒型。

1.1.1 词内语素位序颠倒型

词内语素位序颠倒型是指某个词语内部的两个或几个语素之间的位置发生了颠倒从而造成的口误。这里的词除了我们日常生活中所使用的常用词语外,还包括成语、惯用语、谚语、歇后语等。例如:

---

① 本文大多数例句都是访谈获取的口语材料,少量例句来自央视《欢聚夕阳红》节目,括号内注明说话人的性别、年龄以及节目名称、播出时间。

【基金项目】国家社科重点项目"老年人口语词汇产出及其衰老关联度研究"(项目编号:18AYY001);江西省社科重点项目"老年人口语非流利现象研究"(项目编号 17YY01)

【作者信息】刘楚群,男,汉族,湖南双峰人,江西师范大学文学院教授,博士生导师,主要研究现代汉语语法及社会语言学;童小燕,女,汉族,江西上饶人,江西师范大学硕士研究生。联系方式:13755681148;Email: liuchuqun@sina.com

(3) 一天三餐，三餐不误，早餐是稀饭和，早点，中午晚上都是米饭，一般是菜蔬，注意吃蔬菜。(75岁，女性)

(4) 那当然，但是一个人都是有缺点的，啊，一分为二撒，一个人呢，人无完人，金无赤足，诶是吧。(80岁，男性)

(5) 旁边有一个40岁右左多点一个男的，我非常有礼貌的问问了他三遍，对方一声不响。(《欢聚夕阳红》2012.3.4，82岁，男性)

(6) 白字黑纸写得清清楚楚是吧！(71岁，女性)

上边例(3)中的"菜蔬"属于口误，根据下文中的"注意吃蔬菜"中的"蔬菜"可以判断，说话者说出的"菜蔬"并不是一个方言表达，而是口误；例(4)"人无完人，金无足赤"是固定表达，被说话人说成了"人无完人，金无赤足"，属于口误；同样，例(5)中的"右左"应为"左右"的口误，例(6)"白字黑纸"应为"白纸黑字"的口误。

1.1.2　句法成分位序颠倒型

句法成分位序颠倒型是指某些句法成分的位序发生了颠倒，不符合常规的表达习惯。句法成分的位序颠倒我们发现有四种类型：

第一，多层状语的位序颠倒。如：

(7) 他叫李文藻，李文藻，85岁，85岁了，他那个天天几乎值班。(《欢聚夕阳红》2012.3.4，82岁，女性)

上例"天天几乎值班"应为"几乎天天值班"的口误，据汉语一般的表达习惯，表频度的状语"几乎"应该放在表时间状语"天天"的前面。

第二，状中短语中状语和中心语的位序颠倒。如：

(8) 学生我很多学生，学生也很尊重老师，啊，过年过节都打电话来问候，啊，啊自己感动也蛮感到很很欣慰。(70岁，男性)

上例"自己感动也蛮"应为"自己也蛮感动"的口误，"蛮"为表程度的状语，应该放在动词"感动"之前，此处应该是说得太快，漏掉了本来想说的"也蛮"，之后补充出来，从而出现了口误。

第三，主谓短语中主语和谓语的位序颠倒。如：

(9) 老大女孩子，生了个女孩子，诶，已经是今天24岁了，硕士研究生毕业，在美国呃读完了回来了，现在到毕马威。(77岁，男性)

上例"已经是今天24岁了"应为"今天已经是24岁了"的口误，一般的表达习惯，作为主语的"今天"应该出现在谓语"已经是"的前面。

第四，种属关系的名词之间位序发生了颠倒。如：

(10) 我这个家庭有这样的一个背景，我就不想细说了啊，但是解放后的话呢，从我这个家庭是欢迎解放的，我哥哥是南昌江西的大学生，南昌大学生第一批参参参干的。(77岁，男性)

上例"我哥哥是南昌江西的大学生"应为"我哥哥是江西南昌的大学生"，"江西"和"南昌"是上位词和下位词的关系，习惯的表达应该是"江西南昌"，此处说话人可能是受后面要表达的成分"南昌大学生第一批参干的"这句话中"南昌"的影响或干扰，从而先说了"南昌"，但说话人一说出"南昌"后又补充了其上位词"江西"，从而表现出口误。

这里的句法成分位序颠倒型口误与陆俭明《汉语口语句法里的易位现象》中的"易位现象"性质并

不相同，陆俭明所谈到的易位是指两个句法成分在互换位置之后，有特定的表达价值，并不是口误，而句法成分位序颠倒型口误没有任何表达价值。

1.2 邻近词语产出型口误

说话人在言语表达中，有时并没有准确提取出目标词语，而是发生了一定程度的失误，说出了一个与目标词语在语义、语音等方面相关度较高的词语，即邻近词语，我们把这种口误称为邻近词语产出型口误。邻近词语产出型口误主要可分成两大类，一是句内邻近词语产出型口误，二是句外邻近词语产出型口误。

1.2.1 句内邻近词语产出型口误

有的口误是受句内某个邻近词语的影响而发生的，即说话人提取了一个在上文中出现的与目标词语关系非常密切的词语。如：

(11) 呃，南昌没有长春，因为原来在长春长春没有长春的规模和面积大，没有南长春的人口多，南昌这些年呢，应该说是变化比较大，特别孟建柱来了，到省里头以后，好像南昌的变化就更大一些。(72岁，女性)

(12) 因为我经历也比较特殊，所以生活习惯也不同，我简单谈两句我的生我的经历。我是出生于农家，农民出生家庭，嘶，这个16岁参军，17岁抗美援朝。(78岁，男性)

上边例(11)中说话人想表达的是“(南昌)没有长春的人口多”，但却多说了一个“南”字，变成“没有南长春的人口多”，因为上文出现了“南昌”，说话的主题也是“南昌”，可以判断，此时说话人大脑里最为突显的词语就应该是“南昌”，所以在本想说“长春”时，不自觉地产出了“南昌”，因为“南昌”和“长春”都是地点名词，都是省会城市，而且是目的物和参照物的关系，语义上密切相关，当然，说话人刚提取了“南”就发现了有口误，立马进行了修正，所以才会产出“没有南长春的人口多”这种口误形式。例(12)情况类似，说话者想表达的是“我简单谈两句我的经历”，但是由于前文已经出现的邻近词语“生活习惯”的影响，所以发生了口误，产出了“我简单谈两句我的生我的经历”。

1.2.2 句外邻近词语产出型口误

有时，导致口误的邻近词语不是来自句内，即在上下文中并没有出现与目标词语相邻近的词语，这种情况可以称之为句外邻近词语产出型口误。从我们搜集的语料来看，导致口误的句外邻近词语有语义邻近型词语和语音邻近型词语。

语义邻近型词语是指提取出来的发生口误的词语与准确的目标词语之间在语义上关系非常密切。例如：

(13) 儿女的情况，现在四个儿子都在，我三个儿子一个女儿，都在身边，这个::(拖长音)我的儿女啊都是艰辛的，这个生活，啊，努力的，啊，追求他们的这个这个学业，自己追求学业。(87岁，男性)

(14) 我今年也七十多岁了，也七十多岁了，诶，对，七十二岁，去年又七十三啦，也就是说我已经到了孔子的年龄了，孔子是七十三岁，诶，这个去世了，是吧？(72岁，男性)

(15) 我现在已经十年了，那我想，我想我就不想，不管你那么多啦，能玩的就玩，能那个就，所以我是前不久我还到那个啦，到那个，靠近西南边，边上的那个，敦煌。(76岁，女性)

(16) 因为我，我出行呢，在附近，也就到师大咯，或者到超市什么东西走一走咯，是不是啊，也用不着闯红灯，这里有天桥什么东西的，对不对？(70岁，男性)

上边例(13)，根据下文“我三个儿子一个女儿”可知，说话者本想表达的是“现在四个孩子都在”，但却说成了“四个儿子都在”，发生了口误，“孩子”和“儿子”在语义上关系非常密切，是典型的语义邻近词。同理，根据上下文语境可以判断，例(14)“去年又七十三啦”应为“明年又七十三啦”的口误，“明年”误说成了邻近词语“去年”；例(15)“靠近西南边”应为“靠近西北边”的口误，这两个词语都是方位词语，语义邻近；例(16)“或者到超市什么东西走一走咯”，其中“东西”应为“地方”的口误，因为此处是复指“超市”这一地点名词。上述例句中发生口误的邻近词语都没有在上文中出现，都属于句外邻近词语。

语音邻近型词语是指提取出来的发生口误的词语与准确的目标词语之间在语音上相似度比较高。如：

(17) 我的这个腿的这个毛病，吃这个八十块钱的药是你医院造成的，但是我没有理由去叫他来赔偿，我打不赢官司，是吧，他说这是你那毛病我跟你搞，但是你就，啊，是为了你好，我当时我一直跟他讲，我说我条肿了，肿的不能走路了。(82岁，女性)

(18) 我：：我觉得我当老师，当老师最共荣的一个事业，啊，那我们老师都：：最大的财富就是学生，啊最大的财富就是学生。(70岁，男性)

上边例(17)说话者想说的应该是“我的腿肿了，肿得不能走路了”，把“腿”误说成了“条”，这两个字语音上相似度比较高，声母都是/t/，都有韵头和韵尾，如果语速过快很容易将“腿”说成“条”。例(18)说话者想表达的应该是“当老师最光荣的一个事业”，“共荣”是“光荣”的口误，“共”和“光”的语音相似度也很高，二者声母都是/g/，韵尾相同，韵腹/a/如果发音不到位很容易成为/o/，如果语速比较快，“光荣”就很容易说成“共荣”。

1.3　选择混乱型口误

选择混乱型口误是指在进行言语输出时，存在着两个语义比较接近的竞争待选的成分，说话者在这两个成分之间进行选择，出现选择混乱，造成口误，选择混乱型口误根据待选成分的完整情况可以分成两种情况。

第一种，两个竞争待选的成分一前一后都完整地表述出来了，因为这两个待选成分语义基本是一样的，所以就有一个是多余的了，这其实就产生了口误。如：

(19) 那么，他也是有这种这个遗传，他也是很努力。(《精彩老朋友》2017.1.14，67岁，女性)

(20) 派出所来人了，来人了呢，我就给她跟她送医院去了。(《欢聚夕阳红》2012.12.30，100岁，女性)

(21) 我有时候去买些菜，我就是两个人，我跟我老伴两个，她负责：：搞弄饭，我负责去买菜，那到外面跑咧，我去，诶，买菜回来咧，就自己咧都看看报纸，看看书。(89岁，男性)

(22) 哦豁，一个电话过来，诶要到去幼儿园接孙子，没有办法，因为媳妇得上班，媳妇不上班不要我去？(70岁，女性)

上边例(19)“这种”与“这个”作用一样，有一个是多余的，我们判断，说话人主观上想说“这个”，但不自觉地说出了“这种”，说完“这种”后又立即修正为“这个”，所以应该是产生了口误。后面几个例子情况一样，例(20)“给她”和“跟她”，例(21)的“搞饭”和“弄饭”，例(22)的“到幼儿园”和“去幼儿园”，说话人想提取的目标词语应该都是后面的成分，前面的成分都是口误的结果。

第二种，两个竞争待选的成分，说话人说出来的成分与想提取的目标词发生了偏差，但口误发生后，说话人马上都意识到了，于是某个口误词语还没有说完就进行了修正。如：

(23) 那个老大的儿，男孩子呢现在在珠海，他是我们师大毕业的，中，中文系毕业的，现在在珠海体校，做一点行政工作，也教书。(79岁，女性)

(24) 后来，再一个我大学四年没有买过书，我就靠它每年就发相当于以前的五块钱，女女同女学生发一包那个那个药棉。(80岁，女性)

上面例(23)的目标词应该是"老大的男孩子"，但不自觉地说了"老大的儿子"，不过说话人马上就意识到了发生口误，于是刚说了"儿"就修正了，所以整个话语就成了"老大的儿，男孩子"。例(24)的目标词应该是"女学生"，但产生了口误，先说了"女同学"的部分内容再进行修正，于是就成了"女同女学生"。

从发生口误的目标词语其语法性质来看，名词、动词、数词、副词、形容词、代词、介词、量词等都可能发生口误，但不同词类发生口误的频率差别很大，名词发生口误的比例最高，其次是动词和数词，代词、介词和量词发生口误的比例最低。我们共收集了338条口误语料，其中目标词语为词的口误共有280条，这些目标词的词类分布情况如下：

	名词	动词	数词	副词	形容词	代词	介词	量词
数量	119	48	44	22	20	15	7	5
占比	42.5%	17.1%	15.7%	7.9%	7.1%	5.4%	2.5%	1.8%

2 老年人口误的自发修正

口误发生后，有时会出现修正的过程，有的修正是经过听话人的提醒之后才进行的修正，这是他发修正，有的修正是说话人自觉进行的修正，是在没有旁人提醒的情况下自己所进行的修正，即为自发修正。本文只讨论自发修正。如：

(25) 我姓方，叫方明，我来自广州，74岁了，不不不，我讲错了，我70岁。(《欢聚夕阳红》2012.12.23，70岁，女性)

(26) 脑子反应快了，哦，慢了，脑子反应慢了。(《欢聚夕阳红》2012.12.23，70岁，女性)

(27) 1961年那是在中央台，我原来是在广播艺术团，广播乐团，唱合唱从，85年到了北京以后，呃，55年，你看老了，糊涂了吧！(《欢聚夕阳红》2012.6.17，82岁，女性)

上面这三条例子都属于口误的自发修正，说话人发生口误后，在没任何提示的情况下自己进行自觉的修正。自发修正从话语形式上可以分成即时修正和延缓修正两种类型。

2.1 即时修正

即时修正是指口误一发生就立即进行修正，修正后的词语紧接着失误词语出现。如：

(28) 股市可熟人多了，我那，我那六个，七个弟弟全玩股市。(《欢聚夕阳红》2012.2.26，75岁，男性)

(29) 我爸我妈妈是家庭妇女，我爸爸是一个普通工人。(66岁，男性)

(30) 老太婆的那个大哥的儿子，他是住在我家里读书的，他南昌县农村的，他考取了南昌一中二中。(71岁，男性)

(31) 我们那就是一个连，下放的时候。加上干部才一百六十个，一百五十九个，学生就是一百个五十个。(66岁，男性)

(32) 我的左脚呢，溃烂，鞋子都不能穿，我只能把这鞋子啊拖到绑到脚板地下。(78岁，男性)

(33) 甘居后甘居中游呢其实也不是个不错的选择。(66岁，男性)

(34) 另外，现在的这个八一广场，是由这个水塘，一些高低不停 高低不平的，把它填平以后。(69岁，男性)

上例(28)目标词语是“七个”，但发生口误说成了“六个”，随后立即进行修正；例(29)也一样，本想说“我妈妈”，但发生了口误说成了“我爸”，然后立即修正；例(30)口误“一中”即时修正为“二中”；例(31)口误“一百六十个”即时修正为“一百五十九个”；例(32)口误“拖到”即时修正为“绑到”；例(33)口误“甘居后(游)”即时修正为“甘居中游”；例(34)口误“高低不停”即时修正为“高低不平”。

有时口误发生后，会出现一个短暂的停顿，然后进行修正。如：

(35) 后来鬼使神差的嘛，大队长看中了我，就发动我入党，入党后呃到了三::两年半推荐。(66 岁，男性)

(36) 三路车嘞，就在这边，师大左::右手啊门口过来点点。(87 岁，男性)

我们统计了共 75 条即时修正的例子，其中名词有 39 条，占 52%，数词有 24 条，占 32%，副词 3 例，量词 2 例，介词 1 例，形容词 1 例，成语 5 例，可见名词和数词是发生口误后最容易被即时修正的词类。

2.2　延缓修正

有时口误发生后并没有立即修正，而是继续说了一些别的内容之后再进行修正。延缓修正可以分成无标记修正和有标记修正两大类型。

2.2.1　有标记修正

口误发生后，说话人在进行修正时，有时会使用一些比较明显的特定话语成分，这些成分往往就成为了口误修正的标记性成分。这些标记性成分常见的有三类。

第一类，修正标记是否定副词“不/不是”。如：

(37) 知道，那那个主任什么来了，都说您今儿又加班了，李师傅呃不是李大爷都叫他都这样。(《欢聚夕阳红》2012.6.17，82 岁，男性)

(38) 专门搞了一个欸一次，一碟子，还有一个一个一一个录像本，不是录像本，照相照相本。(74 岁，男性)

(39) 像八一公园，不是，人民公园，我们在五六年参加义务劳动的时候，都是一堆土了，假山了。(77 岁，男性)

第二类，修正标记是“呃、诶、嗯、啊、哦”等填塞性成分。如：

(40) 脑子反应快了，哦，慢了，脑子反应慢了。(《欢聚夕阳红》2012.12.23，70 岁，女性)

(41) 因为去年我，我去年就是去年我一年没上课，就是 0::应该是 02 到 03 吧，呃，12 到 13 学年嘛，我就一年，我把课推掉了。(67 岁，男性)

(42) 我到了好几个地方，那那一年的夏天，大概有四五年之前，诶，七八年之前吧可能，到了上海、北京、呃，广东的珠海、广州，几个城市。(79 岁，女性)

第三类，修正标记是“呵呵”，这些“呵呵”类成分也是说话人因为发生口误为了化解尴尬而使用的成分。如：

(43) 对南昌的印象啊，呃，南昌是江西首都，呵呵::省会，省会，用错了词。(75 岁，女性)

2.2.2　无标记修正

口误发生后，说话人并没有使用任何修正标记而进行的延时修正，即为无标记修正。如：

(44) 我有看报纸的习惯，报纸一说哪又变了我就把那个记记那个站牌记下来那个站点记下来。(“欢聚夕阳红” 82 岁，男性)

(45) 东到台湾，西到西藏拉萨，东到，诶这个上海。(78 岁，男性)

以上例子中把“站牌”修正为“站点”、把“台湾”修正为“上海”都没有出现任何修正标记，当然也不是即时修正，即为无标记修正。

老年人口误发生后，有时会修正，有时不会修正，有时是自发修正，有时是他发修正，我们对338例老年人口误的修正情况进行了数量统计，结果如下：

		数量(次)	比例	数量(次)	比例
修正	自发修正	187	98.42%	190	56.21%
	他发修正	3	0.02%		
无修正				148	43.79%

从统计数据表可以看出，老年人口误修正的比例并不是很高，只占56%，意味着有很大一部分口误老年人并没有发现，或者说老年人对自身语言的监测有很大的局限性。

3 老年人口误与衰老、性别的关联度

口误是口语表达中的常见现象，很多人都有过口误的经历，但是不同的人其口误出现的频率有一定差别。我们采用实验比对的办法对老年人口误进行统计分析。我们选择65岁以上的老年人为研究对象，并以5岁为一个年龄段设置5个年龄组：老年一组，65～69岁；老年二组，70～74岁；老年三组，75～79岁；老年四组，80～84岁；老年五组，85～90岁(有两位90岁和一位93岁的老人都归入本小组)。为尽量保证调查对象语言的同质性，所有调查对象都是江西师范大学的退休教授或副教授，即高知识群体，且都没有痴呆或其他明显的脑部疾病，并且能够独立生活。每一小组调查了10名男性老人和5名女性老人(条件所限，没找到这么多女性退休老人)。另外，还设置了一个参照组，都是江西师范大学的在职中年教师，也是高知识群体，一般都具有博士学位或副教授以上职称，年龄在35～45岁，共调查了10位男性教师，没有调查女性中年教师。所有调查对象都使用相同的话题以一对一的方式访谈获取语料。分析各小组语料中口误的频率及口误自发修正的比率，以此探究老年人口误与衰老、性别之间的关联度。

3.1 口误频率与衰老的关联度

3.1.1 男性老人口误频率与衰老的关联度

我们统计了五个年龄组男性老年人口误发生的频率，整体看来，70～79岁这个年龄段老年人口误发生的频率最高，其次是80～90岁，频率最低的是65～69岁，整体趋势并没有表现出随着年龄增长而口误频率逐渐变高的特征，而是呈现出抛物线的形状特征，中间高两头低，其中70～79岁这个年龄段老人的口误差不多是65～69岁这个年龄段的5倍。另外，老年人作为一个整体，其口误频率并没有比中年组高，甚至还略低于中年组。由此看来，口误发生的频率与衰老之间没有非常密切的关联度，既不表现出正相关性，也不表现出负相关性。具体统计数据见下表：

	语料词数	口误次数	口误频率	平均次数	平均频率
老年五组(85～90岁)	36 174	57	1.58‰	53	1.66‰
老年四组(80～84岁)	43 060	60	1.39‰		
老年三组(75～79岁)	33 887	80	2.36‰		
老年二组(70～74岁)	21 616	52	2.41‰		
老年一组(65～69岁)	29 730	16	0.54‰		
中年组(35～45岁)	21 815	40	1.83‰	40	1.83‰

3.1.2　女性老人口误频率与衰老的关联度

各年龄段女性老人口误发生的频率与衰老之间的关联度与男性老人的特征差不多，既不表现出正相关性，也不表现出负相关性，而是呈现出抛物线的形状，中间高两头低，其中75～79岁这个年龄段老年人口误的频率最高，是其他年龄段的2～3倍。具体统计数据见下表：

	语料词数	口误次数	口误频率
老年五组(85～90岁)	12 096	9	0.74‰
老年四组(80～84岁)	18 567	14	0.75‰
老年三组(75～79岁)	13 217	31	2.35‰
老年二组(70～74岁)	10 333	10	0.97‰
老年一组(65～69岁)	12 332	10	0.81‰

3.2　口误自发修正比率与衰老的关联度

3.2.1　男性老人口误自发修正比率与衰老的关联度

口误自发修正是大脑有效监测话语产出的结果，一般说来，自发修正的比率越高说明大脑对话语产出的监测越有效。我们统计男性老年人口误自发修正的数据显示，中年人口误自发修正的比率相对较高，达到85%，而老年人口误自发修正的平均比例只有58.4%，可见中年人的话语产出监测更有效。就老年人来说，自发修正的比率与衰老之间并没有表现出正相关性或负相关性，其中70～74岁这个年龄组口误自发修正的比率最低，只有32.7%，其他年龄组基本都达到了60%以上，可见70～74岁这个年龄组老年人大脑对话语产出的监测效度最低，这可能意味着这个年龄段老年人大脑某方面技能衰退最为明显。刘楚群(2015)研究也显示，70～74岁这个年龄段很可能是语言能力衰退的一个重要转折点。男性老年人口误自发修正比率的具体统计数据见下表：

	口误次数	自发修正次数	自发修正比率	自发修正平均次数	自发修正平均比率
老年五组(85～90岁)	57	44	77.2%	31	58.4%
老年四组(80～84岁)	60	35	58.3%		
老年三组(75～79岁)	80	49	61.3%		
老年二组(70～74岁)	52	17	32.7%		
老年一组(65～69岁)	16	10	62.5%		
中年组(35～45岁)	40	34	85.0%	34	85%

3.2.2　女性老人口误自发修正比率与衰老的关联度

女性老年人口误自发修正比率与衰老的关联度特征和男性老年人差不多，既没有正相关性也没有负相关性，而是似乎呈现出U形特征，两头高中间低，其中70～74岁老年人自发修正的比率最低，只有30%，而最高的65～69岁、85～90岁这两个年龄组都达到了70%以上。具体调查数据见下表：

	口误次数	自发修正次数	自发修正比率
老年五组(85～90岁)	9	7	77.8%
老年四组(80～84岁)	14	7	50.0%
老年三组(75～79岁)	31	12	38.7%
老年二组(70～74岁)	10	3	30.0%
老年一组(65～69岁)	10	7	70.0%

3.3 口误与性别的关联度

男性老人和女性老人口误发生的频率有一定差别,整体看来男性发生口误的频率要高于女性。从下边的数据可以看出:80 岁以上的高龄老人,男性发生口误的频率基本上是女性的 2 倍;75～79 岁,男性和女性发生口误的频率差别不明显;70～74 岁男性发生口误的频率大约是女性的 2.5 倍;但 65～69 岁,情况恰好相反,女性口误发生的频率是男性的 1.5 倍。总体看来,男性口误发生的频率(1.66‰)大约是女性口误发生频率(1.11‰)的 1.5 倍。详细统计数据见下表:

	男性口误			女性口误		
	语料词数	次数	频率	语料词数	次数	频率
老年五组(85～90 岁)	36 174	57	1.58‰	12 096	9	0.74‰
老年四组(80～84 岁)	43 060	60	1.39‰	18 567	14	0.75‰
老年三组(75～79 岁)	33 887	80	2.36‰	13 217	31	2.35‰
老年二组(70～74 岁)	21 616	52	2.41‰	10 333	10	0.97‰
老年一组(65～69 岁)	29 730	16	0.54‰	12 332	10	0.81‰

3.4 口误修正比率与性别的关联度

在口误修正比率方面,性别差异没那么明显。男性(58.5%)略高于女性(48.7%)约 10 个百分点,其中 75～79 岁老人男性修正的比率较明显高于同年龄段的女性,而 65～69 岁女性老人修正的比率还略高于男性,其他年龄段的性别差异都不是太明显。详细统计数据见下表:

	男性口误			女性口误		
	次数	修正次数	修正频率	次数	修正次数	修正频率
老年五组(85～90 岁)	57	44	77.2%	9	7	77.8%
老年四组(80～84 岁)	60	35	58.3%	14	7	50.0%
老年三组(75～79 岁)	80	49	61.3%	31	12	38.7%
老年二组(70～74 岁)	52	17	32.7%	10	3	30.0%
老年一组(65～69 岁)	16	10	62.5%	10	7	70.0%

4 老年人口误的原因分析

老年人产生口误受多重因素的影响,其中老年人自身认知能力的退化、身体机能的减退是最为主要的原因。我们主要从词汇提取、抑制能力两方面来讨论老年人产生口误的原因。

4.1 词汇提取失误

一般认为,言语的产生必须经过三个过程:首先是概念化的过程,即讲话者明确要用言语表达的意思;其次是言语组织的过程,为所表达的意思选择适当的词汇,并建立词汇的语义语法结构和发音结构;最后是发音阶段,讲话者利用发音器官表达出所选择的词汇(李利等,2006)。其实,每个人大脑中都存在着一个心理词库,言语产生过程中的一个重要阶段就是讲话者从词库中提取词汇以满足交流的需要,因此,心理词库具有大量储存和有效提取两个特点(孙蓝等,2006)。心理词库中的词汇储存并不是杂乱无章的,一般认为,人脑中的词汇是按照一定的关系来存储的,不同的字词、概念按照语音或语义等表征关联在一起,形成一个网络的形式。网络中表征有关联的字词、概念距离较近,表征没有明显关联的字词、概念相距较远(杨鑫娟,2010)。也就是说越有关联的字词,它们之间的概念距离越近，越容易作为一个板块在大脑中储存。比如说一些固定短语和常用词语等，它们是作为一个板块储存，语言输出时也是作为一个整体直接输出。

影响词汇提取的效率受到多种因素的影响，心理语言学家桂诗春曾指出，影响心理词库中词汇提取的因素除了说话者自身的心理特点外，与词汇本身也有非常直接的关系，比如说词频效应、词汇歧义、词素结构、词汇性和语义启动等。此外，心理语言学研究表明：人头脑中的心理词库，并不是恒定不变的，随着年龄的增长，尤其是步入老年之后，人大脑中的某些机能开始衰退（刘楚群，2016），如此一来，老年人对心理词库中的词汇记忆会越来越模糊，甚至是遗忘，所以当老年人在与他人沟通交流的过程当中，由于部分词汇的遗忘或者说是记忆的模糊，往往会使他们对心理词库中的词汇提取效率越来越低，速度也越来越慢，而口误则是词汇提取失误的一个重要表现之一。如：

(46) 那当然，但是一个人都是有缺点的，啊，一分为二撒，一个人呢，人无完人，金无赤足，诶是吧。(80 岁，男性)

‘人无完人，金无足赤”是固定成语，是作为一个板块储存，具有结构的凝固性和稳定性等特征，在语言输出的过程中也应该是作为一个整体直接提取出来的，不需要再进行新的排列组合，因此一般也都不会出现口误现象，但是老年人由于对词汇的记忆模糊，混淆了固定结构的成分位序，发生了口误，说成了“金无赤足”。

4.2　抑制能力衰退

抑制能力和工作记忆能力、注意转移能力同属于执行功能的核心成分，其中抑制能力指的是大脑在加工信息的过程中，抑制对当前任务进行干扰的无关刺激能力或者是在完成多项任务过程中，抑制处于优势的任务以保证其他任务顺利完成的能力（Miyake et al.，2000）。有效的言语加工活动离不开抑制能力的配合，需要抑制能力对无关信息进行控制以保证活动的顺利进行（孟亚运，2017）。抑制包括通达、删除与压抑三种子功能，通达功能是指阻止与当前任务无关的信息进入注意中心；删除功能是指从注意中心中删除与当前任务不再相关的信息的能力；压抑功能是指限制个体心理内部强而优势的反应的能力（王君等，2012）。在目标词的检索过程中，如果不能够很好阻止无关信息进入注意中心、从注意中心中删除与当前无关的刺激及压抑心理内部强而优势的反应，就极有可能因为干扰刺激的激活和保持，阻碍对目标词的检索和提取。

人类个体的发展研究表明，抑制控制能力与年龄相关，主要表现出从逐渐成熟到逐步衰退的总体趋势（Hasher & Zacks，1988）。Hasher 和 Zacks (1988)、Zacks 和 Hasher (1994，1997)同样认为，老年人抑制功能随着年龄的增长而呈现逐渐衰退的趋势，他们与年轻人相比激活的无关信息更多，并且很难抑制无关信息对当前任务的影响（彭苏浩等，2014）。也就是说在言语输出的全过程当中，老年人在头脑中激活某个目标词的同时，相关的干扰性词汇也会被激活，这些干扰性词汇并不是说话者所需要的，但是老年人由于抑制能力的衰退，无法对这些不准确的干扰性词汇进行抑制，从而造成检索路线发生偏离，导致言语交流的过程中出现口误现象。这一点用于解释老年人口误当中的邻近词语产出型口误最为合适，因为邻近词语的干扰，导致目标词语无法正常产出。如：

(47) 对南昌的印象啊，呃，南昌是江西首都，呵呵……省会，省会，用错了词。(75 岁，女性)

“首都”和“省会”是邻近词语，二者语义上相似度比较高，前者是国家最高政权机关所在地，后者则是一个省的最高政权机关所在地，在词汇提取的过程中，“首都”这一无关信息被激活，但是老年人由于抑制控制能力不足，在“首都”与“省会”这两个词都被激活的情况下，没有及时删除或者说是压抑干扰词汇“首都”，从而导致口误现象的发生。

参考文献

[1] BOOMER D S, LAVER J D M. The slips of the tongue[J]. British Journal of Disorders of Communication, 1968, (3): 2-12.

[2] HASHER L, ZACKS R T. Working memory, comprehension, and aging: a review and a new view[M]//BOWERS G H. Psychology of learnging and motivation. San Diego, CA: Academic Press, 1988: 193-225.

[3] MIYAKE A, FRIEDMAN N P, EMERSON M J. et al. The unity and diversity of executive functions and their contributions to complex "Frontal Lobe" tasks: a latent variable analysis [J]. Congitive Psychology, 2000, 41(1): 49-100.

[4] ZACKS R T, HASHER L. Directed ignoring inhibitory regulation of working memory[M]// DAGENBACH T, Carr H. Inhibtiory processes in attention, memory and language. San Diego, CA: Academic press, 1994: 241-264.

[5] 姜美玉.汉语口误的修正和词的心理地位[J].语言科学,2004(1):68-76.

[6] 李利,莫雷,王瑞明,等.双语言语产生中的词汇提取机制[J].心理科学进展,2006(5):648-653.

[7] 刘楚群.70 岁是老年人语言能力衰退的拐点[J].中国社会科学报,2015 年 10 月 3 日.

[8] 刘楚群.老年人口语非流利性词内重复研究[J].汉语学报,2016(2):66-74+96.

[9] 孟亚运.老年人抑制能力的干预效果研究[J].西南大学学报,2017.

[10] 彭苏浩,汤倩,宣宾.基因—大脑—行为框架下的抑制控制与老化[J].心理科学进展,2014(8):1236-1245.

[11] 沈家煊.口误类例[J].中国语文,1992(4):1.

[12] 邵敬敏.汉语口语失误研究[J].语言文字应用,1993(4):35-42.

[13] 孙蓝,许秋敏,赵新红.二语词汇提取模式效应研究[J].中国外语,2006(3):45-49+53.

[14] 杨鑫娟.言语交际中的口误现象分析[J].山东师范大学学报,2010.

[15] 王君,陈天勇.抑制控制与高级认知功能的关系[J].心理科学进展,2012(11):1768-1778.

[16] 张宁.语言研究与口误[J].外国语(上海外国语学院学报),1990(4):31-35.

[17] 张春超.口误现象类型,原因及对策[J].商丘师范学院学报,2003(6):134-135.

第九章　双语控制的神经基础

——一例汉英双语失控的个案研究

王　涛　杨亦鸣

1　引言

双语者指的是生活中能使用两种语言的人，一种是其母语，一种是其习得的二语（Abutalebi，2008）。据估算，双语者大约占全世界总人口的50%（Fabbro，1999）。目前绝大多数双语研究均以成年继时性双语者为研究对象（Costa，2014）。

为实现成功的语言交流，双语者需要控制其两种语言系统，具体说来，需要将语言产出限定在目标语范畴内，同时需要阻止非目标语语言要素的侵扰。因此对双语者而言，双语绝不是两种语言的简单相加，娴熟而高效地驾驭两种语言系统的背后一定有复杂的认知机制在运行，双语者所具备的这种认知机制被称为双语控制机制（Abutalebi & Green，2007；Christoffels & Schiller，2007；Costa & Santesteban，2004）。双语控制是复杂的认知功能。现有的认知模型认为，高熟练度双语者两种语言的词汇表征在心理词典中共享一个概念表征（Groot & Kroll，1997；Francis，1999；Kroll & Stewart，1994），据此，双语者语言产出的过程就是一个竞争的过程，产出目标语的同时需要抑制非目标语的入侵和干扰，这是一个积极激活目标语同时抑制非目标语（Green，1998）或提升激活阈限的过程（Grosjean，2001）。

双语控制作为一种复杂的认知功能，其背后的神经机制是认知神经科学关注的焦点和研究前沿。脑损伤双语者是研究这一问题的天然观察窗口。双语控制机制的损伤可能会导致一些外显的错误言语行为，比如目标语和非目标语相互侵扰，语码转换失去控制等。Abutalebi 等（2000）报道了一例亚美尼亚语-英语-意大利语三语者的案例，研究对象为非流利性失语症患者，其在自发语言产出和命名任务时表现出病理性语码转换，而这种现象是在其临近左半球尾状核的脑白质有损伤之后才出现的，这表明该区域与双语（甚至多语）控制高度相关。还有研究发现，左半球壳核区的损伤会导致双语者在自发谈话时出现非目标语入侵的现象（Aglioti et al.，1996）。Fabbro（2001）发现，左半球前扣带回和前额叶损伤的双语者在语言产出时出现非目标语入侵的现象。而对英语-荷兰语双语者的研究发现，左半球尾状核和左半球额叶皮层的损伤会导致双语者出现产出双语混合词汇的现象（Mariën et al.，2005）。Ansaldo 等（2010）则发现，西班牙语-英语双语者左半球内囊包括尾状核中风后进行语言产出任务时出现非目标语的入侵。Ansaldo 等（2010）报道了一例西班牙语－英语双语者，被试在左侧内囊（包括左尾状核）损伤后表现出病理性语码转换，具体来说，该被试运用西班牙语（优势语言）进行命名时候，物体命名要好于动作命名，而运用英语（非优势语言）命名时则与此相反。运用西班牙语进行动作命名时的大部分错误都是由于英语入侵导致的，而用英语进行物体命名时的大部分错误则

【基金项目】本文得到山东省社会科学规划研究项目（17CWZJ20）、国家973计划课题（2014CB340502）和江苏高校优势学科建设工程（PAPD）的资助，长沙市中医医院东院区内二科李艳芳主任团队及被试LJY家人给予了大力协助，《语言科学》编辑部和匿名审稿专家也对本文提出了宝贵修改意见，谨一并深表谢意。

【作者信息】王涛，男，山东滕州人。南京师范大学文学院博士生，曲阜师范大学翻译学院讲师。研究方向为神经语言学、二语加工。杨亦鸣（通讯作者），男，江苏连云港人。教育部“长江学者”特聘教授，博士生导师，博士后联系导师，江苏师范大学语言能力协同创新中心主任。研究兴趣为神经语言学、理论语言学、历史语言学等。Email：yangym@jsnu.edu.cn

【注】本文首刊于《语言科学》2017年第6期。

是西班牙语入侵所致。这表明，在一定程度上，双语者由于脑损伤出现双语病理性语码转换后，其词汇提取不仅受目标语单一因素调节，而且还受语法类别调节。Kambanaros 等（2012）的研究也印证了这一点。这些研究结果表明，涉及大脑左半球皮层到皮下结构的一个复杂神经网络在掌管双语控制。

对正常人群的研究发现应和了上述结论。Hernandez 等（2000）发现，在执行语言产出任务时，相比单语条件，双语条件下西班牙语—英语双语者大脑背外侧前额皮层有更大激活。也有其他研究表明，这一与执行控制相关的脑区尤其在一语转换成二语时有明显激活。Hosoda 等（2012）发现，转换到二语相比转换到一语在右半球背外侧前额皮层、左颞上回、扣带回、左额下回及左半球尾状核有更大的激活。Abutalebi 等（2013）也发现，三语者语码转换相比非转换条件时在左半球尾状核和前扣带回有显著的激活。以上对正常双语者的研究印证了前人对脑损伤双语者研究的结论，皮下结构是双语控制网络的重要组成部分，左前额叶、颞中回以及扣带回、尾状核等脑区构成了双语控制的基本神经网络。

综上，前人对印欧双语者的研究大致勾勒出印欧双语控制的神经基础，但目前学界对汉英双语控制的神经机制研究较少，尚没有从汉英双语者语言失控的视角研究双语控制的文献。与印欧双语者相比，汉英双语者掌握的两门语言分属不同语言谱系和类型，差异性较大。汉英双语控制研究既可以发现汉英双语者特有的双语控制神经机制，又有利于检验前人印欧双语控制的研究结论，探索双语控制的普遍神经机制。本研究报道一位汉英双语者脑损伤之后语言产出的实际表现，以期从汉英双语失控这一特殊原因形成的自然状态的观察窗口为双语控制的神经机制研究提供新证据。

2 被试介绍

本文研究对象 LJY，95 岁，13 岁入读南京明德女中（教会学校），开始习得英语。后就读于金陵女子大学，接受汉英双语教育。大学毕业之后一直从事以英语为主要工作语言的工作，家中具有双语环境。

LJY 于 2014 年 1 月 29 日因突发脑梗住院①，2015 年 2 月和 2015 年 3 月分两次对其进行了行为实验。实验前医学检查显示，LJY 口语清晰，听理解正常，视力正常，神志清醒，无精神衰退，无发音肌肉瘫痪。在语言实验之前，对其进行了神经心理评估。首先采用中国修订韦氏成人智力量表（Wechsler Adult Intelligence Scale-Revised in China，WAIS-RC）对其工作记忆进行测查，得分为 7 分；然后采用汉语失语症检查表（Aphasia Battery of Chinese，ABC）第一至第五部分对其语言功能进行测查，得分为满分，但部分回答使用了英汉夹杂的句子。综合以上结果，该被试智力正常，基本语言功能正常。

3 语言控制实验

3.1 会话

本组实验目的在于研究 LJY 双语自然语言产出的情况。

1）实验设计　实验主试选择 LJY 感兴趣的话题，与其分别进行汉语会话和英语会话，两种会话前后间隔十天左右，每种会话再分几次进行，单次不超过 15 分钟，会话在室内安静舒适环境下进行，将会话过程录音、录像，离线整理会话内容进行统计分析。

2）统计与分析　LJY 总产出字数为 1 063 个，在汉语会话中产出 378 字，在英语会话中产出

① 本文被试 LJY 因为患脑梗而住院救治，治疗结束、成功苏醒之后，她出现只说英语不说汉语的情况。2015 年 2 月 3 日英国每日邮报（Mail Online）、长沙晚报等中外媒体纷纷对此进行了报道。

685字。英语会话中夹杂汉语较多，经提示后能切换回英语，但还会再次出现不由自主地切换到汉语的情况。汉、英会话各提问了45个问题，其中直接用英语回答汉语提问的情况出现13次，直接用汉语回答英语提问的情况出现9次。在汉语会话中，被试出现英语侵扰的情况，出现汉英夹杂的句子，总计入侵15次；同样的情况在英语会话中也出现，汉语入侵的总计次数为18次。会话内容举例：

(1) 主试：您能给我们讲讲您父亲的一些事情吗？

LJY：我父亲 work in the YMCA。他主要是管这个……workers。

(2) 主试：Why do you like your elder brother?

LJY：Because when the war time, he always 跟着我一起，follow me，听我的话。

以上结果表明，无论目标语为优势语言还是非优势语言，LJY均不能很好地抑制非目标语的入侵和干扰，在自然语言产出时语码切换有时不受控制，但统计数据并未显示优势语言与非优势语言间这种不由自主的切换存在非对称性。

3.2　句子翻译

本部分实验的目的在于研究LJY句子层面语码转换的情况。

1) 实验设计　本实验是单因素(翻译任务：汉译英、英译汉)被试内设计。被试内变量是翻译任务，因变量是被试翻译结果的正确率。

2) 实验材料　实验材料选自麦吉尔大学(McGill University)双语失语症测查量表(Bilingual Aphasia Test)C部分汉英失语现象测查量表。语料举例：

(1) 他妹妹在巴黎住了八年。(His sister has lived in Paris for 8 years)

(2) He does not w ant these three magazines.(他不要这三本杂志。)

3) 实验程序　对LJY分别进行汉译英和英译汉句子翻译测查，两组实验间隔一周。实验开始后主试高声读出要给被试翻译的句子，如果被试要求重复便重复，但以总共读过三遍为限。根据括号里参考译文下划线的标示进行词组划分，译文均划分为三个词组，漏译一个作一个错误计算，如果每个词组至少都有一个错误或者原文连读三遍之后被试仍没有反应则记为"0"，如果被试的翻译和参考译文不同，但可以接受，记为"+"，如果翻译结果和参考译文一致则记为"3"。两组实验各有十五个句子。

4) 统计与分析　实验结果统计后，根据被试具体表现将错误划分为三类：语义错误，即被试产出了语音形式正确、语义与参考译文相关的词组；非目标语入侵错误，即被试在翻译中产出了英汉夹杂的译文；语音错误，即被试产出的译文出现语音形式错误。具体结果见表1。

表1　LJY汉译英、英译汉句子翻译反应情况

句子翻译	汉译英		英译汉	
	数量	百分比	数量	百分比
正确反应	30/45	67%	32/45	71%
非目标语入侵	13	29%	8	18%
语义错误	2	4%	3	7%
语音错误	0	0%	2	4%

统计结果显示，LJY汉译英的正确率为67%，英译汉的正确率为71%，两者没有显著性差异，($\chi^2=0.21, P=0.65$)，非目标语入侵比例分别为29%和18%，没有显著性差异($\chi^2=1.55, P=0.21$)。

以上结果表明，LJY不能很好地控制句子层面的语码转换，非目标语的入侵次数较多，L1和L2之间的相互入侵呈对称性，控制优势语言和非优势语言的能力对称性损伤。

3.3 词汇产出

以上两组句子层面的研究表明，LJY汉英两种语言各个部门保存完整，能产出语义正确，句子结构完整的汉语和英语句子。但实验结果也表明，其自发产出的句子存在两种语言相互入侵的现象，句子翻译过程中语码转换存在困难，两种语言相互入侵明显，可界定为双语失控。由于双语者句子产出过程除语言控制机制外，还需要更多的记忆和注意资源参与，因此很难确定以上失控结果是由于哪种因素所致。为此，我们设计对记忆和注意资源要求较低的词汇产出任务，尝试剥离出导致双语失控的主要因素。

3.3.1 单语境图片命名

1）实验设计　本组实验是2(语言类型：汉语、英语)×2(词类：名词、动词)两因素被试内设计。被试内变量是语言类型、词类，因变量是被试的命名反应时和正确率。

2）实验材料　从Snodgrass和Vanderwart(1980)和Bates等(2003)中选出50幅名词图片作为正式实验语料，10幅为练习语料；50幅动词图片作为实验正式语料，10幅为练习语料。

3）实验程序　实验采用E-prime 2.0软件编程，材料通过DELL(E1910c)19吋显示器呈现，显示器分辨率为1 280×1 024像素。要求被试尽量快速而准地对呈现在屏幕中央的图片进行命名。麦克风通过SRBOX反应盒与计算机相连，软件自动记录反应时，计时单位为ms，误差为±1 ms。主试在旁记录被试反应的正误。正式实验前，使用练习材料进行了10次练习。实验首先呈现黑色注视点“+”300 ms，之后呈现图片，要求被试在图片刺激呈现后即进行发声命名，被试做出反应后图片即消失，间隔500 ms后进入下一次实验，如此循环直至实验结束。如果被试未对图片进行反应，6 000 ms后图片自动消失，反应时记为6 000 ms，并记为错误。汉语命名实验和英语命名实验采用同样的实验设计间隔十天进行。

4）统计与分析　根据被试反应正误的统计，将错误类型分为两种，一为非目标语入侵，一为反应超时。对被试反应的正确率和反应时统计、分析，结果见表2和表3。

LJY单语语境下汉语名词与英语名词命名相比，汉语名词命名正确率为90%，英语名词命名正确率为70%，二者差异显著($\chi^2=6.250, P<0.05$)；反应时统计结果显示，汉语名词平均命名时间为(3 114±932) ms，英语名词平均命名时间为(3 566±1 030)ms，差异显著($F(1,34)=4.52, P<0.05$)。

表2　LJY单语境下汉语、英语名词命名反应情况

名词命名	汉语		英语	
	数量	百分比	数量	百分比
正确反应	45/50	90%	35/50	70%
非目标语入侵	4	8%	1	2%
反应超时	1	2%	14	28%

表3　LJY单语境下汉语、英语动词命名反应情况

动词命名	汉语		英语	
	数量	百分比	数量	百分比
正确反应	38/50	76%	20/50	40%
非目标语入侵	2	4%	7	14%
反应超时	10	20%	23	6%

单语境下汉语动词与英语动词命名相比，汉语动词正确率为76%，英语动词正确率为40%，差异显著($\chi^2=13.30, P<0.001$)；反应时统计结果显示，汉语动词平均命名时间为3 769±1 576 ms，英语动词平均命名时间为4 503±1 047 ms，二者没有显著差异($F(1,19)=3.35, P=0.083$)。

在汉语语境下名词与动词命名正确率相比，两者无差异显著($\chi^2=3.47, P<0.05$)，反应时相比，两者差异显著($F(1,82)=11.05, P<0.05$)；在英语语境下名词与动词命名正确率相比，两者差异显著($\chi^2=9.091, P<0.05$)，反应时相比，两者差异显著($F(1,54)=10.412, P<0.05$)。

名词与动词正确率相比，两者差异显著($\chi^2=11.31, P<0.001$)；反应时相比，两者差异显著($F(1,137)=17.432, P<0.001$)。

以上结果表明，LJY名词和动词的提取在双语控制系统损伤后受到不同程度的影响，动词提取所受影响较大，LJY汉英两种语言的名词和动词都是分离的。

3.3.2　双语境图片命名

1) 实验设计　本组实验是单因素(语言类型：汉语、英语)被试内设计。被试内变量是语言类型，因变量是被试的命名反应时和正确率。

2) 实验材料　从Snodgrass和Vanderwart(1980)中再选出100幅不同于3.2.1的名词图片作为实验语料，其中50幅图片下方标注“名字”作为任务提示词，另外50幅标注“name”，另选10幅作为练习语料。

3) 实验程序　实验所用软件与设备同3.3.1。正式实验前，使用练习材料进行了10次练习。实验首先呈现黑色注视点“+”300 ms，之后呈现图片，被试根据图片下方的任务提示词进行命名，当提示词为“名字”时用汉语命名，当提示词为“name”时则用英语命名。图片采用随机呈现方式，同种任务连续执行不超过三次，被试做出反应后图片即消失，间隔500 ms后进入下一次实验，如此循环直至实验结束。如果被试未对图片进行反应，6 000 ms后图片自动消失，反应时记为6 000 ms，并记为错误。

4) 统计与分析　对被试反应的正确率和反应时统计、分析，结果见表4。

在双语语境汉英名词命名的实验中，LJY汉语名词与英语名词命名相比，汉语名词命名正确率为40%，英语名词命名正确率为48%，二者无显著性差异($\chi^2=0.65, P=0.42$)；反应时统计结果显示，汉语名词平均命名时间为(3 951±700) ms，动词平均命名时间为(4 250±712) ms，二者有显著性差异($F(1,19)=4.53, P<0.05$)。

表4　LJY双语境下汉语、英语名词命名反应情况

名词命名	汉语		英语	
	数量	百分比	数量	百分比
正确反应	20/50	40%	24/50	48%
非目标语入侵	24	48%	14	28%
反应超时	6	12%	12	24%

单语语境中汉语名词的正确率为90%，双语语境汉语名词命名的正确率40%，二者差异显著($\chi^2=23.93, P<0.001$)；反应时统计结果显示，单语语境中汉语名词的平均命名时间为3 373±1 033 ms，双语语境汉语名词命名平均命名时间为(3 951±700) ms，二者差异显著[$F(1,19)=4.48, P<0.05$]。单语语境下英语名词命名的正确率为70%，双语语境英语名词命名正确率为48%，二者差异显著($\chi^2=5.0, P<0.05$)；反应时统计结果显示，单语语境下英语名词命名平均时间为3 569±1 097 ms，双语语境英语名词命名的平均命名时间为(4 261±668) ms，二者差异显著[$F(1,23)=$

6.5,$P<0.05$]。以上实验结果表明,LJY在双语境下词汇提取任务中表现出较为明显的语言失控,与单语境任务相比,非目标语入侵次数大幅增加,正确率大幅下滑,双语境下汉、英命名正确率和反应时无显著性差异,说明LJY对优势语言产出和非优势语言产出的控制能力是对称损伤的。

3.3.3 双语境反向图片命名

1) 实验设计 本组实验是单因素(语言类型:汉语、英语)被试内设计。被试内变量是语言类型,因变量是被试的命名反应时和正确率。

2) 实验材料 本组实验所用语料与3.3.2节相同,两组实验间隔一周,重新随机设定了任务提示词。正式语料包括100幅名词图片,其中50幅图片下方标注"名字"作为任务提示词,另外50幅标注"name"。

3) 实验程序 实验所用软件与设备同3.3.1节,正式实验前,使用练习材料进行了10次练习。实验首先呈现黑色注视点"+"300 ms,之后呈现图片,被试根据图片下方的任务提示词进行命名,当提示词为"名字"时用英语命名,当提示词为"name"时则用汉语命名。图片采用随机呈现方式,同种任务连续执行不超过三次,被试做出反应后图片即消失,间隔500 ms后进入下一次实验,如此循环直至实验结束。如果被试未对图片进行反应,6 000 ms后图片自动消失,反应时记为6 000 ms,并记为错误。该设计会产生类似Stroop范式的心理效应,对被试提出了更高的双语控制要求,旨在深度了解被试语言控制系统损伤情况。

4) 统计与分析 对被试反应的正确率和反应时统计、分析,结果见表5。

表5 LJY双语境下反向汉语、英语名词命名反应情况

名词命名	汉语		英语	
	数量	百分比	数量	百分比
正确反应	24/50	48%	12/50	24%
非目标语入侵	6	12%	18	36%
反应超时	20	40%	20	40%

反向命名实验中,汉语名词反向命名的正确率为48%,英语名词反向命名的正确率为24%,二者差异显著($\chi^2=6.25, P<0.05$);反应时统计结果显示,汉语名词反向命名的平均反应时为(4 803±1 050) ms,英语名词反向命名的平均反应时(4 315±845) ms,二者无显著性差[$F(1,11)=1.69, P=0.102$]。

双语语境下,汉语名词正向命名的正确率为40%,反向名词的正确率为48%,二者差异不显著($\chi^2=0.65, P=0.42$);反应时统计结果显示,汉语正向名词命名的平均反应时为(3 951±700) ms,反向命名的平均反应时为(4 891±950) ms,二者差异显著($F(1,19)=26.64, P<0.001$)。

英语名词正向命名的正确率为48%,反向名词的正确率为24%,二者差异显著($\chi^2=6.25, P<0.05$);反应时统计结果显示,汉语名词正向命名的平均反应时为(4 261±683) ms,汉语名词反向命名的平均反应时为(4 315±845) ms,二者没有显著性差异($F(1,11)=0.04, P=0.12$)。

以上结果表明,与双语境实验任务相比,反向任务难度明显增大,LJY在此任务中的失控表现也更加明显,值得注意的是,汉、英命名正确率出现显著性差异,这也说明随着控制难度的增加,LJY对优势语言产出和非优势语言产出的控制能力表现出非对称性损伤的特点。

3.4 小结

综上,LJY在自然语言产出、句子翻译和词汇产出中均表现出明显的双语失控现象,通过从句子产出到词汇产出的实验设计,排除了注意和记忆两个因素,厘清了导致这种失控现象的原因,即LJY

双语控制功能受损。LJY 不同层面的语言产出体现出不同程度的失控,具体原因本文将在 5.2 部分进行讨论。另外,下文将结合其神经影像学检查结果,讨论双语控制的神经基础,揭示出现失控的根本原因。

4 汉英双语失控的影像学分析

4.1 印欧双语控制的神经基础分析

通过引言部分梳理可见,前人对脑损伤的印欧双语者研究得出双语控制的神经基础主要包括左半球尾状核、左半球壳核、左半球前扣带回、左半球前额叶、左侧内囊。对正常印欧双语者的研究发现,双语控制的神经基础主要包括扣带回、左额下回、左颞上回、尾状核、左颞中回等。由此可见,脑损伤人群和正常人群的研究结论高度一致。从以上结果可以看出,印欧双语控制的神经基础主要应包括左额下回、左颞上回、左颞中回、左半球尾状核、左半球壳核和扣带回(图 1),这是一个包含左半球额叶、颞叶到皮下结构的复杂神经网络,这个复杂网络中涉及到的尾状核和壳核属于基底神经节的重要组成部分。双语控制功能正是在这个复杂神经网络掌管下运行的。

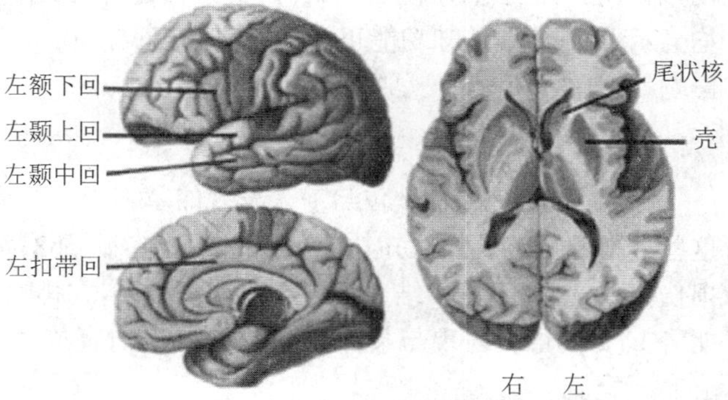

图 1 印欧双语控制的神经基础

前人对印欧双语控制的神经基础研究结论清晰,但印欧双语者掌握的两门语言共属同一类型或同一谱系,语言相似性较高,因此所得研究结论是否具有普遍性还需经过对掌握两种差异性较大语言的双语者进行更多的研究加以检验,比如研究汉英双语者。如能发现两类双语者在双语控制神经基础上的交集,便可找到双语控制的普遍神经基础。本文提供一例脑损伤的汉英双语者,通过行为实验和医学影像分析研究汉英双语控制的神经基础,为揭示双语控制的普遍神经基础提供新证据。

4.2 LJY 脑损伤情况分析

为掌握其脑部损伤情况,实验前对其进行了脑部 CT 检查(遗憾的是由于被试体内有金属植入,未能使用磁共振扫描对其损伤部位进行更精确的定位)。医学诊断结论为:病人右侧颞-顶分水岭区大面积脑梗,双侧基底节多发腔梗及轻度脑白质疏松症。脑部 CT 影像结果见图 2。

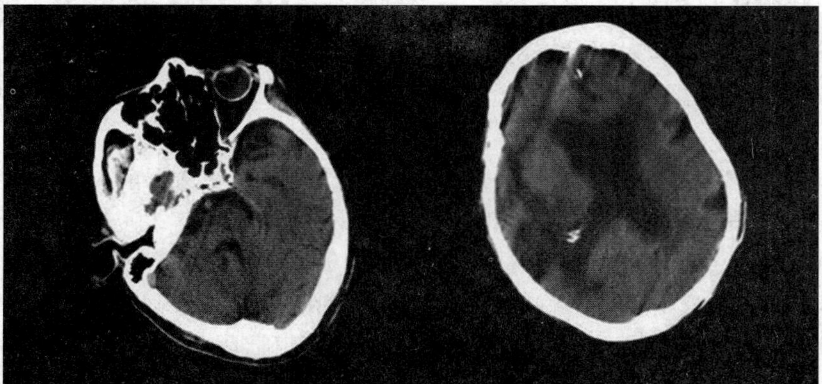

图 2 LJY 脑部 CT 影像

从这一结果来看，LJY 损伤的脑区与印欧双语研究发现的双语控制的神经基础有交集，LJY 的损伤部分（基底神经节）包含了尾状核、壳核等印欧双语控制的重要神经基础。基底神经节是脑神经系统中的高级部位，尾状核和壳核被称为新纹状体，在神经结构上，几乎所有皮质都向纹状体发出神经纤维素 连接并构成不同的神经回路。这也说明，在前人发现的双语控制神经网络中，基底神经节是重要的交通枢纽，其重要性可见一斑。此外，除前人发现的双语控制功能，基底神经节还是与记忆有关的重要脑区。

LJY 还损伤了右侧颞-顶分水岭，颞-顶结合部被认为是与注意和记忆相关的脑区（Carter & Huettel，2013），就目前掌握的资料来看，并未有研究报道右侧颞-顶分水岭区涉及到双语控制。

脑白质疏松症是由弥漫性脑缺血导致的神经传导纤维脱髓鞘病变，医学上一般认为这种疾病会导致患者认知能力下降，严重者会有认知和行为障碍，具体表现为判断、记忆等认知能力下降，反应变慢，语言也可能会有不同程度的障碍，并常伴有视觉障碍。但实验前所做的医学检查和神经心理评估均显示 LJY 各项认知功能正常，语言功能正常，基本可以忽略脑白质疏松症对 LJY 双语控制功能的影响。

4.3 小结

综上，LJY 脑损伤部位与前人发现的掌管印欧双语控制的神经基础在基底神经节部位有交集，但这些损伤部位涉及的认知功能不仅有双语控制，还有注意和记忆。影像学检查结果只能反映脑结构损伤情况，因此还需要结合行为实验测查结果，在排除其他认知功能对双语失控产生影响的基础上才能将 LJY 的语言表现与某种认知功能的损伤直接对应，进而指向其背后的神经基础。本文将在第 5 部分详细讨论。

5 讨论

5.1 行为实验结果讨论

在自然语言产出中，虽然 L1 和 L2 的相互入侵次数是对称的，分别为 15 次和 18 次，但从入侵的词汇量看，汉语对英语入侵所产出的词汇体量大，多是成句出现；而英语对汉语入侵产出的词汇体量较小，多是单个词组出现，二者差异较大，说明 LJY 在使用英语时不能对汉语进行有效抑制控制。Green（1998）认为，语言选择依靠一系列机制，这些机制通过改变目标语的激活和抑制非目标语调节语言从词汇语义系统中的输出。因此，LJY 病理性语码转换之所以增加是因为其两种语言的激活和抑制不平衡。汉语作为 LJY 的优势语言，需要动用更多的认知资源加以抑制，因此入侵体量和次数都更多。在汉译英和英译汉任务中，英语和汉语语言间的入侵是均衡的。这是因为，相比词汇提取任务，特别是双语境下的提取任务，句子翻译是单向的语码转换，而双语境下词汇提取需要被试频繁地进行语码转换，对语言控制要求高，任务难度大；另外，词汇提取的过程包括构成概念、选择语言形式和输出语音形式，而翻译任务中概念构成难度小，语言形式选择时所要抑制的对象相对固定。

在单语境词汇产出中我们发现，相比名词，动词的提取受影响更大。前人研究表明，认知控制的神经基础包括前额叶皮层、顶叶皮层和前扣带回（de Zubicaray et al.，2000；Botvinick et al.，1999；Braver et al.，2001；Bunge et al.，2002；Carter et al.，1998，2000；Petrides et al.，1993）。Friederici（2006）认为，由于基底神经节连接了额叶皮层、运动皮层和颞-顶皮层，因此基底神经节也成为认知控制的重要神经基础。语言控制与认知控制共享一定的神经基础，因此语言控制的损伤必将伴随着认知控制的损伤，而动词的提取相比名词需要更高的认知控制要求。此外，动词在形态句法层面比名词更复杂。因此 LJY 提取动词时便会表现出更明显的语言失控。同时我们还发现，被试提取英语名词和动词的反应时和正确率两个指标都有显著性差异，这说明对双语者来说，二语的名词和动词是分离的。另外，汉语动词和名词提取的正确率虽然没有显著性差异，但反应时差异显著，这也能说明汉语的名词和动词是分离的。根据杨亦鸣等(2002)，本文这类研究属于静态的间接取证，这类图片命名实验任务也只能测查到脑损伤病人语言功能中关于语义加工的情况，不能测查到语法加工的情况。因此，从本研究来看，汉英双语者两种语言系统中的名、动确实是分离的，这对名动分离的理论观点是一例有力支持，但尚不足以说明这种分离究竟是语法因素所致还是语义因素所致。

总之，LJY 在句子产出和词汇产出各个层面的失控特征有差异是因为不同语言产出任务对双语控制功能的要求高低不同所致。

5.2　双语控制的神经基础

从行为实验结果来看，在自然语言产出中，被试出现多次无意识的语码转换，L1 和 L2 之间的相互入侵呈对称性；句子层面的语码转换中，优势语言和非优势语言之间的相互入侵呈对称性，控制优势语言和非优势语言的能力对称性损伤。由此可以看出，在句子产出层面，被试的双语失控特征一致。双语者句子产出需要动用双语控制、记忆和注意等主要认知资源，因此仅就如上两组实验结果，难以确定被试语言失控是由于其双语控制、记忆和注意功能同时受损所致还是仅仅双语控制功能受损所致。词汇产出对记忆和注意资源的要求相对要低很多。通过词汇产出实验我们发现，无论是单语境词汇产出，还是双语境词汇产出，LJY 都表现出明显的双语失控现象，优势语言和非优势语言相互入侵明显。将句子层面和词汇层面的两部分实验结果综合起来，便可清晰地看到，LJY 出现汉英双语失控的表现应该是其双语控制功能受损所致。

综合行为实验结果和影像学分析，LJY 由于双语控制功能受损导致双语失控，而其基底神经节受损正是导致双语控制功能损伤的原因，因此，基底神经节应是汉英双语控制的重要神经基础。结合前人印欧双语的研究结论，双语控制的神经基础是个复杂的神经网络结构，不同类型的双语者其双语控制的神经基础可能有一些差别，但基底神经节应是双语控制的普遍神经基础。仅就 LJY 的行为实验结果还不能完全排除右侧颞-顶结合部参与汉英双语控制的可能性，Friederici(2006)认为，基底神经节连接了额叶皮层、运动皮层和颞-顶皮层，这是和认知控制相关的重要神经回路，因此我们推测右侧颞-顶结合部可能参与了汉英双语控制，我们对正常人群的汉英双语者进行了相关实验研究，研究结果证实了这一推测。由于篇幅所限，这里不再展开论述，另文以详。

6　结语

本文对一位脑损伤的汉英双语者进行了汉英双语控制的行为实验研究和医学影像检查分析。实验结果表明其双语控制能力损伤显著，主要表现在句子层面和词汇层面的产出加工均出现非目标语对目标语的频繁入侵和病理性语码转换现象。结合实验结果和影像检查结果，本文认为，基底神经节是双语控制的普遍神经基础。就本研究结果来看，对汉英双语者来说，汉语和英语的名词、动词都是分离的，关于汉语名词、动词的分离是语义所致还是语法所致一直存有争议，刘涛等(2008)认为名词和动词的语 法功能在汉语名动分离中起了重要的作用。由于受被试 LJY 的精力所限，本研究没能进一步设计语法语境下名动提取的实验，下一步还需要设计语法语境下的相关实验进一步研究。

参考文献

[1] ABUTALEBI J, MIOZZO A, CAPPA S F. Do subcortical structures control ‘language selection’ in polyglots? Evidence from pathological language mixing[J]. Neurocase, 2000, 6:

51-56.
[2] ABUTALEBI J, GREEN D. Bilingual language production: the neurocognition of language representation and control[J]. Journal of Neurolinguistics, 2007, 20: 242-275.
[3] ABUTALEBI J, GREEN D. Control mechanisms in bilingual language production: neural evidence from language switching studies[J]. Language and Cognitive Processes, 2008, 23: 557-582.
[4] ABUTALEBI J, DELLA ROSA P A, DING G S, et al. Language proficiency modulates the engagement of cognitive control areas in multilinguals[J]. Cortex, 2013, 49: 905-911.
[5] AGLIOTI S, BELTRAMELLO A, GIRARDI F, et al. Neurolinguistic and follow-up study of an unusual pattern of recovery from bilingual subcortical aphasia[J]. Brain: A Journal of Neurology, 1996, 119: 1551-1564.
[6] ANSALDO A I, SAIDI L G, RUIZ A. Model-driven intervention in bilingual aphasia: Evidence from a case of pathological switching[J]. Aphasiology, 2010, *24*: 309-324.
[7] BATES E, D' AMICO S, JACOBSEN T, et al. Timed picture naming in seven languages[J]. Psychonomic Bulletin and Review, 2003, 10. 2: 344-380.
[8] BRAVER T S, BARCH D M, GRAY J R, et al. Anterior cingulate cortex and response conflict: effects of frequency, inhibition and errors[J]. Cereb. Cortex, 2001, 11: 825-836.
[9] BUNGE S A, DUDUKOVIC N M, THOMASON M E, et al. Immature frontal lobe contributions to cognitive control in children: Evidence from fMRI[J]. Neuron, 2002, 33: 301-331.
[10] CARTER C S, BRAVER T S, BARCH D M, et al. Anterior cingulate cortex, error detection, and the online monitoring of performance[J]. Science, 1998, 280: 747-749.
[11] CARTER M R, HUETTEL S A. A nexus model of the temporal-parietal junction[J]. Trends in Cognitive Sciences, 2013, 17: 328-336.
[12] CHRISTOFFELS I K, FIRK C, SCHILLER N O. Bilingual language control: an event-related brain potential study[J]. Brain Research1147, 2007, 1: 192-208.
[13] COSTA A, SANTESTEBAN M. Lexical access in bilingual speech production: Evidence from language switching in highly proficient bilinguals and L2 learners[J]. Joural of Memory and Language, 2004, 50. 4: 491-511.
[14] COSTA A, SEBASTIÁN-GALLÉS N. How does the bilingual experience sculpt the brain? [J]. Nature Reviews Neuroscience, 2014, 15. 5: 336-345.
[15] DE ZUBICARAY G I, ZELAYA F, ANDREWB C, et al. Cerebral regions associated with verbal response initiation, suppression and strategy use[J]. Neuropsychologia, 2000, 38. 9: 1292-1304.
[16] FABBRO F. The concise encyclopedia of language pathology[M]. New York: Pergamon Press, 1999.
[17] FABBRO F. The bilingual brain: bilingual aphasia. Brain and Language, 2001, 79. 2: 201-210.
[18] FRANCIS W S. Cognitive integration of language and memory in bilinguals: semantic

representation[J]. Psychological Bulletin, 1999, 125. 2: 193-222.

[19] FRIEDERICI A D, BAHLMANN J, HEIM S, et al. The brain differentiates human and non-human grammars: Functional localization and structural connectivity[J]. Proceedings of the National Academy of Sciences of the United States of America, 2006, 103. 7: 2458-2463.

[20] GREEN D W. Mental control of the bilingual lexico-semantic system[J]. Bilingualism: Language and Cognition, 1998, 1. 2: 67-81.

[21] GREEN D W, JUBIN A. Understanding the link between bilingual aphasia and language control[J]. Journal of Neurolinguistics, 2008, 21. 6: 558-576.

[22] GROSJEAN F. The bilingual's language modes. One Mind, Two Languages: Bilingual Language Processing[C]. JanetL. Nicol, ed. 1-22. Oxford: Blackwells, 2001.

[23] HERNANDEZ A E, MARTINEZ A, KOHNERT K. In search of the language switch: An fMRI study of picture naming in Spanish-English bilinguals[J]. Brain and Language, 2000, 73. 3: 421-431.

[24] HOSODA C, HANAKAWA T, NARIAI T, et al. Neural mechanisms of language switch[J]. Journal of Neurolinguistics, 2012, 25. 1: 44-61.

[25] KAMBANAROS M, MESSINIS L, ANYFANTIS E. Action and object word writing in a case of bilingual aphasia[J]. Behavioural Neurology, 2012, 25. 3: 215-222.

[26] KROLL J, STEWART E. Category interference in translation and picture naming: evidence for asymmetric connections between bilingual memory representations[J]. Journal of Memory and Language, 1994, 33. 2: 149-174.

[27] KROLL J, DE GROOT A M B. Lexical and conceptual memory in the bilingual: mapping form to meaning in two languages. Tutorials in bilingualism: psycholinguistic perspectives[C]. In De Groot, Annette M. B. & J. F. Kroll. Mahwah, eds., 1997: 169 - 199. New Jersey: Lawrence Erlbaum Associates.

[28] LIU T, Yang Y M, Zhang H, et al. Yufa yujing xia hanyu mingdongfenli de ERP yanjiu[J]. Xinlixue Bao, 2008, 40. 6: 671-680.

[29] MARIëN P, ABUTALEBI J, ENGELBORGHS S, et al. Pathophysiology of language switching and mixing in an early bilingual child with subcortical aphasia[J]. Neurocase, 2005, 11. 6: 385-398.

[30] MATTHEW B, NYSTROM L E, KATE F, et al. Conflict monitoring versus selection for action in anterior cingulate cortex[J]. Nature, 1999, 402. 11: 179-181.

[31] PETRIDES M, ALIVISATOS B, MEYER E, et al. Functional activation of the human frontal cortex during the performance of verbal working memory tasks[J]. Proceedings of the National Academy of Sciences of the United States of America, 1993, 90. 3: 878-882.

[32] PILLON A, D' HONINCTHUN P. The organization of the conceptual system: the case of the "object versus action"dimension[J].s Cognitive Neuropsychology, 2011, 27. 7: 587-613.

[33] SNODGRASS J G, VANDERWART M. A standardized set of 260 pictures: norms for name agreement, image agreement, familiarity, and visual complexity[J]. Journal of Experimental

Psychology: Human Learning and Memory, 1980, 6. 2: 174-215.
[34] YANG Y M, LIANG D D, GU J X, et al. Mingdong fenlei: Yufa de haishi yuyi de — Hanyu mingdong fenlei de shenjing yuyanxue yanjiu[J]. Yuyan Kexue, 2002. 1: 31-46.

第十章 基于叙事医学理论的老病死叙事话语探析

温颖茜 滴 石

1 引言

生、老、病、死是生命中的 4 个重大事件，各自有对应的庞大学术体系，如生命科学、老年学、医学、死亡学(thanatology，Simpson，1979)。20 世纪下半叶问世的人生历程学(life course，Mortimer & Shanahan，2002；亦称“人生发展学”，life-span development，Overton，2010)，把生老病死作为个体生命历程中的发展阶段进行一体化研究。在人生历程学里，生与死是人生历程的两端，病与老发生在生命历程之中。生命历程的时间跨度是因人而异的。夭折的婴儿，生病死在短暂时间内发生；相比之下，百岁老人从出生到寿终长达百年，病(指绝症)和死则可能发生在末端的短暂时刻(如“昨晚还好好的，早上就走了”)。本文讨论的“老病死”在学科上定位于人生历程学，关注的是 60 岁以上老人的老病死问题。在时间上，以被诊断患绝症为始，亡故为终。老、病、死，原先无论是在心理上还是在话题上都是分开对待的，现在突然被浓缩到一个短暂的时段里，其对患者及其亲属的心理冲击是巨大的。根据心理学研究，儿童对死亡的认识，跟成年人的当然是不同的；老年人的跟成年人的相比更加不同。患绝症老人跟健康老人相比，原来心理上可以跟死亡拉开距离，现在突然零距离接触，对死亡的恐惧是后者无法体会到的(Talwar，Harris & Schleifer，2011；Jenkins & Merry，2006)。

生老病死在生物生理上属于生命个体现象，但因为人类是社会化动物，它同时也是社会群体现象。因此，老人的“病”与“死”不仅事关自身，而且涉及老人周围的社会成员。一般来说，因“病”致“死”的过程涉及三类人：①当事人；②治病的医生和护士；③当事人的亲属。死亡是这三类人关注的焦点。简要地说，当事人惧怕死亡；医生护士帮助当事人抗争死亡；亲属一方面帮助当事人抗争死亡，另一方面还要面对当事人死亡带来的后果。这三类人如何面对死亡，就是本文讨论的核心问题。

本文从叙事医学(narrative medicine)角度探讨上述问题，以该理论为基点，用语言学方法，对老病死叙事话语进行整合探析。文章首先简要介绍叙事医学理论。这个理论虽然只有几十年的历史，而且因韩启德院士等的推动才刚刚在中国起步，但是其学术生命力以及潜在的社会影响力是巨大的。接着介绍本文的研究架构。然后给出汉语死亡词汇知识本体，这些词汇凝固了前人对于死亡的意念及其表达方式。再接着分两部分讨论死亡的 3 个视角及其叙事话语：第一部分为医学专家谈死亡，含近、远身亲历；第二部分为患者与患者亲属谈死亡，同样含近、远身亲历。丧礼和悼词作为人生历程故事的最后一章。本文语料来自作者用民族志法现场采录的笔记和老年多模态语料库。最后指出本文的不足和将来研究方向。

2 叙事医学简述

在介绍叙事医学之前，有必要对“叙事”做简要说明。杨义在《中国叙事学》(1997：10 ～ 11)中写道：

> 在古中国文字中，“叙”与“序”相通，叙事常常称作“序事”。……此时所谓“序事”，表示的乃

【作者信息】温颖茜：广西医科大学外国语学院；滴石(顾曰国)：北京外国语大学人工智能与人类语言重点实验室、同济大学老龄语言与看护研究中心。

【注】本文首刊于《语言战略研究》2019 年第 5 期。

是礼乐仪式上的安排，非今日特指的讲故事，但已经考虑到时间和空间上的位置和顺序了。

尽管“序事”和“叙事”使用甚早，但它们往往是作为一个动宾词组应用的。“叙事”作为一种文类术语，则是唐宋时代的事情。

“叙事”本是文学用语。浦安迪(1996:4)指出：

“叙事”又称“叙述”，是中国文论里早就有的术语，近年来用来翻译英文“narrative”一词。我们在这里所研究的“叙事”，……探索西方的“narrative”观念在我国古典文学中的运用。当我们涉及“叙事文学”这一概念时，所遇到的第一个问题就是：什么是叙事？简而言之，叙事就是“讲故事”……

本文用的“叙事”概念，跟浦安迪一样，也是源自“narrative”。有所不同的是，本文的“叙事”超出文学上的叙事。在西方，叙事学(narratology)是一门专门的学问，有比较悠久的历史，至今已经形成多个分支，如小说叙事学、诗歌叙事学、文化叙事学、电影叙事学、混合现实叙事学等。研究者普遍接受的观点是：(1)叙事媒介不仅限于自然语言，还包括手势、影像、体态、数字符号等。(2)叙事不是作家专有的特长，恰恰相反，人人都能叙事，儿童也不例外。“妈妈，今天我们小朋友一起野炊了。我吃了热狗。”这就是叙事。“叙事不是在艺术作品里才能见到，人们日常生活中无处不在，每日都会遇到无数次。……我们所有人都是叙事者，只是我们平时不太注意罢了。”(Abbott，2002：序言)在生命历程学里，生命个体从出生到寿终，整个生命历程就是一部叙事史。这个“叙事”不是比喻，而是实实在在的。生命历程叙事最突出的纪事方式，是“生命历程记忆”(autobiographic memory)，其次是文字日记，以及当今出现的数字语音和影像日记等。口述生命历程、访谈、田野民族志法等，是生命历程学研究人生叙事史经常采用的研究方法。

我们知道，现代西方医学是建立在现代生物学、细胞学、分子化学等学科基础上的，一般统称为“生物医学”。然而，叙事医学把叙事跟生物医学结合起来，乍听起来好像是驴头不对马嘴。韩启德点出了这样做的本质：“叙事医学强调了医学的叙事本性。”(转引自郭莉萍，2018a：3)为什么说叙事是医学的本性？现在最先进的生物医学，对于人类疾病来说，其知识是不完备的、残缺的；对于许多疾病以及将来会出现的新的疾病，它是无能为力的。个体生病发生在他生命历程中的一个节点上，相当于生命历程叙事史中的一个故事情节。患者对医生讲述这个故事情节，对于医生做出恰当的诊治来说，其意义是不言而喻的。叙事医学发端于20世纪70年代的美国。1972年美国宾夕法尼亚州立大学医学院在全美首次聘请文学专家 Joanne Trautmann 为医学院全日制教授，为该院学生讲授文学，开了医学与文学互动的先河。其后，一组人文学者和医学专家于1975—1976年间5次聚会，围绕文学与医学的互动关系开展对话。研究成果收录在 Trautmann 于1981年出版的《对话中的治疗艺术：医学和文学》中。Edmund D. Pellegrino 在该书序言里画龙点睛地指出：

医生和作家都是特别敏锐的观察者，目睹人类生存的悲剧以及荒谬。人类死亡、临终、疾病、不幸以及其他人生体验中的生死攸关节点，都是双方寻求的原材料。

然而作家和医生的观察，其目的是不同的。医生介入是为了减低或解除他们面对的身体上的痛苦以及精神上的磨难。他们甄别、分类和治疗疾病。作家做的是澄清和解析，弄清楚人生事件的意义之所在。……

医学和文学结缘已经不知有多少世纪。医学上发生的事是作家的口粮，作家笔下的人类命运激发勤于思考的医生反刍自己的实践。每位患者的个案史是医生的第一手资料。个案史可以视为患者的生命故事或小说。……

每位患者的历史即是一部叙事作品……

当时的课程名称是"文学与医学"(literature and medicine)，后来被"叙事医学"取代，后者成为学者普遍接受的学科名称。2006 年牛津大学出版社出版卡伦(Rita Charon)的 *Narrative Medicine: Honoring the Stories of Illness*①，被视为本学科发展的里程碑之一。

叙事医学进入中国，"有两次重要的座谈会，第一次由韩启德院士召集，于 2011 年 11 月 4 日在北京大学医学人文研究院举行；第二次座谈会由《医学与哲学》杂志、《健康报》、首都医科大学宣武医院和北京大学医学人文研究院共同主办，于 2018 年 3 月 31 日在宣武医院举行"(郭莉萍，2018b)。2018 年《叙事医学》杂志创刊。金昌晓(2018)在发刊词里写道："面对那些缺乏温度的治疗过程，医生的诊疗、护士的服务、病人的体验，不同的视野、不同的角度、不同的主体，需要叙说。"

"缺乏温度的治疗过程"是当前普遍存在的现象。美籍黎巴嫩裔作家 Evelyne Accad 于 1994 年被诊断患乳腺癌。她每天坚持写日记，2001 年以《受伤的乳房》一书公开发表。其中 1994 年 2 月 27 日的日记写道(Accad，2001:42)

> 昨天我看了癌症专家，我一点也不喜欢他。他让我们等了 45 分钟，却没有因让我们久等而道歉。……他面露傲慢和自满。他没有看我的病历，几乎没有看我几眼。他更感兴趣的是发一串手术前要做的检查的单子。后来我才知道，医生发检查单可以大大提高他们的收费。事实上，这位专家收了我高额门诊费：15 分钟 255 美元。

本文作者之一也有过类似经历：在北京某大医院花了 300 元挂特需专家号，但门诊时特需专家却半侧身体，用眼睛的余光扫视他的手机。患者得的是急性肌肉痉挛，疼痛难忍，所以高价挂了特需专家号，却受到专家如此照看，当时的心情可想而知。

中国病人多，医生工作十分辛苦，病人必须理解医生；反过来，医生也要有"温度"。韩启德指出："临床实践的前提是医者和患者的互相了解。医者需要了解患者的病史和诉求，患者需要理解医者做出的诊断和治疗方案。其中最为基础的是医者对病情的了解，而这主要是在患者讲故事和医者听故事的过程中完成的。……卡伦提倡'自由地倾诉、专业地倾听'，我认为非常精辟。"(转引自郭莉萍，2018a 3)

当初，让医学院学生学点文学的初衷，是提高医学院学生的人文素养，做到理解患者，与患者共情。这个传统一直延续至今。Charon(2006)的第 6 章专论如何精读文学作品。她强调这是培养医生和护士叙事医学能力的重要手段。

经过近半个世纪的发展，叙事医学成为一种医学哲学思想实践。Marcum(2008)在《人性化的现代医学：医学哲学引论》第 3 章专门讨论了"患者是生物体还是人"的问题。Marcum 指出，对患者本质的定性是任何医学世界观的最重要元素之一。假如患者不占医学世界观的中心地位，医学就没有必要存在。对患者的本质定位直接关系到对疾病和健康的定位。在生物医学模型里，患者是生物机体，由行使不同功能的分离部件组成。在人文医学模型里，患者一方面是由身脑心整合的生命主体，另一方面还是生活在具体社会与文化环境中的一个成员。患者的主体性和社会性——患者独立人格性——在叙事医学实践中占据首要位置，用 Charon 的话说，尊重患者叙述的疾病故事。韩启德也指出："我们医务人员首先应学会倾听，融入患者的生命，产生共情和共鸣，将患者的感受转化成自己的表述，并再次转化到患者心中。希望医学人文真正融入日常的工作和生活中。"(转引自郭莉萍，2018a)叙事医学的产生与发展让人文医学思想落实到临床实践上。

在语言学领域，研究医患交流比叙事医学还要早(Fisher & Todd，1983；von Raffler-Engel，1989；Gu，1996，1997)。但在语言学家眼里，医患对话只是会话的一种类型，他们分析医患对话主要

① 中译本：《叙事医学：尊重疾病的故事》，郭莉萍译，北京大学医学出版社 2015 年出版。

是为了揭示会话本身的运作机制，改进医患交流只是研究的副产品。而从叙事医学的高度审视医患交流，则使我们有“柳暗花明又一村”之感。

当老病死被压缩到一个短暂的时间段而不可避免地一起谈论时，3 个话题自然分出轻重：死最重，病次之，老最轻。话题如此排序，是病人临床诊断身患绝症所致。当病人被告知患了绝症，等于把原来遥远的死亡话题变为当下必须体验的“命题作文”，而且不是关于他人的死，是自己不得不亲身体验濒死的过程。据此我们区别 3 种谈死亡的视角：①近身亲历谈死亡，即绝症患者本人如何谈死亡；②远身亲历谈死亡，即患者亲属和医护人员如何谈死亡；③亡后谈死亡，即亲属、医护人员、同事、朋友等如何谈死亡。我们以脑死亡为核心节点，谈死亡的 3 个视角在生命历程末端的位置，如图 1 所示。

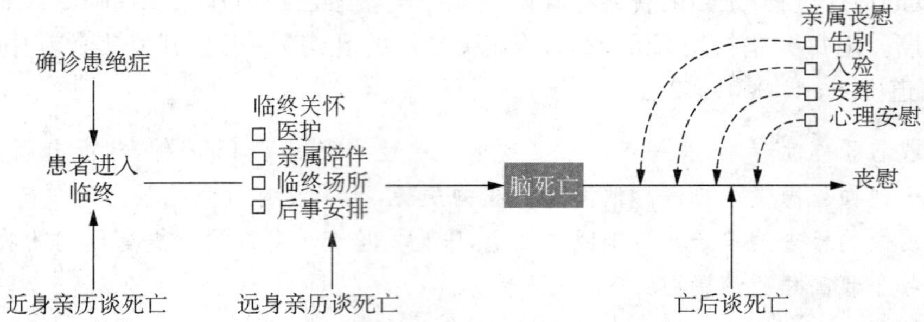

图 1　谈死亡的多个亲历视角

叙事医学中的“叙事”是很宽泛的概念，包括讲、谈、说、倾述、倾诉、叙谈、叙说、叙述等。在语言使用主体上，除个体行为外，自然包括双方或多方的交谈、相互倾诉、相互叙说等。当一位老人确诊患绝症后，即进入生命历程的末端，开始编写其最后一程的“故事”。按照图 1 的架构，这个末端故事不是由老人一个独叙，而是由多人合叙：亲属、医生、看护人、好友等。独叙一般来说意味着临终时的孤独无助，那将是人类文明的丑闻。合叙的人愈多，愈呈现人间的温暖与关爱(见下文第 5 节进一步讨论)。

死亡是人类的共同话题，自人类有了语言就开始言谈，形成大量的词语。下面我们先归纳一下汉民族合叙死亡所累积的词语。

2　汉语死亡词汇知识本体

汉语经过代代相传，保存了大量关于死亡的词语，即死亡现象词汇化。根据部分传世辞书收录的条目，本文采集到单字词 17 个、双字词 99 个、三字词 3 个、四字词 26 个，总计 145 个词语①。我们用语言哲学里常用的概念分析法(conceptual analysis; Grice, 1987)对这 145 个词语做概念分析(表示同一概念的同义词只收录一个)，据此重构汉语死亡知识本体，如图 2 所示。

本体解读如下：

(1) 所谓知识本体(ontology)，是借用人工智能的概念，将某个领域知识形式化，以便计算机可以识读。图 2 很容易转换成机器可读语言，如网络本体语言(OWL)。

(2) 当代医学早先把心脏停止跳动作为死亡的标记，后来更新为以脑死亡为死亡的标记。古人把断气视为死亡的标志。“某某咽气了”等于说某某死了；“气绝身亡”即气绝＝身亡。气绝即身亡代表关于死亡的原始概念(当然仅为一种)。图 2 用椭圆标出。

(3) 气绝前即临终。汉语表达临终的词语，见图 2 右侧。

(4) 气绝后即死亡。由此产生 4 个概念：死因、死讯、尸体、永别。在认识上，死因自然是人们关

① 该 145 个词由张永伟先生提供，特此感谢。

注的焦点，其余 3 个跟后事处理相关。

(5) 围绕死因，汉语为我们提供了复杂的概念网络。首先在概念上区分“疾病致死”和“非疾病致死”。表达疾病致死时考虑逝者的身份，即词语表达跟逝者身份挂钩，由此产生 3 类不同情感的词汇群：敬畏的、中性的和蔑视的。表达非疾病致死的，死因再次成为焦点：死于道义、死于非命、死于罪过、死于自杀。如图 2 所示，不同的死因引发不同的词语表达。

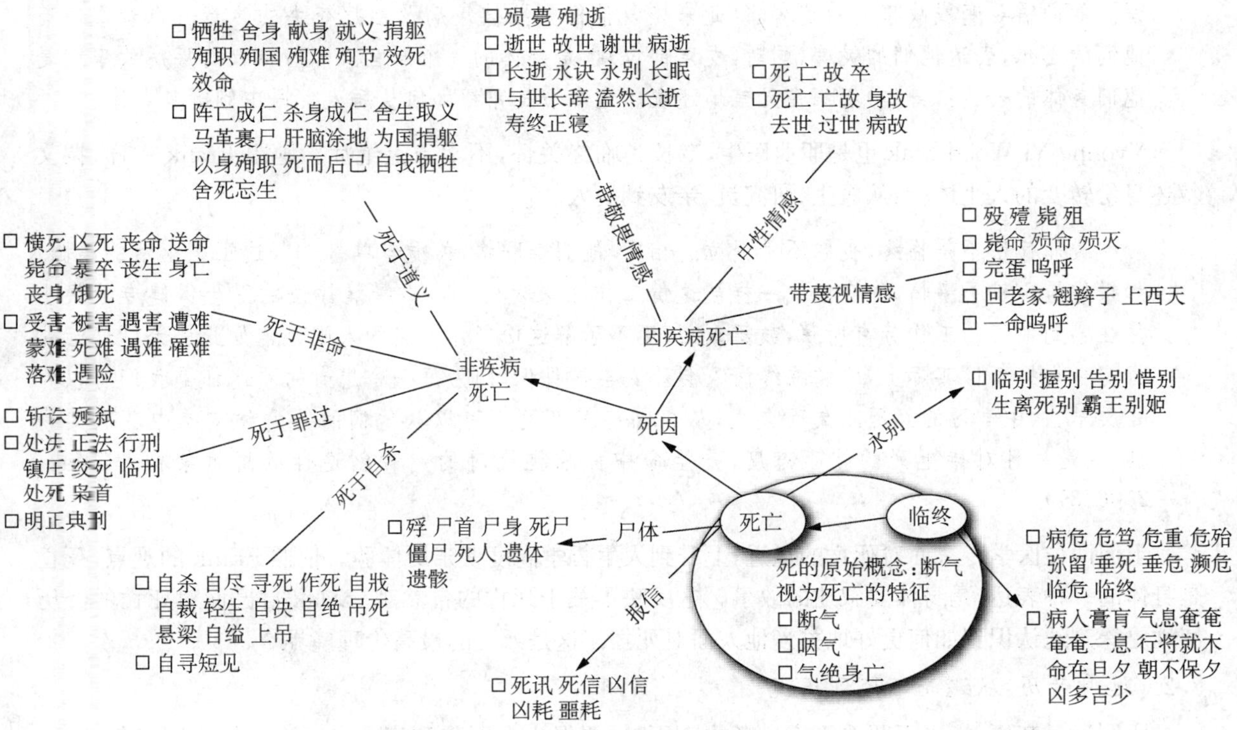

图 2　汉语死亡词汇知识本体

死亡面前人人平等。这跟生物医学伦理“疾病面前人人平等”是相一致的。然而关于死亡的表达则不同。上面死亡词汇知识本体明确显示这一点。此本体可视为汉民族“死亡文化”（王夫之，2018）的冰山之一角。疾病致死属于自然死亡，属于平等性死亡，而长期的儒家礼教等级制度把谈论自然死亡跟逝者的身份、地位等联系起来，并且凝固到词汇里。

非疾病致死的人与疾病致死的人，他们的死亡观往往是截然不同的。社群主体意识形态、价值体系、宗教等往往产生群体死亡观。如当“命”与“仁”冲突而只能择其一时，杀身成仁作为儒家推崇的死亡观，往往为不少爱国将士所采纳。关于非疾病死亡观，王夫之(2018)、具圣姬(2003)有详细的阐释。本文下面讨论死亡，仅限于自然疾病死亡，以及相关的死亡观。

3　医学专家谈死亡

医学专家谈死亡包括近身亲历（受伤的我）和远身亲历两个视角。

3.1　近身亲历：“受伤的我”视角

近身亲历谈死亡，语法上即第一人称“我”谈死亡。当原先健康的“我”变为患绝症的“我”时，死亡开始进入“我”的日常生活意识。叙事医学推进者 Arthur W. Frank(1997：xii)把这种变化称为“受伤的讲故事人”(the wounded story teller)。Frank 的身份很特殊，他是职业医生，后患癌症，是作为职业医生叙述他患绝症后的人生体验。对于许多绝症患者来说,"癌症""死亡"是非常忌讳的话题。"受伤的我"一般都是无声地与自己对话,无言自语时,都可能拒绝接受这些概念跟自己发生关联这个事实;周围的人,无论是近亲还是朋友,在患者面前自然更是绝口不提。Frank 则不同,他不仅把无声变为有声,而且著书立说。这正是叙事医学要做的。他在《受伤的讲故事人》一书的前言里写道:

> 但是述说(死亡)并不容易,倾听(死亡)亦是如此。重病患者不仅身体患病而且难以发声言语。他们需要变成故事的叙述者,以此来恢复他们那些被疾病及治疗夺去的声音。声音代表着他们的思想,表达他们的灵魂,同时(发声部位)也是身体的一个器官。那些神秘的疾病故事就是他们身体的表达:(身体)组织在无言地述说。这本书是介绍如何从病人言语中倾听其身体。

Yvonne Yi Wood Mak 也是职业医生,专长为临终关怀,不幸患上绝症。她跟 Frank 一样,撰文叙述身份转变的人生体验:从医生、研究员、亲友到病人。

> 缓痛疗法不是临终,丧慰不是哭泣。相反,他们是联络、关爱与尊敬——这正是生活的精髓。如果你勇于赋予激情,你会像我一样被这份工作深深吸引。从事缓痛疗法的卫生保健专业人士往往感到他们的工作劳有所获,鼓舞人心,而不了解这份工作之美的人则经常如此评论:"这活儿肯定令人抑郁!"实际上,关爱临终病人会让人丰富见识,因为每一个患者的叙述都是我们可以为之反思、从中学习的经历。久而久之,从事临终关怀的人可以从他们的关爱和交流中获取柔韧性,这是一种对待生死的健康态度,是生命中面临挑战时的一种创造性的思维架构。(Mak, 2006:31)

上面两位医学专家面对死亡的逼近,上升到人生哲学高度谈亲历体验。依照 Frank 的观点,死亡是身体的一种表达,是身体要叙述的故事。这反映了关于死亡的自然观。Mak 自己面对死亡的经历使她更深刻地认识到如何更好地关爱他人面对死亡。这是死亡的最高伦理境界。

3.2 远身亲历:从避而不谈到正视

所谓远身亲历,指当下照看绝症患者的亲历,主要发生在医院和家庭。医生和护士因工作关系,这样的亲历成为常态;亲属照看绝症患者产生的亲历跟前者相比属于偶发。医生和护士应不应该跟患者直接谈死亡?值得深思的现象是,长期以来医学院几乎不设关于死亡的课程。美国哈佛医学院、公共健康学院教授,外科医生阿图·葛文德(Atul Gawande)在《最好的告别》(葛文德, 2015:前言)里写道:

> 在医学院读书期间,我学到了很多东西,但是不包括死亡。第一个学期,我得到一具皮革似的干尸用于解剖,但那仅仅是了解人体解剖学的一个途径而已。对于衰老、衰弱和濒死,我仍旧一无所知,教科书也几乎只字不提。这个过程如何演变、人们如何体验生命的终点,对周围人有什么影响——这些问题好像都无关宏旨。在我们看来,教授们一门心思地教导我们如何挽救生命,以为那才是医学教育的目的,眷顾垂死的生命完全是一个"界外球"。

在国外,随着叙事医学的兴起,这种状况才逐步改变,死亡作为首要话题的著作不断问世。

美国斯坦福大学医学院精神医学终身教授欧文·亚隆(Irvin D. Yalom)在其《直视骄阳:征服死亡恐惧》一书中这样描述死亡:死亡如同骄阳,难以直视又无所不在;时刻想着死亡如同直视骄阳一样是极其困难又痛苦的事情(Yalom, 2008: 5)。要对死亡保持觉知,拥抱死亡这个人生阴影会让我们受益匪浅:这种觉知会让生命之光与死亡阴影融为一体,在我们的有生之年拓展丰富自己的人生(Yalom, 2008: 147)。亚隆坚信我们应该直面死亡,就像正视其他恐惧一样;我们应该去审思自己最终的归宿,去熟悉它、了解它、分析它、研究它、思考它;有引导地直视死亡,而不是压抑那种恐惧,会让人生更加珍贵、更加深刻、更加有活力(Yalom, 2008: 276)。

努兰(Nuland)是耶鲁大学的医学教授和外科医生,在其著作《死亡的脸》中写道(Nuland, 1994: xvi):只有在坦率地讨论死亡的详细过程时,我们才能面对那些我们最害怕的事情,以此了解真相与准备去面对,我们才能超越对未知的死亡世界的恐惧,免于自我欺骗与毁灭。

葛文德也著书表达了自己的观点:没有人可以逃脱,每个人从出生的那一天开始,都在不断老去(Gawande, 2014:18);死亡是非常正常的现象,死亡可能是我们的敌人,但是,死亡是符合事物的自然规律的(Gawande, 2014:17)。

中国医学界也已开始直谈死亡。死亡成为 2018 年 11 月在北京大学召开的第二届北大医学人文国际论坛的主题之一。韩启德(2018)指出:我们对出生、衰老和死亡应该有深刻的认识,最根本的是对生命要有深刻的认识;应该把人的生命放到大自然中与其他生命联系起来,这样会看得更清楚,所有生物的出生、死亡各有其不同特征,但有一点是相同的:都是为了适应自然的变化,保持物种的延续性,自然界所有生命的核心是繁殖与生育;一旦我们把人的生命放到这个大视野来看,我们就会对出生、衰老和死亡有更好的理解。

北京积水潭医院急诊科赵斌主任在主旨发言中说:生命中最确定的事就是我们都会死亡,而最不确定的事是死亡何时降临;死是医学的必然结果,死亡符合事物的自然规律;既然无法战胜死亡,就应该与死亡达成共识,放下是最好的解脱;任何成功取决于有备而来,对死亡的准备也是人生不可回避的重要内容(赵斌, 2018)。

首都医科大学附属北京天坛医院急诊科郭伟主任在主旨报告中说:长生不老是永恒的社会意识,要正视衰老与死亡,开展死亡教育是正视死亡的最好办法,探讨死亡的本质以及各种濒死、丧恸主题与现象,促进人们深切省思自己与他人、社会、自然及至宇宙的关系,从而能够认识生命的终极意义与价值;只有了解了人的生死的基本过程与现象,才会消除关于生死问题的神秘感、恐惧感和心理困惑(郭伟, 2018)。

这两小节医学专家从近身和远身这两个不同角度谈死亡,差别是巨大的,但他们的共同之处是关于死亡的自然观。在他们的推动下,医学院和学术会议开始直视死亡这个"骄阳",把这个话题放到前台直言讨论。这的确是一大进步。

4 患者及其亲属谈死亡

死亡一般会涉及两方:逝者和经历丧亲之痛的亲属。我们用民族志调查法[①]与患者亲属交谈,内容涉及近身亲历、远身亲历和亡后丧慰。下面来自真实生活的语料,我们力求保持原样,理由很简单:老年看护现场调查显示,医患之间、患者与看护人之间,在专业知识、传统认识与价值、言谈方式、相互理解与情感沟通方面,在现实生活中是交织在一起的。通过保持原样——这是本文依照叙事医学原理所采用的方法——让读者远身体验医生、护士、病人、亲属在人生生命末端的真实故事。

4.1 患者近身亲历:直面与被瞒

三一节谈到一些作为"受伤的我"的医学专家能够直视死亡"骄阳"。非医学专家的患者也有能够直视的。如一位临终的姐姐(70 岁,对看望的弟弟):(平静地)"我活够了。我有件事要拜托你。"弟弟不知道如何安慰姐姐,一时无言以对。又如,弟弟回家看望半身不遂多年的哥哥(当时 76 岁,现已去世)。哥哥(对弟弟):"我不能跟我不认识的野鬼葬在一起。"这些话反映出濒死者接受了死亡将至这个事实。

---

① 此法的特点是强调现场、真人、真事、实景观察、录音、录像与田野笔记。

患者惧怕死亡,接受不了绝症这个事实是人之常情的反应。Accad 被告知患乳腺癌的第一个反应是:“为什么会是我?”(Why me?)美国有个民间组织以此命名“Y-Me”(Accad, 2001: 14)。我们的患者亲属访谈里有这样一段记录:“十天后基本控制病情出院,医生建议转到肿瘤内科治疗,长期体弱多病的 M3 第一反应是:‘不去肿瘤科住院,那里很阴森,感觉住进去就没有希望了,还是拿药回家吃吧。’”

我们的亲属访谈中有位患者(已经去世)在接受癌症治疗期间有记病情习惯,他在日记中写道:“5 月 22 日晚 10 时突感左手麻木无力,不听使唤。”“5 月 27 日晚 9 时起,感胸口痛,(字体不清,不能识读)但总是不舒服。难受。”“8 月 8 日 11:30 右中指麻木 5～7 分钟。”“8 月 12 日晚 9:10,突然头晕眼花 5 分钟。”“10 月 13、14 日上午 9 点多钟,头晕眼雾,看物有双影,持续 3～5 分钟。”

通过日记倾诉病痛对患者有益,也是叙事医学鼓励的。此外,根据上面医学专家的观点,接受濒死现实的患者,其精神痛苦应该会小一点。对不能接受濒死现实的患者,医生和亲属会努力隐瞒真实病情。我们的亲属访谈里有这样一段记录(访谈 4,恶性肿瘤晚期患者 M4,78 岁):

> 医生拿来检查报告单跟我说:你爸爸脊柱上都是瘤子,……都没有治愈的可能了,……年纪这么大,化疗效果也不理想,没有价值,还是建议不要过度治疗,也不要穿刺检查了,后面的重点在提高生活质量上;……医生是我的好朋友,我和医生商量好了不让爸爸知道病情,所以医生这样跟我爸爸说:“老爷子,你得的是严重的骨质疏松,你的骨头像玻璃一样脆,一碰就碎,很容易骨折,骨折后就治不了了,你不能提重物,不要弯腰,不过你可以回家,回家后可以散步、练字,开心时也可喝一两小酒,但不能喝多哦。”

这位医生此处采用的是下一节评析的叙事医学推理。

4.2 亲属远身亲历:叙事推理

下面我们从访谈语料中举一例做详细样例,评析采用“叙事推理”分析法。叙事推理译自 Marcum(2008:116)的“narrative reasoning”,Montgomery(2006:46)称之为“narrative rationality”。叙事推理是在实用推理和溯因推理的基础上与叙事医学相适应的临床推理。临床医生对某一患者做出诊断时,是调用他的生物、化学、医学知识——普遍的、基于统计数据的——用于具体的、个体的患者。这是西医通行的生物医学推理(biomedical reasoning)。在这个推理过程中,患者相当于生物化学药品或治疗手段的一个新的试验对象。临床医生知道原先有效概率(如百分之几,或千分之几,等等),但对眼前当下病人是否有效,他也不知道。

叙事推理则不同,需要调用患者的生病故事,包括体验、感受、期盼、忧虑、要求、信念、困惑等。概言之,患者的主体性和社会性成为叙事推理的要素。临床医生做叙事推理时最具挑战性的,是了解患者及其亲属的思维方式。医生要做到这一点,临床医生要进入“这样一种状态,努力使一切内心杂念失声”,全神关注患者(Charon, 2006: 132)。一半注意力看病人,另外一半看手机,显然是不可能做叙事推理的。

用叙事推理分析法包括 3 个视角:临床医生视角,患者视角和亲属视角。临床医生视角理论上涉及两种推理:生物医学推理和叙事推理。患者和亲属视角涉及患者对绝症、治疗和死亡的理解、情感、诉求、决策等。

下面用中国传统诗话和词话喜好的插注法做分析。分析显示:叙事推理分析归根结底是对立矛盾冲突分析。临床医生面对的是生物医学推理和叙事推理之间的冲突,患者面临死亡与求生、治疗与痛苦的冲突,亲属面临治疗与痛苦、重症监护与普通治疗、插管与放弃等冲突。访谈记录和评析见下。

患者 M3(70 岁),恶性肿瘤晚期。亲属叙述如下(叙述较长,为节省篇幅删去部分内容):

患者M3肿瘤切除术后11个月发现肺部出现不明黑点，怀疑是癌转移，由于不具备手术条件只能到B医院做射波刀术，射波刀术后5个月回到B医院做第三次复查，加强CT检查结果出来的当天，患者M3对亲属转述医生的话："H医生告知我说，原来的黑点经射波刀术后坏死，可能有炎症；但在肺门另一处出现一大黑影。一月份(复查时)还没有，一下子就大了。经讨论认为恶性的可能性大，想给我做纤维镜检查，但很辛苦的，且成功率仅有35%左右。我问医生的意见，他倾向再做射波刀，无论做不做纤维镜检查，都可以做射波刀治疗。"

评析：临床医生调用生物医学推理是显而易见的。临床医生诊断需要科学证据。而证据以及相关药物知识是不完整的，不精密的。医生的"可能性""成功率仅有35%"等用语就反映这一点。对患者和亲属来说，专业医生都说不准，他们自然心里没有底了。按照叙事医学的做法，医生是要有"温度"的，而不是冷冰冰的"可能性"、很低的"成功率"。生物医学推理与叙事医学推理的矛盾正在这里。

亲属为此去找H医生的上级L主任医生咨询，L主任医生对照患者M3的CT片跟亲属说："你爸爸原来做射波刀的病灶可能已经消失，在片子上看呈发射(放射?)性炎症的状态，只要身体没什么表现就可以不用处理，大多数射波刀术后患者都如此；但糟糕的是在左肺门处另外发现一片阴影，这是新长出来的，之前复查时从没表现出来(L主任拿出以前复查的片子对比着说)，这应该是恶性的；建议由呼吸科做纤支镜取样出来检查，看看这是肺原发癌还是肝癌转移过来的，这样对后续治疗比较有针对性；但是做纤支镜不一定能取得到这个病灶，取到的成功率只有30%左右，而且这个部位做纤支镜可能有风险……无论是否做纤支镜，都要对这个病灶做射波刀术。"

评析：亲属寻求更多医生的意见是患者和亲属常见的思维模式。L主任医生用的也是生物医学推理。表达上"这应该是恶性的"比前面医生的更加确定，不过成功率没有变。这反映了当前医学所能达到的水平。

慎重起见，患者M3转入三级甲等A医院住院治疗。医生查房讨论后告诉患者M3的亲属："我们讨论后认为：一方面虽然可以做纤支镜小探头活检，但由于病人基础疾病多，病灶旁边又有大血管，风险比一般人要大，有大出血风险，而且不一定能取中；另一方面，如果不做纤支镜小探头活检，就无法诊断病因，无法开展后续针对性的治疗。"亲属问医生："你们是医生，有专业知识，我们不太懂，那你从医生的角度出发，你认为是否应该做纤支镜呢？"医生回复："这个要由你们自己决定，你们亲属和病人商量，由你们选择。"亲属："如果不做纤支镜，后面怎么办呢？"医生："不做纤支镜，真的没法用药，因为无法准确判断这是肺原发癌还是肝癌转移，我们医生中有两种不同的观点，有的认为是肝癌转移，有的认为是肺原发癌，这两种情况用药是完全不同的。"病人和亲属都很矛盾，很难做出选择。另一医生(跟亲属比较熟悉的医生)建议："因为之前做过肝癌手术，要不就赌一把，反正不做纤支镜就不能对症吃药，不吃药就不能解决问题，如果碰运气，直接试试肝癌靶向药，如果对症最好，不对症也就是有一些副作用。"但另一个肝胆科医生说："我对比了你爸爸手术前后的肿瘤标记物水平变化特点，目前肝癌复发转移的证据尚不充分，原来术前甲胎蛋白大于1 000，现在只有19.3。"没有医学知识背景的患者M3和亲属面对这些言语，心里无比纠结，难以取舍，既想知道确切病因，又担心手术风险。

评析：生物医学推理和叙事医学推理之间的冲突凸显无遗。生物医学推理本身有冲突："我们医生中有两种不同的观点，有的认为是肝癌转移，有的认为是肺原发癌。"叙事医学推理要求医生进入患者及其亲属的内心世界，想他们所想，这个没有做到："这个要由你们自己决定，你们亲属和病人商量，由你们选择。"医生为什么不能替病人或亲属做选择？这是因为绝症与治疗之间的冲突。对于绝症不是某个医生没有办法，整个当前医学界都没有办法。叙事医学推理要求医生能够把冰冷的事实用温暖的方式告诉患者和亲属。"跟亲属比较熟悉的医生"对亲属做出明确的选择建议。这是"暖的"。他能这么做是因为不怕亲属"翻脸"，事后追责。

一两天后，患者M3看到隔壁床两个病友做纤支镜后平安无事，又问医生："医生，他们说纤支镜还是比较轻松的，我看病房里这两个病友做回来都没什么事。"医生说："每个人情况不一样，比如体质、病灶所在地方，有人很轻松，也有病人下不了手术台的，当然这是极少数，你的病灶旁边有大血管，而且基础疾病多，风险比别人大。"患者M3和亲属几经商量，最终决定不做纤支镜。

评析：同病房患者相互之间会影响思维和决策。医生回答也是根据生物医学推理做出的。"每个人情况不一样"正是生物医学推理中把普遍的医学知识用于临床个案时面临的困境。Marcum(2008)和Montgomery(2006)都把这个无法解开的困境作为推进叙事医学推理的动因之一。临床医生面临的都是个案，个案的"生病故事"要成为临床诊断推理的一部分。

几天后，患者M3病情加重，高烧连续多日不退，身体浮肿，患者M3情绪低落。医生约谈亲属："你爸爸病情加重了，这几天肺部感染导致高烧，有积水，身体浮肿，复查CT，阴影增大，可能在扩散，出现心衰，呼吸困难，如果控制不好可能要进重症监护，随时有危险，现在下病危通知书，你看完后请签字。"亲属回到患者身边，结合医生交代的事项并隐瞒病危实情，耐心地跟患者解释："医生说连续多日发烧是肺部感染，因为你的肝肾功能不好，担心其他药物的副作用，所以决定用最好的进口抗生素针剂——醋酸卡泊芬净，这个是自费药，医院里没有，等会我去买；身上的浮肿是肾功能问题，医生等会就给你用白蛋白，并安排做血透，这些都是对症治疗，不用太担心……"

评析：进重症监护、在病危通知书上签字是患者亲属面临的冲突到了炽热点。亲属对患者说谎，隐瞒病情，这是医学伦理所允许的。但医生对患者是否可以这么做？对亲属是否可以这么做？

十几天后，患者M3病情继续恶化，当天晚上九点半，医生再次约谈亲属，语气沉重地说：

"老人家病情继续加重，非常可能就在今晚离去，你们要有充分的思想准备，还要准备好他的身份证、衣服……"当天深夜，患者M3与世长辞。

评析：医生这里用的叙事推理语言："语气沉重地说""老人家""离去"。作为医生他无力回天，生物医学推理自然也省去了。

4.3 亲属叙述的价值

叙事医学有个重要的倾诉原则，包括医生听患者倾诉，亲属听患者倾诉，第三方(即所谓的局外人)听亲属倾诉，这对于整个社会的心理健康来说是至关重要的，从一个侧面反映社会的整体文明程度。我们用民族志调查法让患者亲属对我们倾诉，把倾诉的实况报告如上，让读者远身亲历这样的倾诉，以提高社会对老人这个弱势群体的同情和理解。

亲属叙述反映了生物医学推理与叙事医学推理之间的矛盾和冲突。这样的评析对于增进医患之间的理解、缓和医患矛盾是有益的。医生诊断思维主要基于生物医学推理，患者及其亲属的思维方式是叙事医学推理的一种。两种思维方式是做不到无缝连接的，在临床实践上医生是难以兼顾的。Marcum、Montgomery、Gawande等都强调指出，医学(medicine)不是名副其实的科学(science)，因为医学知识是不完整的、不全面的、概率性的，医学本质上是一种实践(practice)。假如有朝一日医学发达到如此程度，可以无病而不治，两种推理之间的矛盾就自然消除了。

5　丧礼与悼词

脑死亡标志老人所有生命活动的终结，生命历程故事画上最后一个句号。然而，上文说过，如果是独叙故事，那将是人类文明的丑闻。为什么是这样呢？张捷夫在《丧葬史话》(2000)引言里这样写道：

……最早的人类，生活与普通动物差不了多少，白天成群结队地寻找食物，夜间住在树上或洞穴里，行动无意识，死后弃尸荒野，任凭禽兽啄食。所以，当时的人是没有丧葬可言的。直到灵魂观念出现以后，才开始逐步形成埋葬尸体的风气。

“弃尸荒野、任凭禽兽啄食”显然还是原始的，不文明的。随着原始人对自身的认识，加上对死亡的观察与惧怕，开始寻求解脱的办法。灵魂观念是怎样产生的？

一般认为，当时生产力极端低下，人类对自身和外部的自然现象不可能作出正确的解释。睡眠中偶然梦见已经死去的人仍然同活着的人一样进行各种活动时，便误认为人除肉体以外，还有一种非物质的东西存在，这就是灵魂。

张捷夫接着指出早期人类对灵魂作用的认识：

当时的人认为，灵魂附在肉体上，能主宰一切，灵魂一旦离开了肉体，人便死亡，人死以后，灵魂却还活着，仍能干预人间的事务，祸福子孙。随着人类亲情观念的浓重，对死去的亲人往往产生怀念之情，希望死去的亲人能在另一个世界里生活得好些，并能庇护子孙。于是，便开始重视对死人的处理，从而产生了丧葬。

21世纪的今天，生物医学早已证明肉体以外是没有灵魂的。无神论者也不相信死后进入另外一个世界。然而，“中国很早以来就将长者的丧事称为‘白喜事’”(王夫之，2018：197)，为亡故老人操办“白喜事”的习俗还是相当普遍的。从社会心理健康和孝敬之情的角度看，这样的丧礼民风有可取的一面。我们的老年多模态语料库收录了发生在内蒙古某地的一个影像样例(即全过程录音录像)。堂屋设为灵堂，84岁老人的遗体摆放在灵堂中间，“白宴”在屋外举行。告别悼词节选如下：

我代表家人，向各位，及街道会的各位人员，感谢各位的到场。让我们一起鞠躬。冰冷的雪花，是我们儿女胸中悲痛的眼泪。我们的妈妈，你给我们做了美味佳肴，天寒时候，你温暖我们，每一次电话，听到您的声音，我们就无比的欢喜。而现在你就这样忍心地抛下我们，您关心、惦念着我们，怎能离去？我们想念您，我们的妈妈。请您放心地去吧，我们子女，会照顾好我们的爸爸，让他有一个幸福的晚年，请您安息吧。我们子女会在各项事业上继续进步，都会把各自的家庭建设好，把我们的儿女培养好，妈妈您就放心地去吧。妈妈，您别太累了，一路走好。您的儿子、儿媳，还有孙女、孙子永远怀念您，您永远在我们的心中。妈妈。

这是告别倾诉！对于本文主题而言，这是84岁老人人生故事的最后一章，是她的后代跟她的亡灵一起做的合叙。从最早弃尸荒野到悼念合叙故事，是人类丧葬文明的进步。

6　本文存在问题以及将来研究方向

本文以叙事医学理论为基点构建老病死的叙事故事。故事以诊断患绝症为起点，患者亡故为终点，其间老病死3个话题汇聚一处。中外医学专家有近身亲历(“受伤的我”)谈死亡的，也有远身亲历谈死亡的。他们都表达了死亡自然观。这跟中国古代哲学家庄子的生死观是不谋而合的。与专家对应的是患者亲属，他们远身亲历绝症患者的治疗过程以及日渐逼近的死亡。他们的叙述虽然缺乏生命哲学的高度，但是直接触及痛苦的现实。本文有对普通绝症患者的近身亲历记录，但没有做访谈，这是文章明显的不足之处。

文章第二部分归纳死亡现象在汉语中的词汇知识本体，在本文中起背景铺垫作用。本质上，死亡现象词汇相当于我们汉民族编织死亡大故事的情节节点。在叙事医学理论的引领下，把大故事讲述出来，是一项非常有意义的研究，有待感兴趣者去承接完成。

参考文献

[1] ABBOTT H P. The cambridge introduction to narrative[M]. Cambridge: Cambridge University Press, 2002.
[2] ACCAD, E. The wounded breast: intimate journeys through cancer[M]. North Melbourne: Spinifex Press, 2001.
[3] CHARON R. Narrative medicine: honoring the stories of illness[M]. Oxford: Oxford University Press, 2006.
[4] FISHER S, TODD A D. The social organization of doctor-patient communication[M]. Washington, D. C.: Center for Applied Linguistics, 1983.
[5] FRANK A W. The wounded storyteller: body, illness, and ethics[M]. Chicago: The University of Chicago Press, 1997.
[6] GAWANDE A. Being mortal: illness, medicine, and what matters in the end[M]. London: Profile Books Ltd 2014.
[7] GRICE H P. Studies in the way of words[M]. Cambridge, MA: Harvard University Press, 1987.
[8] GU Y. Doctor-patient interaction as goal-directed discourse[J]. Journal of Asian Pacific Communication 7(3&4), 156-176. Gu, Y. 1997. Five ways of handling a bedpan. Text, 1996. 17(4): 457-475.
[9] JENKINS C, MERRY J. Relative grief[M]. London: Jessica Kingsley Publishers, 2006.
[10] MAK Y Y W. A personal journey: the physician, the researcher, the relative, and the patient [C]. In Chan C L W, CHOW A. Y. M. Death, dying and bereavement: a Hong Kong Chinese experience. Hong Kong: Hong Kong University Press, 2006.
[11] MARCUM J A. Humanizing modern medicine: an introductory philosophy of medicine[M]. Springer Science + Business Media B.V, 2008.
[12] MONTGOMERY, K. How doctors think: clinical judgment and the practice of medicine[M]. Oxford: Oxford University Press, 2002.
[13] Mortimer J T, SHANAHAN. M J. Handbook of the life course[M]. New York: Kluwer Academic Publishers, 2006.
[14] NULAND S B. How we die[M]. New York: Vintage Books, A Division of Random House, Inc. 1994.
[15] OVERTON W F. The Handbook of life-span development[M]. Hoboken, New Jersey: John Wiley & Sons, Inc, 2010.
[16] SIMPSON M A. Dying, death, and grief: a critically annotated bibliography and source book of thanatology and terminal care[M]. New York: Plenum Press, 1979.
[17] TALWAR V, HARRIS P L, SCHLEIFER M. Children's understanding of death[M].

Cambridge: Cambridge University Press, 2011.
[18] TRAUTMANN J. Healing arts in dialogue: medicine and literature[M]. Carbondale: Southern Illinois University Press, 1981.
[19] VON RAFflER-ENGEL W. Doctor-patient interaction[M]. Amsterdam: John Benjamins B. V, 2008.
[20] YALOM I D. Staring at the Sun: Overcoming the terror of death[M]. San Francisco: Jossey-Bass, 1989.
[21] 陈明芳.中国悬棺葬[M].重庆:重庆出版社,1992.
[22] 郭莉萍.始于医者仁心的叙事医学——韩启德院士访谈录[J].叙事医学,2018a(1).
[23] 郭莉萍.叙事医学的发展及在地化[J].叙事医学,2018b(1).
[24] 郭伟.让秋叶随风随落——敬畏死亡[R].2018. https://school.medtime.cn/course/551/task/19240/show.
[25] 韩启德.领导嘉宾发言[R].2018.https://school.medtime.cn/course/551/task/19235/show.
[26] 金昌晓.叙说人文智慧,体验医学温度[J].叙事医学,2018,1(1).
[27] 具圣姬.汉代人的死亡观[M].北京:民族出版社,2003.
[28] 浦安迪.中国叙事学[M].北京:北京大学出版社,1996.
[29] 王夫之.殡葬文化学[M].长沙:湖南大学出版社,2018.
[30] 杨义.中国叙事学[M].北京:人民出版社,1997.
[31] 张捷夫.丧葬史话[M].北京:大百科全书出版社,2000.
[32] 赵斌.医生要面对死亡的思考[R].2018. https://school.medtime.cn/course/551/task/19239/show.

第十一章　老年语言学研究的语用维度：视角、方法与议题

黄立鹤　朱　琦

1　引言

目前，形势严峻的老龄化已成为全球范围内一个重要话题。伴随着衰老，人类的生理机能会出现一定的功能退化和障碍。其中，老年人语言衰老、大脑认知变化及相应的病理机制等议题，日益受到关注，由心理学、语言学、生理学、医学等领域的专家学者联手展开研究（黄立鹤，2015）。

在上述相关研究中，语言作为高级认知功能，始终是学者们的重点关注对象。老年人因正常认知老化、生理器官衰退、罹患精神或神经退行性疾病而引发各类语言现象，对该类问题的研究属于《老年语言学》研究领域（顾曰国，2019）。这种语言蚀失在语用维度就体现为老年人的语用能力衰退。在老龄化趋势日益严峻的社会背景下，对老年人语用交际等语言衰老的相关研究尤为必要且十分迫切。Owens 提出的语言功能模型，指出语言作为维系社交的重要工具，其核心是语用能力（Owens，1991）。因此，对老年人语言衰退现象的界定与评估，除了传统的语音、语法、词汇等层面，语用能力指标不可或缺。

本文尝试回答以下三个问题：有哪些理论视角可以帮助我们探索老年人语用能力？可以用什么方法衡量老年人的语用能力？目前老年人语用能力的研究议题有哪些？本文首先总结近年来国内外学者关于语用能力的不同观点，拟从研究视角和研究方法出发，对老年人语用能力蚀失方面的研究成果进行梳理，阐释研究意义，分析未来方向。

2　语用能力的界定

为了解老年人语用能力蚀失的相关研究成果与现状，首先应该明确语用能力的概念范畴。语用能力的概念最先出现于交际能力的相关表述。在交际能力分析框架中，多数学者都不同程度地涉及语用能力的相关表述，但均未明确给出正式的概念界定（李民等，2012）。

Thomas 首先将语用能力定义为“有效地运用语言知识以达到特定的交际目的和理解特定场景中话语的能力”（Thomas，1983）。Bachman（1990）以测试学为指导视角，从组织能力（organizational competence）和语用能力两方面评估语用能力，前者由语法能力（grammatical competence）和篇章能力（textual competence）组成，后者又可进一步分为施事能力（illocutionary competence）和社交语言能力（sociolinguistic competence）；Jung（2002）认为语用能力包括实施言语行为的能力（the ability to perform speech acts）、传达和理解非字面意义的能力（the ability to convey and interpret non-literal meanings）、实施礼貌功能的能力（the ability to perform polite ness functions）、实施会话功能的能力（the ability to perform discourse functions）以及运用文化知识的能力（the ability to use cultural knowledge）。

在国内的相关研究中，何自然（1988）将语用能力定义为“在不同交际环境下理解和运用符合特定情境的特定话语的能力”；余光武（2014）将汉语的语用能力建构归纳为语篇、语体、礼貌、修辞、言语行

【基金项目】国家社科基金青年项目《基于多模态语料库的阿尔茨海默病老年人语用能力蚀失研究》（项目编号：19CYY018）。
【作者信息】黄立鹤、朱琦：同济大学外国语学院、同济大学老龄语言与看护研究中心。
【注】本文首刊于《华东师范大学学报（哲学社会科学版）》2019 年第 6 期。

为、言外之意;陶源、姜占好(2012)亦指出语用能力是一种特定语境条件下的言语行为能力,帮助说话人能够实施自己言语行为并且理解交际对方的言外之力(illocutionary force);陈新仁(2009)将语用能力界定为"交际者在语境互动中恰当地使用语言形式、语言策略或实施言语行为,表达交际意图等的多方面交际能力"。

纵观这些研究可以发现,国内外学者都不同程度地阐述语用能力最终在交际中的体现是"施事",多次强调言语行为、言外之力等相关概念。因此,理解和实施适切的言语行为被视为衡量语用能力的核心,这也是判定患者语用障碍、评估语用能力的重要范畴(冉永平、李欣芳,2017)。因此,更多学者已开始基于言语行为对智退症人群的语用能力进行研究,发现其言语行为的理解与实施随病程发展均有损害(Bayles, 1985;Ripich, 1991)。也有个别学者从话语标记入手,如比利时鲁汶大学 Bolly 及 Boutet 主持的欧盟项目"基于多模态语料库的老年人语用能力研究"认为话语标记语是评估语言能力的关键因素指标。该研究虽然建立了多模态语料库,对手势、眼神等做了语用分析与阐释,但是将语言因素与非语言因素割裂开来,忽略了影响语用因素的整体性,而非局限于词汇的功能分析。总的来说,从言语行为入手,判断和分析老年人语用能力的蚀失过程应是较为理想的切入口。但目前仅有个别西方学者零星描述了智退症老年人言语行为特征,尚未上升至语用能力的高度进行探究,为相关研究留下了可为之地。

3　老年人语用能力蚀失研究的理论视角

这里首先介绍老年人语用能力蚀失研究背后的功能语用视角和神经认知视角。在此基础之上,本节阐释为何 Perkins(2007)的"浮现模型视角"(emergentist model)更加贴近未来基于多模态方法探究老年人语用能力蚀失的发展趋势。最后,引入较为新兴的生命历程视角,指出该视角与老年人语用能力蚀失研究的契合度以及进行跨学科研究的可能性。

3.1　功能语用视角

基于功能语用视角的研究主要试图分析交际者话语中所包含的交际意图,揭示该话语对交际双方的影响以及交际者与语境之间的相互作用(Bloom,1993)。言语行为理论、会话合作原则、礼貌原则等分析理论及相关的语篇分析等理论,皆被用于分析语用能力蚀失的老年人话语(Guendouzi,2006)。

例如,Davis(2005)分析了三位阿尔茨海默病患者话语中 well,oh,so 三个话语标记语的语用功能,指出病情的发展对于话语标记语使用有一定影响;刘楚群(2016)探讨了老年人口语中存在着词语和篇章的缺损,不同于"词语、固定结构、补语、状语的缺损在语境中基本不造成信息损耗","篇章结构的缺损会造成明显的信息损耗",对于信息的有效传递会有一定影响;Altmann 和 Troche(2011)通过对以往文献的整理,认为老年帕金森病患者的语言能力会出现如下特征:信息内容减少、语法能力衰退、流利度受损、句法复杂度降低,这也说明了老年患者对于复杂句子与语篇的理解能力大大下降;Sherratt 和 Bryan(2019)通过统计学分析,认为口语语篇衔接能力是老年人语用能力的重要标志。

语言学理论和其在临床方面的应用,其作用是相互的(Perkins,2009)。语用学可以为相关的语言衰老、蚀失的临床研究提供一系列描述、分析与阐释框架,亦可为临床治疗和语言训练提供一定的方向性指导;临床的相关实验数据、语料资源亦可以用来进一步检验、完善语用学理论。

3.2　神经认知视角

认知视角认为语用能力的基础是认知,语用能力的蚀失往往是因为认知功能出现障碍(冉永平、李欣芳,2017)。老年人随着年龄增长,其理解与认知能力出现了不同程度的下降,因而在会话交际中对说话人话语的理解与认知出现偏差,影响交际质量,这也是反映语用能力下降的重要表现。功能语用视角虽然将语用学理论应用到语用交际障碍或者退化的分析中，但是无法揭示语用能力蚀失产生的具体原因，使后期相关的临床干预和治疗遇到一定困难(Perkins，1998)。这说明，目前对于老年人语用能力蚀失的研究，需要借助相关的神经认知理论或者方法。例如，Guendouzi(2013)运用经典的关联理论以探究智退症患者管理交际对话的特征。智退症患者由于受到认知系统的限制以及所接收到的社会输入，会尽可能地基于自己的理解做出相应的推断。当患者在建立关联时，可能会发生如下认知进程：①智退症患者不能专注于相关的信息输入，以至于他们只能接收到部分刺激的信息；②由于大脑皮层或者皮下组织受损，与刺激相关的信息可能不会到达智退症患者大脑中的相应位置；③智退症患者不能抑制被说话人话语所促发的相关词语或者概念的产生；④智退症患者过度关注了信息输入。

3.3 Perkins 的浮现模型视角

虽然相关的认知理论能够对语用能力蚀失的内在原因起到一定的解释、补充，但未注意到语言作为交际工具，语用能力的蚀失也必定受到交际参与者及其他相关语境因素的影响。为了揭示语用障碍的特征及其多样性，Perkins(2007)提出了一种综合性的浮现视角(emergentist perspective)，构建了语用浮现模型(emergentist model of pragmatics)，将认知、个体神经、生理、个人特征、语境等因素都纳入影响语用功能的范畴。该理论视角认为语用损伤实则是个体在交际中对意义进行编码、解码的过程中的“选择”(choice)受到了限制与制约。该种选择的表征即为构成交际行为基础的符号系统(semiotic)、认知(cognitive)、神经与感觉(sensorimotor)等(参见表1)。Perkins 的观点也从侧面印证了语用功能是各因素、各层面相互作用的结果，即语用能力的蚀失往往是其中一个或多个系统因素受到损伤，导致相互作用的失衡，语用障碍随之“浮现”。而当这种障碍出现时，大脑认知就会根据交际需要进行“补偿性调整”(compensatory adaptation)。这种补偿性调整分为个体内部(intrapersonal)的语用补偿和人际层面(interpersonal)的语用补偿两个层面。例如，在个体内部，当句法符号系统受损导致交际障碍时，个体往往会通过语音、韵律等方式补偿调整以达成话语的语用目的；当语言符号系统受损导致交际障碍时，个体又会结合自己的手势、动作等行为以完成交际行为。同时，个体内部的语用补偿与人际层面的语用补偿往往相互配合与协作。当个体内部不足以完成语用补偿时，则需要人际层面的补充，以顺利推进交际活动；人际层面的语用补偿多来自交际对方。这种补偿调整的研究范式通常是会话分析。当患者可能会出现语言系统与认知系统的同时受损，如导致找词困难、话语缺损、认知理解困难等现象时，可以通过交际对方适应患者话语特征，给出便于患者理解的交际话语，仍可使得患者完成诸如话轮转换等行为。

表1 语用因素

符号系统(Semiotic)	认知(Cognitive)	行动(Motor)	感觉(Sensory)
语言：	推理	声道	听觉
语音	思想理论	手	视觉
韵律	执行功能	胳膊	
形态	记忆	脸	
句法	情绪	眼睛	
语义	态度	身体	
语篇			
手势			
眼神			
表情			
身体姿态			

应当看到,Perkins 的浮现模型理论,除了为我们研究语用能力蚀失提供理论参考以外,也进一步支持了基于多模态语料库研究老年人语用能力的必要性和科学性。

3.4 生命历程视角

除了上文所提及的语用、认知以及浮现模型视角,本文简单地介绍生命历程视角(Life Course Perspective)应用于老年人语用能力蚀失研究的理据性。老年人的语言发展,处于生命历程的末端,因而老年语言学的研究应该着眼于生命历程视角(顾曰国,2019)。

Elder(1998)将生命历程视为个体在其一生中按照年龄层级顺序不断地扮演社会所规定的角色和事件,并提出了生命历程的四条基本原理:①一定时空中的生活,认为生命阶段、历史时期以及空间差异皆会导致生命历程的差异;②相互联系的生命,认为一切的个体行为不是独立存在,而是存在于具体的社会关系之中,重点在于联系,而非个体的生命周期;③生活的时序性,强调了生命事件对于个人的影响程度及与时间的关系;④个人能动性,认为个体可以在环境及历史的条件和制约下,构建自己的生命历程。生命历程关注点在于个体生命历程与社会变迁的相互嵌入、相互结合。

为什么要将生命历程视角引入老年人语用能力蚀失的研究中?由于语用能力的发展、蚀失是一个长时间、渐进的发展过程,特别是语用蚀失的研究对象,除了一部分正常老龄化的老年人,还有很大一部分的"非典型老化"老年人(如阿尔茨海默病、帕金森病患者)。研究这些老年人语用能力随时间推移、病程推进而逐步蚀失的过程,与生命历程"用轨迹、转折点、持续期来描述变迁社会中的个体发展"的时间观相契合。同时,语用研究势必要考虑到相关的社会、文化、历史、环境等因素,而生命历程的研究思路对于长期的空间行为研究具有良好的适用性。在研究老年人语用能力的问题上,生命历程理论视角可以为我们借鉴社会学、心理学、传播学等学科提供理论支撑,同时又紧扣语用能力的社会交际属性。

4 老年人语用能力蚀失的研究方法

本文所提到的"语用能力"是涵盖了神经认知、会话分析、功能语用等多重视角的广义概念。因此,研究者往往采用不同的方法、对不同的语用指标维度进行探索。本节主要从研究方法出发,梳理国内外关于老年人语用能力蚀失的相关成果,基于吴国良等(2014)提出的民族志法、个案研究法、受控实验法及多模态语料库语言学方法进行介绍评述①,在此基础之上,比较分析各研究方法的优缺点,指出多模态语料库语言学方法之于老年语言学语用维度研究的重要意义。

4.1 民族志法、个案研究法

在民族志法中,研究者一般会根据研究需求,采用正式程度不同的方式对受访者进行面对面的交流访谈,研究通常会确定具体的调查对象,就某种社会现象或问题对其进行观察研究。Hamilton (1994)以智退症患者 Elsie 为调查对象,记录了与之长达四年半的对话。通过时间跨度上的对比分析,发现 1981 年秋 Elsie 尚且能借助语言表达出请求、希望、澄清和拒绝帮助等含义;而到了 1986 年春,Elsie 几乎已经不能主动发起对话,只能对作者的话语做出反应。这种回应不是使用确切、清晰的词,而是通过简单的语气词完成,如 mhm,mmm,hmm 等;Hamilton 同时指出,语言行为的变化蚀失,既是定性的,又是定量的。定量是指在一段时间内,语言能力保持一个较为平稳增强或者减退的趋势;定性是指语言的蚀失通常出现特定的交际障碍,包括找词困难、回应 wh 问题等。虽然该项研究并未对老年人的语用能力蚀失做出明确的界定与分析,更多的是从话语和会话的角度出发描述性地分析与患者的交流对话,阐述其语言的使用能力变化,但实际上已涉及了语言的功能性层面,如智

① 吴国良等(2014)还提出基于无创脑成像技术的研究方法,但该方法主要运用于老年语言学研究的其他维度,此处暂不介绍。

退症患者常利用会话修正，澄清交际中的障碍源(trouble source)，意在对影响他们做出恰当回应的认知障碍进行补偿。

此外，现有关于语用能力的研究多集中在二语习得领域，鲜有研究对具有多语经历的老年人语用能力变化展开相关研究。Divita(2014)以三位移民的妇女为研究对象，采用生命故事法(life story approach)，对其在成年以后学习法语、多语能力展开了描述与记载，提出了老年与老龄化研究的社会语言学视角。但该研究未对多语经历老年人的语用能力及其蚀失展开深入分析。与此同时，有学者以六十岁以上的不同国籍和社会、经济背景的老年人话语音视频及参与者自愿提供的近期与过去书面写作文本为研究语料，开展针对多语种老年人的多模态长期纵向研究。该研究不仅将时间跨度、社会因素考虑在内，更是对面部表情和肢体进行了分析(Hernandez-Dominguez，2016)。这些基于个案分析或者民族志法的研究，给予后来研究者多模态和生命历程视角的启迪。

4.2 受控实验法

受控实验法是研究语用能力蚀失和语用障碍的重要范式。研究者通过控制某些特定语境条件或变量，事先设定所需收集语料的类型，就某个具体的研究问题对语料进行转写分析。受控实验法通常会设置相应的实验参照组，以揭示两组受试人员在神经、认知、心理机制等方面的差异(冉永平、李欣芳，2017)。当前的研究多以该种方式收集相关语料；再通过相关语言学理论知识来阐述老年人的话语特征。其中，对"CookieTheft"(Goodglass，1983)图像进行描述成为大部分研究者的首选语料采集途径。

我国台湾地区的学者较早开展了母语为汉语的老年人语用能力蚀失研究。高雄大学 Lai & Lin (2012)基于受控实验法对比了母语为汉语的正常台湾老年人与阿尔茨海默病老年人在描述和叙述任务中话语标记语的使用情况，结果证明：患有阿尔茨海默病患者在话语标记语使用的次数和种类上均低于正常老年人；虽然两组的受试者话语中都出现了某些共同的话语标记语，但就实际交际效果而言，阿尔茨海默病病人并未完全掌握这些话语标记语的语用功能。邱倚璿、王静谊(2014)通过对照实验，发现老年人在面对陌生人时，主动与对方互动交流沟通的意愿会加强，从而使得交际涉及的内容主题增多。但在实际的交际对话过程中，交际内容的增多和记忆认知能力的下降，导致对话中出现了较多的离题现象；而面对关系较亲密的人时，互动需求已被部分满足，倾向以精简总结的方式来进行沟通交流。这也揭示了年长者语言表达同时受到认知、社会互动需求与沟通目的的影响。Rathel 和 Hielscher-fastabend(2004)则通过两组实验，探究老年人对于情感语调(emotional intonation，句子韵律表达出的情感状态)和语言语调(linguistic intonation，句子韵律消除歧义的作用)的认知。实验数据表明，情感语调的辨认能力与年龄无关；而对语言语调的识别则随年龄的增长而衰退。

4.3 多模态语料库研究方法

目前，基于语料库的语言蚀失研究正逐步兴起。通过建立对比语料库、基于常模对比研究语言蚀失问题已成为前沿思路(刘红艳，2014)，这为我们研究阿尔茨海默病患者语用交际特点提供了新的方法。但是，即便是语料库方法，传统语言衰老研究的关注点在于语言本体范畴的衰老现象，例如语音、词汇、句法、语义等。近年来，一些非言语现象，如脸部表情、手势、情感表现等，也引起了专家学者的广泛关注。Wilson 和 Sperber(2002)指出，交际中的言语和非言语特征对解读说话者含义和听话者理解均十分重要。一些国内学者认为，在言语交往中，老年人会通过语调、面部表情、手势等副语言方式辅助情感表达、彰显话语的表达效果(吕明臣、李宇峰，2016；李宇峰，2016)。也有研究指出老年人对面部表情的识别能力低于年轻人(Clark-Cotton，2007)，这对交际效果产生一定影响。

Perkins(2011)指出 Cummings(2009)的《临床语用学》未将非言语行为包含在内，故其所阐述的临床语用实则仅仅是一种单纯的语言现象(exclusively linguistic pheromone)，在一定程度上限制了我们对智退症老人语用能力的解读。因此，对于老年人语用能力蚀失的研究，不可忽视非言语因素。

信息革命与大数据云存储时代的到来，为非言语现象的研究提供了技术支持。多模态语料库语言学方法，通过多媒体设备采集多模态语料、进行贴真建模，可以最大化地还原研究对象的语言表层特点和体貌特征。例如，有研究利用 Pratt、Elan、Photoshop 等软件对视频图像等多模态语料进行切割、标注与分析，就交谈中的头部和手部动作等来探究智退症老年患者的人际语用问题（Davis，2013）。前文提到的基于多模态语料库的老年人语用能力研究项目采集多模态语料，除了关注话语标记语，也对正常衰老的老年人的语言、手势、表情等因素进行分析，研究正常老年人的语用能力变化。在国内，Gu 和 Xu（2013a，2013b）、黄立鹤（2018a，2018b）、黄立鹤等（2019）正在运用多模态语料库方法开展对正常衰老老年人与智退症患者之间多模态交互行为的对比研究。多模态语料库方法，将是未来研究老年人语用能力蚀失等一系列语言衰老问题的重要指导。

4.4　对各研究方法的简评

我们所探究的语用能力是在社会交际生活中语言的使用能力。运用个案研究法与民族志法对老年人的语用能力展开研究，较为完整、全面地还原了研究对象在社会生活中的即席话语表现。基于此方法开展的研究，能够反映语用能力的历时变化，同时也便于我们了解个体差异性。但受限于较为单一的研究对象与观察记录等形式，难以对影响语用能力的所有因素做出详尽分析。目前，大部分学者通常是选取单一的语用能力指标，未能建立一个较为全面的语用分析框架。另外，从研究者本体考虑，个案研究法和民族志法所追求的历时观察，往往需要耗费研究者大量的时间精力，给研究工作造成一定困扰。

采用受控实验法收集语料，理想化地控制实验因素与非实验因素，既可以一定程度上保证数据的有效性和研究的可行性，又可以帮助研究者节省人力、物力，但其局限性也不言而喻。日常交际活动的参与者，"是一个个声情并茂、体貌丰富的鲜活整人（the whole person），而非只能通过语言进行信息交流、经过理想化过滤的说话人"（顾曰国，2013）。临床语言学最主要的研究对象应该是分析日常交际中的互动会话，而受控实验中语料发生的语境过于单一，仅限于人为的实验语境或临床语境，难以真正体现日常生活或其他社交语境类型下的语用行为。受控实验中的交际对话发展模式，存在一定的诱导性，往往只关注话语结果，但却忽略过程。所以，单凭对实验语料的分析评价患者的语用能力，其客观性与可靠性存在局限（Perkins，1998）。在不同语境下，语用障碍患者的语言使用方式受制于多种因素，多数实验研究只关注语用障碍本身，所获取的数据有助于说明组间差异，无法考证个体差异。另一方面，针对语言使用的交际互动，参照合作原则、会话含意等语用学理论，难以对显性的语言因素进行量化操作，因此目前有关语用原则的临床研究在很大程度上只能通过真实的言谈互动，进行质性和阐释性研究（Ahlsén，1993）。

以上两种方法，主要从语言使用表现或是社会语境等因素的角度去探究语用能力，未能将语言之外的其他因素同时考虑在内。多模态研究，体现出的是一种整合性范式研究路径，而不是简单的技术段（黄立鹤，2018a）。虽然目前国内外关于老年人语用能力蚀失的相关研究已从单一模态视角转向多模态视角，亦有不少学者建构了小型的多模态语料库，但基于多模态数据集成的大规模即席话语语言衰老数据库较少出现，相关成果更是鲜见。正如前文所提到的，我们既要关注研究老年人这一群体语用能力的蚀失情况，又要考虑到个体差异性。老年人群体的语用能力蚀失问题探究，势必要基于一个大规模的多模态数据样本之上。同时，鉴于语言的蚀失分为正常老化和疾病引起的蚀失，该语料库也必须涵盖这两大体。由此可见，包含大样本的现场即席话语多模态语料库的建设亟待开展。

5　研究议题

丰富老年人语用能力退化的相关知识体系，可进一步丰富临床语用学、老年语言学的学科内涵。

整体上看,老年人语用蚀失研究的维度和议题至少包括:老年人语用能力常模及评估指标体系、老年人语用能力变化的基本规律与影响因素、罹患神经及精神疾病老年人语用障碍特征及变化过程、老年人语用能力与老龄化社会发展等多个方面。其中,国内外对正常及智退症老年人语用交际特点的研究已经兴起,尤其是阿尔茨海默病人群的语用障碍现象日益受到重视,考察维度包括语用标记、衔接与连贯、话题、维护、言语行为、身份意识等。

但是,目前缺乏对母语为汉语的阿尔茨海默病患者人群语用能力蚀失研究,导致我国临床评估多借用国外成果,相关的研究也多集中在一些比较简单的话语特征的分析。语用能力变化是老年人认知功能老化在日常生活中的直接外在体现,相关分析可提升阿尔茨海默病早期诊断的敏感性(Szatloczki,2015)因此系统研究母语为汉语的阿尔茨海默病患者人群语用交际特征具有很强的应用价值。其次,通过梳理文献,发现国际上有研究者从社会语言学的视角探讨多语种(双语种)老年人语用能力的蚀失,但国内相关的研究成果较少。未来的研究应在这个方向展开,同时也可以将英语为母语和汉语为母语的老年人的语言、正常老年人与智退症老年人的语言展开对比研究,语用能力是该对比研究的一个重要组成部分。最后,由于老年人语言蚀失多与相关功能的衰退或者病变联系在一起,因此,现有研究成果很大一部分最终着眼点还是在对其语言表现或对病理、生理机制的描述性分析,未来老年人的语用能力研究需要我们立足语言本身,开展跨学科、多方位的全面研究。

过往关于老年人语用交际的初步研究发现,阿尔茨海默病患者的韵律、表情、动作等互动规律因语用能力受损而发生异常,需以多模态视角构建脑病理变化及认知老化下的语用障碍知识体系,以弥补仅关注语言本体维度而忽略其他维度造成的不足,从而增强对人类脑老化规律的科学阐释力。因此,从多模态视角对该类人群的语用能力进行研究具有较大的必要性和较广阔的拓展空间。目前虽有个别学者已从多模态视角开展研究(Desmet,2013),但从该视角切入的研究仍属鲜见,欠缺完整、深入、系统化的探讨。

目前,笔者正依托自建的多模态语料库,研究阿尔茨海默病老年人语用能力随病程发展而逐步蚀失的过程及规律。初步发现,阿尔茨海默病老年人的语用障碍研究及相关临床应用应包括言语及非言语行为等多模态维度。阿尔茨海默病患者在不完整语句比例、重复频率、模糊语频率及空语频率这四项指标与健康老年人相比存在显著性差异,说明其话语存在不连贯现象;在主位选择上重复使用人称代词、主位推进类型较少,导致语篇连贯性及逻辑性较差;若从言语行为(speech act)维度看,患者语用交际中的多模态互动发生异常,实施言语行为的话语量减少、借助体貌或动作等手段进行多模态代偿的情况增多;患者言语行为时空指向错位、场景意识模糊,部分言语行为出现频率异常,伴随的即席情感出现得较为突然、迅速。

从社会语用的角度来看,老年人语用交际中的面子问题、老年人形象与身份认同、老病死叙事话语、双(多) 语老年人语言的衰退与老化等均是重要研究内容。另外,老年患者就医会话互动也是一个内涵丰富的研究议题,内容可包括老年人生命与疾病观念对就医互动的影响、老年人行为特点与就医会话互动的关系、老年人诊疗与看护沟通策略与技巧、罹患重大或特殊疾病老年人的就医会话特征与心理疏导研究、老年人就医互动中的冲突性话语及医患关系研究、背景差异性与老年人就医会话互动的关系研究、医疗资源有限背景下的老年人就医行为干预策略研究、老年人生理特点与就医环境语言信息建设等。

6 结语

总体而言,目前老年语言学语用维度的研究内容主要可以分为以下几个方面:从功能语用的角度,分析老年人在相关会话中体现语用功能的各种语言形式特征;从神经认知角度出发,分析老年人在语用交际中的理解与产出能力和对社会、语境等相关因素的神经认知机制,从而阐释其语用能力的变化；从社会语用的角度出发，分析老年人语用交际中的面子问题、身份认同、医患互动、老病死叙事话语、双（多）语老年人语言能力衰退等问题。在这些领域，多模态、生命历程、浮现模型等新的理论视角陆续出现，使得学界对智退症患者，特别是阿尔茨海默病患者这一群体的语用蚀失研究日益关注。

从学理价值上看，构建老年人群语用能力蚀失的相关知识体系，研究成果可丰富临床语用学的学科内涵。同时，本课题是在世界老龄化程度不断加剧背景下产生的学术问题，可助推以研究老年人语言蚀失问题为核心的老年语言学的构建与完善，从语用维度进一步丰富老年语言学的学科知识体系。

从应用价值上看，临床上对认知障碍患者进行语言能力评估已成共识，但目前语言标志物尚不充分，相关评估缺乏语用交际维度的测评（黄立鹤等，2019）。我国临床评估多借用国外研究成果及量表，但并非都符合国情。加紧开展对正常及罹患神经或精神疾病老年人的语用蚀失研究，进一步揭示蚀失过程及规律，有助于相关疾病的家庭预判、临床筛查及病程评估等。

总之，丰富老年语言学中语用维度的相关知识体系，可拓展临床语用学、老年语言学的学科内涵，也会带来一系列重要的临床意义和社会效益，应当成为世界各国应对人口老龄化战略的重要基础性研究。

参考文献

[1] AHLSÉN E. Conversational principles and aphasic communication[J]. Journal of Pragmatics, (1), 1993: 57-70.

[2] ALTMANN L J P, TROCHE M S. High-level language production in Parkinson's disease: a review[J]. Parkinson's Disease, 2011: 1-12.

[3] BACHMAN L F. Fundamental considerations in language testing [<]. Oxford: Oxford University Press, 1990.

[4] BAYLES K A. Communication in dementia[C]. In H. Ulatowska (ed.), The aging brain: Communication in the elderly, Boston: College Hill Press, 1985.

[5] CLARK-COTTON M R, WILLIAMS R K, GORAL M, et al. Language and communication in aging[M]. Encyclopedia of Gerontology, 2007: 1-8.

[6] BLOOM R L, BOROD J C, OBLER L K, et al. Gerstman, suppression and facilitation of pragmatic performance[J]. Journal of Speech and Hearing, (6), 2007: 1227-1235.

[7] CUMMINGS L. Clinical pragmatics[M]. Cambridge: Cambridge University Press, 2009.

[8] CUMMINGS L. Pragmatic disorders[M]. Dordrecht: Springer, 2014.

[9] DAVIS B. So, you had two sisters, right? Functions for discourse markers in Alzheimer's talk [C]. In B. Davis, Alzheimer Talk, Text and Context, UK: Palgrave Macmillan, 2005.

[10] DAVIS B, MACLAGAN M, COOK J. "Aw, So, how's your day going?": ways that persons with dementia keep their conversational partner involved[C]. In B. Davis, & J. Guendouzi, Pragmatics in Dementia Discourse, UK: Cambridge Scholars Publishing, 2013: 83-116.

[11] DESMET F, LESAFFRE M, Six J, et al. Multimodal analysis of synchronization data from patients with dementia[C]. In Proceedings of the 25th Anniversary Conference of the European Society for the Cognitive Sciences of Music, 2013.

[12] DIVITA D. Multilingualism and later life: a sociolinguistic perspective on age and aging[J]. Journal of Aging Studies, 2014, (8):94-103.

[13] ELDER G H. The life course and human development[C]. In R. M. Lerner. Handbook of Child Psychology, John Wiley, Sons, Inc. 3, 1998.

[14] GOODGLASS H, KAPLAN E. Stimulus cards: the assessment of aphasia and related disorders[M]. Philadelphia: Lea & Febiger, 1983.

[15] GU Y, XU X. Alzheimer's disease patient discourse: a multimodal corpus linguistics approach Plenary speech[C]. The 5th Symposium on Functional Linguistics and Multimodality, Hong Kong, 2013a.

[16] GU Y, XU X. Modeling the self of Alzheimer's disease patients: a multimodal corpus linguistics approach [C]. Invited paper read at the 2nd Symposium on Healthcare Communication, Hong Kong, 2013b.

[17] GUENDOUZI J, MÜLLER N. Approaches to discourse in dementia[M]. London: Lawrence Erlbaum Associates, 2006.

[18] GUENDOUZI J. "So what's your name?": relevence in dementia[C]. In B. Davis, & J. Guendouzi, Pragmaticsin Dementia Discourse, UK: Cambridge Scholars Publishing, 2013: 29-54.

[19] HAMILTON H E. Conversations with an Alzheimer's patient: an interactional sociolinguistic Study[M]. Cambridge: Cambridge University Press, 1994.

[20] HERNANDEZ-DOMINGUEZ L, RATTÉ S, DAVIS B, et al. Conversing with the elderly in Latin America: a new cohort for multimodal, multilingual longitudinal studies on aging[C]. In Proceeding of the 7th Workshop on Cognitive Aspects of Computational Language Learning, Berlin, Germany, August, 2016, 11:16-21.

[21] JUNG J, Issues in acquisitional pragmatics[J]. Applied Linguistics, 2002(3):1-13,

[22] LAI Y, Lin Y. Discourse markers produced by Chinese-speaking seniors with and without Alzheimer's disease[J]. Journal of Pragmatics, 2012(14):1982-2003.

[23] OWENS R E. Language Disorders: A functional approach to assessment and intervention[M]. Switzerland: Pearson Schweiz Ag, 1991.

[24] PERKINS L WHITWORTH A. Lesser R. Conversing in dementia: a conversation analytic approach[J]. Journal of Neurolinguistics, 1998, (1-2): 33-53.

[25] PERKINS M. Is pragmatics epiphenomenal? Evidence from communication disorders [J]. Journal of Pragmatics, 1998,(3):291-311.

[26] PERKINS M. Pragmatic impairment[M]. Cambridge: Cambridge University Press, 2007.

[27] PERKINS M. Book review: Cummings' clinical pragmatics[J]. Aphasiology First, 2011: 1-5.

[28] RAITHEL V, HIELSCHER-FASTABEND M. Emotional and linguistic perception of prosody: reception of prosody[J]. Folia Phoniatrica Et Logopaedica, 2004, 56(1):7-13.

[29] RIPICH D N, VERTES D, WHITEHOUSE P. Turn-taking and speech act patterns in the discourse of senile dementia of the alzheimers type patients[J]. Brain and Language, 1991, 40(3): 330-343.

[30] SHERRATT S, BRYAN K. Textual cohesion in oral narrative and procedural discourse: the effects of ageing and cognitive skills[J]. Inter-national Journal of Language & Communication Disorders, 2019, (1): 95-109.

[31] SZATLOCZKI G, HOFFMANN L, VINCZE V, et al. Speaking in Alzheimer's disease, is that an early sign? Importance of changes in language abilities in Alzheimer's disease[J]. Frontiers in Aging Neuroscience, Volume 7, 2015: 195.

[32] THOMAS J. Cross-cultural pragmatic failure[J]. Applied Linguistics，1983(2)：91-112.

[33] WILSON D，SPERBER D. Relevance theory[C]. In L. Horn & G. Ward. Handbook of Pragmatics，Oxford：Blackwell，2002：249-290.

[34] 陈新仁.新编语用学教程[M].北京：外语教学与研究出版社，2009：204.

[35] 顾曰国.论言思情貌整一原则与鲜活话语研究[J].当代修辞学，2013(6)：1-19.

[36] 顾曰国.老年语言学发端[J].语言战略研究，2019(5)：12-33.

[37] 何自然.语用学概论[M].长沙：湖南教育出版社，1998：3.

[38] 黄立鹤.近十年老年人语言衰老现象研究：回顾与前瞻[J].北京第二外国语学院学报，2015(10)：17-24.

[39] 黄立鹤.基于多模态语料库的语力研究：多模态语用学新探索[M].上海：上海外语教育出版社，2018a.

[40] 黄立鹤.研究语言蚀失、服务老龄事业[J].中国社会科学报，2018-03-20，http://www.cssn.cn/zx/bwyc/201803/t20180320_3880684.shtml.(2018b)

[41] 黄立鹤，王晶，李云霞.阿尔茨海默病言语障碍表现及相关神经心理学量表编制问题[J].语言战略研究，2019(5)：34-45.

[42] 李民，肖雁.语用能力分析框架述评[J].外语教学理论与实践，2012(3)：50-56.

[43] 李宇峰.老年人言语交际障碍实证性研究[D].长春：吉林大学博士学位论文，2016.

[44] 刘楚群.老年人话语缺损现象研究[J].语言规划学研究，2016(1)：46-57.

[45] 刘红艳.基于语料库的老年性痴呆患者找词困难研究[J].解放军外国语学院学报，2014(1)：42-52.

[46] 吕明臣，李宇峰.老年人常见言语交际习惯调查分析[J].社会科学战线，2016(3)：279-282.

[47] 邱倚璿，王静谊.台湾年长者语言产生特性[J].辅仁社会研究，2014(4)：85-127.

[48] 冉永平，李欣芳.临床语用学视角下语用障碍的交叉研究[J].外国语，2017(2)：28-38.

[49] 陶源，姜占好.语用能力培养的认知观[J].外语学刊，2012(3)：96-99.

[50] 吴国良，徐训丰，顾曰国，等.痴呆症(智退症)临床语言使用障碍研究概述[J].当代语言学，2014(4)：452-465.

[51] 余光武.论汉语语用能力的构成与评估[J].语言科学，2014(1)：49-54.

第十二章　阿尔茨海默病言语障碍表现及相关神经心理学量表编制问题

黄立鹤　王　晶　李云霞

1　引言

认知症(Dementia)[①]是常见老年疾病之一。阿尔茨海默病(AD)作为一种进行性脑高级损害为主的脑疾病,约占认知症的50%至60%。AD导致的认知障碍主要体现在记忆力障碍、定向力和视空间技能障碍、计算力障碍、思维判断力受损和言语障碍(马永兴,俞卓伟,2008)。目前AD诊断多采用国际工作组织第二版(IWG-2)标准(Dubois et al., 2014)或美国国立老化研究院-阿尔茨海默协会(NIA-AA)标准(McKhann, et al., 2011),两个标准都表明AD的特异性临床表现之一是言语能力损伤。

本文拟从AD患者言语能力出发,综合考量患者的言语障碍表现,并结合相关神经心理学评估量表中的语言能力检测项目,为未来量表优化和AD患者言语蚀失研究提供几点思路。AD是一个包含病理生理改变到临床症状逐步出现的连续过程,因此将关注点提前到临床前期,可发挥言语表现的显著外在优势,在AD临床前期较早筛查出患病风险,从而开展早期干预。[②]

2　AD患者言语障碍表现

本文首先将分别根据言语障碍表现的4个层级(语音-音系层面、句法-语法层面、词汇-语义层面和篇章-语用层面)对AD患者的语言特征做介绍。

2.1　语音-音系层的言语障碍表现

尽管不少研究表明AD患者的语音产出能力在早期没有显著损伤(Croot et al., 2000),但在中后期,患者在这方面会有简化与退化。目前对语音项评估多采用患者的自发性语言语料,任务态也由单一的看图说话扩展到朗读等其他方面。

Meilan等人(2012)利用Praat软件对21例AD患者进行语音分析,发现无声片段的比例与神经心理学测试的整体分数显著相关,从而能以较低的资源和时间成本判别AD。2014年,他们又发现语音中断比例、语音周期数、语音中断数、语音摆振、振幅扰动商和噪声谐波比等参数能够以84.8%的准确度表征AD患者(Meilan et al., 2014);Fraser等人(2016)使用梅尔倒频谱系数对患者语音信息进行分析,将声学特征与人耳感知相匹配,得出发音率拥有更高的感知价值;Hoffmann等人(2010)报告了匈牙利母语AD患者在不同时期的特征,最终发现犹豫率在AD前期显著高于正常组,并提出可将此参数作为临床实践的参考数据;Lopez-de-Ipina等人(2013)应用分形维数等非线性特征,尝试了

【基金项目】本文系2019年国家社科基金青年项目"基于多模态语料库的阿尔茨海默病老年人语用能力蚀失研究"阶段性成果(项目号:19CYY018)。

【作者信息】黄立鹤:同济大学外国语学院、同济大学老龄语言与看护研究中心;王晶:同济大学外国语学院;李云霞:同济大学附属同济医院、同济大学老龄语言与看护研究中心。

【注】本文首刊于《语言战略研究》2019年第5期。

① "认知症(Dementia)"医学标准命名为"痴呆综合征",俗称痴呆症。但考虑到患者自尊及家属接受度等伦理因素,首都医科大学宣武医院贾建平主任医师在2016年建议将"痴呆症"改为"认知症",本文采用该名称。也有其他学者称为"智退症"或"失智症"。

② 需要强调的是,筛查并不等于诊断,AD诊断仍要结合脑成像、血样本等其他检测作为临床标准。参考《2018中国痴呆与认知障碍诊治指南》。

通过智能算法获得 AD 患者的语音特征。

在进行朗读任务时，Martinez-Sanchez 等(2013)发现患者的语音清晰度下降，发音时间效率低，停顿次数和停顿比例增加。基于语音速率区分 AD 患者的准确度可达 80%(特异性 74.2%，灵敏度 77.1%)，因此口语朗读流利度可作为客观研究和量化 AD 言语障碍的工具。

目前对于语音特征提取也经历了从人工到智能的变化，各项研究正不断为计算机辅助诊断提供基础数据，但对 AD 患者韵律特征(如语调、字调、音高、音强等)等方面的研究尚需加强。这一方面研究的不足既与量表采集语音数据存在局限性有关，也有大规模韵律特征人工分析难度较大等原因。

2.2　句法-语法层的言语障碍表现

AD 患者在不同病程中的句法能力改变有所不同，一般认为病程前期句法-语法能力保留，但在后期会有所损伤(Roark et al., 2011)。

Altmann 等(2001)在判断 AD 患者对语法功能词能否正确使用时，发现患者最常出现的错误是缺失所需的功能词(主要是助动词、指示词和代词)，同时还会出现一系列介词误用、不及物动词与反身代词误用等问题；英语为母语的 AD 患者还会出现大量曲折变化的错误。患者与正常组对比，对于第三人称单数和过去时规则变化等的标记不再敏感或不能选择恰当的曲折标记(Sajjadi et al., 2012)；AD 患者在平均句子长度和动词词组运用上都低于正常对照组(Fraser et al., 2016)。

Orimaye 等(2017)对 99 例 AD 疑似患者看图说话“偷饼干(cookie-theft)”的语料研究发现，AD 患者会使用更少的句法成分，包括并列句、主从句、省略句等，且述位结构简单，出现更多词汇重复、语法更正、错误修订现象。该研究对句法和词汇特征集做了析出，提取了 20 余种特征，发现 AD 组辨别与理解物体的能力明显低于正常组，这与 Ahmed 等人(2008)在轻度认知障碍患者中的发现吻合。研究同时提出了预测 AD 最佳的机器学习模型应结合语言的句法、词汇和 n-元结构等多方面特征(de Lira et al., 2011)。

为了探索 AD 患者句法能力的退化，以上各项研究都设计了针对性的任务。句法-语法层面的表征具有隐蔽性，再加上汉语语法的隐性特征，目前国内少有研究涉及这一层面。今后国内研究可考虑对患者句法进行 n-gram 分析，尝试找到更多预判标志。

2.3　词汇-语义层的言语障碍表现

从语义层面上看，AD 患者的凸显言语障碍主要集中在词汇上。最常见的障碍是命名不能和语义流畅性受损(Appell et al., 1982; Bayles et al., 1987)。

词语流畅性被视为 AD 患者言语障碍的一大标志，包括语义流畅性、语音流畅性和图片命名能力。Laws 等人(2010)的荟萃分析表明，语义流畅性较语音流畅性和图片命名两项任务来说，具有更大的规模效应，且出现时间更早。通过将语义和语音流畅性作为表征进行对比可得出结论：若患者语音流畅性差于语义，则可能为额叶受损，反之则可能为典型的颞叶受累(Braak & Braak, 1996)。除此之外，基于语义相关测试的实验表明，AD 患者的命名和语义加工相互独立(Visch-Brink et al., 2004)，命名任务需要从语义记忆中提取；Duong 等人(2006)的实验表明，这种命名障碍是记忆提取失败的表现，患者抑制功能下降，因此会在有意提取记忆时出现异常。

患者在命名与语义流畅性方面的障碍迫使其使用其他词语策略达成交际目的，因此 AD 患者更多使用依赖语境的指示词，包括人称代词、地点副词等(March et al., 2006)，刘建鹏等(2017)基于语料库 TalkBank 研究 AD 患者的话语正式度时也得出了相似结论。不仅如此，基于患者的词性研究(Jarrold et al., 2014)，如通过对名词-动词比、代词-名词比、动词频率统计后发现，AD 患者更多使用代词，较少使用名词，对复杂名词也会使用常用动词代替，且语言重复性强、词汇丰富性低。与正常老年组对比，还会出现杜撰词和找错词现象(刘红艳，2014)。

综上来看，对于患者语义能力的评估，既可采用连续性自发语言，又可以使用量表的单独项考察，可操作性强且表现明显，因此在大多数量表中都涉及该内容。但我们应看到语义执行能力与记忆力的紧密关系，AD 患者语义能力的下降是记忆障碍影响还是语言功能区自身的问题仍待讨论。

2.4 篇章-语用层的言语障碍表现

语用能力的考察更多涉及说话人语言能力、认知能力和对语境的综合互动。在这一点上，AD 患者和失语症患者有明显差别，后者的困难集中在言语形式的产出上，而前者可能是多因素的综合衰退。尽管对 AD 患者语用能力的考察文献有限，但近几年也有上升趋势(Sajjadi et al., 2012; Ahmed et al., 2013; Ash & Grossman, 2015; Drummond et al., 2015)。对该领域的研究发现患者主要在衔接与连贯上与正常组有差异。例如，在小句层面上，代词使用不当造成回指指代不明，或对先行词描述不充分；在语篇层面，患者语篇连贯性差，常出现与主题相关度低的细节，从而在图片描述任务中忽视了关键信息、人物和物体等。

值得提及的是，中国台湾一些学者(Lai & Lin, 2012; Lai, 2014)已关注到了汉语 AD 患者的语用能力，在对描述性言语和叙事性言语分析后发现，AD 患者产出更少的信息单位，非限定性词语更多，代词使用错误率更高，同时患者的对话中发现较少修正，但话语障碍较多。随后，该团队对汉语 AD 患者语篇标记词做了研究。在相同的语篇任务下，AD 参与者使用话语标记词的频率较低且变化较少。尽管 AD 患者可能采用与对照组相同的话语标记词，但两组在使用这类词时达成的功能却不完全一致：对于 AD 患者，通过话语标记词实现交际功能的特异性跨度从中等水平到低水平不等，控制组采用话语标记词实现交际功能却能达到中高水平，由此可通过话语标记词区分正常老人与 AD 患者。

3 现有检测量表语言项编制一览表

本研究结合 2010 年欧洲神经病协会联盟推荐的 AD 量表，综合考虑各量表的特异性和敏感性，对部分筛查量表、总体认知功能评定量表及语言专项量表的语言能力检测条目进行了析出，并逐条分析其评估的语言维度。其中筛查量表包括：简明精神状态量表(MMSE)、蒙特利尔认知评估量表(基础版)(MoCA-B)、Mattis 痴呆评定量表(DRS)；总体认知功能评定量表包括：阿尔茨海默病评估量表认知评分(ADAS-cog)、严重损害量表(SIB)、临床痴呆评定量表(CDR)；语言专项神经心理学量表包括：波士顿命名测试(BNT)、言语流畅性测验(VFT)、西方失语成套检验(WAB)和汉语失语成套测验(ABC)。

我们将相关信息整理为表 1。

表 1　现有检测量表语言项编制一览表

量表名称	语言测试项目要求概述	评估语言维度
MMSE	(评估员：拿出手表)请问这是什么？	语义命名(概念与所指的实物对应)
	(评估员：拿出铅笔)请问这是什么？	
	请清楚地重复一遍："四十四只石狮子。"	语音重复
	请照着卡片所写的去做："请闭上您的眼睛。"	语义理解
	让受试者做：请用右手拿纸，再用双手把纸对折，然后将纸放在你的左腿上。	
	请你说一句完整意义的句子。	句法成句(主语、谓语的顺序等)
MoCA-B	指着动物图片，让受试者命名。	语义命名(概念与所指的图片对应)
	复述：1. 我只知道今天张亮是来帮过忙的人。2. 狗在房间的时候，猫总是躲在沙发下面。	语音重复(记忆力与语调)
	1 分钟列举动物名称	词语流畅性(语义层面：对类属的认知、考察下义词等)

（续表）

量表名称	语言测试项目要求概述	评估语言维度
DRS	列举超市常见物品	特定地点语义记忆
	列举不同衣服类别	词语流畅性（语义层面：对类属的认知、考察下义词等）
	言语重复（例如发“ba”“bee”“bo”等音）	语音重复
	相似概念辨别	语义层面（对概念能指与所指的对应能力、对概念的类属掌握及辨别力等）
	区别概念辨别	
	相似性辨别（单选题）	
	从选项中找出语义不符项	
	造句	句法成句
ADAS-cog	看实物及身体部位（手指），说出名称。	语义命名（涵盖高中低频词及受试者主利手手指命名）
	找词困难程度	评估员根据与受试者之间的简短交谈进行主观评估词汇和语义理解能力（能否找到同义词替代、赘述是否明显、语言是否空洞等）；评价对象为受试者即席语料。
	口头语言理解能力，不包括对指令的反应。	
SIB	写下名字	正字法（书写能力）
	抄写名字	
	列举一年中有哪几个月	语义考察（“月份”类属下的下义词列举）
	询问如何称呼平时用来喝咖啡的东西	抽象语义命名，所指概念无实物出现。
	询问如何称呼平时用来盛汤的东西	
	复述“人们花钱”“婴儿”	语音重复
	“告诉我所有您喜欢吃的东西”和（或）“告诉我所有您喜欢在早饭 / 晚饭 / 午饭时做 / 吃的东西”。在 1 分钟内记录。	语义考察（“食物”类属的下义词列举）
	向受试者展示茶杯的照片，并让其命名。	语义命名（概念与所指的实物对应）
	让受试者“拿住这样东西”（把杯子给受试者），再问：“这是什么？”	
	询问：“这是一顶帽子还是一个茶杯？”	
	向受试者展示勺子的照片，并让其命名。	
	让受试者拿住这样东西（把勺子给受试者），再问：“这是什么？”	
	询问：“这是一只靴子还是一个勺子？”	
	向受试者分别展示蓝色、红色、绿色的木块，并询问：“这是什么颜色？”若受试者无反应，可提供选项供受试者选择。	语义命名（与颜色有关的语义属别辨识）
	向受试者分别展示方形、圆形、三角形的木块，并询问：“这是什么形状？”若受试者无反应，可提供选项供受试者选择。	语义命名（与形状有关的语义属别辨识）
	评估员可吸引受试者与自己对话，说：“你觉得怎么样？”如果受试者只回答一个字或词（如“好”“不错”），则鼓励其再做更多的反应，说：“你这个周末有什么计划？”“今天有人会来拜访你吗？”	评估员根据受试者的回答进行主观评估语义理解与句法能力。
CDR	询问“萝卜和菜花”“写字台和书架”有什么相似点	语义层面对同一语义场概念共性的辨别
	询问“谎言和错误”“河流和运河”有什么不同点	语义层面对同一语义场不同概念的辨别
	出示彼此无关的 5 种物体（汤匙、扣子、牙刷、钥匙、梳子），让受试者说出它们的名称。	语义命名（概念与所指的实物对应）
	列举 10 种蔬菜的名字。没有时间限制，若间隔超过 10 秒则终止。	词语流畅性（语义层面：对类属的认知、考察下义词等）

（续表）

量表名称	语言测试项目要求概述	评估语言维度
BNT	30（或 15 或 60）幅物体图片组成，由高频词到低频词，由易至难排列。	语义命名（概念与所指的图片对应）
VFT	1 分钟列举所知道的动物名称	词语流畅性（语义层面：对类属的认知、考察下义词等）
	1 分钟列举以“发”字开头的词	语音流畅性（调用不同语义词汇，受教育程度影响大）
	1 分钟列举在厨房内可能发生的动作	同一语义场中的动词记忆
WAB	自发言语部分（回答问题及描述一幅郊游风景画）	评价受试者自发言语的信息量；在描述图片内容时关注语言的语音（音调变化、单词发音正误）、词汇和句法（构词是否正确、有无造词、介词多寡、是否可以成句或只是电报式语言、成句是否有完整结构、是否包含介词结构、句子是否有复合句、语序有无颠倒）、语义（是否有找词困难、语义是否完整）；半结构化的访问（询问关于家庭、职业、爱好等问题）则考察受试者语篇组织及语用能力。
	口语理解部分	评价受试者是否能理解口头提问（语音 ＋ 语义）；听词辨认评估受试者语义理解（名词）是否能够将所指与能指对应；连续指令在考察执行力之前，首先考察受试者对于动词和句子成分的语义理解。
	复述	考察记忆力与语音损害
	命名	物体命名考察语义（概念与所指的实物对应）列名考察语义（“动物”类属下的下义词列举）；完成句子考量受试者对语义的常识性记忆；反应性命名考察抽象语义命名（所指概念无实物出现）。
ABC	自发言语，口语理解，复述，命名	与 WAB 相同，不再赘述
	阅读	视读与朗读的要求考察受试者语音能力（字词的音调变化）

4 AD 患者言语障碍的理据推断、语言能力的多维性及其与认知量表评估的匹配缺失

4.1 AD 患者言语障碍的理据推断

长期以来，学界关注这样一个问题：言语障碍到底是基于底层语义 / 概念系统的损伤，还是由于其他神经认知功能的退化。相关研究表明，不同病症导致的言语障碍及不同语言层面损伤与大脑各个认知域的相关性各异。例如，与失语症局部脑损伤不同，认知症的言语障碍常发生在多元认知障碍情境下；语用能力障碍与语义层面的损伤不同，可能与大脑综合认知能力更为相关（Chapman，2016）。

对于 AD 患者言语障碍的剖析不能一概而论。通过让 AD 患者进行词-图配对、词语定义、相似词成组及语义启动等相关语义类任务（Astell & Trevor，1998，2002；Ober，2002；Aronoff et al.，2006）发现，他们在该类任务中语义系统基本保留，足够支持其区别语义相近词汇。可以推断，广泛存在于 AD 患者中的词汇障碍并非由于底层语义系统受损，更大程度上应归因于其他多种认知功能障碍，包括对任务的注意力涣散、对目标词的遗忘或对相近概念的抑制功能衰退等。

又如，语义系统的退化是一个逐步的过程。在AD早期，患者对于各类词汇的语义特征掌握能力几乎未被累及，因此命名尚未成为突出病征，且其他相似性、下定义等任务的表现也与正常组无异。但随着病情加重，命名任务中出现质的变化，如患者误用并列词“苹果”表达“梨”，或上义词“水果”表达“梨”等，这反映了此时的言语障碍是多项认知能力与底层语义/概念系统损伤共同作用的结果。

不仅是词汇层面，从句型和语篇理解上，AD患者言语障碍的医学理据也应包括多种其他认知能力的损伤，尤其是工作记忆衰退的影响。Kempler等人(1998)很早就对AD患者句法能力有所探究，他在第一组实验中要求患者理解句子后，将句子储存在工作记忆中，再选出与句子匹配的图画。第二组实验则要求患者直接做句子-图画匹配任务。结果表明实验一的AD患者出错率远大于对照组，而实验二结果则无明显差异，由此作者推断影响患者句型理解能力的主要因素并非句法分析能力的丧失，而是工作记忆的严重缩短。Almor等人(1999)也从语篇角度证实了AD患者较健康组对代词恰当性更不敏感，而基于代词敏感性与工作记忆成正相关的前提，可推断患者在语篇组织上的障碍也源于工作记忆所代表的执行能力损伤。

工作记忆影响着大脑在认知与加工时的精力分配，当荷载超过工作记忆容量时，人们会倾向于选择加工较简单的认知任务。如一位AD晚期患者能在复述时自动纠正语音错误，却对语义错误无动于衷(Whitaker, 1976)。在语篇层面上，要维系话语连贯所需要的认知网络更加复杂，需要调动更大的工作记忆和远期语义网络(赵俊海、龙惠慧, 2014)，这二者似乎在AD患者身上都有累及，因此未来的研究有必要将工作记忆与底层的语义记忆两种因素分离，深入探寻病患言语障碍表现的根本原因。

总的来说，尽管学术界一直以来都想明确AD患者言语障碍的根本原因，但似乎答案并不明确，这既显示了高级认知功能的复杂性，也说明对阿尔茨海默病接受性语言功能研究方面仍然大有作为。值得注意的是，虽然短期记忆损害是AD患者最早出现也是最显著的认知障碍表现，但并不应简单将此作为语言损伤的全部深层原因，AD患者的语言能力损伤更大程度上是综合认知功能受损的结果。已有研究表明不同脑区对语言能力有不同贡献(Harasty et al., 1999; Gorno-Tempini et al., 2004; Fraser et al., 2016)，例如句法和音系功能受额顶叶控制，而语义能力则由颞叶控制，因此不同分区产生不同网络，不同网络影响不同功能，研究有必要从不同功能入手，将语言分为不同层级，再由表面现象出发，逐层深入探索损伤机制。

4.2　语言能力的多维性与认知量表评估的匹配缺失

从语言层级覆盖面上说，对现有量表测量维度总结可发现，神经心理学量表的设计虽已包括了多个语言层级，涵盖语音、句法、语义、语用，但多关注语义流畅性及命名(记忆力)维度。在临床实践中，筛查与评估并不会使用以上所有量表，单独使用一种或几种可致未能及早发现患者的某些言语功能障碍。过去的语料研究集中体现了AD患者的词汇、语义特征，却忽略了语用能力(Szatloczki et al., 2015)。故事叙述、半结构式采访问答则能够有效测量患者的语篇组织及语用能力(Lai, 2014)，并同时包含更多语音、语义、句法等语言学参数(Boschi et al., 2017)。因此，仅考察语言的某个层级不足以全面评估患者的言语能力，在参考单个词汇处理数据的同时，更应采集患者的自然连续话语，从而更全面准确地对患者进行评估，且更利于对语言特征进行算法编码。量表的使用不仅应提供较为明确的临床诊断证据，最好还能发挥其特异性，为医生提供更多临床参考。因此，可考虑根据语言维度对应不同脑区功能的原理，在常用量表中更多添加语音、句法和语用维度，从而以简要的任务相对全面地评估患者言语能力。

从任务设置形式上说，某些量表中的任务项(如语音重复与句子复述)有过于显性的记忆能力考查，此种形式会造成患者自尊感降低，引发挫败感，从而不利于病患情绪健康。多名学者已提出应适当将记忆考查隐性化(Snyder, 2006; Basting, 2006; Kontos, 2006),Snyder(2006)还提到以互助小组的形式让病患之间互相交流,使其能够脱离世俗偏见,从而获取更真实的言语数据。

从数据类型上说,目前神经心理学量表筛查与评测主要评估患者对单个词汇的加工,却忽视了患者连续言语所包含的信息。在以上所列量表中仅有语言专项类量表如 Boston 命名、WAB 等设置了图片描述或故事讲述类任务。但已有研究得出结论,以连续言语区分 AD 患者具有可参考的特异性(Drummond et al., 2015; Fraser et al., 2016)。

语言处理并不仅依靠记忆力,语法和句子的生成都依赖于语言具有创造性的区别性特征。我们在语言感知与产出时也不会像解码与编码一样简单。实际上,在产出时,我们进入所记忆的词汇库中寻找恰当的词语,接着使用语法规则构建新句子,再以对应的语音表达,而认知机制的作用在于在词语与句子、句子与语音之间搭起桥梁。然而目前量表常用的命名和语义流畅性测试中,主要考察词汇提取这第一步,这意味着对于记忆力的考察远大于对语言能力的考量。尽管这两类测验能在一定程度上反映语义对应的能力,但对于语言能力的全面评估远不能胜任。未来全面掌握患者的语言能力,需要考察不同的认知机制在语言产出中的作用,即从语言的不同维度分别测量。

5 正常老龄言语表现常模的建立及多模态数据的必要性

5.1 正常老龄言语表现常模的建立

融合现有认知障碍评估量表的语言指标与日常行为观测指标,基于多模态语料库技术与模式识别技术,在建设一定体量的多模态数据库基础上,构建汉语为母语的正常老年人言语行为常模是眼下的当务之急。正常老龄言语表现常模的建立将为临床认知障碍评估提供常模对比的基础数据,提升认知症老年人评估及诊断的准确性,其意义如下:

1. 构建汉语为母语的正常老年人言语行为常模是语言蚀失研究的基础。

目前,世界上缺乏大规模的老年人言语行为多模态数据库,认知障碍评估也没有明确的参照常模,评估的主观性较强。这些都不利于认知障碍人群的诊断与研究。因此,构建汉语为母语的正常老年人言语行为常模是开展语言蚀失研究的基础,也为临床诊断提供参照。

2. 基于常模的语言能力蚀失研究有助于认清大脑病理状态下认知退化表现。

老年人的言语行为是其语言能力表现的重要维度。语言功能作为大脑认知的重要组成部分,它的发展、蚀失与认知功能的发展、衰老紧密相关。探究 AD 老年人的言语行为蚀失过程有助于认清大脑病理状态下认知退化的语言功能表现。

3. 对比数据库可为 AD 老年人语言蚀失研究提供基础数据。

基于多模态语料库的语言蚀失研究相对鲜见,构建数据类型丰富的语料库有助于为其他各类语言蚀失现象的研究提供重要语料,可为考察大脑在生命周期中的变化过程提供多层次的语言学观测数据,因而具有较好的拓展性应用价值。目前国内对 AD 患者言语特征的研究多采用 TalkBank 英文语料库(赵俊海, 2012;刘建鹏, 赵俊海、杜惠芳, 2017),或跟踪少数患者建立个体语料库(刘红艳, 2014),汉语常模语料库的建立能为未来我国 AD 言语障碍研究提供新角度,开拓新思路。

5.2 采用多模态数据的必要性

患者言之无物,并非代表他们丧失了自我意识。Merleau-Ponty(1964)很早就提出:交流存在于身体对各种姿势的控制力上。因此多模态数据起到至关重要的作用,丧失沟通能力的患者将更多借助语调、面部表情甚至肌肉记忆来表现情感。特别在语用层面上,语用障碍存在多模态代偿现象(Perkins, 2007)。例如,当 AD 患者语用交际中的多模态互动发生异常,实施言语行为的话语量减少、借助体貌或动作等手段进行多模态代偿的情况增多。

事实上，在面向临床的语言评估中，一些学者已经将非言语特征纳入评估范畴(Prutting & Kittchner, 1987)。他们认识到，多模态数据还可为医学神经内科的疾病预判、病程管理提供多维度数据。

采集多模态数据、建设多模态语料库，大致分为语料采集—语料加工—特征提取三大步骤：

(1) 语料采集。可借助高龄社区队列研究的契机，以话题访谈及交际任务等为采集内容；采集音视频等多模态数据后，匹配认知评估结果与其他临床诊断标签，采用自上而下立体式与左右平行式(记录非言语行为信息)结合的格式转写语料。

(2) 语料加工。建立老年人语用能力蚀失指标体系，例如，可以言语行为作为基本单位，确立指标体系及相应标注层，包括话语层、韵律层、行为层、心理层、语境层；结合之前的语言能力指标备选条目，建成常模或病患多模态库。

(3) 特征提取。基于上述人工标注后的正常及 AD 老年人多模态语料库，对多模态数据进行深度加工，综合人工专家意见条目遴选与基于模式识别的特征自动提取；初步探索面向 AD 检测的语音预处理与声学特征、面部表情特征提取及识别方法，基于分类模型生成最终特征值，集合人工专家意见确定常模的基本指标体系。

多模态数据不仅为认知障碍评估提供了基线，更增加了 AD 早期筛查的数据形式和检测维度，能够较为全面地为诊断提供参考。当然，基于语料库的语言蚀失研究正逐步兴起，未来能够更全面地揭示语言蚀失过程的数据不应仅局限于音频与转写文字。

最后需要指出的是，我们不仅应关注数据源的多模态类型，数据采集环境也应重视。使患者处在与生活环境相仿的物理环境中能减少焦虑感和侵犯性，从而使他们更倾向于发起互动，回应社交行为(Zeisel et al., 2003; Chatterji, 2006)。

6　未来量表优化展望

言语表现作为显著的外显特征能反映 AD 疾病的神经心理变化，这就意味着我们应该重视语言本体范畴的多维方面，维度涉及越多，对于疾病的生理变化就掌握越多的信息，从而能够提供更加合理、可靠的临床参考。通过对表层症状的汇总，不仅可为目前临床诊断提供参考标志物，更能推动人工智能在 AD 诊疗上的应用。

虽然国内目前使用的量表已对语言项有所关注，但常规筛查量表对此还关注不够，专项语言类测试又费时费力，因此想要对现有量表进行优化，必须经过大量的文献和实证积累，从各种研究中得出认知症人群语言能力受累的突出标志，有针对性地设计任务。需要指出的是，本文主要从理论层面强调多维语言能力评估对早期筛查的重要意义，并非从实践角度(如信效度上)提供量表优化方案。未来的努力方向应当是考虑如何提取特异性、敏感性俱佳的言语障碍特征提升量表设计。另外，在认知症人群的言语数据采集中，音频采集工作已受到重视，但音频信息却不足以完全反映患者状态，因此未来数据采集应以多模态为主，以电子化评估为媒介，对患者的眼动、手势、神态、表情、画踪等进行记录。

最后，多数认知症，尤其是阿尔茨海默病作为慢性疾病，需要长期的随访监测，只有建立起大型人群队列研究，将常规监测渠道和定向监测渠道收集的资料进行相互比较验证，才能够不断掌握患者的病理进程，不断更新特征数据，从而为量表设计、疾病预判提供良好的数据支撑。

参考文献

[1] AHMED S, DE JAGER C A, HAIGH A M, et al. Semantic processing in connected speech at a uniformly early stage of autopsy-confirmed Alzheimer's disease[J]. Neuropsychology, 2013, 27(1): 79-85.

[2] AHMED S, ARNOLD R, THOMPSON S A, et al. Naming of objects, faces and buildings in mild cognitive impairment[J]. Cortex, 2008, 44(6): 746-752.
[3] ALMOR A, KEMPLER D, MACDONALD M C, et al. Why do Alzheimer patients have difficulty with pronouns? Working memory, semantics, and reference in comprehension and production in Alzheimer's disease[J]. Brain and Language, 1999, 67(3): 202-227.
[4] ALTMANN L J P, KEMPLER D, ANDERSEN E S. Speech errors in Alzheimer's disease: reevaluating morphosyntactic preservation[J]. Journal of Speech, Language, and Hearing Research, 2001, 44(5): 1069-1082.
[5] APPELL J, KERTESZ A, FISMAN M. A study of language functioning in Alzheimer patients [J]. Brain and Language, 1982, 17(1): 73.
[6] ARONOFF J M, GONNERMAN L M, ALMOR A, et al. Information content versus relational knowledge: semantic deficits in patients with Alzheimer's disease [J]. Neuropsychologia, 2006, 44(1): 21-35.
[7] ASH S, GROSSMAN M, Why study connected speech production? [M]. Cambridge: Cambridge University Press, 2015.
[8] ASTELL A J, TREVOR A H. Naming problems in dementia: semantic or lexical? [M]. Aphasiology, 1998, 12(4-5): 357-374.
[9] ASTELL A J, TREVOR A H. Accessing semantic knowledge in dementia: evidence from a word definition task[J]. Brain and Language, 2002, 82(3): 312-326.
[10] BASTING A D. Creative storytelling and self-expression among people with dementia[C]. In A. Leibing & L. Cohen (eds.), Thinking about Dementia: Culture, Loss, and the Anthropology of Senility. New Brunswick: Rutgers University Press, 2006.
[11] BAYLES K A, KASZNIAK A W, TOMOEDA C K. Communication and cognition in normal aging and dementia[M]. Boston: College-Hill Press, 1987.
[12] BOSCHI V, CATRICALA E, CONSONNI M, et al. Connected speech in neurodegenerative language disorders: a review[J]. Frontiers in Psychology, 2017, 8: 1-21.
[13] BRAAK H, BRAAK E. Evolution of the neuropathology of Alzheimer's disease[J]. Acta Neurologica Scandinavica, 1996, 93: 3-12.
[14] CHAPMAN S. Pragmatics[M]. Shanghai: Shanghai Foreign Language Education Press, 2016.
[15] CHATTERJI R. Normality and difference: institutional classification and the constitution of subjectivity in a Dutch nursing home[C]. In A. Leibing & L. Cohen (eds.), Thinking about Dementia: Culture, Loss, and the Anthropology of Senility. New Brunswick: Rutgers University Press, 2006.
[16] CROOT K, HODGES J R, XUEREB J, et al. Phonological and articulatory impairment in Alzheimer's disease: a case series[J]. Brain and Language, 2000, 75(2): 277-309.
[17] DE LIRA J O, ORTIZ K Z, CAMPANHA A C, et al. Microlinguistic aspects of the oral narrative in patients with Alzheimer's disease[J]. International Psychogeriatrics, 2011, 23(3): 404-412.
[18] DRUMMOND C, COUTINHO G, FONSECA R P, et al. Deficits in narrative discourse elicited by visual stimuli are already present in patients with mild cognitive impairment[J]. Frontiers in Aging Neuroscience, 2015, 7: 96.
[19] DUBOIS B, FELDMAN H H, JACOVA C. Advancing research diagnostic criteria for

Alzheimer's disease: the IWG-2 criteria[J]. The Lancet Neurology, 2014, 13(6): 614-629.

[20] DUONG A, WHITEHEAD V, HANRATTY K, et al. The nature of lexico-semantic processing deficits in mild cognitive impairment [J]. Neuropsychologia, 2006, 44 (10): 1928-1935.

[21] FRASER K C, MELTZER J A, RUDZICZ F. Linguistic features identify Alzheimer's disease in narrative speech[J]. Journal of Alzheimer's Disease, 2016, 49(2): 407-422.

[22] GORNO-TEMPINI M L, DRONKERS N F, RANKIN K P, et al. Cognition and anatomy in three variants of primary progressive aphasia[J]. Annals of Neurology, 2004, 55(3): 335-346.

[23] HARASTY J A, HALLIDAY G M, KRIL J J, et al. Specific temporoparietal gyral atrophy reflects the pattern of language dissolution in Alzheimer's disease[J]. Brain, 1999, 122(4): 675-686.

[24] HOFFMANN I, NEMETH D, DYE C D, et al. Temporal parameters of spontaneous speech in Alzheimer's disease[J]. International Journal of Speech-Language Pathology, 2010, 12(1): 29-34.

[25] JARROLD W, PEINTNER B, WILKINS D, et al. Aided diagnosis of dementia type through computer-based analysis of spontaneous speech [C]. The Workshop on Computational Linguistics and Clinical Psychology: From Linguistic Signal to Clinical Reality, 2014: 27-37.

[26] KEMPLER D, ALMOR A, TYLER L K, et al. Sentence comprehension deficits in Alzheimer's disease: a comparison of offline vs. on-line sentence processing[J]. Brain and Language, 1998, 64(3): 297-316.

[27] KONTOS P C. Embodied selfhood: an ethnographic exploration of Alzheimer's disease[M]. In A. Leibing & L. Cohen (eds.), Thinking about Dementia: Culture, Loss, and the Anthropology of Senility. New Brunswick: Rutgers University Press, 2006.

[28] LAI Y. Discourse features of Chinese-speaking seniors with and without Alzheimer's disease [J]. Language and Linguistics, 2014, 15(3): 411-434.

[29] LAI Y, LIN Y. Discourse markers produced by Chinese-speaking seniors with and without Alzheimer's disease[J]. Journal of Pragmatics, 2012, 44(14): 1982-2003.

[30] LAWS K R, DUNCAN A, GALE T M. 'Normal' semantic-phonemic fluency discrepancy in Alzheimer's disease? A meta-analytic study[J]. Cortex, 2010, 46(5): 595-601.

[31] LOPEZ-DE-IPINA K, ALONSO J B, TRAVIESO C M, et al. On the selection of non-invasive methods based on speech analysis oriented to automatic Alzheimer disease diagnosis [J]. Sensors, 2013, 13(5): 6730-6745.

[32] MARCH E G, WALES R, PATTISON P. The uses of nouns and deixis in discourse production in Alzheimer's disease[J]. Journal of Neurolinguistics, 2006, 19(4): 311-340.

[33] MARTINEZ-SANCHEZ F, G. MEILAN J J, GARCIA-SEVILLA J, et al. Oral reading fluency analysis in patients with Alzheimer disease and asymptomatic control subjects [J]. Neurologia, 2013, 28(6): 325-331.

[34] MCKHANN G M, KNOPMAN D S, CHERTKOW H, et al. The diagnosis of dementia due to Alzheimer's disease: recommendations from the National Institute on Aging-Alzheimer's Association workgroups on diagnostic guidelines for Alzheimer's disease[J]. Alzheimer's and Dementia, 2011, 7(3): 263-269.

[35] MEILAN J J G, MARTINEZ-SANCHEZ F, CARRO J, et al. Acoustic markers associated

with impairment in language processing in Alzheimer's disease [J]. Spanish Journal of Psychology, 2012, 15(2): 487-494.
[36] MEILAN J J G, MARTINEZ-SANCHEZ F, CARRO J, et al. Speech in Alzheimer's disease: can temporal and acoustic parameters discriminate dementia? [J]. Dementia and Geriatric Cognitive Disorders, 2014, 37(5-6): 327-334.
[37] MERLEAU-PONTY M. An unpublished text by Maurice Merleau-Ponty: a prospectus of his work[C]. In J. Edie (ed.), The primacy of perception. Evanston: Northwestern University Press, 1964.
[38] OBER B A. RT & non-RT methodology for semantic priming research with Alzheimer's disease patients: a critical review[J]. Journal of Clinical and Experimental Neuropsychology, 2002, 24(7): 883-911.
[39] ORIMAYE S O, WONG J S M, GOLDEN K J, et al. Predicting probable Alzheimer's disease using linguistic deficits and biomarkers[J]. BMC Bioinformatics, 2017, 18(1): 34-46.
[40] PERKINS M. Pragmatic impairment[M]. Cambridge: Cambridge University Press, 2007.
[41] PRUTTING C A, KITTCHNER D M. A clinical appraisal of the pragmatic aspects of language[J]. Journal of Speech and Hearing Disorders, 1987, 52(2): 105-119.
[42] ROARK B, MITCHELL M, HOSOM J, et al. Spoken language derived measures for detecting mild cognitive impairment[J]. IEEE Transactions on Audio, Speech, and Language Processing. 2011, 19(7)L 2081-2090.
[43] SAJJADI S A, PATTERSON K, TOMEK M, et al. Abnormalities of connected speech in semantic dementia vs Alzheimer's disease[J]. Aphasiology, 2012, 26(6): 847-866.
[44] SNYDER L. Personhood and interpersonal communication in dementia[C]. In J. C. Hughes, S. Louw & S. R. Sabat (eds.), Dementia: Mind, Meaning and the Person. Oxford: Oxford University Press, 2006.
[45] SZATLOCZKI G, HOFFMANN I, VINCZE V, et al. Speaking in Alzheimer's disease, is that an early sign? Importance of changes in language abilities in Alzheimer's disease[J]. Frontiers in Aging Neuroscience, 2015, 7: 195-202.
[46] VISCH-BRINK E G, HAGELSTEIN M, MIDDELKOOP H A M, et al. Naming and semantic processing in Alzheimer dementia: a coherent picture? [J] Brain and Language, 2004, 91(1): 11-12.
[47] WHITAKER H. A case of isolation of the language function[C]. In H. Whitaker & H. A. Whitaker (eds.), Studies in neurolinguistics. New York: Academic Press, 1976.
[48] ZEISEL J, SILVERSTEIN N M, HYDE J, et al. Environmental correlates to behavioral health outcomes in Alzheimer's special care units[J]. Gerontologist, 2003, 43(5): 697-711.
[49] 刘红艳.基于语料库的老年性痴呆患者找词困难研究[J].解放军外国语学院学报,2014(1):42-52.
[50] 刘建鹏,赵俊海,杜惠芳.基于语料挖掘的阿尔茨海默症患者话语深层正式度研究[J].解放军外国语学院学报,2017(3):36-44.
[51] 马永兴,俞卓伟.现代痴呆学[M].北京:科学技术文献出版社,2008.
[52] 赵俊海.阿尔茨海默症患者话语的系统功能语言学研究[D].西南大学博士学位论文,2012.
[53] 赵俊海,龙惠慧.阿尔茨海默症患者话语与记忆的关联探讨[J].楚雄师范学院学报,2014(8):30-36.

第十三章　老人上当受骗案:调查、语用和决策推理分析

蒋　燕　顾曰国

1　概述

老年人上当受骗,央视媒体和网络常有报道。还发现有些老人在被告知受骗时不但不接受劝阻,还偏执错下去。用“老人被骗”“老人被诈骗”作为关键词在百度上搜索,返回条目难以胜数。本文正是在这种社会大环境下,聚焦探讨老人上当受骗的语用、行为推理与决策过程。语用推理指人际交流中的意义处理。行为推理为实用推理(practical reasoning)之一种。“推理”顾名思义是思维过程。实用推理是相对逻辑推理(logical reasoning,包括形式推理、符号逻辑推理)而言的,常见于人们日常生活思维活动中,是人们日常生活不可或缺的要素,如策划周末购物(买什么,不买什么);用什么交通工具(自驾? 打的? 乘地铁?),如此不一而足。行动推理作为实用推理之一种有其特殊性,即实用推理过程以推理人实施某种行为而结束。在做逻辑推理时,人们可以只思考而不做(即无行为),而且随时可以改变先前的主意。行动推理则不同,推理人当下就把推理结论付诸行动,如支付 2 000 元买下 3 盒滋补品。行为一旦结束,即使允许推翻重来,也是要付出代价的。

决策(decision-making),俗语“拿主意”,为实用推理的核心要素之一。民间通常把决策跟领导角色捆绑在一起,甚至成为领导的代名词。然而,决策归根结蒂是在面临两种或多种可能性时做选择。在这个意义上,决策也是非领导职务的普通人时常要做的。而且,鼓励人们自己拿主意,鼓励年轻人独立思考,自己做决策已经成为普遍接受的价值观。老人,尤其是退休后老人,原先由单位决策、按规章制度办的许多事情,一下子都要自己做了。本文因篇幅有限,仅探讨老人投资、购物、汇款、旅游等方面的决策问题。为便于叙述,统称为“老人经济行为决策”。

下面,文章首先介绍调查方法和部分语料。然后勾画本研究路线图和老人经济行为中的语用推理。接着重点讨论老人经济行为中的决策与行动推理,其中包括介绍国外几位学者的推理与决策理论。文章对中安民生“以房养老”套路贷中某老人被诈骗的案例做了较详细的分析。最后指出本文之不足与亟待研究的问题。

2　方法论:民族志调查法与访谈重构

民族志调查法(ethnography)是大家比较熟悉的田野调查方法之一。宏观分类上属于质性研究。此法在历史渊源上可一直追朔到 Malinowski 的人类文化研究(Thornton & Skalnik, 2006)。发展至今已经应用到许多领域,社会语言学、语用学、医患交流研究、日常生活研究等都广泛采用(Atkinson et al., 2007)。此法遵循以下四个基本原则:①以人们自然活动(与实验室受控活动对举)为调查基本单位;②研究者要努力成为活动的参与者,而不是简单的冷眼旁观者;③尊重活动的自然过程;④尊重活动参与者的认知模式、民俗习惯、思维方式等(即研究者不能自负自大,固执己见)。

本文采用民族志调查法时当然要遵循上述四个基本原则。但由于活动的特殊性,研究者在大部

【作者信息】蒋燕:南京航空航天大学;顾曰国:北京外国语大学人工智能与人类语言重点实验室、同济大学老龄语言与看护研究中心。

【注】第一作者主要负责民族志调查,第二作者负责理论架构与分析。

分案例中不可能出现在现场。补救的办法是对当事人做录音采访。采访内容包括以下多个方面：

场景	人员	活动内容	相关资料
◇ 活动地点	◇ 活动人员、角色及其关系	◇ 活动名称	◇ 活动文字资料
◇ 活动日期	◇ 调查员、及其与活动人员的联系	◇ 活动性质	◇ 活动影像资料
◇ 活动时间		◇ 活动目的	◇ 其他
		◇ 活动主要事件	
		◇ 活动结果	

根据上述采访内容，我们对案例进行逐一重构，形成两种语料：①案例叙述性文本；②采访录音音频流文本。叙述性文本摘录示例如下：

案例七：假冒子女骗讲座费用案（录音）

采访对象：杨女士 女 55 岁 企业管理者（快退休）

杨女士：就像我这样的，我都觉得我这原来干过经营，算比较有社会经验的人，我都被骗过不止三次啊。

采访者：我们要从语言角度去分析这个行骗的过程，您要是有话术的话最好。

杨女士：我都有那个 QQ 记录，我到时候发给你。……

杨女士：当时我去公安局报警的时候，他说我这种案件特别的多，就在孩子在国外念书，或者是在外地念书，……

采访者：他们用你孩子 QQ 跟你聊？

杨女士：对对，他用就是用孩子的 QQ 跟我聊啊。…… 从上午就一直聊到下午都没看出来。因为他那个说话的语气和那个什么的，就跟我闺女很像，说话特别急，你知道吗？……

采访者：他是什么理由跟你说让你打钱呢？

杨女士：因为我女儿不是在那个香港吗？他就说"妈妈那个有这么一个事，说那个清华大学到我们这来讲一个什么人生什么那个提升的一个讲座。"……

…… 然后我就等汇完了以后，我突然意识到有问题了，然后我就赶紧给她给她发微信，孩子说我没让你汇啊。完了完了。我马上就去报警了。

…….

然后第 2 天 24 小时以后他就给我退回来了，没骗成，为什么没骗成？后来我一查他银行账号是湖南邵阳的，但是我给他汇的是清华大学支行，……后来我问他开户行了，他没给我，他一直没给，要是给了肯定就觉得是假的了，是湖南邵阳。我就给弄了一个北京清华大学支行，系统就自动给我退回来了。

（注：摘录的文本尊重原始录音，未作文字和语法上的编辑加工。）

根据采访，我们可以重构上面这个骗局的整个过程，包括(1)场景：网络 QQ，银行，派出所；(2)人员：杨女士，骗子，警察，子女；(3)活动内容：假活动内容，包括假女儿要缴费听讲座、要汇款、汇款、报警、汇款失败等；(4)相关资料：杨女士保留了 QQ 记录，银行汇款凭证，报警记录等。

我们民族志法采录的 10 个案例包括老人投资理财、购物、汇款、旅游、以房养老、保健、治疗、社保等八个方面。我们还从网上搜索得到 14 个相关案例。其中中安民生以房养老套路贷诈骗案包括诈骗方如何行骗的影像资料。

3　老人经济行为语用与决策推理模式分析

3.1　研究路线图

老人参与钱交易活动的构成老人经济行为。本文探讨的老人经济行为有其特殊性，包括以下几个方面：(1)老人智力正常，无智力衰退或痴呆的情况；(2)老人的经济行为是自主行使的，换句话说，在法律上讲，老人是经济行为的主体人；(3)老人是受害者，老人经济行为导致老人蒙受不应有的经济损失；(4)受害老人有些报警或投诉，有些选择“吃一堑，长一智”，碍于自己在晚辈面前丢面子忍了不说。

智力正常的老人，面对当下正在发生的活动—如保健品推销、投资保值、接听手机诈骗电话、导游商店推销—他们的经济行为可以分解为：听、看、想、拿主意(参与/不参与)、行动(支付/退出)、反思/醒悟等。在理论上，前面的听、看、想涉及语用推理，中间的拿主意和行动涉及决策推理，最后的反思/醒悟涉及经验型学习。我们研究老人经济行为推理路线图，如图1所示。

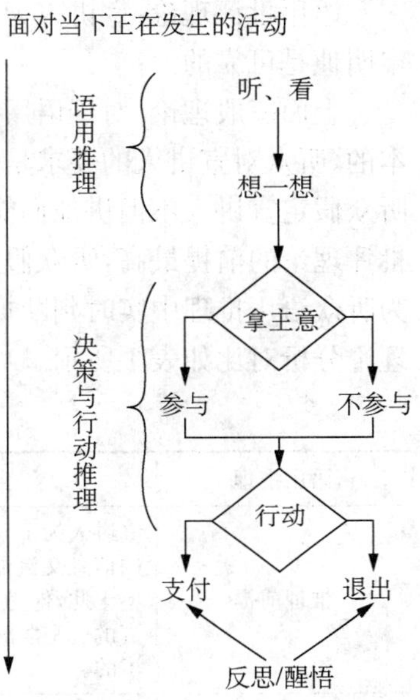

图1　受骗老人行动推理研究路径示意图

3.2　老人经济行为中的语用推理

图1语用推理中两个步骤“听、看”和“想一想”是受骗老人自述里常用的关键词，反映老人参加经济活动时的心理状况。“听”包括听诈骗者的言辞以及活动其他人的言辞；“看”包括影像材料、实物等。“想一想”即对所听和所见进行思考。

语用学探讨语用推理已经有近70年的历史，宏观上形成三股理论：格莱斯的合作理论、Sperber 和 Wilson 的关联理论、哈贝马斯的普通语用学理论。我们说“三股”而不是“三种”是因为它们之间有紧密的内在联系。国内学界对它们比较熟悉，我们这里就不再介绍，侧重阐释我们是如何用于研究老人语用推理。

我们知道，格莱斯合作理论预设交际双方默认为了语言信息最大程度交流而进行合作。在这个默认的前提下，交际双方都遵循四个说话准则，即说真信息、说适当信息、说相关信息以及说得清楚明了。关联理论本质上把格莱斯的合作理论的预设条件减低了，即交际双方预设对方为了语言信息交流愿意合作而说出相关的信息。哈贝马斯的普通语用学理论则不同。他的普通语用学理论预设交际双方的目的是推进对方人品的了解(understanding)。这个“了解”超越对语言信息的诠释(interpretation)，涵盖对说话人的人品的把握。换句话说，哈贝马斯语用学里的“了解”要通过对说话人语言信息的诠释来看透背后其人。这就是他说的“说话的可靠性基础”(the validity basis of speech; Habermas, 1998: 22)。为了让对方真正了解自己，说话人说出话来，即同时向对方声明(claim)：

A. 说的是清晰可解的；

B. 听者听到的是供他/她理解的；

C. 说者因此是可以被理解的；

D. 跟另外一个人达到相互了解。

下面我们用中安民生宣讲人的话演示三股理论的区别和联系。为了对比方便，我们把哈贝马斯的理论称为语用批评理论。

宣讲人：…… 中安民生本着致力养老公益事业…… 动员社会爱心力量……

听众(含受骗老人):(在会场上听着)

(引自中安民生公开发表的影像资料)

合作理论:宣讲人为了与听众进行最大程度的信息交流(maximum exchange of information)而努力跟听众合作;鉴于此,他为听众提供的信息是真的、适当的、相关的、清楚明了的。

关联理论:宣讲人为了与听众取得互相之间的基本理解而与听众合作;鉴于此,他为听众提供理解所需要的最大程度相关信息。

语用批评理论:宣讲人为了让听众了解他的人品而努力跟听众合作;鉴于此,他说出的话即同时申明他是可靠的。

上面三股理论,对于语用推理来说,就是代表推理的三个最基本的前提。关联理论的前提是最基本的,听众对宣讲人的要求是最低的,只要他说他们能够听懂的话就可以了。合作理论的前提较高,听众假定宣讲人不但讲他们能够听懂的话,而且在为他们最大程度地提供他们所期盼的信息。语用批评理论的前提最高,听众假定宣讲人是言思情貌整一的诚实君子(顾曰国,2013)。宣讲者说出的话为听众语用推理中实时判断提供当下证据。听众参考其他证据后得出关于宣讲人的实时印象。三股理论分析对比如表1所示。

表1　语用推理三股理论对比分析表

语用推理		合作理论	关联理论	语用批评理论
推理前提		宣讲人为了与听众进行最大程度的信息交流而努力跟听众合作;鉴于此,他为听众提供的信息是真的、适当的、相关的、清楚明了的。	宣讲人为了与听众取得互相之间的基本理解而与听众合作;鉴于此,他为听众提供理解所需要的最大程度相关信息。	宣讲人为了让听众了解他的人品而努力跟听众合作;鉴于此,他说话即同时申明他是可靠的。
实时判断	证据1:宣讲人当下言辞	……中安民生本着致力养老公益事业……动员社会爱心力量……		
	证据n:宣讲人其他信息	参考语境信息	参考上下文信息	参考人品人格
实时印象		信息真实、充分、清楚?	信息最大关联?	言思情貌整一的君子?

老人语用和行动推理以"反思/醒悟"结束(图1)。然而,老人在中安民生宣传现场被宣传人的假象所蒙蔽,没有能够识破宣讲人的真面目。表1里"实时印象"栏里的三个疑问,对多数现场老人来说,回答都是肯定的。老人直到发现自己被骗后才醒悟过来,宣讲人堂而皇之的言辞"中安民生本着致力养老公益事业…… 动员社会爱心力量"实质上是口蜜腹剑。

从对比中不难看出,哈贝马斯的语用批评理论最适合于老人受骗活动中的语用推理分析。换句话说,当我们设计老人防受骗训练计划时,语用批评理论更具有指导价值。

4　老人经济行为中的决策与行动推理

4.1　概述

图1中"拿主意"是关于决策的日常表达。在讨论决策推理之前,我们先对决策做简要说明。决策涉及诸多方面:①决策主体,如个人、双人、群体,关系到决策责任主体和相关利益;②决策与信息,如全知、风险、难预料,关系到对决策选项的知识,权重,以及各选项的价值;③决策推理,如逻辑型、统计型、经验型,关系到决策思维的方式及其缜密的程度;④决策评估,包括决策前事态评估、决策将产生的事态预测、决策/行动后实际事态评估,关系到对决策/行动成败的评价。这四个维度剖析可视化如图2。

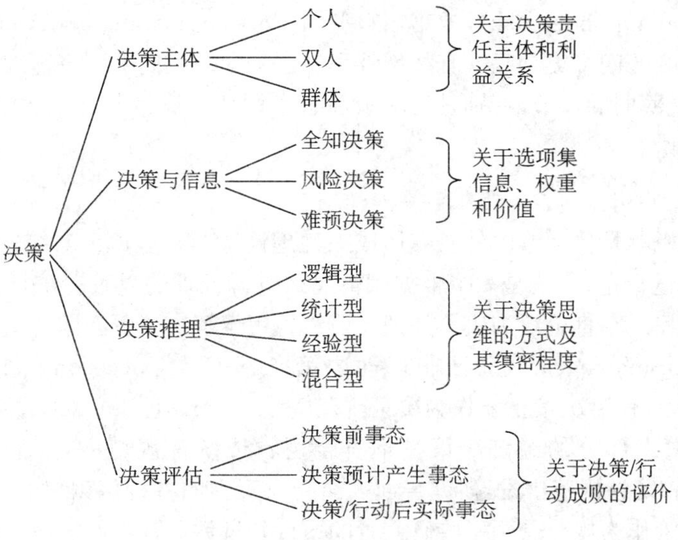

图 2　决策多维剖析示意图

选择是决策的定义性特征。换句话说，没有选择就谈不上决策了。我们以全知决策为例做进一步说明。全知决策概念模型如图 3 所示。

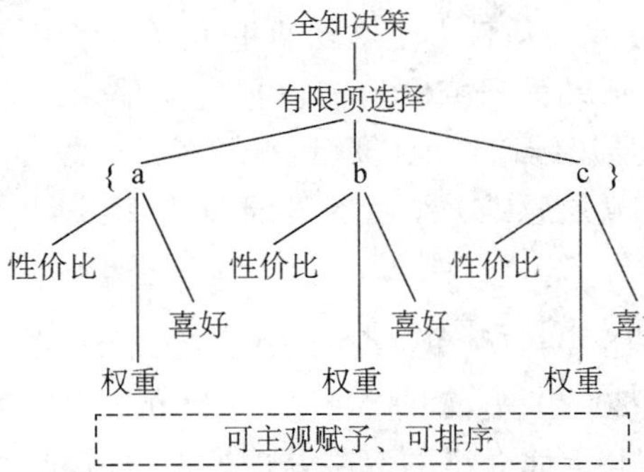

图 3　全知决策示意图

以某老人要买鞋为例。这个决策涉及许多选项，如买哪一种鞋？什么尺寸？什么颜色？花多少钱？等等。考量因素如表 2 所示。

表 2　全知决策考量示意

某老人买鞋全知决策考量示意						
品牌	尺寸	颜色	价格	性价比	喜好	权重
足力健	42—43	黑色	300	10	1(老伴喜欢)	2(排位)
奈德	42—43	蓝色	350	8	2(自己喜欢)	1(排位)

性价比、喜好和权重都来自老人的主观判断。表 2 假想老人的喜好会受他人情感的影响。换句话说，情感因素会影响老人的决策。奈德牌被赋予第 1 权重，是因为老人的先前知识告诉他，这是个名牌。换一位老人，足力健有可能权重排第一位，因为她受到电视上足力健广告的影响，等等。表 2 中 7 个考量因素除尺寸大小外，其余 6 项中的任何一项都有可能是考量天平失衡的决定因素。

老人经济行为决策主体可以是个人或是多人。在决策与信息方面，老人日常生活里的很多决策是全知型的，如午饭吃什么，今天穿什么衣服，买哪些食品等。而老人经济行为决策则不同，大部分是风险型的(decision making under risk),或难预料型的(decision making under uncertainty)。那么,老人决策推理也包括图 2 的四个类型吗?有特殊性吗?这个问题我们下面将仔细讨论。我们的语料显示,老人决策评估是最薄弱的环节,特别是对决策前事态评估和决策预计产生事态评估这两个方面。下面我们也将仔细讨论。

4.2 国外决策推理研究

决策推理的心理机制是什么?国外研究形成三种理论:逻辑论(logic)、统计论(statistics)和率直论(heuristics)。按照逻辑论,决策是一个根据逻辑规则进行推理的过程。统计论认为决策是依照统计概率进行的推理过程。率直论认为决策是把先前经验用于解决当下问题。前两种常常被视为理性决策(rational decision-making),第三种非理性决策 (irrational decision-making)。在 Kahneman (2011)等人的推动下,理性型决策主要作为决策规范模型(normative model),用于预测或规范决策人的行为。然而,普通人大部分的经济决策是不符合逻辑或统计规范的,他们的决策是率直型的。Kahneman 等从逻辑和统计规范出发,研究普通人经验决策中的各种偏误,如信念偏误(belief bias)。把逻辑和统计推理决策作为规范受到一些研究者的质疑和批评。其中影响最大的是 Gigerenzer 以及他的团队。Gigerenzer(2007)对率直型推理做过理论和实验研究,提出了著名的"进化适应模型"。详细介绍见顾曰国(2020)。本文这里主要介绍思维双层处理模型。

认知心理学把脑认知活动分为基本和高级两类。基本认知活动包括:(a)识别格局;(b)理解语言;(c)记忆事件;(d)习得外部世界的概念知识。高级认知活动包括:(e) 思考;(f)推理;(g) 决策;(i)认识社会。这两类认知活动是我们从日常生活经验里可以直接观察到的。研究者构建可以验证的理论模型,以开展对两类认知活动的研究。目前占据主流地位的是双层处理理论(dual-process theory):率直层和缜密层。率直层思维通俗地说就是思维者很少思索,跟着感觉走。人类在做许多习以为常的事时用的基本都是率直层思维。缜密层思维,通俗地说,思维者要动一番脑筋。演讲、写论文,思维者不得不用缜密思维。

4.3 Evans 假定思维理论(hypothetical thinking theory)

假定思维理论是 Evans(2007)先前的"率直与分析处理模型"(heuristic and analytic processing)的修订版。先前模型与上面介绍的双层处理模型类似,这里我们不再介绍。根据 Evans (2007),假定思维包括假设验证、预测、决策、事实反相思考、演绎推理,以及猜测推理。假定思维理论推崇三个基本原则:①单一原则(the Singularity Principle),即人们思考问题时每次只考虑一个假定可能性,或只用一个心理模型;②关联原则(the Relevance Principle),即针对当下场景人们只考虑相关度最高的心理模型(注意:不能把这个原则跟语用学里 Wilson & Sperber 的关联原则混淆);③意满原则(the Satisficing Principle),即用当下目的评估调用的心理模型,若满意即可。换句话说,人们很少把所有因素或可能性都考虑分析一遍后再作决策。

上面三个原则在人们思维实践中是如何运作的呢?Evans 对原先的实用与分析处理模型作了修订,修订后的模型如图 4 所示。

Evans 的假定思维模型的三原则贴近人们日常生活决策的真实状况。就连逻辑学家,他们的日常决策也不是按照逻辑模型或统计概率做的。根据图 4,人们决策时考虑当下任务特征(如买什么的鞋)、当下目的(如买鞋是自己穿还是送礼)结合背景知识后拿出对自己看来最合情理的方案。如果决策关系重大,再进入缜密思维模式。

Evans 的假定思维模型当然不是针对老年人决策而设计的。那么,我们要问:老年人决策有特殊性吗?此类研究文献甚少。Reyna, Wilhelms 等人的研究是为数不多之一。

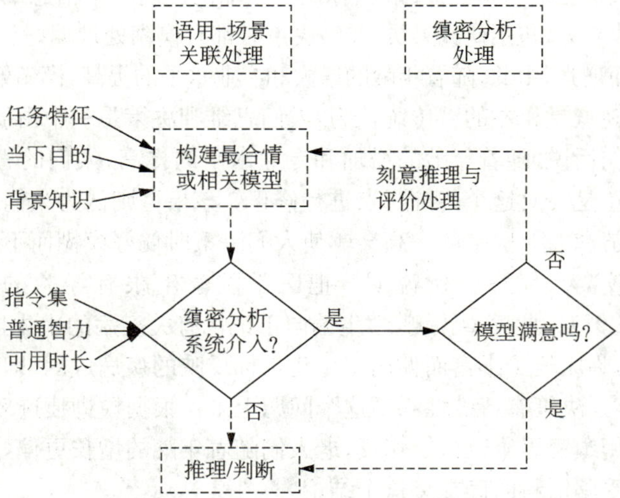

图 4　假定思维模式

(根据 Evans，2007：20 Figure1.1 绘制)

4.4　模糊痕迹双层处理模型

近些年来，随着研究的深入，双层处理理论也暴露了一些棘手的问题。如两类思维模式之间是如何切换的？如何协同合作？是不是都从率直思维入手，然后进入缜密？Neys(2018)针对这类问题专门展开讨论，试图把双层处理理论升级到 2.0(dual process theory 2.0)。本文这里无法逐一介绍诸家观点，感兴趣的读者须读 Neys 原著。我们仅侧重介绍跟本文主题相关的 Reyna 等人(Reyna et al.，2018；Wilhelms et al.，2015)的模糊痕迹双层处理模型(fuzzy-trace dual process model)。

心理语言学研究信息在人脑中表征方式时区分大意表征(gist representation)和嚼字表征(verbatim representation)。举例说明。脑里有这样一个表征："蚂蚁吃了甜酱。甜酱放在桌子上。"这是嚼字表征。脑在做认知信息处理时，往往要做"提要"，把嚼字表征变为"蚂蚁吃了桌上甜酱"大意表征。相比之下，大意表征要简练、经济、处理速度快，但导致模糊性以及精准度减低等。早期心理语言学把嚼字表征视为大意表征的表层形式，两者本质上是同一种认知信息处理模式。

模糊痕迹双层处理模型根据新的认知信息处理实验，认为嚼字表征和大意表征本质上不是同一类，而是两种认知信息处理模式。大意表征支持模糊、印象型、通常为潜意识的处理，而嚼子表征支持缜密处理。人们有模糊处理偏好。如当被告知"用处方 A，7 个病人治好了 2 个。用处方 B，5 个病人治好了 3 个"。人们一般不会去做缜密计算，而是在模糊处理偏好的驱使下直接选处方 B。研究者还做过 Allais 选题实验。假定有以下两个选项：

A. 你肯定能赢 100 万元；

B. 你有 89% 的机会赢 100 万元，外加 10%的机会赢 500 万元，另外 1%的机会什么也不赢。

你选 A，还是 B？实验发现选项 A 是人们的偏好。选项 A 实际上是模糊的。"肯定"表达的是主观判断，我们知道主观判断出现偏差是常见的。选项 B 比选项 A 要精准得多的。但由于人们有模糊处理偏好，不愿意费脑力去做缜密思考，选项 A 的模糊性、偏误性往往是视而不见。

我们稍加反思不难发现，人们记忆中的信息偏好大意表征，因特殊需要才用嚼字表征。另外，人们因经验、履历、专业知识等不同，大意表征和嚼字表征即使针对同一个认知对象，也有人际之间的差异性。

模糊痕迹双层处理模型建立在以下四个基本原理上。①信息在脑中分多层表征，各层精准度不同。②大意表征和嚼字表征在脑中是独立编码、存储和索取的。同一个信息的两个表征在同一个人中可能是相互矛盾的。③成年人,包括研究人员,在做决策时都有模糊处理偏好。④模糊处理偏好随着处理同一任务的经验积累而增强,由此,随着年龄的增大和专业水平的提高,模糊处理偏好也跟着增强。

第④点与传统主流观点是相左的。传统认为,人们思维和决策是一个由简单到复杂、由模糊到缜密的发展成长过程。换句话说,随着年龄的增加和专业水平的提高,人们的思维和决策是愈加缜密。模糊痕迹双层处理模型正是要对这个传统观点进行修正。该模型则认为人们思维和决策不是由模糊到缜密的线性发展。年龄和专业水平的增高会驱使人们决策时偏好模糊而不是缜密。一系列实验表明该模型的可预测性较高。仅举一例说明。把医学院学生跟有经验的临床医生作对比研究(Wilhelms et al., 2015: 98)。此模型预测,学生偏向于记忆有关疾病的生化指标数据(即缜密表征),临床医生因专业水平高,临床经验丰富而偏向于生化指标反映的疾病成因(即大意表征)。

现在我们回到"老年人决策有特殊性吗?"这个问题上来。根据模糊痕迹双层处理模型,人们并非随着年龄增大而更多采用缜密思维。恰恰相反,老人们随着年龄的增长更偏好模糊思维,而不是缜密思维。本文采录的老人受骗语料的确支持这个结论。

5 受骗老人实际案例剖析:中安民生"以房养老"套路贷

5.1 背景交待

"以房养老"主要指老年人将住房反向抵押给保险公司,从而每月领取一定数额的养老保险金。这本是政府鼓励的一种商业养老保险业务,但一些不法公司和人员打着"以房养老"的幌子,对老年人实施欺诈,致使不少老人房财两空。

中安民生 2019 年被媒体曝光,涉非法集资,88 名嫌疑人被刑拘。据报道,至少 17 名老人 3 100 万被骗。套路贷基本包括五步:①吸引老人了解"以房养老"项目(与老人决策推理"听、看"对应,见图 1);②鼓动老年人抵押房产借款;③承诺先替老人还钱,等老人上钩;④诱骗老人购买中安民生旗下的投资产品;⑤中安民生携款抽身,抵押贷款人(中安民生旗下公司)威逼老人还贷。

5.2 受骗老人举例分析

下面我们根据 CCTV 13 记者采访以及我们从网上收集到的中安民生语料,对受骗老人的语用推理和决策推理作样例分析。

卢奶奶(CCTV 13 记者采访时 69 岁)		
	卢奶奶直接体验	语用推理分析
首次入套	2017 年,她被熟识的朋友拉去参加北京中安民生资产管理有限公司的活动时,了解到这个以房养老项目的。	主动参加未来的合同方信息发布活动
	当时中安民生宣传的是,她的房产在中安民生抵押会比别的公司能抵押出更多资金,资金交给中安民生后,中安民生按照年息 4%到 6%,每月固定向老人支付养老金。	(1) 根据合作理论,合同方这些信息基本满足四个准则。 (2) 根据语用批评理论,这些信息不足以为合同方的"人品"作证。
	在宣讲时,中安民生告诉老人"以房养老"抵押可以随时退出。你如果不想做了,半年就可以解押,或者你要卖房了,你要干什么了,你可以提前两个月到三个月告诉他,然后他就给你解押。	这些条件句实际上暗含 Evans 阐释的"假定思维",包括假设验证、预测、决策、事实反相思考、演绎推理,以及猜测推理。这是非常复杂的。老人当下思维实际上只是对表面语义的理解,看不到这些条件句的语用后果。
	中安民生在各种宣传中借用了国家的"以房养老"政策,打着民政部、全国老龄委、中国老龄事业发展基金会等的名义。	根据语用批评理论,如果合同方的人品受到质疑,用于语用推理的命题视为伪命题或不可信命题。合同方深知这个危险,通过花言巧语和视频影像把自己包装成国家政策的代言人。老人的先前经验告诉他们国家是可靠的,可信的。这个信念被下意识地进入老人语用推理,给合同方的命题附加上不应该有的可靠可信质。

（续表）

	卢奶奶直接体验	语用推理分析
看	为了吸引老人前来投资,中安民生时常组织各种大型宣讲活动,有时规模达到上千人。	合同方通过频影、动漫画、照片、风景画等把自己包装成老年美好生活的推进者。正如老人所说,“很多很多的大的噱头”摇旗呐喊,老人们“就相信了”。——注:根据哈贝马斯的语用批评理论,合同方的整个活动,表明上打着增进了解类话语,本质上是欺诈性话语。老人没有受过语用批评理论的训练,短期内(更不必说在当下)不可能看透其真实的险恶用心。
	每一个大厅它都写着中国老年基金会,还有民政部,它有很多很多的大的噱头在前面,所以我们就相信了,也没去进一步考察,事情出来以后,我们才发现,很多他们是造假的。	

		决策和行动推理分析
签合同	签合同的时候根本就不让看,然后都给你指定好,这个地方签字,这个地方签字,骑缝的地方都给你摆好,骑缝还要签字,都签完以后,就是觉得特别不舒服。(另外一位受害者张女士口述)	这种以房养老决策实际上是难预决策,合同方蓄意打包成全知决策,达到他们欺诈目的。
	卢老奶在将自己的房子 300 万元抵押后,每月可领取养老金 12 500 元。	
反省/反思	合同后第一个月,卢老奶:我觉得挺好的,它到那一天就把利息打给我了。	第一个月给老人以决策成功的假象。
	直到贷款公司上门催债,老人们才意识到,他们是把房子抵押给各种小贷公司了。	老人错误决策使得自己陷入套路贷骗局,导致一系列严重后果。
	背负了 300 余万元、年息高达 24%的贷款,现在面临的是持续被贷款公司威胁,要他们赶紧卖房还贷。	
	卢老奶:贷款公司就跟我老公说,赶快卖房,你这房赶紧卖,你现在如果卖房的话,你可以卖 500 万元,你还可以剩 200 万元,我们可以帮你找人来买你的房,你要如果通过法院,你的房只值 180 万元。	
	贷款公司为了逼迫老人偿还本金和利息,实施了上门威逼、言语辱骂,在楼道里张贴所谓催债通知、用 502 胶堵锁眼儿、把垃圾粪便丢在老人家门口等各种软暴力。	

6 结语:本文之不足与亟待研究的问题

老年推理与决策研究在全球范围看是刚刚起步(Poon et al., 1992; Salthouse, 2005, 2010; McGillivray et al., 2012)。基于老人受骗语料的老人经济行为决策与推理分析更为鲜见。本文充其量是探索性的,明显不足主要在两个方面,一是相关文献梳理不够充分;二是对采集到的 20 多个案例未逐一分析。主要原因是田野民族志调查需要时间,加上发排时间紧迫,留下这两个明显的缺陷,只能提醒读者注意和谅解。

老年推理与决策研究可以说是个处女地,亟待研究的问题非常多。我们以为最紧要的有以下三个方面。①构建专门用途语料库，涵盖不同年龄段采样；②在专门语料库的基础上提出一系列可以验证的理论假设和概念模型；③创造条件对假设和模型用实验法进行验证。

参考文献

[1] ATKINSON P, COFFEY A, DELAMONT S, et al. Handbook of ethnography[M]. London: Sage Publications Ltd, 2007.

[2] EVANS J St B T. Hypothetical thinking: dual processes in reasoning and judgement[M]. New York: Psychology Press, 2007.

[3] FEENEY A, THOMPSON A V. Reasoning as Memory[M]. London: Psychology Press, 2015.

[4] GERD G. Gut feelings: the intelligence of the unconscious[M]. London: Penguin Books Ltd, 2007.

[5] HABERMAS J. On the pragmatics of communication[M]. Cambridge Massachusetts: The MIT Press, 1998.

[6] HOLYOAK K J, MORRISON R G. The Cambridge Handbook of Thinking and Reasoning [M]. Cambridge: Cambridge University Press, 2005.

[7] HOLYOAK K J, MORRISON R G. The Oxford handbook of thinking and reasoning[M]. Oxford: Oxford University Press, 2012.

[8] DANIEL K. Thinking, fast and slow[M]. New York: Farrar, Straus and Giroux, 2011.

[9] SHANNON M, FRIEDMAN C M, CASTEL D A. Impact of aging on thinking[M]// HOLYOAK K J, MORRISON G R. 2012: 650-672.

[10] DE NEYS W. Dual process theory 20[M]. New York: Routledge, 2018.

[11] REYNA V F, GOLKHANDAN S R, GARAVITO M. N. D, et al. The fuzzy trace dual process model[J]. NEYS. 2018: 82-99.

[12] POON L W, RUBIN C D, WILSON A B. Everyday cognition in adulthood and late life[M]. Cambridge: Cambridge University Press, 1992.

[13] SALTHOUSE T A. Effects of aging on reasoning[J]. Holyoak and Morrison. 2005: 589-606.

[14] SALTHOUSE T A. Major issues in cognitive aging[M]. Oxford: Oxford University Press, 2010.

[15] THORNTON R J, SKALNIK P. The early writings of bronislaw malinowski[M]. Cambridge: Cambridge University Press, 2006.

[16] WILHELMS E A, CORBIN C J, REYNA F V. Gist memory in reasoning and decision making: age, experience and expertise[J]. Feeney and Thompson. 2015: 93-109.

[17] 顾曰国.论言思情貌整一原则与鲜活话语研究[J].当代修辞学,2013,(6):1-19.

[18] 顾曰国.老年智力、推理与决策研究:第四届特殊人群话语及其认知神经机制研究求索论坛主旨报告[R].山东日照:(2020-10-23).

第十四章　言语幽默的认知老化及其神经基础

李雪艳　王慧莉

1　引言

预计到 2027 年,我国 65 岁以上老人的比例将超过总人口的 15%,进入深度老龄化社会。2019 年 11 月,中共中央、国务院印发了《国家积极应对人口老龄化中长期规划》,对我国人口老龄化问题提出了战略性和综合性的应对措施。除了保障老年人的基本生活之外,还需要大量的适合老年人心理等多方面的专业服务。对老年人认知老化的研究不仅会对其生理及心理研究起到基础性作用,也会对养老服务素质的提高起到指导性作用。

语言是信息传递的重要途径,随着人体各项生理机能的发展或老化,人们的言语认知能力也会随之发展或老化。语言老化是人类语言发展的重要一端,是解释大脑在人的生命周期中发生变化的重要方式,也是解决人类发展及老龄化问题的重要切入点,具有实际的临床意义和重要的社会效益(黄立鹤,2015)。言语幽默是创造性的语言,是人类的特质,是一种高级别的认知活动,不同文化环境中不同的人都会经历言语幽默(Lefcourt, 2001)。言语幽默在思考和社会交往中起到至关重要的作用,对人们的身、心体健康有很大的影响(Martin, 2010)。

良好的言语幽默欣赏及产出对生命周期中不同年龄段的人都有积极的意义:它不仅能够帮助开发儿童和青少年的创造力,为成长及社会交往营造轻松、和谐的氛围,帮助建立归属感(Simons et al., 1986),也能增强成年人和老年人的自我价值感,提高生活的自信心和自尊心(周芳,2014)。言语幽默的培养及训练能够帮助人们从创新的角度思考问题,在面对困难的时候保持乐观积极的心态,是缓解压力的有效手段(O'Connell, 1976)。老年人把幽默感作为一种性格优势,有助于提高生活的满意度,并帮助老人们找到生活的意义。

2　言语幽默研究的现状

西方有关言语幽默的研究最早可追溯到古希腊的柏拉图和亚里士多德时代,随后不断发展,从社会行为、心理分析和认知等不同视角出发分别产生了三个影响较大的言语幽默理论:即社会行为角度的优越论、心理分析角度的释放论和认知角度的乖讹-消解论,也被称为不一致理论。在我国,言语幽默的概念以"谑"但"不虐"的形式早在《诗经》中出现过,现代言语幽默的概念源于 1924 年林语堂的翻译。学者将西方的幽默概念与我国传统概念相结合,从不同的视角对幽默进行分类,根据汉语幽默的表现形式将言语幽默纳入修辞学的范畴,从语言学的角度研究言语幽默结构;对汉语中幽默文学进行界定和研究(戈玲玲、何元建,2012)。尽管近年不乏对言语幽默各方面的讨论,但就整体而言,对言语幽默的社会功能较为看重,对其产生的机理缺乏系统的阐述和深入的研究(尉万传,2012)。

在认知科学发展的推动下,言语幽默的认知神经语言学转向趋势明显。以往关于言语幽默的研究多在社会学、人类学和文学的学科背景下对言语幽默进行解读,关注的多是言语幽默外部的现象而非内部的加工过程。言语幽默的本质涉及复杂的心理和神经加工过程,这一过程经历了言语幽默刺

【作者信息】李雪艳,女,博士,大连理工大学外国语学院,副教授,研究兴趣:认知神经语言学、心理语言学。Email: lixueyan@dlut.edu.cn;王慧莉(通讯作者),女,博士,大连理工大学外国语学院,教授,研究兴趣:认知神经语言学、心理语言学、语言哲学。Email: huiliwt@dlut.edu.cn。

激的形成、感知和欢乐情感的表达，基于脑神经系统的大量活动(Martin，2010)，且受到年龄(Shammi & Stuss，2003)、性别(Kohn，2011)、左右利手(Coulson & Lovett，2004)、性格特点(Mobbs et al.，2005)、文化背景、教育年限等多个因素的影响。

整个生命周期中不同年龄段的人对同一言语幽默刺激的反应方式和反应程度不尽相同，在言语幽默类型的使用、言语幽默的理解和产出等方面也都有所不同(Martin，2010)。研究者利用先进的脑成像技术对言语幽默认知神经加工过程中的时间维度、空间维度和频率维度的特征进行了提取，但是，已有的研究偏向成人化，对于生理和心理产生巨大变化的老年人的相关研究却很少。老年人的言语幽默老化是人类言语幽默发展的重要方面，只有对言语幽默内部的认知神经加工老化的过程进行深入地、系统地研究，才有可能将幽默相关的有益影响进行科学的推广。

3 言语幽默认知的理论基础

幽默既是复杂的生理现象也是复杂的心理现象，与幽默相关的理论涉及幽默的各个因素。早在1920年，学者们就总结了当时的88种不同的幽默理论(Samson，2008)。当代学者认为幽默涉及内容太过广泛，所以很难把相关的理论融为一个整体(Krikmann，2006)，不同理论分别提取了不同情境下的幽默特征，各个幽默理论之间互不冲突，相辅相成。

18世纪，有学者提出当两种冲突的情况巧妙地融合时人们会发笑(Beattie，1776)。19世纪，学者们认为对内在的概念和实际的不一致情况的突然理解会引起笑的反应(Schopenhauer，1819)，具体的说，当突然意识到两种不一致的概念或事物之间产生某种联系的时候，笑就产生了。而后，学者们又进一步解释了“不一致”是幽默的核心(Koestler，1964)。Shultz(1972)通过实验研究认为幽默的结构主要以“不一致”和“解决”为特点，并强调“解决”所起到的重要作用。Suls(1972)提出了幽默理解的两个阶段的模型，类似于问题-解决型的过程：当我们读故事或看卡通画的时候，了解背景知识，同时对结果进行预测，如果这个故事或卡通画的结局和我们所预测的一致，不会有惊讶的感觉，也就不会产生笑；但如果所看到的结局和预测的不一致时(两阶段模型的第一阶段：不一致探测)，会感到很惊讶，而后又能够找到这种不一致的解决办法(两阶段模型的第二阶段：不一致解决)，笑就产生了。近些年，学者们运用ERP(Event-Related Potentials)技术，从认知神经科学的角度为乖讹-消解理论/不一致理论提供了实证研究的证据：将幽默认知阶段和欢笑的情绪反应阶段进行了分离(Goel & Dolan，2001)；又将不一致探测，不一致解决和不一致欣赏(笑)三个阶段进行了分离(Feng et al.，2014)。

4 言语幽默认知老化机制

言语幽默理解的能力会随着年龄的增长而加强，但是大概从60岁开始，伴随个体生理结构和机能的老化，人们的言语幽默认知也开始老化(Uekermann et al.，2006)。Shammi和Stuss(2003)在实验中要求被试对一系列幽默语句和非幽默语句进行评定，然后为去掉妙语的笑话选择可笑的结尾。老年被试者(20位平均年龄位73岁认知能力完好的老人)和年轻被试者(17位平均年龄为28.8岁的年轻人)在区分幽默语句和非幽默语句方面没有明显差异，在某种程度上说明老年人的幽默理解能力与年轻人相比没有明显的下降，但是老年被试对幽默语句和非幽默语句的可笑程度的评分均高于年轻被试，说明老年人在情绪反应方面并没有表现出缓慢的迹象，事实上，他们比年轻人更加享受幽默(Schaier & Cicirelli，1976)。然而，与年轻人相比，老年人在给笑话选择结尾的任务中错误较多。研究者通过一系列认知能力的测试发现，选择笑话结尾任务的表现和工作记忆以及语言抽象能力呈显著相关。因此，工作记忆能力和语言抽象能力的下降可能使幽默产出能力受损。各方面认知能力的下降增加了老年人对笑话理解的难度，使得笑话的理解更具挑战性，同时也提高了老年人对笑话的欣赏程度(McGhee，1976)。

Mak 和 Carpenter(2007)在实验中要求 40 个年轻被试(平均年龄为 19.8)和 41 个无认知缺陷的老年被试(平均年龄为 78.3 岁)完成两个试验任务:第一个任务是为笑话选择合适的妙语,第二个任务是为可笑的卡通画找到合适的结尾。而后要求被试完成一系列的认知、智力及记忆力方面的测验。老年被试在选择合适妙语的任务中比年轻人犯的错误多,同样的,在选择非言语的可笑卡通画结尾的任务中老年人也表现不佳。正如研究者所预期的,年轻被试在认知灵活度、抽象推理能力和短期记忆方面都好于老年被试。老年被试的认知测试表现与两项任务表现呈正相关,但是年轻被试的认知测试表现与任务完成的情况却没有相关性,因此,老年人的任务表现不佳与其认知能力下降相关。非言语幽默产出任务的不佳表现与短期记忆缺陷呈相关性,其原因在于非言语幽默的产出过程多了两个环节,需要将图片信息转化为语言信息后再转换为图片信息,所以卡通画的任务难度更高,短期记忆能力参与的更多(Greengross，2013)。这与另一项实验的结果是一致的,即老年人在加工图片信息的时候比加工语言信息感到更困难(Duchek et al.，1995)。

在妙语选择的过程中,认知灵活度协同抽象推理能力一同把看似不相关的相互冲突的材料结合在一起,老年被试在此项任务重表现不佳,说明认知灵活度和抽象推理能力的下降对言语幽默认知老化产生了重要的作用。工作记忆与语言理解的方方面面都有关系,工作记忆能力与人们回忆文本内容的准确度相关联(Stine-Morrow，Shake，Miles & Noh，2006),言语幽默理解的过程需要将对文本的预期与实际的结局相比较,发现不一致的情况之后,进行评估,再进行解决,因此,工作记忆能力的下降也会对言语幽默认知老化产生很大的影响。工作记忆、认知灵活度和抽象推理能力的老化对言语幽默的认知老化起到了重要的作用。

在上述 Shammi 和 Stuss(2003)的实验中,老年被试和年轻被试在区分幽默语句和非幽默语句方面没有明显差异,在某种程度上说明老年人的幽默理解能力与年轻人相比没有明显的下降。但是相关的认知能力的下降是客观存在的,比如从语言的角度分析,随着老年人的言语认知能力的老化,词汇加工时间逐渐增多(Waters & Caplan，2005),句法理解更困难(Gayle and Jessica，2016),篇章连贯性整合能力下降(Wright & Capilouto，2009);再从认知机制的角度分析,工作记忆、认知灵活度和抽象推理能力也都会发生老化。“代偿理论”很有可能解释这一实验结果,这种观点认为老年人募集了其他脑区从而调动更多资源进行配置来对抗认知功能的下降,所以该实验的结果显示老年人的幽默理解能力与年轻人相比没有明显差异。

5　言语幽默认知老化的神经基础

5.1　时间维度

研究者利用 ERP(事件相关电位)时间分辨率高的优势,以成人为被试进行了一系列的相关实验,探索言语幽默认知神经加工的不同阶段及相应的时程特点。实验使用笑话和非笑话作为刺激,在言语幽默理解的第一阶段,即不一致探测阶段,也就是在 350～400 ms 时间窗内,笑话在左侧颞回和左侧额内侧回区激活了明显的负波;在言语幽默理解的第二阶段,即不一致解决阶段,在 600～800 ms时间窗内,笑话明显激活了前扣带回的活动;在第三阶段,即幽默欣赏或欢笑情绪表达阶段,笑话在 1 250～1 400 ms 时间窗内激活了额中回和梭状回,并产生了明显的正波(Du et al.，2013)。为了进一步探索言语幽默加工过程的时间动态的特点,研究者采用笑话、非笑话和无意义的语句作为实验刺激,结果表明,在不一致探测阶段,无意义的语句在 350～400 ms 时间窗内激活了最大的 N400,原因在于无意义语句的不一致程度最高;在不一致解决阶段,笑话和非笑话,比较无意义语句而言,在 500～700 ms 的时间窗内激活了更大的 P600,原因在于笑话和非笑话比无意义语句的不一致解决的程度高；在幽默欣赏阶段，笑话在800～1 500 ms时间窗内激活了LPP(Late Positive Potential)，原因在于，比较非笑话和无意义语句而言，笑话引起了欢笑情绪的反应(Feng et al., 2014)。研究者使用sLORETA (standardized Low-Resolution Brain Electromagnetic Tomography Analysis)，进一步分析了言语幽默大脑神经加工的时程特点：除了N400，P600两个时间窗对应不一致探测和不一致解决这两个阶段以外，言语幽默首先激活了P200成分，这表明言语幽默早在200 ms时间窗内就已经对言语的不一致情况进行了探测(Shibata et al., 2017)。因此，从时间的维度来看，尽管由于具体的实验刺激不同而实验结果略有差异，但总的来说，成人阶段的言语幽默认知神经加工机制主要涉及的时间窗约为200 ms，350～400 ms，500～700 ms和800～1 500 ms，分别关系到言语幽默的不一致早期探测，不一致探测，不一致解决和幽默欣赏阶段，其对应的ERP成分包括P200，N400，P600和LPP (Late Positive Potentials)。

从言语幽默认知加工的时程特点来看，基于以上综述，老年人虽然认知能力有所下降，但并不会影响其言语幽默理解能力，这说明言语幽默加工的过程调动了更多的能力资源来弥补已经降低的认知能力，所以，和年轻人相比，老年人言语幽默认知神经加工过程中不一致探测阶段和不一致解决阶段所对应的N400和P600成分被激活的程度很可能高于年轻人；同时，上述研究显示老年人的幽默情绪反应并没有比年轻人缓慢，甚至比年轻人更享受言语幽默，因此，老年人的幽默欣赏/欢乐情绪表达所对应的LPP成分被激活的程度也很有可能高于年轻人。

5.2 空间维度

为了探究言语幽默加工不同阶段所涉及脑区的特点，研究者利用fMRI空间分辨率高的优势，将言语幽默加工的理解阶段和欣赏/欢乐情感表达阶段进行了分离。言语幽默加工过程中的理解阶段和欣赏阶段激活了不同的脑区系统：在幽默理解阶段，语义笑话激活了双侧的颞叶网络，语音笑话激活了和言语产出相关的左半球的脑区；在幽默欣赏阶段，语义笑话和语音笑话都激活了腹内侧前额叶，其激活程度与可笑评级程度呈正相关(Goel & Dolan, 2001)。在另一实验中，研究者采用笑话、非笑话和花园路径句作为实验刺激进行实验，结果显示幽默理解阶段激活了双侧额下回和左侧额上回，幽默欣赏阶段/欢乐情感表达阶段激活了左腹内侧前额叶、双侧杏仁核及双侧海马回(Chan et al., 2012)。为了进一步划分言语幽默理解过程中的不一致探测和不一致解决两个阶段的激活在不同脑区的特点，研究者采用笑话、非笑话和无意义的语句作为实验刺激，实验表明言语幽默的不一致探测阶段激活了右侧颞中回和右侧中央前回，不一致解决阶段激活了左侧额上回和左侧顶下小叶(Chan et al., 2013)。还有学者使用语义笑话作为幽默刺激进行实验，数据结果显示不一致探测和不一致解解决两个阶段都激活了语言相关的区域，主要包括额上回、颞中回和颞下回等脑区，在幽默欣赏/欢乐情绪表达阶段激活了中脑缘的奖励区域。因此，从空间的角度来看，虽然因实验刺激的不同导致结果不完全相同，但总的来说，成人阶段的言语幽默认知神经加工机制主要涉及额上回、颞中回、颞下回等区域和与情感相关的中脑缘区域，如杏仁核、海马体和岛叶皮层。

从言语幽默认知神经加工的空间特点来看，执行功能的加强或下降会导致学习、记忆、推理等功能的上升或下降，而负责执行控制功能的前额皮层更容易受生理发展及老化的影响(Shafto & Tyler, 2014)，额叶区域在言语幽默发展及老化的过程中很可能起到重要的作用。右额叶受伤的病人与老年人相比，在幽默产出测试中都表现不佳，很有可能是由于额叶受损影响了某些认知能力，从而影响了幽默产出的能力，因此，大脑右额叶功能的老化很有可能和幽默产出能力的下降相关，但是幽默欣赏的能力并没有受到影响(Shammi & Stuss, 1999)。幽默欣赏或欢乐情绪表达的能力没有受到影响，并不意味着和言语幽默欣赏相关的杏仁核、海马体和岛叶皮层没有随着年龄的衰老而老化。以往的研究证实，伴随年龄衰老，边缘系统结构和功能的改变十分明显，杏仁核和海马体等脑区的体积都随年龄增长而显著下降，在情绪加工过程中，他们试图通过其他脑区，如额叶皮层的过度激活来代偿边缘系统活动的不足（Raz et al., 2004）。所以，老年人在言语幽默认知神经加工过程中的情绪阶段激活的脑区很有可能不仅仅包括边缘系统，还有可能激活额叶皮层，从而保持高于年轻人的言语幽默欣赏程度。

5.3　频率维度

目前关于言语幽默加工过程中频率特征提取的实验还相对较少，有一些研究使用影像幽默和图片幽默为实验刺激提取了幽默加工中的频率特征。其中一项研究显示在颞下回区域的 Beta 频段在回忆幽默场景过程中起到了非常重要的作用（Ramaraju et al., 2015）；另一项研究表明在幽默刺激所引发的情绪表达阶段，Alpha 和 Beta 两个频段在运动区均被明显激活（Wang et al., 2017）。

从言语幽默认知加工的频率特点来看，如，Beta（13～30 Hz）振荡对于语言的认知和处理起着非常重要的作用（Weiss & Mueller, 2012），尤其在句法整合阶段，Beta 波段的神经同步激活尤为显著（Bastiaansen & Hagoort, 2015），Beta 波段对于类似于句法整合的不一致解决阶段的起到了重要的作用，由于老年人在幽默理解阶段需要调动更多资源弥补认知能力上的下降，相比较年轻人而言，老年人幽默加工时的 Beta 频段激活的程度很有可能更高。同时，与不一致解决的欢乐情绪表达的 Alpha 和 Beta 频段也很有可能在言语幽默的认知神经加工过程中被激活的程度更高。

6　对未来研究的思考

言语幽默作为一种低成本且有效的认知疗法被应用于临床及日常辅助治疗。对言语幽默认知神经加工老化的研究能够帮助人们深刻了解认知干预机理，从而为处理老龄化问题从心理语言学和认知神经语言学的角度提出解决方案。言语幽默的“不一致解决”能够帮助老人们对事物有创新的认识，改变固有的想法，保持思维活跃，乐观的应对生活中的各种不良情绪；言语幽默的加工过程能够激活与认知和情绪相关的脑区系统和相应脑区的频段，有助于帮助老年人恢复功能下降的脑区，从而对老年人的生理健康和心理健康起到积极的作用。

目前已有的言语幽默老化的研究的数量非常少，仅有的几个实验都是对老年人和年轻人进行群体间的比较，无法避免世代效应的干扰，纵向的追踪研究能够更加科学、客观、系统地呈现言语幽默认知老化及其神经基础的特点。在今后的研究中，应结合现代认知科学不断发展的有利条件，利用更多的手段对言语幽默认知老化进行探索，从多个角度出发探讨其认知机制和神经基础，为构建完整的生命周期的言语幽默认知研究奠定基础。

参考文献

[1] BASTIAANSEN M, HAGOORT P. Frequency-based segregation of syntactic and semantic unification during online sentence level language comprehension[J]. Journal of cognitive neuroscience, 2015, 27(11): 2095-2107.

[2] CHAN Y C, CHOU T L, CHEN H C, et al. Segregating the comprehension and elaboration processing of verbal jokes: an fMRI study[J]. Neuroimage, 2012, 61(4): 899-906.

[3] CHAN Y C, CHOU T L, CHEN H C, et al. Towards a neural circuit model of verbal humor processing: an fMRI study of the neural substrates of incongruity detection and resolution[J]. Neuroimage, 2013, 66: 169-176.

[4] COULSON S, LOVETT C. Handedness, hemispheric asymmetries, and joke comprehension[J]. Cognitive Brain Research, 2004, 19(3): 275-288.

[5] DU X, Qin Y, TU S, et al. Differentiation of stages in joke comprehension: evidence from an ERP study[J]. International Journal of Psychology, 2013, 48(2): 149-157.
[6] DUCHEK JM, et al. Inhibitory processes in young and older adults in a picture word task[J]. Aging Neuropsychol Cogn, 1995, 2: 156-167.
[7] FENG Y J, CHAN Y C, CHEN H C. Specialization of neural mechanisms underlying the three stage model in humor processing: an ERP study[J]. Journal of Neurolinguistics, 2014, 32: 59-70.
[8] GOEL V, DOLAN R J. The functional anatomy of humor: segregating cognitive and affective components[J]. Nature neuroscience, 2001, 4(3): 237.
[9] GREENGROSS G. Humor and aging: a mini review[J]. Gerontology, 2013, 59(5): 448-453.
[10] KOESTLER A. The act of creation[M]. Arkana, 1964.
[11] KOHN N, KELLERMANN T, GUR R C, et al. Gender differences in the neural correlates of humor processing: implications for different processing modes[J]. Neuropsychologia, 2011, 49(5): 888-897.
[12] KRIKMANN A. Contemporary linguistic theories of humor[J]. Folklore: Electronic Journal of Folklore, 2006, 33: 27-58.
[13] LEFCOURT H M. Humor: the psychology of living buoyantly[M]. New York: Kluwer Academic, 2001.
[14] MAK W, CARPENTER B D. Humor comprehension in older adults[J]. Journal of the International, Neuropsychological Society, 2007, 13: 606-614.
[15] MARTIN R A. The psychology of humor: an integrative approach[M]. Academic Press, 2010.
[16] MCGHEE P E. Children's appreciation of humor: a test of the cognitive congruency principle [J]. Child Development, 1976: 420-426.
[17] MOBBS D, GREICIUS M D, ABDEL A E, et al. Humor modulates the mesolimbic reward centers[J]. Neuron, 2003, 40(5): 1041-1048.
[18] O'CONNELL W E. Freudian humor: the eupsychia of everyday life[M]// Chapman A J, Foot H C. Humor and laughter: theory, research, and applications. London: Wiley,1976: 313-329.
[19] RAMARAJU S, IZZIDIEN A, ROULA M A. The detection and classification of the mental state elicited by humor from EEG patterns[C]// Medicine and Biology Society (EMBC). 2015 37th Annual International Conference of the IEEE: IEEE, 2015: 1472-1475.
[20] RAZ N, GUNNING-D F, Head D, et al. Aging, sexual dimorphism, and hemispheric asymmetry of the cerebral cortex: replicability of regional differences in volume [J]. Neurobiology of Aging, 2004, 25: 377-396.
[21] SAMSON A C. Cognitive and neural humor processing: the influence of structural stimulus properties and theory of mind[D]. PhD Thesis: University of Fribourg, 2008.
[22] SCHAIER A H, CICIRELLI V G. Age differences in humor comprehension and appreciation in old age[J]. J Gerontol, 1976, 31: 577-582.
[23] SCHOPENHAUER A. The world as will and idea (R B Haldane and J Kemp, Trans)[M]. London: K. Paul, Trench, Trübner & Co., Ltd, 1906. (Original work published 1819).
[24] SHAFTO M, TYLER L. Language in the aging brain: the network dynamics of cognitive decline and preservation[J]. Science, 2014, 346 (6209): 583-587.

[25] SHAMMI P, STUSS D T. Humor appreciation: a role of the right frontal lobe[J]. Brain, 1999, 122(4): 657-666.
[26] SHAMMI P, STUSS D T. The effects of normal aging on humor appreciation[J]. Journal of the International Neuropsychological Society, 2003, 9(6): 855-863.
[27] SHIBATA M, TERASAWA Y, OSUMI T, et al. Time course and localization of brain activity in humor comprehension: an ERP/sLORETA study[J]. Brain Research, 2017, 1657: 215-222.
[28] SHULTZ T R. The role of incongruity and resolution in children's appreciation of cartoon humor[J]. Journal of Experimental Child Psychology, 1972, 13(3), 456-477.
[29] SIMONS C J R, MCCLUSKEY-F K A, PAPINI D R. Theoretical and functional perspective on the development of humor during infancy, childhood, and adolescence[J]. Humor and Aging. Elsevier, 1986: 53-77.
[30] STINE-M E A, SHAKE M C, MILES J R, et al. Adult age differences in the effects of goals on self-regulated sentence processing[J]. Psychology and aging, 2006, 21(4): 790.
[31] SULS J M. A two stage model for the appreciation of jokes and cartoons: an information processing analysis[M]//The psychology of humor: Theoretical perspectives and empirical issues. New York: Academic Press, 1972: 81-100.
[32] UEKERMANN J, CHANNON S, DAUM I. Humor processing, mentalizing, and executive function in normal aging[J]. J Int Neuropsychol Soc, 2006, 12: 184-191.
[33] WANG R W, KUO H C, CHUANG S W. Humor drawings evoked temporal and spectral EEG processes[J]. Social Cognitive and Affective Neuroscience, 2017, 12(8): 1359-1376.
[34] WEISS S, MUELLER H M. "Too many betas do not spoil the broth": the role of beta brain oscillations in language processing[J]. Frontiers in Psychology, 2012, 3: 201.
[35] WATERS G S, CAPLAN D. The relationship between age, processing speed, working memory capacity, and language comprehension[J]. Memory, 2005, 13: 403-413.
[36] WRIGHT H H, CAPILOUTO G J. Manipulating task instructions to change narrative discourse performance[J]. Aphasiology, 2009, 23(10): 1295-1308.
[37] 戈玲玲,何元建.从言语幽默概论视角探讨汉语言语幽默的翻译[J].中国翻译,2012(4):108-112.
[38] 黄立鹤.近十年老年人语言衰老现象研究:回顾与前瞻[J].北京第二外国语学院学报,2015,37(10):17-24.
[39] 尉万传.国内幽默语言学研究述评[J].长春大学学报 2012(5):550-553.
[40] 周芳.幽默疗法对老年人健康促进的意义[J].大家健康(学术版),2014(16):86-86.

第十五章　健康老龄化视角下我国的临终关怀服务

——挑战、困境及对策

单　芳

当今，全球都面临着人口老龄化的巨大冲击，老龄化已经成为全球最主要的社会问题之一，对社会的政治、经济、文化等都造成了深刻的影响，健康老龄化的概念正是在这一背景下提出的。

1　关于健康老龄化的解读

1.1　健康老龄化的内涵

为了应对人口老龄化问题，1987 年世界卫生大会上首次提出“健康老龄化”（Healthy Aging，HA）的概念，该理念一经提出，便在国际上得到了积极响应。由于受到社会、历史、环境等多重因素的影响，健康老龄化的概念一直在不断地更新和发展。1990 年，WHO 在哥本哈根召开会议，将“HA”作为应对人口老龄化的一项发展战略提出，其主旨是从老年人的健康状况和医疗保健出发，延长人类的生物学年龄和心理年龄，强调提高老年人的生命质量，缩短带病生存期并延长健康余命，保持较好的身体机能状态直到生命结束（陈坤等，2017）。1992 年，联合国第 47 届大会决定开展“HA 全球行动”（赵怀娟等，2011）；2015 年 10 月，全球发布《关于老龄化与健康的全球报告》，健康老龄化的概念又更新为发展和维护老年健康生活所需的功能发挥过程，这是世界卫生组织所作的最新定义，其目标是改善老年人的功能发挥，强调的是个体按照自身的观念和偏好来生活和行动①。促进健康老龄化应充分考虑老年人的内在能力、健康特征、自身需求、可支配资源、居住环境等因素，综合评价各因素之间动态交互形成的影响效果，积极增强和维护老年人内在能力，建立促进老年人功能发挥的良好环境，实现个人与环境的和谐契合，达到改善功能发挥的目标，使老年人的生活处于较高的健康水平（陈坤等，2017；杜鹏等，2015）。

1.2　健康老龄化与临终关怀服务

健康老龄化的概念是伴随着社会进步、经济水平提升而发展和完善起来的，是对生命全周期的关注，重视生命“中上游干预”，以全人口各个时期的健康状况作为关键点。在这一理念的指导下，健康老龄化突破了将人口老龄化视为“问题”或“危机”的传统束缚，为老龄化打开了一个崭新而积极的视角，其核心目标是通过有效的科学干预应对社会老龄化的不良后果，将人口老龄化的负面后果降到最低。所以，针对老年人而言，健康老龄化追求的不仅是“活得久”，更是“活得好”，这在尊重原则和有利原则的基础上体现了老年人的尊严和自由。为了实现这一目标，对于老年人临终阶段的关怀和照护是不可忽视的重要方面，临终关怀服务成为了实现这一目标的有效途径。

临终关怀是向临终病人及其家属提供一种全面的照料，包括生理、心理、社会等方面，使临终病人的生命得到尊重症状得到控制，生命质量得到提高，家属的身心健康得到维护和增强，使病人在临终时能够无痛苦、安宁、舒适地走完人生的最后旅程（崔以泰等，1992）。临终关怀不仅是实现健康老龄化的战略要求，也是应对老龄化社会各种问题的客观需要，在健康老龄化背景下发展我国的临终关怀事业不仅合理，而且必要。

【作者信息】单芳：南通大学医学院，江苏省南通市崇川区启秀路 19 号，Email：cereal1@163.com.

① 引自世界卫生组织. 关于老龄化与健康的全球报告[R]. 2015.

2　我国临终关怀服务面临的挑战和机遇

为了有效应对我国社会的人口老龄化问题，我们需要准确把握健康老龄化背景下我国临终关怀事业存在的问题及应对方略，这是时代赋予的机遇及挑战，是推动我国社会经济健康发展的必然要求。

2.1　来自人口老龄化的压力

在全球化的格局下，尽管老龄化已经成为了一个普遍问题，但我国老龄化存在的问题尤为突出。自2000年开始，我国就已经步入了老龄化社会，并呈现出速度快、增量巨大、地区不平衡等特征（李红文，2016）。根据人口统计数据显示，到2017年底，在全国范围内，60岁以上人口大约为2.4亿（占17.3%），65岁以上人口约为1.6亿（占11.4%），其中部分大城市的人口老龄化形势更加严峻，例如在较早开展临终关怀服务的上海市，全市户籍人口中60岁以上老年人已占33.2%，80岁及以上高龄老年人口占总数的5.5%（苏永刚，2019）。与此同时，我国的经济发展却并未表现出与老龄化水平相对应的程度。有研究表明，当前中国人的人均GDP低于中高等收入国家的平均水平，但是人口老龄化程度却高于后者，我国的老龄化进程相对于自身的经济发展水平是超前的（郭金华，2016）。所以，尽管人口老龄化已经成为当今社会一种新的社会形态，但人们对其尚缺乏及时和必要的适应能力，中国陷入"未富先老"的尴尬境地。应该如何寻找举措来应对中国老龄化问题成为全社会面临的严峻考验。

2.2　将政策回应转变为发展机遇

面对健康老龄化的全球化趋势，中国已经迅速融入这一发展战略之中。在2016年发布的《健康中国2030规划纲要》中明确提出了推动老年卫生服务体系建设等多项举措，强调要立足全人群和全生命周期这两个着力点，将维护健康公平和贯穿生命周期的视角作为其核心理念；2017年3月，《"十三五"健康老龄化规划》的出台则象征着健康老龄化战略在我国宏观战略布局中的地位得到进一步提升（陆杰华等，2017）。在这一系列政策支持下，中国临终关怀事业的发展将迎来崭新的发展机遇。得益于健康老龄化理念和政策的指引，中国的临终关怀事业寻找到了发展的可靠依据，与此同时，作为世界上人口数量最多，老龄化速度较快的国家，中国化的实践模式也将为健康老龄化内涵的不断丰富和发展贡献宝贵经验。

3　临终关怀服务中的困境

30年多来，我国临终关怀事业获得了迅速发展。我们在充分肯定我国临终关怀发展取得进步的同时，也必须清醒地意识到这种发展面临着的来自各方面的诸多困境，厘清这些问题对于推动我国临终关怀机构的健康培育与发展尤为重要。

3.1　机构缺乏，地域分布不均衡

我国需要临终关怀服务的人口数量庞大，据国家统计局的数据显示，近年来，我国每年死亡人数达到900多万①。刘芳、李义庭等人曾提出，我国的大城市宜建设6～8所配备80～120张床位的临终关怀院，但是到目前为止，国内尚没有任何一个城市能够达到这一规模（陆杰华等，2017）。已经建成的较成熟的临终关怀机构，如北京松堂关怀医院、北京市东城区朝阳门医院的临终关怀病区等也因为众多原因而面临发展困境。另一方面，尽管临终关怀服务机构的设置并不充足，依然还存在严重的地域分布不均衡现象。目前，我国的临终关怀机构主要分布在北京、上海、天津、广州等城市，而经济欠

① 引自临终关怀为何缺位（聚焦·临终关怀追踪（上））《人民日报》（2018年01月19日19版）。

发达的中西部地区则分布较少，这也严重影响着临终关怀服务的可及性。

3.2　缺乏有效的制度保障

在我国现有的养老服务体系中，虽然对于临终关怀给予了一些的政策上的关注，但缺乏明确的具体方案，导致相关的服务难以有效落实。比如，原卫生部中医药管理局于 2006 年 6 月 29 日制定了《城市社区卫生服务机构管理办法（试行）》，要求有条件的诚实社区卫生服务机构可设置临终关怀科①。2011 年，原卫生部在《中国护理事业发展规划纲要（2011—2015 年）》中首次提到要将临终关怀纳入长期医疗护理中②。这些政策对推动我国临终关怀事业的发展起到了积极的作用，但是由于实施层面的针对性不足，比如行业标准缺乏，实施程序要求不明确，关于机构主体、服务对象规定太局限等，导致制度难以有效地实施，造成临终关怀服务良莠不齐，行业管理混乱的现状。

3.3　缺乏足够的资金来源

作为一项社会公益事业，临终关怀服务离不开政府的财政支持。台湾的临终关怀工作是排在世界前列的，他们早在 2007 年就修订了《安宁居家疗护纳入全民健康保险试办计划作业》，将愿意接受安宁疗护，并签署了同意书的肿瘤患者以及运动神经元疾病的晚期患者纳入安宁居家照护的范畴，享受由政府支付的居家治疗和护理服务（周霜等，2017）。而我国的临终关怀尚处于起步阶段，缺乏清晰的定位。目前，我国的临终关怀服务大多依托医疗卫生机构或是养老院，既不在卫生管理部门，也不在民政部门的管辖范围，因而也无法享受两个部门的政策支持，患者享受不到政府的财政补贴，临终关怀的服务难以落到实处。中国抗癌协会副秘书长刘端祺曾透露，临终关怀常用的阿片类止痛药一般单价在 100 元/片，一般的患者一天一片就能控制疼痛，但是对于特殊病人，一天可能需要用到 20 片的用量才能奏效，一天的费用光吃止痛药就要花费 2 000 元，患者家庭承受的经济压力可想而知③。如果临终关怀没有稳定渠道的资金来源，绝大多数的患者便只能在痛苦中忍受煎熬。国内发展较成熟的临终关怀机构也因为资金原因面临发展困境，如北京松堂关怀医院等也因为缺乏医保政策支持等因素，机构难以维持。

3.4　我国传统观念的制约

在中国，“死亡”素来就是一个令人忌讳的话题。谈及死亡，人们往往因为恐惧，抵触等情绪而避之不谈。在一项针对中国人的死亡观念调查中，认为能够在家中坦然讨论死亡话题的人只有 36.18%，认为该话题不太适合谈论的占 19.02%，认为应该尽量避免谈及的占 19.68%，有 9.49%的人认为只有必要时才说，14.06%的人从来没有谈论过死亡话题④。这种现象与中国传统文化中的生死观是密切相关的。本质上看，不论是儒家、道家还是佛教，中国传统文化的生死观主要是从生的角度来思考和认识死亡，片面强调生的意义和生命的延续，缺少对死亡必然性的认识和真实意义的理解，而这种传统文化观念在老年群体中有着更为广泛和深刻的体现。所以，面对临终关怀，人们往往会由于字面流露出的“晦气”而产生抵触情绪，使得这一西方“舶来品”显得水土不服。

其次，中国是一个崇尚孝文化的国家，传统的“孝道”是中国最具代表性的传统美德。论语里有许多关于孝道的表述，例如：“父母在，不远游”，“父母之年不可不知也，一则以喜，一则以惧”，“今之孝者，是谓能养。至于犬马，皆能有养；不敬，何以别乎”……这些文字都传递出一种对于传统孝道的理

① 卫生部. 关于印发《城市社区卫生服务机构管理办法（试行）》的通知[EB/OL].（2006-08-10）[2016-07-20]. http://www.gov.cn/zwgk/2006-08/10/content-359147.htm

② 引自卫生部.卫生部颁布实施《中国护理事业发展规划纲要（2011—2015.年）》[EB/OL].（2012-01-06）[2016-08-07]. http://www.gov.cn/mohyzs/s3594/201201/53896.shtml.

③ 引自临终关怀为何缺位（聚焦·临终关怀追踪（上））《人民日报》（2018 年 01 月 19 日 19 版）。

④ 同上。

解，即“善事父母”。那么如何做到善事父母呢？“养儿防老”则是中国人传统观念中最基本的价值观念和伦理准则。大部分中国人认为，家有老人，就应该在家人的陪伴下完成养老，度过生命的最后阶段，在这一过程中，坚决不放弃治疗，努力延长生命都成为了“尽孝”的应有之义。相比之下，临终关怀则是建立在现代亲情理念的基础之上的。现代的亲情观是一种以尊重为基本原则温暖而和谐的家庭关系，在对待老年临终者的问题上，更加注重老年人的主观意愿和完整人格，在老年人的临终照护和临终事物的处理上，充分体现老年人的自主决定，所以，当老人经历不可逆性的疾病折磨，遭受难以忍受的痛苦时，现代亲情观的孝顺不仅应该表现为对老人充分的关爱和照护，还应该包括对父母关于自身生存权利的尊重，体现临终关怀“提高生命质量，不以延长生命长度为目的”的核心理念，但恰是在这一点上，与中国传统的孝文化理念相悖，这也成为了阻碍临终关怀实践的一道屏障。

3.5　医护人员专业素质有待提高

医护人员是临终关怀服务的直接实施者，其业务能力与是影响临终关怀服务水平的直接要素。上海临终关怀服务的开展在国内处于领先水平。2014 年，一项针对上海市 18 家试点机构临终关怀科的人力资源调查显示，执业医师总人数为 123 人，其中中级职称者占 52.0%，初级者占 40.7%；注册护士总人数为 172 人，职称为初级者占 76.1%；共有护工 177 人，学历为小学者占 85.9%（周佳秋等，2015）。这一数据可以大致反映，我国当前临终关怀从业人员的职称结构总体偏低，存在人力资源结构不合理的情况，可能会对临终关怀服务的效果产生不利影响。此外，另一项针对上海市临终关怀试点机构 18 家社区卫生服务中心从业人员的“从业人员的临终关怀认知与态度”的调查显示，在临床公众中，遇到患者病情变化时只有 5.4%的从业人员首选告知患者本人，当问及患者临终阶段的自主权归属问题时，只有 21.1%的从业人员认为应该由患者本人自己做主（顾文娟等，2015），这反映了社区从业人员在尊重知情权与自主权方面，对于患者基本权利的忽视，体现了他们在伦理素养上的欠缺，而这一素质是决定临终关怀服务水平和服务对象满意程度的关键因素。

4　我国临终关怀事业发展的建议

临终关怀事业的发展需要政府与社会共同努力，多部门协调合作，综合性的健全的服务体系等多重因素共同推进，具体来说，可以从以下几个方面进行改进。

4.1　科学的顶层设计

尽管我国已经出台了一系列关于临终关怀的战略规划，但是从制度设计上看，依然缺乏对国际先进理念的吸纳，对于我国发展现状的把握也需要进一步加强。因为临终关怀事业关系着全社会每一个成员的利益，其影响因素庞杂而多维，与历史、文化、传统观念、法律制度、伦理规范、社会习俗等密切相关，是一个极富现实性挑战的矛盾变体。有学者指出，相较于发达国家而言，中国老龄化的特殊形势要求我们必须要走自己的路（邬沧萍等，1996）。我们国家有着全世界人数最多的老年群体，成功的临终关怀实践路径必须结合我国的具体国情，依靠科学的顶层设计，明确行业的服务职责，制定切实有效的实施办法和监管措施，建立部门之间协调工作的有效机制，才能形成强大的工作合力，成功应对挑战。

4.2　完善的管理机制

临终关怀服务必须在健全的管理体制下才能健康发展。目前，在健康老龄化的全球战略框架下，我国在临终关怀事业上有了更为核心的目标，那么具体应该做什么，应该如何做的问题则依赖于科学合理的管理制度。就临终关怀事业而言，必须坚持政府主导、部门协同、社会参与、公众支持的基本准则，将管理的重点放在建章立制、资源整合、经费落实、人才培养上来，真正将宏观政策与微观落实有机结合，推进临终关怀服务体系的建设。

4.3 健全的临终关怀保障制度

开展临终关怀服务的一个重要保障是稳定可持续的经费来源。目前,我国的临终关怀服务普遍受到资金的结构性制约,影响工作的开展。有效解决资金问题尤为关键。欧洲许多国家较完善的社会保险制度对临终关怀事业的发展起到了良好的孵育作用。例如,英国在临终关怀服务方面的资金主要由国民医疗保险解决,英国临终关怀院的运行中,超过 70%的资金来源于这一部分;同时,慈善团体的善款筹措也发挥了重要作用(陆杰华等, 2017)。德国则采取社会保险与强制性商业保险相结合的模式解决经费问题,其保险费率远远低于普通的社会保险,增强了可及性。综上,国外成功的经验值得借鉴,我们应该结合我国的具体国情制定科学可行的保障体系。实行以政府为主导,以商业化保险为补充的措施是目前较为可行的方案。同时,还应该充分调动社会资源,整合非政府组织的力量,建立全国性的临终关怀发展基金,针对经济不发达地区,困难人群以及弱势群体,开展老龄人口的临终关怀精准救助,推动老年群体临终关怀服务的优质开展。

4.4 发展多层次的服务模式

我国临终关怀服务模式大体可归为 4 类:临终关怀专科机构、综合医院的临终关怀病区(房)、社区临终关怀、家庭病床等。目前的服务大多是依托于医院或者是养老机构,专门的临终关怀院较少(赵美霞等, 2018)。在医院的临终关怀病床,患者可以享受到非常专业的专业技术服务,但费用较高,且缺少家庭氛围和亲人陪伴;家庭病床模式满足了患者对亲情的需求,但长期照料对家属来说是难以承受的负担,且医疗技术上明显受限。所以总体来看,不论是哪一种服务模式都有它的局限性。中国人口基数大,地区发展不均衡,临终关怀服务的实施必须坚持因地制宜的原则。医养结合是一个投资比较少、较易被人们接受的一种方式,老人们可以在医疗支持、家庭照料和亲情抚慰之间获得兼顾,是较为可行的服务模式。但政府需要提供必要的资助和支持,比如定期开展社区及家庭成员的免费培训,制定合理的监管,确保服务的可及性、稳定性及一致性。

4.5 提升从业人员业务素质

医护人员的业务能力是影响临终关怀服务水平的关键因素,只有加强从业人员的专业水平才能实现临终关怀的高质量服务。业务能力的提升应包含两个层面,第一是专业技术能力,主要包括临床相关的理论知识及操作技能、沟通技能等,第二是临终关怀的认知水平,如死亡观、伦理素养以及对相关法律法规的了解等。这些能力的提高需要通过经常性、多学科、多渠道的学习、培训和交流,在不断的学习和交流中总结经验,提升医护人员整体的专业素养。这方面,国外有较成功的经验值得学习。例如,澳大利亚政府为了提高医护人员的业务水平,会资助临终关怀相关工作人员到临终关怀保健专科专门进修学习,以便为患者及其家属带去专业化、规范化的服务,提升服务水平(徐芳等,2018);在美国,为了保证临终关怀的服务质量,政府要求从事临终关怀服务的护理人员必须参加资格认证考试,考试包括笔试和实践考核两个方面,只有通过国家临终关怀和股息疗护认证委员会的资格认证才能成为临终关怀的专科护士(李梦诗等,2012)。这是保证从业人员整体素质,促进临终关怀事业规范、健康发展的有效途径。此外,调动从业人员对于临终关怀事业的积极性,提高他们的从业意愿也是不可忽略的方面。

4.6 加强临终关怀的宣传和教育

临终关怀事业需要全社会的关心和支持,需要培育良好的社会环境。应在全社会,尤其是不发达地区举办各类宣传教育活动,使人们树立正确的死亡观,了解临终关怀的相关政策,积极接受临终关怀的相关服务。在西方发达国家,临终关怀教育被引入全部的医学专业中,死亡教育也被纳入国民教育的每一个阶段,有利于引导社会公众正确认识死亡,认识临终关怀服务的积极作用(周霜等,

2017)。通过宣传教育,还可以充分地调动社会各方的力量,利用社会资源共同服务于临终关怀事业。例如,宣传教育可以壮大志愿者队伍,为老年人提供生理、心理、灵性及社会的支持和照料。实践表明,志愿者在临终关怀服务中承担了大量的工作,是临终关怀工作中一支重要的力量。

临终关怀事业的发展不仅代表着一个国家的社会进步程度,同时也是实现健康老龄化目标的重要途径。在当前条件下,我国的临终关怀事业还面临着许多的问题和挑战,并且,随着老龄化问题的加剧,这些矛盾会更加突出。我们需要在充分认识到临终关怀发展的结构多样性的基础上,充分吸收国外的成功经验,探索建立适合我国具体国情的实践路径,而坚持服务的公益性,减少老年人的健康不平等是方案的核心要求。

参考文献

[1] 陈坤,李士雪.健康老龄化的理念演变与实现路径[J].理论学刊,2017(3):87-92.
[2] 崔以泰,黄天中.临终关怀学——理论与实践[M].北京:中国医药科技出版社,1992:16-67.
[3] 杜鹏,董亭月.促进健康老龄化:理念变革与政策创新——对世界卫生组织《关于老龄化与健康的全球报告》的解读[J].老龄科学研究,2015(12).
[4] 顾文娟,施永兴,袁炜,等.上海市社区舒缓疗护(临终关怀)项目试点机构从业人员的临终关怀认知与态度调查[J].中国全科医学,2015,18(22):2641-2647.
[5] 郭金华.中国老龄化的全球定位和中国老龄化研究的问题与出路[J].学术研究,2016,2:61-67.
[6] 李红文.论全球老龄化与代际公平的伦理问题.武汉理工大学学报(社会科学版),2016(4):632-636.
[7] 李梦诗,周玲君,顾申.美国临终关怀护士资格认证现状及其启示[J].解放军护理杂志,2012(11):41-42+45.
[8] 临终关怀为何缺位(聚焦·临终关怀追踪(上))[N].人民日报,2018-01-19(19).
[9] 陆杰华,阮韵晨,张莉.健康老龄化的中国方案探讨:内涵、主要障碍及其方略[J].国家行政学院学报,2017(5):41-48+146.
[10] 陆杰华,伍海诚.老龄化背景下中国特色临终关怀体系建构的若干思考[J].新视野,2017(1):74-80.
[11] 世界卫生组织.关于老龄化与健康的全球报告[R].2015.
[12] 苏永刚."健康中国"视域下的临终关怀[J].中国医学伦理学,2019,32(3):11-16.
[13] 卫生部.关于印发《城市社区卫生服务机构管理办法(试行)》的通知.(2006-08-10)[2016-07-20]. http://www.gov.cn/zwgk/2006-08/10/content-359147.htm.
[14] 卫生部.卫生部颁布实施《中国护理事业发展规划纲要(2011—2015 年)》.(2012-01-06)[2016-08-07].http://www.gov.cn/mohyzs/s3594/201201/53896.shtml.
[15] 邬沧萍,姜向群."健康老龄化"战略刍议[J].中国社会科学,1996(5).
[16] 徐芳,王伟,施永兴,等.我国居家临终关怀服务发展的 SWOT 分析[J].医学与社会,2018(3):9.
[17] 赵怀娟,朱艳松.老龄化研究新视角及其政策因应[J].中国老年学,2011,32(9):1969-1971.
[18] 赵美霞,李义庭.三市区临终关怀需求调查及临终关怀 医疗服务模式的探讨与思考[J].中国医学伦理学,2018(6):712-716.
[19] 周霜,王海容,程文玉,等.临终关怀立法现状及探索[J].医学与哲学:A,2017,38(6):57-60.
[20] 周佳秋,杨文怡,施永兴.上海市社区舒缓疗护(临终关怀)项目试点机构临终关怀科人力资源现状调查.[J] 中国全科医学,2015,18(22):2648-2650.

第十六章　帕金森患者动作语义加工选择性缺陷研究

姜　孟　田真玲

1　引言

帕金森病(Parkinson's disease,PD)是一种常见的累及锥体外系的中枢神经系统疾病,其主要表现有震颤、强直和动作缓慢,脚步行走不便,肌肉痉挛和疼痛,精神障碍如抑郁和紧张,还有少数表现为全身乏力、流口水、面具脸等。研究证实,PD在普通人群中患病率为3/1 000,在60岁以上人群中患病率为1/100(Samii,Nutt & Ransom, 2004)。PD是由基底节区多巴胺能减少或缺乏引起的一种神经退行性疾病,多巴胺能的减少是黑质纹状体多巴胺能通路中多巴胺产生(或多巴胺能)神经元耗尽的结果(Caballol,Marti & Tolosa, 2007)。该通路将黑质核与大脑基底神经节中的纹状体核连接起来。PD患者常以运动症状为主,但认知、情绪、语言等其他系统也会出现问题(Bastiaanse & Leenders, 2009)。在语言方面,PD患者在语音、词汇语义、句法、语用、书写等方面均表现出障碍(Nikumb, 2014; 王荔, 2018; 戴蓉、刘晓加, 2005),尤其在加工动作语义(动作动词、动作语言)方面表现出明显的选择性缺陷,但同时仍具备一定的加工能力。针对该缺陷,学界提出了"语法论""词汇论""模块论"等"运动-认知 / 语言分离论"(实为"离身认知论")解释立场以及"浮现论""网络连接论"等"运动-认知 / 语言耦合论"(实为"具身认知论")解释立场。而对于为什么同时仍具备一定的加工能力,学者们则提出了非具身补偿通路假设。本文旨在梳理关于PD患者动作语义加工选择性缺陷的相关文献,厘清不同理论取向对PD患者这一特异性表现的神经功能机制解释,介绍其补偿机制,描画本领域的研究进展。

2　实证研究

对PD患者动作语义加工缺陷的关注,是伴随着人们对心智与身体、知识与行动、运动与认知(包括语言)等人类思维中心话题的认识改变而逐渐发生的。传统上,心智与身体、知识与行动、认知(包括语言)与运动被视为互不相干的领域,属于各自分割的现象。这首先反映在人们对待运动神经元疾病的态度上。早在20世纪末,Bak和Hodges(1997)便描述了运动神经元疾病患者的选择性动词(语言)损伤,但当时人们颇不以为然。一方面,特定词类处理的选择性缺陷,尽管在神经学患者的单个案例研究中已有很好的记录,但被认为是罕见的;另一方面,运动神经元疾病在当时被视为纯运动障碍的典型例子(尽管已有不少有力的反证),保留了较高的认知功能。从19世纪早期首次描述至20世纪最后几十年,PD一直被定义为一种纯粹的运动缺陷,研究者很少去关注PD患者的认知与语言问题,一般都认为PD中观察到的语言障碍仅限于语言运动方面的变化,仅是疾病晚期的特征(Cummings, 1990)。直到最近,研究者们才开始强调PD对认知和语言的影响。在认知方面,主要关注PD对工作记忆和执行功能的影响;对于语言,则主要关注早期PD患者在动作词命名(Bertella

【基金项目】本文为重庆市教委2017人文社科重点项目"第二语言认知与习得的涉身机制研究"(17SKG106)的阶段性成果,同时获得"2017重庆市第五批优秀人才支持计划"的资助。感谢团队成员潘雪瑶、王霞、陈敏等在读博、硕士研究生在本文文献收集等方面给予的帮助。
【作者信息】姜孟,男,四川外国语大学教授,主要从事二语习得、认知神经语言学与语言病理学研究。Email:jiangmeng1973@163.com。田真玲,女,四川外国语大学校医院主治医师,主要从事临床医学研究。Email:651080729@qq.com
【注】本文首刊于《语言战略研究》2019年第5期。

et al., 2002; Cotelli et al., 2007)、动作动词产生(Crescentini et al., 2008)、动作动词识别(Boulenger et al. 2008)以及动作动词理解和运动反应之间的上下文互动(Ibáñez et al., 2012)等方面表现出的加工缺陷。关注PD患者的动作语义加工，具有重要的临床应用价值与基础理论意义：一是动作-动词加工缺陷可能成为在无任何其他认知缺陷条件下诊断早期PD的标志物，二是这种语言障碍有助于把PD的临床方面与PD的神经功能机制联系起来(见后文论述)。

目前，大量实证研究都指向了PD患者动作语义加工中的选择性缺陷。所谓"选择性缺陷"，指PD患者对动作动词的加工，相比非动作动词和名词等其他词类的加工，表现出更大的障碍与困难，遭受了更大的加工能力损伤。由于国内未见有此方面的文献，下面主要报告国外的一些研究实例。

第一类研究主要采用图片命名、词汇判断等接受性实验任务。Bertella等人(2002)选用102个图形(52个物体和50个动作)，让22例无认知障碍的PD患者(经简易精神状态检查量表(MMSE)和Raven's进展矩阵测试)和20例健康对照被试进行图片命名任务。结果发现，早期PD患者的表现比对照组差，其在动作命名方面的表现又较物体命名受损更严重。Cotelli等人(2007)研究了32例早期PD患者和15例健康受试者的图片命名，图片分为动作和物体两个子类。结果发现，早期PD患者在动作命名和物体命名方面均表现出普遍缺陷，而在动作命名方面表现更差。Rodríguez-Ferreiro等人(2009)研究了28例非痴呆PD患者、28例阿尔茨海默病(AD)患者和对照，采用MMSE测定一般认知功能，结果是AD患者得分最低，PD组表现与对照组相似。实验包括50张物体图片和50张动作图片，要求被试用一个名词或动词的不定式形式来描述。结果发现，对照组总体表现高于AD或PD患者。但有趣的是，与物体命名相比，只有PD患者在动作命名中显示出显著的损伤。

Fernandino等人(2013a)对20例PD患者和20例健康对照者的具体动词(动作动词)和抽象动词的加工情况进行了研究。作者采用了两种不同的实验，词汇判断(内隐的)和语义相似性判断(外显的)。词汇判断任务包含80个动词和80个符合读音规则的假词。一半动词指称自主的手臂动作(如抓握、挤压①)，另一半动词指称抽象概念(如依赖、提高)。在两组词之间匹配相关的语言变量。语义相似性判断任务包含240个动词，具体动词和抽象动词各120个。每个集合被组织成40个三连词，每个三连词中，两个动词具有相似的含义。两个条件匹配字母数、音位数、拼写相近的单词数、发音相近的单词数等相关语言变量。与预期一致，相对于对照组，PD患者在两项任务中对动作动词的表现均为选择性受损。

第二类研究主要采用词汇生成等主动产出性实验任务。Péran等人(2003)采用单词生成测试研究了34例处于用药阶段的早期PD患者和34例匹配对照②，他们采用MMSE和痴呆评定量表(DRS)评估认知能力，采用统一帕金森病评定量表(UPDRS)的运动部分评价PD患者的运动功能障碍。实验包含40个名词和40个动作动词，分为两个类别内(动词-动词和名词-名词)和两个类别间(动词-名词和名词-动词)区组。实验包括听每一个单词，然后说出一个相关联的名词或动词，如听到"喝水"，说出与其相关的"吞咽"。结果显示，与对照组相比，PD患者的动词加工表现较差，在涉及动词的所有任务中产生了更多的语法错误。Crescentini等人(2008)采用相似的方法对非痴呆PD患者的名词和动词生成进行了考察，实验的被试为20例处于左旋多巴或多巴胺激动剂治疗期的早期PD患者和20例匹配对照，采用UPDRS评价运动功能障碍。实验包含27个名词，用于两个生成任务：名词-动词和名词-名词，如听到名词"剑"，说出相关的动词"打斗"。正如所料，相对于对照组，PD参与者表现出动词生成缺陷，这些缺陷在性质上大多是语法的。相反，在名词生成任务中，患者与对照

① 本文所举例证中的汉语词汇均由作者译自所引用的外文文献。

② "匹配对照"指对照组所选参与者除实验因素外，年龄、性别、教育程度等其他各项状况与实验组相同，以保证实验结果的可靠度。

组相当。而且,在PD组中,动词生成缺陷与几项神经心理学执行功能评分相关。

Signorini和Volpato(2006)利用动作流利度任务考察PD患者动词使用情况。这一实验要求PD患者口头回应诸如"Can you give me an example of things people do?"这样的句子;其他类似的任务要求PD患者在一分钟内产生尽可能多的动作动词(如跑步、跳跃等);第三类任务要求PD患者根据特定对象,执行相应动作,如"你可以对鸡蛋做的事情"。实验结果发现,无论用于产生动作动词的语言流畅性方法如何,对没有认知损伤的PD患者进行的若干研究显示,PD患者与患有阿尔茨海默病或健康老年人对比,存在明显障碍(McDowd et al., 2011)。

Péran等人(2009)运用功能性脑成像技术对14例处于"治疗期"右利手非痴呆PD患者的动作动词生成过程进行研究,他们通过MMSE确定无认知功能障碍,采用UPDRS运动评分评估运动功能障碍。实验使用25张牵涉特定姿势动作的可操控人造物体(如"螺丝刀""钉子""钥匙""钢笔")图片和25张不牵涉特定姿势动作的可操控生物物体(如"橘子""胡萝卜""苹果""香蕉")图片,分为两个随机区组。在第一区组中,要求受试者大声说出物体的名称,如"钢笔";在随后一个区组中,要求受试者说出一个动词,该动词必须是能对所描述的对象执行的一个动作,如"书写"。实验结果表明,非痴呆PD患者在动作动词生成中的错误显著多于在物体命名中的错误,动作命名缺陷与运动损害无相关性。Herrera和Cuetos(2012)研究了20例接受左旋多巴治疗的非痴呆PD患者和20例健康对照者的言语流利性。他们采用MMSE测定一般认知功能,使用了三种不同的语言流利性分类:字母(以F开头的词)、语义(动物和超市商品)和动作流利性(动词的不定式形式,"你能做的事")。结果显示,与对照组相比,"使用"和"停用"药物的PD患者在语音、动物和动作类别中均表现出单词生成缺陷,PD患者在停用药物期只能使用高频动词,而在多巴胺恢复时的表现与对照组相似。该研究提供了PD患者在停药期间在语音和动作类别方面存在特异性缺陷的进一步证据。

此外,还有一些研究采用了词汇启动实验任务与动作-句子相容性实验任务。例如,Boulenger等人(2008)采用了词汇启动范式,研究了10例非痴呆PD患者和10例匹配对照。他们测试了服用左旋多巴和不服用左旋多巴的患者对名词和动词的词汇判断潜伏期。实验包括140个单词(70个代表手或腿动作的动词,如"画画";70个可以想象但不能操作的名词,如"磨坊"),140个来源于真词的可读伪词。结果发现,对照组在两种词上都表现出词汇启动效应,PD患者在停用左旋多巴阶段没有表现出对动词的启动效应,而在服用左旋多巴后表现出了动作动词启动效应的恢复,但他们在具体名词类别上的表现与对照组相似。这表明,当左旋多巴的作用消退时,非痴呆PD患者的动作动词加工可受到选择性影响,在药物治疗阶段的表现可改善。

Ibáñez等人(2012)使用动作-句子相容性效应(ACE)范式,对17例处于早期左旋多巴或多巴胺激动剂治疗阶段的PD患者和15例匹配对照进行了研究。他们采用UPDRS评价运动功能障碍,并进行认知神经研究所额叶筛查(IFS, Torralva et al., 2009)。所有受试者,包括早期PD患者和对照组,在修订的Addenbrooke's认知检查中的评分,均在正常范围内(Torralva et al., 2011)。ACE任务要求参与者听描述通常用张开的手(如"鼓掌")、闭合的手(如"锤击")或中立的方式(不用手的操作,如"访问")执行动作的句子,并在理解每个句子后立即按下一个带有打开或闭合位置的大按钮。相对于兼容的动作句,不兼容动作句的ACE预期有更长的反应时。PD受试者保留了一般运动和认知功能,但与对照组相比,其ACE明显减少。这些结果不能用一般认知缺陷或执行功能受损来解释。此外,还观察到ACE表现和动作动词处理测量之间存在强相关性。

3 理论解释

PD患者动作语义加工缺陷已经成为研究者们几无争议的共识。然而,围绕PD患者动作语义缺陷何以发生、体现了何种内在神经功能机制、该做何解释等问题,研究者们产生了很大的分歧。这些分歧主要可概括为“运动-认知分离论”与“运动-认知耦合论”之争。

3.1　运动-认知分离论

“运动-认知分离论”立足从心智与身体、知识与行动、认知(包括语言)与运动各属一块,彼此不搭界、不牵涉的二元分割立场,来看待PD患者动作语义加工的缺陷问题。这一派学者认为,语言(作为整个“认知”的一部分)与运动、身体无关,PD患者的动作语义加工选择性缺陷应从语言内部动词本身的语法类别的特殊性来寻求解释。“运动-认知分离论”的典型代表是“语法论”,其基本的神经功能机制解释模型是“词汇模型”,在心理学中获得的最大理论辩护是“模块论”。

“语法论”认为动词是语言各词汇类别中的一个独特的词汇类别,在概念语义及语法形态等方面都更复杂,处理句子中的动词通常比处理多个不同层次的名词要求更高。首先,动词指的是事件,而事件往往有多个参与者需要整合;虽然名词也可以指事件,但指对象的典型名词却指离散实体,因此,总体而言,动词在语义上比名词的加工要求更高。其次,动词在句法上的加工要求也比名词高,因为动词的属性要投射到其他单词上(通常是名词上)。一般来说,动词必须有一个主语,只有动词才能指定主体和主题角色,名词是主题角色的接受者,只有名词(不管是普通的还是抽象的)才可以充当从句的主语或直接或间接宾语。最后,动词在形态上比名词更复杂。与名词(或形容词)相比,动词的屈折变化词和派生词的集合要大很多。单拿意大利语来说,其动词需要借助大约50种词形(词缀)变化来区分时态、语气、人称和数,但名词和形容词则只需借助2～4种词形(词缀)变化就可以来区分性别和数。即使在形态变化较少的语言中,如英语,动词的屈折变化形式也比名词多(4对2)。因此,在涉及整合过程的任何任务中,动词都必然涉及更大的加工要求(Vigliocco et al., 2011; Traficante & Burani, 2003; Traficante et al., 2014)。可以设想,面对动词加工任务,一方面PD患者处于动词词形变化多种选项相互竞争之中,另一方面神经退行性病变可能使PD患者的额叶皮质及额叶皮质所在的动词语法语义表征受损,两者相加,导致PD患者的动词加工在语法、语义诸层面均发生混乱或缺陷(Caramazza & Hillis, 1991; Péran et al., 2003; Shapiro, Shelton & Caramazza, 2000),最终导致PD患者动作语义加工的选择性障碍。简言之,PD患者的动词加工(产生)障碍可能反映了竞争对手之间的选择过程紊乱:可供选择的数量越多,损害越严重。

“语法论”在神经功能表征上体现为“词汇模型”和“组合模型”。“词汇模型”的核心主张是:语法类是大脑知识组织的一个原则,不同语法类别的词在大脑是单独表征的,即“神经可分的”(neural separation)。动词与名词作为具有语言普世性特征的两个语法类别(世界上几乎所有语言都区分“动词”与“名词”),它们在大脑中的表征也是完全分开的。动词主要由左额叶表征,名词则主要由左颞叶表征(Damasio & Tranel, 1993; Daniele et al., 1994)。“词汇模型”得到的最有力证据是20世纪80年代末在失语症患者中首次发现的“双重分离”现象——一些失语症患者的名词产出受损比动词产出严重,另一些失语症患者的动词产出受损比名词产出严重(Miceli et al., 1988; Zingeser & Berndt, 1988)。这一发现被解读为:动词和名词在语言中是用分隔(或至少部分分隔)的脑区 / 神经网络来表示的。

“语法论”和“词汇模型”的上述观点获得了“模块论”的理论支持与辩护。“模块论”认为,不同的认知功能是由高度专门化的封闭模块来承担的。随着神经成像技术的进步,最早被视为认知功能单位的模块,越来越与特定的脑区相等同。20世纪七八十年代所观察到的词类选择性损伤,似乎均在“模块论”的理论框架内获得了很好的解释,神经病人主要是中风病人的特异性动词损伤被视为动词加工模块存在的支持证据,其位置为额叶(Caramazza & Hillis, 1991; Daniele et al., 1994; Druks, 2002)。“语法论”和“词汇模型”的主张与生成语言学、生物语言学者的“普遍语法论”“语言器官论”的观点也颇为一致。由于全世界所有语言都区分词类,就本文话题而言,都区分动词和名词(尽管区分的方式不尽相同），语法类应当是普遍语法的最优候选内容，是“语言器官”的一个可能的组成部分，是人的遗传结构的一部分。如此一来，动词和名词这两种词类在行为和神经上相互分开（并与其他语言信息分开）也就是顺理成章的事了（Pinker，1994）。事实上，“普遍语法论”“语言器官论”所持就是“模块论”的立场，是“模块论”在语言学中的表现。

“词汇模型”的语言理论基础是“词汇-功能语法”假设或“词汇主义”，认为语法类是在词汇层面上规定的，在语言产出与理解中对语法类信息的提取，就如同词的意义和音系信息提取一样，是从记忆中提取的（Bresnan，2001）。与“词汇模型”不同，“组合模型”则主张：语法类与其他形态句法信息一样，不是由词汇规定因而从记忆中检索的，而是在句子加工过程中应用于单词的组合 / 整合过程的一部分，即假设语法类只与整合过程相关，其处理系统明显区别于用于词汇检索的系统（Ullman et al.，1997）。这一立场背后的理论假设是：意义本身并不能区分语法类，不同的语法类（如名词、动词和形容词）都可以表达相似的意义，语法类之间的关键区别在于句法和 / 或词法。一个语法类是由其在一个句子中相对于其他语法范畴所占的位置以及所携带的派生词缀和屈折词缀来定义的。基于这一立场，孤立的一个词是无所谓动词与名词的，也自然无神经表征上的区分。一个词只有被置于语境，受限于不同上下文的差异，才被区分为动词和名词，才产生了神经功能表征机制上的差异：包括梭状回在内的颞区负责名词的整合，而左额下叶及其内侧部分负责动词的整合（Silva et al.，2014）。可见，“词汇模型”与“组合模型”都是从语言内部语法类本身的角度来解释 PD 患者语义加工缺陷的，可视为“语法论”的两种不同版本。

应当指出的是，“模块论”为“语法论”提供理论支持与庇护，主要发生在 20 世纪后期之前。这以后，随着人们对大脑连通性和可塑性的重要性的日益认识，静态的和有些僵硬的“模块”概念逐渐被摈弃，研究者们提出了更复杂、更动态的脑功能连接网络，于是“网络连接论”成为“语法论”的脑神经功能解释模型。这一变化也导致了对动作语义加工障碍的研究对象的转移：在 20 世纪后期及以前，动词加工障碍的大多数病例是中风患者；进入 21 世纪以来，大多数病例则来自神经退行性疾病。这其中的原因在于，中风中的缺陷模式是由大脑的血管地形图决定的，神经退行性过程则是以功能系统为靶点（Seeley et al.，2009），考察特定词类或语义范畴加工的选择性缺陷模式无疑被认为可以更直接地反映潜在的大脑功能连接系统的状况。换言之，在当下，越来越多的研究不是将动作语义加工与特定的大脑区域相联系，而是将其与相互连接的由皮质-皮质下成分构成的功能网络联系起来（Péran et al.，2013；Cardona et al.，2013）。

3.2　运动-认知耦合论

与“运动-认知分离论”不同，“运动-认知耦合论”从新近的具身哲学立场出发，将心智与身体、知识与行动、认知（包括语言）与运动视为一体，不可分割，寻求从身体对高级认知（包括语言）的中心塑造作用的角度来解释 PD 患者的动作语义加工选择性缺陷。

如前文所述，长期以来，运动与认知（包括语言）被视作各自独立、互不相干的领域，研究者们持“运动-认知分离论”观点。但近年来的临床观察、神经成像研究以及基础研究带来了根本性的认识改变：对运动疾病患者的临床认知评价经常发现，患者还存在工作记忆、注意力、执行加工等高级认知功能障碍（Green et al.，2002；Hochstadt et al.，2006），以及语言损伤（Berg et al.，2003；Angwin et al.，2006；Monetta & Pell，2007）和行动知识损伤（Grossman et al.，2008）。成像研究证实，先前被视为皮质下疾病的病例中经常有皮质结构的参与。基础科学的新进展也显示，经典的运动疾病（如运动神经元疾病）与传统的认知疾病（如额颞叶痴呆）都可能有相同的蛋白质（如 TDP-43）和基因（C9ORF72）参与。可以说，当今的研究几乎无须再证明运动疾病中是否存在认知症状，而只需阐述其发生的频率、受损的严重程度以及精准判定其病理与病因。这一认识上的转变在动作语义领域产生了深刻的影响，因为绝大多数动作加工缺陷都是在传统意义上的运动疾病中加以描述的。研究者们提出了“运动 认知”的概念，用以指称与动作的计划、执行、理解以及想象有关的认知，也即运动区域参与动作的 执行、理解和心理重演(Jeannerod, 2006)。运动与认知紧密关联，已经成为广泛的共识。尤其是近年来随着具身认知理论的影响日益扩大，“运动-认知”关联立场更从中获得了强有力的理论支持与阐释。具身认知理论认为，认知过程植根于身体经验、感知和行动之中，人身体的感知运动在人的认知中发挥着基础作用，是认知的一个“中心装置”而非“边缘装置”；人大脑的神经生理结构支撑着人认知活动的方式和结果，在感知运动中起作用的神经生理机制在概念、推理、记忆、语言等高级认知活动中也起着相同的作用(姜孟, 2014)。PD 患者的动作语义加工缺陷也在新的理论框架下获得了新的认识与阐释，“运动-认知耦合论”便是对这一特异性现象的新阐释。

“运动-认知耦合论”认为，语法类本身并不是大脑中知识的组织原则，动词与名词在大脑中并非表征为截然分割的神经系统或脑区，不同语法类的表征差异受语义/语用线索以及分布式线索的支配。动词与名词在脑神经表征机制上的差异，是由于动作动词与事件共享某些独特的语义特征而名词缺乏这些语义特征所致(Silva et al., 2014)。“运动-认知耦合论”坚持动作动词具身表征观，其核心主张可概括为：动作知识(表征)与动作执行之间存在功能联系，大脑运动区域参与动作词语与动作概念的加工。这一主张体现为两个基本假设：①涉及动作概念的认知任务，尤其是动作动词会导致额叶运动区的激活；②退行性运动疾病会导致更严重的动作概念(动词)加工障碍，却不会导致同样严重的静止性客体加工障碍。以汉语“踢”为例，这一动作动词涉及人的腿部，其加工会激活由腿部运动而引起的额叶皮质区域；倘若神经退行性疾病损坏了与腿部运动有关的额叶皮质区域，那么患者就会出现对“踢”这一动词的加工障碍，不过患者加工名词“桌子”“石头”“土豆”等的能力不受影响。这就解释了 PD 患者动作语义加工缺陷问题：运动参与认知，大脑的前运动和初级运动皮质损害必然导致与运动相关的语言认知损害，导致其动作动词加工的选择性缺陷。“运动-认知耦合论”在本质上是一种“浮现模型”(emergentist models)，其神经功能解释模型也是前述“网络连接论”。

“运动-认知耦合论”获得了不少实证研究的支持。例如，Fernandino 等人(2013b)认为，一些研究声称大脑的运动区域与动作动词处理之间存在联系，但将动词与名词等其他词类进行比较，动词可能在语义和结构上比其他词类复杂。出于这个原因，Fernandino 等人将动作动词与非动作动词(“抽象动词”)进行了比较，发现在加工动作动词时，PD 患者与对照组相比受损程度更严重，并证实运动系统参与动词加工有两个阶段：第一是识别动词的浅层自动加工，第二是对单词进行语义判断的深层控制阶段。Fernanindo 等人还在不同语境(文字、惯用语和隐喻句)中研究了动作动词，并得出结论：大脑的运动系统不仅在动作动词加工中起到因果作用，而且在加工比喻性语言时也存在同样的作用(Fernanindo et al., 2013b)。Rodríguez-Ferreiro 等人(2009)比较了非痴呆 PD 患者、可能患有 AD 的患者和健康老年对照的行动命名。该研究包括一个动作命名任务，类似于 Cotelli 等人(2007)使用的任务。但有两个重要的区别：首先，研究人员使用彩色图片刺激来确保表征对参与者更为突出，并且不会干扰已知存在于 PD 患者中的视觉空间缺陷；其次，通过比较 PD 患者与 AD 患者的表现，作者能够比较患有额叶功能障碍的患者(即 PD)与前后外侧裂周区全身退化患者的动作命名表现(即语义知识和 AD)，理由是：如果行动命名缺陷是由额叶病理生理学引起的，那么患有 PD 和 AD 的人应该有类似的行动命名缺陷；然而，如果在两组之间出现行动命名的显著差异，那么应当还存在额叶功能之外的过程(如运动过程)参与动作动词的提取。研究结果显示 PD 患者与 AD 患者的行动命名存在明显差异，因此提供了支持运动理论的证据。Cardona 等人(2014)采用 ACE 范式，对 PD 患者、急性横贯性脊髓炎(ATM)患者和视神经脊髓炎(NMO)患者开展了对比研究。PD 患者保留了外周和肌肉骨骼系统，但脑运动系统受损；另一方面，已知 ATM 和 NMO 患者外周和肌肉骨骼系统受损，但保留了脑运动系统。结果发现，ACE 的表现仅对 PD 患者有影响，研究者将结果归因于受损的脑运动系统，这也支持“运动-认知耦合论”。

“运动-认知耦合论”还获得了来自PD以外的运动障碍患者动作动词加工缺陷证据的支持。例如，Bak和Hodges(2004)与Cotelli等人(2006)就考察了肌萎缩侧索硬化症(amyotrophic lateral sclerosis，ALS)、进行性核上性麻痹(progressive supranuclear palsy，PSP)和皮质基底节变性(corticobasal degeneration，CBD)三种非PD患者的动词使用与加工情况。ALS是一种神经系统疾病，受累部位为运动执行所需神经系统部分；PSP是一种遗传性神经退行性运动障碍，萎缩部位为中脑、脑桥和纹状体；CBD也是一种运动障碍，其特征是前运动皮层和顶叶萎缩(Cotelli et al.，2006)。Bak和Hodges(2004)采用“接吻和跳舞测试”(the Kissing & Dancing Test，KDT)来检查ALS参与者的动词理解。KDT与“金字塔和棕榈树测试”(the Pyramids & Palmtrees Test，PPT)类似，都是要求实验参与者从语义上与刺激图片最接近的两张图片中选择一张，不同之处仅在于KDT包含的是“动作”而非“客体”的图片。结果表明，与PPT相比，ALS患者在KDT上显著受损。对一名ALS患者表现的深入分析显示，随着其疾病恶化，他在KDT上的得分接近于随机，但他在PPT上的得分与之前的得分相比并无多大差异。动词使用随着疾病的恶化而变差的事实表明，动作表征与运动控制之间存在某种关联，这一结果无疑支持动词加工的运动-认知(语言)耦合论。Cotelli等人(2006)对PSP和CBD患者的研究显示，尽管相比“对象”命名，PSP和CBD患者在整体的“行动”命名能力方面都受到了明显的损害，但在含“操作性特征”的动词(如“squeeze/ 挤压”这样的动词)的命名任务中，只有CBD患者表现出明显的损害。从“运动-认知耦合论”的立场出发，这是可以理解的，因为CBD患者的“前运动皮层”萎缩，必然导致其在加工需要“前运动皮层”参与的“操作性动作动词”时出现困难或障碍。PSP患者的萎缩部位为中脑、脑桥和纹状体，不涉及前运动皮层，因而也就无明显损伤表现。此外，Bak等人(2006)的研究也涉及PSP患者，并在PSP参与者样本中发现了动词(含操作性动作动词)加工缺陷，但他们同时报告了运动与语言功能之间存在联系的证据，并提出遗传因素可能是运动控制和动词加工的基础。既然运动控制和动词加工紧密相连，这无疑也是支持“运动-认知耦合论”的有力证据。

4 补偿机制

PD患者虽然在动作语义加工上出现了一定的选择性缺陷，但他们还具备一定的动作语义加工能力，在自发性言语中的表现甚至还和对照组相当(Rodríguez-Ferreiro et al.，2009；Bocanegra et al.，2015；García et al.，2016)。对此，该做何解释呢？一些学者提出了补偿机制假说：正常人依赖默认的具身运动回路(即额叶皮质纹状体)来处理动作语义，倘若默认的具身运动回路受损，则启用备用的非具身语义回路。PD患者由于从黑质向壳核投射的多巴胺能神经元丧失，使其正常的具身运动回路遭到损害，那么他们是否依赖非具身的替补回路来处理动作语义呢？

Abrevalla等人(2017)最近开展的一项研究为此假说提供了支持。研究者让17例PD患者和15例健康对照在功能性核磁共振扫描中听动作动词和名词，他们采用聚类分析和排列测试来评估与任务相关的功能连通性，同时将动作词语(壳核和运动区)与非动作词语(额叶后上区)所激活的不同脑区纳入考虑。结果发现，患者位于基底核内的壳核连通性在两类词语上都降低，然而，每组被试只有动作动词才激活了不同的皮层网络。具体来说，运动区在对照组中表现出更多的前向连通性，在患者中表现出更多的后向连通性，在颞叶中没有差异。此外，在动作动词处理过程中，基底神经节萎缩程度与患者对运动区后连通性的依赖程度呈正相关，PD患者似乎是通过非运动皮层网络来处理动作动词的，这些非运动皮层网络提供非模态语义。当正常的具身机制受到干扰，这样的回路可以提供替补通路来处理词汇。此外，基底神经节萎缩程度越高，患者对这一替代途径的依赖程度就越高。

以上功能失调条件下动作语义加工替补性的非运动通路假设的提出，很好地解释了PD患者为何还具备相当的动作语义加工能力的问题。这实质上从另一个侧面为“运动-认知耦合论”提供了支持。

5　批评与展望

大量研究证据显示,PD 患者动作语义加工缺陷,可能是该群体语言加工的一个特异性现象。"运动-认知分离论"寻求从语言本身(词类和语法)的角度来做出解释,将动作语义加工缺陷的发生归结到动作语义本身在大脑表征的特殊性上(如认为动作动词的表征根本不同于物体名词),不越语言"雷池"一步;"运动-认知耦合论"则超越语言本身,将动作语言(动作动词)问题视为"动作语义"问题,将"动作语义"问题进而视为与"运动"紧密相关的"具身认知"或"一般认知"问题。两种不同的解释立场,折射出了学界从语言"模块论"到"一般认知论",从语言大脑表征"区位论"到"整体论"("网络连接论"/"浮现论"),从人类认知"离身论"到"具身论"的哲学认识论取向的变化。

目前,相比"运动-认知分离论","运动-认知耦合论"可以说获得了压倒性实验证据的支持。但这一立场也遭到了一些批评(Bak, 2013)。第一个方面的批评,关注到实验研究中潜在的混淆变量控制问题。批评者认为,目前在具身认知框架下开展的不少研究存在词汇频率、词汇意象性(imageability)、被试习得年龄、词长、句法形态和句法复杂性等因素控制不严的问题,实验在动词/ 动作与名词/ 物体之间的分配不平等,可能造成了有利于"运动-认知耦合论"的实验结果。然而,随着呈指数级增长的大量研究的开展,研究者们对混杂因素的匹配与控制越来越精心,所报道的实验效应不大可能完全是由混杂因素造成的。第二个方面的批评,可归结到词类表征"模块论"上。一些有影响力的学者(如 Mahon & Caramazza, 2008; Peelen, Romagno & Caramazza, 2012; Papeo, Pascual-Leone & Caramazza, 2013),仍然坚持从"模块论"角度表达不同的意见与看法。尽管如此,随着研究范式从"模块论"到"网络连接论""浮现论"的转变,越来越多的学者相信以具身认知为理论基础的"运动-认知耦合论"解释似乎更具合理性。第三个方面的挑战,来自影响力日益扩大的"贝叶斯认知模型"。"贝叶斯 认知模型"被视作脱胎于计算机技术的现代行为主义,它假设认知过程本质上是基于统计学习和概率估计的,从根本上反对"模块论"。De Zubicaray 等人(2013)在实验研究中通过呈现"非文字"(non-words)刺激,激活了大脑运动皮层。他们认为,非文字的这种激活不能归因于语义而是反映了"正音统计规律的隐含处理"(implicit processing of ortho-phonologicalstatistical regularities)。既然非语义的隐含因素能够激活大脑运动皮层,那么 PD 患者在加工动作语言过程中运动皮层受到激活并非一定就反映了运动系统对语义加工的参与。然而,这一逻辑假设并不为研究者所广泛接受。

再从研究动态来看,当前有关动作语义加工缺陷的研究,仍然在"运动-认知分离论"与"运动-认知耦合论"两个理论视角下展开。就前者而言,"语法论"在经历了一段时间的冷落之后,又重新获得了研究者们的兴趣与热情,这突出地表现在研究者们对动词否定、时态或屈折变化等语言特征和语言区分所做的研究上。比如,Liuzza,Candidi 和 Aglioti(2012)就采用神经影像学和经颅磁刺激(transcranial magnetic stimulation,TMS)对 Foroni 和 Semin(2013)研究中提到的"否定"的作用开展了研究,结果发现脑反应分别受到肯定和否定句子结构的调节。Pulvermuller,Cook 和 Hauk(2012)也发现,大脑激活的模式是由屈折性结尾的形态线索以及语义特性决定的。此外,人们又重新关注脑损伤患者的动词和动作处理的损害与婴儿时期动词和动作理解的获得之间的关系(Papeo & Hochmann, 2012)。一切似乎又回到了原点,因为在早先的历史上,人们对脑卒中患者的动词选择性损害的解释,就是在婴儿期的动词获得背景下做出的(Vico, 1744)。与此同时,从"运动-认知耦合论"角度所开展的研究也进一步深化细化。人们开始探讨运动系统对动作语言加工的介入程度:加工一个动作词语时,运动系统的参与到底可以扩展到多远? 能否扩展到实际的肌肉活动或相关的肌肉单位(muscular unit)? Stins 和 Beek(2013)使用肌电图(EMG)开展的一次研究发现,阅读动词并没有导致阈下肌肉活动,但 Foroni 和 Semin(2013)使用相同的肌电图技术却发现,句子否定的行为(例如

“我不微笑/I'am not smiling”)导致了相应肌肉的抑制,这一结果符合“运动-认知耦合论”的主张。

动作语义加工研究,已经成为现代认知神经科学中“最流行和多产的话题之一”(Bak, 2013: 675)。对PD患者动作语义加工缺陷现象本身、神经功能机制及其病理机制的探究,可为临床评估、诊断、干预提供新的方法、路径与策略。倘若PD患者的动作语义加工缺陷是由于其默认的具身运动环路受损所致,那么对其运动中枢进行持续的刺激训练,可能并无法改善其对特定类型动作语义(动作动词)的加工能力;相反,对其补偿性的非具身运动皮层环路进行刺激训练,则可能产生明显的成效。我们相信,随着研究的深入,对PD患者动作语义加工障碍机制的揭示将更加充分,其临床干预方法与策略也将更具针对性。今后的研究,无疑仍然可以在“运动-认知分离论”与“运动-认知耦合论”两个理论视点下同步开展,对比性的研究结果将促进理论阐释的深入,愈发逼近真理。

参考文献

[1] Abrevalla S, Sedeno L, Fitipaldi S, et al. The road less traveled: alternative pathways for action-verb processing in Parkinson's disease[J]. Journal of Alzheimer's Disease, 2017, 55(4): 1429-1435.

[2] Angwin A J, Chenery H J, Copland D A, et al. Self-paced reading and sentence comprehension in Parkinson's disease[J]. Journal of Neurolinguistics, 2006, 19(3): 239-252.

[3] Bak T H. The neuroscience of action semantics in neurodegenerative brain diseases[J]. Current Opinion in Neurology, 2013, 26(6): 671-677.

[4] Bak T H, Hodges J R. Noun-verb dissociation in three patients with motor neuron disease and aphasia[J]. Brain and Language, 1997, 60(1): 38-41.

[5] Bak T H, Hodges J R. The effects of motor neurone disease on language: Further evidence[J]. Brain and Language, 2004, 89(2): 354-361.

[6] BAK T H, YANCOPOULOU D, NESTOR P J, et al. Clinical, imaging and pathological correlates of a hereditary de cit in verb and action processing[J]. Brain, 2006, 129(Pt 2): 321-332.

[7] BASTIAANSE R, LEENDERS K L. Language and Parkinson's disease[J]. Cortex, 2009, 45(8): 912-914.

[8] BERG E, BJRNRAM C, HARTELIUS L, et al. High level language difficulties in Parkinson's disease[J]. Clinical Linguistics & Phonetics, 2003, 17(1): 63-80.

[9] BERTELLA L, ALBANI G, GRECO E, et al. Noun verb dissociation in Parkinson's disease [J]. Brain & Cognition, 2002, 48(2-3): 277-280.

[10] BOCANEGRA Y, GARCÍA A M, PINEDA D, et al. Syntax, action verbs, action semantics, and object semantics in Parkinson's disease: dissociability, progression, and executive influences[J]. Cortex, 2015, 69(8): 237-254.

[11] BOULENGER V, MECHTOUFF L, THOBOIS S, et al. Word processing in Parkinson's disease is impaired for action verbs but not for concrete nouns[J]. Neuropsychologia, 2008, 46(2): 743-756.

[12] BRESNAN J. Lexical functional syntax[M]. Oxford: Blackwell, 2001.

[13] CABALLOL N, MARTI M J, TOLOSA E. Cognitive dysfunction and dementia in Parkinson's disease[J]. Movement Disorders, 2007, 22: 358-366.

[14] CARAMAZZA A, HILLIS A. Lexical organization of nouns and verbs in the brain[J]. Nature,

1991, 349: 788-790.
[15] CARDONA J F, GERSHANIK O, GELORMINI L C., et al. Action-verb processing in Parkinson's disease: new pathways for motor-language coupling[J]. Brain Struct Function, 2013, 218(6): 1355-1373.
[16] CARDONA J, KARGIEMAN L, SINAY V, et al. How embodied is action language? Neurological evidence from motor diseases[J]. Cognition, 2014, 131(2): 311-322.
[17] COTELLI M, BORRONI B, MANENTI R, et al. Action and object naming in frontotemporal dementia, progressive supranuclear palsy, and corticobasal degeneration [J]. Neuropsychology, 2006, 20(5): 558-565.
[18] COTELLI M, BORRONI B, MANENTI R, et al. Action and object naming in Parkinson's disease without dementia[J]. European Journal of Neurology, 2007, 14(6): 632-637.
[19] CRESCENTINI C, MONDOLO F, BIASUTTI E, et al. Supervisory and routine processes in noun and verb generation in non-demented patients with Parkinson's disease [J]. Neuropsychologia, 2008, 46(2): 434-447.
[20] CUMMINGS J L. Subcortical dementia[M]. New York: Oxford University Press, 1990.
[21] DAMASIO A R, TRANEL D. Nouns and verbs are retrieved with differently distributed neural systems[J]. Proceedings of the National Academy of Sciences, 1993, 90(11): 4957-4960.
[22] DANIELE A, GIUSTOLISI L, SILVERI M C, et al. Evidence for a possible neuroanatomical basis for lexical processing of nouns and verbs[J]. Neuropsychologia, 1994, 32(11): 1325-1341.
[23] DE ZUBICARAY G, ARCIULI J, MCMAHON K. Putting an "end" to the motor cortex representations of action words [J]. Journal of Cognitive Neuroscience, 2013, 25(11): 1957-1974.
[24] DRUKS J. Verbs and nouns—a review of the literature[J]. Journal of Neurolinguistics, 2002, 15(3): 289-315.
[25] FERNANDINO L, CONANT L L, BINDER J R, et al. Parkinson's disease disrupts both automatic and controlled processing of action verbs[J]. Brain and Language, 2013a, 127(1): 65-74.
[26] FERNANDINO L, CONANT L L, BINDER J R, et al. Where is the action? Action sentence processing in Parkinson's disease[J]. Neuropsychologia, 2013b, 51(8): 1510-1517.
[27] FORONI F, SEMIN G R. Comprehension of action negation involves inhibitory simulation[J]. Frontiers in Human Neuroscience, 2013, 7: 209.
[28] GARCÍA A M, CARRILLO F, OROZCOARROYAVE J R, et al. How language flows when movements don't: an automated analysis of spontaneous discourse in Parkinson's disease[J]. Brain & Language, 2016, 162: 19-28.
[29] GREEN J, MCDONALD W M, VITEK J L, et al. Cognitive impairments in advanced PD without dementia[J]. Neurology, 2002, 59: 1320-1324.
[30] GROSSMAN M, ANDERSON C, KHAN A, et al. Impaired action knowledge in amyotrophic lateral sclerosis[J]. Neurology, 2008, 71(18): 1396-1401.
[31] HERRERA E, CUETOS F. Action naming in Parkinson's disease patients on/off dopamine [J]. Neuroscience Letters, 2012, 513(2), 219-222.

[32] HOCHSTADT J, NAKANO H, LIEBERMAN P, et al. The roles of sequencing and verbal working memory in sentence comprehension de cits in Parkinson's disease[J]. Brain & Language, 2006, 97(3): 243-257.

[33] IBEZ A J, CARDONA F, VIDAL Y, et al. Motor-language coupling: Direct evidence from early Parkinson's disease and intracranial cortical recordings[J]. Cortex, 2012, 49(4): 968-984.

[34] JEANNEROD M. Motor cognition: what actions tell the self[M]. Oxford: Oxford University Press, 2006.

[35] LIUZZA M T, CANDIDI M, AGLIOTI S M. Don't do it! Linguistic negation and action simulation[in Italian] [J]. Rivista Italiana Di Filoso a Del Linguaggio, 2012, 5: 127-136.

[36] MAHON B Z, CARAMAZZA A. A critical look at the embodied cognition hypothesis and a new proposal for grounding conceptual content[J]. Journal of Physiology Paris, 2008, 102(1-3): 59-70.

[37] MCDOWD J, HOFFMAN L, ROZEK E, et al. Understanding verbal fluency in healthy aging, Alzheimer's disease, and Parkinson's disease[J]. Neuropsychology, 2011, 25(2): 210-225.

[38] MICELI G, SILVERI M C, NOCENTINI U, et al. Patterns of dissociation in comprehension and production of nouns and verbs[J]. Aphasiology, 1988, 2(3-4): 351-358.

[39] MONETTA L, PELL M D. Effects of verbal working memory deficits on metaphor comprehension in patients with Parkinson's disease[J]. Brain and Language, 2007, 101(1): 80-89.

[40] NIKUMB S S. Verb use in Parkinson's disease[D/OL]. Electronic Thesis and Dissertation Repository. 2014: 2258. http://ir.lib.uwo.ca/ etd/2258.

[41] PAPEO L, PASCUALL A, CARAMAZZA A. Disrupting the brain to validate hypotheses on the neurobiology of language[J]. Frontiers in Human Neuroscience, 2013, 7: 148.

[42] PAPEO L, HOCHMANN J R. A cross-talk between brain-damage patients and infants on action and language[J]. Neuropsychologia, 2012, 50(7): 1222-1234.

[43] PEELEN M V, ROMAGNO D, CARAMAZZA A. Independent representations of verbs and actions in left lateral temporal cortex[J]. Journal of Cognitive Neuroscience, 2012, 24(10): 2096-2107.

[44] PÉRAN P, CARDEBAT D, CHERUBINI A, et al. Object naming and action-verb generation in Parkinson's disease: A fMRI study[J]. Cortex, 2009, 45: 960-971.

[45] PÉRAN P, NEMMI F, MÉLIGNE D, et al. Effect of levodopa on both verbal and motor representations of action in Parkinson's disease: a fMRI study[J]. Brain and Language, 2013, 125(3): 324-329.

[46] PÉRAN P, RASCOL O, DÉMONET J F, et al. Deficit of verb generation in nondemented patients with Parkinson's disease[J]. Movement Disorders, 2003, 18: 150-156.

[47] PINKER S. The language instinct: how the mind creates language[M]. New York: William Morrow, 1994.

[48] PULVERMULLER F, COOK C, HAUK O. Infection in action: semantic motor system activation to noun and verb containing phrases is modulated by the presence of overt grammatical markers[J]. Neuroimage, 2012, 60(2): 1367-1379.

[49] RODRÍGUEZF J, MENÉNDEZ M, RIBACOBA R, et al. Action naming is impaired in Parkinson disease patients[J]. Neuropsychologia, 2009, 47(14): 3271-3274.
[50] SAMII A, NUTT J, RANSOM B. Parkinson's disease[J]. Lancet, 2004, 363: 1783-1793.
[51] SEELEY W W, CRAWFORD R K, ZHOU J, et al. Neurodegenerative diseases target large scale human brain networks[J]. Neuron, 2009, 62(1): 42-52.
[52] SHAPIRO K, SHELTON J, CARAMAZZA A. Grammatical class in lexical production and morphological processing: evidence from a case of fluent aphasia [J]. Cognitive Neuropsychology, 2000, 17(8): 665-682.
[53] SIGNORINI M, VOLPATO C. Action fluency in Parkinson's disease: a follow up study[J]. Movement Disorders, 2006, 21(4): 467-472.
[54] SILVA H S D, MACHADO J, CRAVO A, et al. Action/verb processing: debates in neuroimaging and the contribution of studies in patients with Parkinson's disease[J]. Dementia & Neuropsychologia, 2014, 8(1): 3-13.
[55] STINS J F, BEEK P J. Effects of language processing on spontaneous muscle activity[J]. Journal of Neurolinguistics, 2013, 26(3): 363-369.
[56] TORRALVA T, ROCA M, GLEICHGERRCHT E, et al. INECO frontal screening (IFS): a brief, sensitive, and specific tool to assess executive functions in dementia[J]. Journal of the International Neuropsychological Society, 2009, 15(5): 777-786.
[57] TORRALVA T, ROCA M, GLEICHGERRCHT E, et al. Validation of the Spanish version of the Addenbrookes cognitive examination revised (ACER) [J]. Neurologia, 2011, 6(6): 351-356.
[58] TRACANTE D, BURANI C. Visual processing of Italian verbs and adjectives: The role of inectional family size[M]//BAAYEN R H, SCHREUDER R. Morphological Structure in Language Processing. Berlin: Mouton de Gruyter, 2003: 45-64.
[59] TRAFICANTE D, MARELLI M, LUZZATTI C, et al. Influence of verb and noun bases on reading aloud derived nouns: evidence from children with good and poor reading skills[J]. Reading and Writing, 2014, 27(7): 1303-1326.
[60] ULLMAN M T, CORKIN S, COPPOLA M, et al. A neural dissociation within language: evidence that the mental dictionary is part of declarative memory, and that grammatical rules are processed by the procedural system[J]. Journal of Cognitive Neuroscience, 1997, 9(2): 266-276.
[61] VICO G. Principi di Scienza Nuova[M]. Naples: Stamperia Muziana, 1744.
[62] VIGLIOCCO G, VINSON D P, DRUKS J, et al. Nouns and verbs in the brain: a review of behavioural, electrophysiological, neuropsychological and imaging studies[J]. Neuroscience and Biobehavioral Reviews, 2011, 35(3): 407-426.
[63] ZINGESER L B, BERNDT R S. Grammatical class and context effects in a case of pure anomia: implications for models of language production[J]. Cognitive Neuropsychology, 1988, 5(4): 473-516.
[64] 戴蓉,刘晓加.帕金森病的语言障碍.中国行为医学科学,2005,14(11):1049-1050.
[65] 姜孟.认知语言学涉身假设考证.外国语文,2014(02):57-66.
[66] 王荔.汉语为母语的帕金森病患者语言功能障碍及相关脑灰/白质结构改变研究,南方医科大学博士学位论文,2018.

第十七章　基于言语分析建模的阿尔兹海默症自动检测方法

郭志强　凌震华　李云霞

1　引言

1.1　阿尔兹海默症简介

阿尔兹海默症是一种退行性神经疾病，又称老年痴呆症。超过60岁人口中，欧洲地区阿尔兹海默症发病率是4.6%，南非和中东地区高达8.7%。阿尔兹海默症发病率随年龄增长呈指数形式增长，每增加4.4岁，阿尔兹海默症发病率增加一倍。世界范围内，每年在阿尔兹海默症上的花费约8180亿美元，占GDP总和的1.09%。阿尔兹海默症已成为人类社会的一个沉重负担。

阿尔兹海默症的病情阶段，可根据患者认知功能的损害程度，分为四个时期：轻度认知障碍(Mild Cognitive Impairment，MCI)期、早期、稳定期和晚期。临床症状多表现在两方面：一是认知功能减退，例如失语、记忆减退；二是非认知性精神障碍，例如焦虑、抑郁、失眠以及踱步、无故徘徊等行为。

阿尔兹海默症作为一种进行性神经退行性疾病，具有认知功能障碍、神经系统变性、老年斑、神经元纤维缠结、神经元损失等特征。阿尔兹海默症发病初期无明显症状，被诊断出来的时候往往已到了中晚期，病程缓慢而无法治愈。据统计，阿尔茨海默病患者被确诊之后，一般情况下只能存活5到10年，而平均的存活时间更是只有3.3年。

现今还没有能完全治愈阿尔兹海默症的药物。如果患者能在患病早期就能确诊阿尔兹海默症，那么通过一些现有的干预治疗方法，能有效地延缓病情，提高患者的生活质量，减轻他人的负担。然而现在一些主流的利用认知量表乃至生物标志物来诊断阿尔兹海默症的方法，耗时久、成本高，在阿尔兹海默症患者人数日益增长的今天，根本无法满足这一需求。因此开发出能尽早尽快、省时省力地诊断阿尔兹海默症的技术手段成为一个亟待解决的问题。

1.2　阿尔兹海默症和语言的联系

阿尔兹海默症的主要症状是认知障碍，认知障碍又涉及执行功能、逻辑推理、视觉构建、语言能力等各个方面。其中语言障碍通常在病情的早期就有所表现。阿尔兹海默症患者典型的语言缺陷有命名困难、口语和书面语的理解能力受损、流利但空洞的言语和语义失语症等。阿尔兹海默症的不同病情阶段，在语言的各个领域均表现出某种特定模式的语言困难。Szatloczki，Hoffmann和Vincze(2015)对此进行了总结，详情见表1。

阿尔兹海默症对语言功能影响的神经基础，也有了一定的研究。例如，兴趣区域分析表明情节记忆与双侧内嗅皮质和海马体有关，而语义记忆与内侧嗅皮质、双侧内嗅皮质和海马体有关。这表明在阿尔兹海默症早期，如果控制情节记忆的变化，内侧嗅皮质的损伤可以通过语义记忆的测试检测出(Hirni，Kivisaari & Monsch，2013)。

【作者信息】郭志强，中国科学技术大学，硕士研究生，研究领域为语音信号处理与自然语言处理。Email：gzq@mail.ustc.edu.cn；凌震华，中国科学技术大学，博士，副教授，研究领域包括语音合成、语音转换、自然语言处理等。Email：zhling@ustc.edu.cn；李云霞，同济大学附属同济医院神经内科，博士，副教授、主任医师，研究领域为认知障碍疾病的脑功能网络与神经可塑性。Email：doctorliyunxia@163.com

【注】本文首刊于《中国语音学报》，2018年第10辑。

表 1 AD 不同阶段对于不同语言功能的影响(Szatloczki, Hoffmann & Vincze, 2015)

语言功能	MCI 期	早期	稳定期	晚期
语音和韵律				
自发言语的时域变化(停顿,词数和时间的增加)	+①	+	++	+++
音位型失语症	+	+	++	+++
词汇和语义				
找词、用词困难	+	+	++	+++
口语流畅困难	+	+	++	+++
音位(字母)级语义	+	+	++	+++
语义失语症	?	+	++	+++
句法				
句法复杂度下降	−	−	+	+++
句法缺失	−	−	−	+++
语用				
交谈时有意义的言语减少	−/+	+	+	++

胼胝体连接着上顶叶、后颞叶和枕叶皮质区,包含工作记忆激活的关键节点。上神经纤维纵束与所有四个脑叶的壳核侧面相连,在人脑语言处理中起着关键作用,而这个区域已经发现在阿尔兹海默症的早期乃至 MCI 期就已经受损(Liu, Spulbe & Lehtimaki, 2011),并且是工作记忆在处理口语期间,前额区和后脑区功能解耦的可能原因(Teipel et al., 2014)。

1.3 相关研究现状

目前已有许多基于语音语言技术自动检测阿尔兹海默症的研究。Fraser 等综合利用声学、语言学多种特征(共 370 维),并采用基于相关系数的特征选择技术,选择出 35 个特征,在 DementiaBank 数据集上取得了 82% 的检测准确率(Field et al., 2017)。Wankerl 等人利用语言模型提取被试文本的困惑度,并把在两个语言模型上得到的两个困惑度之差作为一个一维特征,在 DementiaBank 数据集上取得了 77.1%的等错误率(EER)(Wankerl, Nöth & Evert, 2017)。Weiner 等人在德语数据库 ILSE 上做到了 0.80 的检测 F1 值(Weiner, Herff & Schultz, 2016),并且尝试采用自动语音识别(ASR)技术对语音数据进行文本转写,进一步提高了检测过程的自动化程度(Weiner, Engelbart & Schultz, 2017)。Sadeghian 等人利用提取的语音语言特征辅助简短智能测验(MMSE)进行检测,将检测准确率从 70.8%提升至 94.4%(Sadeghian, Schaffer & Zahorian, 2017)。

Field 等人(2015)在已有工作的基础上,针对阿尔兹海默症患者对图片不同区域的关注度与正常人不同的特点,增加了新的基于图片区域的特征,使得阳性预测 F1 值从 0.83 提高到了 0.84,阴性预测 F1 值从 0.81 提高到了 0.82(Fraser, Meltzerb & Rudzicz, 2015)。Leandro, dos 和 Edilson (2017)利用词向量技术改进传统的词网络,并提取网络的拓扑特征进行训练,并且采用了集成学习和多视角学习的方法。在利用想法密度这一重要的语用特征方面,Yancheva 和 Rudzicz(2016)针对想法密度的计算依赖人工给定的信息单元这一问题,提出了一种自动从文本中提出信息单元的方法, Sirts, Piguet 和 Johnson(2017)则提出了一种新的计算想法密度的方法。

本文在已有研究(Hirni, Kivisaari & Monsch, 2013; Leandro & Edilson, 2017; Liu, Spulbe &

① + 受影响的程度; − 不受影响; ? 没有数据。

Lehtimaki，2011；Sadeghian，Schaffer & Zahorian，2017；Sirts，Piguet & Johnson，2017；Szatloczki，Hoffmann & Vincze，2015；Teipel et al.，2014；Wankerl，Nöth & Evert，2017；Weiner，Herff & Schultz，2016；Weiner，Engelbart & Schultz，2017)的基础上，设计实现了二维语言模型复杂度、主试平均词数等新的用于阿尔茨海默症检测的言语特征，并对比分析了逻辑回归、决策树、支持向量机等不同分类模型的性能，最终在 DementiaBank 数据集上取得了 84.6%的平均检测准确率。

2 数据

2.1 DementiaBank

本文使用数据来源于 DementiaBank①，它是 TalkBank②项目的一个子项目。DementiaBank 的所有数据是在 1983—1988 年间作为匹茨堡大学阿尔兹海默症研究项目的一部分被采集的。采集中所有被试要求在 44 岁以上，至少受过 7 年的教育，没有精神失常的历史或正在服用精神药物，最初的 MMSE 评分至少为 10 分，并能够同意测试记录数据供研究使用。另外，已知患有痴呆症的被试需要有一个亲戚或照顾他的人在实验过程中对被试进行解释或一定的安抚。所有参与者都接受了大量的神经心理学和心理学评估。根据过往已有的认知功能衰退的历史记录和精神状态测试的结果，被试被分到病患组或控制组。对病患的最终诊断参考了他们的医疗记录和有关的额外信息。

DementiaBank 总共包含 4 个不同的测试任务，分别是“饼干”(cookie)——图片描述任务；“流畅度”(fluency)——在一分钟内尽可能多地举出不同的动物名称；“复述”(recall)——在听过一个故事并间隔一段时间后再将其复述；“句子”(sentences)——用给出的一系列词分别造句。控制组的被试只做“饼干”这一个任务，病患组的被试则 4 个任务全做。为了保证控制组和病患组样本数据的一致性，所以研究采用的数据都只包含了被试的“饼干”这一任务的音频和对应的文本。

由于有的被试可能不止做过一次测试(隔一年或两年再进行一次测试)，样本数比总的被试人数多，另外病患组里最后诊断结果分为轻度认知障碍(MCI)、可能的阿尔兹海默症(PossibleAD)、很可能的阿尔兹海默症(ProbableAD)、血管性老年痴呆症(Vascular)等。考虑到把研究内容集中于阿尔兹海默症的自动检测方法，因而只用了诊断结果为可能的阿尔兹海默症(PossibleAD)和很可能的阿尔兹海默症(ProbableAD)的两类病患组样本数据。总的来说，控制组共有 99 个被试，242 个样本数据；病患组共有 167 个被试，256 个样本数据。

图 1 Cookie Theft 图片

图片描述任务“饼干”采用的图片“饼干小偷”(Cookie Theft)取自波士顿失语症诊断测试③，原图见图 1。任务规范要求主试者先向被试展示这幅图片然后说“告诉我你在这幅图里看到的正在发生的一切

① https://dementia.talkbank.org/
② https://talkbank.org/
③ http://www.linguisystems.com/products/product/display? itemid=10301

(Tell me everything you see going on in this picture)”。主试还被允许在被试无法说出很多内容的时候鼓励被试。每个音频文件都先被采集然后人工转出文本,依据 TalkBan 的 CHAT(Codes for the Human Analysis of Transcripts)协议写成标准的 CHAT 格式。文本被按句分段并标注出填充停顿(filled pauses)、起止时间、错误的词和无法理解的词语。

2.2 预处理

预处理分为两个步骤。分别是对音频的预处理和对文本的预处理。每段原始音频都是 mp3 格式,记录了该被试在图片描述任务过程中的所有声音,其中也包括了主试的声音、噪声等。因此,首先做的处理是把除被试以外的所有声音从音频中除去,得到若干个小音频,每个音频记录的是被试完整的一句话。这个操作因为在 CHAT 文本中已经记录了被试每次说话的起始和终止时间而变得很容易。但要注意的是,被去除的音频也得到了保留,在后面提某些特征时需要这些信息。

每段 CHAT 文本都包含详细的注释,包括文本的 ID、任务类型、被试的基本信息、被试和主试的每次发言起止时间、单词重复和单词修正的标注以及单词的词性。预处理时将除被试言语之外的所有文本内容删去,但像“uh” “um”之类的填充停顿得到了保留,不做任何处理。另外原始文本由于有一些额外的注释,例如重复的词用“[/]”标出、停顿填充用“&”标出等,在后续提取特征时会用到。

3 特征提取

3.1 使用的特征集合

本文在已有工作的基础上,提取了如下言语特征用于阿尔兹海默症的自动检测。

1. 基频(F0):基音频率(fundamental frequency),简称基频。采用 RAPT 算法,通过调用 MATLAB 的 VoiceBox 工具包来提取基频。每一个样本中只提取了被试的基频,并按帧取均值作为一维特征。

2. 梅尔频率倒谱系数(MFCC):通过调用 MATLAB 的 VoiceBox 工具包提取了 13 维基本的 MFCC,不含一阶和二阶动态系数,并按帧对每维取均值得到最后的 13 维均值统计量作为特征。

3. 困惑度(perplexity):这里特指语言模型里对某一句子或段落算出的困惑度,采用三阶语言模型,配合 Kneser-Ney 平滑以及插值技术,利用 SRILM 工具包来实现语言模型,并计算文本的困惑度。在具体实现过程中,本文先把训练集的所有样本按标签分为控制组和病患组两组,对每个控制组的训练样本 X_i,把控制组里除它以外的所有样本用来训练语言模型,得到 LM_{ci},再用所有的病患组样本训练语言模型得到 LM_d;用 LM_{ci} 和 LM_d 对 X_i 计算困惑度,分别得到 PPL_{ci} 和 PPL_{di},作为一个两维特征。类似的,对每个病患组的训练样本 Xi,把病患组除它以外的所有样本用来训练语言模型 LM_{di},再用所有的控制组样本训练语言模型得到 LM_c;用 LM_c 和 LM_{di} 对 X_i 计算,分别得到 PPL_{ci} 和 PPL_{di},同样作为一个两维特征。而对于测试集的每一个样本 X_i,把训练集里所有控制组样本用来训练语言模型得到 LM_c,所有病患组样本用来训练语言模型得到 LM_d,再用 LM_c 和 LM_d 对 Xi 计算困惑度,得到 PPL_c 和 PPL_d。最后受 Liu, Spulbe & Lehtimaki(2011)文献启发,将 $PPL_{diff}=PPL_c-PPL_d$,$PPLplus=PPL_c+PPL_d$,作为新的两维特征 $m\_PPL=(PPL_{diff},PPL_{plus})$。

4. 总词数:即被试在整次测试里所说的全部词的数量。

5. 词语修正:被试对图片进行描述的过程中对之前的词进行修正的次数,以及与总词数的比值。

6. 词语重复数:被试对图片进行描述的过程中重复说过之前的词的次数,以及与总词数的比值。

7. 被试句子数:样本含有的被试完整句子的个数。

8. 被试句子平均长度:样本中被试说话的总时长与被试句子数的比值。

9. 主试句子数:样本含有的主试完整句子的个数。

10. 主试句子平均长度:样本中主试说话的总时长与主试句子数的比值。

11. 发音错误:指的是被试在描述图片的过程中，发音有错的单词个数，以及与总词数的比值。

12. 某些特殊词，例如“window”“something”“and”等出现的次数。

13. TTR(Type-Token-Ratio):被试总共说过的不同的词的数量，与在整个任务中的总词数的比值。

14. 语速:被试总词数与总时长的比值。

15. 平均句子词数:被试总词数与句子数的比值。

16. 词性标注(POS)特征:被试说过全部单词里，名词、动词、代词等的个数，以及各自所占的比例。

17. 填充停顿:被试言语中填充停顿的个数:以及与总词数的比值。

18. 想法密度(idea density):想法密度度量了在一句话或一段文本中想法(断言或预测)的比例。低的想法密度被发现与阿尔兹海默症患病风险的增加有关联(Engelman et al., 2010)。本文计算语义想法密度，并利用 Sirts, Piguet 和 Johnson(2017)给出的信息单元进行个数统计。

3.2 特征选择

本文使用 AUC(Area Under Curve)值进行特征选择，而不是使用常用的关联系数特征选择方法(Field et al., 2017; Weiner, Herff & Schultz, 2016; Weiner, Engelbart & Schultz, 2017)。对各个单维特征分别计算 AUC，计算年龄的 AUC 时只用了 416 个带有年龄数据的样本。表 2 列出了 AUC 值大于 0.66 的特征，这 7 个特征也是后续建模实验用到的全部特征。

表 2 部分特征与对应的 AUC 值

特征	AUC	特征	AUC
PPL_{diff}	0.83	PPL_{plus}	0.70
发音错误	0.74	主试句子平均长度	0.68
词语重复率	0.71	词“window”出现次数	0.66
词语修正率	0.70		

4 检测模型

受数据规模限制，现今流行的深度学习技术并不适用。本文采用了 5 种经典的机器学习算法训练模型，下面简介 5 种算法的配置和对应的超参数选择。算法均通过调用 sklearn 工具包实现。

1. 支持向量机:采用高斯核函数，惩罚项系数 $C=10$。

2. 决策树:信息增益准则进行训练，且训练过程中，当叶子节点上训练样本数小于 5 个的时候，不再分裂节点。

3. 随机森林:树的数量为 10，以 Gini 纯度准则作为训练准则，同样在训练过程中，当叶子节点上训练样本数小于 5 个的时候，不再分裂节点。

4. 最近邻算法:对每个样本点，需要寻找 k 个近邻样本，令 $k=15$。

5. 逻辑回归:加入 L2 惩罚项，惩罚项系数 $C=1.0$。

5 结果与分析

考虑到数据集规模不大，一般采用的留出法会使每次留出的测试集和训练集的分布差别很大，导致结果具有很强的随机性。故分类结果分为 10 次 10 折交叉验证的平均准确率，和留一法得到的平均准确率两种。表3给出了实验所用特征组合的标识，特征组合的规则是：从 m_PPL 开始，按 AUC 从高到低的次序不断加入新特征。

表4为在固定分类器为逻辑回归的条件下，对不同的特征组合进行了比较得到的结果。从结果上可以看出，随着区分性较高的特征不断增加，分类器的效果也不断变好，但加入区分性较差的特征，反而会使分类器的性能下降。X_5 是所有 AUC 不小于 0.68 的特征的组合，在10次10折和留一法两种方法上都取得了最高的平均准确率（0.846 和 0.845）。

表5为在固定特征为 X_5 的条件下，对不同分类器进行比较的结果。实验结果表明逻辑回归在实验的分类器中可以取得最好的检测效果。

表3　实验中使用的特征组合标识

特征标识	代表的特征组合
X_0	m_PPL
X_1	（m_PPL，发音错误）
X_2	（m_PPL，发音错误，主试句子数）
X_3	（m_PPL，发音错误，主试句子数，词语重复率）
X_4	（m_PPL，发音错误，主试句子数，词语重复率，词语修正率）
X_5	（m_PPL，发音错误，主试句子数，词语重复率，词语修正率，主试句子平均长度）
X_6	（m_PPL，发音错误，主试句子数，词语重复率，词语修正率，主试句子平均长度，词“window”出现次数）

表4　不同特征组合的检测性能比较

特征	分类器	10次10折平均准确率	留一法平均准确率
X_0	逻辑回归	0.784（+/−0.003）	0.785
X_1	逻辑回归	0.806（+/−0.003）	0.805
X_2	逻辑回归	0.816（+/−0.001）	0.809
X_3	逻辑回归	0.832（+/−0.002）	0.835
X_4	逻辑回归	0.846（+/−0.002）	0.841
X_5	逻辑回归	0.846（+/−0.002）	0.845
X_6	逻辑回归	0.841（+/−0.002）	0.841

表5　不同分类器的检测性能比较

特征	分类器	10次10折平均准确率	留一法平均准确率
X_5	决策树	0.777（+/−0.003））	0.779
X_5	随机森林	0.834（+/−0.003）	0.825
X_5	最近邻算法	0.814（+/−0.003）	0.827
X_5	逻辑回归	0.846（+/−0.002）	0.845
X_5	支持向量机	0.841（+/−0.006）	0.837

由上述结果可以分析得出：

1. 基于 AUC 进行特征挑选的方法是有效的，能够很快地从很多维特征中提取出具有最好效果的那几个。而且往往使算法性能最优的特征维数并不高。

2. 逻辑回归优于其他的算法，取得了最好的检测效果。

3. 控制其他变量，留一法的性能指标往往优于 10 次 10 折交叉验证，这可能是因为每次测试之前模型能有更多的训练数据，从而导致性能的提高。

6 总结

本文对基于言语分析与建模的阿尔兹海默症自动检测方法进行了研究。首先从被试的连续语流中提取语音、词汇、语用等多方面特征，然后利用 AUC 值进行特征选择，最后构建支持向量机、决策树、逻辑回归等多种检测模型。在 DementiaBank 数据库上，本文研究方法取得了最高 84.6%的平均检测准确率。深入探索阿尔茨海默症对言语各层面特征的影响以及在中文数据库上开展验证实验，将会是本论文后续的重点研究工作。

参考文献

[1] ENGELMAN M, AGREE E M, MEONI L A, et al. Propositional density and cognitive function in later life: finding from the precursors study[J]. Journal of Gerontology, 2010, 65(6): 706-711.

[2] FRASER K C, MELTZERB J A, RUDZICZ F. Linguistic features identify Alzheimer's disease in narrative speech[J]. Journal of Alzheimer's Disease, 2015, 49(2): 407-422.

[3] FIELD T S, MASRANI V, MURRAY G, et al. Improving diagnostic accuracy of Alzheimer's disease from speech analysis using markers of hemispatial neglect[J]. The Journal of the Alzheimer's Association, 2017, 13(7): 157-158.

[4] HIRNI D, KIVISAARI S, MONSCH A. Distinct neuroanatomical bases of episodic and semantic memory performance in Alzheimer's disease[J]. Neuropsychologia, 2013, 51(5): 930-937.

[5] SANTOS L, EDILSON Anselmo Corrêa Júnior, Jr O O , et al. Enriching complex networks with word embeddings for detecting mild cognitive impairment from speech transcripts[C]. Proceedings of the 55th Annual Meeting of the Association for Computational Linguistics (Volume 1: Long Papers), 2017.

[6] LIU Y, SPULBE G, LEHTIMAKI K. Diffusion tensor imaging and tract based spatial statistics in Alzheimer's disease and mild cognitive impairment[J]. Neurobiol Aging, 2011, 32(3): 1558-1571.

[7] SADEGHIAN R, SCHAFFER J D, ZAHORIAN S A. Speech processing approach for diagnosing dementia in an early stage[C]. Proc. Interspeech, 2017.

[8] SIRTS K, PIGUET O, JOHNSON M. Idea density for predicting Alzheimer's disease from transcribed speech [C]. Proceedings of the 21st Conference on Computational Natural Language Learning (CoNLL 2017). 2017: 322-332.

[9] SZATLOCZKI G, HOFFMANN I, VINCZE V. Speaking in Alzheimer's disease, is that an early sign? Importance of changes in language abilities in Alzheimer's disease[J]. Frontiers in Aging Neuroscience, 2015, 27(2): 97-111.

[10] TEIPEL S, EHLERS I, ERBE. Structural connectivity changes underlying altered working memory networks in mild cognitive impairment: a three way image fusion analysis [J].

Neuroimaging, 2014, 101(10): 233-243.
[11] WANKERL S, NöTH E, EVERT S. An n gram based approach to the automatic diagnosis of Alzheimer's disease from spoken language[J]. Proc. Interspeech, 2017: 3162-3166.
[12] WEINER J, HERFF C, SCHULTZ T. Speech based detection of Alzheimer's disease in conversational german[J]. Proc.Interspeech, 2016.
[13] WEINER J, ENGELBART M, SCHULTZ T. Manual and automatic transcriptions in dementia detection from speech[J]. Proc. Interspeech, 2017.
[14] YANCHEVA M, RUDZICZ F. Vector space topic models for detecting Alzheimer's disease [C]. Proceedings of the Annual meeting of the Association for Computational Linguistics (ACL16). 2016.

第十八章 Detecting Alzheimer's Disease from Continuous Speech Using Language Models

GUO Zhiqiang LING Zhenhua LI Yunxia

INTRODUCTION

Dementia, subsumed under the major neurocognitive disorder, can cause significant cognitive decline and interfere with independence (American Psychiatric Association, 2013). Patients affected by dementia are primarily population above the age of 60, where the prevalence ranges between 5%—7% in most parts of the world. And within the elderly group, the prevalence in- creases exponentially with age (Prince et al., 2012). It is estimated that 46.8 million people worldwide living with dementia in 2015, resulting in economic costs of 604 billion US dollars, and the number of patients is expected to almost double every 20 years (Prince, 2016).

Dementia is a clinical syndrome caused by neurodegeneration, with Alzheimer's disease being the most common underlying pathology (World Health Organization, 2017; Waldemar et al., 2007). In particular, Alzheimer's disease accounts for 70% of all dementia cases, while other causes include frontotemporal lobar degeneration, vascular dementia, etc. (Linz et al., 2018). According to the progressive degree of cognitive and functional impairment, the course of Alzheimer's disease is usually divided into four stages, including mild cognitive impairment (MCI) stage, mild AD, moderate AD and severe AD. During the course of AD, patients suffer from short memory loss at the beginning and completely depend upon caregivers at last. How- ever, recent studies suggest that the disease shall be considered as a continuous neuropathology process rather than several distinct clinically de- fined entities (Dubois et al., 2016). This idea was recognized and formalized respectively in the 2011 NIA-AA guidelines (Sperling et al., 2011; Jack et al., 2011) and 2018 NIA-AA research framework (Jack et al., 2018).

The diagnosis of AD relies on the evidences from cognitive tests, such as Mini-Mental State Examination (MMSE) (Kurlowicz et al., 1999) and Montreal Cognitive Assessment (MoCA) (Nasreddine et al., 2005), biochemical markers, medical imaging, etc. Recent research emphasized the role biomarkers play in the process of AD. As 2018 NIA-AA research framework claimed, the term "Alzheimer's disease" refers to an aggregate of neuropathological changes and thus is defined in vivo by biomarkers and by postmortem examination, not by clinical symptoms. While in the clinical practice, the combination of several evidences from different aspects is still an appropriate diagnosis approach (Jack et al., 2018). Apparently, this is an expensive and time-consuming process. On the

【作者信息】Correspondence to: LING Zhenhua, National Engineering Laboratory for Speech and Language Information Processing, University of Science and Technology of China, Hefei, 230027, Anhui, China. Email: zhling@ustc.edu.cn and LI Yunxi, Department of Neurology, Shanghai Tongji Hospital, Tongji University School of Medicine, 389 Xincun Road, Shanghai 200065, China. Email: doctorliyunxia@163.com. GUO Zhiqiang, University of Science and Technology of China.
【注】本文首刊于 Journal of Alzheimer's Disease, 2019 年第 4 期。

other hand, since there is no cure for AD so far, it's really essential to provide latent and early-stage AD patients with proper prevention and intervention therapies. Thus, developing an effective and convenient method for AD detection become a valuable research topic.

AD and speech

The main symptom of AD is cognitive impairment, which involves executive function, logical inference, language skills, and so on. Language impairment generally appears at the early stages of the disease (Morris, 1996). Murdoch et al. (1987) demonstrated that AD patients had significant worse performance than controls on a standard aphasia test, specifically in the areas of verbal expression, auditory comprehension, repetition, reading, and writing.

Analysis on continuous speech provides an important source of information encompassing the phonetic, phonological, lexical-semantic, morpho-syntactic, and pragmatic levels of language organization (Murdoch et al., 1987). The performances of AD patients on some language tasks, such as picture description and sentence repetition, were distinctive from healthy people. Szatloczki et al. (2015) summarized the studies that investigated language impairments at different AD stages and claimed the effectiveness of linguistic analysis for AD detection.

At phonetic and phonological level, AD patients mostly had a low speech rate and frequent hesitations, as reported in Hoffmann et al. (2010) and Sajjadi et al. (2012a). Other variables, including acoustic features, were rarely mentioned as distinctions between speech of AD patients and healthy controls.

At the lexical-semantic level, the investigation on part of speech revealed that AD patients produce more closed class words (Croisile et al. 1996). Kavé et al. (2003) showed that although persons with AD conveyed less information and made more semantic errors than did control participants, their language structures remained well.

At the morpho-syntactic level, AD patients often suffered from more inflectional errors (Cuetos et al., 2007). De Lira et al. (2011) reported a simplification of syntax in language of persons with AD, characterized by reduced sentences and short utterances. At the discourse and pragmatic levels, language of patients with AD contained confounding and irrelevant information according to Carlomagno et al. (2005). Cuetos et al. (2007) pointed out that in a picture description task, AD patients scored significantly lower than control group on two important variables: (1) the total number of semantic units and (2) the total number of objective situations present in the picture, and it led to uninformative and empty speech.

Related work

So far there have been many studies on automatic AD detection by extracting linguistic features from speech recordings and training classifiers by machine learning. Some of them focused on utilizing acoustic features. Wolters et al. (2016) explored the correlation between the performance of semantic fluency tasks and semantic memory function, and pointed out that prosodic features such as pause durations and response delays, had a great effect on the analysis of semantic fluency data. Satt et al. (2014) collected recordings of each participant when taking several cognitive tasks, and carefully designed acoustic features for each task. They obtained an equal error rate (EER) of 87% in a two-category classification between AD and control. However, their dataset was relatively small, which contained only 15 healthy controls and 26 AD patients.

In addition to acoustic features, the features corresponding to other linguistic levels have also been employed to detect AD from continuous speech. Fraser et al. (2015) studied the speech and corresponding transcriptions from 240 AD patients and 233 healthy controls in the DementiaBank corpus. They extracted total 370 features considering part-of-speech (POS), syntax, acoustics, and other aspects of linguistics, and obtained a best average accuracy of 81. 92% for binary classification using the 35 top-ranked features. Weiner et al. (2016) achieved an F-score of 0. 80 based on the German database ILSE, and later they applied speech recognition techniques to get the transcriptions of speech recordings automatically (Weiner et al., 2017). Sadeghian et al. (2017) used the extracted linguistic features to assist MMSE for AD detection, and greatly improved the accuracy from 70. 8% to 94. 4%. Santos et al. (2017) adopted word embeddings to improve the traditional lexical network and extracted topological features from the network. Field et al. (2017) added area-dependent features based on the work of Fraser et al. (2015), and improved positive predictive value (PPV) from 0. 83 to 0. 84 and negative predictive value (NPV) from 0. 81 to 0. 82.

Similar to Fraser et al. (2015), a baseline detection model is also built in this paper using features at different linguistic levels. An area under curve (AUC)-based feature selection method is designed, which generates a rather small feature set compared with Fraser et al. (2015). The performances of five different classifiers are also compared by experiments in this paper.

Different from the studies introduced above, this paper focuses on utilizing language models (LMs) (Jurafsky et al., 2008) for AD detection. The techniques of language modeling have been employed in previous studies on detecting mental diseases. Pakhomov et al. (2010) used a perplexity index derived from language models to represents the degree of deviation in word patterns used by frontotemporal lobar degeneration (FTLD) patients, compared to patterns of healthy adults. Linz et al. (2018) showed that the perplexity of a person's production in the semantic verbal fluency (SVF) task predicted dementia well, with a $F1$ score of 0.83.

In this paper, N-gram LMs are used, which describe the probabilities of words given their contexts in utterances. These probabilities of N-gram LMs are estimated using the transcriptions of healthy and AD speech respectively. First, this paper proposes to extract perplexity features using the built N-gram LMs for AD detection. This idea is inspired by Wankerl et al. (2017). They built two trigram LMs using the speech transcriptions from AD patients and controls respectively, and derived a single feature by calculating the difference between the perplexities obtained by these two language models, resulting in a detection EER of 77. 1% on the DementiaBank corpus. In this paper, two-dimensional perplexity features are designed and the effects of context length N are investigated by experiments. The perplexity features are further combined with baseline features and the highest detection accuracy of 85. 4% is achieved by nested leave-one-person-out evaluation.

Second, a lexical-level analysis is conducted using the built LMs. Some previous studies (Garrard et al., 2013; Fraser et al., 2014; Taler et al., 2008; Dos Santos et al., 2011) have revealed that AD patients suffer from word finding and word retrieval difficulties. They usually produce more closed class words, such as pronouns, and more superordinate names instead of target names (Smith et al., 1989; Croisile et al., 1996; Drummond et al., 2015). This paper adopts LMs as analytical tools to achieve the lexical-level analysis of AD speech. A proportion test is carried out based on the unigram probabilities of all words in the corpus, and generates a list of 84 words with significant word probability differences between AD and control classes. Examining this word list, we can find that AD patients tend to use more general, less informative, and less accurate words to describe characters and action than healthy controls. Furthermore, a simple Naïve Bayes classifier is constructed based on such lexical analysis and it achieves an accuracy of 82.6% by leave-one-person-out evaluation.

MATERIALS AND METHODS

This paper utilizes the DementiaBank corpus, which is part of the TalkBank project (James, et al., 1994). The corpus contained the recordings from 292 participants taking a picture description task, which was originally designed for the Boston Diagnostic Aphasia Examination (Goodglass et al., 1983). The task required each participant to say whatever happened in the picture (as shown in Figure 1) as much as possible, and allowed encouragement from interviewers when participants had difficulties.

Figure 1 | The picture of "Cookie Theft", adopted from Goodglass et al. (1983).

Among all participants in the corpus, 169 were diagnosed with "PossibleAD" or "ProbableAD", and 99 were healthy controls. The diagnostic criteria used for "PossibleAD" or "ProbableAD" determination, as specifically described in McKhann et al. (1984), included dementia symptom, deficits in several areas of cognition and laboratory results such as normal lumbar puncture. In order to be consistent with previous studies (Fraser et al., 2015; Field et al., 2017; Wankerl et al., 2017), the samples with "PossibleAD" and "PorbableAD" labels are merged to compose the AD group in our study. The demographics of participants are showed in Table 1. Because participants may take the task more than once during the data collection of this corpus as shown in Table 2, totally there were 242 control samples and 256 AD samples used in our study

Table 1 | The demographics of participants in the DementiaBank dataset.

	Control	AD
No. of Male/Female	41/58	55/114
Avg. age (std.)	61.3 (14.9)	71.0 (11.3)
Avg. education years (std.)	13.3 (2.6)	11.8 (2.8)
Avg. MMSE score (std.)	27.9 (5.8)	18.7 (5.4)

Table 2 | The numbers of participants with different participation times.

Times	Control	AD
1	26	106
2	28	46
3	28	11
4	9	5
5	8	1

Each sample contains a speech recording file and a corresponding transcription. Speech recordings were manually transcribed following the TalkBank CHAT (Codes for the Human Analysis of Transcripts) protocol (MacWhinney, 2000). Transcriptions also contain certain kinds of notations for abbreviated pronunciation, word repetition, word correction, filled pauses, and POS tags, which were used as linguistic features as introduced in next section. For extracting other linguistic features from texts, we removed all the annotation codes and the raw transcriptions of what participants and interviewers said were utilized.

Baseline features

Altogether 49 features corresponding to different linguistic levels are extracted to build our baseline AD detection models. Most of them are chosen by referring to previous studies (Wolters et al., 2016; Satt et al., 2014; Fraser et al., 2015; Weiner et al., 2016; Weiner et al., 2017; Sadeghian et al., 2017; Santos et al., 2017; Field et al., 2017; Jurafsky et al., 2008). The NLTK (Bird, 2006), StanfordNLP (Manning et al., 2014) and VOICE- BOX (Brookes, 1997) toolkits are used to extract these features in our study. The descriptions of all features can be found in the Supplementary Material. Table 3 summarizes the types of these features and some of them are briefly explained as follows.

Table 3 | The types of extracted features for building baseline models.

Linguistic Level	Feature Type
Phonetics-phonology	F0
	MFCC
	Abbreviated pronunciation
	Filled pause
	Speech rate

（续表）

Linguistic Level	Feature Type
Lexcial-semantics	Word repetition
	Word correction
	Counts of special words
	Semantic idea density
Syntax	Counts of POS types
	Parsing tree height
	Counts of CFG rules or symbols
Pragmatics	Total token number
	Type-token ratio
	Utterances numbers and durations

Phonetics-phonology level

The F0 and MFCC features contain the mean values of frame-level fundamental frequencies and 13-dimensional mel-frequency cepstral coefficients (MFCC) extracted from the speech of each participant. Abbreviated pronunciations are indicated by the CHAT annotation, such as *o(f)* and *talkin(g)*, where the letters in parentheses are the ones being omitted during pronunciation. For each participant, the speech rate is measured as the ratio between the speech duration and the total number of words.

Lexical-semantics level

The counts of some special words are adopted because Zhou et al. (2016) showed that these counts had considerable difference between AD patients and healthy controls in the DementiaBank corpus. The words include "window", "girl", "curtain", "sink", "stool" and "mother".

Semantic idea density (SID) is measured by the ratio between the count of information units and the number of total tokens. Here, the set of information units given by Ahmed et al. (2013a) are utilized to calculate SID, and the details of the full set can be found in the Supplementary Material.

Syntax-level

The average parsing tree height of all sentences from each participant is calculated as a syntax-level feature. The counts of some part-of-speech (POS) types and context-free grammars (CFG) rules or symbols are also used as features following previous studies (Fraser et al., 2015).

Pragmatics-level

When participants were taking the picture description task, the interviewers may encourage them to give more comprehensive descriptions of the picture, especially when the participants had difficulties. This means that the amount of the speech from interviewers may be correlated with the performance of participants on the task.

Therefore, the number and mean duration of participant's utterances, as well as the ones of interviewer's utterances, are used as pragmatic-level features. The ratio between the total speech duration of the participant and the interviewer is also calculated to measure the information provided by the interviewer during the task.

Feature selection

An area under curve (AUC)-based method is designed to select useful features from the complete feature set S_{all} which contains total 49 features introduced above. First, a small subset S_{top} is generated from S_{all} according to the AUC-based β values of all features. The definition of β value will be explained later. Second, all combi- nations of the features in S_{top} are enumerated to obtain an initial solution set S_{ini} which achieves the best classification performance. The resulting S_{ini} can be different depending on the settings of the classifier. Then, all other features not contained by S_{top} are added to S_{ini} one by one in descending order of their β values, until the classification performance of using the feature set be- gins to degrade. This feature set S_{fnl} is the final result after feature selection.

For each feature, AUC is defined as the area under the receiver operating characteristic (ROC) curve (Fawcett, 2006). The value of AUC equals to the prob- ability that when randomly choosing a pair of positive (AD) and negative (healthy control) samples, the positive sample's feature value is larger than that of the negative one. Thus, if a feature has a good discriminating capability, its AUC should be close to 0 or 1. On the contrary, the AUC of a random feature should be around 0.5. Thus, a variable β is defined as Eq. (1) to describe the discriminating capability of each feature.

$$\beta = \max\{ AUC, 1 - AUC\}. \qquad (1)$$

In our implementation, an empirical threshold **th** is set to filter out the features whose β values are below **th** in order to obtain the feature set S_{top}.

Detection model

For comparison purposes, five classic machine learning algorithms are employed to build the AD detection model respectively, which are logistic regression, support vector machine, decision tree, random forest, K-nearest neighbor algorithm. All algorithms are implemented using the Scikit-Learn toolkit (Pedregosa et al., 2011).

1. Logistic regression: An L2 penalty term is added and the penalty factor C is a hyperparameter.

2. Support vector machine: Gaussian kernel function is adopted and the penalty coefficient C is a hyperparameter.

3. Decision tree: Information gain criterion is applied and the minimum leaf sample number N is a hyperparameter. During the training process, the leaf node won't stop splitting until the number of training samples on that node is less than N.

4. Random forest: Gini purity criterion is used as the training criterion. The number of trees is fixed as 10 and the minimum leaf sample number N is a hyperparameter.

5. K-nearest neighbor algorithm: The value of K is a hyperparameter.

The hyperparameters of these classifiers are tuned in our implementation as introduced in next section. The sets of candidates for tuning these hyperparameters are listed in the Supplementary Material.

Evaluation strategy

Considering the relatively small size of the DementiaBank corpus, common evaluation strategies such as splitting the corpus into training and test sets, and adopting 10-fold cross-validation are not recommended here. Randomly splitting the dataset into training data and test data may lead to large variance of evaluation results. Thus, a nested leave-one-person-out strategy is employed here for evaluation. Specifically, we first conduct an outer leave-one-person-out loop with the number of folds corresponding to the number of participants in the dataset. For each fold, the samples belonging to one participant are used for test and the remaining samples are used for training. Then, an inner leave-one-person-out loop is conducted on the training set of each outer leave-one-person-out fold in order to both select features and tune model hyperparameters for evaluating this fold. For each specific classifier determined by the classifier type and hyperparameters, we obtain a feature set through the feature selection process. Then, the classifier with corresponding feature set which gives the best performance in the inner loop is applied to make the prediction for the test set. This evaluation strategy can help to avoid dataset splitting randomness and the overfitting risk of model training.

Language model

N-gram language models have been widely used in the area of natural language processing. In general, an N-gram model represents the conditional probability of words of

$$P(w_n \mid W_{n-1}^{n-N+1}) = P(w_n \mid w_{n-N+1}, \cdots, w_{n-1}) \tag{2}$$

where $\{w_{n-N+1}, \cdots, w_{n-1}\}$ are $N-1$ preceding words of word w_n in an utterance. The N-gram probabilities are estimated from a training corpus by counting the frequencies of words or word sequences. N is typically less than 4 due to the data sparsity issue and various smoothing techniques have been developed to improve the generalization ability of the estimated probabilities.

When an N-gram model λ is built, the metric of perplexity is adopted to evaluate how likely a test sequence is generated by the model. A lower perplexity corresponds to a higher likelihood. For a test word sequence $X = X = \{w_1, w_2, \cdots, w_k\}$, the perplexity is defined as

$$PPL(\lambda, X) = P(X \mid \lambda)^{-1/K} \tag{3}$$

where

$$P(X \mid \lambda) = \prod_{n=1}^{K} P(w_n \mid W_{n-1}^{n-N+1}, \lambda). \tag{4}$$

N-gram models describe the probabilities of words or word combinations in the training corpus, while perplexity evaluates the matching degrees between the test text and the training corpus in terms of word occurrences. It is expected that one text should achieve a low perplexity if it is evaluated by an N-gram LM estimated using training data of the same genre. Otherwise, the perplexity should be high if the training corpus and the test text are from different genres. Therefore, this paper investigates the methods of utilizing the perplexities extracted by N-gram LMs of AD patients and healthy controls as features for AD detection.

One practical concern of extracting perplexity features is that one sample should not be used to train the language model which calculates the perplexity of itself. In our implementation, we first divide all samples in the training set into two groups, i.e., the control group and the AD group. For each training sample X_i in the control group, all control samples except X_i are used to estimate an N-gram LM λ_C^i. Then, all AD samples are employed to train an N-gram LM λ_{AD}. λ_C^i and λ_{AD} are used to calculate the perplexities of X_i, obtaining a two-dimensional feature vector $\{PPL_C, PPL_{AD}\}$ where

$$PPL_C = PPL(\lambda_C^i, X_i) \tag{5}$$

and

$$PPL_{AD} = PPL(\lambda_{AD}, X_i). \tag{6}$$

Similarly, for each training sample X_j in AD group, all AD samples except X_j are used to estimate an N-gram LM λ_{AD}. Then, all control samples are employed to train an N-gram LM λ_C. λ_C^j and λ_{AD} are used to calculate the feature vector $\{PPL_C, PPL_{AD}\}$ for this sample as

$$PPL_C = PPL(\lambda_C, X_j) \tag{7}$$

and

$$PPL_{AD} = PPL(\lambda_{AD}^j, X_j). \tag{8}$$

For this sample as test sample T_i, λ_C and λ_{AD} are used to calculate the feature vector $\{PPL_C, PPL_{AD}\}$ as

$$PPL_C = PPL(\lambda_C, T_j) \tag{9}$$

and

$$PPL_{AD} = PPL(\lambda_{AD}, T_j). \tag{10}$$

In our implementations, unigram, bigram and trigram models are built for comparison, which correspond to $N=1$, 2, and 3 respectively. Kneser-Ney smoothing is applied when building bigram and trigram models, as well as add-one smoothing for unigram models. The SRILM toolkit [54] is adopted to train N-gram LMs and to calculate perplexities.

Lexical analysis based on unigram LMs

In order to further investigate the lexical-level differences between AD patients and healthy controls, a proportion test① is adopted to find the words which had significantly different occurrence probabilities between these two classes.

First, the rare and extremely common words are excluded from the lexicon for analysis according to their counts in the corpus and document frequencies. For each word w in the remaining word list, its z-score is calculated as

$$z = \frac{p_c - p_{ad}}{\sqrt{p(1-p)\left(\frac{1}{N_c} + \frac{1}{N_{ad}}\right)}}, \tag{11}$$

where p_c, p_{ad}, and p are proportions of this word in the transcriptions of control group, AD group, and both groups respectively, and N_c and N_{ad} are the total token numbers of control group and AD group respectively. It should be noticed that p_c, p_{ad}, and p are actually word w's unigram

① https://onlinecourses.science.psu.edu/stat414/node/268/

probabilities estimated using the transcriptions of control group, AD group, and both groups. This z-score measures a word's proportion difference between two groups. A high |z| implies that this word is unlike to have the same proportion in two groups statistically. Thus, we can derive the list of words with significantly different occurrence probabilities between two classes by preserving the ones with high |z| values. Furthermore, a multinomial Naïve Bayes classifier (Kavé & Levy, 2003), which is a simple and popular technique for document classification, is built to examine the discriminative ability of the word list generated by the lexical analysis method.

RESULTS

Baseline models

As introduced in the *Evaluation strategy* section, nested leave-one-person-out evaluation was adopted in our experiments. Thus, a feature selection procedure was conducted for each fold of the outer leave-one-person-out loop when building baseline models. In our implementation, the feature filtering threshold was set as 0.7 empirically to control the size of S_{top}. Then, the inner leave-one-person-out loop was conducted and used to produce the final feature set S_{fnl} and to tune the hyper-parameters of classifiers for each outer fold. Table 4 shows the features with top β values averaged across all outer folds. The complete table corresponding to all features can be found in Supplementary Material.

Table 4 | Features with top β values averaged across all outer folds.

Feature Description	Linguistic Level	β
Ratio between the speech durations of participant and interviewer	Pragmatics	0.77
Count of abbreviated pronunciations	Phonetics-phonology	0.74
Number of interviewer's utterances	Pragmatics	0.72
Ratio between count of word repetitions and count of total word tokens	Lexical-semantics	0.71
Ratio between count of word corrections and count of total word tokens	Lexical-semantics	0.70
Mean duration of interviewer's utterances	Pragmatics	0.68
Count of "NP → DT NN"	Syntax	0.69
Count of "window"	Lexical-semantics	0.66

The five machine learning algorithms introduced in the *Detection model* section were adopted to build the baseline models for AD detection respectively. The average accuracies of these models across all outer leave-one-person-out folds are summarized in Table 5 for comparison. We can see that logistic regression achieved the highest accuracy of 80.7% among all these 5 algorithms. Thus, it was adopted as the default classifier in following experiments.

Table 5 | Performance of baseline models.

Classification model	Accuracy	Classification model	Accuracy
Logistic regression	80.7%	Random forest	77.6%
Support vector machine	79.6%	K-nearest neighbor	75.8%
Decision tree	74.8%		

Using perplexity features derived from LMs

The results of AD detection using perplexity features derived from N-gram LMs are shown in Table 6. The second column of this table presents the accuracies of only using the two-dimensional $\{PPL_C, PPL_{AD}\}$ features in logistic regression. We can see that the features derived using unigram models achieved the best performance. The unigram models describe lexical-level characteristics, i.e., word probabilities, of the utterances produced by AD patients or healthy controls, while the bigram or trigram models took 1 or 2 history words into account and they are usually considered to capture the syntax knowledge of word combinations. The higher accuracy of using unigram LMs in Table 6 may be explained by the findings of previous studies that the language impairment at syntax level is less significant than the one at lexical-semantic level in AD patients (Kavé et al., 2003; Forbes-McKay et al., 2005).

Table 6 | Performance of using perplexity features derived from N-gram LMs.

LM	Accuracy	Accuracy
	PPLs only	with baseline features
unigram	76.8%	76.8%
bigram	74.3%	74.3%
trigram	76.0%	76.0%

The two-dimensional perplexity features were then merged with the baseline features and the feature selection procedure was reconducted. Here, its difference with the feature selection procedure for building baseline models was that the $\{PPL_C, PPL_{AD}\}$ features were always contained by S_{ini}. The accuracy results of using different LMs are shown in the last column of Table 6. Comparing with Table 5, we can see that the perplexity features derived by all three N-gram LMs improved the accuracy of AD detection with only baseline features. The unigram models outperformed the bigram and trigram models despite of its simplicity, and achieved the highest accuracy of 85.4%. This result was better than the AD detection accuracies reported in previous work (Fraser et al. 2015; Field et al., 2017; Wankerl et al., 2017) on this corpus. We are not claiming that our proposed method is definitely better because it is difficult to make a fair accuracy comparison with previous work due to different evaluation strategies.

Lexical analysis based on unigram models

Our dataset contained total 52800 tokens of 1726 word types. The AD group had 25408 tokens of 1280 types, while the control group had 26392 tokens of 1161 types. The lexicons of AD and control speech shared 715 word types, only 305 of which corresponded to at least 5 tokens in both groups. This implies that there may exist differences between AD and control groups in choosing proper words to describe the picture.

First, 1388 rare words which had less than 5 counts in AD or control groups were filtered out. Then, the extremely common words were also re-moved by examining a word's document frequency, which was the ratio between the number of samples containing this word and the total sample number. A threshold of 0.90 was set and the words with document frequency higher than this threshold were removed. In fact, only 3 common words {*the*, *is*, *and*} were removed at this step. After word filtering, there were 335 remaining words. For each word w in this list, we calculated its z-score using Eq.(11). By keeping the words with $|z| > 2.56$ which corresponded to a significance level of 0.01, a list of 84 words were finally derived. Every word in this list had significantly different proportions between AD and control groups. The full list can be found in Supplementary Material.

Figure 2 gives a visual presentation of these words. The words were grouped according to their POS tags. Here, the POS tag of each word was determined by its first tag in the Merriam-Webster dictionary if it had more than one POS tag. In each sub-figure, the horizontal axis denoted document frequency and the vertical axis was $log_{10}(p_c/p_{ad})$ where p_c and p_{ad} are unigram probabilities used in z-score calculation. The area of each circle corresponded to the word's occurrence probability in the entire corpus, i.e., p in Eq.(11).

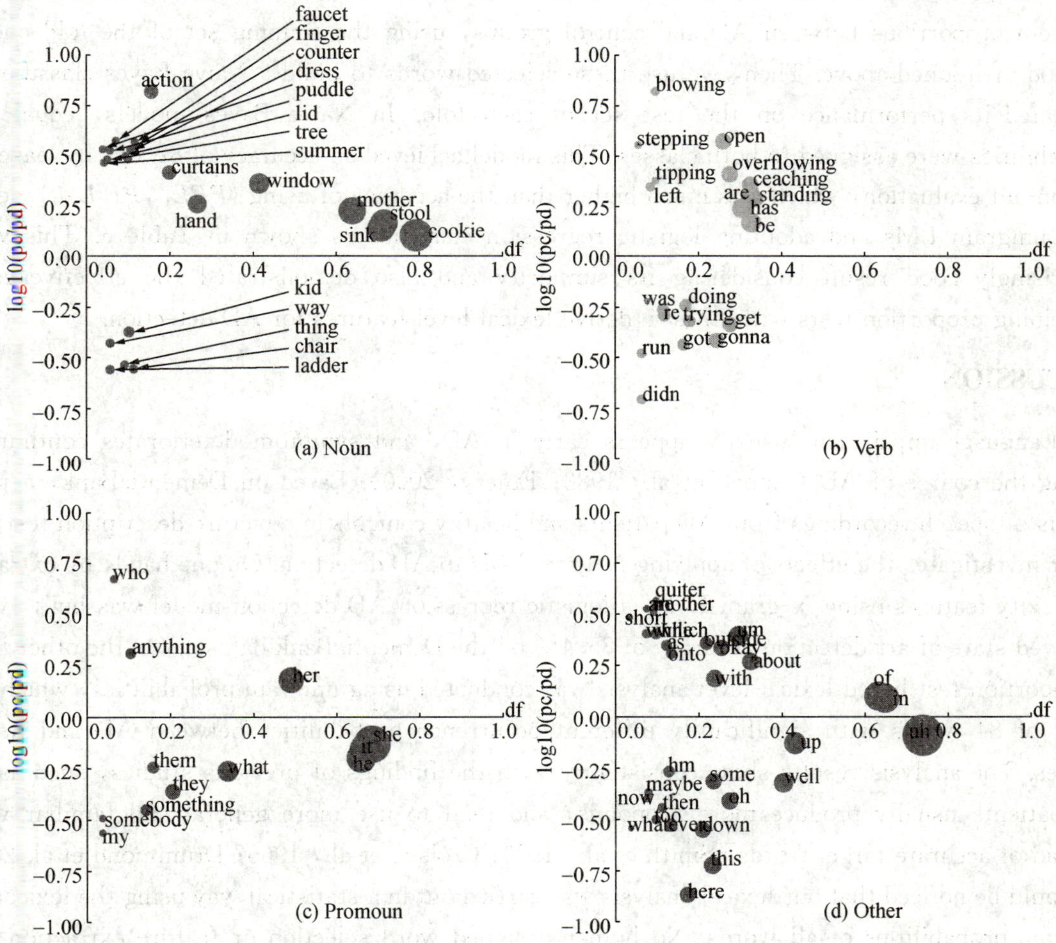

Figure 2 | Words with significantly different proportions between AD and control groups. For better visualization, the words were grouped according to their POS tags. Horizontal axis denoted document frequency and vertical axis was $log_{10}(p_c/p_{ad})$, where p_c and p_{ad} were unigram probabilities used in z-score calculation. The area of each circle corresponded to the word's occurrence probability in the entire corpus.

From Figure 2(a), we can see that most nouns were used more frequently by the control group than by the AD group. Only 5 nouns had higher proportion in AD group than in control group.

Among them, "*kid*" was frequently used to describe "*boy*" or "*girl*" in this picture by AD patients. "*thing*" and "*way*" were also common words. Besides, "*ladder*" and "*chair*" are inaccurate description for the stool in this picture. These results show that AD patients may miss some details when describing pictures and may have troubles in finding accurate words to describe objects and characters.

By examining Figure 2(b), we can see that the control group used more verbs with specific meanings, while the AD group used more com- mon verbs, such as "*get*", "*gonna*", "*got*", and "*doing*". Figure 2(c) shows that pronouns took higher proportions in AD group than in control group. All of these patterns indicate that AD patients may have difficulties of word finding and tend to use less informative and more general words in their descriptions.

Finally, a multinomial Naïve Bayes classifier was built based on such lexical analysis. The leave-one-person-out evaluation was adopted. In each fold, we selected words that have significantly different proportions between AD and control groups, using the training set of the fold and the method mentioned above. Then, we use these selected words to build a Naïve Bayes classifier and evaluated its performance on the test set of each fold. In Naïve Bayes models, equal prior probabilities were assigned to both classes. This model achieved an accuracy of 82.6% by leave-one-person-out evaluation, which was much higher than the accuracy of using $\{PPL_C, PPL_{AD}\}$ derived from unigram LMs and adopting logistic regression classifier as shown in Table 6. This was a surprisingly good result considering its simplicity and also demonstrated the effectiveness of combining proportion tests with LMs to derive lexical-level features for AD detection.

DISCUSSION

Language impairment usually appears early in AD, and symptom deteriorates continuously during the course of AD (Appell et al., 1982; Emery, 2000). Based on DementiaBank, a public corpus of speech recordings from AD patients and healthy controls in a picture description test, this paper investigates the effects of applying N-gram LMs to AD detection. On one hand, by extracting perplexity features using N-gram LMs, a logistic regression AD detection model was built, which achieved state-of-art detection accuracy of 85.4% on the DementiaBank dataset. On the other hand, a proportion test-based lexical-level analysis was conducted using unigram probabilities, which gave a list of 84 words with significantly different occurrence probabilities between AD and healthy classes. The analysis results show consistently with the findings of previous studies, such as that AD patients usually produce more pronouns, and tend to use more general and familiar words instead of accurate target words (Smith et al., 1989; Croisile et al., 1966; Drummond et al. 2015). It should be noticed that our lexical analysis was carried out in a statistical way using the lexicon and unigram probabilities of all words. No human-designed word selection or feature extraction were involved. Thus, this approach is also expected to be applicable to other similar tasks.

We understand that there are still some limitations with the studies in this paper. First, although the DementiaBank corpus has been widely used to investigate the speech characteristics of AD patients, it is lack of autopsy-confirmed AD pathology. Considering the major differences between the diagnose criteria applied when building the DementiaBank dataset and the newest one, i.e. the 2018 NIA-AA research framework (Jack et al., 2018), generalizing the findings in this paper to the AD patients diagnosed by a gold standard should be cautious. Second, since our current methods rely on detailed and precise transcriptions of participants' speech recordings, it constrains the application of fully automatic AD detection. In fact, several studies (Tóth et al., 2015; Mirheidari et al., 2016; Zhou et al., 2016; Mirheidari et al., 2017; Gosztolya et al., 2016) have investigated the possibilities of applying ASR to the speech-based AD detection. To evaluate the influence of ASR errors on LM training and feature extraction and to develop a more automatic framework for AD detection will be the tasks of our future work. Third, this paper focuses on the DementiaBank dataset which consists of subjects speaking English. Whether the conclusions drawn in this paper can be applied to other languages is also a topic worth further investigation.

Reference

[1] American Psychiatric Association. Diagnostic and statistical manual of mental disorders[M]. 5th ed. Washington, DC: American Psychiatric Press, 2013.

[2] APPELL J, KERTESZ A, FISMAN M. A study of language functioning in Alzheimer patients [J]. Brain and Language, 1982, 17: 73-91.

[3] BIRD S. NLTK: the natural language toolkit. Proceedings of the COLING/ACL on Interactive presentation sessions[C]. 2006: 69-72.

[4] BROOKES M. Voicebox: speech processing toolbox for matlab[J]. 1997.

[5] CARLOMAGNO S, SANTORO A, MENDITTI A, et al. Referential communication in Alzheimer's type dementia[J]. Cortex, 2005, 41: 520-534. DOI: 10.1016/S0010-9452(08)70192-8.

[6] CROISILE B, SKA B, BRABANT MJ, et al. Comparative study of oral and written picture description in patients with Alzheimer's disease[J]. Brain and language, 1996, 53(1): 1-19.

[7] CROISILE B, SKA B, BRABANT M J, et al. Comparative study of oral and written picture description in patients with Alzheimer's disease[J]. Brain Lang, 1996, 53: 1-19. DOI: 10.1006/brln.1996.0033.

[8] CUETOS F, ARANGOL J C, URIBE C, et al. Linguistic changes in verbal expression: a preclinical marker of Alzheimer's disease[J]. J. Int. Neuropsychol, 2007, Soc: 13, 433-439. DOI:10.1017/s1355617707070609.

[9] CUETOS F, ARANGOL J C, URIBE C, et al. Linguistic changes in verbal expression: a preclinical marker of Alzheimer's disease[J]. J. Int. Neuropsychol, 2007, Soc. 13, 433-439. DOI:10.1017/s1355617707070609

[10] DE LIRA J O, ORTIZ K Z, CAMPANHA A C, et al. Microlinguistic aspects of the oral narrative in patients with Alzheimer's disease[J]. Int. Psychogeriatr, 2011, 23: 404-412. DOI:10.1017/S1041610210001092.

[11] DOS SANTOS V, TOMANN PA, WÜSTENBERG T, et al. Morphological cerebral correlates of CERAD test performance in mild cognitive impairment and Alzheimer's disease [J]. J. Alzheimers Dis, 2011, 23: 411-420. DOI:10.3233/JAD-2010-100156.

[12] DRUMMOND C, COUTINHO G, FONSECA RP, et al. Deficits in narrative discourse elicited by visual stimuli are already present in patients with mild cognitive impairment[J]. Frontiers in aging neuroscience, 2015, 7: 96.

[13] DUBOIS B, HAMPEL H, FELDMAN HH, et al. Preclinical Alzheimer's disease: definition, natural history, and diagnostic criteria[J]. Alzheimer's Dement, 2016, 12:292-323.

[14] EMERY VO. Language impairment in dementia of the Alzheimer type: a hierarchical decline [J]. International Journal of Psychiatry in Medicine, 2000, 30: 145-164.

[15] FAWCETT T. An introduction to ROC analysis[J]. Pattern Recognition Letters, 2006, 27: 861-874.

[16] FIELD TS, MASRANI V, MURRAY G. Improving diagnostic accuracy of Alzheimer's disease from speech analysis using markers of hemispatial neglect[J]. The Journal of the Alzheimer's Association, 2017, 13(7): 157-158.

[17] FORBESMCKAY KE, VENNERI A. Detecting subtle spontaneous language decline in early Alzheimer's disease with a picture description task[J]. Neurol, 2005, Sci. 26: 243-254.

[18] FRASER KC, MELTZER JA, GRAHAM NL, et al. Automated classification of primary progressive aphasia subtypes from narrative speech transcripts[J]. Cortex, 2014, 55: 43-60. DOI:10.1016/j.cortex.2012.12.006

[19] FRASER KC, MELTZERB JA, RUDZICZ F. Linguistic features identify Alzheimer's disease in narrative speech[J]. Journal of Alzheimer's Disease, 2015, 49(2): 407-422.

[20] GARRARD P, RENTOUMI V, GESIERICH B, et al. Machine learning approaches to diagnosis and laterality effects in semantic dementia discourse[J]. Cortex, 2014. 55: 122-129. DOI:10.1016/j.cortex.2013.05.008.

[21] GOODGLASS H, KAPLAN E. The Boston Diagnostic Aphasia Examination [M]. Philadelphia: Lea & Febinger, 1983.

[22] GOSZTOLYA G, TÓTH L, GRÓSZ T, et al. Detecting mild cognitive impairment from spontaneous speech by correlation based phonetic feature selection[C]. Proceedings of the Annual Conference of the International Speech Communication Association. 2016:107-111.

[23] HOFFMANN I, NEMETH D, DYE C D, et al. Temporal parameters of spontaneous speech in Alzheimer's disease [J]. Int. J. Speech Lang. Pathol, 2010, 12: 29 - 34. DOI: 10.3109/17549500903137256.

[24] JACK CR JR, ALBERT MS, KNOPMAN DS, et al. Introduction to the recommendations from the National Institute on Aging Alzheimer's Association workgroups on diagnostic guidelines for Alzheimer's disease[J]. Alzheimer's Dement, 2011, 7:257-62.

[25] JACK CR JR, BENNETT DA, BLENNOW K, et al. NIAAA Research Framework: toward a biological definition of Alzheimer's disease[J]. Alzheimer's Dement, 2018, 14: 535-62.

[26] JAMES T B, BOLLER F, OSCAR I L, et al. the natural History of Alzheimer's disease: description of study cohort and accuracy of diagnosis[J]. Archives of Neurology, 1994, 51(6): 585-594.

[27] JURAFSKY D, MARTIN J. Speech and language processing, Chapt 4 [M]. Prentice Hall, 2008.

[28] KAVÉ G, LEVY Y. Morphology in picture descriptions provided by persons with Alzheimer's disease[J]. J. Speech Lang. Hear. Res, 2003, 46: 341-352.

[29] KAVÉ G, LEVY Y. Morphology in picture descriptions provided by persons with Alzheimer's

disease[J]. J. Speech Lang. Hear. Res, 2003, 46: 341-352. DOI: 10.1044/1092-4388(2003/027).

[30] KURLOWICZ L, WALLACE M. The Mini-Mental State Examination (MMSE) [J]. Journal of Gerontological Nursing, 1999, 25(5): 8-9.

[31] LEWIS D. Naive (Bayes) at Forty: the independence assumption in information retrieval[C]. European conference on machine learning, 1998: 4-15.

[32] LINZ N, et al. Language modelling for the clinical semantic verbal fluency task[C]//LREC 2018 Workshop RaPID-2: Resources and Processing of Linguistic, Para Linguistic and Extra Linguistic Data from People with Various Forms of Cognitive/Psychiatric Impairments, 2018.

[33] MACWHINNEY B. The CHILDES Project: tools for analyzing talk[M]. 3rd ed. Mahwah, NJ: Lawrence Erlbaum Associates, 2000.

[34] MANNING CD, SURDEANU M, BAUER J, et al. 2014. The Stanford CoreNLP natural language processing toolkit[C]. Proceedings of 52nd Annual Meeting of the Association for Computational Linguistics: System Demonstrations, 2014: 55-60.

[35] MCKHANN G, DRACHMAN D, FOLSTEIN M, et al. Clinical diagnosis of Alzheimer's disease: report of the NINCDSADRDA Work Group under the auspices of the Department of Health and Human Services Task Force on Alzheimer's disease[J]. Neurology, 1984, 34: 939-944.

[36] MIRHEIDARI B, BLACKBURN D, HARKNESS K, et al. An avatar based system for identifying individuals likely to develop dementia[C]. Proceedings of the Annual Conference of the International Speech Communication Association, 2017.

[37] MIRHEIDARI B, BLACKBURN D, REUBER M, et al. Diagnosing people with dementia using automatic conversation analysis[C]. Proceedings of the Annual Conference of the International Speech Communication Association, 2016: 1220-1224.

[38] MORRIS RG. The cognitive neuropsychology of Alzheimer type dementia[M]. New York: Oxford University Press, 1996.

[39] MURDOCH BE, CHENERY HJ, WILKS V, et al. Language disorders in dementia of the Alzheimer's type[J]. Brain and Language, 1987, 31: 122-137.

[40] NASREDDINE ZS, PHILLIPS NA, BÉDIRIAN V, et al. The Montreal Cognitive Assessment, MoCA: a brief screening tool for mild cognitive impairment[J]. J Am Geriatr, 2005, Soc 53: 695-699.

[41] PAKHOMOV, SERGUEI VS, et al. A computerized technique to assess language use patterns in patients with frontotemporal dementia[J]. Journal of neurolinguistics, 2010, 23 2.(2010): 127-144.

[42] PEDREGOSA F, VAROQUAUX G, GRAMFORT A, et al. Scikit learn: machine learning in python[J]. Journal of Machine Learning Research, 2011, 12: 2825-2830.

[43] PRINCE M, BRYCE R, ALBANESE E, et al. The global prevalence of dementia in 2010: a systematic review and meta-analysis[J]. Alzheimer's Dement, 2012, 9: 64-73.

[44] PRINCE M, COMAS H A, KNAPP M, et al. World Alzheimer report 2016: improving healthcare for people living with dementia: coverage, quality and costs now and in the future [R]. Alzheimer's Disease International, 2016.

[45] SADEGHIAN R, SCHAFFER JD, ZAHORIAN SA. Speech processing approach for diagnosing dementia in an early stage[C]. Proceedings of the Annual Conference of the International Speech Communication Association, 2017.

[46] SAJJADI S A, PATTERSON K, TOMEK M, et al. Abnormalities of connected speech in semantic dementia vs. Alzheimer's disease[J]. Aphasiology, 2012a, 26: 847-866. DOI:10.1080/02687038.2012.654933.

[47] SAMRAH A, DE JAGER A C, HAIGH AM, et al. Semantic processing in connected speech at a uniformly early stage of autopsy confirmed Alzheimer's disease[J]. Neuropsychology, 2013a, 27(1):79-85.

[48] SANTOS L, CORRÊA-JÚNIOR EA, OLIVEIRA JrO, et al. Enriching complex networks with word embeddings for detecting mild cognitive impairment from speech transcripts[C]. Proceedings of the 55th Annual Meeting of the Association for Computational Linguistics, 2017, 1: 1284-1296.

[49] SATT A, HOORY R, KONIG A, et al. Speech-based automatic and robust detection of very early dementia[C]. Proceedings of the Annual Conference of the International Speech Communication Association, 2014: 2538-2542.

[50] SIRTS K, PIGUET O, JOHNSON M. Idea density for predicting Alzheimer's disease from transcribed speech[C]. Proceedings of the 21st Conference on Computational Natural Language Learning, 2017: 322-332.

[51] SMITH SR, MURDOCH BE, CHENERY HJ. Semantic abilities in dementia of the Alzheimer type: 1. Lexical semantics[J]. Brain and Language, 1989, 36(2): 314-324.

[52] SPERLING RA, AISEN PS, BECKETT LA, et al. Toward defining the preclinical stages of Alzheimer's disease: recommendations from the National Institute on Aging Alzheimer's Association workgroups on diagnostic guidelines for Alzheimer's disease[J]. Alzheimer's Dement, 2011, 7: 280-92.

[53] STOLCKE A. SRILM an extensible language modeling toolkit[C]. Proceedings of the International Conference on Statistical Language Processing, 2002. https://onlinecourses.science.psu.edu/stat414/node/268/

[54] SZATLOCZKI G, HOFFMANN I, VINCZE V, et al. Speaking in Alzheimer's disease, is that an early sign? Importance of changes in language abilities in Alzheimer's disease[J]. Frontiers in Aging Neuro science, 2015, 7: 195. DOI:10.3389/fnagi.2015.00-195.

[55] TALER V, PHILLIPS NA. Language performance in Alzheimer's disease and mild cognitive impairment: a comparative review[J]. J. Clin. Exp. Neuropsychol, 2008, 30: 501-556. DOI: 10.1080/13803390701550128.

[56] TÓTH L, GOSZTOLYA G, VINCZE V, et al. Automatic detection of mild cognitive impairment from spontaneous speech using ASR[C]. Proceedings of the Annual Conference of the International Speech Communication Association, 2015.

[57] WALDEMAR G, PHUNG KTT, Burns A, et al. Access to diagnostic evaluation and treatment for dementia in Europe[J]. Int J Geriatr Psychiatry, 2007, 22: 47-54.

[58] WANKERL S, N TH E, EVERT S. An n gram based approach to the automatic diagnosis of Alzheimer's disease from spoken language[C]. Proceedings of the Annual Conference of the

International Speech Communication Association, 2017: 3162-3166.
[59] WEINER J, ENGELBART M, SCHULTZ T. Manual and automatic transcriptions in dementia detection from speech[C]. Proceedings of the Annual Conference of the International Speech Communication Association, 2017.
[60] WEINER J, HERFF C, SCHULTZ T. Speech-based detection of Alzheimer's disease in conversational German[C]. Proceedings of the Annual Conference of the International Speech Communication Association, 2016.
[61] WOLTERS MK, KIM N, KIM JH, et al. Prosodic and linguistic analysis of semantic fluency data: a window into speech production and cognition [C]. Proceedings of the Annual Conference of the International Speech Communication Association, 2016: 2085-2089.
[62] World Health Organization. Dementia Fact sheet [R/OL]. 2017. http://www.who.int/newsroom/factsheets/detail/dementia.
[63] ZHOU L, FRASER KC, RUDZICZ F. Speech recognition in Alzheimer's disease and in its assessment [C]. Proceedings of the Annual Conference of the International Speech Communication Association, 2016: 1948-1952.

Supplementary Material

Ⅰ. The definitions of all features together with their average β values.

Table1 | All features together with their average β values.

Linguistic Level	Feature Type	Feature Description	β
Phonetics-phonology	F0	Mean of frame-level F0s	0.51
	MFCC	Means of 13-demensional frame-level MFCCs	0.51
			0.52
			0.52
			0.52
			0.54
			0.53
			0.52
			0.50
			0.52
			0.51
			0.56
			0.54
			0.52
	Abbreviated pronunciation	Count of abbreviated pronunciations	0.74
	Filled pause	Count of filled pauses	0.57
		Ratio between count of filled pauses and count of total word tokens	0.62
	Speech rate	Ratio between count of total word tokens and total duration of participant's speech	0.53
Lexical-semantics	Word repetition	Count of word repetitions	0.65
		Ratio between count of word repetitions and count of total word tokens	0.71
	Word correction	Count of word corrections	0.63
		Ratio between count of word corrections and count of total word tokens	0.70
	Counts of special words	Count of "window"	0.66
		Count of "girl"	0.58
		Count of "curtain"	0.61
		Count of "sink"	0.64
		Count of "stool"	0.65
		Count of "mother"	0.65
	Semantic idea density	Semantic idea density	0.54

(续表)

Linguistic Level	Feature Type	Feature Description	β
Syntax	Counts of POS types	Count of nouns	0.62
		Count of verbs	0.59
		Count of pronouns	0.59
		Count of determiners	0.60
		Count of adjectives	0.50
		Count of adverbs	0.59
		Count of interjections	0.61
		Count of coordinating conjunctions	0.51
	Parsing tree height	Average parsing tree height of all sentences	0.58
	Counts of CFG rules or symbols	Count of "NP → PRP"	0.58
		Count of "NP → DT NN"	0.69
		Count of "VP"	0.60
		Count of "PP"	0.61
Pragmatics	Total token number	Count of total word tokens	0.56
	Type-token ratio	Ratio between count of word types and count of total word tokens	0.52
	Utterances numbers and durations	Mean duration of participant's utterances	0.56
		Mean duration of interviewer's utterances	0.68
		Ratio between the speech durations of interviewer and participant	0.77
		Number of participant's utterances	0.53
		Number of interviewer's utterances	0.72

Ⅱ. The set of information units.

{‘boy’, ‘girl’, ‘woman’, ’mother’, ‘kitchen’, ‘exterior’, ’cookie’, ‘cookie’, ‘jar’, ‘stool’, ‘sink’, ‘plate’, ‘dishcloth’, ‘water’, ‘cupboard’, ‘window’, ‘cabinet’, ‘dishes’, ‘curtains’, ‘faucet’, ‘floor’, ‘floor’, ‘counter’, ‘apron’, ‘boy stealing cookies’, ‘ boy/stool falling over’, ‘woman washing dishes’, ‘woman drying dishes’, ‘water overflowing in sink ’, ‘girl’ s actions towards boy, girl asking for a cookie’, ‘ woman daydreaming, unaware or unconcerned about overflow’, ‘dishes already washed sitting on worktop’, ‘woman being indifferent to the children’, ‘brother’, ‘son’, ‘girl’, ‘daughter’ }.

Ⅲ. The sets of candidates for tuning the hyperparameters used by different classifiers.

Classifier	Hyperparameters	Candidates
Logistic regression	L2 penalty factor C	[0.1, 1.0, 10]
Support vector machine	penalty coefficient C	[0.1, 1.0, 10]
Decision tree	minimum leaf sample number N	[1, 3, 5, 7, 9]
Random forest	minimum leaf sample number N	[1, 3, 5, 7, 9]
K-nearest neighbor algorithm	number of nearest neighbors K	[5, 10, 15, 20, 25]

Ⅳ. The list of 84 words given by the proportion test. Each tuple means (word, p_c / p_{ad}, document frequency, unigram word probability). The tuples are arranged in ascending order of their p_c / p_{ad} values, i.e., the top words are more common in AD group while the bottom words are more common in control group.

('here', 0.1364, 0.173, 0.0031)
('this', 0.1917, 0.231, 0.0044)
('didn', 0.2004, 0.062, 0.0006)
('my', 0.2767, 0.038, 0.0005)
('ladder', 0.2767, 0.058, 0.0008)
('chair', 0.2818, 0.112, 0.0013)
('down', 0.2835, 0.209, 0.003)
('whatever', 0.2906, 0.036, 0.0005)
('thing', 0.2906, 0.092, 0.001)
('yeah', 0.2991, 0.131, 0.0017)
('too', 0.3158, 0.096, 0.0011)
('somebody', 0.3229, 0.038, 0.0004)
('run', 0.333, 0.064, 0.0008)
('something', 0.3547, 0.141, 0.0018)
('then', 0.3632, 0.11, 0.0012)
('got', 0.369, 0.165, 0.0022)
('way', 0.3725, 0.056, 0.0007)
('gonna', 0.3874, 0.243, 0.0031)
('oh', 0.3912, 0.273, 0.0042)
('now', 0.4062, 0.076, 0.0008)
('kid', 0.4262, 0.102, 0.0014)
('maybe', 0.4273, 0.078, 0.0009)
('they', 0.4372, 0.205, 0.0031)
('get', 0.464, 0.275, 0.0034)
('well', 0.4787, 0.402, 0.005)
('trying', 0.4843, 0.179, 0.0022)
('some', 0.4888, 0.233, 0.0031)
('re', 0.5216, 0.116, 0.0015)
('hm', 0.5424, 0.127, 0.0015)
('what', 0.5484, 0.337, 0.0057)
('was', 0.5535, 0.114, 0.0017)
('them', 0.5724, 0.159, 0.002)
('doing', 0.5812, 0.169, 0.002)
('he', 0.6449, 0.661, 0.0131)
('it', 0.6946, 0.671, 0.0153)
('she', 0.7452, 0.689, 0.0189)

('up', 0.7466, 0.43, 0.0065)
('uh', 0.8203, 0.737, 0.0244)
('in', 1.2293, 0.645, 0.0131)
('of', 1.2664, 0.631, 0.012)
('cookie', 1.2686, 0.791, 0.0151)
('sink', 1.3722, 0.707, 0.01)
('stool', 1.4505, 0.713, 0.0095)
('be', 1.4795, 0.325, 0.0044)
('her', 1.51, 0.49, 0.0096)
('with', 1.5359, 0.239, 0.0035)
('mother', 1.6782, 0.637, 0.009)
('has', 1.7378, 0.305, 0.0055)
('hand', 1.8269, 0.267, 0.0044)
('about', 1.8554, 0.323, 0.004)
('are', 1.9702, 0.333, 0.0051)
('anything', 2.0341, 0.106, 0.0012)
('onto', 2.0534, 0.133, 0.0015)
('standing', 2.0862, 0.329, 0.0039)
('okay', 2.1607, 0.253, 0.0032)
('as', 2.214, 0.122, 0.0017)
('left', 2.2431, 0.084, 0.0012)
('outside', 2.2601, 0.217, 0.0023)
('reaching', 2.2842, 0.325, 0.0043)
('window', 2.3098, 0.414, 0.0059)
('tipping', 2.3892, 0.096, 0.001)
('um', 2.4712, 0.295, 0.0053)
('while', 2.5333, 0.074, 0.0009)
('which', 2.549, 0.096, 0.0013)
('overflowing', 2.5679, 0.275, 0.003)
('curtains', 2.6031, 0.199, 0.0022)
('summer', 2.9058, 0.04, 0.0005)
('tree', 3.0269, 0.05, 0.0006)
('short', 3.0442, 0.032, 0.0005)
('lid', 3.1293, 0.102, 0.001)
('mouth', 3.148, 0.092, 0.0009)
('another', 3.2784, 0.092, 0.0011)
('puddle', 3.3209, 0.056, 0.0006)
('any', 3.3363, 0.072, 0.0007)
('dress', 3.3901, 0.038, 0.0005)
('counter', 3.3901, 0.108, 0.0012)

('stepping ', 3.5977, 0.054, 0.0006)
('quiet ', 3.6103, 0.096, 0.001)
('finger ', 3.6509, 0.118, 0.0012)
('open ', 3.7435, 0.259, 0.0034)
('faucet ', 3.7533, 0.07, 0.0007)
('who ', 4.6816, 0.064, 0.0006)
('action ', 6.5523, 0.155, 0.0025)
('blowing ', 6.6419, 0.094, 0.001)

第十九章 Age-telling in Intergenerational First-encounter Talks between College Students and Older Adults in Taiwan: A Gerontological Sociolinguistic Study

CHEN Chin-Hui HONG Yuting CHEN Yenju

1 Gerontological Sociolinguistics

As of April 2018, Chinese Taiwan's 65-plus age group constituted more than 14% of its overall population, and this region has therefore been formally recognized as an aged society. Moreover, Taiwan's proportion of older people is expected to rise further in the coming years, given increases in its population's longevity and recent sharp decreases in its birthrate. Nevertheless, language and communication studies which focused on ageing, older age or older people are still relatively rare in Taiwan, with important exceptions related to health/medical communication (Tsai, 2003, 2005, 2007, 2010, 2017, 2018) and the discourse features of senior Alzheimer's patients (Lai, 2014; Lai & Lin, 2012). Uniquely, the current study examines casual talks between younger and older adults at their first encounters, with an interest on the cultural conceptualisation of older age and the discursive management of age-telling by older people.

The research trajectory of gerontological and lifespan sociolinguistics that this study follows was pioneered by a British sociolinguist, Coupland, and his colleagues (i.e., Coupland, 1997; Coupland & Coupland, 1993; Coupland, Coupland, & Grainger, 1991; Coupland, Robinson, & Coupland, 1994). Concerned with language realisations of social-ageing processes and meaning-constructions of older age in various conversational contexts, this approach regards ageing and older age as subjects to be mutually negotiated by conversational participants, and as socially and contextually sensitive notions. More specifically, Coupland and the colleagues have investigated language forms in relation to the construction of older-age identities in natural conversations (i.e., Coupland, Coupland, & Giles, 1989; Coupland, Coupland, Giles, & Henwood, 1991; Coupland, Coupland, & Grainger, 1991). With the aim of extending this line of research, the present study examines age-telling management and age disclosure in natural talks between younger and older adults in Taiwan. The next section reviews the relevant prior studies on age-telling and the construction of older-age-identities in conversation.

2 Age-telling Discourses

2.1 Reasons for studying age-telling

People at different points in the life cycle encounter various age-related norms and expectations,

---

【作者信息】CHEN Chin-Hui, HONG Yuting, CHEN Yenju: Department of Modern Languages, National Pingtung University of Science and Technology. Correspondence to: CHEN Chin-Hui. E-mail: irenechen@mail.npust.edu.tw Tel: 886 - 8 - 7703202 ext. 7760.

【注】本文首刊于 International Journal of Linguistics(2019 年第 11 期),此处转载略作修改。

which are often culturally specific. Viewing ageing as a process rather than just a static concept (Chappel & Orbach, 1986), studying how and when people reveal their ages can shed light on the interactional meanings of age and ageing to them and to their interlocutors.

The focus of the current study is on how older people disclose their ages and the conversational sequences in which age is made salient for interactional purposes in intergenerational-communication contexts. As argued by Coupland, Coupland and Giles (1989: 129), elderly people's age disclosures have significant impacts on their 'self-esteem and on cross-generational attitudes'. It is therefore worth exploring intergenerational conversations as loci of older people's age-telling behaviours and their younger interlocutors' responses, with special reference to the former's self-esteem. Moreover, because age identity can be considered a product 'of the evaluative component of our life narratives, the cumulative assessment of where we stand' (Coupland, 2001: 203), scholars of age-telling and other aspects of the discursive construction of older age should understand age as a social, developmental and psychological process, and clearly identify the characteristics ascribed to older age by those who disclose it (cf. Coupland, et al., 1991). In other words, studying elderly people's age-telling behaviour can enhance our understanding of social ageing.

The existing literature has identified age disclosure as prevalent in elderly people's talk, at least in Western societies (cf. Coupland, Coupland, Giles, & Henwood, 1991; Coupland, Coupland, Giles, Henwood, & Wiemann, 1988; Coupland et al., 1989). However, similar studies in Asian cultural contexts have been rare, with Chen (2015) representing an important exception to the rule. Helping to fill this cultural/geographic research gap is the present study's main contribution to this body of work.

Some studies have applied discourse analysis to age-telling in conversations and to the ways in which age identities are discursively managed, negotiated and constructed in interactions such as interviews and cross- or intra-generational talks (cf. Coupland, Coupland, Giles, Henwood, & Wiemann, 1988; Coupland, Coupland & Grainger, 1991; Jolanki, Jylhä, & Hervonen, 2000; Nikander, 2000, 2009). The following review of the relevant studies also constitutes a clarification of the theoretical framework that guides the current study.

2.2 Age-telling strategies

The first study to focus on older people's age-disclosure strategies was conducted by Coupland, Coupland, Giles and Henwood (1991), based on a corpus of 40 cross and within-generational conversations.

It delineated two main age-marking processes: age categorisation and temporal framing. The former can occur via disclosure of one's chronological age or age-related category/role, or via the construction of age identity in terms of health, decrement or death-related topics. Temporal framing, on the other hand, is realised in terms of a past-time perspective added to current or recent topics; self-initiated association with past events/life experiences; and/or reference to historical/cultural changes. Frequency analysis of the data in Coupland et al.'s above-mentioned study indicated that the notion of elderliness is more often produced and modified in intergenerational contexts by the elderly than by their younger conversational partners. The authors argued that the encoding of age identities is a relational process and the interactional functions of age-telling could differ across peer-elderly and young-old encounters. For example, in peer-elderly encounters, age-telling could offer older people a chance to compete with each other in terms of their relative life positions and therefore, mutual and reciprocal appraisals of life statuses would likely be observed. Young-old encounters, in contrast, are marked by more ritualistic and predictable sequences involving compliment-giving by younger to older people, or expressions of surprise or disbelief as responses to elderly people's age-telling utterances. Coupland et al. also argued that their older participants' reflections on change (considered as an age-telling strategy) could render it difficult for their young interlocutors to share or match their narratives of historical experiences and therefore, that this strategy could impede satisfying intergenerational communication.

Coupland et al. (1989) investigated disclosures of chronological ages (DCAs) in relation to face implications and the social attitudes projected in the process of constructing age identities. Based on a corpus of 40 videotaped introductory chats between pairs of elderly and young women, and a set of complementary data including interviews with 40 elderly people aimed at eliciting their healthcare experiences, its findings suggested that intergenerational conversation was the preferred context for DCAs, which were initiated more by older than younger adults. The authors also maintained that in older people's age-telling utterances, two underlying dimensions could be found: an evaluative dimension, reflective of the positive-negative self-appraisal of one's contextual ageing; and an intersecting dimension, showing the perceived congruence and incongruence between chronological age and contextual age. This interpretive framework yielded four age-telling patterns, namely, 'Accounting DCAs', 'Disjunctive DCAs', 'DCA unlikely' and 'DCA is highly unlikely' (Coupland et al. 1989: 139). Their qualitative analysis also suggested that many DCAs in the interaction data reflected a normative view of older age as decremental (Accounting DCAs), but there were also DCAs that highlighted perceived discrepancies between positive contextual age and older age. No examples of the other two theorised types of DCAs were identified in the data.

In addition to the above studies, all of which were conducted in the UK, research on age-identity construction in conversations has been conducted in other cultural contexts. For instance, Charalambidou's (2011) investigation of the conversations of Greek Cypriot females aged 62-79 revealed that these women often chose to distance themselves from the negative attributes associated with old age, despite accepting their chronological age. Similarly, Jolanki, Jylhä, and Hervonen's (2000) discourse analysis of interviews with Finnish people aged 90 and older revealed two contrasting repertoires of age talk: that is, to view older age as a choice, which usually entails positive accounts of older age, or as necessity, which instead defines it as deterioration.

Though also based on interview data, Nikander's (2009) study instead focused on how 22 Finnish baby boomers discursively managed the notions of future change and continuity. The findings revealed that these older people relied on a 'provisional continuity device' (Nikander, 2009: 863) to enable them to simultaneously acknowledge and distance themselves from potential lifespan changes. Nikander identified a three-step 'A, B, but A' formulation (p. 872) in older people's talk about the notions of continuity and change in decrement. The first step, A, is to downplay the significance of ageing to one's personal identity (i.e., claiming nothing has changed), followed by step B, which softens the previous claim by acknowledging the possibility of changes occurring (e.g., admitting that little by little, our energy might decline); and lastly, a second step A, reiterating the first claim (e.g., emphasising that the speaker does not yet see that problem as affecting him/her personally).

Like Coupland et al.'s (1991), Chen's (2017) study collected first-encounter talks between younger and older people; however, these were examined in terms of the conversational patterns manifested in five-pair intergenerational communication in Taiwan. Much as in the above-reviewed Western research, older adults were more likely than their younger interlocutors to initiate DCAs, with the latter's predictable adjacent moves again including expressions of surprise and positive comments about the revealed older ages. However, Chen identified some conversational features that have not been discussed above, such as interview-like opening strategies, a reflection of older people's greater power to license younger interlocutors' raising of questions. Moreover, more effort to attend to language politeness could be found on the part of the younger adults, whose communication needs were often underaccommodated by their elder counterparts. Chen also discussed painful self-disclosure, observing how overwhelmed younger adults were by older people's painful disclosure of ailments and reference to death, and how the former's responses tended to consist of simple pacification, indicating their mental distance from ageing. Up to a point, then, Chen's study can be regarded as a pilot study for the present one. However, the current research will focus only on older people's age-telling behaviours, categorising them typologically and discussing some of the relevant responses, along with the social attitudes that may be reflected in the conversational sequences around DCAs.

2.3 Research gaps and research questions

Coupland et al.'s (1991) typology of six age-telling processes illuminates the present research in two ways. First, it constitutes a clear theoretical model for the coding of age-telling behaviours and their frequency patterns that could clarify older people's preferences regarding age-telling strategies. Second, it could shed new light on the sequences whereby younger Taiwanese people respond to each type of their older interlocutors' age-telling strategies, thus further extending our understanding of DCAs beyond the almost exclusively Western contexts that have hitherto been studied.

In sum, elderly people's self-disclosures regarding age and ageing are deemed in this study as interactional and intergroup phenomena (see also Coupland, Coupland, Giles, & Henwood, 1988). Therefore, this paper will explore the age-telling strategies and disclosure sequences involved in intergenerational encounters via a corpus of audio-recorded conversational data. It will be guided by the following research questions:

RQ1: How do older people discuss their ages in conversations with younger adults in Taiwan?

RQ2: What age-disclosure strategies and corresponding response sequences can be identified in conversations that feature older Taiwanese people's age-telling?

3 Methodology

3.1 Data and participants

The data for the present study comprised 13 two-person intergenerational conversations collected in Pingtung County, Taiwan, China. The participants were 13 college students (four males and nine females, aged between 20-23) and 13 older local residents (nine males and four females, aged between 65-75) who were randomly paired up to converse. The college students, all of whom studied in the university where the lead author works, volunteered to participate in the study. The older participants were approached via the headman of a village in Pingtung County who had been offering his office as a site for older people living nearby to chat with their friends on almost a daily basis. All participants were given a consent form to sign before recording commenced, and confirmed their agreement with the recording of their conversations. The venue selected for data collection was the headman's office, because the older participants already felt comfortable engaging in social interaction with others there, and it was expected that they would behave more naturally in that setting and chat freely. No constraints were placed on conversational topics; the only fixed requirement was that each conversation continued for at least 10 minutes. The aggregate length of the recorded conversations was 267 minutes, and they were transcribed in Chinese for further analysis, but are presented in English translation below.

3.2 Research methods

Frequency analysis was employed to answer RQ1, by establishing the relative salience of the six types of age-telling strategy (DCA; age-related category/role reference; age identity in relation to health, decrement and death; adding past-time perspective to current or recent-past status/topics; self-association with the past; and recognising historical/cultural/social change). Then, to answer RQ2, conversation analysis (Sacks, 1995) — with a focus on the interactive nature of talk about older people's age disclosure and their younger interlocutors' responses — was utilised to reveal the interactional patterns in the associated conversational sequences, and to observe how older-age identity construction was mutually negotiated for immediate communication purposes.

4 Findings

4.1 Distribution of age-telling strategies

As can be seen from Table 1, 70 occurrences of age-telling were identified in the data, all of which were initiated by older people. In terms of processing categories, 56% of these occurrences were age categorisation, and the remainder, temporal framing. Among the six subtypes of age-telling strategies, the most frequently employed was 'age-related category and role reference' (36%), followed by 'recognising historical/cultural/social change' (24%), 'self-association with the past' (16%), and 'age identity in relation to health, decrement and death' (13%). The least popular age-telling strategies were 'disclosure of chronological age' (7%) and 'adding past-time perspective to current or recent-past status/topics' (4%). Qualitative interpretations of these results, along with the distributional patterns of the use of the six age-telling strategies, will be presented in the following section.

Table 1　Distribution of older people's age-telling by strategy

Age-telling Categories		N	%	Subtotal
Age-categorisation Processes	Disclosure of chronological age	5	7%	56%
	Age-related category/role reference	25	36%	
	Age identity in relation to health, decrement and death	9	13%	

（续表）

Age-telling Categories		N	%	Subtotal
Temporal-framing Processes	Adding past-time perspective to current or recent-past status/topics	3	4%	44%
	Self-association with the past	11	16%	
	Recognising historical/cultural/social change	17	24%	
Total		70	100%	

4.2 Age-identity construction as managed and negotiated in conversations

4.2.1 Age-related category/role reference

As noted earlier, the most popular age-telling strategy among this study's participants was 'age-related category/role reference' (N=25, 36%). Breaking this category down further, three-fifths of those who adopted it chose to identify themselves as 'being old/older person' (N=15), and the remainder as occupying specific roles, i.e., grandparents (N=5) or retirees (N=5).

The wider conversational sequences corresponding to this age-telling strategy should raise concerns, given how in 11 of 15 cases, they appeared to reflect the older participants' disenfranchisement and broadly negative orientations towards older age. For example, OA3 referred to his being older as an explanation for his declining health ('we older people do not have good health', in line 2, Extract 1), and other older participants made similar remarks about age-based life constraints (e.g., 'we older people have nowhere to go', in line 4, Extract 2; lines 3-4, Extract 3; and lines 4-8, Extract 4).

Extract 1

1 OA3: I come out here to make friends. You see (.) everyone here is the same, spending
→2 every day like this. We older people do not have good health
3 YA3: It is better to have something to do. [Like my mother, she
4 OA3: [Sometimes, I stay at home and farm some land at the back of my house

Extract 2

1 YA11: Do you come here every day for tea?
2 OA11: Yes I come here quite often, almost every day.
3 YA11: Every day?
→4 OA11: Because I live nearby. We older people have nowhere to go so we come here to find many
5 older residents here to make friends and chat.

Extract 3

1 OA4: I grow vegetables.
2 YA4: It's good to have some harvest.
→3 OA4: My life now is quite plain. Being an older person, I might just go to the farmland

in the morning
4 and when the sun is too hot, it is time to go home for lunch.

Extract 4

1 OA1: I always get up at six and change my clothes before ten. After washing my face and going to
2 the toilet, I go out for a half-hour walk.
3 YA1: So early?
→4 OA1: We older people don't sleep long, getting up at three and if it is still too early, we continue the
5 rest until four. My husband gets up even earlier, leaving home at five every morning. I wake
6 up after he leaves home every morning. He is off for his activity and I attend to mine. He goes
7 to his friends' places for tea and chatting. When he arrives home, he always starts by putting
8 the kettle on for tea.

In contrast to those who stigmatised older age in terms of health decrement or life constraints, those older participants who positioned themselves in relation to grandparenthood were more likely to ascribe positive qualities to their age and to express happiness and pride. This is particularly obvious from Extract 5, in which OA11 positions himself as a grandfather and reports the achievements of his grandchildren. Interestingly, such utterances were self-initiated by OA11 and appeared to be conversational moves or answers incoherent with the questions/topics raised by his younger interlocutor in the preceding turns. For example, when asked directly how old his grandchildren were (line 2, Extract 5) or if he treated his granddaughters particularly well (line 9, Extract 5), OA11 answered with irrelevant information about his granddaughters' profession and studies as nurses (lines 3-4 and 10-11, Extract 5). OA11 continued to indulge himself in reporting on his grandchildren until his younger interlocutor (YA11) rephrased the question again ('So do you care about them?', line 12, Extract 5) and finally elicited a relevant answer ('yes', line 13, Extract 5).

OA11's active effort to portray his successful grandparental role relied on emphasis of his offspring's achievements, which he presumed would be socially acknowledged. Nevertheless, he gave scant consideration to whether such conversational moves would be considered coherent in the ongoing conversation. Presumably, he expected that his younger interlocutor would provide some positive comments (e.g., 'nursing is very good', line 5 in Extract 5) as appropriate adjacent sequences to his own endeavour to construct an older-age identity via self-positioning as a proud and perhaps also a successful grandparent.

Extract 5

1 OA11: I live with my wife, my son, daughter-in-law and grandchildren.
2 YA11: Oh! You have grandchildren? How old are they?
→3 OA11: My granddaughter just graduated from her college and she is still looking for a

job. She

4 majors in nursing.

5 YA11: Nursing is very good. I bet she can find a job very soon.

6 OA11: I think so, and my youngest granddaughter is a nurse, too.

7 YA11: So they are the same.

8 OA11: I have two granddaughters and one grandson.

9 YA11: So would you treat granddaughters particularly well?

→10 OA11: Well, granddaughters (.) both of them studied in the nursing department and one has a

11 university degree and the other one only has a junior college degree.

→12 YA11: So do you care about them?

13 OA11: Yes.

4.2.2 Recognising historical/cultural/social change

The participants' second most favoured age-telling strategy, recognising historical/cultural/social change, was used 17 times (24%). Of these, 14 occurrences consisted of comparisons between the past and the present that included evaluations or preferences, of which 10 characterised the past as better past than the present, and the other four, the present as better than the past.

Pointing out social change positions an older person in the role of information-giver, passing on knowledge or wisdom that his or her young interlocutor is assumed to lack. Older people, in this age-telling process, might be able to strategically empower themselves based on the knowledge shared in talk or through educating younger interlocutors with a tone of moral authority. In Extract 6, YA8 — who used to be a teacher (line 1) — shared his views on differences in students' behaviours between the past and the present in terms of the degree of respect and appreciation shown towards teachers (lines 3-5). YA8 was simultaneously classified into another social group, that is, 'present students', when OA8 accused them of being less respectful and grateful than their counterparts of earlier generations. This could have threatened YA8's positive face (i.e., the desire to be liked and accepted; Brown & Levinson, 1987) and compromised his positive identification with his own age group or student identity. As can be observed in lines 6 ('I see'), 8 ('It seems to be the case') and 11 ('Indeed'), YA8 did not provide very constructive feedback on this topic, responding only with rather short acknowledgements.

Extract 6

1 YA8: Since you are a teacher, is there any student who made you impressed after so many years?

2 OA8: There are some, for instance, one who retired just recently from the Taipei government. But I

3 have to say students in the past, no matter how badly behaved they were, they would never

4 beat their teachers when being punished. But, students now instead fight back and beat their

5 teachers if being punished. Such a big contrast!

→6 YA8: I see.
7 OA8: There is no respect to teachers from present students and their parents.
→8 YA8: It seems to be the case.
9 OA8: People in the past followed moral codes more strictly, knowing sense of propriety, justice
10 honesty and honour, unlike your generation.
→11 YA8: Indeed, so different now.

In Extract 7, OA2 constructed his older-age identity by associating himself with a past living environment that he deemed better than that of the present (lines 3-6, Extract 7). This arguably could have enhanced his self-esteem by eliciting positive identification ('I really envy you', line 10, Extract 7) from his younger conversational partner. In other words, this age-telling strategy potentially allows older people to negotiate a more positive image of their generation among members of other generations.

Extract 7

1 YA2: I am allergic to air pollution so I need to wear a mask when I am in Kaohsiung.
2 OA2: That is because the green land is getting less and less now. In the past, we used to have a house
3 there and there was a lot of farmland there. The air was so cool and there was no need to use
4 air conditioning because the natural wind could flow through bamboo trees that could work as
filters to produce fresh air. Besides, dust would also attach to the bamboo tress that fell on the
6 ground so you would not see dusty wind back then, unlike now.
7 YA2: Really! I have never experienced being in a bamboo forest.
8 OA2: I really missed the time playing in the bamboo forest. We could just have a nap under the trees
9 or read novels in the cool shadows.
→10 YA2: I really envy you.

4.2.3 Self-association with the past

The strategy of self-association with the past ranked third (N=11, 16%) among the age-telling strategies utilised by the older adult participants. Those who employed it usually mentioned their own past life experiences, such as places they had visited, their career struggles and achievements, and so on. Unlike talk about social change, older people's age-telling via self-association with positive past life experiences did not include comparative evaluation of past and present events. Interestingly, most of the reminiscences in this category were positive in nature, with a high proportion being either about the speakers' own past achievements, or about more general features of the past that they expected younger people not to know. As such, it is not especially surprising that more follow-up questions regarding the topics raised by older people were asked by their younger interlocutors (see, for instance, line 3, Extract 8 and line 3, Extract 9), whereas simple, short acknowledgements and other minimal responses were relatively less common (see Chen, 2017).

Extract 8

1 OA11: In the past, the time when people worked in the agricultural sector, we had a
2 hard time making a living.
→3 YA11: What did you grow, grandpa?
4 OA11: I grew rice.

Extract 9

1 OA12: Fifty years ago, when I was a junior high student, I watched movies like
2 Cleopatra or 007 agents and also Japanese dramas.
→3 YA12: Do recently released movies attract you?
4 OA12: I don't watch modern movies except those adapted from old movies.

4.2.4 Age identity in relation to health, decrement and death

When the older adults in the sample constructed their older-age identities in relation to health, decrement or death (N=9; 13% of all age-telling utterances), most of the resulting conversations were negative in nature. Notably, however, the death element of this general category was not reflected in any of the nine relevant utterances, which might reflect the Taiwanese tendency to regard death as a taboo. In section 4.2.1, it was mentioned that older people sometimes categorised themselves as older and simultaneously equated this social identity with decline in health. Such age-telling behaviours are discussed in more depth below.

In two-thirds (N=6) of the conversational sequences involving age disclosure with health and decrement, the older adults received minimal responses from their younger interlocutors (e.g., line 2 in Extract 10), indicating the latter's difficulties in dealing with such topics when talking with older people (see also Chen, 2017). In Extract 10, the younger adult (YA8) gave a short acknowledgement in the form of a question ('Is it?', line 2) as a response to the health complaint from his older interlocutor ('My health is not good, suffering', line 1). YA8's move, subsequent to OA8's further reinforcement of his physical problems ('I have a lot of pain' and 'watching TV is also painful', both in line 3), was to promptly direct the discussion towards another topic, that is, social gathering ('Do you older people gather here to meet friends?', line 5) rather than providing direct feedback to OA8's narratives of suffering poor health.

Extract 10

1 OA8: I think my life is too long. My health is not good, suffering.
→2 YA8: Is it?
3 OA8: I have a lot of pain. Now I can't see you clearly. Reading newspapers and watching TV is also painful
4 because of my poor eyesight.
→5 YA8: Do you older people gather here to meet friends?

Similarly, in Extract 11, OA1's lengthy trouble talk (lines 2–6) about surgeries and poor health was self-initiated and appeared to be irrelevant to the question previously raised by YA1 about entertainment ('Do you sing in the community centre?', line 1). Following a lengthy report of OA1's health problems, YA1 gave a minimal response ('Indeed', line 7) that served chiefly to interrupt the completion of OA1's age-telling utterance and surgery details. Interestingly, due to that interruption, the conversation turned to another topic, medical advancements (line 8). This part of the interaction suggested the younger participant's lack of interest in health-in-ageing topics, even though the older interlocutor appeared to be relatively proactive about sharing his own painful experience.

Extract 11

1 YA1: Do you sing in the community centre?
2 OA1: I don't sing. In the past, I felt sorry for myself. I had a surgery on my thyroid, which could
3 have caused damage to the throat and my voice. But, luckily, I still have my voice. I also had a
4 surgery on both my feet so I have a disability card, allowing me to buy tickets at half price. That
5 was already 10 years ago. I used to climb mountains when I was younger age but I can't do that
6 now. The doctors advised me not to, and we need to take care of our feet. Before the [surgeries
→7 YA1: [Indeed
8 OA1: Well the medical science is very advanced now, and I will go see doctors when I don't feel well.

4.2.5 Disclosure of chronological age

The older adults in the sample rarely disclosed their chronological ages when talking with younger strangers (N=5, 7%). Those who did seemed to use DCA as a basis or starting point for self-evaluations, which often incorporated age-related stereotypes. Most (N=4) embodied what Coupland et al. (1989) described as Accounting DCAs (see, for instance, Extract 12), while only one was a Disjunctive DCA (Extract 13).

Taking Extract 12 as an example of the Accounting DCAs in the data, OA7's report of her daily activities comprised descriptions of routines such as meeting friends in the morning, returning home for lunch or taking a nap in the afternoon (lines 2 - 3). In the following move, her younger interlocutor, YA7, reoriented the talk from a routine-based one towards fun and adventure ('go out for fun' and 'go somewhere else', both in line 4), perhaps wishing to provide a different perspective on later life for the older interlocutor to take. However, by disclosing her chronological age ('being 80 years old', line 5) and self-defining as a very old person ('now I am so old', line 5), OA7 declined the offered subject position and instead expressed doubt about it ('where would I go?', line 5). This use of age as a constraint was further reinforced by OA7's utterances about her sons' concerns over her safety (lines 7-9). YA7 challenged the position that underlay OA7's DCA ('Being 80 years old, you could enjoy your life', line 6), but this approach did not succeed.

Through their interaction, individuals from two different generations negotiated multiple and varying age identities, but at least in this case, the older person's attitude of self-disenfranchisement did not seem to be not easily changed.

Extract 12

1 YA7: What do you do every day?
2 OA7: I come out here to chat with my friends. My husband is the head of the club for the seniors.
3 We go back home at lunchtime and take a nap in the afternoon.
4 YA7: So you don't go out for fun or go somewhere else?
→5 OA7: Now I am so old. Being 80 years old, where would I go?
→6 YA7: Being 80 years old, you could enjoy your life.
7 OA7: Otherwise, I would ride a bicycle for fun but my sons would say no and ask me to stay
8 at home and not go out. They think I am safer at home and they don't need to worry
9 about me.

One exceptional case, in which age was *not* used to justify constraints or problems in later life, can be seen in Extract 13, where OA10 reported his age to be 'just' 60 (line 2). This was primarily disclosed as a reference point for an exploration of later life characterised by playing and having fun, themes that were emphasised via repetition three times in one turn ('having fun', lines 2-3; 'I can play', line 4; 'I can seek some fun', line 5). This made it clear that OA10's self-image was as a so-called golden ager: enjoying life, financially independent, and socially active (see Hummert, 1990; Hummert et al., 1994).

Extract 13

1 YA10: What have you been doing since retirement?
→2 OA10: I have a farm so I work on the farm. Because I am just 60 years old, I'm eligible to have
3 fun in every way, and have some savings to support me. I inherited houses from my
4 parents so I have money. That is why I can play and with money, I can enjoy life. I also invest
5 in houses and receive rental fees, so I can seek some fun.
6 YA10: You are full of energy!

In this relatively atypical case, DCA was not merely an act of giving information about one's age but also as a stimulus to elicit more positive evaluations from the younger interlocutor regarding one's age-related status. It also works to facilitate the reinforcement of one's positive identification with older age. The satisfaction of such a communicative purpose, however, can only be achieved mutually: i.e., is critically dependent upon the younger conversational partner's sensitivity to the older one's social-psychological needs.

4.2.6 Adding past-time perspectives to current or recent-past status/topics

Very few examples of adding past-time perspectives to current or recent-past status were found (N=3, 4%), and those that did occur were generally coupled with comments on health issues, e.g., 'I have diabetes, for more than 10 years, like, more than 15 or 16 years'. This strategy was also usually accompanied by the construction of age identity 'in relation to health, decrement and death' (see section 4.2.4). It could be that older adults used this strategy to reinforce the extent of their suffering from health problems so that younger adults could understand how they felt, and perhaps, offer more comforting feedback during health-in-ageing conversations.

5 Discussion and Conclusion

The present study's examination of older Taiwanese people's age-telling behaviours in conversations with younger adults has indicated that such behaviours mainly consisted of references to age-related roles or to historical/social changes that helped the older participants define their own generations as different from those of their younger interlocutors. Claiming to be old was the most common means of constructing older-age identity. Such age-telling talk tended to demonstrate older people's negative age-related stereotypes and self-fulfilling views about the age-based constraints they faced (see Accounting DCAs in Coupland et al., 1989). Such self-disenfranchising stances could pose a considerable obstacle to satisfactory intergenerational communication, especially given that younger interlocutors' attempts to challenge such a stance can easily fail (see Extract 12). Moreover, the data showed that most of the younger participants' responses to the older ones' Accounting DCAs were not sufficiently accommodative to the latter's needs to share painful experiences. Insofar as older people's painful self-disclosures probably function to relieve stress and/or to elicit comfort from others, it was discouraging that the younger adults in the sample either gave minimal responses to such disclosures, or interrupted to stop them. This area of underaccommodation in intergenerational talks in Taiwan should be the subject of additional research.

Rather than adopting the self-disfranchising attitude manifested in the most common forms of age-telling, certain older people in the sample chose to define themselves as grandparents, and successfully negotiated more positive self-images via the ensuing conversations. As mentioned in section 1, above, older people's DCAs can have impacts on their self-esteem (Coupland et al., 1988). When older people position themselves conversationally as grandparents to construct their age-identities, their interlocutors may need to support this on the level of manners, e.g., by allowing them to self-initiate such talk and express their pride in their families until satisfied, regardless of any inconsistencies between such utterances and those that preceded them (as can be seen in Extract 5). If this were done consistently, age-disclosure could arguably help enhance older people's self-esteem, especially if their interlocutors provided complimentary feedback.

Identifying past-present differences also emerged as a popular and effective way for the older participants to differentiate their generations from those of their younger conversational partners. However, the data indicate that it also created a risk of problematic intergenerational communication, especially when the talk comprised negative evaluations of social groups that those younger interlocutors personally identified with (see Extract 6). Another potential pitfall of talk about social change is the educative tone that older people often adopt, especially while passing on moral codes such as 'students should respect teachers'. This might lead younger people to feel coerced and unable to propose a contradictory view, given that Chinese cultural norms (due to the influence of the Confucian tradition) require them to show respect to their elders by listening rather than arguing against what they say. However, if both parties' face is maintained in an atmosphere of mutual respect, positive intergenerational communication can arise even from older people's reminiscences about a past they perceive to be better than the present (see Extracts 8 and 9).

The main contribution of this study is that it provides a culturally (China) as well as contextually (first-encounter) specific micro-interpretation of older people's age-telling in conversation with younger adults. As such, it extends the existing body of research on this topic, which has mainly been conducted in Western societies. It also sheds some light on how age-telling can serve as a site for negotiation of one's facework, and on why intergenerational communication can be problematic (e.g., through the reinforcement of negative stereotypes of older age, including by older people themselves). In other words, ageing is an inevitable process of life, but when older adults' health-in-ageing talk stigmatises older age in line with negative stereotypes, it can arouse fear of ageing in their younger conversational partners, and thus add to the social distance between the parties.

Some limitations of the present research should also be noted. First, its small sample size of 13 older adults and 13 college students mean that its generalisability (especially from the frequency analysis of age-telling patterns) can be enhanced in future research advised to collect a bigger size of samples of young-old conversations. Second, the older participants were all from rural Pingtung County and might not be representative of the older population of Chinese Taiwan. Given the above limitations, future research could recruit more participants, including urban dwellers, and perhaps middle-aged people as a check on whether lesser age differences generate different patterns of age-telling.

References

[1] BROWN P, LEVINSON S C. Politeness: some universals in language usage[M]. Cambridge: Cambridge University Press, 1987.

[2] CHAPPELL N L, ORBACH H L. 1986. Socialisation in old age: a meadian perspective[M]// MARSHALL V W. Later life: The social psychology of ageing. London: Sage, 1986: 75-106.

[3] CHARALAMBIDOU A. Language and the ageing self: a social interactional approach to identity constructions of Greek Cypriot older women (Unpublished Ph. D. thesis) [D]. London: King's College, 2011.

[4] CHEN CH. First encounter talks between younger and older adults in Taiwan: a conversation analysis approach[J]. International Journal of Society, Culture & Language, 2017, 5(2): 91-104.

[5] COUPLAND J, COUPLAND N, GILES H, et al. Formulating age: dimensions of age identity in elderly talk [J]. Discourse Processes, 1991, 14 (1): 87 - 106. DOI: org/10.1080/01638539109544776.

[6] COUPLAND J, COUPLAND N, GRAINGER K. Intergenerational discourse: contextual versions of ageing and elderliness[J]. Ageing & Society, 1991, 11(2): 189-208. DOI: org/10.1017/s0144686x00004001.

[7] COUPLAND J, ROBINSON J, COUPLAND N. Frame negotiation in doctor elderly patient consultations [J]. Discourse & Society, 1994, 5 (1): 89 - 124. DOI: org/10.1177/0957926594005001005.

[8] COUPLAND N. Language, ageing and ageism: a project for applied linguistics [J]. International Journal of Applied Linguistics, 1997, 7(1): 26 - 48. DOI: org/10.1111/j.1473-4192.1997.tb00102.x.

[9] COUPLAND N. Age in social and sociolinguistic theory[M]// COUPLAND N, SARANGI S, CANDLIN C N. Sociolinguistics and social theory. London: Routledge, 2014: 185-211.

[10] COUPLAND N, COUPLAND J. Discourses of ageism and anti-ageism[J]. Journal of Aging Studies, 1993, 7(3): 279-301. DOI: org/10.1016/0890-4065(93)90016.d.

[11] COUPLAND N, COUPLAND J, GILES H. Telling age in later life: identity and face implications[J]. Text, 1989, 9(2): 129-151. DOI: org/10.1515/text.1.1989.9.2.129.

[12] COUPLAND N, COUPLAND J, GILES H, et al. Accommodating the elderly: invoking and extending a theory [J]. Language in Society, 1988, 17 (1): 1 - 41. DOI: org/10.1017/s0047404500012574.

[13] COUPLAND N, COUPLAND J, GILES H, et al. Elderly self-disclosure: interactional and intergroup issues[J]. Language & Communication, 1988, 8(2): 109-133. DOI: org/10.1016/0271-5309(88)90010-9.

[14] HUMMERT M L. Multiple stereotypes of elderly and young adults: a comparison of structure and evaluations[J]. Psychology and Aging, 1990, 5: 182-193. DOI: org/10.1037//0882-7974.5.2.182.

[15] HUMMERT M L, GARSTKA T A, SHANER J L, et al. Stereotypes of the elderly held by young, middle-aged, and elderly adults[J]. Journal of Gerontology: Psychological Science, 1994, 49(5): 240-249. DOI: org/10.1093/geronj/49.5.p240.

[16] JOLANKI O, JYLH M, HERVONEN A. Old age as a choice and as a necessity: two interpretative repertoires[J]. Journal of Aging Studies, 2000, 14(4): 359-372. DOI: org/10.1016/s0890-4065(00)80002-x.

[17] LAI Y-H. Discourse features of Chinese speaking seniors with and without Alzheimer's disease [J]. Language and Linguistics, 2014, 15(3): 411-434. DOI: org/10.1177/1606822x14520665.

[18] LAI Y H, LIN Y T. Discourse markers produced by Chinese speaking seniors with and without Alzheimer's disease[J]. Journal of Pragmatics, 2012, 44: 1982 - 2003. DOI: org/10.1016/j.pragma.2012.09.002.

[19] NIKANDER P. Doing change and continuity: age identity and the micro-macro divide[J]. Ageing & Society, 2009, 29(6): 863-881. DOI: org/10.1017/s0144686x09008873.

[20] NIKANDER P. 'Old' versus 'little girl': a discursive approach to age categorization and morality[J]. Journal of Aging Studies, 2000, 14 (4): 335 - 358. DOI: org/10.1016/s0890-4065(00)80001-8.

[21] SACKS H. Lectures on conversation[M]. Oxford: Blackwell, 1995.
[22] TSAI M H. Problems in identifying participant structures in medical triadic conversation[J]. Journal of Taiwanese Languages and Literature, 2003, 1: 185-211.
[23] TSAI M H. Opening stages in triadic medical encounters in Taiwan[J]. Communication and Medicine, 2005, 2: 53-68. DOI: org/10.1515/come.2005.2.1.53.
[24] TSAI M H. Who gets to talk? An alternative framework evaluating companion effects in geriatric triads[J]. Communication and Medicine, 2007, 4: 37-49. DOI: org/10.1515/cam.2007.005.
[25] TSAI M H. Managing topics of birth and death in doctor-patient communication[J]. Journal of Pragmatics, 2010, 42: 1350-1363. DOI: org/10.1016/j.pragma.2009.09.012.
[26] TSAI M H. 'Have you heard of diabetes?' The use of perspective checking questions in creating knowledge needs in Taiwanese health education talks for elderly lay people[J]. Concentric: Studies in Linguistics, 2017, 43(1): 47-76. DOI: 10.6241/concentric.ling43.1.03.
[27] TSAI M H. 'That's exactly what I will share with you today!' Negotiation for a ticket of entry to unsolicited health education talks[J]. Language & Communication, 2018, 58: 80-92. DOI: org/10.1016/j.langcom.2017.09.001.

第二部分

多模态研究

多模态释义

顾曰国　黄立鹤

汉语“模态”一词可以用来翻译 mode，modality 或 module。Mode 在以韩礼德为代表的功能语言学中，语境由三元素组成：(1) field，场景；(2) tenor，人物及其关系；(3) mode，可译为“语言方式”。在某个语境里，是选用口头交流还是通过书面文字，就是在作“语言方式”的选择。Hodge 和 Kress (1988) 在拓展韩礼德的社会符号学理论时，一方面承袭这个用法，另一方面又把它用来指非语言方式 (nonverbal mode)。后来，Kress (2009，2010) 用它来泛指能够产生意义的任何符号资源，如文字、图像、颜色、版式、手势、音乐、动漫画，甚至包括发型、化妆等，这些都可以用来传达意义，因此都是 mode。当今的图书页面、网页、手机触屏设计等，往往同时混合使用多个这样的 mode，如此呈现方式被称之为 multimodal，普遍译为“多模态”，对混合使用的作品用话语分析的方法作系统研究，称之为 multimodal discourse analysis，译为“多模态话语分析”。

另外一方面，多模态概念源自脑神经科学。人们日常说的“五官”在现代脑神经科学里称之为 sensory modalities(即感官模态系统)。以视觉为例，眼睛器官加上处理视觉信号的神经系统组成一个 visual modality，即视觉模态。多模态指多个感觉器官加上处理各自信号的神经系统。

概言之，多模态话语分析中的 multimodality，源自英文的 multi＋mode，指多种符号系统；依据神经科学的多模态 multimodality，英文是 multi＋modality。由于人脑在处理由多符号系统构成的文本时，需要调用多模态感官系统，多模态话语分析因此跟多模态感官系统研究是有内在联系的，但属于多模态感官系统研究的一种应用。为了避免混淆，顾曰国在“多模态感官系统与语言研究”(《当代语言学》2015 年第四期)建议把 multimodal(＝multi＋mode)译为“多符号”。这种译法更忠实于韩立德的原意。把 multimodal(＝multi＋modality)译为“多模态感官”，把视觉、听觉、触觉、嗅觉和味觉统称为“多模态感官系统”。

这一部分共录五篇文章。主要是关于多模态感官系统的研究，也有多模态话语分析。两者之间的差异读者读后自明。

第二十章　多模态感官系统:天官、仿人机器人、“修辞即做人”新释

顾曰国

1　引言

“多模态感官系统”是根据神经科学(neural science)里的“感官模态”(sensory modality)定义的。感官模态包括视觉、听觉、嗅觉、触觉、味觉“五觉”,还包括其他“觉”,如体觉(proprioception)、痛觉、痒觉、温觉、内脏觉(visceral sensations)、前庭觉(vestibular senses of balance 即平衡觉)等(Kandel et al., 2013: 449)。上面特意用“五觉”而不用俗称“五官”,是因为“五官”在用法上有歧义(见下文),而且更重要的是,“感官”通常指接受外界刺激的器官,如眼、耳、鼻、舌、皮肤等,“感官模态”是一个专门术语,既包括器官本身,还包括跟各个器官配套的中枢神经系统和周围神经系统。

本文只讨论多模态感官系统中的“五觉”。我国哲学家荀子论述感官现象时称其为“天官”。古希腊思想家亚里士多德的《心论》和《感觉和感物》也主要论述五种(西方学者现在称之为“五种古典感官”five classic senses)。“五官”在我国中医里非常重要:一是“四诊”,用本文术语说,即医生用五种感官模态去获取就诊者的征兆信息。二是中医把五官跟五脏关联。五脏为内,五官为外。换句话说,如果内脏得了病,五官会有征兆。

我们知道,认识论 —— 如问知识从哪里来? —— 是西方哲学的重要组成部分。英国经验主义杰出代表洛克提出著名的“白纸说”。人出生时脑里是空的,犹如一张白纸。一切知识从体验中来,而五官接受外部刺激是最重要的体验。五官跟认识论挂钩贯穿西方哲学的始终。而我国先哲则关注甚少。以荀子为例。他非常重视天官,不是因为天官直接影响到知识的产生,而是若“心”(荀子称为“天君”)管不住“天官”,任其放纵,人就不能成为“君子”。换句话说,荀子把“天官”跟如何做人挂起钩来了。

至此,五官研究形成三条趋向:五官与做人、五官与知识(含心理)、五官与疾病。20 世纪认知科学兴起大大推动了五官与认知融合的研究。历史上,五官与感知配对,即五官体验属于感知范畴,还没有进入认知,只是为认知提供原材料。近十几年,认知神经科学鹊起,特别是神经科学研究从细胞层发展到细胞分子层,发现原来把五官体验与认知处理分离开来的做法是弊大于利。因为五官体验与认知处理在大脑里是分不开的。鉴于此,本文下面专门介绍最新神经科学对感官模态系统(即“五觉”)的研究(五觉更能反映思想认识的变化)。脑神经科学研究五觉,又把五官跟疾病联系起来了;所不同的是脑神经科学通过当今的电子显微镜、磁共振、脑电位等手段把人们带进构成五官的细胞层,甚至细胞分子层。这是《黄帝内经》时代所无法想象的。

计算机发明后给五官研究提出一个新课题,即人与计算机采取何种互动方式。键盘打字是最早的方式,现在仍然在用,这涉及触觉(手指动作)+视觉(眼睛看屏幕)两种模态。人机互动接口(human computer interface, HCI)很快成为一个专门的课题。不断增加人机互动模态是主要研究趋向,甚至有人试验用眼睛看屏幕打字。现在投入巨大的是研发仿人机器人(humanoid robot, 不同于早期的工业机器人和仿真机器人)。研发此种机器人最具挑战性的是如何让仿人机器人具有像人那样

【作者信息】顾曰国:北京外国语大学人工智能与人类语言重点实验室、同济大学老龄语言与看护研究中心。

【注】本文首刊于《当代修辞学》2019 年第 5 期,此处转载已作修改。

的五官。在中医方面，让仿人机器人能够“四诊”（通过五种感官模态获取病灶信息）其价值不言自明。

至此，五官研究又增加三条趋向：五官与脑神经科学（含认知）、五官与人机互动、五官与仿人机器人。① 有人要质问：五官跟修辞即做人怎么联系得上？是不是牵强附会、故弄玄虚？本文要从学术传承、逻辑推理、最新发现等方面证明非但牵强附会，而是今后我国修辞学同仁应该努力的方向。不过需要提醒同仁的是“新释”二字。“修辞即做人”这个说法是引自陈光磊、王俊衡《中国修辞学通史 先秦两汉魏晋南北朝》（1998：11）。他们总结我国古代重视修辞与人的道德修养的紧密结合后，写道：“也就是说修辞即做人，首要是‘立诚’，修辞不单是运用语言的技巧，而是人的道德规范的体现”。本文一方面同意二位的观察总结，以为很到位，的确画龙点睛地指出了中国古代修辞学的重要命题。另外一方面，本人感到有些缺失。缺失主要在于把做人跟“人的道德修养”并举。这不是陈、王二位的缺失，是整个修辞学传统的缺失。人是多层面的，道德修养只是人的一个面而已。荀子说的天官、天性都是人的自然面。做道德修养的人是在人的天官、天性自然面的支撑下才谈得上做。本文的主旨就是要对修辞即做人中的“人”做出新的诠释，把一个完整的人还原给中国修辞学。还原的目的是提醒同行，如果我们有志把中国修辞学向前推进，在一个整人概念的基础上构建，不失为一个思考的方向。这样做既发扬我国国学 — 荀子的儒学思想 — 的传统，也为世界修辞学发展作一点贡献。

本文涉及古今中外，各家术语不统一，容易引起误解。鉴于此，我们先制定一个多模态感官系统研究最基本架构，作为统一的参照系。这样在介绍诸家之说时，一方面可以沿用各家自己的术语，一方面参照总体架构就可以看到他们之间的异同。

2　多模态感官系统研究最基本框架

以蚊子叮手背为例。概念上看，属于触觉。蚊子刺激的器官是手背皮肤。蚊子的刺扎进皮肤后，手背感受细胞发信息给大脑，产生感觉（sensation）。如果注意力没有被吸引过来，感觉便停留在模糊的感觉上（如有点痒）。但如果注意力被吸引过来，对感觉做认知上的加工处理，就产生知觉（perception），如“蚊子叮”“痛痒”。对于人来说，蚊子刺激是外部的，感觉和知觉是内部的。感觉与知觉的区别在于：①刺激信号的直通性——感觉是直通的；②注意力干预程度—大部分知觉是在注意力支撑下发生的；③认知处理程度—知觉是经过认知加工过的；④能否用言词表达—知觉往往可以言传。

以上分析适用于其余模态。整个分析的最基本框架如图 1 所示。

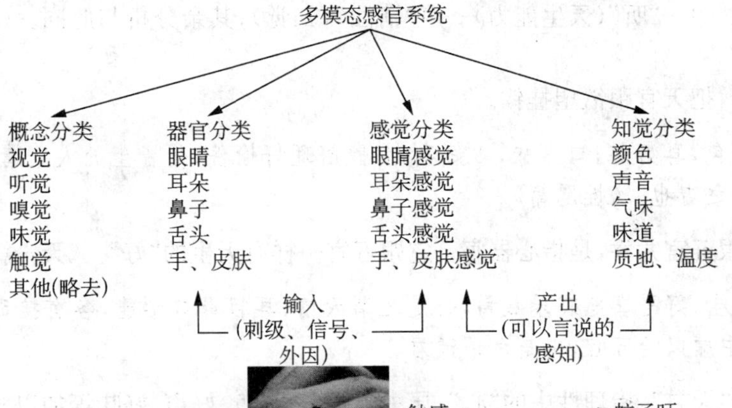

图 1　多模态感官系统研究最基本框架示意图

① 顾曰国（2015）总结国内外多模态研究，提出 7 个视角：生物、胚胎、心理、认知科学、哲学、临床和人工模拟，可作为本文的补充。

下面按引言叙述的顺序逐一展开讨论。

3 荀子"天官"论

荀子称五官为"天官"出自他对天的认识。我们知道,荀子处于战国后期,前贤给他关于天的遗产是,天是神,主宰一切,风雷雨、四季交替、人间生老病死,甚至祈求、恩怨、恐惧等情感,天神都统统管。荀子《天论》正是要把天神拉下马,把神化的天归还其本位,即天为自然天。

> 天行有常,不为尧存,不为桀亡;应之以治则吉,应之以乱则凶。强本而节用,则天不能贫,养备而动时,则天不能祸。……不可以怨天,其道然也。《天论篇》

天具有独立于人的恒力。天不分好人坏人,人间的祸福贫富是人自己所为造成的。人管好自己、做好自己的事,天就不能伤害到人。荀子这以人为中心的思想与孔孟的是一脉相承的,但他跳出孔孟之窠臼,如果说孔孟的人是建立在人的社会属性上,那么荀子的基点是自然的生物人。生物人有天生的"性"(天性)。荀子写道:

> 凡性者,天之就也,不可学,不可事。…… 不可学,不可事,而在人者,谓之性;可学而能,可事而成,之在人者,谓之伪。是性伪之分也。《性恶篇》
>
> 凡人有所一同,飢而欲食,寒而欲煖,勞而欲息,好利而恶害,是人之所生而有也,是無待而然者也。《荣辱篇》

五官是生物人与生俱来的,具有跟"欲"一样生而就会、无需学习的能力:

> 今人之性,目可以见,耳可以听。夫可以见之明不离目,可以听之聪不离耳,目明而耳聪,不可学明矣。《性恶篇》

荀子这里指出目能见、耳能听是天生的能力。这种能力能做什么?荀子写道:

> 目辨白黑美恶,耳辨音声清浊,口辨酸咸甘苦,鼻辨芬芳腥臊,骨体肤理辨寒暑疾养,是又人之所常生而有也,是无待而然者也,是禹桀之所同也。《荣辱篇》

荀子当时是不区分"感觉"与"知觉"的,但"辨"把认知处理包涵进来了,不仅如此,他指出了单个感知模态有相应的知觉,由此我们得到这样的关系式:目(天官之一)—"见"(天生能力)—色"白黑"(知觉);耳(天官之一)—"听"(天生能力)—声"清浊"(知觉);其余分析与此同。(更详细的分析见顾曰国 2018)。

荀子更进一步,把天官跟欲望挂钩。

> 若夫目好色,耳好聲,口好味,心好利,骨體膚理好愉佚,是皆生於人之情性者也;感而自然,不待事而後生之者也。《性恶篇》

这段里,"心"跟五官并举,是指心器官。它跟五官一样有天生的"好"。《天论篇》写道:

> 形具而神生,好恶喜怒哀乐藏焉,夫是之谓天情;耳目鼻口形能,各有接而不相能也,夫是之谓天官;心居中虚以治五官,夫是之谓天君。

这里的"心"指"天君",指理性中的"心",居中,对天官好色、好声、好味等加以管控。(下文第 9 节还作进一步讨论)。

4 中医"四诊"、五官论

四诊(望闻问切)具体说就是医生通过五个感官模态—望(视觉)、闻(听觉和嗅觉)、问(听觉,且言词视为心声)、切(触觉)—对求诊者进行诊视，获取有诊断价值的信息。医生运用裸眼观察病人的神色、形态、体表各部、舌体与舌苔、大小便和其他分泌物等。闻(嗅)诊用裸鼻闻气味，包括口气、体气、腋气、嗳气等。闻(听)用裸耳听声音、呼吸、咳嗽、呃逆、太息、呻吟、肠鸣等。问诊有“十问”之说，如问二便、起居、睡眠等。切诊用手指触压求诊者的左右手腕部，获取脉相。脉相最多达到几十种。切诊是中医的特色之一，文献浩繁。非常有趣的是，Galen (Aelius Galenus, AD 129-c. 200/c. 216)，号称西方医学之祖，两次提到患胸膜炎病人的脉相(1985:31, 106)。可见，切脉在西方医学里也曾用过。四诊在中医治病过程中的位置，如图 2 所示。

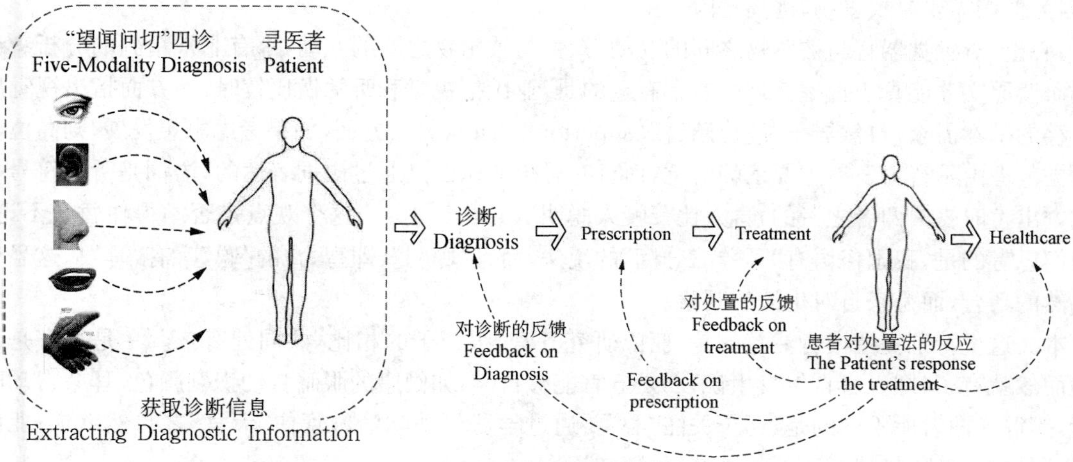

图 2　四诊示意图(Gu, 2016)

关于四诊，进一步讨论参见下文仿人机器人一节。

中医也谈五官，通常指鼻、目、口唇、舌、耳五个器官。它们分别跟五个脏器配对。《黄帝内经》：“岐伯曰：五官者，五脏之阅也。”《灵枢·五阅五使》：“鼻者，肺之官也；目者，肝之官也；口唇者，脾之官也；舌者，心之官也；耳者，肾之官也。”“五官者，五脏之阅也。”张景岳注：“阅，外候也。使，所使也。五脏主于中，五官见于外，内外相应，故为五脏之阅。”换句话说，通过观察五官的表象来推断五脏的病变。

那么，五官能反映哪些表象？

> 黄帝曰：以官何候？岐伯曰：以候五脏。故肺病者，喘息鼻张；肝病者，眦青；脾病者，唇黄；心病者，舌卷短，颧赤；肾病者，颧与颜黑。《灵枢·五阅五使》

中医四诊自发明起一直沿用至今，五官为五脏之表象仍有一定的参考价值。下面讨论生物符号学时还要谈到。

5　亚里士多德的古典五官论

本文介绍亚里士多德五官论，主要根据他的《心论》(*On the Soul*)和《感官与感物》(*Sense and Sensibilia*)两部著作①，他的认识论因篇幅有限略而不谈。从内容上看《心论》在先，《感官与感物》在后。他探讨人类五官跟荀子一样是从生命这个制高点切入。《荀子·王制篇》云：“水火有气而无生，

① 收录于 *The Complete Works of Aristotle*，牛津修订版，1984 英文译者 J.A. Smith)和《感官与感物》(*Sense and Sensibilia*，英文泽者 J.I. Beare) 两部著作。英文词“soul”没有宗教上的灵魂义，用法接近 mind，《心论》用现代眼光看即是当时的心理学论著。

草木有生而无知,禽兽有生而无义;人有气、有生、有知、亦且有义,故最为天下贵也。”亚氏认为,生命体最重要的特征包括四对:觉醒与睡眠、年轻与衰老、吸入与呼出、出生与死亡。动植物的确都有这些特征。区别动物和植物主要特征是前者具有辨识力和移动性。辨识力来自动物的“心”和“感官”(《心论》432^a 10-15)。由于心与身体(感官视为身体的一部分)的结合而产出一些最重要特征,如感觉、记忆、情感、食欲、欲求、快感和疼痛。其中感觉所有动物都有,没有感觉,就不叫动物。感觉来自五官,亚氏称为“特殊感官”(special senses),显然亚氏看到除此以外动物还有其他感官。他指出五官中触觉和味觉为一切动物所共有,因为动物离不开营养。嗅觉、听觉和视觉为所有能够移位的动物所共有,因为他们需要寻找食物,逃离危险。

《心论》对感觉器官与被感物之间的互动、知觉与被感物之间的互动,都有非常精到的分析。读者需要研读原文才能真正把握其理。非常有趣的是,亚氏把视觉和听觉做比较时,一方面指出视觉服务于生存的基本需求,自然居于“高位感官”(superior sense),另一方面,如果考虑思想发展,则高位应归于听觉。理由是智力发展主要依赖听觉,而且有思想的东西是通过语词表达的,语词是听觉符号。鉴于此,“出生时丧失两者之一的,盲人比聋哑人聪明”(437^a 5-15)。这个观点是否站得住暂且不论,值得我们思考的是,我国俗语有“耳聋三分痴”的说法,而且“聪明”(即智力)的“聪”字有“耳”! 这恐怕不是偶然的巧合,而是来自对生活的观察。

本文这里特别提醒读者注意的是,亚氏研究五官,跟荀子的相比,共同处有二。一是五官是动物自然而然就有了,即五官自然发生说;二是五官能够自辨,如健康的眼睛自动识别颜色,耳朵自动听见声音,等等。两者所不同的是,荀子关注“心”要通过学习(《劝学篇》)管住“天官”之自然欲求;亚氏关注“心”是如何获取被感知物的种种特征,即知识。

6 五官与洛克、康德、佩斯的认识论

体验简要地说即一个生命体通过感官与体外环境进行互动。如是说,植物、动物和人都有体验。本文讨论只限于人类。常识告诉我们,婴儿出世的刹那间就开始体验,直至生命终止。如此平常的事哲学家为什么感兴趣? 这是因为体验跟人类知识紧密联系在一起。认识论的核心问题之一是:人类是如何认识外部事物的?

宏观上西方哲学有两个大的分野,一是认为人类一切知识源于体验;经得住体验检验的知识才是真知识。这是经验主义标杆观点。洛克是大家熟悉的代表人物。另一认为,人类部分知识来自体验,还有体验之外的、与生俱来的知识,即先验知识。康德是大家熟悉的代表人物。哲学界传统上称其为idealism,本文为了突出跟经验主义对比,译为“先验主义”。美国实用主义(pragmatism)①佩斯取洛克和康德之长,提出著名的符号学理论,开了当今生物符号学(biosemiotics)先河,Morris (西方语用学鼻祖)自己认为他的语用学理论不过是对佩斯理论的进一步发挥(Gu, 2019)。

6.1 洛克五官体验与认识论

洛克是公认的经验主义(empiricism)领军人物。在我国,他的名字往往跟“白板说”紧密联系在一起。这样的联想容易造成对他的误解。本文在此要强调他的宏观研究蓝图。《论人类理解力》开宗明义写道:“是人类理解力 (understanding) 使得人类凌驾于一切灵性生命,给予他统领万物的一切优越条件。”有趣的是理解力犹如人的眼睛,光看见他物而不能自见。“需要拿出技巧和付出劳苦置其于远处,使其能考察自身。” 把人类自然理解力作为人类有别于其他生灵的物种特质,在当时神造万物仍然为主导思想的时代,是要付出巨大的勇气和胆识。在我国,儒学认为人有别于禽兽,是“仁”(见

① 顾曰国(2017a)指出,把 pragmatism 译为“实用主义”不妥,应译为“验构主义”。

《孟子》)。然而荀子认为人“最为天下贵”的是“义”，“义”指人类的“辨”力(韦政通，2009)。这跟洛克的理解力有相似之处。

人通过理解力去认识万物以产生知识。理解力的最基本特征是能够思考(thinking)。人人都知道自己能够思考。思考的反身性、自我意识性极其重要。上面说过，理解力像眼睛一样看不到自己。但是思考作为理解力的一个功能可以。思考需要借助介质。洛克把思考介质称为“观念”(idea)。人有没有天赋的观念？洛克花费一整卷(第一卷)证明天赋观念为无稽之谈。

我们因此认为，心智(the mind)犹如白纸(white paper)，上面没有任何字，没有任何观念。它是如何载物的呢？人们忙碌不止的无限想象什么时候绘制出如此浩瀚、几乎变化无穷的库藏？用于一切推理和知识的原材料什么时候得到的？面对这些问题，我的回答，一个词，源于体验(experience)。我们的所有知识根植于此，也最终来源于此。(p.77)

体验，顾名思义，用身体去体验事物。洛克首要关注的是“感官体验”(sensible experience，洛克用词，e.g. BII, Chap 1；现代用法为 sensory experience)。感官(主要指五官)是心智感知事物的首要手段。感官跟各自合适的感知对象“交谈”(conversant)，如视觉跟感光物交谈，听觉跟声音交谈，各自把感知到的东西(即交谈结果)传送给心智。由此人们得到观念，如黄色、白色、热、冷、软、硬、苦、甜，即包括所有人们称为的“可感质性”(sensible qualities)。

此处需要强调的是“交谈”。这不是简单的比喻而已。相反，洛克要传达一个重要信息，即感官跟被感知物之间持有互动关系。洛克坚信被感知物不仅是独立于人的感官系统而存在，而且具有独立的属性，即第一质性(primary quality)。如物体有体积、广延、形相、运动或静止、量数等性质。这些性质是物体固有的，恒定不变的。拥有第一质性的物体以某种冲击作用(洛克说不出是何种力)跟感官“交谈”，感官把结果传送到心智，产生上面说的“可感质性”。相对第一质性而言，洛克把后者称为“第二质性”(second quality)。

人先有感觉，后有观念；儿童出生时的状况就是最好的证据。身外物体作用于感官产生印记(impressions)，触发心智自发运作智力操作，诸如感知、记忆、考量、推理等。条件成熟后心智便启动对基于感官体验的观念进行反思，产生基于反思的新观念。前者是源于心智之外的，后者相比之下是源于心智之内的。感官体验观念和反思观念是“所有知识的源泉”(Book Ⅱ, Chap Ⅱ, Vol. 1, p. 93)。

6.2　康德“三大批判”与感官体验

康德是公认的继柏拉图、亚里斯多德、笛卡尔之后西方最大的哲学家，无论是美国验构主义经典哲学家，还是现代哲学家，都无不受其影响。本文介绍康德，跟介绍其他哲学家一样，仅仅围绕本文主题。需要特别指出的是，本文作者不能阅读康德德语原著，参考和引用的都是英语翻译。术语中文翻译主要参考杨祖陶、邓晓芒(2001)。

毫无疑问我们一切认知都始于体验。认知官能难道不是在我们感官受到被感物刺激后被唤醒运作的吗？感官一方面产生自己的表象，一方面使理解力运转起来对表象作比对、关联、分离，把感官印象的原始素材加工成对被感物的认知，即人们所称谓的经验。时间上看，我们的认知没有先于体验的，一切认知始于体验。(译自 Kant, 1998 [1781, 1787]: B2)

这段读起来像似出自英国经验主义者的笔下。然而，下文笔锋一转勾画出另一番洞天。一切认知的确始于体验，但并不像洛克认为的那样都源于体验。康德认为，我们所有体验都是混成性的，部分地源于洛克所说的体验，部分地来自认知能力自身。康德接着作出一对著名的区分，a prior 对 a posteriori (B2)它们是借自拉丁语(已经成为英语的一般词汇)。a prior cognition 指独立于任何体验的认知。用康德自己的例子说明。假如有人要挖去自己房屋的地基，我们会说，他事先就该知道这样做房屋会倒塌的。经验主义者也许会反驳说，这里“房屋会倒塌”的知识在当下的确是先于经验的(即挖房基时房屋还未倒塌)，然而如果追根溯源这个知识还是源于体验。因为人们先前有过像釜底抽薪那样的体验。康德看到这一点。像“房屋会倒塌”这类知识仅仅在当下为先验的，然而他最关注的是纯先验知识，即那些绝对独立于一切体验的认知。相对于纯先验知识而言，房屋会倒塌还是经验性知识，即 a posterior 知识，即终究可追溯到某种体验的知识。

为什么要纯先验认知/知识这个概念？体验有很大的局限性，它只能告诉我们某事是如此，却不能告诉我们还可能是其他的样子。此外，体验不能让我们做出全部为真的判断。这是因为我们所体验的永远是具体的、当下的、个案的、开发的，没有人能把一切该体验的都体验完然后作判断。根据体验做出的判断不可能是必然的、普遍的。然而一个科学的哲学(康德心中的形而上学)必须做到必然性和普遍性。人类认知能力能够达到这个理想境界吗？康德要通过对人类纯理性的批判发现其所能及局限。

《纯粹理性批判》序言开宗直接切入理性的要害[①]。宽理性为从事思维活动的能力，诸如“弄明白事理”“把问题想透”“解决问题”等。统领这些活动的是逻辑规则。作为能力的理性旨在“发现事物的各种条件”，如探寻是什么？为什么？如何为？宽理性是人类日常生活所必不可少的。

窄理性则指宽理性的一个活动，即通过推理思维发现知识，这个过程用的是纯概念，即不是基于体验的概念。纯理性推理得到结论是纯的，即不需要通过经验性调查核实。这种发现知识的方法，康德认为其典型推崇者是柏拉图、笛卡尔等，即哲学史上称谓的唯理主义者(rationalists)。经验主义哲学对这种纯理性推理求知是嗤之以鼻的。康德的反应不同。他要对唯理主义者这种发现知识的方法进行“批判”。他的批判是中性的，即做出有理有据、不偏不倚的公正评价。

康德对纯理性的批判，首先指出人类理性由于自身本性导致自身所无法摆脱的困窘。柏拉图、笛卡尔、休谟等都没有看到这一点。人类理性的能力在唯理主义者手中被无限夸大了，而在彻底的经验主义者(休谟为代表)被完全否定了。康德通过批判要纠正两个极端，赋予理性和经验在人类知识获取上应有的地位。这在当时学术背景下是石破天惊的思想。或曰哲学界的“哥白尼革命”。

6.3 佩斯[②]的感官体验与符号学

佩斯生前正式发表的著作不多，现在佩斯研究中心对大量遗稿做过整理，并且编辑出版了《佩斯全集》。

“体验是我们唯一的老师。”的确，从人脑里会产生各种真的科学理论。然而人脑不管多么发达，却是很脆弱的，会被污秽的观念淹没。“体验所为正是逐步地通过分馏法把错误的观点尽快地过滤掉，清洗掉，……”(CP 5.50)

体验主要包括两种情况：一是观察，特别是实验观察；二是感官体验(即佩斯定义的 perception)。第一种观察体验实际包含第二种感官体验，因为感官体验是最基本的。佩斯认同有“直接感官体验”(immediate perception)，即感官的直接感应(percept，下称“直感应”)。我们可以用识读汉字来说明。当眼睛看到汉字的刹那间，眼睛的直接反应便是直感应。简要地说，这个反应即是眼睛看到了字形，但还没有感知到音和义。音和义的感知需要做“感知判断”(perceptual judgment)。

感知判断是佩斯构建他符号学的要素。他认为人类感知有天赋的本能，比如当耳朵听到同类语音时，听觉本能地去解析语音传达的信息，而不是关注语音信号的声学特征(与荀子、亚里士多德同)。同样，在解析语音信息时，眼睛如果同时看说话者时，视觉看到的是整个人[③]，而不是视觉信号特征，

① Burnham 指出，康德讨论的 *Vermögen* 分宽、窄两个涵义。*Vermögen* 英语通常译为 faculty，power 即宽理性(Burnham, 2007：184)。

② Charles Sanders Peirce，中文常见译名皮尔斯，也有皮尔士，显然是音译。Peirce 应该读 purse，不是 pierce，顾曰国(2017a) 建议改译为佩斯。本文采用之。

③ 佩斯受到格式塔心理学的影响。

如光度、明暗、色泽、距离感等。这种本能感知对佩斯为什么重要呢？先前经验主义者普遍认为，感官感知的是感觉，即物理信号刺激感官系统所引发的生理反应。感觉是人与被感知物之间直接的第一手信息。佩斯则指出：“感觉在我看来除了作思维的介质外没有其他价值。”（CP 5.600）。这是佩斯跟英国经验主义分道扬镳的地方，显示康德感官体验理论对他的影响。“感觉”相当于佩斯的“直感应”，而“直感应”只是感知判断的一部分。本能感知是一种运作能力，包括思维、感知系统和感觉-运动驱动的协同参与。虽然眼睛的直感应是光度、明暗、色泽等，但本能感知的却是整个人体。这是因为感知判断在其中起了作用。我们用佩斯小鸡啄食的例子来说明。

小鸡出壳后本能地知道啄食。佩斯把这种本能行为跟观念或知识联系起来：“你们大家会认为小鸡天生具有啄食的观念，就是说，小鸡能够想到这么做，虽然不具备想别的能力。”（CP 5.590）佩斯举此例一方面是反驳经典经验主义完全否定人类具有一定的天赋观念。连小鸡都有，“为什么你们会有人否定人类不能同样有天赋呢？”（CP 5.590）。另一方面佩斯要说明小鸡不可能像穆勒归纳推理所规定的那样，从一个个具体体验里慢慢做归纳，最后形成天赋的啄食观念。如果是这样，还没有等到获得这个观念就会饿死了。面对当前体验对象，本能感知提出最优假设，当前体验完成后即对假设做出验证，通过者成为信念或知识。这个过程佩斯称之为“索知逻辑”（abduction）。索知逻辑不仅是人类生存、而且是动物生存本能的一部分。佩斯指出，感知判断时索知逻辑是不停地在无意识状态下运转的（Cf.EP2：217-218）。

相对感知对象而言，佩斯索知逻辑推理用于发现知识或观念，以及对事件（如惊异事件）作出解释。用于后者时亦称之为朔因推理。两个推理过程示意图见图 3（a，b）。

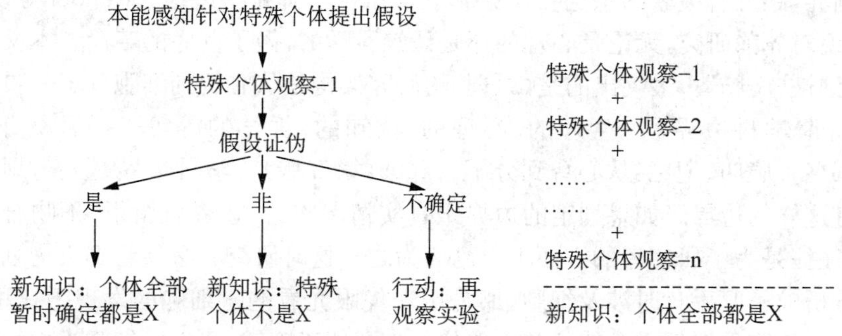

(a) 佩斯索知推理示意图　　(b) 穆勒归纳推理示意图

图 3　佩斯索知推理与穆勒归纳推理对比图

索知逻辑包括归纳逻辑。本能感知提出假设后，接下来的是“实验”。实验是广义的，除了在实验室特殊环境下发生的外，也包括自然条件下发生的。当眼睛直接感应到红色时，本能感知提出“玫瑰红”假设，接下来的观察（如树叶、形状）验证此假设是否正确。这种自然而然发生的为什么叫“实验“呢？因为观察是为了针对某个假设而进行的。这跟实验室研究是一样的。佩斯称其为实验，还有更深层的道理。根据当时占主导地位的穆勒归纳逻辑，用于推理的命题来自观察，每个观察所涉及的对象都是特殊个体，若要取得关于某观察对象的普遍认识（即得到新观念），观察者要做若干特殊个体体验。图 3(a,b)把佩斯索知推理跟穆勒归纳推理作流程对比，不同之处一目了然。

根据索知逻辑，如果特殊个体观察-1 显示假设是成立的，观察者就得到关于观察对象的暂时性普遍知识。如果显示是不成立的，观察者也得到关于观察对象的暂时性否定知识。如果显示不确定，观察者需要采取进一步行动，如对特殊个体继续观察。很显然，索知逻辑比归纳逻辑更贴近人们日常推理活动。

上文提过，索知逻辑对于人类和动物都适用。对此有必要作较详细的说明。这也是佩斯被视为当今生物符号学创始人的理由之所在。我们知道,人类和动物本能感知在操作上都是当下的,即感知主体—感知系统—感知对象三者处于同一时空间里。这也是体验运作的默认状态。我们要问,如果体验都是当下的,当下体验完成后完全消失吗？还是保存为过去的体验？如果是,如何保存？体验主体能预知尚未发生的体验吗？如果是,如何预知？我们用公式“体验主体(过去体验←当下体验→未来体验)”来概括三者关系。

人类通常的感知,笛卡尔认为是含混不清的,而佩斯则认为“含有接近真实的成分,…… 人的本能说,‘眼见则信’”(CP 5.593)眼见则信代表“常识论”的观点。佩斯说:“许多年来我一直是常识哲学的忠实信徒。”(CP, 5.597)

7　五官的脑神经科学研究

哲学家研究五官往往是服务于哲学研究任务,即使我国中医研究五官也不是为了彻底弄懂五官,而是服务于诊治疾病。相比之下,脑神经科学研究五官没有其他目的,就是为了搞清楚五官本身,可以视为五官的本体研究。

脑神经科学是历史较短的新兴科学,虽然如此,其发展非常迅猛,各种分支如雨后春笋。本文一是知识有限,二是篇幅有限,关于五官的脑神经科学研究主要依据诺贝尔医学奖得主 Kandel et al. 的巨著《神经科学原理》(2013,第 5 版,总 1709 页)。该书第五部分专论 perception,即上文定义的知觉。

我们知道,五官知觉研究是西方心理学的传统课题,也属于五官的本体研究,历史很悠久,James 的《心理学原理》(James, 1907)有专门的论述。认知科学兴起后,早期研究者对感觉、知觉与认知做了比较严格的划界,跟五官关联的感觉和知觉成了认知科学研究的边缘。Kandel 等研究五官及其感觉与知觉,可以说对先前研究,无论是心理的还是认知科学的,做了彻底的革命。本文作者读《神经科学原理》常常感到被“洗脑”。最突出的是《原理》的研究架构是从心智到细胞分子一贯到底,即原先研究划定的各种所谓学科边界——生理的、心理的、认知的、哲学的等等——都没有了。Kandel 与 Squire 合著的书名干脆叫《记忆:从心智到分子》(2009,第 2 版)。学科边界是人为划定的,鲜活的生命现象本身没有这样的边界。如果划定的边界跟真实情况吻合,边界就留下,不吻合的就应该去除。当然,人为划界往往是为了研究者的方便不得已而为之。这时研究者必须看到人为划界带来的弊病。

上面举例分析蚊子叮手背时涉及细胞,那是用现代眼光看的。细胞的发现把亚里士多德生物学带进现代生物学。细胞是鲜活生命体的基本单位。为了便于理解,我们以细胞为中心,勾画了生物生理学研究人体时做的分层结构示意图(图 4)。

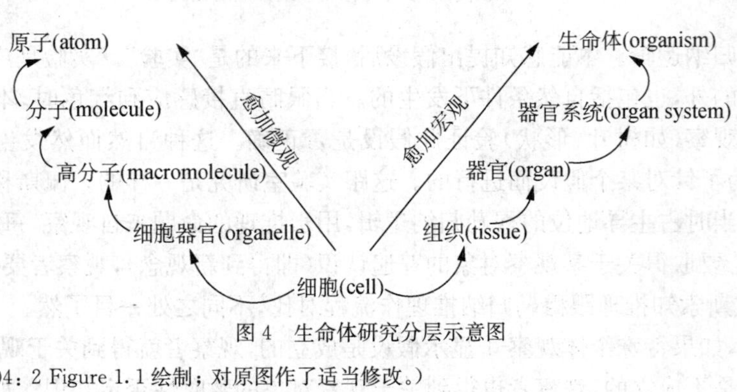

图 4　生命体研究分层示意图

(根据 Mader, 2004: 2 Figure 1.1 绘制;对原图作了适当修改。)

生物生理学把人体分成 9 个系统,感官模态归于神经系统。皮肤是最大的感官系统(归于触觉)。皮肤最早萌芽出现在胚芽第二个月。皮肤的神经纤维加起来长达 60 公里,静脉加起来长达 15 公里(Hoffmeyer, 2008: 18)。皮肤感官的面积随着婴儿身体的长大而增长。皮肤感官有百万个感觉接收器处理外部信号，产生接触、温度、压力和疼痛体验。皮肤感官无论是醒着、轻睡还是熟睡，是全天候运行的，是保证生命体活着的监视器。接触、温度、压力和疼痛都有阈值，一旦低于或高于阈值，婴儿就作出刺激-反射反应，如哭、肢体蠕动。

眼睛和内耳的发育迹象见于胚芽 22 天（Sadler, 2012, Eye, Ear 章）。听小骨 15 周达到成人的大小；耳蜗在 25 周就定型了（Fernald, 2001: 40-41）。20 周胎儿就开始听到妈妈的心跳和外部的声音，6 个月以后就能够听到妈妈的语音，甚至对妈妈语言的韵律敏感起来（Fifer, et al., 2001; Karmiloff & Karmiloff-Smith, 2001: 1-2）。简言之，发育正常的婴儿，其耳朵在出生时已经成熟。根据 Sadler(2012: 99) 胚芽第 7 周味蕾出现，第 10 周能做吞咽动作，第 14～16 周有呼吸动作，第 24 周有吮吸动作，第 28 周眼睛能够感光。

根据皮肤感官划定的边界我们把多模态感官系统按跟皮肤接触的距离分为远程、近程、零距离三类。视觉、听觉为远程模态，嗅觉为近程模态，味觉、触觉为零距离模态。由此区分不同的“模态感知域”（sensory sphere），最外围为视觉感知域（在无障碍的情况下），然后是听觉感知域，嗅觉感知域，最贴近亲历者的为触觉域和味觉域。多模态感知域一方面犹如多维探测网，外部事物一旦进入这些域（一个或同时多个域），认知主体的当下亲历与认知就启动运行。另一方面，多模态感知域为认知主体提供多维体验空间，进入域的事物——非零距离的事物实际上是该事物发出的“信号”——能够通过多模态感知与处理后而成为亲历体验过的事物（较详细的讨论见顾曰国，2016）。

本文此处突出介绍关于手的触觉研究。这是因为人类由四脚落地爬行到直立行走，前爪进化成手，其影响是无与伦比的。直立人的手可以自由地打手势。有些人类语言学和进化语言学研究者指出，手势交流可能是语音交流之母，甚至是语言进化的前期准备（见下文第 9 节进一步讨论）。神经科学实验研究发现，触觉敏锐度（tactile acuity）手指是 2 毫米，手掌 10 毫米，臂膀、大腿和背是 40 毫米（Kandel et al., 2013: 505）。中医切诊正是用触觉敏锐度最高的手指。手指细微的感触能力使人类双手变得灵巧。盲人手摸盲文可以每分钟读 100 多词。现在最先进的仿人机器人还是望“手”兴叹（见下节）。

手部感官信息提取服务于两个目的：一是认知，二是控制动作。如一方面感到是蚊子叮（认知），另一方启动拍打。触摸分两种：主动和被动。中医切诊属于前者，被蚊子叮属于后者。人手有四种机械感受器：麦斯钠触觉小体，穆克尔细胞，帕西尼触觉小体，卢飞尼触觉末梢。四种感受器按反应速度分为两类：慢适应感受器和快适应感受器，如图 5 所示。

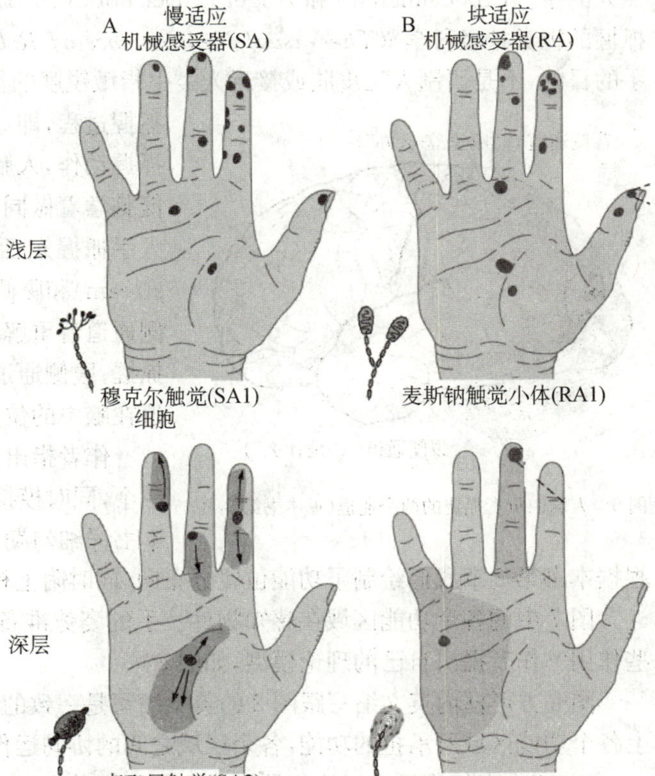

图 5　手部四种感官器

（根据 Kandel et al. 2013: 503 Figure 23-4 绘制）

手仅仅触摸就可以识别手中的物件。如果物件先前体验过，感觉信息便直通记忆，瞬间辨识出来。如果物件是未知的，感受的体验也不是仅提取物件的某个特征，而是关于物件的整体情况，以便后期认知加工处理。

Kandel 等人总结指出，脑神经科学研究发现，感知系统每个瞬间所得到的信息都是“不完美的”“不完整的”。感官系统因此不像一个物理仪器，做各种精准测量，而是在设计上就是为了对被感知的世界做推测。感官数据不能被视为提供答案，而是提供线索。以视觉为例。眼睛视网膜上的信息是不完整的、有瑕疵的。脑在这个线索的基础上，参考先前记忆里信息，以及当下其他信息，最后推断形象是什么。这验证了佩斯的知觉判断的正确性。

8　仿人机器人：以触觉和机器人手为例

早期工业机器人纯粹是机械性的，只能做设计好的固定动作，不能自移位，不能跟周边环境互动，换句话说，没有生命特征。20 世纪 80 年代，机器人学(robotics)着力研究知觉与动作的互动。机器人要自移位，就必须能够静、动态感知自身，感知不断变化的外部环境以及与自身的关系。给机器人配上感官系统(即给机器人装上各种传感器)从而模拟人的视觉、听觉、触觉等功能。仿人机器人的智能包括物体识别、语音识别与合成、时空间定位定向、自纠错等。其复杂程度本文都难以形容。但是我们观察一下仿人机器人的机器手，从中可以看到一些基本原理。

初生婴儿很快就能用手抓东西往嘴里送。这个过程可分解为抓、握、送三个环节。有趣的是，新生婴儿能做本能“握”的反射反应，但做有意识的、在注意力驱使下的握、抓动作，却是要通过后天经验学习的。工业机器人的抓握能力是衡量机器人设计与开发的重要指标，宏观上要看机器手能否抓起超大重物，微观上要看机器手能否操手术刀。仿人机器人，顾名思义，是仿照人的，它的手当然也要仿照人的手。Eris Chinellato 和 Angel P. Del Pobil(2016)是此类研究的代表。该书英文名为《机器人抓握的视觉神经科学》(*The Visual Neuroscience of Robotic Grasping*)①。书名显示，他们研究机器手的目的，不是研制人工皮肤或接近人类手指敏锐度的传感器，而是模拟人类视觉神经系统管控手的抓握过程，即让“人工智能脑-机器手”模拟“人脑—人手”的抓握动作，人脑指挥人手去抓握东西的各种操作，让人工智能脑学着做同样的操作。本书非常细致地梳理了人脑指挥人手抓握东西的研究成果，简要归纳为背侧通道(dorsal stream)和腹侧通道(ventral stream)两者的协同运作。背侧通道着重解决感知待抓握物件的位置以及定位后如何去抓握；腹侧通道着重解决感知待抓握物件的特性。两个通道在脑中的位置，如图 6 所示。

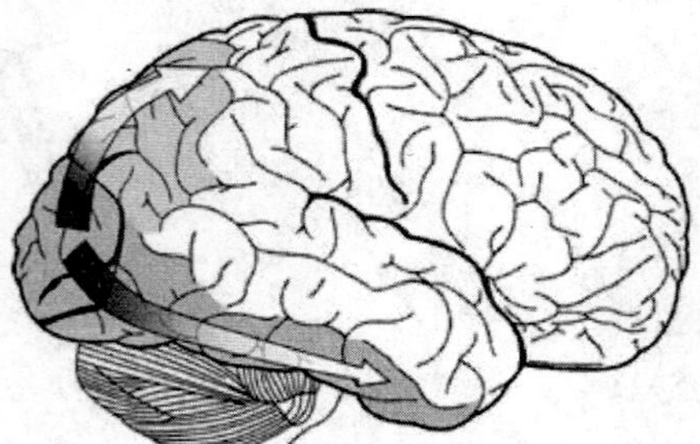

图 6　人脑中负责抓握的两个通道(见本书第 8 页)

作者指出，迄今，同行的研究主要是模拟两个通道中的一个，同时模拟两个通道的协同运作，本书可以说是首例。本书详细勾勒了两个通道的抓握功能以及在脑中的位置。根据本书第 2 章我们绘制了功能位置分布图，同时附上核心术语的中英文对照，见图 7。

图 7 中的各个功能区域在感知物件—手的姿势准备—实施抓握动作这个完整流程中，具体起哪些作用？作者提出自己的理论模型，如图 8。

图 8 方形框内英文缩写跟图 2 的英文缩写是一致的。参照图 6、7 来看图 8，背侧通道和腹侧通道上各个功能区域所承担的功能，各个区域之间的协同运作就可以看得很清楚了。

至此，本书好像没有讨论机器视觉与抓握。其实不然。图 8 虽然是关于人脑是如何基于视觉信息做抓握动作的，但是，如上文说过，本书研究机器人的视觉与抓握，近乎于复制人脑的操作。图 8 中

① 本文作者(笔名滴石)和吴国良 (2016) 做过书评。本文的图 7—9 引自该书评。

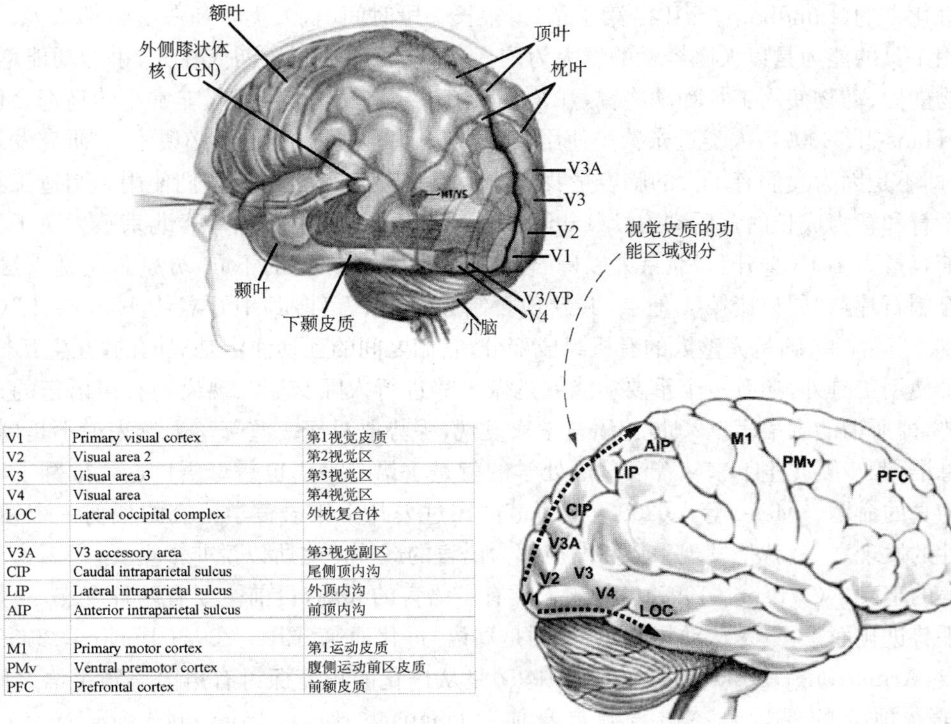

V1	Primary visual cortex	第1视觉皮质
V2	Visual area 2	第2视觉区
V3	Visual area 3	第3视觉区
V4	Visual area	第4视觉区
LOC	Lateral occipital complex	外枕复合体
V3A	V3 accessory area	第3视觉副区
CIP	Caudal intraparietal sulcus	尾侧顶内沟
LIP	Lateral intraparietal sulcus	外顶内沟
AIP	Anterior intraparietal sulcus	前顶内沟
M1	Primary motor cortex	第1运动皮质
PMv	Ventral premotor cortex	腹侧运动前区皮质
PFC	Prefrontal cortex	前额皮质

图 7　人脑视觉-运动功能及其位置分布图

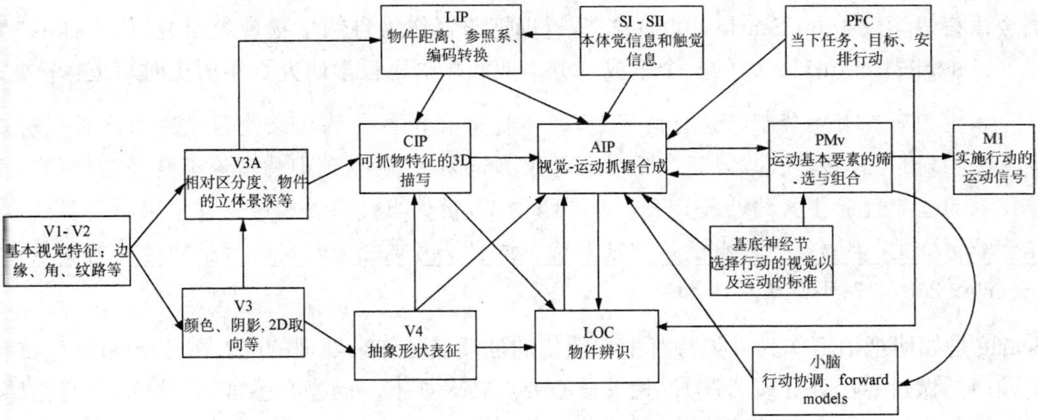

图 8　根据本书英文原图绘制(见该书第 69 页)

的每个功能框都有对应的智能程序块；图 8 中的箭头等于智能程序块之间的接口。所谓智能程序至少有两层含义，一是支撑智能块的数据是概率性的。换句话说，机器人要做当下认知，随现场的实际情况及其变化动态地做出判断。二是从每次抓握物件中学习(机器学习)，成功的或不成功的，都要学。根据当下认知的结果做判断、从实践中学习正是人类智能之所在。

9　从手到直立人，到智人，直到修辞即做人

上文讨论多次以手为例。至此，手是作为触觉器官看待的。这一节把手跟人类的进化、语言的产生和修辞即做人进行整一考察。在这个大的视野下，手不仅是触觉器官，而更重要的是手在人类生活里所起的作用。从生命起源看，手除人类外，人类近亲如猿人、猩猩、猿猴也有，手推测是从海洋鱼类

动物的鳍进化来的(Lundborg, 2014: 第1章)。很长一段时间内,人类学和考古学都认为,人手制造工具和使用工具的能力是以人脑容量的增大为前提条件的,即脑容量增大在先,手的功能增加在后。随着对动物能力、动物使用工具和动物智慧的大量研究,结果发现连脑容量非常小的鸟都会使用各种材料筑巢(Hansell, 2000),人类近亲猿类使用工具(如石头砸坚果)就更不必说了。"研究发现支持这样的理论,即不是因为我们有了大的脑容量我们才开始使用工具。相反,我们使用和制造工具是推动我们的脑发育和智力成长的背后动力。"(Lundborg, 2014: 33)。北京周口店北京猿人属于早期直立人,"平均脑容量为1075毫升","北京人以砾石为锤,已能根据原料的不同,分别采用锤击法、碰砧法和砸击法打制石片","周口店第1地点,共发现石制品10余万件,其中石器约17 000件"(郭立新, 1998: 168)。当然,手、脑是完整人的有机组成部分,它们之间的互动注定是双向的,互生互长的。

手除了使用工具外,还有一个重要功能就是做手势进行人际交流。现代操有声语言的人也边说话边做手势,即所谓的副语言。20世纪语言学家发现,手势语对于一些部落人群来说不是副语言,而是他们的母语,聋哑婴儿生下来从聋哑父母处学的就是手语。手语也是母语!这就推翻了语言即有声的习以为真的命题。Meier等人(2002:4)写道:"在过去几十年语言学研究的任何一个领域,最重要的实证性的发现之一,就是发现手势和发声都为语言的载体。之所以说非常重要,是因为它改变了我们对语言的定义。"(Wilson, 1999)。关于人类有声语言的起源,目前主要有两种观点,一是从近亲如大猩猩手势进化而来,二是从动物鸣叫(特别是鸟语)进化而来(Ritt, 2004; Burling, 2005)。关于第一种观点,Armstrong, Stokoe和Wilcox(1995)是从进化的角度探讨有声语言跟手语之间的关系的一部专著。他们的要旨是:"语言源自身体"(language comes from the body, p. 4)。Stokoe(2000)论证人类是如何从手势到手语。最有力的推动者首推Corballis(2017)。手势语为有声语的前身跟上面强调手使用和制造工具对人脑进化发育的推进作用是一致的。

当今语言哲学家John Searle(2007)发文,提倡把语言作为自然生物现象研究,作为他的"生物自然主义"(biological naturalism)的一个组成部分。他回顾语言哲学研究百年历史时写道:

> 本主题研究者一般都有这样的问题,即不把语言作为自然现象处理。这个指责乍听起来有点怪怪的,因为许多当代以及近期语言哲学家都迫切地强调,他们的理论都是经验性的。奎因和戴维森为坚定经验主义的凸显代表。我不满的是,很少当代或近期语言哲学家做出尝试,把语言作为非语言的、生物能力的自然延伸来对待。语言没有被视为人类特有生物遗传的延续或延伸。(Searle, 2007: 7; 下划线引者加)

Searle是如何把语言作为人类特有生物遗传的延续或延伸来处理的呢?关于Searle生物自然主义理论顾曰国做过专门评介(2017b)。相关核心要点转录如下。动物有感官,有感知,也有情感,动物也有意向性和意识。笛卡尔等认为,动物没有意识状态。Searle反驳说,这完全不符合事实。"当我工作后回家,我的狗冲上来迎我,摇着尾巴,上下跳跃,我坚信它有意识,而且它的意识里有内容:它高兴见到我。"(Searle, 2004: 38)。Searle指出,他坚信狗带有内容的意识,是因为狗有脑,有感知器官,有跟人相似的身体架构。狗的体外行为不是紧要的,关键在把它见到主人(输入端)跟体外行为(反应输出端)连接起来的脑机制的因果作用。"在人类,输入端刺激引发体验,体验引发输出端行为。其底层的、使刺激引发体验的生理结构,人跟高级动物相对而言是类似的。这才是我们完全坚信狗、猩猩有跟我们类似的意识状态的理由。"(Searle, 2004:38-39)。

我们知道,人类与动物之间"间断"与"不间断"之争由来已久,Searle显然不仅认为人类与动物非但身体上不间断,而且在脑的智力上也是不间断的。尽管动物学不会人类语言,但动物有自己的语言。动物语言是生物现象,人类语言也是生物现象,是生物能力的自然延伸。图9用可视化方法对Searle的语言观做了总结。

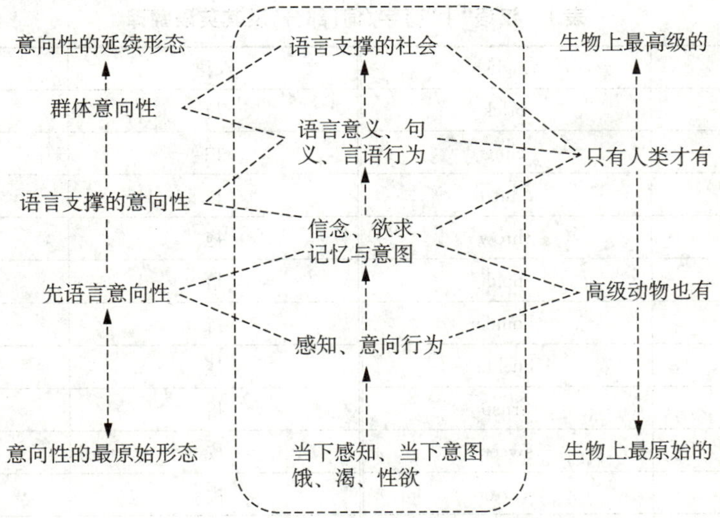

图 9　Searle 的生物自然主义语言观(引自顾曰国，2017b)

图 9 以中间为轴心，由下往上读，同时照看对应的左右两边。

(1) 当下感知、当下意图跟饿、渴、性欲等一样，是生物上最原始的，它们有意向性的最原始形态，即都必须指向状态自身之外的东西。

(2) 感知、意向行为比上面冲动型高级一些，可以用心理活动来称谓。高级动物做感知、意向行为。它们具有意向性，Searle 称之为“先语言意向性”(prelinguistic intentionality)。

(3) 信念、欲求、记忆和意图上更高的台阶，意向性获得语言的支撑，人类超出同类动物，成为“万物之灵”。语言意向性是对先语言意向性的延伸。

(4) 语言意义、句义、言语行为等完全超越个体进入群体，对应的是群体意向性(见 Searle, 1990)。

(5) 顶层“语言支撑的社会”是 Searle(2007)的主题词，强调整个人类社会是通过语言构建起来的。

Searle 用反推法研究上述问题：假如我们把人类语言从现在的人类现状中抽取，剩下的是个什么样子？或另一种问法：人类在语言出现前是个什么样子？语言出现后给人类增加了什么东西？图 9 左边显示的正是 Searle 问的问题及其研究线索：从意向性的最原始形态，到先语言意向性，到语言意向性，再到群体意向性，直至语言支撑的社会(意向性延续的顶端)。

本文从手的进化入手，讨论手对人类智力和语言进化的作用。思路跟 Searle 的是一脉相承的。Corballis 指出，手“抓握”这个概念(grasping)在英文里有延伸的比喻用法，表达“理解”“明白”，如 He instantly grasped that Stephen was talking about his wife. 英文动词 comprehend，apprehend 源自拉丁语 prehendere，义为“抓握”。无独有偶，汉语里“抓住要点”“把握本质”也有此类比喻延伸。我们还发现，以“手”为偏旁组成的汉字达 395 个，提手旁“扌”组成的汉字达 2847 个(这两个数字从语料库里自动提取的，未经人工校对，可能有误差，一般在－/＋5%以内)。另外，凡是有“扌”旁的汉字，“扌”旁都在左边，还没有发现例外。在知识本体构建上，汉字的这些特点为我们提供了极大的便利。试比较表 1 左边汉字/词与右边英语翻译。

这 51 个“扌”旁字/词都含手的动作，汉语“扌”旁给我们分类好了，而对应的英语则完全不同。概念上与汉语词对应，但做英语知识本体构建时，构建人要逐一分析每个动词之后才能得到本体的线路。古罗马时期大修辞学家昆庭里恩[Quintilian(AD 35-100)]写道：

表 1　汉语“扌”旁字/词(部分)及其英语翻译

汉语	English	汉语	English
扎	prick	拉	draw
扒	cling	拍	clap
打	hit	拔	pull
扔	throw	拖	draw
托	hold	拾	pick up
扛	shoulder	持	hold
扣	buckle	挂	hang
执	grnsp	指	point
扫	sweep	按	press
扬	scatter	挑	pick up
扭	wrench	挖	dig
扯	tear	捋	strip leaves
找	search	捏	pinch
抄	copy	捡	pick up
抓	catch	掐	pinch
投	throw	接	catch
折	break	推	push
抚	stroke	提	carry
抛	fling	插	insert
抠	dig out	握	grasp
抬	lift	搔	scatch
抱	hug	摁	press
抹	smear	摇	shake
抽	draw out	摔	throw
拈	twist	摘	pick
		摸	feel

至于手,离开他任何行为都将是残缺的,衰弱无力的。几乎不可能把手的各种动作描写下来,因为它们的表现力几乎跟语词一样。身体其他部位虽然也对演说者有帮助,然而手几乎自己在说话。(Institutio oratoria.本文转引自 Corballis, 2017:123)

汉语里“手”为偏旁的 395 字/词,“扌”组成的 2847 个字/词可以说验证了昆庭里恩上面的话,无愧为人类文明之独创!亚里士多德把触觉(手为最灵活的触觉)视为所有动物共有的感官。人类可以说把这个动物感官用到了极致。

汉语和英语里都有以手指人的用法,如“人手不够”,“We are currently short of hands.”这就回到本文最后修辞即做人这个话题上。我们知道,荀子根据人的修礼的程度把人分成许多类,如图 10 所示。

荀子在论述五官与学习的关系时,同时加入道德考量。“君子知夫不全不粹之不足以为美也,…… 使目非是无欲见也,使耳非是无欲闻也,使口非是无欲言也,使心非是无欲虑也。及至其致

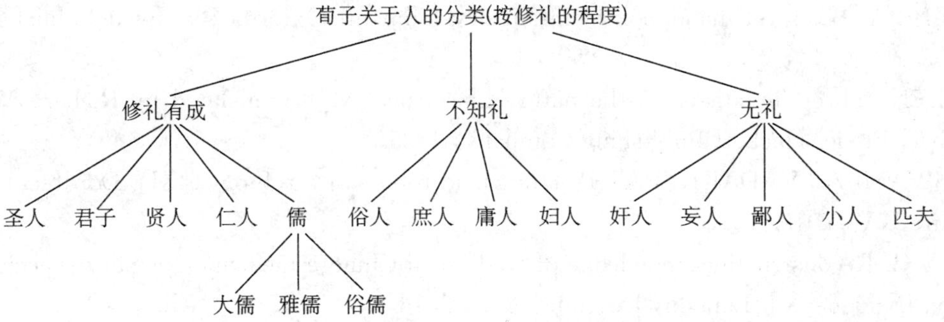

图 10　荀子关于人的分类

好之也，目好之五色，耳好之五声，口好之五味，心利之有天下。…… 君子贵其全也。”《劝学》用现代的术语说，君子的德操对于五官接受外部信息来说，要行使过滤器（…… 非是无欲……）的作用。这个过滤器使得“君子”有别于“小人”。

修辞即做人中的人指修礼有成的人。不知礼之人谈不上修辞，无礼之人如果谈修辞，即对修辞的滥用，亵渎。本文的主旨就是要回到荀子自然人这个基点上去。他的天官，即本文的多模态感官系统，跟其他动物一样，都是自然而生的。他的“天君”在本文里也是自然而生的，而且是身脑心整一的，不具有像荀子所赋予的那种超凡的管控力。概言之，构建修辞学的基础，是由动物进化而来的自然人。不仅如此，Searle 提倡的生物自然主义语言观也是构建修辞学的语言观。从 Searle 的最原始意向性和先语言意向性出发，人类语言最初发源于原始的言语行为。换句话说，语言使用是一切人类语言现象——词汇、句法、音系、语义——的源头。以语言使用为研究对象的修辞学，研究这个源头是不可推卸的重任。

把修辞学研究回归到研究自然人是如何做人，这样修辞是人人的修辞，而不是君子、作家等所独有。

参考文献

[1] ARISTOTLE. On the Soul, Sense and sensibilia[M]//BARNES J. The Complete Works of Aristotle. Rev, ed. Oxford translation, 1984.

[2] ARMSTRONG D F, STOKOE C W, WILCOX E S. Gesture and the nature of language[M]. Cambridge: Cambridge University Press, 1995.

[3] BREMNER, GAVIN, FOGEL A. Blackwell handbook of infant development[M]. Oxford: Blackwell Publishers Ltd, 2001.

[4] BURLING, ROBBINS. The Talking ape: how language evolved[M]. Oxford: Oxford University Press, 2005.

[5] KANT I. Critique of Pure Reason[M]. (Translated and edited by Paul Guyer and Allen W. Wood.) Cambridge: Cambridge University Press, 2000.

[6] CHINELLATO, ERIS, DEL POBIL P A. The visual neuroscience of robotic grasping[M]. New York: Springer, 2016.

[7] FERNALD A. Hearing, listening, and understanding: auditory development in infancy[M]// Bremner G, Fogel A. Blackwell Handbook of Infant Development. Oxford: Blackwell Publishers, 2001: 35-70.

[8] FIFER W P, MONK E C, Jill G F. Prenatal development and risk[M]//BREMNER G,

FOGEL A. Blackwell handbook of infant development. Oxford：Blackwell Publishers，2001：505-542.

[9] GALEN. Three Treatises on the nature of science[M]. Translated by Richard Waizer and Michael Frede. Hackett Publishing Company，1985.

[10] GOSWAMI A，VADAKKEPAT P. Humanoid robotics：a reference[M]. Dordrecht：Springer Nature B.V，2019.

[11] GU Y G. Reconstructing knowledge of traditional Chinese medicine：plenary speech at Global China Dialogue[R]. London，December 2-3，2016.

[12] GU Y G. Morris lost pragmatics：a plea for multimodal semiotic pragmatics [M]//Chinese Semiotic Studies，2019，15(2)：217-242.

[13] HANSELL M. Bird nests and construction behaviour[M]. Cambridge：Cambridge University Press，2000.

[14] HOFFMEYER J. A legacy for living systems：gregory bateson as precursor to biosemiotics [M]. Springer，2008.

[15] JAMES W. The principles of psychology[M]. Volumes 1-2. Macmillan and Co.，Ltd. Reprinted by China Social Sciences Publishing House Chengcheng Books Ltd，1907.

[16] JONES L，Lederman J S. Human hand function[M]. Oxford：Oxford University Press，2006.

[17] KANDEL E R，SCHWARTZ H J，et al. Principles of neural science[M]. 5th ed. New York：The McGraw Hill Companies，Inc，2013.

[18] KANT I. Critique of pure reason[M]. Translated and edited by Paul Guyer and Allen W. Wood. Cambridge：Cambridge University Press，2000.

[19] KARMILOFF K，ANNETTE K S. Pathways to language[M]. Cambridge，Massachusetts：Harvard University Press，2001.

[20] LOCKE J. Essays concerning human understanding[M]. London：Henry G. Bohn，1854.

[21] LUNDBORG G. The hand and the brain[M]. London：Springer Verlag，2014.

[22] MACKENZIE C L，THEA I. The grasping hand[M]. Amsterdam：Elsevier Science B. V，1994.

[23] MADER S S. Understanding human anatomy and physiology[M]. 5th ed. The McGraw Hill Companies，2004.

[24] MEIER R P，CORMIER K，QUINTO-POZOS D. Modality and structure in signed and spoken languages[M]. Cambridge：Cambridge University Press，2002.

[25] PEIRCE C S. The Collected papers of Charles Sanders Peirce. 8 vols. Edited by C. Hartshorne and P. Weiss（Vols. 1-6）and A. Burks（Vols. 7-8）[M]. Cambridge，Mass.：Harvard University Press，[1997].

[26] RITT N. Selfish sounds and linguistic evolution[M]. Cambridge：Cambridge University Press，2004.

[27] SADLER T W. Langman's medical embryology[M]. 12th ed. Baltimore：Lippincott Williams & Wilkins，2012.

[28] SEARLE J R. What is language：some preliminary remarks [M]//KECSKES I，HORN L R. Explorations in Pragmatics. Berlin：Mouton de Gruyter，2007：7-38.

[29] SICILIANO B，KHATIB O. Humanoid robots：historical perspective，overview，and scope

[M]//AMBARISH G，VADAKKEPAT P. 2019：3-8.
[30] SQUIRE L R，KANDEL E R. Memory：from mind to molecules[M]. Greenwood Village：Roberts & Company，2009.
[31] TALLERMAN M. Language origins：perspectives on evolution [M]. Oxford：Oxford University Press，2005.
[32] WILSON F R. The hand：how its use shapes the brain，language，and human culture[M]. New York：Vintage Books，1999.
[33] 陈光磊，王俊衡.中国修辞学通史 先秦两汉魏晋南北朝[M].吉林：吉林教育出版社，1998.
[34] 顾曰国.当代语言学的波形发展主题二：语言、人脑与心智[J].当代语言学，2010，12(4)：289-311.
[35] 顾曰国.当代语言学的波形发展主题三：语言、媒介与技术[J].当代语言学，2011，13(1)：22-48.
[36] 顾曰国.论言思情貌整一原则与鲜活话语研究[J].当代修辞学，2013(6)：1-19.
[37] 顾曰国.多模态感官系统与语言研究[J].当代语言学，2015，17(4)：448-469.
[38] 顾曰国.当下亲历与认知、多模态感官系统与大数据研究模型[J].当代语言学，2016，18(4)：475-513.
[39] 顾曰国.从皮亚士到布兰顿看实验主义演变——兼论与语用学的关系[R].第7届当代语言学圆桌会议主旨报告，2017a.
[40] 顾曰国.意向性、意识、意图、目的(标)与言语行为[J].当代语言学，2017b，19(3)：317-347.
[41] 顾曰国.断言、知心与修辞立其诚[J].当代修辞学，2018(总208期)(4)：1-14.
[42] 郭立新.考古人类学[M].广西民族出版社，1998.
[43] 王洪图.黄帝内经灵枢白话解[M].北京：人民卫生出版社，2005.
[44] 韦政通.中国思想史(上)[M].长春：吉林出版集团有限公司，2009.
[45] 吴国良，滴石.任务驱动的当下认知：《机器人抓握的视觉神经研究》评介[J].当代语言学，2016，18(4)：617-623.
[46] 熊公哲.荀子今注今译[M].台北：台湾商务印书馆，1977.
[47] 杨祖陶，邓晓芒.康德《纯粹理性批判》指要[M].北京：人民出版社，2001.

第二十一章　童、老听视觉模态发育、衰老与语言

顾曰国

1　引言

人既是自然的要素，又以独立生命个体与万物分离。分离的生命个体通过各种感受器与万物互动构建联系。人体有许多种感受器，一般分为三大类：①由脑神经传入，包括听觉、视觉、味觉、嗅觉、前庭觉；②由脊柱和某些脑神经皮肤分支传入，包括表面感觉（如触觉）和深部感觉（如痛觉）两个小类；③由内脏神经传入，包括饥饿、恶心等。

本文聚焦两个感官模态及其两个相关问题：①听、视觉在人一生中的发育、成长、鼎盛、衰老等基本过程是个什么样子？②这个动态变化过程对人的语言有什么影响？

围绕上面两个问题，本文把“人”分为四个取样类型：①听视双康健者；②失听者；③失视者；④听视双失者。“失”指原先有而后来因某些原因导致丧失，与其对举的概念是“先天”。先天造成的失（即发生在妊娠期）不在本文讨论之列。本文把人生分为三个大的阶段：童年期、中年期和老年期。根据顾曰国（2019）老人取样分类定义，超康健老人和成功老龄老人属于一生听视双康健者（指听视功能，见下文第 5 节）。其他类老人在某种程度上可能是失听者，或失视者，或听视双失者。

语言在本章中分两个层面来考察：①神经-认知层面，包括语言理解与产出；②语用与人际交流层面，包括语音和文字两个通道。这两个层面跟听视觉模态的互动关系，如图 1 所示。

本文分 6 节围绕上面的两个核心问题展开讨论。第 2 节交待研究框架。第 3 节勾画成年人听、视觉模态信号处理路线图以及语言成熟状态。第 4 节阐释童年听视觉模态与语言发展。第 5 节探讨老年听视觉模态衰老及其语言使用状况。最后第 6 节指出本文不足以及亟待解决的问题。

2　研究框架：人生历程大数据 3E 模型

2.1　概要

人生历程（life course），对于个体生命来说，卵子成功受精为其始点，脑死亡为其终点。从起点到终点为人生历程。时间上人生历程有生命周期（life span），可长可短，长者过百岁，短者腹中死胎。本文探讨人生历程常见的两端，发端童年期（0～12 岁）和末端老年期（60 岁以上）。

受精卵在母体 266 天左右的发育过程中，内耳的发育迹象见于胚芽 22 天（Sadler 2012，Eye，Ear 章）。听小骨 15 周达到成人的大小；耳蜗在 25 周就定型了（Fernald，2001：40-41）。20 周胎儿就开始听到妈妈的心跳和外部的声音，6 个月以后就能够听到妈妈的语音，甚至对妈妈语言的韵律敏感起来（Fifer，et al.，2001；Karmiloff & Karmiloff-Smith，2001：1-2）。简言之，发育正常的婴儿，其耳朵（注：不等于整个听觉模态）在出生时已经成熟。

眼睛发育迹象也见于胚芽 22 天（Sadler，2012：415）。4 周后视沟、视泡、晶状体基板等已经形成。视泡发育与外胚层接触后引发晶体的形成。第 28 周眼睛能够感光（早产婴儿能够证明这一点）。正常婴儿出生前在羊水里，出生后才能真正感光。跟听觉相比，新生婴儿眼睛尚未成熟。

【作者信息】顾曰国：教授，北京外国语大学人工智能与人类语言重点实验室，同济大学老龄语言与看护研究中心。

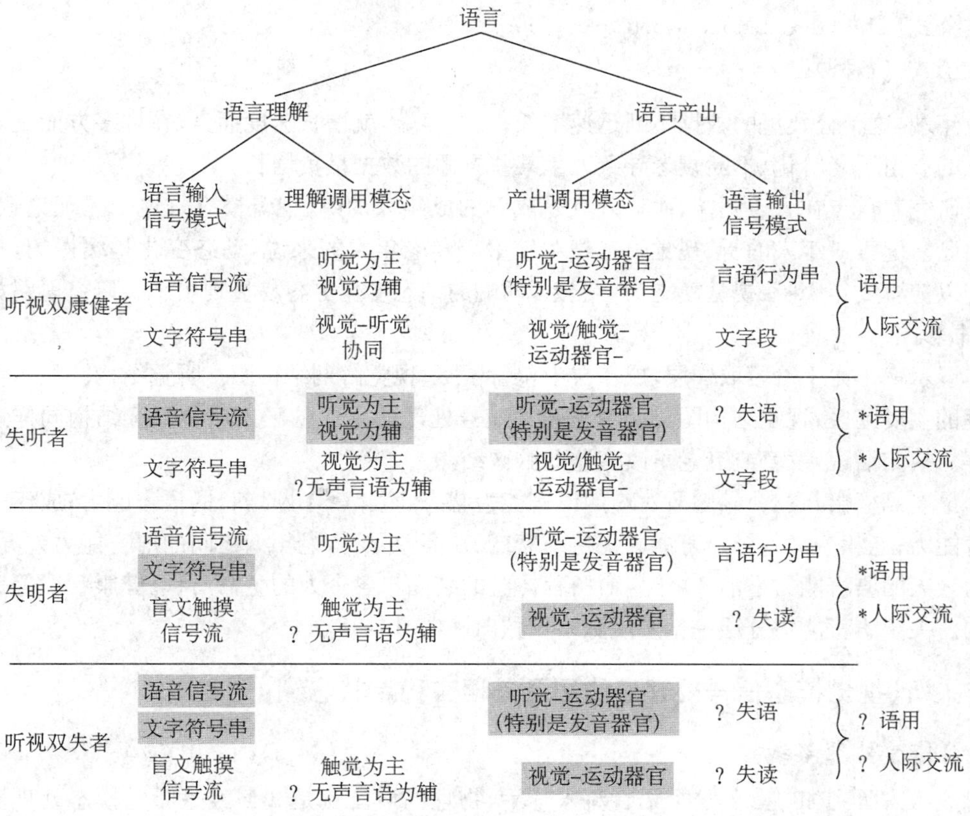

图 1　听视觉模态与语言互动关系示意图

注：(a)阴影框图表示原来有而后失去；(b)阴影还有另外一层含义，即不是完全丧失。根据当今神经科学的研究，完全丧失听力或视力的患者罕见。(c)触觉作为补偿手段列入图中。(d)“*”提示不正常；“?”提示未知情况，有待研究证实。

无论出生时成熟状态如何，听、视觉发育成长是新生婴儿习得母语的核心感官模态。这两个感官模态若不能正常发育，必定会造成母语(包括声语和手语)习得障碍。

在生命历程老年末端，听、视觉模态在老龄化或老年疾病的作用下发生老化蜕变，导致听、视觉模态在其功能方面丧失原先的效率，由此引发语言理解和产出失常，导致语误、语蚀、甚至语障(顾曰国，2019)。

在大趋势上，童年端，听视觉和语言是随着发育不断地动态互动增强；老年端，是不断地动态互动下滑。如何研究这个正负动态变化过程？本文研究视角可归纳为人生历程大数据 3E 贴真建模(顾曰国，2016)。

2.2　人生历程大数据 3E 贴真建模

人生历程学是 20 世纪下半叶逐步形成的新兴学科。其最显著的科学命题是：人生每时每刻都在发展与变化。这个命题咋听来是人们普遍接受的常识，没有新意。的确如此。然而，人生历程学的贡献之一，在于把这个常识变为研究人生的一个科学范式，即形成了与之匹配的一套可验证的概念、理论和方法(Mortimer et al.，2002；Santrock，2019)。在此范式下，顾曰国提出了人生历程大数据 3E 贴真建模。

3E 模型的名称来自英文表达 the Experiencer- Experiencing- Experience(亲历者—当下亲历—体验)的三个首字母。3E 的核心思想很简单，人生即活着，活着即不停地做当下亲历，由此产生难以胜计的各种体验。用公式表达为：

英文公式：The (dimensional) self {… {…}…}

中文公式：(各种)己 {…{…}…}

在童年端，这个公式里的数据不断迅速增长；在老年端，就增长速度而言，在许多方面是难以和童年端相比的。由于老龄化，不断衰老导致人生某些方面的数据呈负增长。

本文研究着重点在人生两端，而切入点是成熟的成年人的听、视觉模态。这个无理论意义，仅研究策略而已。健康成年人的听、视觉模态相对于童年和老年人的来说，动态变化是缓慢的，相对稳定的。我们以健康成年人听、视觉模态为参照系，两端的动态变化更容易显现出来。研究思路如图 2 所示(见本书彩图)。

图 2 展示三个人生阶段取样层，成年层中包含了听、视觉解剖结构图。听觉结构图显示参与听觉信号处理的主要脑区；视觉结构图显示参与视觉信号处理的主要脑区。这些脑区结构同样适用于童年和老年。换句话说，发育或衰老不改变这些脑区结构。

图 2 最右侧标出与三个年龄段对应的语言能力状态：童年→不断增长的语言能力；成年→稳定增长的语言能力；老年→高差异语言能力保持与衰老。"高差异"指老年人之间的语言能力差异非常大。这是因为老人的语言能力是前 60 年生命历程体验的结晶。各个人的生命历程、健康状况等完全是因人而异的。关于语言能力分层一生发展脉络见顾曰国(2019：31)。

3　成年人听、视觉模态信号处理路线图及其语言稳定状态

3.1　听觉信号处理路线

健康成年人听到如"您好"这个语音流入耳后，物理的声音流是如何经过听觉模态处理变为有意义的"问候-体验"？当今脑神经科学取得了前所未有的成就，为我们揭开这个谜提供了粗线条路线图，如图 3 所示(见本书彩图)。

为了便于理解和记忆，我们可以把图 3 中 1～6 步划为听觉器官处理阶段，7～12 步听觉模态处理阶段。前段主要解决把声波机械振动转化为电波脉冲。后段主要解决把声音脉冲转化为神经脉冲，以及把神经脉冲转化为意义。关于最后从神经脉冲到意义这一步，目前脑科学最前沿的知识停留在粗略地推测大概的脑区和神经网络，揭开到底是如何转化的这个谜底，为期还很遥远。

3.2　视觉信号处理路径

现在我们看成年人视觉模态。当成年人看到熟悉面孔后(即视觉输入信号)，视觉信号是光波，光波进入眼球、到视网膜反射成像、最终做到人脸识别并且叫出名字——整个过程，我们同样根据当今脑科学研究成果，能够勾画出主要路线图(图 4)(见本书彩图)。

图 4 中 8 个步骤，可以分为 3 组，1～2 把光波转化为视神经脉冲；3～4 把神经脉冲送到中枢神经皮层去做高级处理；5～8 分背侧和腹侧两个通路分别对图像脉冲做内容处理。为了便于叙述，下文把这三组分别称为"前端视觉"(early vision)、"中端视觉"(intermediate vision)和"高端视觉"(high-level vision)。跟听觉模态一样，关于神经脉冲如何转化为有意识的人脸识别，当前知之甚少。

至此，我们分别用"您好"和人脸视觉信号演示成年人的听、视觉模态的处理路线图。根据我们的研究策略，这些路线图是研究童年和老年的参照系。童年听、视觉模态经过数年发育达到成年人的成熟状态；老年由成年成熟状态在老龄化(或老年疾病)的作用下走向衰老、衰退状态。

3.3　成年人语言处理脑神经科学模型

我们把听觉与视觉做对比，两个感官模态的各自特点就凸显出来了。听觉感知的声波是在时间

维度上从声波源线性展开的，遇到物体时发生共振。视觉感知的光波在空间维度上从光源向四周弥散，遇到感光物体时发生折射。人类语言借助这听视觉模态处理两种信号而得以物化和交流。人类声语和手语是物化和传播的实例。在理论上和实践上，人类还借助触觉实现语言物化和交流，盲文便是实例。

上面(图 3，图 4)勾画的两个声波和光波处理路线图，演示的正是人脑是如何物化两种信号的。"您好"是语音信号，物化后产生有意义的体验，说话人与听话人在思想和情感上得以交流。人脸图像不是语言信号，但叫出人脸的名字则把视觉图像跟语言符号捆绑到一起。根据有声语言制订一套文字系统是人类的重大发明。文字系统依赖视觉模态识别与处理，达到有声语言交流的目的。文字系统处理跟识别物体图像是有区别的。人们需要专门的学习才能掌握文字系统，而物体图像可以在说不出名字的情况下也能辨别。

语言与脑互动研究，自布洛克始已经过去一个半世纪，形成的主流观点是，人脑有处理语言的核心区(core language areas/regions, Petrides, 2014)。利用先进的脑成像技术研究显示，这个观点需要做微调。Price(2010)梳理了 2009 年用磁共振功能成像技术研究健康成年人大脑处理言语理解和产出的 100 篇论文。这类研究是在实验室进行的，言语理解和产出因此是针对设计好的试验语料，包括①词前(prelexical)，②伪词(pseudowords)，③词(words)，④句子理解(sentence comprehension)，⑤语义/句法歧义(semantic/syntactic ambiguity)，⑥词提取和发声(word retrieval and articulation)。这六个方面的研究成果概括成六幅小图，见图 5(见本书彩图)。

我们知道，人们日常谈话中的言语理解和产出，是借助许多言语本体之外的伴随信号的，如脸部表情、口形、眼神等视觉信号，更不必说伴随发音的各种情感信号。Price 文献梳理也包含了这类实验，成果汇总，如图 6 所示(见本书彩图)。

Price 的"语言功能解剖"(functional anatomy of language, p. 83)概括显示的是脑执行某功能时激活区。一个功能往往同时激活多个区。多区之间的协同动作、激活区跟未激活区的互动关系等问题，都不在 Price 文献综述之列。

言语理解和产出的脑"功能解剖"(借用 Price 的术语)会随着语言的不同而有所变化。换句话说，如任务是语音词理解，处理中文和英文时激活的部位是不同的。以本文作者自己核磁共振功能成像实验为例。任务是读中、英文韵文。fMRI 如图 7 所示(见本书彩图)。

总体上说，Price 等研究表明，语言处理非常复杂，可以说全脑都要参与其中。

4　新生婴儿听、视觉模态与语言习得

乔姆斯基(1986：14)指出，儿童母语成长由出生时的初始状态(initial state S_0)到 12 岁前后进入稳定状态(stable state S_S)。乔姆斯基认为人类语言能力来自人类特有的"语言器官"(language organ)，语言器官跟人类其他器官如肝脏、心脏等是一样的，由出生时不成熟到成熟，由不稳定到稳定。他认为语言是基因决定的(genetically determined, Chomsky, 1986：54)。儿童后天发育成长就是把基因决定的信息变为个体生命的生理现实，就像单细胞受精卵(zygote)根据基因信息在母体里 266 天左右孕育，成长为一个完整的生命体(organism)。

乔姆斯基这个观点是否能够经得住当今脑科学研究的检验？我们先考察新生婴儿的听视觉发展，然后再回答这个问题。

4.1　新生婴儿听觉模态

上文说过，新生婴儿耳朵出生时跟成年人的相比已经接近成年人。新生婴儿听觉亲历包括：①听见声音信号；②对声音信号进行信息提取。新生婴儿听见声音信号，跟视觉信号不一样，它是全方位

地涌入外耳,而视觉信号是从某一个方向涌入眼睛。听见信号分为被动听(hearing)和主动听(listen to)两类。新生婴儿被吵醒是被动听的例子。主动听是含有注意力的听,眼动或头动去定位声音源是主动听的特征。被动听和主动听不是二元对立的,当婴儿发育到一定时期,产生并能控制注意力,这时两者就可以互相转换。

听觉模态有听同类物种和同伴声音的偏好。这个特征是人类和其他有听觉的动物所共有的。对妈妈声音的偏好是这个共性特征的进一步细化。我们知道,看护人(妈妈、爸爸等)对新生婴儿是不断地说话的。听觉正常的婴儿是完全听到的。下面是新生婴儿被动听的构拟(主要根据 Fernald, 2001)。

被动听觉已{

频率范围|高敏感频率区间 2 000～4 000 Hz(跟成年人同)|听见阈值均比成年人高(3 个月婴儿比成年人高 15～30 分贝,到 6 个月降至 10～20 分贝)

音长辨识|6 个月婴儿音长辨识阈值约为成年人两倍

声源辨识|4 个月婴儿能够辨识 22 度差的音源|11 个月婴儿降至 9 度差

情感辨识|对韵律承载的情感敏感

语音辨识|6 个月婴儿能较好地区分音流中的高低音调}

婴儿听觉发育有合适的声音、语音环境至关重要,这不仅影响到童年,还影响到中年。Moller (2006: 202)指出:

听觉神经正常发展依靠生命早期的恰当刺激。缺乏这样的刺激,任何形式的听觉缺失,都将严重影响童年时期的听觉神经系统发育,甚至能改变成熟神经系统的功能。童年期刺激不足导致的听觉缺失,后来是难以通过音响补救的。新生婴儿因此必须做听力检查,在生命早期发现任何程度的失听时马上补救,保证听觉系统得到恰当的刺激。

4.2　新生婴儿视觉模型

当前研究表明,出生时,婴儿的视觉情况可构拟如下:

视觉已{

周边视网膜|很成熟;

中央视网膜和视网膜中央凹|很不成熟;

视敏度|差;

差异敏感性|差;

黑白对比|能区别灰度;

颜色辨别|不是以往认为的色盲,有待确认;

远近适应性|开始差;

视敏度|低;

眼动|等到 4 个月后成熟。}

幼儿视觉行为发展一般有三个里程碑:①被动有限察觉,视觉不是探索周边环境的模态;②由被动察觉到主动警觉,开始寻找有趣物件。视动发育如伸、抓、玩弄等手眼协调动作由笨拙到熟练;③随着身体的空间移动如爬、走、身眼协调等,逐步实现移动空间中的物件识别与操控。Atkinson (2002)幼儿视觉发育阶段模型,如图 8 所示(见本书彩图)。

图 8 中的"背侧"和"腹侧"指脑视觉信号处理的两个通路(参见上文图 4)。

Atkinson的视角成长模型跟上文的图4——从视觉信号到意义体验——有个共同的特点，即传统上严格区分的“视觉感知”和“认知”，已经不再凸显，而是统一在一个流程中。Atkinson特别强调这一点。她指出：

……当我们更多地用神经生物视角看问题，考虑各个模态在解剖和功能上相互依存和互动，便很难把两者分开了。正是这个原因，我不得不放弃努力，不再把发展过程分为感觉、感知、认知和动作等界面。特别是对视觉注意力而言，这些界面的划分大部分是想象出来的。(Atkinson, 2002: 34-5)

4.3　新生婴儿语言习得

儿童语言习得有两个相互矛盾的观察：第一，儿童的智力成熟是晚于听觉和视觉的。根据皮亚杰的发展阶段论，婴儿出生后的认知发展是出生前的胚胎发展的延续。他把从婴儿到青春期这段发展分为三个主要阶段。①感知-运动期，从出生到1岁半至2岁；②使用符号功能期，如说话、玩符号游戏，画图，该期结束不会晚于8至9岁；③11至12岁开始进入命题运作期，这标志抽象思维能力的成熟。“智力发展有它自己的节奏和时间表，这跟肌体发育是一样的。”(Piaget, 1971: 21)。

第二，正是在这个智力发育不成熟的阶段，儿童学习母语是自然而然的，不经意地学会的。相比之下，成年人学一门外语，是在智力发育成熟的状态下学的，然而却要刻意努力地去学，非下一番苦功不可。

第一、二观察合起来容易产生一个错误的印象，即儿童语言习得和智力发育成熟是分开的，相互独立的。恰恰相反，人生历程学强调儿童语言习得和智力发育是共生共长的，相互促进的。

Kuhl(2000)在最新婴儿语音感知实验研究和人类-动物对比研究的基础上提出了一个新的儿童语言习得理论，概括为6条原则(six principles)。

原则1：婴儿起初能够把任何语言的语音流听辨成语音单位。这个听辨能力使得儿童能够习得由语音单位组成的更大组合。

听觉不是人类物种特征，许多动物都有听觉。婴儿出生时听觉信号处理的能力是一种通用能力，婴儿能够听出声音之间的差异，这个辨异能力不是针对具体语言的。换句话说，这个听音辨异能力是人类从动物进化继承下来的。在进化过程中，人类物种语言的语音差异对人类听觉系统产生作用，引起差异敏感偏好。这个观点跟学界流行的另外一个观点相左，即婴儿出生时语音单位已经预设在婴儿听觉模态中了。

原则2：发育成长不是对后天经验进行选择与阻长的过程。

这个原则否定言语感知天赋观。言语感知天赋观认为，婴儿出生时神经系统有选择所有语言语音单位的天赋能力。后天语言体验输入一个母语语音系统，激发天赋能力选择与之相匹配的语音单位，产生对母语语音特征的敏感性。不相匹配的天赋语音系统由于缺乏后天体验的刺激，儿童便逐步失去天赋的辨异能力。

言语感知天赋观咋听起来跟人们的语言体验相吻合。汉语普通话里区分c/ch, z/zh,s/sh，南方一些方言不做如此区分。操南方方言者往往听不出两者之间的区别。然而，南方方言者可以通过刻意学习，感知区别并且说出区别。换句话说，成年人语音辨异能力不像天赋观所预测的那样，早期缺乏刺激后就丧失了这个能力。Kuhl认为成年人找回语音辨异能力不足以否证天赋观。她指出真正的否证来自关于婴儿学习的三个理论：①婴儿具有语言格局侦辨能力；②基于概率的学习能力；③后天体验反作用于婴儿感知系统，“真的重塑”(literally warped, Kuhl, p. 11852)之，从而提升语言感知能力。

原则3：婴儿感知系统侦辨语言格局，利用概率特征，语言体验重塑感知系统。这一点非常重要。儿童感知系统不是先天就注定了的，后天经验只是让它成熟。Kuhl的研究证明后天具体语言体验能否反作用于感知系统,在某种程度上对其重塑,犹如为某个具体语言量身打造。

原则4:发音模仿较早地把语音感知与语音产出联系起来。此外,听觉、视觉和动作信息与感知的语音范畴同步运行。听与说几乎同生共长,对儿童语言习得有指导意义。下面我们讨论老年听觉模态当下亲历时把听和说是捆绑在一起的(见下文第5节)。

原则5:成年人对婴儿说话时有意或无意地调整说话方式,这与儿童学习策略吻合。

原则6:语言习得关键期不仅仅是时间作用,也是后天体验重塑神经系统的结果。这个原则使得我们对关键期有了新的认识。

在上面6个原则的基础上,Kuhl绘制了一幅幼儿语音感知发展历程碑图(图9)。

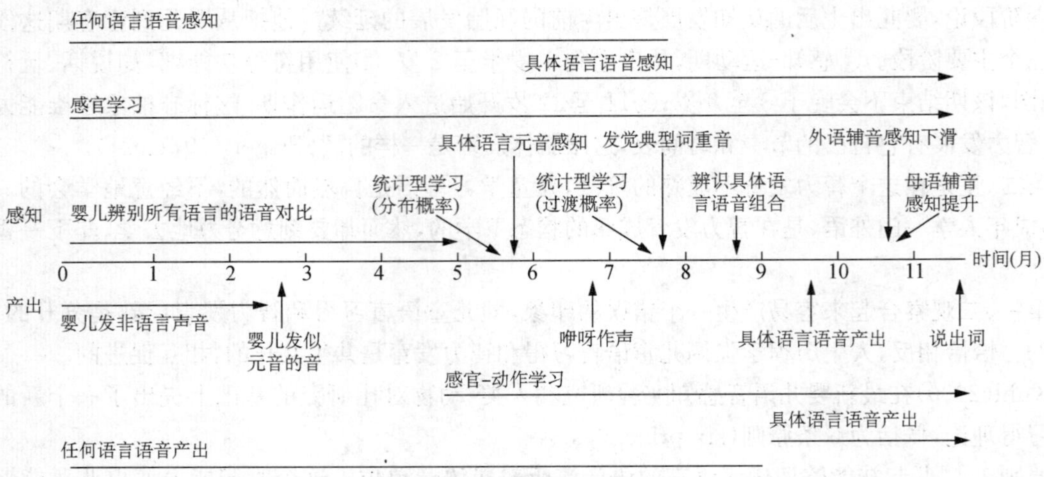

图9 幼儿语音感知发展节点图示

(根据Kuhl, 2004:832 Figure 1绘制)

图9分上(感知)和下(产出)两个部分。先看上-感知部分。1~8个月婴儿能够感知任何语言的语音。这个跟现实生活观察是一致的:婴儿出生时可以自然习得人类的任何语言。然后,6个月后开始感知具体语言语音。这自然是看护人(妈妈、爸爸等)的语言语音(即母语)。感知学习是最基本的,不仅涉及听觉,还包括其他感官系统,而且自始至终都在进行着的。听觉感知学习包括分布概率学习和过渡概率学习。这两种统计型学习是在6个月以后开始的。

现在看下-产出部分。1~9个月理论上可能发任何语言语音。其后产出的是具体语言语音。5个月后出现感官-动作学习。这种学习需要相应的发音器官发育配合。1~3个月婴儿发出的音是非语言的。3个月后发类似元音的音。产出具体语言(如母语)语音是10个月后。12个月说出单个词。

注意,图9中列出的月份是根据统计概率勾画的大致时间节点。儿童个体发育发展,因成长的社会环境、营养条件、家庭背景等不同,其差异是普遍存在的,在使用图9时我们要记住这一点。

4.4 儿童视觉发育、智力发展、语义习得与识字

上文提到过,Kuhl幼儿语音感知节点里有自始至终都在发生的感知学习(sensory learning)。Kuhl的感知学习实际上即顾曰国(2016)定义的多模态当下亲历与体验。婴儿当下亲历以皮肤感官为边界,按跟皮肤接触的距离分为远程、近程、零距离三类,形成"模态感知域"(sensory sphere)。最外围为视觉感知域(visual sphere,无阻碍时),然后是听觉感知域(auditory sphere),嗅觉感知域(olfactory sphere),最贴近亲历者的为触觉域(haptic sphere)和味觉域(taste sphere)。多模态感知域犹如多维探测网,外部事物一旦进入这些域(一个或同时多个域),比如声音传入耳朵、气味传入鼻

腔，认知主体的当下亲历与认知就启动运行。多模态感官系统对于亲历来说，同时行使两个相辅相成的功能：框束和机遇。多模态感官系统自身的特性决定接受什么样的信号，做什么样的处理，这就是框束功能。在这个框束的范围内亲历者可以充分发挥多模态感官系统的潜能。以新生婴儿为例。一出生就被外部环境的各种信号包围。其中光信号、大气压力、产房温度、触摸等，都是婴儿先前没有体验过的。多模态感官系统对其进行自动分拣（如光入眼睛，压力入皮肤）、过滤（如低于 20 分贝的声音听不见）和处理。亲历体验过的事物融合起来构成婴儿的"当下感知世界"（Umwelt）。

听视觉双模态互动协作拟是是与生俱来的。Wertheimer 报告一个罕见的例子，婴儿出生后 10 分钟偏头像声音方向看。Muir 报告更加特殊的例子：两天大的婴儿不仅左右偏头向声音源看，而且还能根据音量变化做聚中反应（这两位学者研究均转引自 Warren，2009：19）。

这小节我们集中讨论视觉亲历与感知对婴儿在当下感知世界的基础上构建"内在世界"（Innenwelt）和"语言世界"（Lebenswelt）的作用。婴儿内在世界的萌芽可以用婴儿是否能够超越当下感知世界作为标识。当幼儿意识到在当下视野里消失的"物体还在"（object permanence），这显示他们能够超越当下亲历。物体还在意识的出现意味着幼儿有了记忆力萌芽。这个意识是不是必须通过视觉亲历与认知来构建，学界有不同意见。Warren（2009：67-8）讨论对盲童通过听觉和触觉检测物体还在意识的方法。

视觉模态的内在特质之一是构建空间认知。婴儿的方位观，如前后、左右、上下等感知，开始是以自我为中心构建的。身体的姿势，从仰躺、腹趴、坐立到站立，丰富了方位的视觉感知。爬行和行走使幼儿感知到物体之间的空间关系，全方位观，包括自我中心视角、物体视角、动态变化视角，开始出现。

视觉模态极大助力儿童智力发展的莫过于看图和识读。文字跟自然语言不同，它不是通过进化自然发生的，而是人类为了记录语言而刻意发明的抽象符号系统。文字离开自然语言就不再是文字，而是符号（如逻辑符号、化学符号、数学符号）。我们自然要问：文字作为语言符号，在识读时是不是要借助语音/音系这个中间环节？即视觉先对文字形式识别，然后跟对应的语音关联，最后得到意义？换句话说，文字识读需要视觉和听觉两个模态协同才能完成。做出肯定回答的代表了形-音-义三位一体观。学界还有一种观点，形义直通观，即视觉模态做出字形辨识后就得到意义。有些学者认为，识读汉字就是形义直通，而识读拼音文字（如英文）需要三位一体。实验心理学做过许多实验，支持两种观点的都有。然而有些实验表明，识读汉字并非是形义直通。参阅 Hung 等人（1992），Tan 等人，2005，Tan 等人，2019。

5　老年听视觉模态衰老及其对语言能力的影响

5.1　概述

长、熟、衰是个体生命周期的基本发展规律。童年期和成年期分别对应于长和熟。现在聚焦老年期的衰。

"衰"（senescence）在本文中是作为老年学术语使用的，指生物变老过程，生命体对来自生活各种压力冲击的抵御力减低，易生病，死亡概率升高，其生理蜕变过程超过再生过程（根据 Birren 主编《老年学百科全书》2007 英文第 2 修订版第 572 页）。听视觉作为生命体生物器官自然受制于衰这个生物变老的规律。

考察听视觉衰老分两个方面：一是解剖学上的，二是认知功能上的。下面我们分"失听"和"失视"展开讨论。失听和失视分轻、中、重三个度。

上文提到过乔姆斯基的"语言器官"论。我们不禁要问：假如语言器官如乔氏所说跟心脏、肝脏等一样，那么语言器官也要受制于衰的生物变老规律吗？此发问并非挖空心思挑刺，它不但有理论意义，也有实践价值。在儿童语言发展障碍研究中，有研究者发现，有些儿童在生理、神经系统、听觉、智力等方面发育正常，但母语习得却很困难，针对此类现象，有人提出“特殊语言障碍”(specific language impairment)这个概念，即这种语言障碍是特殊的。简要地说，特殊语言障碍的儿童，其母语习得比正常儿童的起步晚，速度慢，效果差。

特殊语言障碍这类现象其实早就被人注意到了，但往往跟其他儿童语言障碍混同了。儿童语言障碍细究起来种类当然多，但往往是语言之外的疾病或脑损伤引起的。特殊语言障碍儿童没有这些语言之外的原因。那么这个“特殊”的原因是什么？现在还没有人能够回答，详细阐释见 Leonard (2014)。

现在回到老年语言问题上来。我们知道，有些百岁老人无论是口语还是书面语，用流利来描述也是恰当的。临床上这些老人是有某些老年性疾病的，但对他们的语言没有造成障碍。依据这类老人，我们能说他们的语言正常是因为他们的语言器官还是健康的吗？上文我们讨论成年人语言状态时指出，使用语言(包括理解与产出)几乎调用整个脑力。这个事实是不是否定有独立的语言器官存在？许多认知语法学家(如 Langacker，1987：13)对这样的命题持怀疑态度。认知语法理论强调无论是语言习得还是使用，都是调用人的总体认知能力的结果。

听视觉是注定要衰老的，百岁老人也不例外。当今医学可以对失听和失视进行治疗，如安装助听器、配眼镜等。此外，脑的补偿功能也能减轻失听和失视对认知能力产生的不良影响。这些修复和补偿情况都不在本文的讨论范围。下面我们针对无修复和补偿的情况下失听和失视对语言使用产生的影响。

5.2 老年失听

图 3 健康成年人从听觉信号到意义的 12 个步骤，外耳(1-2)、中耳(3-4)、内耳(4-7)、听觉神经系统(8-12)都会因衰老而导致听力功能损伤。

Soucek and Michaels(1990:103)对西方一个半世纪的研究做了梳理，同时结合他们多年的临床实验分析后指出，老年失听普遍发生，没有性别差别，失听度随着增龄而增高。这表明老年失听属于自然衰老现象。

翟所强(2003:124)指出：“老年性聋发病年龄常在 60 岁左右，性别差异不明显。临床表现为听力减退逐渐发生，进行性加重。临床主要症状是除听力下降外，尚有高频性耳鸣，少数病人可以有眩晕。最大的特点是有重振现象，即“低声听不到，高声嫌人吵”。

他(2003:123)还写道，有学者把老年性聋分为四型：①感音性老年性聋 — 病变部位多局限于耳蜗底周末端数毫米处，此处的螺旋器和相关神经萎缩，表现为高频聋，常自中年开始且进展缓慢；②神经性老年性聋 — 是指蜗神经径路和耳蜗神经元的萎缩和消失，纯音听力与语言听力常不平；③千古代谢性老年性聋 — 是指血管纹的萎缩，多发生在耳蜗第二周和顶周，表现为全程听力均下降，呈平坦型听力下降曲线；④机械性老年性聋 — 是指基底膜的弹性减低，影响振动，而蜗管底周的基底膜最窄，振动最受限制，因此高频听力损失较重。这四种老年性失听是根据病因区分的。在从听觉信号到意义体验路线图(图 1)上，集中在 5-7 区段。3-4 区段也能发生病变，导致传导性失听(conductive presbyacusis)。

5.3 老年视觉：功能与失视

上文提到的视觉“三端”(前端、中端和高端)，跟视觉认知功能三个级别大致对应：①能视，即能够看见事物；②能辨，即能够辨别事物；③能识，即能够命名、或描述、或读取事物的具体信息。参见表 1。

表 1　视觉三端与认知功能三级

前端视觉	中端视觉	局端视觉
从视觉信号到意义体验		
把光波转化为视神经脉 冲(1-2)	把神经脉冲送到中枢 神经皮层去做高级处 理(3-4)	分背侧和腹侧两个通 路分别对图像脉冲做 内容处理(5-8)
视觉认知功能三级		
能视	能辨	能识
能够看见事物	能够辨别事物	能够命名、或描述、或读取事物的具体信息

注:事物包括:物体、方向与空间、脸形、静态图像、动态图像、文字符号等。

视觉每一端都可能发生病变;病因不一定源自视觉系统自身,而是源自身体其他系统。王延华等(1983)在其著作《眼与全身病》前言中指出,"许多眼病是由全身疾病所引起"。第 14 章专门论述"老年时期眼的改变"。据此书,我们先对老年衰老引发的前端视觉做贴真建模如下。

六数据贴真建模 (老年衰老引发的视觉变化)

视觉已｛

中心视力｜远视,近视,散光,老视,调节性眼疲劳

周边视力(视野)｜颜色视野范围(白〈最大〉、蓝、黄、红、绿〈最小〉)

光觉｜细胞感光性物质减退导致光感减退

暗适应　老年性瞳孔缩小导致暗适应下降

色觉｜晶状体黄色增加,白色与黄色区别较年轻人差,辨色能力下降｝

注:如果视野显著缩小,则暗适应及行动都将受到很大的影响。(王延华等,1983:52)

老年衰老引起前端视觉的蜕变,在临床医学上是可以做补偿矫正的,如佩戴眼镜。前端视觉衰老会造成一些行为不便,但视觉认知功能还能够正常维持。

超康健老人前端视觉衰老是无法抗拒的,但他们基本保持成年的视觉认知功能,即对物体、方向与空间、脸形、静态图形、照片、动态图像、文字符号等做到能视、能辨、能识。对文字符号之外的事物做到视辨识,老人日常生活才能正常进行。文盲老人对文字符号能够做到视,甚至辨(如辨认出是文字,而不是形状),但不能识。非文盲老人对文字符号做到视辨识,同样是他们正常生活的一个重要环节。

失视在本文里用着功能概念,统指视觉三端因衰老或病变导致不同程度上的视觉功能障碍。长期以来,西方学者传统上把失视(visual agnosia)分两个大类:①贫觉失视(apperceptive agnosia),即虽然未丧失基本视力(前端视觉还在运作),但不能识别所视对象。②联结失视(associative agnosia),视觉能够支持辨别(中端视觉还在运作),但识别错误,甚至失败(高端视觉损伤)。Farah(2004:11)指出 apperceptive agnosia 长期以来用法太宽泛,失去了术语的功能,他建议用 visual form agnosia 取代,可译为"视觉形状失视"。

失视可以根据失视对象做进一步划分:①物失视 (object agnosia);②脸失视(prosopagnosia);③方向失视(orientation disorder);④图像失视(simultagnosia, 亦称 simultanagnosia),包括画片中动作失认,即对所见景物不能同时理解其一种以上成分,或不能将各部分综合成一个整体;⑤乐谱失视(musical alexia);⑥场景失视(topographic agnosia);⑦文字失视(或失读,alexia,包括字形失视和字义失视);⑧光觉失名(optic aphasia)。

光觉失名是失视研究中最具挑战性的现象。光觉失名患者不能用语言命名看见的事物，但可以通过其他感知模态如手势、触觉、听觉等命名所视事物（Farah, 2004: 123）。用本文的术语说，患者视觉前端能视，中端也能辨，但高端的意义处理跟语言命名脱钩。难解的是，患者听到关于事物描述后就能说出名字。换句话说，从视觉到命名不同于从听觉到命名，两者调用的处理通道是不一样的。Farah(2004)第 8 章专门了讨论这个特殊现象。

需要提醒注意的是，上面 8 种失视可能发生在任何年龄段，有的如脸失视甚至是先天性的（Farah, 2004: 97）。脸失视、方向方位失视、图像图形失视常见于老年智退症（见下文语料分析）。此外，分类对我们研究失视当然是有利的。但正如 Farah 所指出的那样，在临床上，同一患者可能同时出现多种症状，所以这种分类不能作为诊断分类，失视综合征（syndrome）更契合临床的实际情形。

当代失视研究主要有两种方法。一是基于患者案例研究，二是基于无创伤脑功能成像研究。后一种方法不仅用于脑损伤患者，还用于健康脑。两种方法互补，相得益彰，大大推动了研究向深度发展。

5.4 老年听视觉记忆

听视觉感知与处理输入信号都离不开记忆。此类记忆分两种情形，一是当下实时信号处理记忆，二是长期记忆。我们先考察第一种情形：当下实时听视觉信号感知记忆。

语音的物理层面即语音听觉信号（speech signal）。语音信号是声波在某个时间节点上的空间变量值。比如，当说话人对听话人说出“啊”（阴平调），这个音有个时长，我们实验用的样例是 434 毫秒，通常是 350 毫秒（标准偏差 0.076；熊子瑜，2017：179）。在这个时间段里，发生许多语音变量，如频率、音高、调值等。

有实验表明，人类处理感知信号时有个基本感知时间单元，55 毫秒长（1/18 秒）（Uexkull, 2010 [1934]: 52）。55 毫秒以内的信号空间变量是感知不到的，即使有变化，也是被主观感知“规整”掉了。以上面的“啊”为例。从频谱图里，我们看到语音流在 434 毫秒内是不断地变化的。而我们听觉感知时把 434 毫秒长的音流按时间顺序感知成 7 段（图 10）。0-1，1-2，2-3，… 段内的变化是不被感知的，只有段与段之间的变化才被感知。

我们再看视觉信号处理。静态图像从视到辨到识也是要时间的。这个时间不是上面说的基本时间单元。把静态图像连续播放成图像流，对图像流做感知，就涉及基本时间单元问题了。55 毫秒内连续变化的图像流，将被主观感知为不变的图像。从一幅图像到另外一幅图像，超出 55 毫秒，两幅图像之间的变化就能被感知。现在家用摄像机、手机等拍摄时所用的制式（如 PAL 制）是每秒拍 25 张照片，每张 40 毫秒，接近 55 毫秒。这样，每张静态图像接近人类视觉感知动态图像时自动切分的时间单元。

感知时间单元 55 毫秒对于研究当下感知记忆是非常重要的。对于记忆来说，每个单元即是一个需要瞬间记忆下来的内容。Uexkull 称之为“感知符号”（perception sign）。我们以“公园”为例。朗读语速在 807 毫秒左右。听觉形成 14 个听觉符。听觉模态当下实时感知记忆要瞬间记下听觉符串（图 11）。假如是第一次学习（如儿童），听觉感知把 14 个听觉符号串合成为两个汉语普通话音节，经过多次练习后存储到长期记忆中。

视觉信号当下实时处理分两种，一是静态，二是动态。前一种是感知在二维平面图像（如汉字）或三维空间图像（如山水画）内容，后一种相当于静态图像加上时空上的动态变化。

上面关于记忆的分析接受人类记忆为多元系统的理论。Atkin 和 Schiffrin 于 1968 年就提出了影响很大的模态记忆模型。Gu (2018)这个记忆模型跟亲历者-当下亲历-体验（EEE 模型）无缝地融合到一起，如图 12 所示。

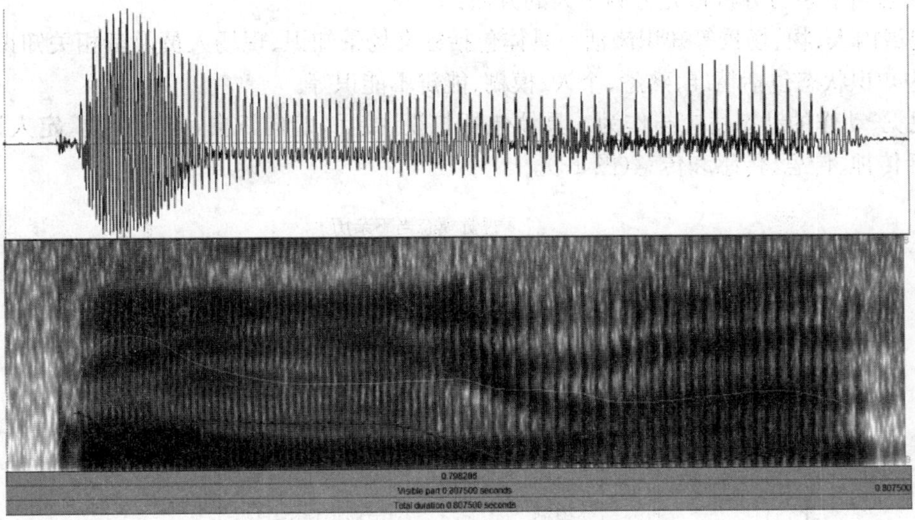

图 11　gong yuan(公园)频谱图

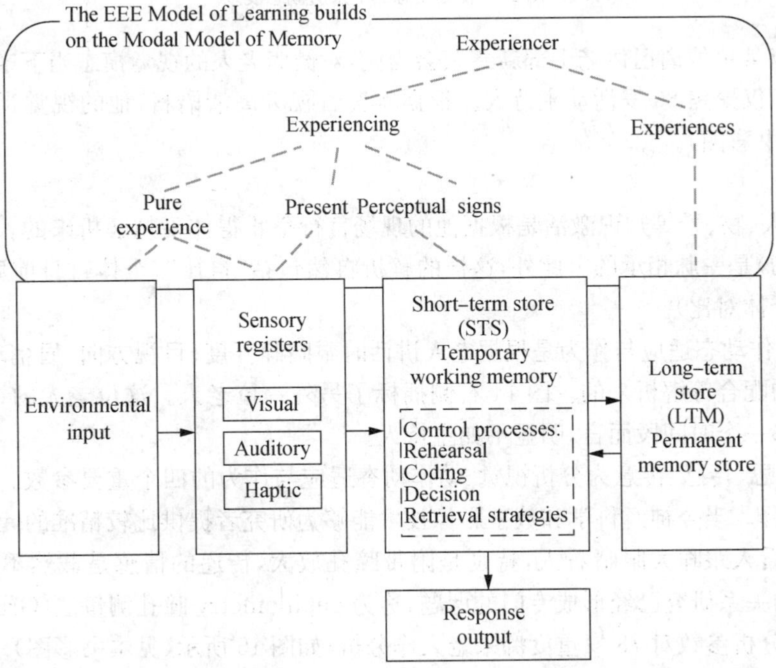

Atkinson and Shiffrin's modal model of memory reconstructed by Baddeley (2007:3)

图 12　模态记忆模型与 EEE 模型的融合

对于 Atkinson 和 Shiffrin(2011)的模型来说,EEE 模型是对它做了进一步细化,是它更具有可操作性。

5.5　康健老人与智退症老人视听觉模态当下亲历对比分析

这小节继续围绕听视觉模态对康健老人与智退症老人当下亲历作对比分析。上面我们从人生发展成熟度出发先谈听觉。这里我们先谈视觉。因为在当下亲历中,视觉模态是把握当下场景全貌最重要的手段。

视觉模态当下亲历分析首先分两个大的方面：

(1) 视域内人、物、场景等知识激活。具体包括社会场景知识、现场人员及其相关知识、可视物件知识。这些知识状态包括精准、熟悉、个人、模糊、能辨不能识等。

(2) 视觉-动作的动态适应与作为。具体包括扫视、接目、定向识向、定物识物、定人识人等。高级作为包括传神、传思、传感和传意(图 13)。

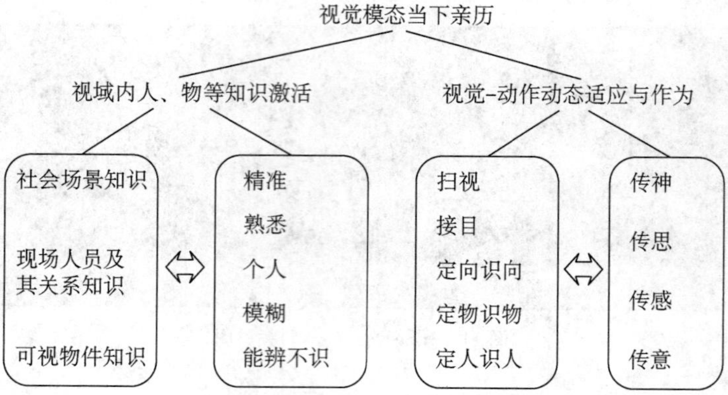

图 13　视觉模态当下亲历概念模型

下面，我们以某单位离退休老干部新春茶会为例，对健康老人的视觉模态当下亲历作分析。与会者 30 多人。我们仅聚焦 80 岁活动主持人。根据实况音视频高清语料，他的视觉当下亲历可标注如图 14 所示(见本书彩图)。

说明：

(1) 视域内人、物、景等知识激活是根据他的现场言行举止得体妥帖解析来的。这个方法跟中医四诊法(望闻问切)是一脉相承的。此外，这样的解析自然包括“自比”(个体自身前后对比)和“他比”(与同类的其他个体对比)。

(2) 视觉-动作动态适应与作为是根据老人讲话时眼睛睁开度、目视方向、眉梢动作、跟手势的配合、跟语音节奏的配合等解析来的。图 14 右侧插标了另外一位老人。这位老人的视觉-动作动态适应与作为，针对那一个时间段而言，明显不如主持人。

(3) 传神、传思、传感、传意为分析视觉-动作动态适应与作为的四个重要参数。本文因篇幅有限无法作详细的阐释。当今神经科学和数字影像技术能够为研究者提供比较精准的元语言。以传感为例。眯缝着眼睛看人跟睁大眼睛看人，特别是附带瞳孔放大，传递的情感是截然不同的。瞳孔与情感、精神状态等的关系研究已经形成专门的课题，称为 pupillometry 瞳孔测量法(Grunberger，2003)。

下面用同样分析参数对 78 岁重度痴呆老人作分析，如图 15 所示(见本书彩图)。

上面的对比非常清晰地显示了健康的 80 岁老人与 78 岁的智退症老人在视觉模态当下亲历上的差别。健康老人的视觉模态亲历，虽然前端视觉在生理特征上有衰老，但没有造成功能障碍。他的中端和高端视觉功能显然良好，使得老人与当下场景里的人与物通过知识激活而融为一体，并且潜意识地框束他的行为。智退症老人正好相反。他的视觉模态亲历不能激活关于当下场景里的人与物的知识。他的前端视觉还能看见事物，中端视觉尚能行使部分功能(如时好时坏)，但高端视觉几乎完全失去功能。可以说，他患有上文谈到的失视综合症，使他陷于臆想的世界了，跟现实世界脱节。

现在分析听觉模态当下亲历。听觉不同于视觉，在现场可以在潜意识状态下被动地听别人的谈话，或物体、动物等发出的声音。潜意识状态的听，还有一项非常重要的功能就是自我监听。发现自己口误并且实时纠正，是从潜意识自我监听瞬间切换到积极意识状态下的自我监听。主动听交谈对象的谈话是积极意识状态下听的常态。

听觉-发音动态适应与作为包括与人交互、与物交互和自说自听三个方面。与人交互包括识、说在场的人，指称场外人，与人面对面交谈。与物交互包括识、说现场物，指称场外物，交谈场内外事物。自说自听指说与当下无关的人和事。听觉模态当下亲历可视化见图 16。

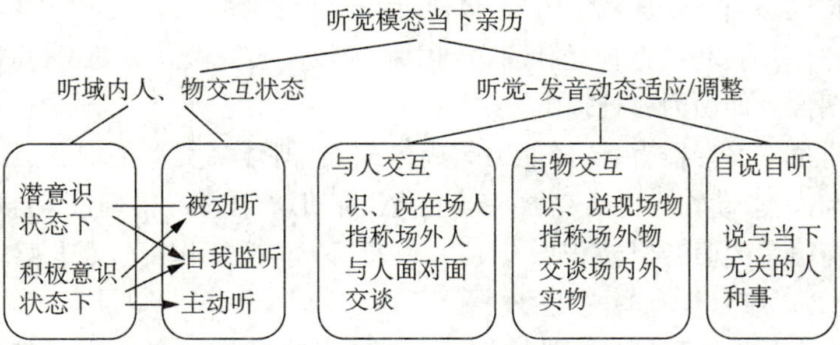

图 16　听觉模态当下亲历概念模型

我们仍然以上面的两位老人为例。

首先，80 岁主持人的听力还是在正常范围，面对面交谈时不需要提高嗓音或减低语速。换句话说，积极意识状态下主动听达到正常水平。而 78 岁智退症老人则不同，看护人跟他交谈时要提高嗓音，减低语速。

主持人与人交互和与物交互都是正常的，出现过一次找词困难和一次嘴边失言。因自我监听正常，他能瞬间意识到并且实时纠正。他没有在众人面前自说自听的情况。

智退症老人在多人在场的情况下常常自说自听。看护人跟他交谈反而成打断他的自说自听，如下面这段对话所示。

（在北京某家养老院老人宿舍，当下现场三人：78 岁智退症老人、护理员、录像人）

……

智退症老人：我们不是（嗯），没人惹你还要买什么？

录像人（对老人）：放那儿，放那儿。

智退症老人：我还是丢这副 guo，来这块贴扒嘞，没钱填成这样啊。嫁了连长，嫁临汾家里人。带着，带的起，带着我半分田，倒成。看，要是，嗨。

录像人（对老人）：em，这个先拿着。

智退症老人：放好，装好 ra，你嚷嚷啥去啊，干啥去？

护理员（对老人）：走，走，走。

智退症老人：你别催着我，别人不答应，你别管那拧啥？跟着我拉过来啥。这，我要拉这儿。昨天拿的，昨天晚上拿的，今天，我这时候，啊，这个，搁这儿，还得拿着，拿着掰不得，别跟谁提啊。你看这，遛狗。

自说自听在正常老人会话中也会出现。但这是作为临时插入成分，如低下头对自己说："我刚才说什么来着？"这类临时插入型自说自听仍然属于老年语常的范围。

6　结语：本文之不足与亟待解决的问题

本文开篇勾画了听视觉模态与语言互动的全貌图。本文因篇幅和时间的限制未能够对全貌图中所有节点逐一探讨。这是本文最大的不足。就本文聚焦探讨的两个核心问题——①听、视觉在人一生中的发育、成长、鼎盛、衰老等基本过程是个什么样子？②听、视觉人生动态变化过程对人的语言的影响有哪些？——而言，论述要点现归纳如下。

✓ 成熟的听觉模态当下处理声波信号，可以分为 12 个步骤，两个大的阶段，1-6 为听觉器官处理阶段，负责解决把声波机械振动转化为电波信号；7-12 步听觉模态处理阶段，负责解决把声音脉冲转化为神经脉冲，以及把神经脉冲转化为意义。

✓ 成熟的视觉模态当下处理视觉信号，可以分为 8 个步骤，归并为 3 个"端"，前端(1-2) 把光波转化为视神经脉冲；中端(3-4)把神经脉冲送到中枢神经皮层去做高级处理；高端(5-8)分背侧和腹侧两个通路分别对图像脉冲做内容处理。

✓ 婴儿出生时虽然发音器官、认知能力等尚未成熟，但耳朵发育基本成熟。Kuhl 在最新婴儿语音感知实验研究和人类-动物对比研究的基础上提出了儿童语言习得理论 6 条原则。其中 1-8 个月婴儿能够感知任何语言的语音（与原则 1 对应），以及后天体验反作用于婴儿感知系统，对其进行具体语言重塑（与原则 2 对应），具有颠覆性的意义。

✓ 有研究者提出听视觉双模态互动协作是与生俱来的观点，虽然证据目前不够充足，但是值得深入探索的科学假设。

✓ 老年因衰老会引发失听，中耳端病变导致传导性失听，内耳端病变导致老年性聋。严重的都会影响语音的接听。

✓ 研究表明眼部病变跟全身疾病都有关联。衰老通常引发中心视力变化（如远视、散光、老视）、颜色视野变窄、光感减退、辨色下降等。这些衰变经过适当矫正后视觉模态还能维持日常的认知功能，包括能视、能辨和能识。智退症老人因病情的严重程度出现失辨和失识，人际间的语言交流严重受阻。

✓ 无论是听觉模态还是视觉模态，一旦在当下场景下失听或失视，如果不能得到补偿性修复，老人就会与当下场景里的人与物失联，长期以往不但伤害到人际关系，而且会使老人逐渐自闭。老人自说自听民间心理学往往视为精神病的征兆。

本文还有一个明显不足的地方，就是没有讨论视听觉当下亲历的认知处理模型问题。这里做一点补救，简要说明一下。第 5 节视觉和听觉模态当下亲历分析都包括：①关于当下人、物、景的知识激活；②视觉-动作、听觉-发音的动态适应和作为。两个都是以基本和高级认知活动为前提的。基本认知活动包括：(a) 识别格局；(b)理解语言；(c)记忆事件；(d)习得外部世界的概念知识。高级的包括：(e) 思考；(f)推理；(g)决策；(i)认识社会。基本和高级认知活动是如何运作的？目前占据主流地位的是双层处理理论(dual-process theory)：率直层(heuristic or intuitive processing)和缜密层(analytic processing)。率直思维通俗地说就是思维者很少思索。人类在做许多习以为常的事时用的基本都是率直思维。缜密思维通俗地说，就是思维者要动一番脑筋。面对日常自助餐菜肴，许多人选菜时用的就是率直思维，跟着视觉-味觉选用。而主持会议、写论文则不同，思维者不得不用缜密思维。双层思维特征对比如表 2 所示。

表 2 双层思维特征对比

率直思维(类型一)主要呈现以下特征	缜密思维(类型二)与类型一对比，主要呈现以下特征
◇ 潜意识，自然而然	◇ 与语言挂靠在一起，具有反思意识性
◇ 迅速，计算力强大，大规模平行处理	◇ 缓慢，序列化
◇ 源自关联型学习	◇ 与工作记忆和普通智力挂靠在一起
◇ 实用型推理，即直接把先前知识和信念用于当下问题	◇ 能够进行抽象和假定思考

（续表）

率直思维（类型一）主要呈现以下特征	缜密思维（类型二）与类型一对比，主要呈现以下特征
◇ 不调用当下工作记忆的核心资源	◇ 带意愿操控—对指令和明确的意图做回应
◇ 与普通智力的个体间差异无关	◇ 高耗力
◇ 低耗力	

康健老人的视觉和听觉模态当下亲历在两层思维方式之间是可以根据需要无缝转换的。而智退症老人重度者失去了缜密思维层。语言产出是语无伦次、含混不清，读起来犹如意识流文字，是潜意识率直思维的结果。

参考文献

[1] ATKINSON R C，R M SHIFFRIN. Human memory：a proposed system and its control process[M]//Reprinted in Moulin，Chris J A，ed. Human Memory Volume II：Models of Memory and Memory Systems. Los Angeles：Sage，467-565，2011.

[2] ATKINSON，JANETTE. The Developing visual brain[M]. Oxford：Oxford University Press，2002.

[3] BADDELEY，ALAN. Working memory，thought，and action[M]. Oxford：Oxford University Press，2007.

[4] BIRREN，JAMES E. Encyclopedia of gerontology：age，aging，and the aged[M]. 2nd ed. Amsterdam：Elsevier，2007.

[5] CARTER R，ALDRIDGE S，PAGE M，et al. The human brain book[M]. London：Penguin Random House，2019.

[6] CHOMSKY N. Knowledge of language：its nature，origin，and use[M]. Westport：Praeger，1986.

[7] FARAH M J. Visual agnosia[M]. 2nd ed.Cambridge，Massachusetts：The MIT Press，2004.

[8] FERNALD A. Hearing，listening，and understanding：auditory development in infancy[C]//BREMNER G，FOGEL A. Blackwell handbook of infant development. Oxford：Blackwell Publishers，35-70，2001.

[9] FIFER W P，CATHERINE E M，JILL G F. Prenatal development and risk[C]// BREMNER G，FOGEL A. Blackwell handbook of infant development. Oxford，Blackwell Publishers，505-542，2001.

[10] GRUNBERGER J. Pupillometrie in der klinisch psychophysiologischen diagnostik[M]. Springer Verlag Wien，2003.

[11] GU Y G. Investigating young-olds in everyday life[C]. Plenary speech at the Third Discourse Studies of Autism and Alzheimer's Disease，Oct. 18-20. Beijing，2018.

[12] HUNG D L，OVID J L TZENG，ANGELA K Y TZENG. Automatic activation of linguistic information in Chinese character recognition[C]//FROST R，KATZ L. Orthography，Phonology，Morphology，and Meaning，1992，94 119-130.

[13] KARMILOFF K，SMITH A K. Pathways to language[M]. Cambridge，Massachusetts：Harvard University Press，2001.

[14] KUHL P. A new view of language acquisition[J]. ProcNatl Acad Sci USA，2000，97(22)：

11850-11857.
[15] KUHL P K. Early language acquisition: cracking the speech code[J]. Nature Reviews: Neuroscience, 2004, 5: 831-843,
[16] LANGACKER R W. Foundations of cognitive grammar Volume 1: theoretical prerequisites [M]. Stanford, California: Stanford University Press, 1987.
[17] LEONARD L B. Children with specific language impairment[M]. 2nd ed. London: The MIT Press, 2014.
[18] MOLLER A R. Hearing: anatomy, physiology, and disorders of the auditory system[M]. Amsterdam: Academic Press, 2006.
[19] MORTIMER J T, MICHAEL J S. Handbook of the life course[M]. New York: Kluwer Academic Publishers, 2002.
[20] PETRIDES M. Neuroanatomy of language regions of the human brain[M]. Amsterdam: Elsevier, 2014.
[21] PIAGET J. Biology and knowledge: an essay on the relations between organic regulations and cognitive processes[M]. Chicago: The University of Chicago Press, 1971.
[22] PRICE C J. The anatomy of language: a review of 100 fMRI studies published in 2009[J]. Annals of the New York Academy of Sciences, 2010, 1191 (2010): 62-88.
[23] SADLER T W. Langman's medical embryology[M]. 12th ed. Baltimore: Lippincott Williams & Wilkins, 2012.
[24] SANTROCK J W. Life-span development [M]. 17th ed. New York: McGraw Hill Education, 2019.
[25] SOUCEK S, MICHAELS L. Hearing loss in the elderly: audiometric, electrophysiological and histopathological aspects[M]. London: Springer Verlag, 1990.
[26] TAN L, SPINKS J A, EDEN G F, et al. Reading depends on writing, in Chinese[J]. PNAS, 2005, 102(24): 8781-8785.
[27] TAN L, MIN X, CHUN Q C, et al. China's language input system in the digital age affects children's reading development[J]. PNAS, 2013, 110(3): 1119-1123.
[28] UEXKULL J V. A Foray into the worlds of animals and humans[M]. (Translated by Joseph D. O'Neil). Minneapolis: University of Minnesota Press, 2010.
[29] WARREN D. Blindness and children: an individual differences approach[M]. Cambridge: Cambridge University Press, 2009.
[30] 顾曰国.言思情貌整一原则与鲜活话语研究[J].当代修辞学.2013(6):1-19.
[31] 顾曰国.当下亲历与认知:多模态感官系统与大数据研究模型[J].当代语言学,2016,18(4):475-513.
[32] 顾曰国.老年语言学发端[J].语言战略研究,2019(5):12-33.
[33] 王延华.眼与全身病[M].天津:天津科学技术出版社,1983.
[34] 熊子瑜.语音库建设与分析教程[M].西安:西安交通大学出版社,2017.
[35] 翟所强.耳病学[M].北京:北京科学技术出版社,2003.

第二十二章 Multimodality and Pragmatics

GU Yueguo

1 Preliminary Remarks

This chapter explores the interconnection between multimodality and pragmatics. Multimodality, as Kress (2009: 54) points out, "is not a theory even though it is often used as if it were. The term maps a domain of inquiry." It is seen occurring in many disciplines, e. g., multimodal discourse analysis (MDA) in linguistics, multimodal corpus in language engineering, multimodal interface in human-computer interaction (HCI), and multimodal learning in education. There are two basic usages of the term emerging from these inquiries. One, as found in MDA, is in the sense of multi + mode, a mode being "a socially shaped and culturally given resource for making meaning. *Image*, *writing*, *layout*, *music*, *gesture*, *speech*, *moving image*, *soundtrack* are examples of modes used in representation and communication." Kress (2009: 54; italics original). The other is in the sense of multi + modality, a modality being a sense organ and its interconnected neural networks.

> We receive information about the world through tactile sensations (body senses such as touch and pain), auditory sensations (hearing), visual sensations (sight), and chemical sensations (taste and olfaction). Each *sensory modality* has one or more separate functions. (Kolb and Whishaw, 2005: 135; italics added)

Multimodality in this chapter refers to the system of sensory modalities, which is found not only in humans but also in other animals. Issues concerning multimodality in MDA are dealt with elsewhere and readers are cordially referred to Chapter X (written by Prof. Christine Matthissen).

Medical science deals with anatomic structures and physiological functioning of multimodality. The key issue we are concerned with here is: In what way does multimodality as such affect pragmatics? The answer clearly depends on how pragmatics is conceptualized that incorporates multimodality as part of its theory-building. If this is used as our yardstick, a survey of the existing literature shows a sparse picture. What is inspiring, however, is that it is found in Morris' behavioral semiotics, which is generally acknowledged to be the original source for pragmatics. Other studies include Bates' study of developmental pragmatics (1976, 1979), Perkin's detailed investigation of pragmatic impairment (2007), and Gu's study of total saturated experience in situated discourse (Gu 2009a, 2009b). The bulk of the chapter is to review these works.

As our review of Morris' behavioral semiotics will show, the pragmatics the founding father envisaged is much broader than the current mainstream linguistics pragmatics. The word multimodality being the latest coinage, the terms Morris uses for it are "distance senses" (sight, hearing, and smell), and "contact senses" (touch, taste) (see Morris, 1951 [1938]: 32). Since both

【作者信息】GU Yueguo(顾曰国):教授;北京外国语大学人工智能与人类语言重点实验室;同济大学老龄语言与看护研究中心。

types of senses play a vital role in living organisms' sign-making behaviors, Morris' theorization of sign behavior naturally incorporates them as its intrinsic component. This multimodal component is distilled when linguistics pragmatics, formulated in the spirit of analytic philosophy of language, moves away from Morris' broader sign behavior to focus on verbal behavior only. The overall trend of pragmatics development, taking Morris' original vision as a reference framework, is a reductionism in scope. The latest boom in multimodal studies, including embodiment in philosophy and sociology, encourages a growing current of bringing multimodality back to pragmatics.

2 Morris' behavioral semiotics: seeds for multimodal semiotic pragmatics

"The modern usage of the term pragmatics", Levinson (1983: 1; bold original) observes, "is attributable to the philosopher Charles Morris (1938)."

> By 'pragmatics' is designated the science of the relation of signs to their interpreters. [...] signs have as their interpreters *living organisms*, it is a sufficiently accurate characterization of pragmatics to say that it deals with the biotic aspects of *semiosis*, that is, with *all the psychological*, *biological*, *and sociological* phenomena which occur in *the functioning of signs*. (Morris, 1938: 30; italics added)

The italicized texts are worth stressing here, since they are the parts that are skewed in linguistics pragmatics. First Morris' "living organisms" embraces both humans and animals, even plants included.[①] This cross-species scope of subjects is subsequently constricted to the human species only, and furthermore, it is the hearing members of the species that play a role in the conceptualization. Manual signers, Braille users — these visual and tactile users — are marginalized at the mercy of applicability of the theory conceptualized on the audial-oral modality only.

Second, Morris' "all the psychological, biological, and sociological" is however found too wide to some philosophers and linguists, "especially within analytical philosophy, the term *pragmatics* was subject to a successive narrowing of scope." (Levinson, 1983: 2; italics origin). The mainstream pragmatics driven by analytic philosophy is mono-modal in the sense that its conceptualization as well as practice is based on (1) viewing language as an object instead of viewing it as lived experience, and (2) reduction of the language object to written form for visual access. Recall that even recorded live speech is transcribed into static symbols for eyes to look at. In terms of multimodality, the original oral-auditory modality is transformed into visual modality. "It is instructive," Locke (2011: 6) observes, "to consider the things that readers do not encounter on the printed page. They see no prosody, no voice quality, no tone of voice, no rate of speaking, no loudness, no vocal pitch, and no formant structure."

2.1 Morris' envision of pragmatics: sign behavior (or semiosis)

It is instructive to review the pragmatics envisaged by Morris in his series of works (1993 [1925], 1951 [1938], 1955 [1946], 1962, 1964). Sign behavior is the kernel of his theory building. It is rooted in Mead's theory of social behaviorism, which is distinctively different from behaviorism

① Nowadays there are branches of semiotics for humans (i.e., anthroposemiotics), for animals (i.e., zoosemiotics), for plants (i.e., phytosemiosis), even for physical objects (i.e., physiosemiosis). See Deely, 1990 for introductory treatment.

as substantiated in Watson (1998 [1924]), and Skinner (2005). Among the various differences, first mind, to Mead, was not to be reduced to non-mental behavior, as Watson and Skinner did to it, "but to be seen as a type of behavior genetically emerging out of non-mental types. Behaviorism accordingly meant for Mead not the denial of the private nor the neglect of consciousness, but the approach to *all experience in terms of conduct*." (Morris, 1962: xvii; italics added). Second, human interaction with its environment is not like a "puppet, whose wires are pulled by the physical environment" as assumed in Watson and Skinner, but is dynamic in that only those aspects of the world become stimuli when they effect the release of an "ongoing impulse". (Morris, 1962: xvii).

Animals and humans both have impulses, which trigger behavior of various kinds, of which sign behavior is primary. In other words, sign behavior is not the privilege endowed exclusively to human species. Animals also are capable of engaging in sign behavior. For instance, the impulse of feeling hungry is universal in animal kingdom. It universally triggers the sign behavior of searching and locating food. What makes human species qualitatively different is the transition from impulse to rationality, the transition being inconceivable without the aid of human language, the most complicated form of sign behavior ever seen.

From an impulse to its satisfaction is there an action process, which according to Mead (1962) displays a general pattern of three phases: (1) orientation, (2) manipulation and (3) consummation. These serve as bedrock for Morris to formulate his theory of sign behavior. To continue the hunger impulse as example. The actor, triggered by the impulse, launches the orientation phase of searching for food. There are a range of possibilities, one of which is a stimulus occurring in the environment and perceived by distance senses. Now the olfactory sense organ (= nose) registers an odor, which the brain-mind processes it as odor of, say, cheese, an "interpretant" in Peirce's terminology, thus a sign is generated that, in the absence of an impulse-satisfying object, causes in an organism a disposition to a sequence of responses of the same type that would be caused by the object itself. The second phase of manipulation, following the disposition, involves contact senses, which are also the modalities invoked in the final consummation phase. The impulse-satisfying object (say, cheese) is the denotatum of the sign. It is worth stressing here that the properties of the sign denotatum — the cheese properties — are correlated with the perceptual sense organs and become part of the overall integrated experience of the whole semiosis, which can be graphically represented in Figure 1.

The essence of semiosis, as it will be shown below, lies in its conceptualization of sign behavior as process of living experience, unfolding over a here-and-now space-time. The role multimodality plays in such semiosis is twofold. First, it provides living experience with perceptually multimodal input and output. Second, it facilitates the construction of the subject's experienced environment. Such conceptualization is consistent with Uexküll's theory of Umwelt that is now acknowledged as one of the founding bedrocks of biosemiotics. As mentioned above, Morris' behavioral semiotics is meant to embrace sign behaviors of both humans and animals. So it is quite appropriate for us to demonstrate Morris' semiosis with animal studies by Uexküll (2010 [1934]), although the two giant semioticians were unaware of each other's works. The case to be cited here is Uexküll's famous study of tick in search for its prey in the wild.

Tick, according to Uexküll (2010 [1934]: 44-45), is an eyeless creature, but with a general

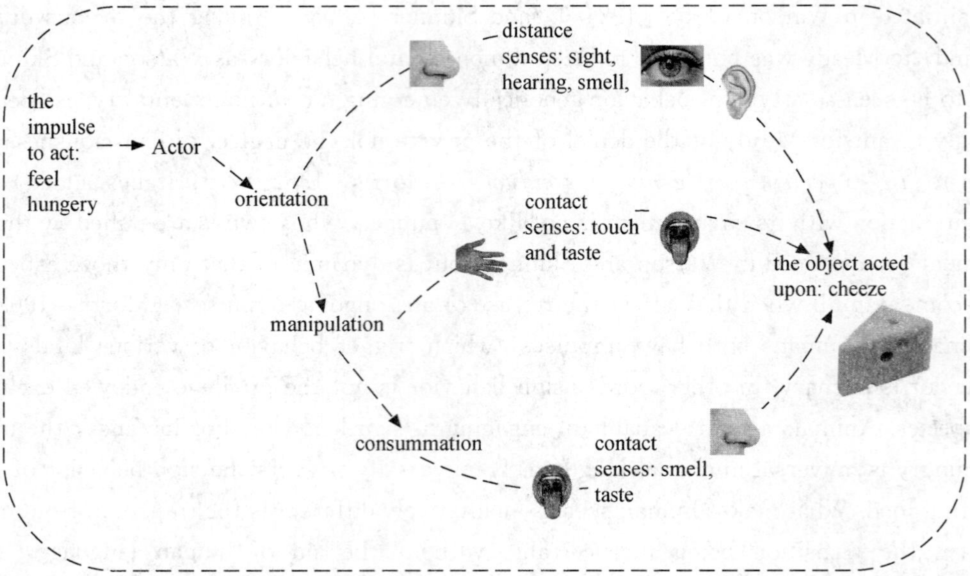

Figure 1 Mead's action schema and Morris' adaptation in sign behavior

sensitivity to light in the skin; it is deaf; it has no sense of taste; and it becomes aware of the approach of its prey through the sense of smell. Adult female tick hangs inert on the tip of a branch in a forest clearing. Its position allows it to fall onto a mammal running past. Once a mammal happens to pass by, its skin glands sends out the butyric acid which acts as a stimulus to the hanging tick, whose smell sense organ picks it up as perception sign, and acts on it by dropping itself down to hit the mammal's hairy warm skin. The temperature signals to the subject that it has spotted the right prey. The tick then uses "its sense of touch to find a spot as free of hair as possible in order to bore past its own head into the skin tissue of the prey." For sake of comparison, a graphic is also drawn to illustrate Uexküll's narrative (Figure 2).

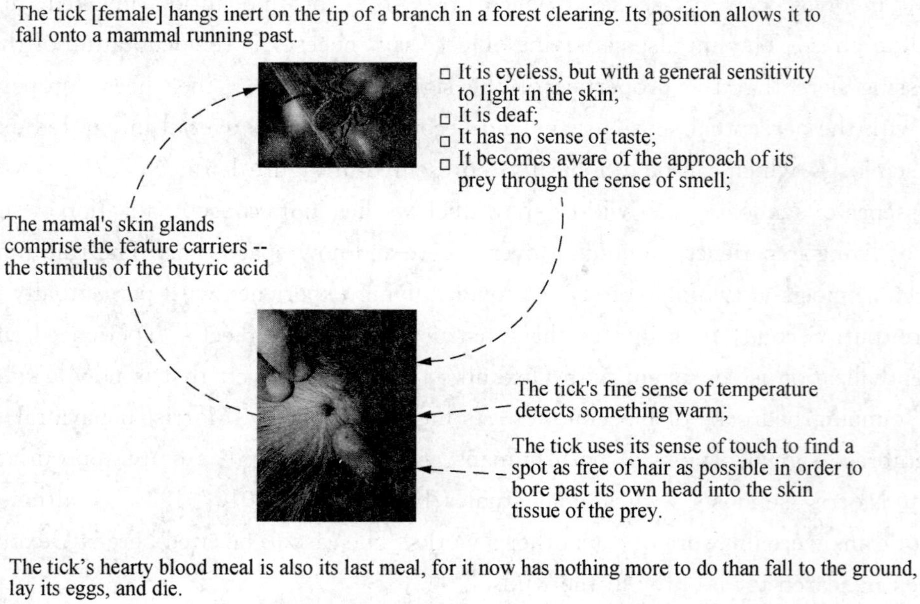

Figure 2 Uexküll's tick's meaning-making

The similarity between the tick's meaning-making behavior and the sign behavior of the hunger-cheese scenario is quite apparent. It is important to note that the tick's meaning-making behavior is simultaneously both framed and enabled by its perceptual sense organs. It is framed for example by it being eyeless, deaf, and tasteless. In other words, there are no such things as image, sound or sweetness in the tick's experienced environment, i.e., the tick's Umwelt, in spite of the fact that the surrounding may be infiltrated with such things. The tick, however, is enabled by its skin's general sensitivity to light, its senses of smell and temperature. These modalities facilitate the construction of tick's experienced environment in which it makes living.

Semiosis is hierarchically organized in view of the complexity of sign behavior. The semiosis, i.e., patterns of sign behavior shared among living organisms demonstrated above is referred to as *primary here-and-now semiosis*, to be contrasted with semiosis that transcends here-and-now space-time (see further discussion in 4 below). It is characterized by the fact that the subject's living experience and environment are constructed via multimodal interactions within a physical surrounding, and that the subject's existence of living depends on a successful and continuous flow of such multimodal interactions. In an extraordinary case, the hanging tick above had waited for its prey to pass by for 18 years, during which time the tick had been kept in starvation (see Uexküll, 2010 [1934]: 52).

For ease of reference, we have, in the section title, "smuggled" in the term "multimodal semiotic pragmatics", as a convenient label to refer to Morris' theorization of the primary here-and-now semiosis. When Morris deals with sign behavior of language, he takes it for granted that verbal sign behavior builds on the primary here-and-now semiosis. Deely (2001: 7-9) holds that animals remain in, and cannot transcend their simple Umwelts, whereas humans construct a "linguistic Lebenswelt" on top of the simpler Umwelt. Deely's view is in total agreement with Morris's (further discussion below).

3 Bates' study of developmental pragmatics: Piaget's sensorimotor intelligence

Developmental pragmatics by definition is concerned with how children acquire the use of language. Bates' series of seminal studies (collected in Bates, 1976, 1979) attempts to "provide a broad ontogenetic view of the acquisition of pragmatics." The sampling age period ranges between 9 to 13 months, "a critical period in the emergence of communicative intentions, conventional signaling, and the idea that things have names." (Bates, 1979: 315). Intention, communication, convention, name-object reference, are traditional themes of linguistics pragmatics. Bates' approach to them is distinctive in two ways — incorporation of Peirce's semiotics and Piaget's theory of sensorimotor intelligence —lending support to multimodal semiotic pragmatics.

Bates (1976: 2) mentions Morris for its "most widely cited definition of pragmatics" as a study of "the relations between signs and their human users". The definition is found to be flawed with "some weaknesses", for it "misses the epistemological distinction between content and use, the psychological difference between objects and procedures." Bates' critique of Morris is rather hasty, offhand. Morris' work cited by Bates is *Sign, language and Behavior* (1946 edition by Prentice-Hall), but without indicating the page where the quote is taken. Bates seems to have missed the bedrock of Morris, viz. his theory of behavioral semiotics which in turn is intimately influenced by

Mead's social behaviorism. When Morris draws the famous tripartite distinctions of syntactics, semantics and pragmatics, he is not dividing "linguistic science into three areas" as claimed by Bates (1976: 2). Morris is dealing with division of labour in behavioral semiotics, of which linguistics is held to be a sub-part. By dismissing Morris Bates adopts Peirce's theory of semiotics based on three types of signs: icons, indices and symbols. These three types of signs become important metalanguage for Bates to construct her developmental pragmatics. This move no doubt is laudable, and fruitful. Peirce's semiotics is logically founded (Hoffmeyer, 2008: 20-3),① whereas Morris' is social behavioral. The two are actually complementary (the topic which we cannot go any further here).

The second distinctive feature of Bates' approach is the incorporation of Piaget's sensorimotor intelligence. Piaget regards infant growth and maturation as a process of intelligence development which is constructed incrementally through postnatal experience. He argues that development is structured with distinctive landmarks or stages. There are three major stages, each of which allows for further fine-grained identification of sub-stages. The first, being most relevant to discussion here, is the sensorimotor intelligence (from birth up to one and one-half to two years, see Piaget, 1971:17). Piaget (1953) draws the following fine-grained distinctions:

Elementary sensorimotor adaptations

The 1st stage: the use of reflexes

The 2nd stage: the first acquired adaptations and the primary circular reaction

The intentional sensorimotor adaptions

The 3rd stage: The secondary circular reactions and the procedures destined to make interesting sights last

The 4th stage: the coordination of the secondary schemata and their application to new situations

The 5th stage: the tertiary circular reaction and the discovery of new means through active experimentation

The 6th stage: the invention of new means through mental combinations

Bates' study of infant pragmatic acquisition, in theory formation, embraces the whole range from 0 to 18 months, while in empirical investigation her data set (9 to 13 months) only covers Piaget's Stages 4 to 6, the choice of which, as pointed out above, is believed to be associated with the "dawn of language".

What is the "pragmatics" the infant babblers attempt to acquire during the sensorimotor period in preparation for late speech development? Bates and her associates focus mainly on the "three major aspects of pragmatics — performatives, propositions, and presuppositions." (Bates, 1976: 113). As we all know, these pragmatic building concepts are all formulated on the basis of the full-fledged cognitively mature adult with a philosophically complicated mind. In what way is it justifiable to apply them to immature babblers? Bates' ingenuity lies in her interpretation of these

① Peirce writes (1955: 98): Logic, in its general sense, is, as I believe I have shown, only another name for semiotic … the quasi-necessary, or formal, doctrine of signs.

concepts in *procedural terms*. Take performative for example. "The term performative describes the organization of the child's communicative goal, e.g., to obtain an object through use of an adult, or to obtain adult attention through the use of an object." (1976: 113; bold original). Carlotta and Marta, Bates' two infant subjects, were found to have constructed such "performative without words" prior to their referential use of words. "We are led to the tentative conclusion that the *sensorimotor performative* is based on the cognitive developments of Stage 5, while the use of words with referents in such sequences is dependent upon the capacity for internal representation characteristic of Stage 6." (Bates, 1976: 77; italics added).

The sensorimotor performative is, in our view, the subject matter proper of multimodal semiotic pragmatics. Before looking at it more closely, we need to review Piaget's conceptualization of "sensorimotor activity schema" which not only underpins Bates' sensorimotor performative, but also arguably lays the foundation for multimodal semiotic pragmatics.

The newborn's first cry declares the beginning of its exploration of the new world. As far as multimodality is concerned, embryological studies find that the somesthetic system (kinesthetic and cutaneous processes) is the earliest sensory system to develop in the human embryo (Stack, 2001: 351). The first indication of the developing ear can be found in embryos of approximately 22 days (Sadler, 2012: 321), and the auditory system becomes function to some extent by the sixth month (Fernald, 2001: 41). Karmiloff and Karmiloff-Smith remark:

> From the sixth month of gestation onward, the fetus spends most of its waking time processing these very special linguistic sounds, growing familiar with the unique qualities of its mother's voice and of the language or languages that she speaks. (2001: 1)

As for sight, at the time of normal birth, "the peripheral retina of the eye is quite well developed, but the central retina ... is poorly developed and undergoes considerable post-term changes" (Slate, 2001: 8). Unlike hearing, visual experience is impossible prior to birth. "It is therefore not surprising to find that the visual world of the newborn infant is quite different from that of the adult."

It is apparent now that the newborn's sensory modalities at birth are unevenly developed. Bearing this in mind, we are interested in how the newborn, equipped with immature, but growing multimodality, explores the new world through activities, such as sucking, kicking, touching, grasping, holding, reaching, to name but only a few, which in Morris' terminology, are sign behaviors or to adopt Piaget's fine-grained terminology, *sensorimotor activities* or *behaviors*. It is important to note that sensorimotor behavior is no less pragmatics than verbal behavior, since it also involves a triadic relation between the subject, the sign and the object. (Reminder in order here: *Symbol* in Piaget's works is a genus, while *sign* is a species. In Peirce and Morris, the usage of the two terms is reversed.)

Let us take the sucking reflex behavior for example. It involves, among other things, the sensory tactile stimulus as "external excitant" (Piaget's term), and the motor responses of mouth and tongue movements. The sucking reflexes show a behavioral pattern which Piaget calls the sucking reflex schema. The sucking reflex in the first instance may be activated to function when the newborn rubs the lips with its own hand, or when mother's breast touches the lips. It can even be set in motion when the lips are touched by a cloth or an object like that. This "global" sucking reflex schema can be captured graphically as shown in Figure 3.

Figure 3 The global sucking reflex schema

Piaget characterizes this global schema as "generalizing assimilation", i.e., the incorporation of increasingly varied objects into the reflex schema, such as sucking his finger, mother's breast, pillow, quilt, bedclothes, etc. The newborn of course quickly updates the schema by "recognitory assimilation", i. e., by differentiating the nipple from non-nipple objects. The differentiation is associated with swallowing and satisfaction (i.e., "consummation" in Mead and Morris). Persistent failures in achieving satisfaction lead to crying or rejection, which in turn result in the stop of the reflex behavior — when this happens, accommodation has taken place! The updated sucking reflex schema is shown in Figure 4.

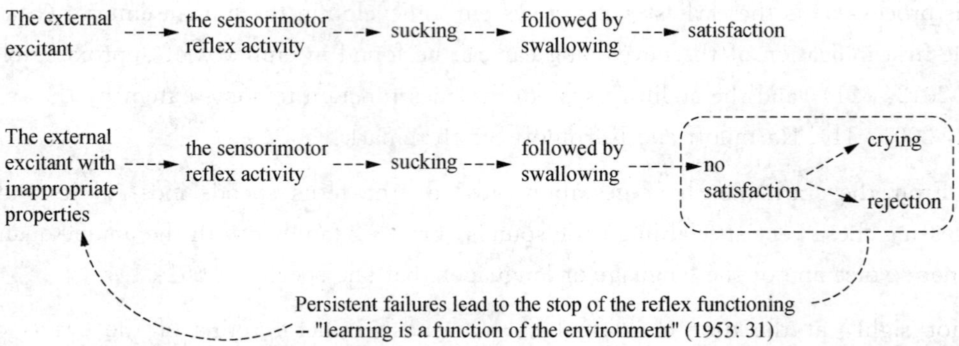

Figure 4 The sucking reflex schema updated

What we learn from this analysis? It is one of Piaget's fundamental tenets regarding the child's development, namely that *all mental objects are constructed from the child's sensorimotor activities upon the external world*. Real world objects do not copy themselves onto the passive child. Rather, the child explores the world of objects through varied sensorimotor activities empowered by the framing and enabling, but maturing hence dynamic, sensorimotor capabilities. During this exploration, the child tries to impose its own "sensorimotor schema" on the world (i. e., assimilatory adaptation) and revises those schemata when the child meets resistance (accommodatory adaptation).

Our analysis of Morris and Uexküll above has rendered it obvious that this fundamental tenet is shared by Morris's behavior semiotics and Uexküll's biosemiotics. The infant constructs its Umwelt (i.e., experienced environment) through its sensorimotor activities (i.e., sign behavior or meaning-making behavior). The infant's Umwelt, due to its immature multimodality, is different from that of adults. What makes a human infant different from, say, a tick's baby, is that, as far as multimodality is concerned, the former's sensorimotor activity schema is highly plastic, capable of both assimilatory and accommodatory adaptations, whereas the latter's capacity is genetically fixed.

Now let us return to Bates. Bates' developmental pragmatics does not take the infant's language as something innately endowed, as assumed in the Chomskian paradigm, according to which all the postnatal experience does is simply "trigger" the endowed I-language to grow (Cook and Newson, 2000: 106).[①] Bates, in contrast, adopts Piaget's epigenesis and shows that pre-speech sensorimotor activities lay a foundation for the development of language use. Bates' developmental pragmatics is rich, and full justice of her works has to be found elsewhere (see Tomasello and Slobin, 2005).

4 The primary here-and-now semiosis: total saturated experience with total saturated signification

The hunger-cheese sign behavior from orientation to manipulation to consummation results in what Gu (2009b) proposes to call total saturated experience (TSE) with total saturated signification (TSS). Gu uses the scenario of enjoying the roast Peking duck to illustrate the concept. Given the goal, there are a range of possibilities: (1) going to a Chinese restaurant and eating a real roast Peking duck; (2) watching others eating it; (3) watching a video show of how people enjoy eating it; (4) listening to a talk about how a roast Peking duck is being made; (5) reading a recipe about how to make a roast Peking duck. The first one in comparison with the remaining represents a total saturated experience of duck-eating. Its total saturated signification is typically associated with the qualities extracted from multimodal interactions with the real object, e. g., qualities such as its taste, color, odor, crispiness, tenderness as well as emotional states triggered by them.

In the primary here-and-now semiosis where the TSE-TSS is attained, the subject-object relation, in the subject's experienced Umwelt, is, first of all, a *consummatory relation* established through contact senses (taste, touch, etc.). In the Chinese theory of cuisine, sight and smell, Morris' distance senses, also are regarded as equally contributing to the consummatory relation. The reference relation traditionally held in linguistics pragmatics between the subject and object is obviously inadequate. One can testify this by the fact that one can never enjoy eating duck by simply referring to or pointing at it!

The primary here-and-now semiosis characteristic of TSE-TSS has developmental significance not only at individual personal level, but at the national social level. Human languages in view of TSE-TSS experience develop unevenly. Each language is like what Wittgenstein calls an ancient city (1997[1953]: 5e), with old streets, lanes as well as new buildings, CBDs, etc. Take China for example. There are about 150 or more languages. Mandarin Chinese in comparison offers more modes of experience than the remaining ones. The primary here-and-now semiosis with TSE-TSS, i. e., multimodal semiotic pragmatics, is like the basement floor, on top of which there is what Gu (2009a) calls the land-borne situated discourse (LBSD), i.e., the sensorimotor-constructed Umwelt plus linguistic Lebenswelt — is the oldest in history, but the most dynamic, fleeting, saturated mode of experience. Mandarin Chinese over three thousand years ago, on the other hand, invented writing script, thus creating another mode of experience, i. e., experience based on visual interpretation of written sign vehicles. This is the Written Word-borne discourse (WWBD). Of

① Chomsky does not use "trigger", but verbs such as convert, map, select, etc., e.g., "the innate component of the mind/brain that yields knowledge of language when presented with linguistic experience, that converts experience to a system of knowledge" (Chomsky, 1986: xxvi)

150 or so languages, only a minority provides such a mode of experience for the users. Mandarin Chinese is further privileged to be able to provide two more modes of experience: (1) telephones calls, radio broadcasts, TV programmes, etc., that is, air-borne situated discourse (ABSD) for oral-auditory as well as visual consumption; and (2) the latest Web-borne situated discourse (WBSD), which transcends totally the primary here-and-now live semiosis into the domain of virtual reality.

5 Morris' definition of pragmatics revisited

Now it is beneficial to revisit Morris' definition of pragmatics cited above. Pragmatics is conceptualized to deal with the biotic aspects of semiosis encompassing *all the psychological, biological, and sociological* phenomena occurring in the functioning of signs. We have used two concepts *multimodality* and *sign behavior* as two exploratory probes to fathom the pragmatics initially envisaged by Morris. In this sub-section we would like to highlight the interactions of sensorimotor mechanism, which are biological in nature, with the psychological and sociological via the subject's live sign behavior. Take greeting for example. Greeting in the mode of primary here-and-now semiosis, if fully performed, is a total saturated experience with total saturated signification. The TSE-TSS greeting displays simultaneously multiple layered properties: (1) the well-integrated sensorimotor activity schema; (2) the gestural or verbal schema; (3) the emotional companionship; and (4) the sociocultural appropriateness. The 2 to 4 layers hardly need elaboration here. The first covers a complex phenomenon of bio-psychological nature. A well-integrated sensorimotor activity schema can be graphically shown in Figure 5.

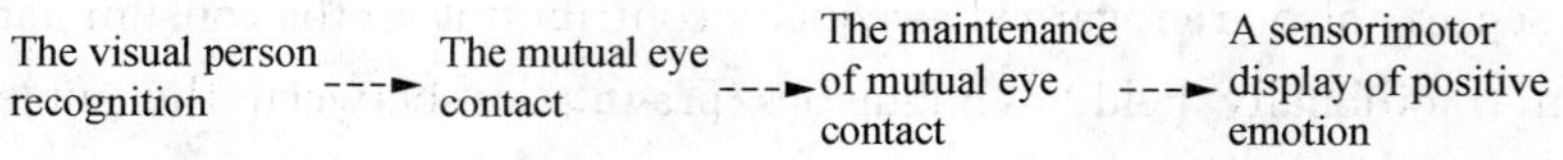

Figure 5 Sensorimotor schema of greeting①

The sensorimotor display of positive emotion is the externalization of the current thought and psychological emotion (e.g., feeling happy to see the greetee) that accompany the gestural and/or verbal behavior of greeting. Gu (2013) labels it as *mao* (貌 i.e. the *embodiment*) of thought and emotion, which is observable in facial expression, bodily posture, prosody of speech and so on. The four components are normally sequentially organized, and well coordinated. Malfunctions or hiccups will result, with everything else being equal, in failure.

Why bother about sensorimotor activity schema and well-integratedness? Does it have anything to do with pragmatics? Gu (2013) shows that incongruence between what is said and what is emotionally displayed also triggers implicatures. Children with autism spectrum disorders (ASD) are particularly compromised in reaching the mutual eye contact, still less to maintain it for long. No better justification is given than that studies of pragmatic impairments provide, to which we turn.

① The visual person recognition itself can be sufficient for the initiation of greeting. In this case, the greeting behavior first of all functions as attention attractor. It is not a greeting proper.

6 Pragmatic impairment: Perkin's study

The current mainstream pragmatics, apart from its bias on modeling the mature adult as pointed out above, suffers from another limitation, namely that it is based on the assumption that linguistic communication "typically appears to be a single, seamless process" (Perkins, 2007: 8). Little consideration is given to communication disorders in its theory-formation. Moreover,

> Unlike clinicians, who need to understand a condition in its entirety in order to play appropriate intervention, pragmatic theorists have had the luxury of being able to focus only on the specific features which are of interest to them. (Perkins, 2007: 8)

When the current theories are applied to clinical context, "it is not always well suited to the needs of language pathologists and has led to a great deal of confusion in the clinical diagnosis of pragmatic impairment, and in regard to the nature of pragmatic impairment itself." (Perkins, 2007: 8).

Hence Perkins argues for a holistic model of pragmatics, namely "emergentist pragmatics" (EP). Its holistic approach is particularly seen in the inclusion of "sensorimotor systems" as one of the three "elements" of theory construction (the other two being *cognitive systems*, and *semiotic systems*). There are both theoretical and practical aspects that are compelling for Perkins to make this inclusion.

> Apart from obvious examples such as the use of gesture to compensate for linguistic output problems and the use of facial expression and tone of voice to interpret the attitudinal or emotional state of a speaker during comprehension, sensory input and motor output systems are rarely included in discussions of pragmatic ability and disability. However, once pragmatic functioning is seen as an emergent phenomenon it is clear that sensorimotor systems provide a range of communicative choices in the same way that cognitive and linguistic systems do; that restriction in choice as a result of impairment is pragmatically constraining and can have a knock-on effect both within the sensorimotor domain and in cognitive and linguistic domains; and that sensorimotor systems are as vulnerable as language and cognition to the effects of compensatory adaptation during interpersonal communication. (Perkins, 2007: 139)

The most devastating knock-on effect of sensorimotor impairment on pragmatics (and language in general), perhaps, is the loss of vision (acquired blindness) and hearing (acquired deaf). Alternative modality compensation has to be attained, e.g., tactile modality for sign behavior and communication.

Pragmatic impairment due to malfunctions of sensorimotor systems presupposes knowledge about the normal functioning of the system, i.e., knowledge of what Gu (2007, 2015) calls "multimodal congruence". Perkins touches upon the same phenomenon when he points out that visual and auditory perception play a key role in inferential processing, and misreading of facial expression or voice quality could result in failure to detect irony. Moreover, the "expression of emotion and attitude is particularly multimodal, with meaning being conveyed via articulation, voice quality, prosody, facial expression, gesture, posture and gaze" (Perkins, 2007: 140).

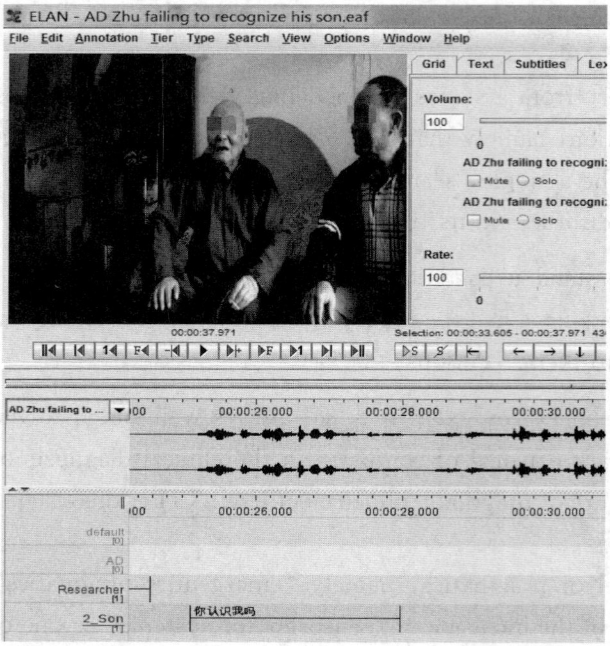

Figure 6: Visual agnosia of an Alzheimer's disease patient

The coordination and integration of sensorimotor systems with cognitive systems and semiotic systems, as Perkins correctly points out, "is a relatively unexplored area" (Perkins, 2007: 139. There are many hard and pressing problems calling for solutions. Here is an instance taking from our corpus of Alzheimer's disease patients. As shown in the screen shot (see Figure 6) the left is the AD patient, and the right is his second son. There is a third person, i. e., the researcher, not shown in the picture. The conversation goes as follows:

Researcher: (to the AD, while pointing at the son) Do you recognize him?

AD: (Turn to look at his son) er ...

Son: (to the AD, while pointing at himself) Do you recognize me?

AD: (Staring at his son) er ...

Pragmatically speaking, the impairment can be categorized as person recognition impairment, or visual agnosia. But what is the cause of this impairment? Is it associated with the condition of cognitive memory retrieval? Or is it due to the compromise of associated visual neural pathways? Even if definite answers are found, clinicians are pressed by the patient for a therapeutic solution, which is yet another hard problem currently unsolvable.

7. Multimodal semiotic pragmatics: Future directions for Morris' vision

It is worth reminding the fact that term *multimodal semiotic pragmatics* does not refer to a mature established theory, out there, ready to pick up and use! It only points to a research direction initially envisaged by Morris, towards which other researchers, aware or unaware of Morris' works, happen to converge.

Multimodal semiotic pragmatics, as reviewed above, clearly holds a complementary relation with the current mainstream linguistics pragmatics. That is, it does not, and cannot replace the existing theories. Conversely linguistics pragmatics, as it is, does not, and cannot replace multimodal semiotic pragmatics either. Having said this, multimodal semiotic pragmatics seems to be "more basic", that is, it can serve as the "ground floor" on which linguistics pragmatics is to be more securely situated. This is the direction towards which Bates' developmental pragmatics, Perkins' emergentist pragmatics as well as Gu's study of four-borne discourses seem to lead us.

There are of course many research issues associated with multimodal semiotic pragmatics itself proper. As pointed out above, Morris would intend multimodal semiotic pragmatics (i.e., primary here-and-now semiosis) to include both animals and humans. So logically there will be multimodal semiotic pragmatics for animal sign behaviors. Very interestingly, the latest growing interest in biosemiotics (Hoffmeyer, 1996, Barbieri, 2007, Romanini and Fernandez, 2014) seems to move towards this direction. Biosemiotics also recognizes sign behavior and sensorimotor mechanism as two domains of properties common to living organisms. Adopting these two as the point of departure to conceptualize pragmatics, the outcome is not just an issue of being broader or narrower, but brings to the fore the fundamental question of where language comes from. The issue of evolution of language has been literally "out of question", for the mainstream linguistics pragmatics takes language as given, and pragmatics' business proper is to see how language is used in communication. This is particularly transparent when a componential view of pragmatics is adopted, with a division of labour between syntax, semantics and pragmatics.

Ironically, the componential view is believed to have originated in Morris. A close reading of Morris, however, will show that Morris is not at all responsible for such division of labour in linguistics pragmatics. This is because Morris, drawing the tripartite division, is concerned with behavioral semiotics, not linguistics! Moreover, "syntactics, semantics, and pragmatics," are "subordinate branches" "dealing, respectively, with the syntactical, the semantical, and the pragmatical *dimensions* of semiosis" (1951 [1938]: 8; italics added). Morris is not recommending to divide semiosis into three parts, but rather to look at it from three perspectives, as he takes it for granted that "the various dimensions are *only aspects of a unitary process*" (1951 [1938]: 8; italics added). Later on he emphasizes that, "after making use of the abstractions involved in this treatment, we will specifically *stress the unity of semiotic*." (1951 [1938]: 13; italics added)

Of the three dimensions abstracted from semiosis, the pragmatic is, in actual use, primary and fundamental, this is because it operates at the level of behavior making something become a sign in the first place. This is implicated in the remarks Morris makes:

> Syntactical rules determine the sign relations between sign vehicles; semantical rules correlate sign vehicles with other objects; pragmatical rules state the conditions in the interpreters under which the sign vehicle is a sign. Any rule when actually in use operates as a type of behavior, and in this sense there is a pragmatical component in all rules. (1951 [1938]: 35)

Put it differently, there is a sequential order implicit in semiosis, namely syntactics and semantics will have nothing to do until a sign is made, and it is the sign behavior which fixes a sign vehicle and the object the sign is made to stand for.

Multimodal semiotic pragmatics does not take language for granted. Verbal behavior is a species of sign behavior. In the time of evolution, humans' verbal behavior is a later comer. Stokoe observes:

> When gesture is defined as body movement that communicates more or less consciously, and Sign is taken as a generic term for natural sign languages, the progression from gesture to Sign is entirely natural. What makes it so is the nature of the hominid phenotype and its attributes — its vision and the physical structure and use of hands, arms, faces, and bodies. (Stokoe, 2000: 388)

If one accepts Stokoe's position, multimodal semiotic pragmatics will also have a role to play in the story of language evolution.

Finally, it is worth emphasizing the fact that Morris' conceptualization of semiotics is intended to have a unifying function:

> It is doubtful if signs have ever before been so vigorously studied by so many persons and from so many points of view. The army of investigators includes linguists, logicians, philosophers, psychologists, biologists, anthropologists, psychopathologists, aestheticians, and sociologists. There is lacking, however, a theoretical structure simple in outline and yet comprehensive enough to embrace the results obtained from different points of view and to unite them into a unified and consistent whole. It is the purpose of the present study to suggest this unifying point of view and to sketch the contours of the science of signs. (1951 [1938]: 1)

Morris' "unified and consistent whole" theory of signs is indeed solidly demanded in real-life semiosis, which can be demonstrated by what Gu (2012) calls "ecological chain" of activities. An individual Mr. Y suffers from a hay fever at the result of his interaction with the physical environment. He sneezes like mad. He takes bus to go to a drug store — He enters into a node on the web of spatial-temporal trajectories framed and enabled by the community. In the drug store, i.e. another node on the web of spatial-temporal trajectories, he talks about his hay fever to a girl assistant, who shows him a few choices and offers him some advice. He makes a choice and pays. This whole transaction would have been impossible without a drug manufacturer producing the drug. The latter on the other hand would never have been produced without research on the drug. The drug research, in turn, is motivated by the fact that Mr. Y is not alone who sneezes at the exposure of flowering plant pollens. The whole series of activities, each seeming to happen separately and independently, actually form a coherent whole, as shown in Figure 7.

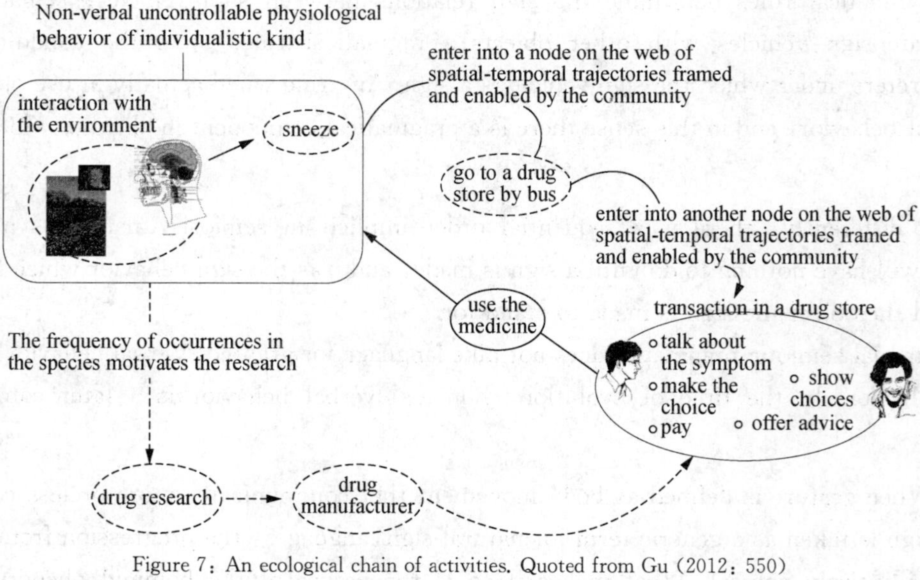

Figure 7: An ecological chain of activities. Quoted from Gu (2012: 550)

It would be no small achievement to account for this ecological chain in terms of the unifying metalanguage of behavioral semiotics as envisaged by the founding father!

Reference

[1] BARBIERI M. Introduction to biosemiotics[M]. Berlin：Springer，2007.

[2] BATES E. Language and context：the acquisition of pragmatics[M]. New York：Academic Press，1976.

[3] BATES E. The emergence of symbols：cognition and communication in infancy[M]. New York：Academic Press，1979.

[4] BREMNER G，FOGEL A. Blackwell handbook of infant development[M]. Oxford：Blackwell Publishers，2001.

[5] CHOMSKY N. Knowledge of language：its nature，origin，and use[M]. Westport：Praeger，1986.

[6] COOK V，NEWSON M. Chomsky's universal grammar：an introduction[M]. Beijing：Foreign Language Teaching and Research Press，2000.

[7] DEELY J. Basics of semiotics[M]. Bloomington：Indiana University Press，1990.

[8] DEELY J. Four ages of understanding[M]. Toronto：University of Toronto Press，2001.

[9] FERNALD A. Hearing，listening，and understanding：auditory development in infancy[C]//BREMNER G，FOGEL A. Blackwell handbook of infant development. Oxford：Blackwell Publishers，2001：35-70.

[10] GU Y G. Multimedia，multimodality and learning[C]//Computer Assisted Foreign Language Learning. 2007，114：3-12.

[11] GU Y G. Four borne discourses：towards language as a multi-dimensional city of history[C]//LI W，COOK V. Linguistics in the Real World. London：Centinuum，2009a：98-121.

[12] GU Y G. From the reallife situation to video stream data-mining[J]. In International Journal of Corpus Linguistics，2009b，14(4)：433-466.

[13] GU Y G. Discourse geography[C]//GEE J P，HANFORD M. The routledge handbook of discourse analysis. London：Routledge，2012：541-557.

[14] GU Y G. The STFE principle in situated discourse：a multimodal corpus linguistics approach[J]//Contemporary Rhetoric. 2013，(61)：1-9.

[15] GU Y G. Multimodality and language[J]//Contemporary Linguistics，2015，(4)：448-469.

[16] HOFFMEYER，JESPER. Signs of meaning in the universe[M]. Indiana University Press，1996.

[17] HOFFMEYER，JESPER. Biosemiotics：an examination into the signs of life and the life of signs[M]. Scranton：University of Scranton Press，2008.

[18] KARMILOFF K，SMITH A K. Pathways to language：from Fetus to Adolescent[M]. Cambridge，Massachusetts：Harvard University Press，2001.

[19] KOLB B，WHISHAW Q I. An introduction to brain and behavior[M]. 2nd ed. Worth Publishers，2005.

[20] KRESS G. What is mode? [C]//JEWITT C，The Routledge handbook of multimodal analysis. London：Routledge，2009：54-67.

[21] KRESS G. Multimodality：a social semiotic approach to contemporary communication[M]. London：Routledge，2010.

[22] LEVINSON S. Pragmatics[M]. Cambridge：Cambridge University Press，1983.

[23] MEAD H G. Mind, self, and society[M]. Morris. Chicago: The University of Chicago Press, 1962.
[24] MORRIS W C. Foundations of the theory of signs[M]. Chicago: The University of Chicago Press, 1951.
[25] MORRIS W C. Signs, language and behavior[M]. New York: George Braziller, 1955.
[26] MORRIS W C. Introduction: George H. Mead as social psychologist and social philosopher [C]// GEORGE H. M, Mind, Self, and Society. Chicago: The University of Chicago Press,1962.
[27] MORRIS W C. Signification and significance: a study of the relations of signs and values[M]. Cambridge, Massachusetts: The MIT Press, 1964.
[28] MORRIS W C. Symbolism and reality: a study in the nature of mind[M]. Amsterdam: John Benjamins Publishing Company, 1993.
[29] PEIRCE S. CHARLES. Philosophical writings of Peirce. New York: Dover Publications, Inc, 1955.
[30] PERKIN M. Pragmatic impairment[M]. Cambridge: Cambridge University Press, 2007.
[31] PIAGET J. Biology and knowledge: an essay on the relations between organic regulations and cognitive processes[M]. Chicago: The University of Chicago Press, 1971.
[32] PIAGET J. The Principles of genetic epistemology[M]. (Translated by Wolfe Mays.) London: Routledge, 1972.
[33] PRIESLER G. Sensory deficits[C]//GAVIN B, FOGEL A. 2001: 617-638.
[34] ROMANINI V, FERNANDEZ E. Peirce and biosemiotics[M]. Berlin: Springer, 2014.
[35] SADLER T W. Langman's medical embryology[M]. 12nd ed. Baltimore: Lippincott Williams & Wilkins, 2012.
[36] SKINNER B F. Science and human behavior[M]. The B. F. Skinner Foundation, 2005.
[37] SLATER A. Visual perception[C]//GAVIN B, FOGEL A. 2001: 5-34.
[38] SLATER P J B. Essentials of animal behaviour[M]. Cambridge: Cambridge University Press, 1999.
[39] STACK D M. The salience of touch and physical contact during infancy: unraveling some of the mysteries of the somesthetic sense[C]//GAVIN B, FOGEL A. 2001: 351-378.
[40] STOKOE W C. From gesture to sign (language)[C]//MCNEILL D. Language and Gesture, 2000.
[41] TOMASELLO M, DAN I S. Beyond Nature-Nurture: essays in honor of Elizabeth Bates[M]. Mahwah, New Jersey: Lawrence Erlbaum Associates, Publishers, 2005.
[42] UEXKULL J V. A foray into the worlds of animals and humans[M]. (Translated by Joseph D. O'Neil.) Minneapolis: University of Minnesota Press, 2010[1934].
[43] WATSON J B. Behaviorism[M]. New Brunswick: Transaction Publishers ,1998[1924].
[44] WITTGENSTEIN L. Philosophical investigations[M]. 2nd ed. (Translated by G. E. M. Anscombe.) Oxford: Blackwell Publishers, 1997[1953].

第二十三章　多模态语用学视域下的言语行为与情感因素：兼论在老年语言学中的应用

黄立鹤

1　引言

长期以来，语用学理论及相关原则的构建基于交际双方的理性前提。虽然各自的理性概念类型与内涵不同，但从经典格莱斯理论到新格莱斯语用学，再到博弈论、优选论观照下的语用学研究，理性主体假设是默认前提（姚晓东、秦亚勋，2012：338），"主理抑情"的态势贯穿了语用理论发展的始终（冉永平，2008：53）①。基于理性人（rational actor model）的各类语用推理模式，只关心信息交流，却忽略了情感因素在语言交际中的作用（姜望琪，2014：296），在面向真实言语交际的分析时面临着困境（Kasper，2006）。

事实上，人类的情感与语言是共同演化的（Jablonka，Ginsburg & Dor，2012）。情感在真实的言语交际中占据重要地位，且通过多模态资源建构、识解，表现在说话人的话语本体、韵律特征、体貌表现等方面（Martin 和 Deviller，2009）。从个体发生学上说，婴幼儿通过表情、动作、哭喊声音等表达情感，是生活常识。幼儿自语言习得的单词阶段（single-word stage）起，就能通过各类语言结构表达情感，大多数用于表达积极或消极情感的语言形式都是在四岁之前习得的（Ochs，1988：183）。人作为语言活动的主体，既有理性、追求目的，也有情感与个性表现，绝不是经过理想化的、只讲逻辑理性、刻板机械的生物体。因此，关注言语行为中情感因素的实质是试图超越语用学研究中逻辑哲学意味浓重、纯粹理性思辨的一种尝试。

语用交际活动中有意识、有目的的情感表达被称为"情感表达型交际"（emotive communication），语言学研究对这一现象的关注可追溯到 Bréal 对语言中主观成分（subjective element）的论述（Bréal，1991：249）。从广义上看，"情感"（或者称为"情感立场"）是对人物或事件情景的感受、心情、倾向、立场、评价或态度等（Ochs & Schiefflin，1989）。虽然研究情感与语言关系的研究颇有历史，但从语用学角度对情感表达型的语用功能进行的分析仍比较缺乏（宋成方，2017：37）。现有的少量考察情感因素对语用交际的影响主要集中在以下几个方面：一是不同交际层面对情感的体现，如语用标记、韵律、话语等（Colamarco & de Moraes，2008；de Moraes & Rilliard，2014）②；二是跨文化语用学视角下不同语言文化背景的交际者对情感的表现与感知及对交际的影响（Apresjan，2013；Beeman，2017）；三是语用交际中情感与认知的互动关系及机制问题（Scherer，2013；Moors et al.，2013；刘瑾、段红，2019）。另外，人际语用学（Interpersonal Pragmatics）作为语用学中的新兴分支，也在其分析框架下尝试揭示交际者如何在情感表达型交际过程中建构各种关系。

从研究视角与方法上看，Ochs 和 Schieffelin（1989）把情感的语言表达研究分为四种导向：布拉格

【基金项目】本文系 2019 年国家社会科学基金青年项目"基于多模态语料库的阿尔茨海默症老年人语用能力蚀失研究"阶段性成果。
【作者信息】黄立鹤：同济大学外国语学院；同济大学老龄语言与看护研究中心；同济大学语言学与多模态符号学研究所。
【注】本文首刊于《当代修辞学》2019 年第 6 期。

① 当然，社会语用学派中的语言选择和顺应思想强调语言使用中的社会文化和认知因素，将认知情感等社会心理因素纳入视野（姚晓东、秦亚勋，2012：342），认识到情感因素在运用交际意义阐释中的重要地位。

② 如果将说话人的评价也纳入情感范畴的话，会话分析学派较早地考察了词汇、句法形态、韵律特征、眼神移动等资源的调动对于"评价-回应"毗邻语对互动序列的作用（方梅、乐耀，2017：16）。

功能视角、语调研究、戏剧与诗歌研究以及儿童语言发展；方梅、乐耀（2017：13-19）则将情感立场表达的研究范式概括为：互动语言学研究范式、社会语言学与人类语言学研究范式、语料库语言学研究范式、系统功能语言学研究范式。不管采用哪一种范式，目前国内多数研究是基于某一分析框架的定性研究，但随着语料库语言学方法的普及，呈现出基于鲜活语料的量化分析。例如，张永伟、顾曰国（2018）在情感与修辞互动研究理论框架下，基于大规模语料库对大众语言中的情感言语行为进行量化分析，从而探究大众的情感修辞特质。

部分国内学者已意识到了语用学研究中“主理抑情”的现实，但多从宏观回顾及理论推演的角度厘清事实（冉永平，2008；姚晓东，2016），虽有提出解决思路（姜望琪，2014），但鲜有提出具体的操作框架。本文则尝试更进一步，将情感因素纳入具体的语用研究操作框架中：即首先分析情感因素与言语行为的关系，借此倡导从言语行为这一语用学核心概念入手，借助多模态语言研究的具体操作手段，关注情感因素在语用问题研究中的重要地位，分析说话人的情感态度对其语言交际与含义推导的影响，并利用该范式对一个失智症老年人语用交际案例进行了分析。

2 情感因素与言语行为的关系

在语用学中，Austin 创立的言语行为（Speech Act）是经典研究课题，被视为语言交际的基本单位（Searle，1969：21）。它也是语用学的核心关注点，围绕其发展出的各类视角和知识体系越来越丰富。有学者认为“言语行为”能够统摄语用学的各种范畴，“言语行为”是语用学的核心范畴（胡范铸，2017：4）①。作为一个功能性单位，言语行为上接语篇、话语，下接词汇、句法，是研究人类互动交际中话语功能与句法结构的理想连接点（黄立鹤，2017）。

情感具有意向性（intentionality），而意向性是言语行为最根本的东西，是其心智哲学基础（顾曰国，2017：320+326）。从这个意义上说，情感通过意向性与言语行为密切相关。在现实中，人们即可以通过肢体动作（如表情变化等），也可以通过实施言语行为来表达情感（Alba-Juez & Larina，2018：10）。

Austin（1962：40）指出，感受（feelings）是语力实现的必要条件。语力背后的何种情感直接关系到语力是否“圆满”（felicitous），某些语力类型的背后需要由特定的情感存在。Austin（1962：14-15）在讨论六个圆满施事行为条件时指出：

> ……这个程序通常是设计给具有一定思想或情感的人使用……必须事实上具有这些思想和情感……

Austin（1962：25-52）在讨论施事行为的非圆满性（infelicity）时提到了两类情况②：misfire 与 abuse，分别指代：①某些施事行为没有经过特定程序、特定交际者和在特定情境中表达特定话语；②说话人没有与施事行为相应的情感、思想态度（或信念）和意图等。其中，是否出现特定情感是影响相应施事行为是否具备圆满性的必要条件。因此，如果不具备特定的情感，则说话人在现场即席话语中表达的具体语力实例就可能并不“圆满”，如表达一个“祝贺”语力实例时说话人没有相应的“高兴”情感。

根据 Gu(2013)的分类，情感可分为背景情感、基本情感、社会情感。其中背景情感是当下情感不可或缺的，另外两层（基本情感和社会情感）则可能同时相随，或仅一层相随（张永伟、顾曰国，2018：

① 同时也有学者指出，语用学本质上是一种以语言使用为核心问题，跨范式、跨知识体系的研究域（domain），并不存在横跨多个范式的核心范畴（曲卫国，2017）。

② 事实上，Austin 曾使用多种其它词汇命名各种不恰当行为，如 non-plays，misplays，miscarriages，misexecutions，non-fulfilments 以及 dislovalties 等等（厄姆森注，J. L. 奥斯汀，2012. 如何以言行事，商务印书馆，15 页），misfire 和 abuse 只是其中的两种情况。

40-41）。但无论如何，现场即席言语行为总是伴随着当下情感。

从情感与言语行为的关系上看，基本有三种类型①：

（1）情感作为言语行为的伴随状态（Speech acts embodied with emotional states）

如"我得客客气气地请他们吃饭"，施事行为/语力是"请吃饭"，其情感状态是恭敬、愉悦等。此时伴随言语行为的情感状态通过说话人的词汇、韵律、体貌等综合推断，如高语阶、快语速的韵律特征通常表明说话人兴奋或激动的情感；表达"诉苦"时皱眉、垂头、抹眼泪等体貌表现推测出说话人悲伤、痛苦的情感等。

（2）言语行为自身是情感表达（Speech acts as emotional expressive）

这个类型又称为情感实施，是指使用情感词直接做表达情感的言语行为（张永伟、顾曰国，2018：51）。其构式是：我 ＋ 施事动词（＋ 其他成分）②。如"你考上名校了，我很高兴"，"高兴"既是情感又是施事行为/语力。有时汉语语序更为灵活，会略有调整。这些构式包括：我 ＋ 觉得 ＋ 情感词、我 ＋ 情感词 ＋ 情感结果、我 ＋ 表示 ＋ 情感词、我 ＋ 情感触发项 ＋ 感 ＋ 情感词、我 ＋ 情感词 ＋ 同步行为 ＋ 情感触发项、我 ＋ 情感触发项 ＋ 怀着 ＋ 情感词、情感触发项 ＋ 我 ＋ 感 ＋ 情感词 等（张永伟、顾曰国，2018：51-52）。

（3）情感报道作为一种言语行为（Emotion report as speech acts）

情感报道是指用情感词报道"我"或"我们"之外的情感状态，是说话人对他者情感状态的观察与推理（张永伟、顾曰国，2018：52）。例如，"他闺女考上名校了，我看他高兴得很"就属于这一类。其他构式还包括：情感触发项 ＋ 让 ＋ 对象 ＋ 情感词、情感触发项 ＋ 对象 ＋ 情感词 ＋ 其他成分、对象 ＋ 情感词 ＋ 其他成分、对象 ＋ 情感词、对象 ＋ 的 ＋ 情感词、对象 ＋ 不 /无 ＋ 情感词、情感触发项 ＋ 对象 ＋ 情感词 等（张永伟、顾曰国，2018：52）。

总之，无论是情感作为说话人实施言语行为的伴随状态出现，还是作为说话人实施言语行为的对象，抑或是情感报道作为一种言语行为，情感状态可以通过言语行为的多个层面加以体现。

3　情感在言语行为中不同界面的体现

在人们言语交际中，除了句法词汇层面，脸部表情、体貌表现、语音语调等均可表现说话人的情感状态。在口语会话系统等人机交互的相关研究中，从多模态信息综合辨识说话人情感已成共识（Johar，2016：25-29）。

图1表示情感状态在言语行为中的语言结构、韵律特征、体貌表现等层面的体现。

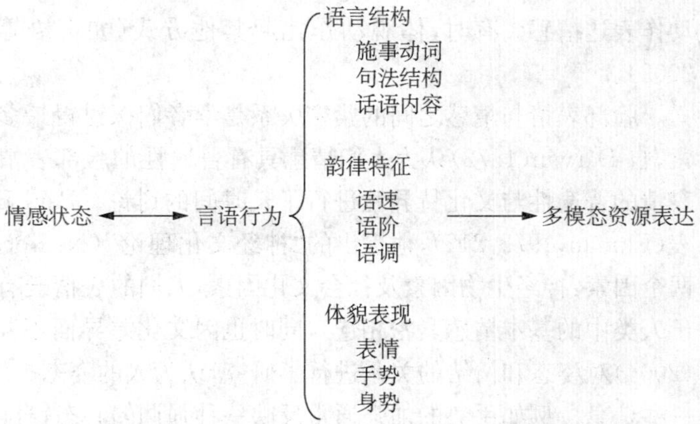

图1　言语行为与情感因素在语言结构、韵律特征、体貌表现等方面的体现

3.1　情感在言语行为中句法词汇层面的体现

情感在词汇层面的直接体现就是情

① 情感与言语行为表达范围比较广，通过结构形式的规约化表达说话人正面或负面评价、立场表达等也是其中的内容。立场是言者对信息的态度、情感、判断或者承诺的显性表达（方梅、乐耀，2017：3）。方梅（2017）；方梅、乐耀（2017）等国内汉语界学者对这一现象进行了研究。这里对规约化的结构形式并不做讨论，仅从情感与言语行为的关系上予以分类。

② 这是根据英语语言结构特点定义的。

感词。在汉语中,情感词广泛分布在名词、动词和形容词等词类中。这涉及词汇语义研究范畴,此处不予展开。情感对句法的影响,主要体现在说话人实施言语行为时对句式的选择。前文讨论的情感与言语行为关系的三种类型,便是例证。一些学者对情感在汉语结构形式中的规约化表达进行了深入探讨(方梅,2017;方梅、乐耀,2017)。

当然,说话人如何选择言语行为的句法形式,还涉及修辞问题。在说话人确定语力类型后,就可以调用各种表达手段,包括不同的话语形式(当然还包括韵律特征、体貌表现等)来实施施事行为,这就属于表达修辞层面的问题(黄立鹤,2018: 283)。

3.2 情感在言语行为中韵律特征层面的体现

韵律在言语行为的实施中具有重要作用。关于情感在韵律上的体现,早在中国古代,包括儒家经典《礼记》在内的诸多文献就有记载(Santangelo,2003;Yao & Tu,2011;蒙培元,1998 & 2002)。《礼记·乐记》中说:"是故其哀心感者,其声噍以杀;其乐心感者,其声啴以缓;其喜心感者,其声发以散;其怒心感者,其声粗以厉;其敬心感者,其声直以廉;其爱心感者,其声和以柔。六者,非性也,感於物而后动。"说明古人已观察到,人们的不同情感可以通过不同的韵律特征加以表现。

对情感表达起重要作用的声学参数是基频。基频最大值、最小值、均值、基频域等特征直接体现了情感的表达方式。时长是另一个重要的声学特征,句子时长的增加或缩短,重音音节时长的变化等都是情感表达的重要方式。大多数学者在研究情感对语音的影响时,主要关注语调。Bolinger(1989)论述了英语语调与情感的联系,提出了当时争论极大的观点:提高音高表示某种情感的融入,降低音高则表示情感的退出。赵元任区分了三个方面对语调进行讨论:一是单字的声调,二是中性语调,三是口气(表情)语调。口气语调有两种情况:一种是逻辑性的口气,没有特殊感情因素的影响;另一种则是带有感情色彩的语调。吴洁敏、朱磊(2010)把感情语调分为高昂型和低沉型两大类,并且分别分析了各自的韵律特征;中国社科院语言研究所语音室在情感语调方面做了大量研究,对比分析了多种情感句的韵律模式以及中性句的韵律模式。

3.3 情感在言语行为中体貌动作层面的体现

人们表达情感的方式是多种多样的,除了言语之外,还能通过包括神态、表情、手势、身势等体貌动作表达情感。有时,体貌动作比起其他方式(如言语等)更能表达说话人的情感状态(Allwood,2002)。

脸部表情与情感之间的紧密关系是学者们探讨得最多的话题,历来被认为是研究情感的重要线索,自 Darwin(1872)认为人们情感具有普遍性的脸部表情是与生俱来的观点开始,前贤时哲对情感表情的普遍性与文化特异性进行了长时间的讨论。Paul Ekman 的一系列研究当属此领域的重要代表(Ekman,1972:212),他提出的"神经文化理论"(Neurocultural Theory)认为决定脸部表情主要有两个因素:神经生物因素及社会文化因素,人们的表情既有神经生物的普遍性(这些表情与普遍存在于人类中的基本情感紧密相连),同时也因文化差异而不同。国内中科院自动化所的陶建华、谭铁牛(2004)对姿态和情绪的关系进行了研究,认为人的姿态一般伴随着交互过程而发生变化,它们表达着一些信息。例如手势的加强通常反映一种强调的心态,身体某一部位不停地摆动,则通常具有情绪紧张的倾向。目前,随着多模态语料库的发展,形成了对体貌进行标注的诸多方案,基于多模态语料的体貌与韵律、情感等之间的互动关系研究也持续开展(Martin & Deviller, 2009; Wagner, Malisz & Kopp,2014)。

4 鲜活整人的言语行为及其情感表现:言思情貌整一原则的适用

将情感维度引入语用学分析,需要一套统领说话人情感与言语各种关系的原则。多模态语用学的相关分析借用的是“言思情貌整一原则”(顾曰国,2013)。

该原则的建立目的在于分析者能够“执一统众”,即面对现实言语交际中的各种或遵守或背离言、思、情、貌整一的情况,分析者能够得到整一的言外之意的诠释。换而言之,该原则应该视为多模态语用学研究中一条重要的会话含义推理机制(顾曰国,2013：15-16)。当说话人的言、思、情、貌完全整一时,即其颜真意切,此时可视为默认的“一”,而各种模态资源(话语、韵律、表情、体貌等)与其他发生匹配错位时,产生各种场景中的“众”。听话人和分析者可依据该推理机制研判说话人的真实意图。

在现场即席话语中进行话语活动的主体是一个个声情并茂、体貌丰富的鲜活的、完整的人,顾曰国(2013)将其称为“鲜活整人”(the whole person)①。同样地,在语用学研究中,研究者面对的言语行为实施主体是一个个“鲜活整人”,而不应该仅仅是只通过语言进行信息交流的、经过理想化过滤的“说话人”(the talking person)。因此,相关研究要从会话人的整个行为入手,从言语行为的主体、活动、系统等多个视角进行考察,其实质是秉承“语言理论是行为理论的一部分”(Searle,2001)的理念。言语行为的实施,语力的形成、传递与接收均是多模态交互过程(黄立鹤,2017)。其中,情感是人类行为的基本属性。因此,分析言语行为时要包含之。

言、貌可以归为“形外”,而情、思则属于“实内”。从说话人的驱动链顺序上说,是“实内”驱动“形外”,即四个方面的顺序是:思→情→言→貌;若从听话人视角来说,该顺序正好相反,即从“形外”判断“实内”:言→貌→情→思。需要注意的是,这里只是粗略地为了说明“实内”与“形外”在不同视角下的分析顺序,但在两个范畴内部的顺序不一定是这样。例如,在“形外”范畴中,说话人的言和貌哪个在先?从听话人视角分析,言和貌是有先后分析顺序的,还是同时分析的?这些问题要留由心理语言学研究,此处无法探讨。

如果说话人在表达语力时的言、思、情、貌都是一致的,就可以认为说话人遵循了“言思情貌整一原则”(顾曰国,2013：2)。一般来说,幼儿的言、思、情、貌是统一的(当然也有例外,如说谎等),如一个儿童哭着喊“我要玩具熊”,他的言(表达需要的话语、哭喊的声韵)、思(想要某物件)、情(因得不到而受挫悲伤)、貌(皱眉哭喊、双手挥舞等)是协调统一的。在成人的现场即席话语中,既有统一的情况,也有违反该原则的情况,顾曰国(2013：8-10)分析了除言思情貌整一之外的七种违背整一原则的情况。一旦违反,通常有两种情况:一是说话人的言语行为是“不圆满”的,说话人“言不由衷”或者“虚情假意”、“阳奉阴违”;二是说话人故意“违反”该原则以表达其他的语用意义,即产生“言外之意”。新的语用意义则可基于多模态线索,联系相关情境、个人身份等其他背景信息加以阐释。

对比格莱斯会话原则,可发现言思情貌整一原则与之异同:格莱斯的会话原则是基于“理性人假说”之上的,而言思情貌整一原则是建立在鲜活的、完整的人基础上的;语用学的“理性人假说”意味着加入谈话双方有共同目的,如最大程度上与对方交流信息,双方要理性地与对方合作。而“鲜活整人假说”告诉我们:在现场即席话语中,一旦说话人违背言思情貌整一原则,听话人就会做出超出常规的诠释,生成言外之意,产生新的语用意义(顾曰国,2013：11-16)。这样的思路拓展了言外之意的语用推论研究视野(黄立鹤,2018：328),这也是多模态语用学的用武之地。

5　情感因素之于多模态语用学分析框架:以老年人语用能力蚀失研究为例

前文已述,语用学研究关注的应是情理兼备、声情并茂、体貌丰富的鲜活整人所进行的言语交际活动,而不是抽象化的、理想化的说话人。本文提议借助多模态语言研究的具体操作手段,关注情感因素在其中的重要地位,分析说话人的情感态度对其语言交际与含义推导的影响,实现在多模态语用学框架内对语言使用者关注的回归。

① 这种思想可追溯至 Firth(1957:19)的论述,参见黄立鹤(2016)的介绍。

在多模态语用学的框架下，语用学的诸多经典课题及传统理论都可以在纳入说话人情感评价意义后得以重新考察、创新拓展，通过语用学研究中情感维度的拓展，实现对总体社会交际特征进行理性思辨以及对个体言语交际进行精细分析并重的语用研究新趋势，充分体现语言使用研究的人文属性，而多模态研究方法可以为这种新的研究趋势提供有力的解决方案(图 2)。

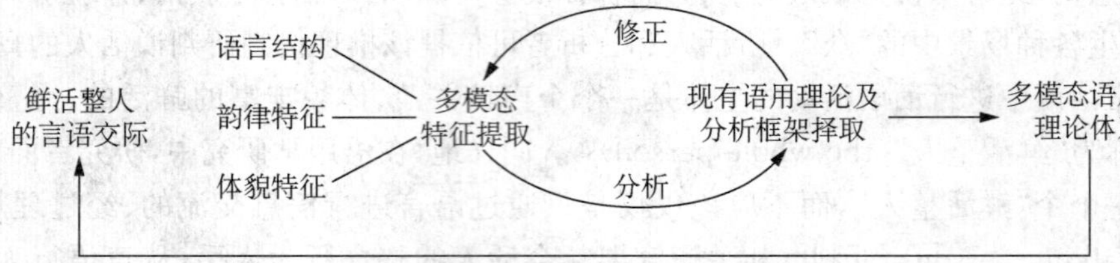

图 2　多模态语用学分析框架示意图

情感是贯穿人类整个生命历程言语交际的重要因素。人类出生后的数月，婴儿便通过多模态手段表达情感，实现一定程度上的交际。情感因素在临床语用学中的加入，对特殊人群的言语交际进行情感分析，为解释情感交际或非理性交际互动提供了可能。已有一些研究考察了特殊人群语用交际中语言、动作及情感的关系，例如儿童的语用能力与情感障碍(St Clair et al., 2011)、失语症患者语用交际中的情感表达与手势动作关系(Lorch, Borod & Koff, 1998)等。

虽然目前研究者对老龄化对情感感知是否有影响仍有争议，但情感是影响老年人言语交际的重要因素，与日常认知活动、个人经历等因素密切相关(Kunzman & Richter, 2009)。这里，我们探讨在多模态语用学框架内，将情感因素引入老年语言学(Gerontolinguistics)(黄立鹤, 2019)研究，对老年人在语言蚀失过程中语用交际现象进行分析。

研究罹患阿尔茨海默症老年人的言语是临床语用学(Clinical Pragmatics)的重要课题。在临床语用学的研究对象中，在因神经退行性疾病影响下而认知功能受损的情况下，单纯运用基于说话人理性前提的语用分析无法关照 AD 患者的言语交际过程。正如 Perkins(2007: 8)指出的那样，当把现有语用学理论运用到临床环境时，就会发现现有理论无法完全适用于对语用能力损伤等方面的例子。

总之，在多模态语用学框架内，整合多种言语交际过程中呈现的资源，分析临床中语言能力受损的研究对象话语，是较为理想的框架。情感因素与鲜活整人模型的引入，为失智症老年人的语用交际研究提供了新的视点。

老年人情感特点包括消极情绪情感增多、情感体验强度和持久性增大、情感不稳定、表达方式内敛含蓄等，这些使老年人的语用交际具有独特性；而罹患阿尔茨海默症的老年人会出现易激怒、悲观消极、情感反应减弱等情况。结合言语行为看，伴随的即席情感出现较为突然、迅速；情感表达类的言语行为减少。

目前，笔者正在构建“现代汉语现场即席话语多模态语料库(SCCSD)老龄化与语言子库”。这里，我们选取一个案例分析在多模态语用学框架下对 AD 患者的言语行为分析，

分析对象是一位 89 岁中度阿尔茨海默症的老年患者。

片段 1
13:00[①]
问：你年轻的时候是干什么的？
答：不清楚了。

① 此处及以下均为录像播放时间。

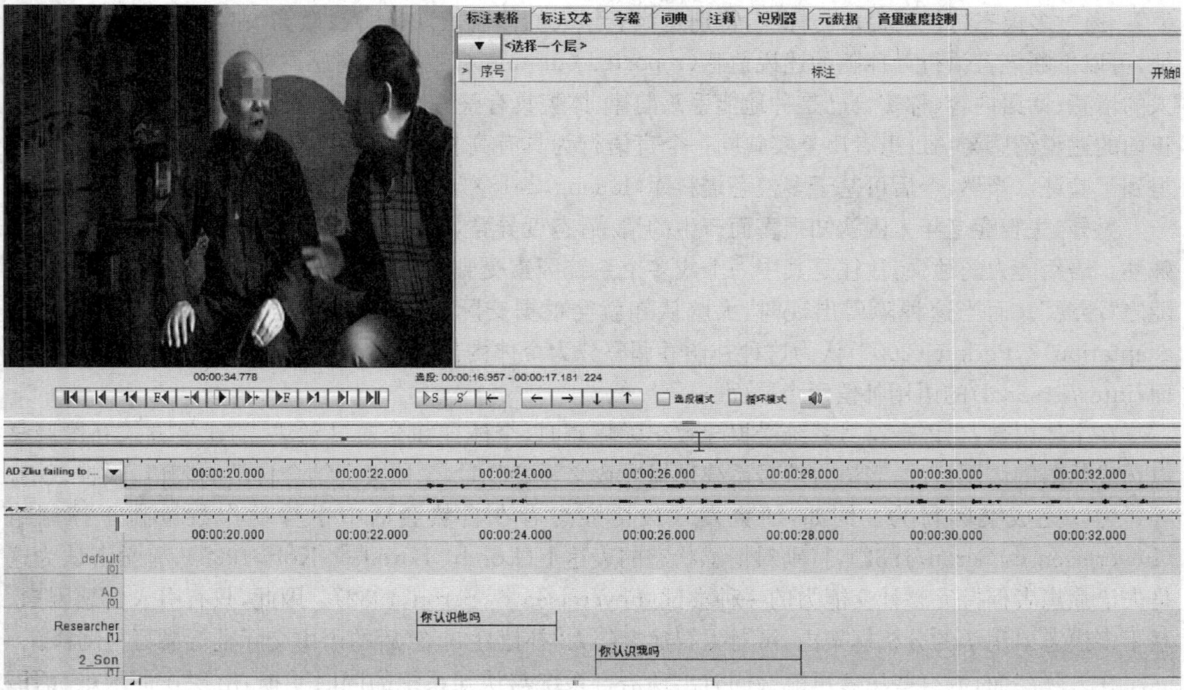

问:你在生产队里是干什么的?是十级劳动力吗?

答:种地的,但现在生产队已经没有了。

问:你生产队长当过吗?

答:我是生产队长,我原来在生产队中是"一把手",事情都由我一个人说了算。

20:17　*我是在生产队当队长的,是种地能手*

……

24:40　*我是在生产队当队长的,是种地能手*

……

25:06　*我是在生产队当队长的,是种地能手*

……

25:40　*我是在生产队当队长的,是种地能手*

片段 2

14:00

问:当队长时,其他人都听你的?

答:是的,*都听我的,我干什么都是最好的,样样都拿手,如果下雨天不种地,就去叉乌鱼,多的时候,整个鱼篓都是满的。原来脑子清楚,现在不行了。*

14:27　*在生产队当队长,一把抓*

……

25:30　*在生产队当队长,一把抓*

黄立鹤(2018)详细阐述了一个面向现场即席话语言语行为的发现程序及标注体系。按照该标注体系,可对上述语料在 Elan 中进行标注。限于篇幅,此处无法对该语料中一系列言语行为进行完整的分析。但明显的是,该老年人多次呈现了同一个言语行为,即"*我是在生产队当队长的,是种地能*

手”。通过多模态特征的提取与标注，特别是该老年人的体貌表现（注视、微笑、左手指示等）、韵律特征，可以推断该言语行为伴随的述说情感（reported emotion，或称记忆情感①）是“积极_自豪”。说话人的情感、话语内容（称赞自己是种地能手）、韵律、体貌具有整一性。因此，我们可以提出假设：积极、正面的述说情感与AD患者反复实施同一个言语行为具有高相关性，这一点我们在其他的语料中也得到了验证。当然，今后可基于多模态语料库（Huang，2018）方法对该假设进行定量统计。

另外，失智症老年人因认知损害而产生的情感、态度异常，使得该类人群的语用交际特征具有特殊性。语用能力的蚀失，往往是其中一个或多个系统因素受到损伤，导致相互作用的失衡，语用障碍随之“浮现”。而当这种障碍出现时，大脑认知就会根据交际需要进行“补偿性调整（compensatory adaptation）”，Perkins（2007）认为这种补偿性调整分为个体内部（intrapersonal）的语用补偿和人际层面（interpersonal）的语用补偿两个层面。

在个体内部，当语音符号系统受损导致交际障碍时，个体往往会通过句法、韵律等方式补偿调整以达成话语的语用目的；当语言符号系统受损导致交际障碍时，个体又会结合自己的表情、眼神、手势等行为以完成交际行为。例如，研究发现失语症患者在自然会话中手势动作数量高于控制组（Feyereisen & Seron，1982），特别对情感状态的表达上（Lorch，Borod & Koff，1998），有学者认为这是失语症患者保持完整社交能力的一种尝试（Feyereisen & Seron，1982）。因此，只有引入情感因素、基于多模态语用学的分析框架内，可对失智症老年人“补偿性调整“后的语用交际进行描写与阐释。

在人际层面，因有些患者可能会同时出现语言系统与认知系统的同时受损，出现找词困难、话语缺损、认知理解困难等现象，但是通过交际对方适应患者话语特征，给出便于患者理解的交际话语，仍可使得患者完成诸如话轮转换等行为。

6 结语

从理性人模型到鲜活整人模型，体现了理性与情感这两个因素在语用学中的不同张力。本文倡导关注情感因素对分析说话人语言交际与含义推导的影响，认为应当在多模态语用学的框架内，回归到对语言使用者声情并茂、体貌丰富的鲜活、完整的语用意义上。这对长期以来基于纯粹理性主义范式的语用学理论构建是一种重要的补充。正如Lüdtke（2015）所说的那样，语言学研究考虑情感因素、呈现“情感转向”才是面向“完整的语言”（the wholeness of language）的研究。与此同时，本文所倡导范式的建立，还有助于为失智症患者话语分析等临床语用学的建设提供一些新的视角。

值得一提的是，本文考量情感在语用分析中的重要作用，属于概念分析法，所形成的知识本体是人工智能发展的内容之一。从实践上说，基于多模态研究方法对言语交际的研究可为各类人机对话系统研发提供语言学理据，尤其对多模态融合（包括语音、表情、身姿等）的对话框架研发具有启示意义。

参考文献

[1] ALBA-JUEZ L，LARINA T. Language and emotion：discourse pragmatic perspectives[J]. Russian Journal of Linguistics，2018，22(1)：9-37.

[2] ALLWOOD J. Bodily communication dimensions of expression and content [M]//GRANSTROM B，HOUSE D，KARLSSON I. Multimodality in Language and Speech Systems. Netherlands：Kluwer Academic Publishers，2002：7-26.

[3] APRESJAN V. Corpus methods in pragmatics：the case of English and Russian emotions[J]. Intercultural Pragmatics，2013，10(4)：533-568.

① 关于述说情感、即席情感的区分与内涵，见黄立鹤（2018：91）的阐释。

[4] AUSTIN J L. How to do things with words. London: Oxford University Press, 1962.
[5] BEEMAN W O. Emotion and instantaneous choice in interactional linguistic pragmatics: cross-cultural perspectives[J]. Journal of Pragmatics, 2017, (69): 52-62.
[6] BRÉAL M. The Beginnings of semantics: essays, lectures and reviews[M]. (Edited and translated by George Wolf) London: Duckworth, 1991.
[7] BOLINGER D. Intonation and its uses: melody in grammar and discourse[M]. London: Edward Arnold, 1989.
[8] COLAMARCO M, DE MORAES J A. Emotion expression in speech acts in Brazilian Portuguese: production and perception[C]. Proceeding of Speech Prosody 2008, Campinas, Brazil, May 6-9, 2008.
[9] DARWIN C R. The expression of the emotions in man and animals[M]. London: John Murray, 1872.
[10] DE MORAES J A, RILLIARD A. Illocution, attitudes and prosody[C]//Raso T, Mello, H. Spoken Corpora and Linguistic Studies. Philidelphia, PA: John Benjamins Publishing Company, 2014: 233-270.
[11] EKMAN P. Universals and cultural differences in facial expressions of emotion[C]//COLE J, Nebraska Symposium on Motivation. Lincoln University of Nebraska Press, 1972, 19: 207-284.
[12] GU Y G. A conceptual model of Chinese illocution, emotion and prosody[J]//Human Language Resources and Linguistic Typology. Taipei: Academia Sinica, 2013: 309-362.
[13] HUANG L. issues on multimodal corpus of Chinese speech acts: a case in multimodal pragmatics[J]. Digital Scholarship in the Humanities, 2018, 33(2): 316-326.
[14] LORCH M P, BOROD J C, KOFF E. The role of emotion in the linguistic and pragmatic aspects of aphasic performance[J]. Journal of Neurolinguistics, 1998, 11 (1-2): 103-118.
[15] LÜDTKE U M. Introduction: from logos to dialogue[M]//LÜDTKE U. Emotion in Language. Amsterdam: John Benjamins, 2015: 7-16.
[16] MARTIN J C, DEVILLER L. A multimodal corpus approach for the study of spontaneous emotions[M]//Tao J H, TAN T N. Affective Information Processing. London: Springer, 2009.
[17] MOORS A, ELLSWORTH P C, SCHERER K R, et al. Appraisal theories of emotion: state of the art and future development[J]. Emotion Review, 2013, 5(2): 119-124.
[18] KUNZMANN U, RICHTER D. Emotional reactivity across the adult life span: the cognitive pragmatics make a difference[J]. Psychology and Aging, 2009, 24(4): 879-889.
[19] JABLONKA E, GINSBURG S, DOR D. The coevolution of language and emotions[J]. Philosophical Transactions of the Royal Society of London, 2012, 367(1599): 2152-2159.
[20] JOHAR S. Emotion, affect and personality in speech[M]. Switzerland: Springer, 2016.
[21] KASPER G. Speech acts in interaction: towards discursive pragmatics[C]//BARDOVI-HARLIG K, FELIX-BRASDEFER K C, OMAR A S. Pragmatics and Language Learning, 11: 281 - 314. Honolulu, HI: University of Hawaii, National Foreign Language Resource Center, 2006.
[22] OCHS E.Culture and language development: language acquisition and language socialization in a Samoan Village[M]. Cambridge: Cambridge University Press, 1988.
[23] OCHS E, SCHIEFFELIN B. Language has a heart[J]. Text and Talk, 1989, 9 (1): 7-25.

[24] PERKINS M. Pragmatic impairment[M], Cambridge: Cambridge University Press, 2007.
[25] SANTANGELO P, Sentimental education in Chinese history: an interdisciplinary textual research on Ming and Qing Sources[M]. Leiden: Koninklijke Brill NV, 2003.
[26] SCHERER K R. The nature and dynamics of relevance and valence appraisals: theoretical advances and recent evidence[J]. Emotion Review, 2013, 5(2): 150-162.
[27] Searle J R. Speech acts: an essay in the philosophy of language[M]. London: Cambridge University Press, 1969.
[28] ST CLAIR M, PICKLES A, DURKIN K, et al. A longitudinal study of behavioral, emotional and social difficulties in individuals with a history of specific language impairment (SLI)[J]. Journal of Communication Disorders, (44): 186-199.
[29] WAGNER P, MALISZ Z,KOPP S.Gesture and speech in interaction: an overview[J]. Speech Communication, 2014, (57): 209-232.
[30] YAO X, TU W. Confucian Studies[M]. (4 Volumes.) London: Routledge, 2011. .
[31] 方梅.负面评价表达的规约化[J]. 中国语文,2017(2): 131-147.
[32] 方梅,乐耀.规约化与立场表达.[M] 北京:北京大学出版社.2017.
[33] 顾曰国.论言思情貌整一原则与鲜活话语研究[J].当代修辞学,2013(6): 1-19.
[34] 顾曰国.意向性、意识、意图、目的(标)与言语行为——从心智哲学到语言哲学[J]. 当代语言学,2017,19(3): 317-347.
[35] 胡范铸.语用研究的逻辑断裂与理论可能[J].外国语,2017(1): 2-6.
[36] 黄立鹤.现场即席话语与多模态研究:意义、理论与方法[J].北京科技大学学报(社会科学版),2016(5): 29-36.
[37] 黄立鹤.言语行为理论与多模态研究:兼论多模态(语料库)语用学的逻辑[J].北京第二外国语学院学报,2017(3): 12-30, 133.
[38] 黄立鹤.基于多模态语料库的语力研究:多模态语用学新探索[M].上海:上海外语教育出版社,2018.
[39] 黄立鹤.充分利用人工智能推进老年语言学研究[J].中国社会科学报,2019 年 3 月 5 日.
[40] 姜望琪.语用推理之我见[J].现代外语,2014(3): 293-302.
[41] 刘瑾、段红.社会认知视角下情感话语识解的概念整合分析[J]. 现代外语,2019,42(3): 316-327.
[42] 蒙培元.心灵超越与境界[M]. 北京:人民出版社,1998.
[43] 蒙培元.情感与理性[M]. 北京:中国社会科学出版社,2002.
[44] 曲卫国.也谈语用研究的逻辑断裂与理论可能[J].外国语,2017(4): 73-81.
[45] 冉永平.自我充实言语行为及其语用理据[J]. 外语学刊,2008(5): 52-58.
[46] 宋成方."情感表达型交际"功能分析的新视角[J]. 北京科技大学学报(社会科学版),2017,33(5):36-42.
[47] 陶建华,谭铁牛.数字化人类情感——和谐人机交互环境中的情感计算[J]. 微电脑世界, 2004(1): 29-32.
[48] 吴洁敏,朱磊,感情语调的超常韵律和反常韵律特征[R].第九届中国语音学学术会议论文集,2010.
[49] 姚晓东.语用学中的"情"与"理"[J]. 天津外国语大学学报,2016,23(1): 8-12.
[50] 姚晓东,秦亚勋.语用学理论构筑中的理性思想及其反拨效应[J].现代外语,2012(4): 338-345.
[51] 张永伟,顾曰国.基于大规模语料库的情感与修辞互动研究[J].当代修辞学,2018(3): 38-54.

第二十四章　工科学术英语论文多模态语料库建设：理据、方法和意义

李玉香　吕培明　陈　竹

1　引言

全球化时代，“一带一路”背景下，我国与周边国家的工程和劳务合作日益频繁，工程科技人才国际化能力的培养重要性凸显。工程科技人才的国际化能力重要内容之一就是工科领域国际学术交流能力，而英语是国际上进行学术交流的主要语言(Swales，1990；卫乃兴，2016)，这就要求我国工程科技人才具备学术英语论文的阅读、翻译、写作和交流能力。

教育部《大学英语教学指南》也明确指出“英语作为全球目前使用最广泛的语言，是国际交往和科技、文化交流的重要工具”，并将学术英语课程包括进专门用途英语课程结构与内容，“以增强学生运用英语进行专业和学术交流、从事工作的能力”，提升学生学术和职业素养，“满足具有拔尖创新潜质的高水平学生参与国际学术交流的需要”。

本文将探讨工科学术英语论文多模态语料库建设，包括理据、方法、架构，及所建语料库在国际化工程科技人才培养中的应用价值，符合时代要求，贯彻《大学英语教学指南》指导思想，利于提升工科类学生学术和职业素养，易于实现工程人才与技术的“走出去”和“引进来”，迎接全球化时代的机遇和挑战。

2　研究问题和研究方法

本文属于工科学术英语论文多模态语料库建设的前期研究，主要探讨为什么创建，有什么理论依据，怎么创建，创建出来什么样，主要研究什么内容以及有什么意义。本文的研究方法主要是文献研究法、哲学思辨和基于课堂教学实践的经验总结和反思。

3　相关文献综述

随着计算机、互联网和大数据的迅猛发展，本文语料库和多模态语料库建设的理论、技术和方法趋于成熟(Biber，1993；Garside，Leech，& McEnery，1997；顾曰国，2002；Baldry & Thibault，2006；Bernsen & Dybkjær，2007；梁茂成、李文中、许家金，2010；刘剑、胡开宝，2015；黄立鹤，2018；李玉香，2015，2019)。因研究目的不同，所建语料库有所不同。基于语料库的语言学和语言教育研究日益得到重视和发展(肖忠华、许家金，2008)。

为满足学生学术英语写作能力培养需要，写作相关专门用途英语和学术英语语料库建设也不断发展，并成为语料库建设的新趋势(Sinclair，2003)，相关成果亦愈加丰富。例如，英国学术英语写作

【基金项目】本文系2017年度教育部人文社会科学研究专项任务项目(工程科技人才培养研究)“工科学术英语论文多模态语料库建设与其在国际化工程科技人才培养中的应用研究”(项目号17JDGC034)阶段性成果，并获同济大学中央高校基本科研业务费项目(交叉学科)“课堂教学多模态语料库建设与应用研究”(项目号20160613)资助。

【作者信息】李玉香、吕培明：同济大学外国语学院教授；陈竹：同济大学外国语学院讲师。

语料库 BAWE(British Academic Writing of English);美国密歇根大学高水平学生论文语料库 MICUSP(The Michigan Corpus of Upper-level Student Papers);刘萍、黄小倩和刘珊(2015)所建农科学术英语论文语料库;中国外语教育研究中心所建 DEAP(Database of English for Academic Purposes)学术英语语料库;还有医科(冯欣、吴菁菁、齐晖,等,2017)和交通运输(冯恩玉,2017)学术英语语料库建设;以及 Hyland 所建多学科学术期刊论文语料库和对研究性论文中元话语手段的研究,和蔡基刚(2017)对英汉学术平行语料库建设的探讨,等等,为培养学生运用英语进行学术写作和交流的能力提供了重要支持和参考。

但上述这些写作和学术英语语料库多为纯文本语料库,未涉及学术英语语料库建设中对图表模态语料的加工、研究和应用,包括文本语料和图表语料的多模态学术论文语料库,特别是国际化工程科技人才的培养急需的系统化的工科学术英语论文多模态语料库,尚不多见。

本研究中的多模态语料库是指所建语料库中含"文本语料"和"静态图表语料"两种模态形式。其中的模态是指产生意义的任何符号资源,如文字、图像、版式、颜色等(Kress, 2009, 2010; 李战子, 2003; 胡壮麟, 2007; 张德禄, 2009)。学术英语论文写作中,图表的使用和意义的表达是论文本身的重要内容和表达手段,是非常值得研究和掌握的。而且"工程技术"是"科学技术"的一个分支,是工程实用技术,强调工程项目建设和技术实践活动(谢龙水,2015),工程英语,如土木专业英语和交通运输专业英语,有其自身显著的专业特征(苏小卒,2011/2016;乔小六,2015/2017;贾晓燕、杨菊花,2013;阎春利、黄细燕,2014; Ibbotson,2014; Paul,Niewoehner, & Elder, 2006/2016),工科类学术论文,与文、理、医等其他学科类的论文相比也有其自身显著特征(龚玲莉, 2017),"工科学术英语论文多模态语料库"建设研究非常必要和重要。

4 建库理论依据

本研究所建语料库属于专门用途学术英语论文语料库,建库目的是用于培养国际化工程科技人才的英语论文阅读、翻译、写作与发表能力,确定该库文本语料标注体系的最合适理论是以 Swales (1990)和 Bhatia (1993)为代表的 ESP/EAP(专门/学术用途英语)研究学派的"体裁理论"。

"体裁"概念由 Tarone, et al. (1981)和 Swales(1981)首次引入 ESP 领域。Swales(1990)和 Bhatia(1993)为该派研究打下坚实基础,认为体裁是一组有共同交际目的,内部结构特征鲜明的,可辨认的交际事件;该派所创立的"语步和步骤"(moves and steps)体裁分析和教学模式,成为 ESP/EAP 语篇分析与教学的基础(Hyon, 1996; 秦秀白,2000;梁文花、康淑敏,2012)。Swales(1990, 2004)建立的学术论文 IMRD 模型,论文引言部分的 CARS 模型,Peacock(2002)对讨论部分语步的研究,Hopkins 和 Dudley-Evans(1988)和 Dudley-Evans(1994)对结论部分的写作模式的研究,等等,都是本研究设定文本语料标注架构的研究基础。

本研究对"体裁理论"的另外两个主要研究学派,北美新修辞学派(Miller, 1984; Freedman & Medway, 1994; Bazerman, 2009)和澳大利亚学派/系统功能语言学学派(Martin, 1997; Halliday, 2004; 张德禄、郭恩华, 2019),在研究过程中,根据实际需要,再做适当具体参考。

对图表子语料库的加工,依据 GU(2012)和顾曰国、张永伟(2013)对静态图像库的研究成果,确定图表的切分和标注原则。本研究计划实现语料库中本文语料和图表语料的互文检索;通过开发或借鉴相关浏览器,实现对标注图表语料的检索,实现图表语料和标注信息的语境共现。

将所建语料库应用到国际化工程科技人才的学术英语阅读和写作能力培养的理论基础是 Johns (1990,1991)提出的数据驱动学习(DDL：Data-driven learning)。DDL 理论认为，英语学习者应成为英语"研究者"，"其学习需要通过接触语料来驱动"，学习是以学习者为中心，可以由教师指导，也可由学生主导，进行"发现式学习"，但都是数据驱动的，学习过程一般包括"Identify(对检查结果的观察)—Classify(对显著特征的分类)— Generalize(对规则的概括)"三个阶段，是一种"自下而上"的归纳式推理学习过程(肖忠华、许家金，2008)。这种学术英语教学的语料库语言学方法，能够探究所用语料中的词语共选、语义趋向与语义韵、短语序列及型式的局部环境，这些都是学术英语研究的重要内容，也应成为组织工科类学术英语教学内容的新方法，以助于有效提升学生相关知识结构和层次，输出工科专业领域国际话语社团认可的学术写作与发表行为(卫乃兴，2016)。

5　建库目的和方法

5.1　建库目的

工科学术英语论文多模态语料库的建库目的是利用多模态语料库语言学方法，对所建语料库的文本语料和图标语料进行数据挖掘，并把研究结果应用到课堂教学中，通过基于语料研究的数据驱动学习，加强对国际化工程科技人才学术英语交流能力的培养，主要是工科领域学术英语论文的阅读、翻译、写作和发表能力的培养。

5.2　建库方法

工科学术英语论文多模态语料库的建库方法，主要涉及建库中如何实现多模态语料的代表性，以及语料库中语料切分和标注的原则和语料库架构如何。

在多模态语料的代表性原则方面，主要选取土木工程和交通运输工程两个专业领域国际重要学术期刊，即 SCI、SSCI、EI 等检索源期刊，包括 Science、Nature 等自然科学顶级期刊的学术英语论文，涵盖文献综述和原创研究论文两种类型。原则上选取 2000 年以后发表的论文，也可以包括 2000 年以前发表的本专业领域的经典论文。所选论文包括题目、作者、作者单位、摘要、关键词、正文、图表、脚注、尾注、致谢、参考文献和附录等整个论文的完整内容。

在语料切分和标注原则与架构方面，对文本语料部分的切分和标注，主要依据 Swales (1981, 1990, 2004)，Bhatia (1993)，Dudley-Evans (1994)，Hart (1998)，Heppner 和 Heppner (2009)，Jesson，Matheson 和 Lacey(2011)和 Kiteley 和 Stogdon(2013)等对原创研究论文和文献综述两种类型学术论文的篇章体裁架构(如是否为 IMRD 等)和各组成部分"语步-步骤"分析模式等研究成果，确定文本子语料库的具体标注方案。

在对图表子语料库的切分和标注方面，主要依据 GU(2012)、顾曰国、张永伟(2013)对静态图像库的研究成果，确定图表语料标注方案，包括形式与结构层、内容层和功能效果层三个层面。

对所选学术论文的元信息标注包括发表论文的期刊名称、期刊影响因子、发表日期、作者是否为英语母语者(作者分为 NS：native-speaker 和 NNS：non-native speaker 两类)、文本字数统计等。并对英语文本利用相关软件自动进行 CLAWS 赋码，以便利用正则表达式进行复杂检索。

同时根据建库目的对文本语料和图表语料实施标注等深度加工，确保标注体系通过效度验证，不断完善语料采集的代表性，且要确保实际语料标注的信度和一致性。

6 语料库主体架构和研究内容

6.1 语料库主体架构

本研究所建工科学术英语论文多模态语料库，主要涵盖土木和交通运输工程两个专业领域，并细分到二级学科研究领域，详见图 1 所示。

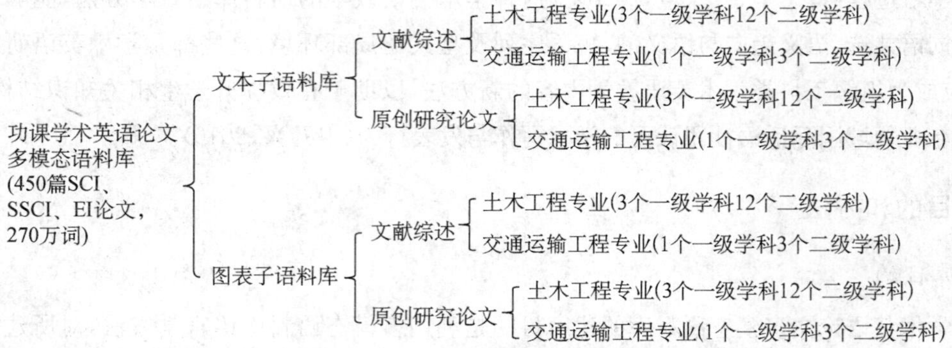

图 1 工科学术英语论文多模态语料库架构

如图 1 所示，所建多模态语料库的学术英语论文，在土木工程专业领域包括 3 个一级学科：①土木工程，细分包括岩土工程、结构工程、防灾减灾工程及防护工程、桥梁与隧道工程、土木工程施工、土木工程计算机仿真、隧道及地下建筑工程和风工程 8 个二级学科；②测绘科学与技术，细分包括大地测量学与测量工程、摄影测量与遥感和地图制图学与地理信息工程 3 个二级学科；③地质资源与地质工程，包括地质工程 1 个二级学科。

在交通运输工程专业领域，包括交通运输工程 1 个一级学科，又细分包括道路与铁道工程、交通信息工程及控制和交通运输规划与管理 3 个二级学科。

土木工程和交通运输工程两个专业领域共 15 个二级学科，每个二级学科选取文章均包括文献综述类 10 篇和原创研究论文类 20 篇，共计 450 篇文章。按一篇文章 6 000 英语单词计算，所建语料库总规模为 270 万词。

6.2 语料库研究内容

所建工科学术英语论文多模态语料库相关研究包括理论研究和应用研究。理论研究主要探讨建库技术参数，包括语料库架构，建库过程，建库基本原则，如目的性原则、多模态语料的代表性原则、数据采集原则、原始数据编码原则、语料切分和标注原则，特别是文本和图表两种不同模态的语料的不同切分与标注原则，以及如何实现同一论文中的这两种语料的互文，以及语料库的储存、检索与共享。

所建工科学术英语论文多模态语料库的应用研究，主要探讨如何将文本语料和图标语料的数据挖掘结果应用到课堂教学中，进行基于语料研究的数据驱动学习，加强对国际化工程科技人才学术英语交流能力的培养，主要是工科领域学术英语论文的阅读、翻译、写作和交流能力的培养。同时在应用实践的基础上，进行理论升华，提炼“基于工科学术英语论文多模态语料库的国际化工程科技人才培养模型”，为全球化时代我国“一带一路”国家战略背景下，工程科技人才国际化能力的培养提供政策建议。

所建语料库文本带有自动赋码，可以运用正则表达式进行复杂检索，揭示和掌握工程类学术英语的词汇、句型和篇章等语言特征，如工程领域语言社团学术英语高频词汇表、词语共选、语义趋向、语义韵、短语序列及句子型式的局部环境，以及论文写作时模糊语、强化语、态度表达语、自我提及语等元话语策略的使用等(卫乃兴，2016)。

同时可以建立在线学习平台，利用互联网或局域网，供在校学生和科研人员进行直接的数据驱动学习，培养学生的学术和职业素养，加强其学术英语论文的阅译写能力，提升其参与国际学术交流的能力。

7　语料库建设的意义

工科学术英语论文多模态语料库的建设，既有理论研究意义又有实践应用价值。

建库过程中可以系统探讨学术英语论文的文本语料和图标语料的标注体系，系统完善学术英语论文多模态语料库建库技术参数。

该语料库建成后，首先可为本、硕、博工程类学生的 ESP/EAP 类阅读、翻译和写作课程提供工程英语的真实材料，利于工程科技人才高效读取本领域国际水平的新理论、新观点和新方法。

利用语料库语言学方法，进行语料标注和数据挖掘后，可探讨工程类学术论文词汇、句型、语步、语篇、语境等特点，探讨工程类学术论文的整体架构，工程类典型工具和产品如“建模”与“仿真”的典型特征以及与理科类的科学实验研究的异同，和在学术英语论文中的具体表述，等等，并将这些研究成果应用到课堂教学和人才培养中进行数据驱动的教学，既可提升学生学术英语论文阅译写能力，又可用于课程大纲设计、教材编写、工具书如词典的编纂等，在行动中贯彻教育部《大学英语教学指南》指导思想，推动“增强学生运用英语进行专业和学术交流、从事工作的能力”这一思想在实践中的具体实施。

同时，可以通过在线学习平台进行学术英语职业培养，加强工程科技人才学术英语表达的精确性、严谨性、客观性和科学性，有效提高我国工程科技人才在国际专业领域进行学术英语交流的能力，进而提升我国工程技术领域国际话语权，“一带一路”国家战略背景下，利于我国加强与周边国家的工程和劳务合作，更好实现工程人才与技术的“走出去”和“引进来”，并为我国国际化工程科技人才的培养提供政策建议。

8　结语

工科学术英语论文多模态语料库的建设，符合“一带一路”国家战略，贯彻执行教育部《大学英语教学指南》指导思想。语料涵盖土木和交通运输工程两个专业领域 4 个一级学科 15 个二级学科国际期刊学术英语论文。该语料库包括文本子语料库及其“语步和步骤”等体裁标注信息和图表子语料库及其内容、结构和功能等标注信息。语料库建设和数据挖掘研究成果可用于数据驱动的课堂教学，并可通过在线学习平台进行自学或培训，加强运用英语进行专业学习、从事工作、学术交流和国际合作的能力，提升我国工程技术领域国际话语权。基于应用实践，可提炼“基于工科学术英语论文多模态语料库的国际化工程科技人才培养模型”，在全球化时代，为我国“一带一路”背景下工程科技人才国际化能力的培养提供政策建议。

[致谢:本研究得到同济大学兼职教授、中国社会科学院研究员顾曰国指导,本文部分内容曾在同济大学第二届多模态与特殊人群话语多学科研究求索论坛(2018.11.02-04)分论坛宣读,谨致谢忱。]

参考文献

[1] BALDRY A, THIBAULT P J. Multimodal transcription and text analysis: a multimedia toolkit and coursebook[M]. London: Equinox, 2006.

[2] BAZERMAN C. Genre and cognitive development: beyond writing to learn[C]//BAZERMAN C, FIGUEIREDO D, BONINI A. Genre in a Changing World, 2009: 279-294.

[3] BERNSEN N O, DYBK Jr. L. Annotation schemes for verbal and non-verbal communication: some general issues[C]//ESPOSITOETAL A, et al. Verbal and Nonverbal Communication Behaviours. Beilin, Heidelberg: Springer Verlag Berlin Heidelberg, 2007: 11-22.

[4] BHATIA V K. Analysing genre: language use in professional settings[M]. London: Longman, 1993.

[5] BIBER D. Representativeness in corpus design[J]. Literary and Linguistic Computing, 1993, 8(4): 243-257.

[6] CAI J. Contrastive studies on the use of metadiscourse in Chinese and English research articles from the perspective of parallel corpora[J]. Foreign Languages Research, 2017, (4):1-4.

[7] DUDLEY-EVANS A. Genre analysis: an approach to text analysis for ESP[C]// COULTHARD M. Advances in Written Text Analysis. London: Routledge, 1994.

[8] FENG E. Transportation academic English corpus construction[J]. English Teachers, 2017, (19): 25-8.

[9] FENG X, WU J, QI H, et al. The construction of the MedAca EAP corpus of clinical medicine [J]. Corpus Linguistics (2):107-13.

[10] FREEDMAN A, MEDWAY P. Genre and new rhetoric[M]. London: Taylor & Francis, 1994.

[11] GARSIDE R, Leech G, MCENERY T. Corpus annotation: linguistic information from computer text corpora[M]. London & New York: Longman, 1997.

[12] GONG L. Academic English coursebook for engineering disciplines[M]. Beijing: China Electric Power Press.

[13] GU Y G, ZHANG Y. OWL-based ontology in still image segmentation and annotation[J]. Contemporary Linguistics, 2013, (2): 214-29.

[14] GU Y G, ZHANG Y. Sampling and representativeness of Beijing real life situated discourse corpus[C]//World Economic Research Center of Chinese Academy of Social Sciences, Globalization and Twenty-First Century. Beijing: Social Sciences Academic Press (CHINA), 2002: 484-500.

[15] GU Y G, ZHANG Y. A conceptual model for segmenting and annotating a documentary photograph corpus (DPC)[C]// HYLAND K, CHAU M H, HANDFORD M. Corpus

Applications in Applied Linguistics. London: Continuum, 2012: 164-86.
[16] HALLIDAY M A K. The Language of science[M], London/NewYork: Continnum, 2004.
[17] HART C. Doing a literature review: releasing the social science research imagination[M]. SAGE Publications Ltd, 1998.
[18] HEPPNER P P, HEPPNER M J. Writing your thesis, dissertation & research[M]. Beijing: Peking University Press, 2009.
[19] HOPKINS A, DUDLEY-EVANS T. A genre-based investigation of the discussion sections in articles and dissertations[J]. English for Specific Purposes, 1988, (7): 113-121.
[20] HU Z. Multimodalization in social semiotics[J]. Language Teaching and Linguistic Studies, 2007, (1): 1-10.
[21] HUANG L. A Multimodal corpus-based study of illocutionary force: an exploration of multimodal pragmatics from a new perspective[M]. Shanghai: Shanghai Foreign Language Education Press, 2018.
[22] HYLAND K. Academic discourse: English in a global context[M]. London: Continuum, 2009.
[23] HYLAND K. Writing in the disciplines: research evidence for specificity[J]. Taiwan International ESP Journal, 2009, (1):5-22.
[24] HYLAND K.Academic written English[M]. Shanghai: Shanghai Foreign Language Education Press, 2014.
[25] HYLAND K, CHAU M H, HANDFORD M. Corpus applications in applied linguistics[M]. London: Continuum, 2012.
[26] HYON S. Genre in three traditions: implications for ESL[J]. TESOL Quarterly 1996, 30(4): 693-728.
[27] IBBOTSON M. Cambridge English for engineering[M]. Shanghai: Shanghai Foreign Language Education Press, 2014.
[28] JESSON J, MATHESON L, LACEY F M. Doing your literature review: traditional and systematic techniques[M]. London: Sage, 2011.
[29] JIA X, YANG J. Special English for traffic and transportation[M]. Beijing: Beijing Jiaotong University Press, 2013.
[30] JOHNS T. Should you be persuaded: two examples of data-driven learning[J]. English Language Research Journal, 1991, (4): 1-16.
[31] KITELEY R, C STOGDON. Literature reviews in social work[M]. London: Sage, 2013.
[32] KRESS G. Multimodality: A social semiotic approach to contemporary communication[M]. New York: Routledge, 2010.
[33] LI Y. Construction of multimodal corpus of classroom teaching (MCCT) and its application with a special reference to teacher self-development[C]. Doctoral Dissertation of Tongji University, 2015.
[34] LI Y. Constructing foreign language multimodal corpus of classroom teaching (MCCT)[J].

Journal of University of Shanghai for Science and Technology, 2019, (1): 82-92.

[35] LI Z. Social semiotic approach to multimodal discourse[J]. Foreign Language Research, 2003, (5): 1-8.

[36] LIANG M, LI W, XU J. Using corpora: a practical coursebook[J]. Beijing: Foreign Language Teaching and Research Press, 2011.

[37] LIANG W, KANG S. Comparative study on the three major schools of "Genre Theory"[J]. Foreign Languages Research, 2012, (1):54-60.

[38] LIU J, HU K. The compilation and use of multimodal interpreting corpora[J]. Foreign Languages in China, 2015, (5): 77-85.

[39] LIU P, HUANG X, LIU S. Constructing an agricultural research article corpus of English[J]. Corpus Linguistics, 2015, (2):97-106,118.

[40] MARTIN J R. Analyzing genre: functional perspective[C]// CHRISTIE E, MARTIN J R. Genre in Institutions in the Workplace and School. New York: Continuum, 1997: 3-39.

[41] MILLER C R.Genre as social action[J]. Quarterly Journal of Speech, 1984, 70:151-167.

[42] PAUL R, NIEWOEHNER R, ELDER L. Engineering reasoning[M]. Beijing: Foreign Language Teaching and Research Press, 2016[2006].

[43] PEACOCK M. Communicative moves in the discussion section of research articles[J], System, 2002, 30(4): 479-97.

[44] QIAO X. Engineering discipline English [M]. 2nd ed. Beijing: China Electric Power Press, 2017 [2015].

[45] QIN X. A review of genre-based teaching approaches[J]. Foreign Language Teaching and Research, 2000,1: 42-46.

[46] SINCLAIR J M. Reading concordances[M]. London: Longman, 2003.

[47] SINCLAIR J M. How to use corpora in language teaching[M]. Amsterdam: John Benjamins, 2004.

[48] SU X. Civil engineering speciality English (Volume 1 and 2, 2nd Edition)[M]. Shanghai: Tongji University Press, 2016[2011].

[49] SWALES J M. Aspects of article introductions[M]. Birmingham: University of Aston, 1981.

[50] SWALES J M. Genre analysis: English in academic and research settings[M]. Cambridge: CUP, 1990.

[51] SWALES J M. Research genres: explorations and applications[M]. Cambridge: CUP, 2004.

[52] TARONE E, S DWYER, S Gillette, et al. On the use of the passive in two astrophysics journal papers[J]. The ESP Journal, 1981, (1/2): 123-40.

[53] WEI N. Rethinking of English for academic purposes: its theoretical origins, analytical approaches and pedagogical methods[J]. Modern Foreign Languages, 2016, 2: 267-77.

[54] XIAO Z, HU J. Corpus and language education[J]. Foreign Language Education in China, 2008, 2: 50-60.

[55] XIE L. An Introduction to translation of English for engineering[M]. Beijing: Beijing Hope Electronic Press, 2015.

[56] YAN C, HUANG X. Transportation speciality English[M]. Changsha: Central South University Press, 2014.

[57] ZHANG D. On a synthetic theoretical framework on multimodal discourse analysis[J]. Foreign Languages in China, 2009,1: 24-30.

[58] A systemic functional synthetic framework for multimodal discourse analysis[J]. Modern Foreign Languages, 2018, 6:731-43.

[59] ZHANG D, GUO E. A comprehensive analytic framework for research on genre hybridity[J]. Foreign Languages in China, 2019,1: 20-27.

第二十五章　多模态语篇分析理论模式比较研究

王　铁　赵　亘

1　引言

自系统功能语言学派开辟了对语篇的社会符号学研究视角，语篇分析也逐步走上了多模态研究路径。至今，立足于多模态视角的语篇分析理论框架以系统功能语言学的综合分析框架与 GeM 模型为两大主要的理论基础。本文旨在通过溯源这两大主要理论框架，比较两者的理论分析路径、视角、方法与内容，从而进一步论述两者在多模态语篇分析领域的理论结合性与应用性，并以此为基础，提出多路径的多模态语篇分析模式。

2　系统功能语言学视角下的多模态话语分析

韩礼德的系统功能语言学已经成为诸多语言学研究分支领域的基础性理论框架。基于对语言功能性的考量，他认为可以将语言的功能概括为三大"纯理功能"或称"元功能"。概念功能指语言是对存在于主观世界的过程和事物的反映；人际功能指语言是社会人的有意义的活动，因此它必然反映人与人之间的关系；语篇功能指说话人最终要将词和句组织成语篇。韩礼德在提出系统语法和功能语法两大语言研究框架的同时，始终认为还需要借助外部因素来确定语言系统内部的语义生成，这就是社会语境或情景。语言是一种有规律的资源，用来说明语境中的意义。这也意味着语言是自然存在的，因而必须在语境中研究。胡壮麟等(2017:20)以系统、功能和语境三方面作为理论出发点，系统功能语言学者将语言视为一种社会符号，对之后的多模态话语研究产生了深远的影响，也为之奠定了基础。

2.1　多模态符号研究

随着系统功能语言学对语言系统内部的研究逐渐深入，发现话语使用中语言并不是唯一的符号，现代话语中图像、语音等也开始发挥重要作用。以语言三大元功能为驱使，Kress 和 van Leeuwen (1996)将功能模式推广到了非语言模态资源领域，提出了视觉语法。他们认为，多模态语篇中的图像也是一种社会符号。在此基础上，他们为解析图文关系设计了一个较为完整的语言学理论框架。这一框架也即是 Kress 和 van Leeuwen 的专著名称中所指的"视觉设计语法"。对于 Kress & van Leeuwen 来说，语法不再是决定对错的一套形式上的规则，而是宽泛地指一种特定模式中元素间的关系的结构，或模式之间的关系结构(李战子，2003:1)。

视觉语法体系包含三个方面，对应于系统功能语言学提出的概念、人际和语篇功能，视觉语法分别设置了再现、互动和构图功能。图像的再现功能体现在对叙事和概念的再现。形象化的图像符号较之于语言符号具有更直观的叙事手段。Kress 和 van Leeuwen 将通过图像再现的叙事类型区分为行动再现、反应再现以及言语和心理再现。根据图像再现的行动和反应是否具有"目标"，行动再现和反应再现可以进一步区分为及物和不及物两种下属类别。图像的概念再现则表现了更为稳定的、非动态化内容，区分为分类再现、分析再现和象征再现。在分类再现图像中，通过显性或隐性的方式呈

【作者信息】王铁、赵亘：同济大学外国语学院。
【基金项目】教育部人文社科青年基金项目"德语地区孔子学院网站多模态设计研究"(项目号 18YJC740107)

现了类别划分。分析再现指图像表现了一种逻辑关系，例如部分-总体、时间衍化等。象征性再现则突出图像中元素的象征意义。无论是叙事，还是概念性再现，在图像领域都可以通过色彩、对比度、符号等图像手段加以表现。图像的互动功能体现在图像与读图人之间的关系，Kress 和 van Leeuwen 将实现互动功能的要素区分为接触、距离、视点和情态四类。接触类互动指图像与读图人之间存在接触靠近关系，从而使读图人产生与图像互动的感觉。距离类互动指图像内容给予读图人一种感觉，作为判断自己与图像之间互动距离的依据。视点与距离类似，通过暗示读图人阅读视角，使读图人自然地设置对图像的理解出发点。情态更是互动效果中重要的方面，Kress 和 van Leeuwen 认为通过图像的细节变化可以使图像提供给读图人不同的情态含义，从而获得不同的接受效果，为图像理解制造不同的语境背景。图像中的情态就复杂程度和分级而言尤甚于语言(李战子，2003：6)。图像的构图功能指不同模态在语篇中通过互相组合，产生不同的意义效果。Kress 和 van Leeuwen 提出了三种产生构图意义的资源，信息值、取景和显著性。信息值指多模态元素在语篇中放置于不同的位置而产生不同的信息提示，例如从左到右、从上至下、中中心和边缘等。取景指对图像模态表现内容的划分与凸显。显著性则指通过对图像模态资源的不同排布，来吸引读者注意，例如图像的前景或背景位置、对比度等。视觉语法对多模态语篇的解析可以总结如下表(胡壮麟等，2017：360-361)。

视觉语法												
再现功能						互动功能			构图功能			
叙事再现			概念再现									
行动(及物和不及物)	反应(及物和不及物)	言语和心理	分类	分析	象征	接触	距离	视点	情态	信息值	取景	显著性

Kress 和 van Leeuwen 认为视觉语法是描写人物、地点和事物如何组成具有不同复杂程度的视觉的“陈述”(Kress & van Leeuwen，1996：1)。在系统功能语言学视角下，基于非语言模态资源的社会符号性，视觉语法将它们在语篇整体环境下所能发挥的类语言功效进行了独创性解读，为多模态话语分析打开了研究视角。继视觉语法之后，van Leeuwen(1999)又对听觉符号从系统功能语言学视角展开了研究，提出了听觉符号的语义资源关系，在此不再赘述。可以说，Kress 和 van Leeuwen 的视觉语法和听觉语法作为一种多模态符号研究的系统方法，将系统功能语言学理论引入了非语言模态研究领域，也进一步推动了该领域后期的一系列研究发展，因而被广泛地引用作为图像和图文关系研究的理论基础之一。

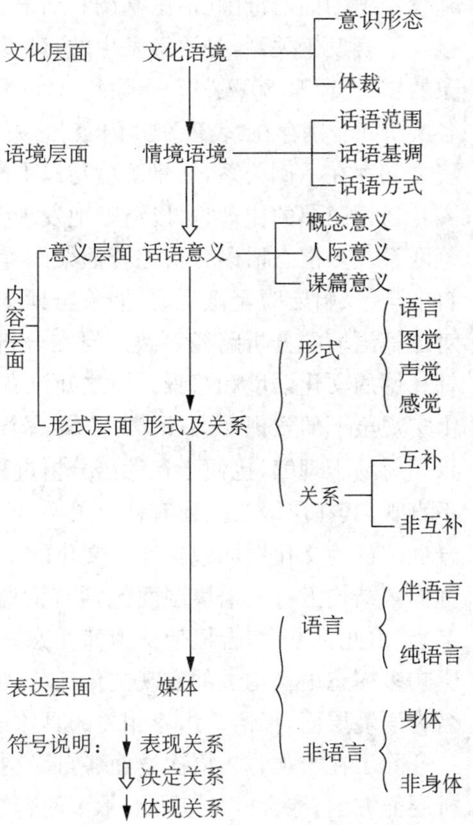

2.2　系统功能语言学的多模态话语分析综合框架

自 Kress 和 van Leeuwen 的研究带动起系统功能语言学领域的多模态符号研究以来，围绕多模态符号和语篇产生了一系列应用性研究成果，研究内容针对多模态语篇中的图文关系、多模态语类特征、多模态与教学等。而在系统理论研究领域，随着多模态语篇分析研究的日趋深入，需要一套完整的语篇分析理论框架来指导多方位、多角度的多模态符号和语篇分析。

由于多模态符号和话语研究的理论源头即系统功能语言学，因此张德禄(2009，2018)基于系统功能语言学的语境论、元功能论、语类论，并结合其他多模态语篇分析研究成果，将模态分别定义为语言、图觉、声觉和感觉四类，将多模态语篇分析划分为文化、语境、内容、表达和符号五个层面，涵盖了多模态符号学所关注的主要问题，对分析特定场景下的社会实践行为中多元符号如何参与构建意义具有启发(胡壮麟等，2017：372)。

2.2.1　分析层次

Martin(马丁)(1992)提出了六级语境模型，他认为最高级、最抽象的层面是“意识形态”。在“意识形态”影响下，语类、语域、语言中的自由选项按照阶层、性别、年龄、种族有倾向性地展示给语言使用者，关系到符号系统的进化和话语权力的重新分配(胡壮麟等，2017：295)。马丁认为模型中的各个层面之间，互为表达和内容关系，其示意图如下。

从上至下	语境层次	从下至上
↓	意识形态	↑
内	语类	
容	语域	表
	语义	达
↓	语法	↑
	音系	

马丁的语境模型源自于韩礼德，与之相较，马丁的模型中用“语域”代替了“情景语境”，包括了韩礼德提出的话语范围、话语基调和话语方式。韩礼德(2004)认为语境是一个同一的层面，情景语境直接与语言发生关系，是语篇发生的直接环境，是具体的，而文化语境则潜在地制约着语言的运用，是抽象的(胡壮麟等，2017：297)。除此以外，两个模型在各层面的关系上也有不同的解释，如上图，马丁认为各层次间分别存在“表现”与“内容”的关系，韩礼德模型中各层面之关系并不完全连续，文化和情景语境之间存在示例关系，情景语境与以下的各层面则具有体现关系，具体包含了决定和解释两个方面。

通过简单的梳理，可以清晰地发现多模态话语分析综合框架与韩礼德和马丁语境模型之间的理论联系。多模态话语分析综合框架设置了四个主要分析层面，即文化-情景-内容-表达层面，显示为自上至下、自宏观至微观、自抽象至具体的分析模式。这种从上至下的话语分析模式与韩礼德和马丁对语篇语境的分析路径一致。但在分析层次和层次间关系的设置方面，明显融合了两种理论前身。韩礼德的文化语境和情景语境之间没有层次区别，是同一层面上的两种形式，而马丁则清楚地设置了由宏观至下的意识形态-语类-语域三个层级。综合框架吸纳了韩礼德对语境的划分方式，文化与情景相对易于理解，也便于在话语分析过程中区分相关因素。较之于此，马丁的三个层级在定名方面并不直观，其在层级之间还有糅合关系，但马丁对语境内部的垂直层级划分方式也为综合框架吸纳。综合框架认为文化层面包括作为文化的主要存在形式的意识形态和作为话语模式的选择潜势的体裁或称体裁结构潜势。语境层面包括有话语范围、话语基调和话语方式组成的语境构型(张德禄，2009：25)。由此可见，综合框架认为韩礼德提出的文化语境与马丁模型中的意识形态和语类基本等同，即影响多模态语篇构成的宏观文化环境，将其称为文化层面。而韩礼德的情景语境在综合框架中则更名为语境层面，指语篇内容相关的具体语境，也包括与语篇构成相关的所有话语因素。

除了在宏观分析层次方面各自吸纳并融合了韩礼德与马丁关于语篇语境的理论，在语篇微观分析层面方面，综合框架基本继承了两者统一的语义-词汇-语音的三层区分法，并在此基础上根据多模态话语分析的需要，加入了形式和媒介分析层次，与语义-词汇-语音分析融合在一起，共同划分为内容层面和表达层面，内容层面又包含了意义层面和形式层面。

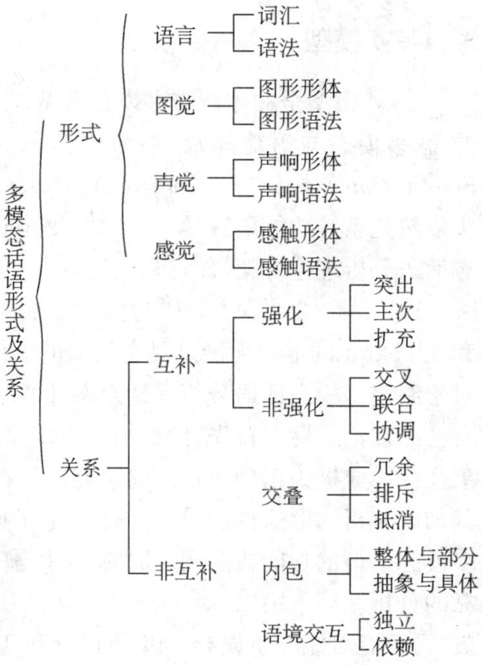

2.2.2　分析内容

综合框架认为在多模态话语研究中，发现不同媒体形式的形式项目，研究它们体现意义的语法规则很重要，但最主要的是发现不同模态的媒体之间是如何相互关联、共同实现讲话者要表达的意义，即不同模态形式之间的关系。综合框架为分析各形式之关系制定了详细的分析框架(张德禄，2009：26-27)。

在上述多模态话语形式及关系图中综合框架已经将视觉语法、声觉语法等多模态符号研究理论融合到了语篇内容研究当中，认为每一种模态都有自己的形式系统，如视觉语法、听觉语法、触觉语法等，重要的是发现这些多模态资源之间的协调、联合、互补等关系(张德禄，2009：28)。除了在语篇的形式分析中融合了多模态符号研究领域的现有理论成果，在关系研究过程中，综合框架也明确体现了对视觉语法等理论的吸收与利用。例如“强化”“非强化”“内包”等关系都使用了视觉语法理论中针对图像资源构图功能和互动功能的分析。因而，综合框架的分析内容从宏观上借用了系统功能语言学对语言模态的研究框架，也同时将较为成熟的多模态符号分析理论纳入了自己的理论体系内，从而尽可能充实完善了对多模态语篇的宏观和微观分析路径。

2.2.3　理论发展

综合分析框架建立之后，为多模态语篇分析提供了切实可行的理论基础。张德禄(2018)进一步对该框架提出了修正和改善。

系统	实例化过程	实例
文化语境	语境化	情景语境
意义系统	话语化	话语意义
词汇语法系统	设计	话语词汇语法
媒介系统	生产	话语媒介
实体系统	分布	话语实体

新理论框架首先更明确了系统化研究视角，将旧框架中的五个分析层次换称为五个系统，突出了系统特性，把对符号系统的认识和描写作为多模态研究的先决条件，突出了 Kress 和 van Leeuwen (2001)提出的“供用特征”这一概念，即在一定的情景语境中，社会交际的意义可以根据不同意义系统的特点，由某个、或两个或多个符号系统体现(张德禄，2018：734)。除此以外，新框架突出了系统与实例之间的动态过程，即突出多模态话语的生成过程。新框架进一步吸纳了 Kress 和 van Leeuwen (2001)提出的话语、设计、生成和分布四个层次，将其作为四种多模态语篇生成的选择过程，进一步将旧框架的理论设计具体化和可操作化。因而，与旧框架相比较，新框架提供了更为具体的多模态语篇生成流程。而同时，新框架也保留了对系统功能语言学语境模型、视觉语法等前期理论的借鉴，从而形式了一个更为完善的多模态语篇分析模式。

3 GeM 模型

GeM 模型全称体裁与多模态模型(Genre and multimodality model),是 J. Bateman 于 2008 年在专著《多模态与语篇体裁:书面多模态语篇系统分析的基本原则》(*Multimodality and Genre: A Foundation for the Systematic Analysis of Multimodal Documents*)首次提出。GeM 模型的理论源头依然是系统功能语言学。因此在提出这一模型之前,Bateman(2008)首先分析了当时主流的多模态话语分析理论框架,如视觉语法等。

Bateman(2008)认为作为探索页面组织形式的理论方法,诸如 Kress 和 van Leeuwen 和 Baldry 和 Thibault 的框架无疑是具有价值的。他们在其理论体系中提出了很多细节问题与资源连接问题,对于制定多模态话语分析框架至关重要。但同时,Bateman(2008)也对这些既有的理论框架提出了自己的理论质疑。首先,他提出分析多模态语篇的起点,即出发点需要澄清。多模态语篇作为分析对象往往构成极为精确。目前的研究往往在初始即认定语篇采用了一种新的、理想的组织形式,然后对其加以分析。但这种假设却往往框定了研究者的思路。Bateman(2008:50)认为如果已经假设知道多模态语篇的功能或意图,那如何去探索这些功能是否由语篇本身传递。因此,建立需要建立更为可靠的分析基础。第二,Bateman(2008:50)认为目前的理论框架尚不能澄清既有的多模态语篇是否有效,乃至有可能产生误导。以 Baldry 和 Thibault(2006)根据其理论所分析的多模态页面为例,尽管结论显示模态之间来回扩展建立丰富的联系,帮助构建文本,但分析对象实际上是多模态的灾难区域,充满了模态资源之间的冲突关系,对各类资源随意部署导致了待表达内容与可利用资源之间的矛盾。第三,尽管既有的理论模式已经应用广泛,但仍然存在无法作解的情况。由于 Kress 和 van Leeuwen 在视觉语法中描绘的构图功能与意义建构之间具有直接的联系,Bateman(2008:45)认为原本很难构建出这两者之间的直接关系,将这种关系应用到自己作为例子的塘鹅图像上,也很难通过视觉语法提供的分析参数,诸如"理想""实际"等解析出图像布局与意义之间的一般关系。针对以上这些分析,Bateman(2008:52)认为需要扩展视觉语法提出的识别空间配置的标准,以便能够可靠地确定不同空间区域的极化,并独立地描述页面上这些区域的使用情况。与其假设现有的多模态制品是理想的,倒不如将研究重点放在语篇设计者是如何利用不同类型的空间资源,达成不同的目的。另外,还可以更有效地调查页面定位的作用。

基于对既有理论框架的思考,Bateman(2008)提出多模态语篇是一个"多层次符号制品",由基础元素构成,形成版面和语义两种关系。在语义关系层面,首先显示为基础元素之间形成的修辞关系和辅助语篇理解的导航意义,第二,或进一步说则形成了语篇的文类信息。因而,GeM 模型采用了另一种研究路径。该模型为多模态语篇分析提供了一个微观切入视角,以语篇体裁为分析目标。通过解析构成语篇体裁的各个元素,一方面定位多模态语篇的体裁特性,另一方面还原多模态作品成形,以及实现交际目的的过程,从而更直观地揭示多模态作品的多层次构成特性。其分析层次与分析内容见下表。

分析层次	分析内容
基础层	识别语篇内预先界定的最小元素,也称基础单位,作为其他分析层次的内容构成基础
版式层	识别语篇的版式结构,描写由各个版式单位构成的层级组织,确定各版式单位的位置信息,以及记录各版式单位的属性与视觉特征
修辞层	借助修辞结构理论,描写语篇内修辞单位之间的修辞关系
导航层	识别语篇内的引导元素及其在各部分之间建立的联系

基础层分析在 GeM 模型中是其他层次分析的出发点与依据。Bateman(2008)界定了多模态语篇中基础单位的两个主要特征。第一，最小性。基础单位是其他层次中的分析公分母，是组成其他基本单位，如版式单位、修辞单位、导航单位的构成基础。第二，独立性。识别基础单位不依赖于其他任何因素，仅仅取决于页面上可见的物理表现形式。在确定基础元素过程中，GeM 模型提倡从简和客观原则，尽量切分出页面可见的所有元素，但对图形这样内容丰富的元素，并不刻意深入，而是视作一个基础单位。版面层的任务包括版面分割、体现信息和版面结构分析。版面分割需要确定版面单位，在基础单位分割的基础上，进一步组合基础元素形成版面单位。体现信息则对版面单位做出更精确的参数分析，例如确定文本元素的字体、大小写、字形等。版面结构则将版面单位组合，一层层地形成页面整体布局，呈现语篇的区域模型。修辞层分析修辞单位之间的语义关系。Bateman(2008)借用并发展了修辞结构理论，重新界定了结构段，将图像也纳入其中，同时将修辞关系从线性相邻拓展到了整个页面的任何角度，并发展了修辞结构理论的核心概念，提出多模态语篇的多核心修辞关系。导航层则从引导阅读的角度分析页面的导航单位，如页码、图标等。基于以上的微观分析，GeM 模型试图由此析出页面、文档的文类。因此，该模型设立的初衷是为了建立大型的多模态语篇语料库，从而通过数据收集和分析来得出多模态语篇的各种文本类型。为此，Bateman(2008)特别提出了 XML 语言作为建库工具。GeM 模型通过不同层次的元素分析，构建多模态语篇为多层次制品的分析示意图如下(Bateman，2008：109)。应当说，GeM 模型将分析多模态语篇的起点放在了构成语篇的基底单位，首先全面掌握语篇构成，再逐层来分析这些基础元素之间的关系，采用实证的分析方法，尽可能避免了事先预设理论框架可能带来的主观态度。

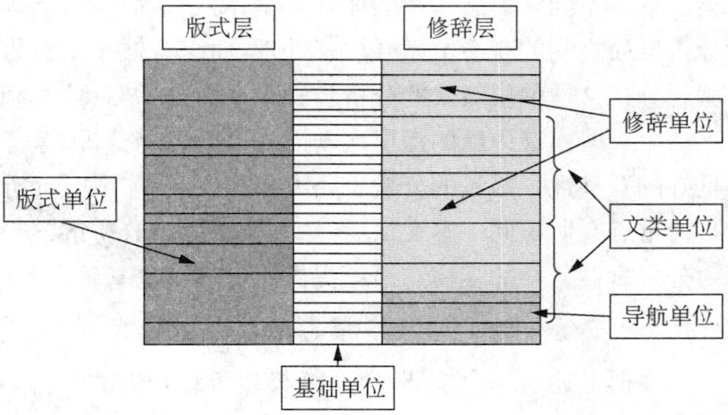

4　上下结合的多模态话语分析

4.1　综合框架与 GeM 模型的结合性

基于上文对系统功能语言学视域下多模态符号研究的理论朔源，以及对多模态话语分析综合框架和 GeM 模型之研究框架、内容的概述，可以发现这两个主要的理论模式各有侧重。就分析内容而言，两种模式虽然采用的称呼不同，却具也有相通之处。两者的相通与互补关系见下图。

综合框架			GeM 模型	
分析路径	分析内容		分析内容	分析路径
自上而下 ↓	文化层面			自下而上 ↑
	语境层面			
	内容层面	意义层面	修辞层	
		形式层面	版式层、导航层	
	表达层面		基础层	

(综合框架与 GeM 模型多模态设计分析整合比较)

根据上图，由于两种理论框架具有不同的分析出发点，综合框架基于系统功能语法理论体系意在为多模态语篇分析提供一个完整的理论背景，其本身就融合了视觉语法等既有的多模态语篇分析理论，因而凸显语篇生成的各级语境信息，关注语篇内多模态资源运用的各级目标，自上而下去探索各类资源组合形成语篇的过程。而GeM模型将研究视角首先放在多模态资源本身，通过彻底解析语篇构成形式，区分不同功能组块，解读其布局和语义联系，自语篇底层逐步扩大研究单位，自下而上分析多模态资源的组合和语篇构建形式与文类。

尽管两种分析框架在分析路径方向上有所不同，但通过上图也可以发现，在分析内容方面，两者存在诸多对应之处。综合框架将多模态语篇的实物分析层区分为内容层面与表达层面，内容层面又进一步区分为意义和形式层面(张德禄，2009)，或在优化的框架中专门辟出一个设计环节(张德禄，2018)，专门分析模态的词汇、语法模式和模态的组织与建构，基本对应于之前的意义和形式层面，另有生产环节对应于表达层面，分析符号从媒介系统到呈现多模态语篇的过程。在意义、形式和表达三方面，GeM模型则分别设置了修辞层、版式与导航层和基础层，三个分析范畴，用平面组合的分析模式来解析各类多模态语篇。除了分析内容的对应关系，上图也清晰呈现出，由于GeM模型的构建初衷是解析不同多模态语篇的体裁类型，对于语篇的形成背景并未设置专门的分析区块，也就是将各个分析层面之间的联系暂做开放式处理，而综合框架则设置了文化层面与语境层面来统领下层各级的微观分析。这种层级式的分析步骤恰好弥补了GeM模型各方面分析内容平行独立，却缺乏探讨它们互动生成多模态语篇的深层次动因。基于以上分析，综合框架与GeM模型对于多模态话语分析具有良好的互补性。两者的分析思路方向相反，既体现了分析内容的一致性，也表明了两者的分析出发点与倚重点有所不同。本文认为，从多模态话语分析的需要出发，分别汲取两种模式的分析优势，能够为分析日益复杂的多模态语篇提供更好的理论基础。

4.2 上下结合的多路径多模态话语分析模式

根据上述对综合框架和GeM模型可结合性的分析，本文提出上下结合的多路径多模态话语分析模式。

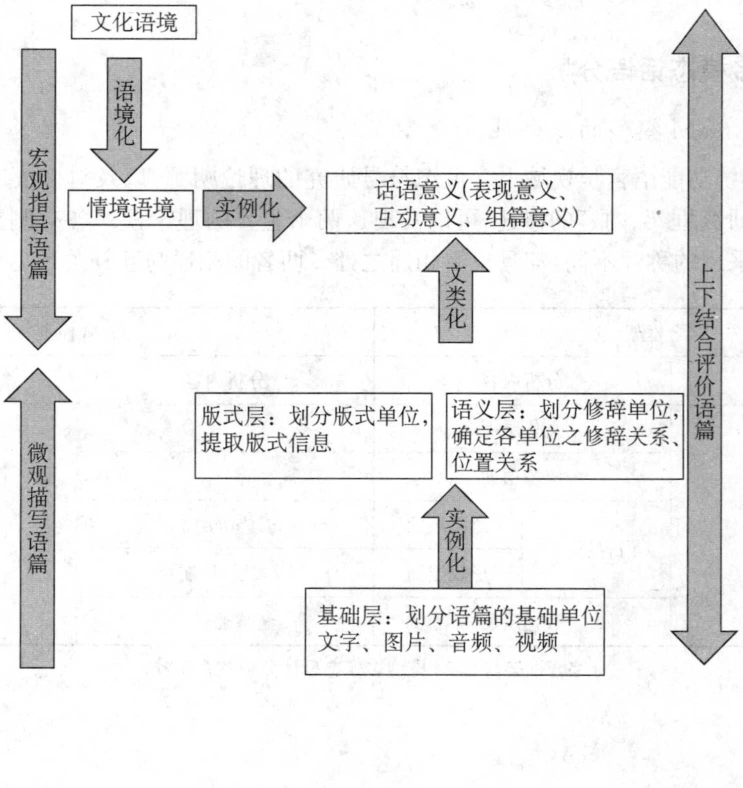

1）观指导语篇

根据多模态话语分析综合框架（张德禄，2018），整个文化的意义潜势、意识形态、社会系统、行为模式等构成宏观文化语境，具体的交际事件在其中发生语境化，即形成了具体的情景语境，从而为语篇生成提供基本的话语范围、话语基调和话语方式。过去，我们往往面对既有的多模态语篇，考察其生成背后的语境情况，从而说明在不同语境情况下语篇产生的交际效果。而事实上，我们需要在语篇生成之前就对其语境情况建立清晰的认知，从统辖一切的文化语境到深入具体的情景语境，它们是语篇生成的意义和主要指导方向。因此，本文认为综合框架自上而下分析多模态语篇的思路尤其适用于指导多模态语篇建构。在建构语篇之前，就应当考虑整个宏观的文化语境因素，从而在具体的情景语境中选择并形成话语意义。

2）微观描写语篇

在多模态话语分析中，除了探讨语篇生成的背景信息，对语篇内部的细致刻画历来是分析的重点。根据上文对GeM模型的介绍，它致力于描绘不同体裁的多模态语篇特征，因而其分析层次深入语篇微观构造，能够从组成、形式和语义多方面解析多模态语篇。GeM模型为多模态语篇分析设置了基础层、版式层、导航层和修辞层四个方面。借助这样的分层分析方法，以基础层为底层，作为语篇微观分析的起点，能够尽可能深入全面地窥探语篇的构型，提供给其他分析层次和分析角度作为基础。通过基础单位的组合，在多模态语篇中进一步实例化生成版式结构和语义关系，这些层次的分析内容与综合框架的内容层面（包括意义和形式）基本相通。但GeM模型在版式和语义关系的分析上，采用了由零至整，即从基础单位出发，合并再关联的方法，放弃了采用视觉语法等既有的理论框架来为多模态语篇内的各模态资源划分位置和语义关系，避免了先入为主的主观态度，也为大量采集语篇微观信息提供了有效的方法。在版式和语义关系的支持下，形成语篇整体的文类单位，与情景语境关照下形成的语篇具体构成形式达成汇合。

3）上下结合评价语篇

基于以上两种分析思路，即自上而下指导语篇建构与自下而上描写语篇构成，对多模态语篇的分析目的落实于语篇效果评估。无论是指导，还是描写，都应当进一步指导实践，为之后建构多模态语篇提供可借鉴的经验和实证数据。如果将文化语境和情景语境称之为影响多模态语篇的外部因素，基础层、版式层、语义层就是多模态语篇的内部因素。分析外部与内部因素之间的适配性，即评估多模态语篇的最终生成效果，评价文化语境和情景语境对基础单位、版式单位和语义关系，即多模态资源的具体应用是否自上而下产生辖制作用。反之，自下而上评估语篇内的各模态资源体现了怎样的情景话语和文化语境。宏观的外部因素与微观的内部因素互为基础，检验对方的适宜性，而不是将它们作为围绕多模态语篇的并列因素，逐一分解评估。通过外部与内部因素相结合，宏观与微观的分析视角相互融合，自上而下与自下而上的两条分析路径最终得到会和，形成上下结合的多路径多模态话语分析模式。

5　结语

多模态话语分析理论发展至今历时约二十年，从将非语言模态也视为一种社会符号起，学界发展了一系列经典的多模态语篇解读和分析理论模式，视觉语法、综合框架、GeM模型等都拥有坚实的理论基础和应用性。由于技术发展的突飞猛进，多模态语篇已经拥有了更多的物理媒介，发展出更为复杂的语篇层次，且语篇的多模态化目前也成为一种常态化趋势。因此，多模态话语分析的理论模式也需要不断来适应这样的发展。本文尝试结合综合框架和GeM模型，提出上下结合的多路径多模态话语分析模式，通过多方向、多路径的语篇分析维度尝试进一步深化多模态话语分析理论；细化分析框架中的微观操作，促进理论框架与语料库建设的融合；上下结合的评估多模态语篇的分析思路，以语篇的实用主义为导向，突出多模态语篇设计和生产的重要性。

参考文献

[1] BALDRY A, THIBAULT P. Multimodal transcription and text analysis: a multimedia toolkit and coursebook with associated on line courses[M]. London and Oakville: Equinox, 2006.
[2] BATEMAN J A. Multimodality and genre[M]. Hampshire: Palgrave Macmillan, 2008.
[3] HALLIDAY M A K, MATTHIESSEN C M I M. Introduction to functional Grammar[M]. London: Edward Arnold, 2004.
[4] KRESS G, VAN LEEUWEN T. Reading images: the grammar of visual design[M]. London: Routledge, 2006.
[5] MARTIN J R. ENGLISH Text: System and Structure[M]. Amsterdam: Benjamins, 1992.
[6] 李战子.多模式话语的社会符号学分析[J].外语研究,2003(5):1-8.
[7] 胡壮麟,朱永生,张德禄,等.系统功能语言学概论[M].3版.北京:北京大学出版社,2017.
[8] 张德禄.多模态话语分析综合理论框架探索[J].中国外语,2009(1):24-30.
[9] 张德禄.系统功能理论视阈下的多模态话语分析综合框架[J].现代外语,2018(6):731-743.

后记：老年语言学研究我们在行动(一)

同济大学老龄语言与看护研究中心

人口老龄化问题是伴随中国城镇化进程而凸显的重大社会问题。截至2019年末，我国65岁老年人口已达1.76亿，占总人口的12.6%，已进入老龄化社会。据预测，至2050年，我国65岁以上老人将达3.5亿。目前，我国正在积极应对人口老龄化，加强老龄科学研究。探究老龄化与语言衰老之间的关系，开展老年语言学研究，就是老龄科学的重要内容之一。同时，老年语言学研究具有重要的社会效益，可为老年人实现积极老龄化、老年认知障碍早期筛查与康复干预、高龄化城镇及健康城市建设等多个方面做出贡献。因此，老年语言学是在人口老龄化程度不断加剧的背景下亟需关注的方向之一，也是扎根中国大地、瞄准世界前沿的语言学问题。

为开展这一兼具理论与实践意义的研究，同济大学于2017年成立了"老龄语言与看护研究中心"，这是一家瞄准中国人口老龄化问题及老龄科学发展前沿，以基于多模态数据的研究为特色，对老龄化及语言蚀失、脑神经疾病、老年心理、老年看护等问题进行学术研究、人才培养及社会服务的专门机构。中心在语言学、医学、老年学、心理学、社会学、管理学等多学科背景下，形成了从基础研究、临床应用到社区服务的发展路线图，主要任务包括：开展健康老年人、罹患认知障碍等特殊群体老年人的言语行为特征、认知方式及病理机制等基础性研究；结合人工智能技术进行认知障碍早期辅助诊断、认知训练、病程管理、数据库建设等方面的研发工作；参与认知障碍筛查、老龄化社区建设等服务，为社会治理创新与精细化管理提供智库建议。

在中心主任、首席专家顾曰国教授的带领下，中心取得了一系列成果：成员主持或参与国家自然科学基金项目、国家社科基金项目、教育部人文社科项目等纵向及横向项目多项；在国际SCI、SSCI、EI或国内CSSCI等检索期刊或国内外知名出版社发表或出版论著、文集；举办全国老年语言学讲习班暨学术论坛、多模态与特殊人群话语多学科研究求索论坛；培养老年语言学方向博士、硕士研究生；策划出版"多模态与特殊人群话语丛书"，本书也是该系列丛书之一。未来，中心将持续开展扎实的基础性研究，并进行产学研合作与创新成果转化，联手合作单位培养青年人才，对接社区健康服务，力争从学术研究、人才培养与社会服务等多个方面为我国老龄事业发展、实现人口积极老龄化贡献力量。

作为中心近年来开展一系列学术活动所取得的成果之一，本书反映了中心成员近年来的部分成果以及我国相关学者在老年语言学领域所进行的探索。书中内容适合语言学、老年学、医学、心理学、社会学等领域的师生参考，同时对关注老年人身心健康与晚年生活的相关人士也具有一定启发性。

黄立鹤

2020年4月

后记:老年语言学研究我们在行动(二)

北京外国语大学人工智能与人类语言重点实验室外语健脑强智研究中心

北京外国语大学根据国务院《新一代人工智能发展规划》(2017)的精神,经过调研和缜密筹划,于2019年12月26日正式成立北京外国语大学人工智能与人类语言重点实验室。该实验室共设5个研究中心,“外语健脑强智研究中心”为其中之一。长期以来,语言一直被视为交流思想的工具。说母语是如此,学外语也是如此。母语和外语均被当作交流思想的工具,代表了一种语言工具观。与工具观应运而生的是学外语的实用主义观。学外语的目的是为了与外国人交流,能够翻译,有利于留学深造。当前人工智能飞速发展,机器翻译在有限场景和语体下能够代替人工,于是产生学外语多余、浪费时间和精力的思想,甚至有人提出取消外语课程。我们要疾呼的是,目前社会上流行的语言工具观、学外语实用主义观是极其片面的,非但不利于提升我国人口总体智力,而且长期下去会损害我国人口总体智力水平。学外语是为了健脑强智,代表另外一种观念。用当今脑神经科学的话说,多学一门语言,即给学习者增加一个智力贮备(cognitive reserve),提供认识世界的多维认知视角和丰富的元语言。当今自闭症儿童研究、老年学、老年语言学研究等,发现多语言学习对于健脑强智、智力康复、语言障碍修复等,都起着重要作用。

外语健脑强智研究中心下设“人生历程语言与记忆混合现实智能实验室”。基本假设是:人生历程记忆,包括场景记忆、语义记忆以及非语言记忆等,是能够通过适当刺激得以激活的。混合现实智能实验就是测试不同方法与不同老年人群的记忆之间的对应关系。根据测试结果研发人生历程记忆重构的有效训练方案,对老年人开展重构人生历程记忆活动,实现“上工治未病、大智健晚年”。

顾曰国

2020年4月

说明:本书作者所使用的数据均已获得授权,仅用于学术研究,无其他商业目的。

ABSTRACTS

Introductory Remarks: Ageing, Gerontology and Gerontolinguistics

GU Yueguo, HUANG Lihe and ZHOU Deyu

Abstract: Ageing is an age-old theme ever studied since ancient times in the world. The *Yellow Emperor's Discourse on Medicine*, which has laid the foundation of traditional Chinese medicine, views ageing as part of life cycle both animals and plants undergo in their lifespan. Modern systematic studies of ageing, and population ageing in particular, began in the USA in the 1950s, marked by the founding of the Gerontological Society of America, and the American Geriatrics Society. Population ageing has been found at ever an increasing pace in both well developed and developing countries, with China as the most populated and the fastest growing in population ageing. Gerontology and geriatrics have been preoccupied with age-related diseases, physical and social disabilities, mental disorders, etc.. Age-related verbal issues and remedies so far are very much marginalized. The primary purpose of editing this collection is to make a wake-up call and urges the establishment of gerontolinguistics as a cross-disciplinary study bridging gerontology and linguistics.

Key words: population ageing, gerontolinguistics, gerontology, life course

PART I GERONTOLINGUISTICS

Introducing the Macro Context: Gerontology and Geriatrics in China

HOU Bocun, LUO Hao and WANG Gangshi

Chapter 1 Prolegomena to Gerontolinguistics

GU Yueguo

Abstract: For a long time, gerontology has been preoccupied with such issues as pathology, epistemology, psychology, retirement of the ageing population. The well-being of their linguistic life is generally overlooked, except that brain legions have resulted in language impairment and communication failure. This paper first presents a brief review of the literature on gerontology and life course, which are argued to serve as the foundation of gerontolinguisitcs. It then proceeds, based on a multimodal corpus of ageing and language, to introduce a four-category sampling scheme of the ageing population: (1) superfit group, (2) successful ageing group, (3) normal ageing group and (4) abnormal ageing group. Linguistically, the first two groups maintain their language competence and performance inherited from the middle adulthood; the normal ageing group, the largest, however, undergoes a decline curve from the normal (including slips of the tongue), to attrition, to impairment. The abnormal ageing, due to brain medical conditions, develops linguistic pathologies, AD patients being typical of the group. The surveyed literature pertinent to the topic

includes cognitive neuroscience of aging, pathology of language, and neurobehavior of language and cognition. The central concern of gerontolinguistics, and its methodology are addressed and demonstrated from the corpus data.
Key words: gerontolinguistics, ageing and language attrition, ageing and language impairment

Chapter 2 Corpus-based Analysis of Alzheimer's Patients' Word-finding Difficulties

LIU Hongyan

Abstract: Word-finding difficulties are a common symptom in the characterization of the communicative decline which accompanies Alzheimer's disease. The study on Alzheimer's patients' natural discourse is a brand new field in China. The present paper, based on Normal Aging and Alzheimer's Patients' Situated Discourse Corpus, focuses on Alzheimer's patients' five major types of word-finding difficulties such as circumlocution, mischosen words, semantically-related words, empty words and neologism. Results show both non-Alzheimer aging speakers and Alzheimer's patients are experiencing different kinds of word-finding difficulties and statistics also indicates the prominence of word-finding difficulties across the span of the disease. Word-finding difficulties which are characteristic of AD patients are also found, although to a lesser extent, in the healthy elderly. Among five types of word-finding difficulties, only a few cases of circumlocution, empty words and semantically-related words are found in Non-Alzheimer aging speakers' natural discourse. The natural discourse of Alzheimer's patients and non-Alzheimer aging speakers is investigated in an attempt to describe how the patients' word-finding difficulties are like in comparison with normal aging. These word-finding difficulties experienced by AD patients and non-Alzheimer aging speakers manifest different levels of cognitive abilities.
Key words: Alzheimer's patients, natural discourse, word-finding difficulties, non-Alzheimer aging speakers

Chapter 3 Bilingual Experience and Cognitive Ageing: Literature Review

LIU Hongyan, FU Haiyan, LI Yancong and CHEN Junling

Abstract: Bilingualism has been argued to have an impact on brain structure and cognition, delaying cognitive losses caused by aging. This paper gives an overall review of relevant studies on the relationship between bilingualism, related neural mechanism and cognitive aging for healthy aging groups, exploring possible directions for future research.
Key words: bilingualism, cognitive aging for healthy aging, neural mechanism

Chapter 4 Frameworks in Researching Language Impairments in AD Patients

WU Guoliang, XU Xunfeng, GU Yueguo and ZHANG Yongwei

Abstract: The paper presents a survey of frameworks in researching language impairments in AD patients. It first argues for the Chinese term zhitui zheng(智退症)to replace the existing translation chidai zheng(痴呆症). Then it outlines an overall picture of dementias and AD dementia in particular

in a global context. The role MSE and MMSE play in clinical diagnosis of language impairments is also examined. The bulk of the paper explores (1) clinical linguistics as the theoretical backdrop of dementia studies, (2) research methods of AD patients' discourse, and (3) features of language impairments in AD patients. Directions for future research are discussed to conclude the paper.
Key words: dementia, AD patients, language impairment, zhitui zheng

Chapter 5 A Review on the Study of Language Aging: the Last Fifteen Years

HUANG Lihe and ZHANG Chi

Abstract: Study on Aging in Language serves as an important aspect to investigate language development and cognitive changes of human being, which is also socially significant to today's global aging. Many Western countries with high degree of aging population have initiated many researches in various aspects of language aging, covering the aspects of cognitive changes and language processing, language production and social interaction, language in dementia patients, etc.. These studies offer valuable references to promote research on aging in language in China. New projects are suggested to adopt inter-disciplinary perspective, multimodal approach with situated discourse corpus and rich longitudinal data, and to focus on the elders with Mandarin as the mother tongue.
Key words: language development, cognitive changes, the elders, interdiscipline, multimodal

Chapter 6 A Review of the Research on Language Aging in Chinese Taiwan: Retrospective and Prospective

HUANG Lihe, YANG Jingjing and ZHOU Deyu

Abstract: Chinese Taiwan has stepped into the aged society. The review of language aging studies in Taiwan is of considerable significance to the development of gerontolinguistics in the Chinese mainland. By examining the research layout, achievement, research characteristics, and prospective issues, the paper finds that professional research teams have been assembled in Taiwan, cooperating with experts in psychology, brain neuroscience, etc., to explore the language decline of the elderly whose mother tongue is Chinese; from the perspective of research achievements, Taiwan scholars mostly use case studies, controlled experiment methods, and brain imaging technology to focus on the topics such as cognitive aging, speech perception, hearing impairment, pragmatic discourse phenomena, and intergenerational communication from the perspective of pathological linguistics and sociolinguistics. These researches share the features of combining basic research with clinical therapy, focusing on characteristics of doctor-patient interactive discourse, and paying attention to international publication and cooperation. Based on the practice in Taiwan, the paper advocates that the studies in the mainland should carry out follow-up research, establish norms of language ability, adopt a multimodal research perspective, carry out cross-disciplinary cooperation, establish research bases, cultivate research talents, and seek international cooperation.
Key words: language aging, cognitive aging, interdisciplinary, gerontolinguistics, Chinese Taiwan

Chapter 7 Loss of Non-nominal Resources in the Discourses of Alzheimer Patients

LIU Jianpeng

Abstract: This study, based on DementiaBank, sets Alzheimer patients' discourses as the target group, and healthy peers' as the reference group. A multi-dimensional contrastive description has been made of the loss of non-nominal resources in the discourses of Alzheimer patients. The research reveals a typical loss of non-nominal resources of Alzheimer patients in both function words and content ones. The loss of function words is represented by excessive use of pronouns, prepositions and adverbs, and lack of the concept of spatial-temporal, static prepositions and articles' use; the loss of content words is mainly in verbs and predicates shown in the construction of experience, in which material process percentage of patients with Alzheimer's disease is higher than that of the control group, while frequency of the static, abstract mental process and relational process is lower than that of the control group. In addition, the statistical analysis and the indicators of psycholinguistics confirm the findings above with the distinctive parameters between Alzheimer patients and their peers. Meanwhile, through the key words extraction and psychological linguistic fluency analysis, naming difficulty works as the most outstanding problem for patients with Alzheimer's disease, and the naming difficulty is followed by trouble in the interpretation.

Key words: Alzheimer's disease, non-nominal resources, loss

Chapter 8 A Study of "slip of the tongue" Phenomenon in Chinese Elders

LIU Chuqun and TONG Xiaoyan

Abstract: As a frequent speech phenomenon, "slip of the tongue" in Chinese elders remains further explored. After collecting the situated speech data from the elders, this paper discusses the types, performance, and causes of "slip of the tongue" and then investigates its relevance with aging and gender. In our data, three types of "slip of the tongue" are found, including word-order reverse, adjacent word production, and chaotic choice. The self-repair in Chinese elders' "slip of the tongue" includes spontaneous repair and delayed repair, and the latter represents "no", "oh" and "hehe" as the markers. We did not find a close causality between the frequency of errors and aging, but self-repair ration does have an inherent relationship with aging. Meanwhile, gender plays a role in the occurrence of "slip of the tongue", i.e., the occurrence frequency and spontaneous repair ration in male elders are significantly higher than those in female elders. Finally, we found that the main reason for the occurrence of slip of the tongue is due to the decline of the cognitive ability and physical function of the elderly, which leads to the decline of the ability of lexical retrieval and inhibition.

Key words: slip of the tongue, elders' speech, linguistic ability

Chapter 9 On the Neural Basis of Bilingual Language Control: A Case Study of a Chinese-English Bilingual Losing Control of Languages

WANG Tao and YANG Yiming

Abstract: This study conducts behavioral experiments and medical imaging examinations on a

Chinese-English individual (LJY) losing control of her languages by investigating the damage of bilingual control system in spontaneous conversation, vocabulary output and sentence translation, with focus on the causes of losing control and the neural basis of bilingual language. LJY's brain damage leads to the loss of control in vocabulary production and sentence translation to various degrees. The analysis shows that basal ganglia is the general neural basis of bilingual control.

Key words: losing control of bilingual languages, bilingual language control, neural basis, language production

Chapter 10 Aging, Disease and Death: A Narrative Medicine Approach

WEN Yingxi and DI Shi

Abstract: Aging, disease and death are three major events in one's life course. They are so vital in human life that they have given rise to a range of disciplines dedicated to their studies. This paper focuses on the last phase of life course of late adulthood, starting from the diagnosis of incurable cancer to the brain death. In this phase, aging, disease and death, separated indefinitely before, are compressed and experienced intensely, death preoccupying the minds of the patient, the doctor and the relatives. Adopting narrative medicine as its theoretical framework, the paper first reviews the medical doctors' narration of death, including those who are "the wounded storytellers". Aged dying cancer sufferers and their relatives are recruited to narrate their experiences. A sample of their narrative discourse is analyzed in terms of biomedical reasoning and narrative reasoning. The differences between the two contribute to the misunderstandings and communication failures between doctors and patients/relatives.

Key words: narrative medicine, late adulthood, death narrative, biomedical reasoning, narrative reasoning

Chapter 11 Pragmatic Studies in Gerontolinguistics: Perspectives, Methods and Topics

HUANG Lihe and ZHU Qi

Abstract: It is necessary to initiate research on gerontolinguistics that focuses on the language degradation of the elderly group since the aging problem around the world appears to be increasingly severe. Studies in gerontolinguistics should have more comprehensive and profound exploration on pragmatic competence. This paper provides a review of the research on pragmatic competence decline of the elderly group in terms of theoretical perspectives, research methods and current topics. It suggests that we should pay more attention to the following three aspects: the language degradation of the Chinese elderly, comparison between normal elderly and elderly with dementia or between the elderly speaking different mother tongues, and interdisciplinary study involving neurology, linguistics and psychology, etc. Additionally, multimodal studies should also be enhanced.

Key words: gerontolinguistics, pragmatic competence decline, research methods, theoretical perspectives, frontier topics

Chapter 12 Alzheimer's Disease: Speech Impairment and Neuropsychological Rating Scale Assessment

Huang Lihe, Wang Jing and Li Yunxia

Abstract: Alzheimer's disease (AD) is a commonly seen dementia symptom among elderly people. Previous studies have shown that patients with AD have speech impairments at all linguistic levels such as phonology, syntax, semantics, pragmatics and discourse. The speech impairment features are essential for the cognitive assessment and clinical diagnosis for AD patients. This paper looks into the assessment of language-related items, and examines the specific dimensions and sensitivity of various neuropsychological rating scales, including the screening scales (MMSE, MoCA-B, DRS), the overall cognitive function rating scales (ADAS-cog, SIB, CDR) and language proficiency special scales (BNT, VFT, ABC, WAB). Current Alzheimer's disease-related scales focus mainly on the semantic and naming (memory) dimensions, while less attention is paid to the phonological, syntactic and pragmatic levels. Most of the tests use induction data, failing to attend to the spontaneous or connected speech and the value of speech features in the pre-screening in disease prevention and control. In order to optimize the relevant scales, it is suggested that researchers should conduct research based on large-scale, multimodal follow-up data, build diachronic natural discourse corpus, and improve the early screening of AD according to the characteristics of speech impairment.

Key words: Alzheimer's disease, cognitive impairment, scale development, speech performance, multimodality

Chapter 13 Exploring Reasoning Patterns of Pragmatics and Decision-Making in Older People's Fraud Cases

JIANG Yan and GU Yueguo

Abstract: Older people are frequently reported to be easy victims of financial fraud and fake health-promoting goods. The paper has compiled a mini corpus of 24 such cases covering fraud areas in real estate deals, traveling, banking, shopping, etc. The general pattern of older people's reasoning consists of two parts: pragmatic inferencing and practical reasoning that results in decision-making. Habermas' theory of universal pragmatics is argued to provide the best account of pragmatic inferencing. Evans' hypothetical thinking theory, and Reyna's fuzzy-trace dual process model are shown to be appropriate models for investigating old people's practical reasoning and decision-making. The paper argues that the fact that older people are easy victims is not due to their cognitive decline or impairment, as assumed by many, but due to their ill-placed faith on fraud mongers.

Key words: pragmatic inferencing, practical reasoning, decision-making, fraud case

Chapter 14 Aging Cognition of Verbal Humor and Its Neural Basis

LI Xueyan and WANG Huili

Abstract: Verbal humor, a creative language, involving high-level cognitive activities, has profound influences on both physical and mental health. With the development of cognitive science, research orientation of verbal humor has been shifted to cognitive neurolinguistics: researchers have evidenced the neural processing mechanism of verbal humor from the perspectives of time, space and frequency by advanced brain-imaging techniques, but most studies have adopted adults as experimental subjects, and there are very few studies conducted on elderly people, who are experiencing huge changes physically and mentally. The processing mechanism of verbal humor also ages due to the aging of physical structures and functions. However, the appreciation of verbal humor by elderly people seems less vulnerable. The aging of frontal lobe, closely correlated with cognitive flexibilities, abstract reasoning and working memory, which are decisive to verbal humor processing, has significant impacts on the aging of verbal humor processing. For elderly people, the activations of N400 and P600, corresponding to the incongruity detection and incongruity resolution, will be stronger than young people; meanwhile, the elderly enjoys more than the young in verbal humor appreciation, which will result in the stronger activations of LPP of the elderly. The elicitations of Beta, usually correlated with the stage of incongruity of detection in verbal humor processing, will be stronger for the elderly, compared with the young, and so do the elicitations of Alpha and Beta, which is related to the appreciation of verbal humor processing.

Key words: verbal humor, aging cognition, neural basis

Chapter 15 Hospice Care Services in China from the Perspective of Healthy Aging: Challenges, Difficulties and Countermeasures

SHAN Fang

Abstract: Healthy aging is an important strategic goal for people to cope with the challenges of aging, and hospice care is an effective way to achieve this goal. The paper begins by analyzing the challenges and difficulties faced in hospice care services in China. It then discusses the ways to deal with the difficulties. Such discussion is hoped to be helpful in promoting the healthy development of hospice care in China.

Key words: healthy aging, hospice care, countermeasure

Chapter 16 Selective Deficit in PD Patients' Processing of Action Semantics: Motor-cognition Dissociation View v.s. Motor-cognition Coupling View

JIANG Meng, TIAN Zhenling

Abstract: Parkinson's disease (PD), as a central nervous system disease affecting extrapyramidal system, typically manifests itself in motor deficits, but it is also characterized by a range of language disturbances in terms of articulation, lexicosemantics, syntax, pragmatics, and so on. This article, highlighting PD patients' selective deficit (SD) in action semantics processing, offers a comprehensive review of the diverse accounts of SD, and attempts to characterize the controversy over the neurofunctional accounts of SD as Motor-cognition Dissociation View vs. Motor-cognition Coupling View. This paper also introduces the Compensatory Pathway Hypothesis and offers comments on future studies in this respect.

Key words: Parkinson's disease (PD), deficit in actions semantics processing, motor-cognition dissociation view, motor-cognition coupling view

Chapter 17 Automatic Detection of Alzheimer's Disease Based on Analysis and Modeling of Spoken Language

GUO Zhiqiang, LING Zhenhua and LI Yunxia

Abstract: Alzheimer's disease is a type of neurodegenerative disease. Patients with Alzheimer's disease often suffer from impaired language functions in many aspects such as the pronunciation, the vocabulary and the semantics. This paper proposes an automatic method to detect Alzheimer's disease based on the analyses and modeling of spoken language. First, various features, such as fundamental frequency, cepstrum, language model perplexity, as well as word correction and repetition number, were extracted from continuous natural speech of subjects. Feature selection, support vector machine, decision tree, logistic regression and other machine learning algorithms were adopted to construct the model, which was capable of detecting Alzheimer's disease automatically. The method proposed in this study reached the detection accuracy of 84.6% on the average in model testing with the DementiaBank database.

Key words: Alzheimer's disease, acoustic features, linguistic features, machine learning

Chapter 18 Detecting Alzheimer's Disease from Continuous Speech Using Language Models

GUO Zhiqiang, LING Zhenhua and LI Yunxia

Abstract:

Background: Language impairment appears in early course of Alzheimer's disease (AD). Recently many studies have been carried out aiming at detecting AD from continuous speech by linguistic analysis and modeling. However, few of them utilize language models (LMs) to extract linguistic features and to investigate the lexical-level differences between AD and healthy speech.

Objective: Our goals include obtaining state-of-art accuracy of automatic AD detection using semi-spontaneous narrative speech from a picture description task, emphasizing *N*-gram LMs as useful tools for distinguishing AD patients' narratives from healthy controls' ones, and discovering the differences of lexical usages between AD patients and healthy people by utilizing the probabilities in unigram LMs.

Method: We utilize a subset of the DementiaBank corpus, including 240 control samples from 98 control participants and 256 AD samples from 194 "PossibleAD" or "ProbableAD" participants. Baseline models are built through area under curve (AUC)-based feature selection and using five machine learning algorithms for comparison. Then, LMs of AD patients and healthy controls are estimated respectively. Perplexity features are extracted using these LMs to build enhanced detection models. Finally, the differences of lexical usages between AD patients and healthy people are investigated by a proportion test based on unigram probabilities.

Results: Our baseline model obtains an accuracy of 80.7% using a logistic regression classifier and nested leave-one-person-out evaluation. This accuracy increases to 85.4% after integrating the perplexity features derived from LMs. Further investigations on a set of 84 words automatically selected by a proportion test show that AD patients tend to use more general, less informative, and less accurate words to describe characters and actions than healthy controls.

Conclusion: The perplexity features extracted by LMs can benefit the automatic AD detection from continuous speech. There exist lexical-level differences between AD and healthy speech that can be captured by statistical *N*-gram LMs.

Key words: Geriatric assessment, language, machine learning, statistical

Chapter 19 Age-telling in Intergenerational First-encounter Talks between College Students and Older Adults in Taiwan: A Gerontological Sociolinguistic Study

CHEN Chin-Hui, HONG Yuting and CHEN Yenju

Abstract: This study extends gerontological sociolinguistics by investigating how older adults in Chinese Taiwan disclosed their age and the relevant conversational sequences around their age-telling behaviours in first-encounter talks with college students. The 13-pair young-old conversational data were coded using Coupland, Coupland, Giles and Henwood's (1991) six age-telling strategies, and 70 age-telling utterances were identified. Frequency analysis of the age-telling utterances indicated that the older participants mostly constructed their older-age identities by referring to age-related roles and to historical changes they had witnessed. Conversation analysis suggested that both of these age-telling strategies could endow older people with greater power by casting them in roles such as information-givers or proud grandparents, and ascribe positive qualities to their age group. However, the data raised concerns that age-telling conversations could also sometimes be disenfranchising and the younger interlocutors' minimal responses to such talks were common. Wider implications of the findings for intergenerational communication are discussed in the conclusion.

Key words: gerontological sociolinguistics, first-encounter conversation, age-telling strategies, intergenerational communication, older adults

PART II MULTIMODALITY

Introducing the Concept: Multimodality

GU Yueguo and HUANG Lihe

Chapter 20 Multimodality and Rhetoric: From Xunzi, Aristotle, TCM, Empiricism, Humanoid to Man

GU Yueguo

Abstract: This paper presents a critical review of theories of classic five senses in the Chinese and Western literature. Contemporary neural science studies five senses per se as five sensory modalities, among other sensory modalities such as proprioception, vestibular sensations. Other disciplines examine five senses in view of their own interests. Among those reviewed include: (1) tianguan (天官, Xunzi's term for five senses) and cultivation of man; (2) five senses as diagnostic methods in traditional Chinese medicine (TCM); (3) five senses as distinctive properties of man and animals by Aristotle; (4) the role five senses play in epistemology in Locke, Kant and Peirce; (5) five-sense simulation in humanoid robotics; and (6) the impact that five senses, and hand in particular exert on the evolution of man and language. Searle's theory of biological naturalism is seen as a unifying force that integrate the six positions together as a whole. The paper makes a plea for reconceptualizing Chinese rhetoric from its traditional base of man as moral person to the natural base of man as biological phenomenon.

Key words: multimodality, Chinese rhetoric, Xunzi, biological naturalism

Chapter 21 Audio-visual Lifespan Development and Its Impact on Language: The Young and the Old Compared

GU Yueguo

Abstract: Language understanding and production depend on audio and visual modalities. The paper first draws on the latest findings in neuroscience and maps out the major phases the adult mature brain receives audio and visual signals and transforms them into meaningful linguistic experience. The adult mature brain's functional anatomy provides a reference model against which the young growing brain and the elder aging brain are discussed with regard to the language acquisition of the young, and the potential language impairment of the old. It concludes with a contrastive study of situated discourse between a superfit 80-year old man and a 78-year AD patient.

Key words: audio-visual modalities, lifespan development, growing brain, aging brain

Chapter 22 Multimodality and Pragmatics

GU Yueguo

Abstract: The mainstream linguistics pragmatics regards Charles Morris as its founding father for his fundamental tripartite distinctions of syntax, semantics and pragmatics. This paper, based on Morris' series of works (1993 [1925], 1951 [1938], 1955 [1946], 1962, 1964), argues that the pragmatics Morris originally envisaged is multimodal semiotic pragmatics, which has seriously been truncated. It is shown that there have been some investigations, e.g., Bates's developmental pragmatics, Perkin's impairment pragmatics, Gu's study of total saturated experience with total saturated signification, wittingly or otherwise, converge to Morris' initial conceptualization of pragmatics. The paper concludes that multimodal semiotic pragmatics lays a real foundation for linguistics pragmatics.

Key words: multimodality, semiotic pragmatics, sign-making, modality, sensorimotor intelligence

Chapter 23 Speech Act and Emotion Analysis in Multimodal Pragmatics and the Application in Gerontolinguistics

HUANG Lihe

Abstract: The construction of pragmatic theory and related principles has been based on the rational actor premise of both sides of communication. However, emotions play an important role in

authentic interaction, and they are constructed and interpreted through multi-modal resources, including linguistic structure, prosodic feature, and gesture, etc.. The research object of pragmatics should be towards authentic communication process, instead of simplified "*talking head*" model. This paper, taking speech act analysis as the example, advocates that emotions should be included in meaning deduction within multimodal pragmatics framework. To illustrate this, the characteristics of non-verbal behavior and emotional communication of the elderly with dementia is analyzed, and it points out that this paradigm can provide a new perspective for gerontolinguistic study.
Key words: speech act, emotion, multimodal, *whole person* model, gerontolinguistics

Chapter 24 Constructing A Multimodal Corpus of Engineering English Research Articles: Theory, Methodology, and Significance

LI Yuxiang, LU Peiming and CHEN Zhu

Abstract: The era of globalization and the strategy of 'One Belt and One Road' highlight the significance of enhancing Chinese engineering talents' internationalization competence. Constructing the Multimodal Corpus of Engineering English Research Articles (MCEERA) and mining the relevant data aim at cultivating the international academic exchange ability of undergraduate and postgraduate students and engineering talents through data-driven learning. Based on the teaching and learning practice, a corpus-based model for training engineering talents' internationalization competence can be extracted, which can provide policy suggestions on the cultivation of engineering talents in China. The MCEERA corpus covers research articles in the civil engineering discipline and the transportation and traffic discipline, which are organized into the text sub-corpus and the table-figure sub-corpus, both of which contain the relevant data annotation. This paper focuses on the MCEERA corpus construction theory, methodology and the significance.
Key words: Engineering discipline, academic English, research article, multimodal corpus, corpus construction

Chapter 25 A Comparative Study on Theory Model of Multimodal Discourse Analysis

WANG Yi and ZHAO Gen

Abstract: Discourse analysis from a multimodal perspective is one of the main paths of discourse analysis. A series of theoretical frameworks, including visual grammar, synthetic framework, GeM model and so on, have been proposed. By comparing the analysis perspectives, paths, methods and contents of the synthetic theoretical framework and the GeM model for multimodal discourse analysis in a systemic functional linguistics perspective, the present article suggests that the direction of the two analysis paths are opposite; their methods are complementarily macro and micro; their contents overlap. On this basis, the article tries to combine the synthetic framework with the GeM model, propose a multipath analysis model integrating up and down directions, in order to moderately optimize the existing theoretical framework and expand the analysis depth of multimodal discourse design and generation.
Key words: multimodal discourse analysis, synthetic framework, GeM model